ISBN 978-0-260-73268-2
PIBN 10967091

BULLETIN

DE LA

SOCIÉTÉ DES SCIENCES

HISTORIQUES ET NATURELLES

DE L'YONNE.

Année 1863. — 17ᵉ volume.

AUXERRE

PERRIQUET ET ROUILLÉ, IMPRIMEURS DE LA SOCIÉTÉ,
RUE DE PARIS, 31.

1863.

BULLETIN

DE LA

SOCIÉTÉ DES SCIENCES

DE L'YONNE.

Année 1863.

I.

SCIENCES HISTORIQUES.

HISTOIRE

DES

GUERRES DU CALVINISME ET DE LA LIGUE

DANS L'AUXERROIS, LE SÉNONAIS

ET LES AUTRES CONTRÉES QUI FORMENT AUJOURD'HUI

LE DÉPARTEMENT DE L'YONNE

Par M. A. CHALLE.

INTRODUCTION.

L'abbé Lebeuf a publié, en 1723, sous le titre d'*Histoire de la prise d'Auxerre par les Huguenots* une

relation des désastres causés par les guerres du calvinisme dans l'Auxerrois, de 1562 à 1570. Il y a montré
assez d'impartialité pour que des esprits ombrageux
aient cru devoir la lui reprocher. Les documents contemporains qui lui avaient servi sont aujourd'hui en
partie perdus, et, sous ce rapport, son livre est pour
nous d'un grand prix. Mais ces écrits étaient loin d'être
toujours exacts et complets. La passion ou l'erreur y
avaient souvent dénaturé des faits graves ou dissimulé
des circonstances importantes. Aussi, quand, dix-
neuf ans après, il fit paraître ses *Mémoires sur l'Histoire du Comté d'Auxerre*, éclairé par des découvertes
nouvelles, il reconnut qu'il avait été induit en erreur
sur plus d'un point et s'efforça de rétablir la vérité.
Toutefois beaucoup de lacunes se faisaient encore sentir dans ce travail qui, n'embrassant qu'une partie
du territoire de notre département actuel de l'Yonne,
et qu'une période seulement de la longue série de nos
discordes religieuses, n'est complet qu'en ce qui concerne les malheurs entraînés par la surprise de la
ville d'Auxerre en 1567, et où, d'ailleurs, certaines
confusions de chronologie, si ce n'est l'absence de
tout ordre chronologique, répandent une assez grande
obscurité.

M. le comte Léon de Bastard avait eu l'intention de
redresser ces erreurs, de combler ces lacunes et d'écrire
une histoire complète de la réforme et de la ligue
dans les contrées d'origines diverses qui forment aujourd'hui notre département, et il avait recueilli, dans

ce dessein, quantité de notes et d'extraits. Il allait
s'occuper de ce grand travail, lorsqu'il reçut sa mission de secrétaire d'ambassade en Chine, d'où il ne
devait pas revenir. Sur le désir qu'en a exprimé la
Société des Sciences de l'Yonne, la famille de M. de
Bastard a bien voulu mettre ses matériaux à notre
disposition, et nous avons accepté le mandat de les
réunir, de les coordonner, de les compléter par des
recherches nouvelles, et d'écrire cette histoire de trente
années de discordes sanglantes, de guerres acharnées,
de dévastations et d'excès de tout genre, dans une
contrée connue jusque là par la douceur de ses mœurs,
et où jamais les passions n'avaient approché du degré
de violence qu'elles présentèrent à cette douloureuse
époque.

M. de Bastard avait déjà écrit trois fragments qu'il
destinait à prendre place dans son histoire. L'un con-
cernait le siège de Sens par Henri IV en 1590 ; un
autre était relatif aux opérations de guerre du jeune
duc Charles de Guise dans l'Auxerrois, en 1593. Ces
deux premiers avaient même été publiés dans l'Annuaire
de l'Yonne de 1859 et 1860. Un troisième traitait du
siège de Noyers en 1568. Nous nous sommes fait un
devoir d'enchasser ces trois morceaux dans notre
récit, auquel nous nous sommes efforcé, d'ailleurs, de
conserver l'esprit de modération et d'impartialité qui
se révèle dans ces écrits, et qui était si bien dans le
caractère de leur auteur.

En voyant les tristes souvenirs que ce récit doit

réveiller, on peut, au premier abord, se demander s'il
était à propos de les remettre en lumière et s'il ne
valait pas mieux les laisser enfouis dans le silence de
l'oubli. Sans doute, il est pénible de songer que nos
pères ont été émus par tant de scandales, agités par
tant de désordres, aigris par tant de haines, aveuglés
par tant d'intolérance ; qu'ils ont trempé dans tant de
complots homicides, coopéré ou applaudi à tant de
meurtres, commis tant d'actes de profanation et de
vandalisme, entassé tant de ruines et de dévastations.
Mais on ne saurait bien savoir l'histoire générale d'une
époque, que quand on a approfondi ses détails dans
l'histoire particulière d'une portion limitée du territoire.
Et puis c'est un besoin de l'esprit actuel, de connaître
à fond toutes les vicissitudes qui ont éprouvé notre
sol natal. Et, quelque affligeant que soit le tableau des
fureurs de nos devanciers, il n'y en a pas moins de précieux enseignements à recueillir du spectacle des fautes,
des excès, des crimes commis par les deux partis et des
catastrophes qui les ont successivement accablés, pour
éviter à jamais le retour de semblables malheurs. Les
bienfaits de la paix entre les opinions les plus opposées, du respect des convictions d'autrui, de la tolérance, enfin, qui commence à régner aujourd'hui non-
seulement par les lois, mais encore et surtout par les
mœurs, nous deviendront d'autant plus chers, que nous
connaîtrons mieux tout le mal qu'ont fait à nos pères
les discordes intolérantes et la guerre impitoyablement
déchaînée contre la dissidence des idées. Ce qu'a si bien

dit de nos jours un ingénieux écrivain (1),de l'histoire du
sol natal, est d'une incontestable vérité, alors même qu'il
s'agit de l'histoire de ses dissensions et de ses désastres.

« Etudions avec soin l'histoire de notre pays, ap-
« pliquons-nous à la faire connaître. Plus nous le
« connaîtrons, plus nous l'aimerons ; et l'amour donne
« tout. Il donne la foi et l'espérance ; il tourne en joie
« les sacrifices ; il enseigne la constance et la modé-
« ration ; il engendre l'union ; il prépare la force. »

Toutes les misères de ce xvıᵉ siècle si tourmenté,
les relâchements, les abus et les scandales qui donn-
nèrent naissance à la réforme, les persécutions sanglantes qui l'assaillirent et la décimèrent sans la
lasser, la barbarie de ses représailles, la frénésie de
son vandalisme, les cruautés inouies des deux partis,
tout cela, grâce à Dieu, peut être raconté sans émouvoir les passions contemporaines, aujourd'hui que
l'austérité de la discipline ecclésiastique est redevenue
le modèle de notre société, que l'art consacré à la
glorification du sentiment religieux a reconquis la
vénération de tous, même dans le culte réformé, et
que les sentiments de tolérance et d'humanité dont
l'histoire nous montre que toutes les opinions, toutes
les sectes, toutes les religions ont besoin, et que chacune, à son tour, s'est vue dans le cas de les revendiquer, étendent enfin de plus en plus sur tous les cœurs
leur pacifique et bienheureuse domination.

---

(1) V. Cousin. Avant-propos de *la Société française au* xvııᵉ *siècle.* ·

CHAPITRE PREMIER.

CAUSES, ORIGINES ET DÉVELOPPEMENTS DU PROTESTANTISME ET DES HAINES
RELIGIEUSES DANS LES DIOCÈSES D'AUXERRE ET SENS. — RÉPRESSIONS
SANGLANTES. ORGANISATION DES ASSOCIATIONS SECRÈTES A SENS, AUXERRE
ET GIEN. — ÉDITS DE TOLÉRANCE. — OPPOSITIONS CATHOLIQUES. PRÉDI-
CATEURS. PIERRE DIVOLÉ. — PREMIÈRE ÉMEUTE CATHOLIQUE A AUXERRE
LE 9 OCTOBRE 1561. AUTRE AVEC COMBAT AU DEHORS. — NOUVEL ÉDIT DE
TOLÉRANCE DU 17 JANVIER 1561. — TONNERRE, AVALLON.

Le protestantisme eut dès son origigne de profondes racines
lans les contrées qui forment aujourd'hui le département de
l'Yonne. Nulle part les agitations que suscita son apparition
l'éclatèrent avec plus de violence. Nulle part les excès des
leux partis ne furent plus acharnés, nulle part les persécu-
ions plus sanglantes, les représailles plus furieuses et le
andalisme des dévastations plus aveugle et plus barbare.
lusieurs causes y purent contribuer. D'abord, parmi les
rincipaux personnages de la réforme, il en était trois qui
vaient avec ce pays des rapports personnels et fréquents ;
héodore de Bèze, qui y était né et dont l'enfance y avait été
levée ; Jacques Spifame, abbé de Saint-Paul-lès-Sens, avant
d'être évêque de Nevers, qui avait passé toute sa jeunesse
ı château de Passy, près Sens (1), dont son père était

(1) Passy, bourg du département de l'Yonne, canton de Sens, à
) kil. de cette ville.

seigneur ; et le cardinal Odet de Châtillon, qui était abbé commendataire de plusieurs de nos abbayes, notamment Vézelay (1), Saint-Pierre-le-Vif (2) et Vauluisant (3). Puis les chefs militaires des premières prises d'armes, le prince de Condé, l'amiral de Coligny, d'Andelot, avaient des domaines et des résidences dans cette contrée, où ils faisaient de longs séjours. Leur influence et leur exemple durent susciter de nombreux partisans à leur secte et y propager rapidement l'organisation des assemblées secrètes et plus tard celle de la résistance armée. Et, d'une autre part, le maréchal de Saint-André, par son riche domaine de Vallery (4), qui venait jusqu'aux portes de Sens, le cardinal Jean de Lorraine, ses deux neveux les cardinaux Charles et Louis de Guise, par l'archevêché de Sens que l'un d'eux possédait à l'époque où les troubles commencèrent, et par les riches bénéfices qu'ils avaient dans la contrée, au nombre desquels était la puissante abbaye de Saint-Germain d'Auxerre, et, enfin, le frère de ces deux derniers, François de Guise, grand prieur de France, par les commanderies qu'il tenait dans le Sénonais, où il résidait d'ordinaire dans le somptueux manoir de l'Aulnaie (5), exerçaient dans le pays une puissante action et pouvaient

(1) Vézelay, petite ville, chef-lieu de canton du département de l'Yonne, à 15 kil. d'Avallon.

(2) Saint-Pierre-le-Vif, ancienne abbaye, dans un faubourg de Sens.

(3) Vauluisant, ancienne abbaye, près du bourg de Courgenay Yonne), à 27 kil. de Sens.

(4) Vallery, bourg et château du canton de Chéroy, département (de l'Yonne, à 19 kil. de Sens.

(5) L'Aulnaie ou Launay, ancienne commanderie, près du bourg de Saint-Martin-sur-Oreuse, à 12 kil. de Sens.

inspirer dans un rayon étendu leur haine profonde et leur
intolérance déclarée pour les doctrines nouvelles. Et, enfin,
si le protestantisme est né de l'excès des abus qui s'étaient
introduits dans le gouvernement de l'église, il n'y pas lieu
de s'étonner qu'il ait éclaté avec tant d'ardeur dans une
région où ces abus avaient été plus nombreux, plus perma-
nents et plus choquants que partout ailleurs. Ceux qui admi-
rent avec une juste vénération l'instruction si élevée et la vie
si austère et si sainte du clergé français d'aujourd'hui, se
feraient d'étranges illusions s'ils se représentaient sous les
mêmes couleurs les prélats, les prêtres et les moines du
xvie siècle. Le concordat fait en 1517 par François 1er avec
le pape Léon X, en abolissant, pour y substituer la nomination
royale, les vieilles règles du clergé de France maintenues par
l'ordonnance du 14 juillet 1438, connue sous le nom de
pragmatique-sanction, selon laquelle tous les bénéfices ecclésiastiques étaient sujets à élection, savoir les archevêchés et
évêchés par les chapitres, les abbayes et prieurés conventuels
par les religieux ; ce concordat, qui substituait le privilége de
la naissance, ou la faveur de la cour, aux droits du mérite
constatés par le libre suffrage, avait rapidement amené la décadence morale de l'Eglise. Il faut se rappeler ce qu'en disait en
1560, à l'assemblée des notables, tenue à Fontainebleau
devant le roi, la reine-mère et les cardinaux de Guise et de
Lorraine, un évêque, un peu ami des transactions peut-être,
mais qui n'en est pas moins resté bon catholique (1) jusqu'à
sa mort.

« Les évêques, pour la plupart, n'ayant devant les yeux

(1) JEAN DE MONTLUC, évêque de Valence, *Mémoires de Condé*, II,
p. 560.

« aucune crainte de rendre compte à Dieu du troupeau qu'ils
« avaient en charge, leur plus grand souci a été de conserver
« leur revenu, en abuser en folles dépenses et scandaleuses,
« tellement qu'on en a vu quarante résider à Paris pendant
« que le feu s'allumait dans leurs diocèses. Et en même
« temps on voit bailler les évêchés aux enfants et aux per-
« sonnes ignorantes et qui n'avaient le savoir ni la volonté
« de faire leur état.... Les curés avares, ignorants, occupés
« à toute autre chose qu'à leurs charges, et pour la plupart
« étant pourvus de leurs bénéfices par moyens illicites....
« Autant de deux écus que les banquiers ont envoyés à
« Rome, autant de curés nous ont-ils envoyés. Les cardinaux
« et les évêques n'ont fait difficulté de bailler les bénéfices à
« leurs maîtres-d'hôtel, et plus est à leurs valets de chambre,
« cuisiniers, barbiers et laquais. Les menus prêtres, par leur
« avarice, ignorance et vie dissolue, se sont rendus odieux
« et contemptibles à tout le monde. »

L'orateur qui en 1560, aux États d'Orléans, portait la parole pour le tiers-état, disait aussi : « qu'il semblait au peuple
« qu'entre les ministres de l'Eglise trois vices pullulaient
« principalement, auxquels principalement il fallait pour-
« voir.... l'ignorance, l'avarice et la superflue dépense et
« pompe des ministres. »

Pour savoir si ce tableau est chargé, il faut entendre maintenant un curé du diocèse de Sens, très orthodoxe, fort hostile aux protestants qui de la critique de la discipline étaient
passés à celle de la tradition et du dogme, applaudissant aux
rigueurs exercées contre eux et ne se refusant même pas de
plaisanter parfois, selon l'esprit du temps, sur leur extermination et leurs supplices, Claude Haton, homme très droit
du reste et très consciencieux, et dont nous aurons plus
d'une fois occasion de citer les curieux mémoires.

« Les archevesques, évesques et cardinaulx de France
« estoient quasi tous à la cour.... les abbés, prieurs et curez
« demeuroient les ungz ès grosses villes de France et aultres
« lieux où ils prenoient plus de plaisir qu'à résider sur leurs
« charges et prescher et annoncer la vraie parole de Dieu à
« leurs subjetz et paroissiens.... Le nombre des prebstres
« estoit fort grand par les villes et villages, lesquelz, à l'envi
« les ungz des aultres, haussoient les cures et prieurez et
« estoit à qui en bailleroit le plus de ferme à mons. le curé
« et prieur, et le plus souvent se trouvoit que le plus asne
« et mécanique de la paroisse estoit mons. le vicaire par ce
« qu'il en bailloit le plus, et si estoient la plupart desditz
« prebstres fort vicieux et scandaleux, et assez peu chastiez
« par justice (1). »

Les abus de l'épiscopat étaient arrivés à Auxerre à un
degré presque incroyable. Depuis nombre d'années l'évéché
de cette ville était occupé par des prélats de cour, qui le
tenaient comme une ferme et en touchaient de loin les opu-
lents revenus, sans se soucier d'en venir remplir les fonctions ; ou, s'ils y paraissaient de temps à autre, c'était pour
y étaler une pompe fastueuse et y donner souvent le fâcheux
exemple des passions les plus opposées à l'esprit de la religion. C'est ainsi que de 1514 à 1538 le diocèse fut soumis
à François de Dinteville, premier du nom, aumônier des rois
Louis XII et François Ier, dont il ne quittait pas la cour, où
selon Rabelais, il était connu tant pour sa sensualité que
pour la simplicité de son esprit. Il résigna son siége épiscopal,
comme un héritage de famille, à son neveu du même nom
que lui, quoique ce dernier, selon les termes assez ambigus

(1) *Mémoires de Cl. Haton*, p. 89.

de Lebeuf (1), eût alors à terminer une affaire où sa réputation était intéressée, et qu'il fût retenu hors de France par
des missions diplomatiques qui l'empêchèrent pendant cinq
ans de prendre possession. Plus tard, étant principal élu des
des États de Bourgogne, il trahit les intérêts de ses commettants, en livrant au roi, au mépris de son mandat, les finances
de la province, ce qui ne l'empêcha pas d'être plus tard
disgracié et exilé par François I⁻ᵉʳ pour de ténébreuses, sinon
criminelles intrigues (2). Dans les rares séjours qu'il fit dans
son diocèse, il donna le spectacle de violences et de cruautés
inouïes, tantôt vengeant sanguinairement de sa main le délit
d'un braconnier surpris dans ses chasses, tantôt faisant cru-
cifier un garde qui avait, sans son aveu, vendu quelques
faucons ; scandales si odieux et dont l'éclat fut tel, qu'il eut
besoin de solliciter l'absolution personnelle du pape (3).

Après lui Jean de la Rochefoucauld, nommé par le roi
Henry II en 1554, affermait et touchait les revenus du diocèse, sans y être jamais venu et sans même avoir obtenu ses
bulles du Saint-Siége ; et deux ans après il cédait son titre
au cardinal de Lenoncourt, à qui, sans doute sa qualité de
parent des Dinteville paraissait donner des droits à la propriété du diocèse, qu'au reste il fit régir par un vicaire-général, sans s'en mêler aucunement, si ce n'est pour aliéner,
ainsi que nous l'apprend Lebeuf, « nombre de biens dépen-
« dant du prieuré de la Charité, » et faire abattre en entier
la vaste forêt de Bertrange qui était de haute futaie, « ce qui

---

(1) *Histoire des Evêques d'Auxerre.*
(2) Lebeuf, *ibid.*
(3) Idem, et Lacurne de Sainte-Pallaye, *Mémoires sur la Chasse,* III,
p. 256.

« donna occasion de dire que le jugement universel devait se
« tenir dans cette forêt, parce que le cardinal y avait laissé
« assez de troncs ou fausses billes pour y asseoir les ressus-
« citants. (1) » Ayant été ensuite nommé archevêque d'Arles,
il transmit, en 1558, l'évêché d'Auxerre à son neveu Philippe,
en se réservant le revenu des terres de Régennes, Varzy et
Cosne. Le pape Paul IV sanctionnait cet arrangement de
famille et autorisait en outre le cardinal à conserver ses
abbayes et ses prieurés et dix mille francs de pension qu'il
s'était réservés sur l'évêché de Metz, quand il avait cédé au
cardinal Jean de Lorraine ce siége épiscopal, qu'il possédait
avant de venir à Auxerre.

  Philippe de Lenoncourt avait été trouvé par les Italiens,
selon ce que raconte Lebeuf, le plus beau chevalier français
qu'ils eussent vu depuis longtemps. C'est peut-être à ce
mérite qu'il dut les bonnes grâce du roi de Navarre, dont il
devint le favori. Aussi possédait-il quatre ou cinq abbayes
en même temps que l'évêché d'Auxerre, où il ne venait jamais. Mais, quand les arrêts du parlement, qui, depuis
plusieurs années se succédaient en vain pour enjoindre la
résidence aux évêques, devinrent trop pressants et le menacèrent de la saisie de son temporel, il se décida, en 1562, à
traiter de son diocèse, moyennant une pension et une cinquième ou sixième abbaye, avec le cardinal de la Bourdaisière,
ambassadeur à Rome, qui avait du moins une excuse pour
ne pas venir dans notre province, où, en effet, il ne mit pas
le pied une seule fois jusqu'à sa mort survenue en 1570 (2).

  Il n'en avait été guère mieux à Sens depuis l'année 1525.

(1) LEBEUF, *Hist. des évêques d'Auxerre.*
(2) *Ibid.*

    Sc. hist.   2

Le chancelier Duprat qui, à cette époque, en avait pris l'archevêché, n'y avait paru que dans de très rares circonstances. Après lui le cardinal Louis de Bourbon avait été un peu plus sédentaire, mais on n'avait guère eu à s'en féliciter, car, disent les mémoires de Claude Haton, (1) « il avait bien sçu « jouer du haultz-bois et si n'estoit ménétrier, car il vendit « tous les haultz-bois, ou peu s'en fallut, appartenant à son « archevêché, qui étaient ès environs de Brienon et Ville- « neuve-l'Archevêque, de quoi fut fort blamé. »

Cet auteur rapporte, en effet, comment le roi François Ier passant à Sens, son fou Brusquet poursuivit de ses quolibets l'avide prélat, au sujet de ses coupes blanches et de la dilapidation de ses forêts. Il donne aussi de curieux détails sur une représentation satirique, par laquelle se traduisit avec hardiesse le mécontement des bourgeois de Sens. A une procession de la fête Dieu, où officiait le cardinal, ils « préparèrent des « eschaufaux sur lesquels firent monter des hommes mas- « qués et déguisés, tenant plusieurs outils entre les mains, « comme cyes, seppes et cognées, desquels ils faisoient devoir « de besongner, ce sembloit. Quand la procession et ledit « seigneur passoit, les ungs tiroient la cye, les aultres char- « pentoient et les aultres fagotoient.... Duquel mystère vou- « lut s'enquérir ledit seigneur, dont il se courrouça fort. »

C'était pour subvenir aux prodigalités de ses neveux qu'il donnait ces scandales. Il en donna d'autres encore, si l'on en croit le même auteur :

« Et pour ce fut surnommé par le feu roi François Ier, « *sitio*, parce que toujours ledit seigneur avait volonté de « boire de ses bons vins, eust-il été le mieux repu du « monde. »

(1) P. 45-46.

Son successeur, le cardinal Bertrandi, qui n'occupa le siége que de 1557 à 1560, était garde-des-sceaux de France, et les devoirs de sa charge, ainsi que ses missions diplomatiques, l'en tinrent constamment éloigné. Après lui vint Louis de Lorraine, quatrième fils du premier duc de Guise, que, si l'on en croit le *Journal de l'Estoile*, l'on nommait « le cardinal « des Bouteilles, parce qu'il les aimait fort et ne se mêlait « guères d'autres affaires que de celles de la cuisine. » Ni lui ni le cardinal Bertrandi ne parurent une seule fois dans leur diocèse et ne vinrent pas même en prendre possession (1).

Le relâchement des chanoines, après de tels exemples, était excusable. Chacun d'eux avait au moins une cure de campagne, qu'il affermait à un vicaire et où il n'allait jamais. Quelques-uns n'étaient guères plus assidus à l'office de la métropole. « Après le concile de Trente, dit Claude « Haton, aulcuns archevesques et evesques tâchèrent à « faire résider les curés de leurs diocèses et à tollir la plu- « ralité des bénéfices incompatibles, mais n'en purent venir « à bout.... Mgr l'archevesque de Sens (Nicolas de Pellevé), « après son retour dudit concile, exhorta ses chanoines de « faire le pareil (mieux assister au service divin et aban- « donner les cures qu'ils avaient au dehors), mais n'y vou- « lurent entendre (2). » Il alla jusqu'à solliciter une « décla- « ration spéciale du roi en date du 14 août 1562 pour la « résidence des ecclésiastiques dans le diocèse de Sens, » mais elle ne reçut aucune exécution.

Faut-il s'étonner qu'au milieu de tels abus, et sous un régime où les abbayes étaient données en commende à des

---

(1) Rousseau, *Chronique en vers des archevêques de Sens.*
(2) *Mém. de Cl. Haton*, p. 235.

courtisans qui ne s'en occupaient que pour en percevoir les
revenus, les monastères fussent pour la plupart tombés dans
une profonde dissolution et que la vie des moines fût devenue
un objet de scandale. Il faut entendre sur ce point les contemporains tant ecclésiastiques que laïques, et Claude Haton
abonde à cet égard en récits inimaginables et en détails
étranges. Son histoire des quatre pérégrinations des Corde-
lières de Provins n'a rien à envier à celle de la Fiancée du
roi de Garbe. Si, laissant de côté le témoignage des écrivains
du temps, on veut savoir, par exemple, ce qu'était alors
l'abbaye la plus célèbre de la contrée, Saint-Germain d'Auxerre, et qu'on le demande à la tradition intérieure de cette
maison, on le connaîtra par ces paroles qu'écrivait au siècle
dernier le prieur de cette communauté, alors réformée et
devenue un modèle de bonne discipline : « On ne peut sans
« rougir parler de la licence et des vilaines débauches de
« ces moines (1). » Et, même encore au commencement du
xvii° siècle, soixante ans après le concile de Trente, voici ce
qu'étaient les mœurs de ce monastère, au dire de dom Viole,
son annaliste, dont nous transcrivons le texte latin, parce
que son récit ne saurait décemment s'expliquer en français.

*Pietas ex Germanio exulerat. Cereri, Baccho, Veneri
et Mercurio lacrymunda fundum avitum cedere cogitur.*

Aussi quand, en 1620, on envoya aux religieux de ce couvent un prieur austère pour les réformer, c'est, d'après le
même annaliste, avec mille injures et tant à coups de pieds
qu'à coups de poings qu'ils l'accueillirent et le forcèrent à
déguerpir.

Prior à Germanianis petulantioribus monachis, pu-

(1) D. VIDAL, *Lettres sur les Reliques de Saint-Germain.*

*gnis, calcibus, variis que affectus injuriis.... ad proprios
rediit.*

Il y avait donc bien des raisons pour que, dès les premiers
temps où s'agitèrent les questions de réforme religieuse,
elles excitassent dans le pays une vive sensation. Et les
idées nouvelles paraissent y avoir promptement acquis, dans
toutes les classes de la société, de nombreux partisans, que
n'arrêtèrent pas les sévérités des édits et des parlements.
Les premières prédications que Luther avait faites en 1517
contre les abus de la vente des indulgences, et son *Appel
à l'Empereur et à la noblesse allemande sur la réformation du christianisme,* publié trois ans après, avaient eu
dans toute l'Europe un grand retentissement, qu'avaient
suivi presque immédiatement de sanglantes répressions
contre ses adhérents. En 1522, trois chanoines d'Anvers
étaient livrés aux flammes ; et, à Sens, si le sang ne coulait
pas encore, des exemples d'une révoltante sévérité ven-
geaient l'orthodoxie des moindres écarts. C'est ainsi qu'un
habitant de cette ville, appelé Passagne, était fouetté publiquement, par sentence de justice, pour avoir mangé des pois
au lard en carême (1). Dès l'année suivante des poursuites
commençaient en France contre les publications réformistes.
Jean Leclerc était battu de verges et marqué d'un fer chaud
à Paris, et en 1524 il était brûlé à Metz avec un docteur en
théologie appelé Jean Châtelain. Une commission extraordinaire, instituée en vertu d'une bulle du pape, et composée
de deux conseillers-clercs et de deux docteurs en théologie
nommés par le parlement, était chargée à Paris du jugement
des hérétiques. Elle en faisait brûler quatre en 1526, et,

(1) LANCHER DE LAVERNADE, *Histoire de Sens,* p. 168.

après avoir continué ces atroces exécutions les années suivantes, elle profitait de l'absence du roi, alors en Italie, et
de celle de sa sœur la reine Marguerite, pour faire périr sur
le bûcher un savant gentilhomme appelé Louis de Berquin,
qui jouissait de leur faveur particulière. Des ordres royaux
arrêtèrent alors le débordement de ces férocités. Mais elles
reprirent en 1535. Six hérétiques furent brûlés à Paris le
21 janvier de cette année, et le lendemain on brûla encore
la femme d'un cordonnier pour avoir fait gras le vendredi.
On avait d'abord étranglé les victimes avant de les brûler,
puis on les brûla vives, et ensuite, ce que plusieurs historiens se refusent à croire, mais qu'attestent pourtant les relations écrites d'un étranger, témoin oculaire de ces horreurs,
pour accroître la sévérité du supplice, on suspendit les
patients par des chaînes de fer à des bascules « qui, tour
« à tour, les guindaient en l'air et les dévalaient dans les
« flammes. » Cette invention infernale s'appela l'estrapade,
nom que porte encore l'une des places publiques de Paris.
Quelques jours après, un édit du 29 janvier 1535 condamnait
les recéleurs d'hérétiques aux mêmes peines que les hérétiques eux-mêmes, et, pour exciter les dénonciateurs, leur
garantissait le quart des biens des condamnés. Les édits et
les exécutions se succédèrent les années suivantes contre
les assemblées des religionnaires, sans arrêter les progrès
de la propagande réformiste, qu'exaltaient au contraire le
maintien, sinon l'accroissement des abus dans la discipline
ecclésiastique, l'indignation de tant de supplices atroces et
la constance de ceux qui mouraient pour une cause qu'ils
croyaient être la cause de la vérité et de Dieu lui-même. Ces
malheureux sectaires montaient sur l'échafaud en chantant
des psaumes et confessaient leur foi sur le bûcher avec une

intrépidité qui grossissait sans cesse le nombre des prosé-
lytes. La doctrine nouvelle ne tarda pas à se répandre en
province, et dès l'année 1540 elle comptait de nombreux
affiliés dans l'Auxerrois, et particulièrement dans les villes
du bord de la Loire qui faisaient partie de ce diocèse, Gien,
Briare, Cosne, Bonny et la Charité, où la navigation fluviale
et la circulation du seul chemin royal qui conduisît alors
de Paris à Lyon, amenaient un grand nombre d'étrangers.
Pour arrêter l'envahissement de cette contagion, des mesures
spéciales furent prescrites par l'évêché. On envoyait, pour y
faire des missions prolongées, les plus habiles prédicateurs,
et les curés devaient tenir registre des fidèles qui approchaient des sacrements et signaler ceux qui se dispenseraient
d'y prendre part (1). Le Sénonais avait aussi ses prédicants
et ses affiliés, contre lesquels le clergé réclama des poursuites.
Le 5 août 1545 des lettres patentes de François Ier donnèrent
commission à Jacques Leroux, conseiller au parlement,
« pour informer au pays de Sens et terres adjacentes
« contre les prédicateurs et pratiquant l'hérésie et leur
« punition (2). » On ignore les suites de cette mission.
Quels qu'aient pu être ses actes de sévérité, ils ne paraissent pas avoir eu plus d'efficacité que les mesures inquisi-
toriales de l'évêque d'Auxerre. La réforme, en dépit de
toutes les rigueurs, marchait tête levée. Les ministres, un
entre autres, appelé Chaponneau, prêchaient publiquement
à Gien. A l'approche de l'évêque ou de ses délégués, ils
s'éloignaient avec les personnes les plus compromises, pour
revenir aussitôt après le départ de ces dignitaires, en qui le

(1) Lebeuf, *Hist. des Evêques.*
(2) Archives de l'empire, section judiciaire.

pays paraissait avoir perdu toute confiance (1). Et en 1545,
un prêtre de cette ville nommé Étienne Bertin, abjurant son
ministère, et se ralliant aux doctrines du calvinisme, se
mariait publiquement à Cosne. Les condamnations et les
supplices suivirent bientôt. En 1547, Gilles de Barville,
chanoine de Sens et archidiacre de Melun, dénonça comme
hérétique et blasphémateur son propre neveu, Jean Langlois,
avocat à Sens, et, l'ayant fait condamner au bûcher, il fournit
lui-même le bois pour le brûler (2). Ainsi l'intolérance qui
avait déjà banni les sentiments d'humanité, étouffait encore
la voix du sang. C'est ainsi que l'on vit quelques années
après un magistrat de Bar-sur-Seine faire juger et pendre
son propre fils pour crime d'hérésie.

Sous le roi Henri II la sévérité allait toujours croissant.
Les biens des condamnés étaient confisqués. Les courtisans, selon le maréchal de Vieilleville (3), se partageaient
les amendes et les confiscations ; leur intérêt était de
trouver beaucoup de coupables. Le roi assistait souvent
aux supplices. Il alla voir brûler en 1549 quatre hérétiques
dans la rue Saint-Antoine. L'un deux, un tailleur, resta jusqu'à la mort les yeux fixés sur lui d'un regard si terrible que

(1) LEBEUF, *Prise d'Auxerre*, p. 84, et Pièces justificatives III, IV
et V.

(2) Manuscrits du chanoine TUET, LARCHER DE LAVERNADE, *Hist. de
Sens.*; TH. DE BÈZE, *Hist. des Eglises réformées*, I. p. 35. M. de Lavernade donne à ce fait la date de 1540. Le chanoine Tuet le met en
1556. Mais Th. de Bèze le place en 1547 et Il est sans doute d'autant
mieux informé que, selon Tuet, il avait été élevé à Sens, et qu'après
avoir quitté la France, en 1544, il avait conservé des relations dans
cette ville, où il avait un oncle chanoine et conseiller au parlement.

(3) *Mémoires*, liv. III, chap. XIX.

le roi jura de n'en plus aller voir. Les bûchers ne cessèrent
pas pour cela de dévorer de nouvelles victimes. Au mois de
juin 1551 un nouvel édit attribuait la connaissance des crimes
d'hérésie aux siéges présidiaux, et tout délateur avait droit
au tiers des biens du coupable. En exécution de cet édit le
prêtre Étienne Bertin, dont il a été question plus haut, était
traduit au Présidial d'Auxerre, et le 28 septembre 1551 il
était étranglé et brûlé dans cette ville sur la place des
Grandes-Fontaines.

L'on avait cru anéantir l'hérésie par le nombre et l'atrocité
des supplices. Mais on s'apercevait avec effroi que l'hydre
s'était multipliée sous les coups, et qu'on n'avait réussi qu'à
exalter à un degré inouï tout ce qu'il y avait d'énergie dans
l'âme humaine. C'est ainsi qu'un habitant de Neuville, près
de Gien, condamné à Sens en 1557 à être brûlé vif, ne
voulut pas même appeler de la sentence, et qu'il mourut avec
la constance inébranlable d'un martyr des premiers temps
du christianisme. De tels exemples, loin d'épouvanter les
sectaires et de dissoudre leurs associations, ne faisaient
qu'accroître leur nombre et leur ferveur. Ils se trouvèrent
bientôt à Sens en force suffisante pour tenir des assemblées
et se choisir des chefs. Mais le lieutenant-criminel Hémard,
animé d'un zèle ardent dont on verra plus tard d'autres
témoignages, parvint à les découvrir et trois d'entre eux
furent condamnés au supplice. Le premier, Georges Tardif,
fut brûlé à Sens, « avec grande édification de plusieurs, »
dit Théodore de Bèze (1), et les deux autres, un libraire et
un charpentier, qui étaient de Paris, subirent le même sort

(1) *Hist. des Egl. réf.*, t. II, p. 84; Voir aussi le *Martyrologe de
Creppin*, p. 450.

dans cette ville. Les registres du chapitre de la cathédrale
d'Auxerre, corps riche et puissant, qui ne contenait pas
moins de soixante dignitaires et chanoines, recrutés pour la
plupart dans la noblesse et la bourgeoisie de cette ville, non
compris douze semi-prébendés et vingt-quatre chapelains,
constataient que l'année précédente (1556) il faisait informer
contre un sacramentaire (hérétique), et qu'en même temps le
prévôt des maréchaux, sur la demande des chanoinés, se
transportait dans divers lieux du diocèse, et entre autres à
Cosne, pour y juger prévôtalement les dissidents, ou, selon
les termes de la conclusion, y extirper les méchants (1).
L'issue de ces poursuites n'est constatée par aucun document. Mais il est possible qu'elle n'ait pas été moins sanglante qu'à Sens. L'injonction qu'avait reçue le prévôt est
par elle-même assez significative. L'année suivante encore
le vicaire-général Gaspard Damy allait à Gien par ordre
de l'évêque, pour informer contre plusieurs habitants soupçonnés de calvinisme.

Ces rigueurs étaient vaines, et les doctrines de la réforme
faisaient sans cesse de nouveaux progrès à la cour et dans
les provinces, dans les villes et les campagnes, chez les
princes et dans les châteaux de la noblesse, chez les bourgeois comme chez les gentilshommes, parmi les magistrats,
même ceux du parlement, et parmi le clergé lui-même, dans
les presbytères et les prieurés, les monastères et les chapitres,
et jusque parmi les hauts dignitaires, abbés, évêques et cardinaux. Les évêques de Troyes et de Nevers avaient quitté

---

(1) Les registres des délibérations de cette époque sont aujourd'hui
perdus, mais Lebeuf les a cités dans son *Hist. de la prise d'Auxerre*,
p. 87.

leurs siéges pour se faire ministres de la nouvelle religion, et l'abbé de Vézelay, Vauluisant et Saint-Pierre-le-Vif, évêque de Beauvais et cardinal, Odet de Châtillon, suivait ouvertement la doctrine nouvelle et la scellait par son mariage. Si ce n'était pas encore la majorité, c'était une minorité si puissante, qu'elle semblait commander une tolérance, à l'abri de laquelle les esprits se seraient peut-être rapprochés, et, en travaillant pacifiquement à réformer les abus de la discipline, auraient peut-être fini par être ramenés à une même communion et à l'unité du dogme. Certainement, avec les passions violentes de ce siècle et les dissentiments furieux des esprits, cette œuvre devait être aussi longue que difficile. Il ne semble pas, pourtant, qu'elle fût au-dessus des forces d'une volonté souveraine et persévérante, si les intérêts religieux avaient été seuls en jeu ; mais, aux yeux de l'histoire impartiale et réfléchie, les causes qui ajournèrent pour longtemps encore le règne de la tolérance et ouvrirent une ère de guerres, de massacres et de dévastations, qui devait amener la France jusqu'au bord de sa ruine, étaient plus politiques que religieuses.

Le duc Claude de Guise, cinquième fils du duc de Lorraine, était venu pauvre en France, en 1513, et y avait trouvé un riche établissement, qu'il avait payé par de grands et éclatants services de guerre. A l'avénement du roi Henri II, son influence et celle de son frère le cardinal l'emportaient beaucoup sur celles des princes du sang. Les mémoires du maréchal de Vieilleville représentent bien l'état, à cette époque (1), de la cour dominée et dévorée par quatre familles.

(1) Liv. II, chap. X.

La branche aînée des Bourbons était représentée par Antoine, duc de Vendôme, depuis roi de Navarre, son oncle le cardinal Louis de Bourbon (archevêque de Sens), et ses frères Charles, évêque de Saintes (depuis Charles X de la ligue), Jean, comte d'Enghien, et Louis, prince de Condé, qui n'avait que dix-sept ans ; la branche cadette par deux frères, le duc de Montpensier et le prince de la Roche-sur-Yon, qni étaient sans crédit et sans importance. Le connétable de Montmorency avait cinq fils et trois neveux, (Gaspard de Coligny, François, sire d'Andelot et le cardinal Odet, évêque de Beauvais). Si aux Guise et aux Montmorency on ajoute la duchesse de Valentinois avec ses fils et ses gendres, le maréchal de Saint-André avec ses neveux et ses parents pauvres, on connaîtra le nom de ces quatre familles qui dévoraient Henri II comme un lion sa proie.

Au sacre de Henri II, le duc de Guise avait eu le pas sur le duc de Montpensier, sous le prétexte de l'antériorité de sa pairie. Il avait marié l'une de ses filles à Jacques V, roi d'Ecosse, et en 1550 le duc d'Aumale, son troisième fils, gendre du duc de Ferrare, avait eu le même rang qu'Antoine de Bourbon, premier prince du sang. Quand il mourut, en 1551, il laissait six fils en possession d'une immense fortune et des plus riches emplois. Leur faveur se continua pendant tout le règne de Henri II. Après sa mort, le cardinal Jean de Lorraine, oncle de la jeune reine Marie-Stuart, acquit une autorité sans limite sur l'esprit de François II, et en usa sans ménagement pour l'accroissement des richesses et de la puissance de sa famille. Il réunit dans sa main deux archevêchés, Reims et Narbonne, et six évêchés, Metz, Toul, Verdun, Thérouenne, Luçon et Valence, indépendamment de nom-

breuses et riches abbayes. Tous ces bénéfices lui donnaient
cent mille écus de revenu, équivalant tout au moins à trois
millions de francs d'aujourd'hui. Un peu plus tard, devant le
cri public indigné de tant de cumuls , il céda à son neveu,
le cardinal Charles, Reims, Metz et Verdun. Le comté de
Joigny était, selon le président La Place (1), au nombre des
seigneuries qu'il convoitait pour les siens, et il voulait le ravir
au jeune René de Laval, au préjudice de la donation de son
oncle, le marquis de Nesle, cousin éloigné des Guise. Les
mémoires du comte Gaspard de Saulx-Tavannes (2) racontent
le sentiment qu'il éprouvait, lui leur ami et leur serviteur dévoué, en voyant leur avidité à accaparer, pour eux et les leurs,
la richesse et le pouvoir.

« Ils précipitent leur établissement et celui de leurs amis.
« Le comte de Tavannes les dissuade de se tant hâter pour
« le bien de l'estat. N'estant cru, il se retire en son gouverne-
« ment de Bourgogne, prévoyant beaucoup de maleurs. »

Les Guise, dès l'origine, avaient poussé aux voies de rigueur contre les protestants et ils passaient pour les inspira-
teurs de toutes les mesures sanglantes destinées à étouffer la
réforme. Les princes de la maison de Bourbon et la plupart
des membres de la famille du connétable de Montmorency se
trouvaient portés, ne fut-ce que par l'esprit de rivalité qui
leur rendait odieuse la prééminence des princes lorrains, à
favoriser ce parti naissant, dont la puissance ultérieure
pouvait leur fournir un point d'appui. Aussi, dès avant

---

(1) *Mém. sur l'estat de la Religion*, p. 59.
(2) *Mém. de Gaspard de Saulx-Tavannes*, édition du Panthéon
littéraire, p. 245.

la mort de Henri II; le roi de Navarre, le prince de Condé, la
duchesse de Montpensier, Coligny et d'Andelot avaient adopté
la religion protestante. Et les Guise étaient d'autant plus
violents dans leur intolérance, que, dans l'extermination de
l'hérésie, ils voyaient la ruine et l'abaissement assurés
de rivaux qui leur portaient encore ombrage. La conspira-
tion d'Amboise, ourdie par de hardis aventuriers du protestantisme, avec l'aveu tout au moins tacite du prince de
Condé, pour soustraire violemment le jeune roi à la domination des Guise, ne tarda pas à justifier les appréhensions
de Tavannes. Arrêté, jugé, condamné, le prince allait périr
sur l'échafaud, quand la mort du roi François II, survenue le
8 décembre 1560, le sauva. Une politique nouvelle, appuyée
par les États-Généraux d'Orléans, où la noblesse et le Tiers-
État s'étaient déclarés pour la tolérance en matière de religion,
inaugura les commencements de la régence de Catherine de
Médicis. Par un édit du 7 janvier suivant, qui interprétait
dans un sens favorable celui qui avait été rendu en juillet
précédent à Romorantin, la liberté de conscience était proclamée. Les réunions séditieuses étaient seules prohibées et
soumises aux poursuites des tribunaux. Les évêques étaient
seuls juges du cas d'hérésie, mais, jusqu'au prochain concile, ne devaient la combattre que par la force des bonnes
raisons et des bons exemples. Et, le 28 janvier, des lettres
du roi enjoignaient aux parlements « de surseoir à toutes
« poursuites pour le fait de la religion, même contre les per-
« sonnes qui auraient assisté en armes aux assemblées,
« et de mettre en liberté tous les détenus pour ces causes. »
Ces mesures, inspirées par la sagesse du chancelier
Lhospital, en même temps qu'elles comblaient de joie les
protestants, suscitaient dans l'autre parti un vif mécontent-

tement et de profondes défiances. Les Etats-Généraux, avec
la tolérance des cultes, avaient demandé la révision des libé-
ralités prodiguées à des favoris pendant les deux derniers
règnes, et des réformes fondamentales dans l'ordre judiciaire.
Les Guise, le maréchal de Saint-André et le connétable de
Montmorency comprirent qu'ils étaient mis en cause. Ce
dernier qui, auparavant, inclinait vers la tolérance, se ligua
avec les deux autres pour résister à toutes les innovations.
Et le parlement, dans le sein duquel, depuis plusieurs années,
s'était formé un parti favorable à la conciliation, du moment
qu'il crut voir ses intérêts de corps menacés, se montra hostile
au chancelier et à tout projet d'indulgence et de réformation.
Il fit des remontrances et refusa l'enregistrement de l'édit.
Son exemple fut suivi par beaucoup de juridictions provin-
ciales. Le bailliage de Sens fut de ce nombre. Il ajourna à
Pâques la publication de l'édit, malgré l'ordre formel du roi
envoyé par un courrier spécial. Cependant le parti de la réforme comptait dans cette ville et même dans le sein du
bailliage des adhérents nombreux et puissants. Les idées
nouvelles avaient prévalu à Sens dans les élections de la
noblesse pour envoyer un député aux Etats-Généraux, et ce
député, Raguier, vidame de Châlons, avait soutenu devant le
conseil du roi, au nom de ses commettants, la cause de la
tolérance religieuse (1). Le nombre des protestants de cette
ville était déjà si considérable, qu'ils se préparaient à lutter
aux élections de la fin de l'année pour la nomination des
fonctionnaires municipaux, et que peu s'en fallut, en effet,
qu'ils ne l'emportassent. Les haines suggérées au peuple écla_
taient pourtant déjà contre eux. On les insultait à la porte de

(1) LA PLACE, *de l'estat de la Religion*, p. 100.

la maison où ils se réunissaient, et au commencement de cette
année, un d'entre eux y fut assassiné. On n'osa pas excuser
l'auteur de ce meurtre, qui expia son crime sur l'échafaud (1).

Cependant un nouvel édit rendu le 31 juillet avait modifié
en quelque chose celui du mois de janvier. Tout en portant
amnistie pour toutes les choses provenant du fait de la religion et en maintenant la liberté de conscience, il ne tolérait,
jusqu'à décision du concile prochain, les assemblées religieuses des réformés qu'autant qu'elles ne seraient pas
publiques. Il enjoignait, au reste, à toutes personnes de vivre
en union et amitié ; il recommandait la modération aux prédicateurs, et défendait de faire violence, sous quelque prétexte que ce fût, de religion ou autre, et ce sur peine de la
hart.

De ce jour les réformistes durent renoncer provisoirement
à tenir des réunions publiques, comme ils avaient commencé
à le faire. A cette époque ils étaient déjà nombreux et organisés en associations dans la plupart des villes de nos contrées. A Auxerre, ils avaient pour appuis, non publiquement
déclarés encore, mais déjà secrétement affiliés, plusieurs
personnages puissants, et notamment trois magistrats ; Jacques Chalmeaux, homme renommé pour sa grande science
et son intégrité, alors prévôt du comté et qui, en 1563,
devait devenir lieutenant-général ou président du bailliage (2),
Louis Girardin, conseiller au bailliage, et Etienne Sotiveau,

<hr>

(1) Arch. de la ville, *Essai historique manuscrit du D' Crou.*

(2) La vénalité des charges avait été abolie par des édits de 1559 et
1561. Les corps judiciaires présentaient pour remplir les places va-
cantes trois candidats entre lesquels le pouvoir royal choisissait. En
1567, on revint à la vénalité. On peut apprécier la considération dont
jouissait Jacques Chalmeaux, par l'élection qui le porta de la prévôté, à

avocat du roi près ce siége. A Sens, ils comptaient dans leurs rangs quatre conseillers au bailliage, Hodoard, Boulenger, Maslard et Pailly, le procureur du roi Penon, l'avocat du roi Gibier, le prévôt Claude Gouste; trois avocats, Châlons, Maurin et Royer; plusieurs gentilshommes et personnes investies de fonctions publiques et un grand nombre de bourgeois et marchands. Ils avaient ce qu'ils appelaient des églises à Avallon, à Villeneuve-le-Roi, à Noyers; à Cravant, à Vézelay, à Toucy, à Entrains, dans les villes riveraines de la Loire, Gien, Cosne, Briare et la Charité, et enfin dans beaucoup de villes ou bourgs de moindre importance. L'église de Noyers envoyait en 1562 une adresse à celle de Genève. Et le trésorier de la cure de Toucy réclamait cette année là une réduction de 200 livres, « pour la diversité de la religion, « attendu qu'ils sont tant de la ville, fauxbourgs, que de la « paroisse, plus de 120 tant hommes que femmes, plusieurs « enfants baptisés, et plusieurs inhumés hors de la cognois- « sance de l'église de Toucy (1). » Aussi le clergé catholique était fort ému de leurs progrès. Le 18 avril 1561, le chapitre de la cathédrale d'Auxerre ordonnait à chaque chanoine en mission au dehors pour la gestion des biens communs, d'informer, dans les bourgs et villages de son département, contre les personnes qui paraissaient avoir des sentiments contraires à la foi, et il n'était pas assuré que l'ennemi ne s'était pas glissé jusque dans son sein, car le 22 juin sui-

la tête du bailliage, tribunal important qui ne comptait pas moins de 20 magistrats, et duquel ressortissaient 430 justices seigneuriales. On en pourrait conclure aussi que la majorité de ce corps était favorable au protestantisme.

(1) Bibl. imp., Ms. fr. n° 9,873, fonds Delamarre. LEBEUF; Th. DE BÈZE; Archives de l'Yonne, C. 140, p. 70 ; *Mém. de Condé*, IV, p. 336 ; dans le Recueil manuscrit de M. Quantin.

vant, il faisait défense à tout chanoine, sous peine d'amende ou de plus grande punition, de recevoir chez lui aucun de ceux qui étaient suspects d'hérésie (1).

Il faudrait connaître bien peu l'esprit humain, et surtout l'esprit français, pour croire que les protestants jouissaient avec une calme modération des avantages qu'ils venaient d'obtenir. Tous les témoignages sont d'accord, au contraire, pour constater que, voyant dans la tolérance des édits un prélude au triomphe et à la suprématie de leurs doctrines, ils rêvaient déjà l'abolition de la religion catholique et les églises livrées exclusivement à l'exercice de leur culte ; et, dans l'exaltation de leurs espérances, beaucoup d'entre eux tournaient publiquement en dérision les mystères, les dogmes et les symboles du catholicisme, insultaient ses croyances par des épithètes injurieuses et allaient quelquefois jusqu'à troubler les processions par leurs moqueries. Quelques-uns même commençaient à briser les statues des églises (2). Ils se croyaient au moment de vaincre et de dominer à leur tour, et, dans leur pensée, c'étaient leurs adversaires qui allaient être bientôt traités en hérétiques. D'ailleurs le principe de tolérance que leurs apôtres avaient invoqué lors de la naissance de leur secte, quand ils étaient faibles encore, avait cessé, plus tard, d'être, pour beaucoup d'entre eux, dans les lieux soumis à la domination de leurs doctrines, une sainte et divine maxime. Luther avait dit, en 1520, dans son *Appel à l'Empereur* : « Il faut vaincre les hérétiques par l'écriture et « non par le feu. Cela est contre le Saint-Esprit. » Après lui

(1) LEBEUF, *Prise d'Auxerre*, p. 89.
(2) CL. HATON, t. I, p. 122 ; *Mém. de Condé*, t. III, p. 360; Henry MARTIN, t. IX, p. 79.60.

Zwingli avait écrit : « Tous sont sans droit et sans pouvoir « pour contraindre un seul à croire. » Mais le spectacle de tant d'échafauds et de bûchers élevés en tant de lieux, et surtout dans les Pays-Bas et en France, finit par pervertir toutes les idées et corrompre tous les cœurs, même dans le parti des persécutés et des martyrs. Les terribles et sanglantes insurrections des anabaptistes d'Allemagne jetèrent aussi le trouble dans les âmes. On commença à frapper ces insurgés comme séditieux et brigands, puis comme hérétiques et séditieux à la fois. Le synode de Hambourg, où fut représenté tout le protestantisme allemand, promulgua des lois de mort contre quiconque professerait les doctrines anabaptistes. Luther et Mélanchton approuvèrent. Calvin plus tard ne fit que suivre. Le bûcher sur lequel il fit monter Servet en 1553 avait été sanctionné d'avance, et Théodore de Bèze eut, en 1560, la triste gloire de donner la formule de cette réaction du protestantisme contre ses meilleures origines, dans son livre *De Hæreticis a magistratu civili puniendis.*

D'un autre côté, les catholiques ardents se révoltaient à la pensée de voir ces sectaires, traqués naguère comme des suppôts du malin esprit, prêcher librement leurs blasphèmes et vociférer leur incrédulité ; de voir célébrer ouvertement ce culte qui, aux yeux de l'orthodóxie, était une damnable impiété. Et la chaire catholique qui, dirigée par des moines sortis des rangs du peuple, était à cette époque la plus haute expression de l'opinion populaire, dont elle subissait par conséquent les agitations et les préjugés, au lieu de calmer les discordes et les passions, s'efforçait trop souvent de les enflammer, et volontairement ou involontairement provoquait à de sanglants excès. La chaire exerçait alors sur les masses l'empire que les journaux ont conquis plus tard, et son pouvoir

était même bien plus grand, car elle seule alors avait le privilége d'entretenir le public de tout ce qui, dans les événements
du jour, pouvait l'émouvoir. Elle pouvait d'autant mieux
inspirer à son gré la terreur ou l'audace, apaiser ou déchaîner
les tempêtes sociales, que sa voix, soit qu'elle gémît, soit
qu'elle tonnât, retentissait toujours comme celle de l'église
parlant au nom de Dieu lui-même (1). Un de ceux dont la parole exerçait alors dans notre contrée une influence irrésis-
tible, était un moine dominicain appelé Pierre Divolé, qui,
né près d'Auxerre dans la pauvreté, mais ayant annoncé
dès son enfance une intelligence et des dispositions remarquables, avait été recueilli par la charité prévoyante des
habitants, et élevé avec prédilection par les chanoines de la
cathédrale (2). La réputation de profond savoir et de chaleu-
reuse éloquence qu'il avait acquise dans sa ville natale le fit
appeler à Provins en 1560 pour y prêcher le carême, et Claude
Haton, qui l'y vit, en fait le portrait suivant : « Homme de
« sainte vie, droit de corps, de grande corpulence, bigle
« d'un œil (louche), noir de visage, rude de parole, âgé de
« 40 à 50 ans, des plus savants et mieux versés qui fussent

---

(1) « Les historiens du temps sont d'accord avec les critiques sur la
singulière omnipotence, sur l'espèce de dictature exercée par les sermonaires de cette époque ; de Thou, Davila, L'Estoile l'attestent tout
comme la Satire Ménippée..... Comme les sermonaires, transformés
en hommes politiques, et le plus souvent en tribuns, parlaient de
tout, annonçaient les premiers les nouvelles, dirigeaient les factions,
et, à côté du fait particulier donnaient toujours le précepte, il se
trouve que, par eux, on touche successivement en quelque sorte à
tous les côtés de la ligue, aux événements comme aux doctrines. »
CH. LABITTE. — *Essai sur les Prédicateurs de la Ligue.*

(2) LEBEUF, *Hist. d'Auxerre*, t. IV, p. 406, éd. de 1855.

« en son ordre, voire de toutes qualités par toute la France,
« grand exterminateur de toute fausse doctrine, grand adver-
« saire des huguenots et de leur hérésie (1). » Il prêcha
dans cette ville avec une si grande violence contre *la coupable tolérance* des puissants du jour, et invectiva avec une
telle véhémence la reine-mère, le lieutenant-général du
royaume et les membres de leur conseil, dont le *criminel
esprit de conciliation* conduisait, selon lui, l'église à sa
ruine, que les magistrats dressèrent à l'instant contre ce prédicateur séditieux une information qui fut envoyée au roi,
mais que le crédit du duc de Guise parvint à faire mettre à
néant (2). Il n'en fut que plus encouragé dans une hardiesse
qui partait d'ailleurs d'une âme ardente, mais sincère et
convaincue. L'année suivante, en prêchant à Angers contre
l'hérésie, il enflamma tellement les passions de son auditoire,
qu'un homme qui voulut sortir, et qu'à son langage, on prit
à tort ou à raison pour un huguenot, fut à l'instant poignardé
dans l'église (3). Nous n'avons pas été à portée de vérifier
l'esprit et le ton de ses sermons, dont on a pourtant imprimé
un recueil, qui ne se trouve plus dans aucune des bibliothèques publiques de Paris ; mais le récit de Cl. Haton suffit
pour en donner une idée, et il est peut-être permis d'en juger
par celui des prédicateurs le plus en renom de cette époque.
Voici, par exemple, un passage de ceux que prêchait cette
année là à Paris Simon Vigor, docteur de Sorbonne, curé de
Saint-Paul, recteur de l'Université, et qui fut plus tard élevé
à l'archevêché de Narbonne.

(1) *Mémoires*, p. 138.
(2) *Ibid,*
(3) *Hist. des églises réformées*, par Th, de Bèze. t. I, p. 461.

« Notre noblesse ne veut frapper... n'est-ce pas grande
« cruauté, disent-ils, de tirer le couteau contre son oncle,
« contre son frère? Viens ça davantage ; lequel t'est plus
« propre, le frère catholicque et chrestien, ou bien ton
« frère charnel huguenot? La conjonction ou affinité spiri-
« tuelle est bien plus grande que la charnelle, et, partant, je
« dis que, puisque tu ne veux pas frapper contre les hugue-
« nots, tu n'as pas de religion. Aussi quelque matin Dieu
« en fera justice et permettra que cette bastarde noblesse
« sera accablée par la commune. Je ne dis pas qu'on le
« fasse, mais que Dieu le permettra (1). »

Sous le feu de ces invocations démocratiques aux passions
des masses contre l'indifférence, sinon la faveur, avec laquelle
les réformes étaient accueillies par les classes supérieures
de la société, aucun des excès populaires, dont il y eut alors
tant d'exemples, ne peut étonner. Aussi, l'exaltation du
peuple d'Auxerre, soumis à de pareilles prédications, ne
tarda pas à faire explosion dans une émeute dont les faits
que nous prenons dans le récit de Lebeuf (2), ne permettent
pas d'ailleurs de révoquer en doute la préméditation et l'impulsion extérieure. Le 9 octobre 1561, les protestants, qui
n'avaient pas encore de ministres, étaient réunis entre sept
et huit heures du matin dans une grange, (de Bèze dit, dans
un pressoir situé en une rue détournée), pour faire la prière
en commun. La réunion n'était pas publique et dès lors ils
agissaient conformément aux permissions de l'édit. Mais ils
furent surpris par des prêtres qui sans doute les faisaient
épier, et presque aussitôt ils entendirent sonner le tocsin qui

(1) *Sermons* de Vigor, éd. de 1587, t. II, p. 25.
(2) *Prise d'Auxerre*, p. 90.

attira bientôt une foule nombreuse autour du lieu où ils s'é-
taient rassemblés. Au premier bruit de la cloche d'alarme ils
se séparèrent et, ajoute l'historien dont nous transcrivons
le texte, « la populace tant de la ville que de la campagne,
« dont le nombre s'éleva bientôt à plus de deux mille per-
« sonnes, fâchée de ne les avoir point trouvés sous ses mains,
« commença sur les dix heures à se jeter dans leurs mai-
« sons et en pilla une trentaine ou environ. Le magistrat fit
« tous ses efforts pour les arrêter ; il n'en put venir à bout.
« Mais, sur la fin du tumulte, il en fit mettre trois en pri-
« son, avec quelques enfants que leurs parents retirèrent
« presque aussitôt. »

Les mémoires du comte de Saulx-Tavannes, alors lieutenant-
général en Bourgogne, qui parlent en peu de mots de ce
saccagement odieux, lui donnent pourtant un caractère formidable, et ajoutent, ce que n'a pas raconté l'abbé Lebeuf,
que plusieurs huguenots y furent tués (1). Le chapitre de la
cathédrale arrêta le surlendemain que l'on ferait le dimanche
suivant une procession à Saint-Germain, pour prier Dieu
d'apaiser les tumultes populaires et pour la conversion des
« malversants à la foi chrétienne. » Il est douteux que cette
manifestation fût propre à calmer les esprits. Mais les suites
de l'émeute n'en furent pas moins sanglantes. La cour s'était
émue de ce grave attentat contre la loi, de cette sédition
audacieuse, et de cette attaque en troupe contre la propriété
et la vie de gens qui n'avaient fait qu'user des permissions
royales. Tavannes vint promptement à Auxerre par le commandement de la reine-mère pour venger tant de crimes, et,
tout hostile qu'il était au parti protestant, lui qui regardait les

(1) *Mém.* de Gaspard de Saulx-Tavannes, p. 274.

édits de tolérance « comme des portes par où les protestants
entraient en France, » et s'opposait à leur enregistrement (1),
néanmoins il n'hésita pas à faire pendre les trois prisonniers. Mais en même temps, de peur, sans doute, de trop
rassurer les huguenots, il fit aussi pendre en effigie cinq
d'entre eux (2), coupables apparemment d'avoir trop énergique-
ment défendu leurs maisons contre le pillage, et cinq autres
furent par lui bannis de la ville avec confiscation de leurs
biens. Ses mémoires ne parlent pas expressément de ces
sévérités étranges contre des victimes de la violence populaire, qu'il frappait au lieu de les protéger, comme on lui
en avait donné la mission; mais les quelques mots qu'ils
contiennent à ce sujet n'en sont pas moins significatifs.

« Il recevait (le sieur de Tavannes) différentes dépêches de
« la cour. Celles de MM. de Guyse portoient qu'il falloit tout
« tuer (les huguenots, bien entendu), et la royne tout sauver.
« ...... Le sieur de Tavannes, cognoissant le dessein de la
« royne de maintenir la division, ne pouvoit l'approuver (3). »

Ainsi, il condamnait la sédition et l'attaque par esprit
d'ordre et sévérité de justice, et la résistance à l'émeute par
haine contre ceux qui rompaient l'unité religieuse.

Les réformés d'Auxerre ne renoncèrent pas pour cela aux
assemblées dont l'édit leur assurait le droit, mais ils résolurent alors d'aller les tenir hors de la ville, et ils choisirent

(1) *Mém.* de Gaspard de Saulx-Tavannnes, p. 269.
(2) Lebeuf a supposé à tort une mise à mort de ces protestants.
Voir de Bèze, *Hist. des égl. réf.*, Ire partie, p. 768, citée par lui, qui dit
que les trois émeutiers furent pendus *en personne,* et que ces cinq
huguenots furent pendus *en figure.*
(3) *Mém.* de Gaspard de Saulx-Tavannes, p. 274.

le bourg de Chevannes, qui en est à deux lieues. Ils
étaient là à portée d'être protégés par deux gentilshommes
de leur parti, Jehan de la Borde, seigneur de Serin (1) et
Marraffin de Guerchy, seigneur d'Avigneau (2). Mais les catholiques ne pouvaient s'habituer au régime de la coexistence de
deux religions, et l'exemple éclatant des sévérités récentes
ne put les empêcher de comploter une nouvelle attaque.
Un jour que les huguenots revenaient de leur prêche, ils
trouvèrent les portes de la ville fermées, et un parti d'hommes
armés en sortit pour les repousser. Les protestants avaient
sans doute appris quelque chose du complot, car il se trouva
là quinze cavaliers de leur secte qui, venant à leur secours,
chargèrent les assaillants, en tuèrent trois, en blessèrent
quelques autres, et rendirent le passage libre (3).

De pareils mouvements éclataient de toutes parts. C'est
ainsi qu'à Paris, le 27 décembre, avait lieu, près de l'église
de Saint-Médard, un sanglant engagement, dont les deux
partis s'imputaient réciproquement les torts, et dans lequel
le guet, qui était la police d'alors, avait pris parti pour les
huguenots, comme ayant été les premiers provoqués et attaqués. Le gouvernement voulut mettre un terme à ces sédi-

(1) Serin, hameau de la commune de Chevannes, département de
l'Yonne, à 8 kil. d'Auxerre.

(2) Guerchy ou Garchy, commune du canton de Pouilly, département de la Nièvre ; Avigneau, hameau de la commune d'Escamps,
canton de Coulanges-la-Vineuse, à 12 kil. d'Auxerre. — François
Marraffin (nous rétablissons l'orthographe de son nom d'après des
actes notariés qui portent sa signature), était seigneur de Guerchy, et
avait épousé Marie Dechamps, veuve de Guillaume de Chuyn et dame
d'Avigneau.

(3) LEBEUF, *loco citato*.

tions intolérantes par un nouvel édit du 27 janvier 1561 (1),
qui, « en prohibant jusqu'à nouvel ordre les assemblées reli-
« gieuses des protestants dans l'intérieur des villes, les
« autorisait expressément en dehors de leur enceinte, enjoi-
« gnait de ne pas troubler ceux de la nouvelle religion
« lorsqu'ils s'y rendraient, ordonnait la punition de tous les
« séditieux, de quelque religion qu'ils fussent, et prohibait
« d'ailleurs formellement le port d'armes, si ce n'est pour
« les gentilshommes qui restaient en droit de porter leurs
« dagues et épées. »

Les prédicateurs catholiques se déchaînèrent partout avec
violence contre ce nouvel édit. Le curé Vigor, dont il a déjà
été question, accusa hautement en chaire le roi, la reine-
mère et le conseil de régence, de vouloir ruiner et abattre le
catholicisme. Claude Haton, qui rapporte ce fait (2), dit qu'on
voulut l'arrêter comme coupable du crime de lèse-majesté,
et qu'il se cacha pendant quelque temps. « Mais, ajoute-t-il,
« on s'en tint là, parce que les rapportz faits de tous les
« aultres gouverneurs de Paris et de la France les taxoit en
« chascun de leurs sermons de pareille façon qu'avoit fait
« ledit Vigor. »

Il paraît même y avoir eu à Auxerre des tentatives pour
résister à l'édit. C'est ce que l'on peut induire du fait raconté
par Lebeuf (3), que « les ecclésiastiques résolurent, le 23
« mars, de tenir, au sujet du progrès de l'hérésie, des con-
« férences avec Messieurs de ville et chargèrent même leurs

---

(1) L'année ne commençait alors qu'à Pâques. Ce n'est qu'à partir
de 1564 que son commencement été a reporté au 1er janvier.

(2) *Mém.*; p. 214.

(3) *Prise d'Auxerre*, p. 92.

« députés de fournir aux dépenses nécessaires pour la con-
« servation de la religion. » Quoiqu'il en soit, il s'écoula
plusieurs mois pendant lesquels les protestants de cette ville
purent aller librement où ils pensaient que leur conscience
les appelait, et entendre, sans être troublés, ce qu'ils croyaient
être la parole de Dieu.

Il ne paraît pas que Joigny et Tonnerre eussent alors beaucoup de protestants dans leur sein. Avallon en avait quelques-uns. Mais rien n'indique qu'il y soit né des troubles à
leur occasion dans cette première période. Tonnerre n'était
pas encore remis des désastres d'un grand incendie qu'il avait
subi en 1555, quand, à la suite de l'évènement d'Amboise, et
à raison des craintes qu'inspirait le voisinage de Tanlay,
résidence habituelle de d'Andelot, et de Maligny, domaine de
Jean de Ferrière, l'un des chefs secondaires les plus actifs
des complots protestants, les habitants se crurent dans la
nécessité de réparer les murs et les portes de la ville. On
renouvela ou consolida les herses, ponts-levis, barrières,
canonnières, bascules, etc. Les revenus étaient insuffisants
pour acquitter cette dépense ; on fit des emprunts qui furent
remboursés en 1563, au moyen d'impôts spéciaux autorisés
par le roi sur les habitants (1).

(1) Archives de la ville. Notice de M. Le Maistre, dans le Bulletin de
la Société des Sciences de l'Yonne de 1850, p. 433.

CHAPITRE II.

Année 1562. — Massacres des huguenots a Vassy, a Sens et a Céant en Othe. — Insurrection protestante. Révocation des édits de tolérance. Guerre engagée. Réprésailles sanglantes et dévastations des églises. — Expulsion d'Auxerre des principaux protestants. Nouvelle émeute catholique et assassinats dans cette ville. — Entrains, Gien, La Charité. — Passage des reîtres auxiliaires. Saint-Cyr-les-Colons, Jussy, Mailly-le-Chateau. — Tonnerre, Avallon, Girolles. — Bataille de Dreux. Paix d'Amboise. Départ des reîtres.

Il semblait, après l'édit du 15 janvier 1561, qu'à la suite de la triste épreuve que l'on venait de faire des fureurs et des désastres qu'avait produits le régime de la contrainte et des sévérités, la tolérance et la paix allaient dorénavant régner partout. Mais la sécurité ne dura guère et les passions politiques et religieuses ne tardèrent pas à se signaler par de tristes excès. Le duc de Guise en donna le premier signal à Vassy. Les faits qui s'y passèrent, longtemps obscurcis en sens divers par les récits intéressés des partis, sont maintenant bien éclaircis pour l'histoire. Ce prince, quittant son château de Joinville pour aller à Paris, avait été sollicité par sa mère de mettre un terme au scandale que lui paraissait causer l'affluence nombreuse qui assistait à l'exercice du nouveau culte, dans le bourg de Vassy. Le ministre calviniste, qui y

était installé, avait agi sans doute avec plus de zèle pour sa
foi que de sentiment des convenances. Toutefois, ce bourg
n'étant point une ville fermée, le prêche y était légalement
ouvert. Mais ce n'est guère de légalité que se préoccupait le
prince, dans son orgueil et ses préjugés religieux également
blessés par un édit qui lui semblait abaisser à la fois et la
dignité de sa famille et de son parti, et l'honneur de
sa religion. Il partit avec une nombreuse escorte de gens
de guerre, et le dimanche 29 mars, à l'heure du prêche,
il arrivait pour fermer le temple d'autorité et disperser ses
adhérents. A son lit de mort, il se défendit d'avoir prémédité
davantage, et il n'est pas hors de vraisemblance, en effet,
que sa pensée ne se fût pas arrêtée à la possibilité que des
paysans ou d'humbles bourgeois osassent résister à un si
puissant personnage marchant à la tête de plusieurs centaines
d'hommes d'armes. Quoiqu'il en soit, ceux de ses gens par
lesquels il envoya sommer le ministre et les notables huguenots de venir le trouver, débutèrent, en entrant dans la vaste
grange qui servait de temple, par des injures et des coups
de feu tirés en l'air. Les réformés, croyant à une attaque,
essayèrent de la repousser et de se barricader. Mais les
arquebusiers du duc arrivèrent et une lutte s'engagea entre
trois ou quatre cents soldats armés et un millier d'hommes,
de femmes et d'enfants n'ayant que des pierres et des bâtons.
Le duc était accouru pour arrêter le désordre, à ce qu'il a
prétendu depuis, mais, malgré les instances de la duchesse
sa mère, qui, selon une relation, suivait dans une litière, et
qui l'envoya prier de faire cesser cette tuerie, il n'arrêta rien,
et quelques pierres ayant atteint un de ses officiers et lui-
même, la rage de ses gens redoubla, le carnage dura une
heure entière dans la grange, sur le toit, dans la rue. Soixante

personnes des deux sexes restèrent mortes sur la place et plus
de deux cents furent grièvement blessées. Davila, qui donne
presque toujours son approbation aux mesures extrêmes,
et qui n'est pas suspect en cette circonstance de partialité
contre le duc, lui attribue d'avoir dit, en mettant la main sur
la garde de son épée, ce mot caractéristique contre l'édit de
tolérance : « Patience, cet édit, dont l'attache est si forte,
« passera bientôt par le tranchant de celle-ci ! (1) »

Cet odieux massacre, en même temps qu'il suscita un cri
d'horreur, non seulement parmi les protestants, qui, à cette
nouvelle, s'emparèrent aussitôt d'Orléans comme place de
sûreté, mais parmi tous les hommes chez lesquels les passions religieuses n'avaient pas éteint tout sentiment d'humanité, excita à un degré inouï l'ardeur de ceux, malheureusement bien nombreux alors, à qui leur exaltation persuadait
qu'il n'y avait de salut pour la France que dans l'extermination des hérétiques. Les mœurs de ce siècle, violentes et
brutales, avaient acquis un nouveau degré de férocité par
l'influence de la législation intolérante et sanguinaire pro-
mulguée par tant d'actes et appliquée par tant de supplices
dans les quarante dernières années. La ville de Sens contenait un trop grand nombre de ces hommes inexorables, aux
yeux de qui tout huguenot était digne de mort, et dont la
sombre énergie ne reculait pas devant la pensée d'un assassinat en masse de ces odieux novateurs. Dans cette mal-
heureuse ville, agitée alors des plus violentes passions,
qu'entretenait peut-être de son château de Vallery le maréchal de Saint-André, et qui, selon d'autres récits, étaient
surtout échauffées par les agents du cardinal-archevêque

(1) *Histoire des guerres civiles de France*, l. III, p. 192.

Louis de Guise, devait s'accomplir une sanglante catastrophe, dans le récit de laquelle nous écouterons successivement les témoignages contradictoires des deux partis. Voici d'abord le récit des écrivains protestants.

Le lieutenant criminel du bailliage, Robert Hémard, qui était en même temps bailli particulier, tant du cardinal-archevêque, que du maréchal de Saint-André seigneur de Vallery, et qui depuis deux ans joignait à ses fonctions judiciaires celles de maire de la ville, s'était déjà signalé par la rigueur inflexible de ses sentences contre les hérétiques. L'aversion qu'il ressentait contre eux s'était sans doute fortifiée de toute la haine que leur portaient les personnages puissants dont il était le préposé et le pensionnaire, et les huguenots lui étaient devenus d'autant plus odieux, qu'ils s'étaient efforcés, aux élections dernières, de l'écarter de la mairie, et qu'ils avaient été sur le point d'y réussir. Ceux-ci, pour se conformer à l'édit qui ne permettait leurs assemblées qu'en dehors des villes, avaient acheté hors de l'enceinte des fortifications de Sens un terrain pour y construire une vaste salle à leur usage. Les maire et échevins, apprenant leur dessein, avaient résolu d'échauffer contre ce projet les passions populaires, pour en empêcher l'accomplissement. Une délibération qu'ils avaient prise le 22 février (1), portait :

« Pour ce que plusieurs personnes en la ville de Sens sont
« non seulement infectées de l'hérésie luthérienne et opinions

---

(1) Le registre des délibérations, que nous avons vainement cherché dans les archives do la ville, y existait encore il y a peu d'années. Heureusement M. le docteur Crou avait pris copié autrefois des documents les plus importants, que nous citerons d'après ses manuscrits.

« nouvelles, mais seroient dans l'intention de planter publi-
« quement, pour prédications qu'ils veulent faire en ung lieu
« qu'ils y ont destiné, un parloir fermé hors de la ville à ung
« .endroit appelé le Marché aux pourceaux, a été advisé que
« les frères prescheurs des Jacobins seront priés de la part
« de la ville d'employer ce qu'ils pourront, comme ils ont
« fort bien commencé, à résister et prescher contre...........
« et leur sera à la fin du caresme, baillé à chascun d'eux la
« somme de dix livres tournois, dont sera baillé mandat à
« prendre sur les patrimoniaux. »

Cette tentative d'opposition violente échoua. L'édifice entrepris par les réformés avait été construit avec tant d'activité,
qu'avant la fin de mars il était en état d'être occupé. Alors,
ils adressèrent au maire Hémard une requête, signée de
deux avocats et de deux procureurs, pour l'informer de
la prochaine ouverture de leur prêche, afin qu'il pût, si
bon lui semblait, y assister pour s'assurer que tout s'y
passerait conformément aux lois. A défaut de cette pièce,
qui n'existe plus, nous pouvons citer le texte de la réponse
qu'y fit Robert Hémard (1). Elle éclaire d'une vive lumière
la situation. On y voit d'une part la résistance décidée du
magistrat aux édits du roi, et les appréhensions, ou plutôt
les menaces d'agitations populaires qu'il oppose aux instances
des réclamants, et d'autre part les reproches qu'il leur
adresse, reproches qui se résument à alléguer que leur culte
n'est qu'une nouveauté téméraire. Il est remarquable, du
reste, qu'il ne leur impute ni brisement d'images, ni insultes
au culte catholique ni aucun de ces actes d'impiété ou d'in-

(1) *Réglements de l'Hôtel-de-Ville*, d'après la copie de M. le docteur
Crou.

tolérance qui, ailleurs, n'avaient été que trop familiers aux protestants, et dont, sans doute, ceux de Sens avaient eu le bon esprit de s'abstenir.

« Réponse de maître Robert Hémard, lieutenant-criminel
« et maire de la ville de Sens, à M⁽ˢ⁾ Claude-Aubert, Pierre
« Guyot, avocats, Jehan Balthazar et Pierre Jamard, pro-
« cureurs de iceulx qui se disent fidèles de l'église réformée
« de Sens ;

« Que ne trouvons et n'y auroit non plus expédient plus
« certain et mieux assuré pour le repos public de la ville de
« Sens et entretenement de la paix et tranquillité, que les
« suppliants confessent par leur requête y avoir été continuée
« jusqu'à ce jour, que s'abstenir de faire assemblée et pres-
« ches dans ladicte ville et fauxbourgs d'icelle, deffendus par
« les édicts et ordonnances du roy et inaccoutumez audict
« Sens, et au contraire que, en y introduisant et faisant nou-
« veaux presches par les non envoyez ès lieux où elles ne
« furent oncques faictes ni reconnues, on blessera le repos
« public, on ne prestera l'obéissance due au roy, et il y a
« crainte de mettre la ville en péril et dangers par les incon-
« vénients qui peuvent en subvenir ; que si les supplians
« entendent que aucun d'eux se mettent en teste que par un
« dernier édict du roy il leur soit tolli faire et innover tels
« presches, ils doivent avoir patience que ledict édict soit vu
« que par publication de la cour de parlement venue jusqu'à
« nous, cependant se contenter de recevoir la parole de Dieu
« qui leur a esté donnée et à leurs prédécesseurs purement
« .... sincèrement, et la vérité annoncée jusqu'à ce jour
« par ceux qui en ont la charge et y ont été appelés selon
« l'observance de l'église catholique, sur laquelle les roys de
« France se sont de tout temps religieusement réglés et heu-

« reusement conduitz au repos de leurs sujectz. En ce faisant
« ne sera la condition des supplians pire que celle des roys,
« et non pas, comme ils le disent au commencement de leur
« requeste, pire que celle des bêtes brutes.

   « Partant les requérons, et faisant néanmoins justice, leur
« faisons deffense de s'assembler et faire ni souffrir faire
« nouveaux presches, leur enjoignant d'attendre et de sus-
« pendre l'exécution de leur entreprise première non auto-
« risée, jusqu'à ce qu'ils entendent certainement de nous
« aussi ce qu'il aura plu au roy par édict qui sera publié en
« la cour de parlement, arrêté et ordonné sur le différend de
« la religion et repos public et sous les peines portées par
« les édictz du seigneur roy sur ce faicts et reçus, par les-
« quelz nous ne devons nous trouver aux presches et assem-
« blées nouvelles mentionnées en ladicte requeste, d'aultant
« qu'elles sont prohibées et deffendues. Leur déclarant qu'au
« cas où il adviendrait inconvénient, nous nous adresserions
« par voie de justice aux principaux et plus apparents de la
« compagnie, les rendrions responsables de tous ceux y
« allans sous leur ombre et indue auctorité, ferons doré-
« navant entier devoir et de toutes partz ferons cesser
« toute émotion de quelque part qu'elle procède, et, comme
« nous sommes avertis qu'à la première émeute qui se fera
« au nom des suppôts et adhérens à la religion des supplians,
« s'y doivent trouver secrètement à leur suite et y sont pré-
« parés, qu'ils nous haïssent, qu'ils doivent nous occire à
« leur suite et saccager nos maisons, que oultre la sureté
« que nous, comme juge établi par la Majesté du roy, notre
« souverain seigneur, nous devrons maintenir à l'encontre de
« tous autres, déclarons d'abondant que nous nous mettons
« en la garde de tous ceux qui se pourront trouver à cette

« assemblée ou suite d'icelles, au cas que, contre les édictz
« du roy et deffenses ci-dessus conformes à iceulx, elles se
« fassent ou attentent à se faire ; et, entérinant à cet égard la
« requeste qui présentèment a été faicte par Me Noël Mon-
« court, avocat du roy, seront faictes deffenses sous l'aucto-
« rité du roy, par les carrefours de la ville de Sens, de porter
« dans ladicte ville et fauxbourgs armes et bastons, si ce ne
« sont les personnes auxquelles il est permis d'en porter
« par les édictz du roy sur ce faicts et dernièrement publiés à
« Sens, le tout sous les peines y portées. »

Ainsi, plus de deux mois après la promulgation de l'édit
de paix, et quand depuis plusieurs semaines déjà le parlement, non sans résistance, il est vrai, avait enregistré cet édit,
l'échevinage de la ville de Sens déclarait ne pas le connaître,
niait même son existence et s'opposait aux assemblées des
réformés. Ceux-ci, se fondant sur l'autorité de la loi, crurent
alors pouvoir passer outre, et le 29 mars ils inaugurèrent
leur salle. Leur assemblée ne comprenait pas moins de
six cents personnes, tant de Sens que des environs. Hémard
avait fait dès le matin fermer deux des trois portes par
lesquelles on pouvait aller au prêche, et des personnes
apostées à la porte *commune*, la seule qui fut restée
ouverte, pouvaient prendre les noms de tous ceux qui s'y
rendaient. L'office se termina sans désordre ; mais, à la sortie,
des habitants de la petite ville de Courtenay (1), qui y étaient
venus au nombre de vingt-cinq, avaient été, sur l'instigation
sans doute de certains émissaires, attaqués par les mariniers
du faubourg d'Yonne, qui les avaient poursuivis jusqu'au

---

(1) Courtenay, chef-lieu de canton du département du Loiret, à 26
kil. de Sens.

petit village de Paron, distant d'une lieue de la ville, et les avaient tenus assiégés dans une maison jusqu'à l'arrivée de quelques gentilshommes venus en armes à leur secours (2). Ils portèrent en justice une plainte sur laquelle on ne voulut pas même informer.

Dès le lendemain, Hémard, avec un délégué du chapitre et un conseiller du bailliage appelé Tolleron, allèrent trouver à Melun le cardinal Louis de Guise. Les instructions qu'ils en rapportèrent sont restées secrètes. Les protestants ont dit que c'était l'ordre de les exterminer comme à Vassy. Selon le récit des catholiques, au contraire, c'étaient des lettres qui faisaient espérer que l'on suspendrait, à Sens, l'exécution de l'édit du 17 janvier qui, malgré les ordres réitérés du roi, n'y avait pas encore été publié. Au retour de ces envoyés, les protestants en corps se présentèrent au bailliage pour réclamer la publication trop retardée de l'édit. Mais, sur l'insistance d'Hémard qui y vint de son côté avec une grande multitude de gens du peuple, il fut sursis une fois encore à la publication, « pour avertir, disait-on, le roi, afin de savoir plus cer- « tainement ses intentions. » Le prêche n'en tint pas moins le dimanche suivant, quoique l'on eût fait fermer toutes les portes de la ville, même la porte *commune*, dont seulement on avait tenu un guichet ouvert, ce qui permettait de compter et signaler tous les adhérents. Alors Hémard, dont les passions violentes étaient stimulées par l'impunité du massacre de Vassy, et qui obéissait peut-être à de hautes suggestions venues du dehors, conçut le projet de couper court à ce

---

(1) *Mém. d'un Protestant*, dans l'Essai historique de M. le docteur Crou (année 1562), et dans le *Recueil de divers écrits sur la ville de Sens*, Ms. de M. Quantin, p. 248 et suiv.

qu'il considérait comme de monstrueuses impiétés, en déchaînant les fureurs populaires et en exterminant dans un massacre général tout ce qui, à Sens, avait trempé activement dans le parti de la réforme. Il réunit secrètement dans la maison du conseiller Tolleron trois échevins, savoir: Baptiste-Pierre Grenetier, Pierre Polangis, dit bon marchand, et Joachim Dubourg ; le procureur de ville Etienne Garnier, et Balthazar Taveau, procureur de la communauté. Ce dernier, si l'on croit le Mémoire d'un protestant, était l'un des plus ardents et des plus actifs parmi ceux qui avaient coutume d'exciter les passions haineuses de la populace contre les protestants. Le projet d'extermination fut discuté et arrêté entre ces sept magistrats et l'on fit choix, pour en diriger l'exécution, de deux hommes déterminés appelés Biard et Cayer, l'un de robe longue, dit le manuscrit déjà cité, et l'autre de robe courte, qui furent chargés de recruter un certain nombre de sicaires, que l'on devait payer, selon Th. de Bèze (1), à un *teston par jour non compris ce qu'ils pourraient piller.* Le protestant auteur du mémoire (2), donne les noms de soixante-quatre personnes qui adhérèrent les jours suivants à ce complot et des cinquante-deux plus apparents parmi ceux qui le mirent plus tard à exécution

(1) *Hist. des Egl. réf.*, t. II. p. 241-247.

(2) Cet auteur, dont le manuscrit original est aujourd'hui perdu, comme tant de documents sur l'histoire de Sens qui existaient encore il y a quarante ans, paraît être, selon l'Essai historique manuscrit de M. le docteur Crou, Antoine Cartault, ministre calviniste, réfugié à Londres en 1574. Ce n'est qu'en 1723, qu'un bourgeois de Sens, appelé Pierre Dufour, le découvrit et le fit connaître. Il paraît avoir produit une très grande sensation parmi les personnes, nombreuses alors, qui dans la ville de Sens s'intéressaient à l'histoire du pays.

en compagnie de tous les mariniers et de tous les bouchers de la ville. De Bèze raconte que les chefs de ces bandes allèrent marquer d'une croix les maisons que l'on devait seulement piller et de deux croix celles dont on devait égorger les habitants. Il ajoute que le clergé avait fourni les fonds pour équiper trois cents bandits que l'on devait mettre en œuvre. L'auteur du mémoire dit que « tous les « chanoines firent venir leurs sujets des villages voisins pour « ayder ceux de la ville à faire le saccagement et massacre.» Cependant la sécurité des protestants était si complète que le capitaine qu'ils avaient pris à leur solde avec quelques hommes pour garder leur salle d'assemblée, s'étaient absentés de Sens, où ils ne revinrent que le soir du dimanche 12 avril.

Dès le vendredi 10 avril 1562, il y eut un commencement d'attaque. Trois huguenots furent assaillis chez eux, et l'un d'eux, un imprimeur appelé Richebois, tellement battu qu'il fut laissé pour mort sur la place. Le dimanche suivant, 12 avril, une procession solennelle, préparée avec grande publicité, à l'église de Saint-Savinien, avait attiré une grande affluence, tant de la ville que du dehors. Quand les fidèles furent rentrés dans l'église, un moine jacobin appelé Begneti y prêcha avec une violence extrême contre les huguenots et, selon les expressions de de Bèze, sonna le premier la trompette. Son appel ne fut que trop bien entendu. La foule sortit exaspérée de l'église et, se ruant en armes sur le temple où les protestants se trouvaient réunis pour leur office, les attaqua avec furie, en tua et blessa un grand nombre et, après avoir contraint les autres à fuir, se mit à démolir avec des pieux et des leviers dont elle s'était munie, l'édifice religieux et deux maisons qui y étaient attenantes, et à arracher la vigne et les arbres du jardin. Tels étaient le nombre et la

rage des assaillants que cette œuvre de destruction fut accomplie en peu d'instants. Aussitôt après, au son du tocsin de la
cathédrale, la foule entra dans la ville et se mit à saccager
et à piller les maisons des principaux protestants. Le premier
chez qui l'on pénétra était le conseiller Hodoart, personnage
éminent et considéré, neveu du fondateur du collége de la
ville, que l'on se contenta de conduire dans les prisons
de l'archevêché ; puis on passa à celles des conseillers Boulenger, Michel Boucher et Maslard, du prévôt Claude Gonste,
de l'élu de la ville Jean Michel, de l'avocat Aubert, du procureur Balthazard, de l'imprimeur Richebois, du médecin Ithier
et de quelques autres encore. Les malheureux habitants de
ces maisons s'enfuient et se cachent pour la plupart. Richebois, retenu dans son lit par les blessures qu'il avait reçues
l'avant-veille, est égorgé ainsi que sa femme, qui était sur le
point d'accoucher. La femme du médecin Ithier est, après d'affreux outrages, massacrée avec l'une de ses filles (1). Un autre
médecin, appelé Landry, est précipité des fenêtres de sa maison et reçu sur les pointes des hallebardes (2). Pendant ce
temps, un certain nombre de huguenots, poursuivis par la
multitude en fureur, s'étaient réfugiés, sous la conduite d'un
gentilhomme appelé de Mombaut, dans une maison-forte,
comme on en trouvait alors quelques-unes dans l'intérieur
des villes, et ils s'y défendirent avec énergie jusqu'à ce qu'on
amenât des pièces d'artillerie pour forcer les portes. Ils font
alors une sortie et tous sont massacrés, à l'exception d'un
seul qui parvint à s'échapper. Les corps de toutes ces victimes
furent traînés nus à la rivière à travers les rues de la ville,

(1) Th. DE BEZE, *Hist, des Egl. réf.*, II, p. 247.
(2) *Martyrologe* de Crespin, p. 584.

et il en fut de même de toutes celles des jours suivants. La
nuit fit trève à ces actes de barbarie qui recommencèrent dès
le lendemain matin. Les pillards de la campagne étaient
revenus dès la pointe du jour prêter aide à ceux de la ville, et
la dévastation et le massacre recommencèrent au son du
tocsin et avec une telle férocité que ceux qui avaient organisé le complot en furent peut-être eux-mêmes effrayés. On
publia vers le milieu du jour un ordre de cesser le pillage et
de se borner à arrêter les huguenots qui ne se défendraient
pas. Mais, quand le signal du désordre avait été donné par les
magistrats, il n'était plus en leur pouvoir d'en arrêter le cours,
et ils n'avaient peut-être voulu, par cet ordre tardif, que se
ménager une excuse et se mettre en règle contre les accusations de connivence. Le saccagement et les meurtres, suivis
d'obscènes mutilations sur les cadavres durèrent avec une
rage inouïe pendant plusieurs jours, et même, selon quelques
relations, pendant neuf jours entiers. Il y eut au moins cent
maisons de pillées, selon Th. de Bèze. Le manuscrit déjà cité
en désigne nominativement cinquante-deux, appartenant
toutes à des personnes notables de la noblesse et de la bourgeoisie. En même temps, il donne les noms de dix-sept de ceux
qui furent assassinés les trois premiers jours. Le sang coula à
flots et on n'évalua pas à moins de cent le nombre des personnes égorgées et trainées à la rivière. C'est le chiffre donné,
après de Serre (1), par l'historien de Thou. L'Yonne et la
Seine charriaient jusqu'à Paris des cadavres de noyés ; vingt
jours après on en voyait encore (2). On raconte que le jeune

(1) *Inventaire de l'Histoire de France*, t. I⁰⁰, p. 479.
(2) Une des planches du *Recueil de dessins sur les événements les
plus importants du temps*, que publia en 1570 le graveur Périssim,

roi, se promenant, du Louvre aux Tuileries, sur les bords de
la Seine, vit un corps flottant sur l'eau, et que, comme il demandait ce que c'était, un gentilhomme lui répondit : « Sire,
« c'est un de ceux qu'on a tués à Sens, qui vient vous de-
« mander justice ! » Mais le cardinal de Lorraine, se plaignant
de la puanteur, fit prendre au roi un autre chemin et il n'en
fut fait autre chose (1).

Les organisateurs du complot avaient eu part, selon de
Bèze, au produit du pillage, et Hémard avait fait conduire la
sienne en bateau à Paris. Pour rassurer les consciences, on
avait fait, dès le premier jour, courir le bruit d'un miracle
constaté dans une des églises de la ville. « Ce bruit étant
« donné, toutes les cloches en sonnèrent et la plupart des
« femmes de la ville y portèrent des chandelles, chacun
« disant que ce massacre était approuvé comme de la propre
« bouche de Dieu (2). »

Les ministres protestants, s'adressant, le 3 mai, au comte
Palatin, qui était en Allemagne l'un des adhérents les plus
zélés de leur religion, lui racontaient dans les termes suivants
cette horrible boucherie.

« La cruauté commise à Sens a été telle, que quatre jours
« entiers ont été consumés à meurtrir et massacrer tant hom-
« mes, femmes que petits enfants ; le massacre ayant été si
« grand et si horrible que encore maintenant à Paris, distant

représente, avec ses principaux incidents, le massacre de Sens. Ce
recueil se trouve au cabinet des estampes de la bibliothèque impériale. La planche qui concerne Sens est la quatorzième. Une copie de
cette planche est à la bibliothèque de Sens. Nous la reproduisons
ici.

(1) Th. DE BÈZE, *Hist. des Egl. réf.*, loc. cit.

(2) *Ibid.*

« dudit Sens d'environ vingt lieues, on voit en grand nombre
« les corps morts jetés au rivage de Seine par les eaux d'icelle,
« comme s'ils requéraient sépulture ou reprochaient aux
« Guisars leur cruauté, ou requéraient plutôt vengeance de
« Dieu et des hommes (1). »

Un autre écrivain, dans un pamphlet intitulé *Remontrance
au roi*, disait :

« Où sont les maisons forcées, rompues, brisées, sacca-
« gées et brulées ? Que deviendront les entreprises de couper
« la gorge en une nuit à tous les chrestiens ? Où sont les
« meurtres, les boucheries des hommes passés au fil de
« l'épée par l'espace de neuf jours en la ville de Sens ; voire
« jusqu'à fendre et ouvrir les femmes grosses et pleines de
« vie ? Quels noms donnerons-nous à tels lions, à tels bar-
« bares, à ces tigres altérés du sang des chrestiens. Vous en
« avez beu, bestes brutes, à plein hanap, et toutes fois cette
« soif n'a point été estanchée, tant une ardeur perpétuelle
« vous cuit, vous brusle et vous consomme. Que vous restait-
« il davantage, bourreaux, sinon que vous repaistre de leurs
« corps et manger leur chair, ainsi que vous en avez beu le
« sang (2). »

De si véhémentes lamentations montrent assez quelles
effrayantes proportions les relations de ces jours néfastes
donnaient à ces affreux massacres. Quant à ces dernières apo-
strophes, l'auteur, en les écrivant, ne croyait sans doute pas
lui-même que la rage des assassins irait jamais jusqu'à se
repaître de la chair de leurs victimes. Il était réservé à notre
pays d'en fournir bientôt d'effroyables exemples, comme on
le verra dans la suite de ce récit.

(1) *Mémoires de Condé*, t. III, p. 433.
(2) *Ibid* p. 360.

Interrogeons maintenant les écrivains catholiques, témoins oculaires des faits, ou qui recueillaient quelques jours après les récits des témoins oculaires. Nous trouvons d'abord Balthazar Taveau, que le manuscrit protestant ci-dessus cité présente comme l'un des plus ardents promoteurs des fureurs populaires, ou, selon ses expressions, l'un des principaux mutins et séditieux, et comme l'un des sept auteurs du complot d'extermination. Dix ans après l'événement, Taveau, étant greffier de la chambre de ville, en transcrivant sur un registre les coutumes, lois, édits et franchises concernant la ville de Sens, y consignait, comme dans une sorte de journal, quelques faits contemporains et, entre autres, ceux du 12 avril 1562 et des jours suivants. Le ton de son récit, que nous publierons textuellement dans les Pièces justificatives de cette histoire, affecte une froideur qui se dément à la fin par un trait de sanglante ironie. « Cela abaissa, dit-il, le caquet et « l'orgueil d'iceulx hérétiques pour ung temps que durèrent « ces premiers troubles. » Il raconte que les citoyens et habitants allèrent « raser et mettre à terre le temple des hugue- « nots, scandalisés qu'ils étoient de l'orgueil et hautesse in- « dicible desdicts hérétiques, et des oultrages, injures et excès « qu'ils avoient faits à plusieurs durant lesdicts prêches qui « durèrent toute la caresme, et parce qu'ils étoient avertis « que les alliez desdictz hérétiques estoient par les champs « pour s'emparer de ladicte ville. » Quant aux massacres, il les explique parce « qu'aulcuns des hérétiques irritez (du « saccagement), usèrent de menaces et paroles arrogantes, « s'armèrent et se mirent à tenir fort (se défendre) en quel- « ques maisons.... car le peuple.....se mit dans une extrême « fureur qui dura jusqu'au mardi de toutes parts de ladicte « ville. Et pendant ces deux jours furent tués unze héréti- « ques. »

Sur ce témoignage, plusieurs historiens ont révoqué en doute le nombre de cent victimes indiqué par les écrivains protestants. Il faut pourtant remarquer que ce chiffre de onze meurtres n'est, selon Taveau, que celui des deux premiers jours, et, qu'à ceux de ces deux jours, le manuscrit déjà cité d'un protestant ajoute les noms de cinq ou six autres assassinés le troisième jour. Puis viennent les rapports d'autres catholiques, d'après lesquels le carnage s'est prolongé pendant bien des jours encore et n'a pas compris moins d'une centaine d'assasinats. Les *Archives curieuses de l'histoire de France* ont mis en lumière, il y a quelques années, la correspondance que Prosper de la Croix, évêque de Chisame, nonce du pape Paul IV auprès de la cour de France, adressait au cardinal Charles Borromée de 1560 à 1570, et voici ce qu'on y lit à la date du 22 avril 1562 (1) :

« Depuis qu'on a massacré dans la ville de Sens ceux
« dont j'ai parlé dans une dernière lettre, on y a fait un
« autre carnage plus grand de quatre-vingts huguenots qui
« ont été tués et on a brûlé une trentaine de leurs maisons
« dans cette ville. »

Un autre manuscrit qui existait naguère à Sens est celui d'un contemporain appelé Gressier qui, vivant encore en 1598, lorsque de Serre fit paraître le premier volume de son *Inventaire de l'histoire de France*, où il portait à cent le nombre des victimes, y a consigné le passage suivant, qui est transcrit dans le manuscrit déjà cité de M. Quantin, p. 248 :

« Il y eut beaucoup plus de sang répandu dans la ville
« de Sens lors du massacre des calvinistes que ne le rap-
« porte de Serre, car il ne fait mention que de cent per-

(1) *Arch. curieuses de l'Hist. de France*, t. VI, p. 92.

« sonnes de toutes qualités qui furent tristement occises,
« leurs corps jetés dans la rivière tout nus, leurs maisons
« pillées; èt comme il ne suffisait pas de sévir contres les corps
« humains, les vignes furent arrachées. Il n'a pas su toutes
« celles qui furent égorgées de jour et de nuit derrière le
« Charnier, dans les Coques-sales (1) et dans les fau-
« bourgs. » Et l'auteur cite alors entre autres « le conseiller
« Boulenger qui, après avoir soutenu avec son fils et un
« valet de rudes assauts dans leur maison, furent tuez et
« jetés à l'eau, et Mlle (Mme) de Faverolles qui fut traînée
« avec ses deux filles dans la rivière, et le conseiller Garnier,
« magistrat catholique, qui, sortant de la messe de Saint-
« Hilaire, sa paroisse, fut attaqué par trois mauvais garne-
« ments qui lui voulaient du mal et sous prétexte de religion
« le massacrèrent. »

Les mémoires du curé Claude Haton, écrits au temps même
où les événements se passaient, n'indiquent pas le nombre
des meurtres commis, mais ils donnent assez à entendre que
ce nombre était énorme. Ils sont également curieux et par
les détails ingénus qu'ils fournissent sur ces affreuses tueries
et par les excuses qu'ils donnent de cette émeute, excuses
différentes de celles que rapporte B. Taveau. On peut voir
par les récits de cet ecclésiastique, qui demeurait à quelques lieues de Sens où était une partie de sa famille, et qui
avait avec cette ville des rapports journaliers, comment les
catholiques du pays racontaient eux-mêmes quelques jours
après et cherchaient à justifier ces sanglantes journées (2).
Aux allégations de Taveau il ajoute ceci, que, pendant la

(1) Jardins-marais aux portes de la ville.
(2) *Mém.*, p. 191 et suiv.

procession qui avait précédé la messe de Saint-Savinien, les
huguènots s'étaient avisés de « passer par le milieu des ca-
« tholiques et de les injurier suivant leur coustume, en les
« appelant papistes, trésors du purgatoire du pape, idolastres
« et pauvres gens aveuglez et lourdement abusez par les
« caffars de prebstres et autres injures, et de les poulser avec
« les bras et les épaules fort rudement jusques à faire tom-
« ber quelques-ungs par terre... Toutefois, ajoute-t-il, pour
« cette première entrée n'y eut aulcuns coups donnés de la
« part des catholiques.... la procession ne cessa pour ce
« d'aller son train par les rues et de suyvre les prebstres
« qui marchaient toujours chantants. La procession arrivée
« en ladite église de Saint-Savinien, le prédicateur des ca-
« tholiques.... non toutefois qu'il les incitât à se jeter sur
« lesdits hérétiques.... toutefois advisoit ses auditeurs d'une
« chose, qui estoit d'être très vigilants et provider pour se
« donner garde d'être surprins et saccagez par iceulx hugue-
« nots, remettant devant leurs yeux et en leurs mémoires les
« séditions jà advenues en certains lieux et villes du royaume
« et nommément en la ville de Paris.... lesquelz église de
« Jésus-Christ, roy et royaume estoient en grand hasard
« d'estre brief saccagez, perdus et ruynés, si Dieu n'en
« prenoit pitié meilleure et plus grande que les gouverneurs
« d'iceulx.

« Cependant que le prédicateur catholicque de Sens admo-
« nestoit ses auditeurs.... tout en un moment, sans y penser,
« les huguenots furent assaillis en leurs presches par gens
« inconnus des villages et fauxbourgs qui si vivement se
« ruèrent sur eux à coups de pierres et de bastons, comme
« pieux de haies et leviers, qu'ils n'eurent le loisir de
« mettre la main à leurs pistolles et arquebuses.... Fut la

« meslée fort grande à leur désavantage, qui en assez bon
« nombre furent sur le champs tuez et leur halle abattue
« et du tout ruynée en moins d'une demi-heure, sans y
« demeurer bois entier couché ni debout.... Et advint
« que les huguegnots qui s'estoient saulvez de leur presche
« à la fuite, ayant moyen de bander leurs pistolles et arque-
« buses, les destachèrent par les rues sur lesdits catholiques,
« aulcuns desquels furent blessez ; qui fut cause d'empirer
« la sédition, car les catholiques se voyant attaquez, s'em-
« ployèrent pour leur défense, et fut, le reste du temps, la
« journée si furieuse, qu'audit Sens ne demeura nulz hugue-
« notz que ceux qui eurent le moyen de se bien céler et
« cacher, et estoit mons le huguenot bien heureux qui pou-
« voit gagner la maison de quelque prebstre son amy pour
« s'y saulver. Le meurtre fut grand desditz huguenotz et ne
« fut pardonné qu'à ceulx qu'on ne put avoir, sans distinc-
« tion d'hommes, de femmes, de prebstres, moynes ni clercs.
« Mais il ne fut point fait de mal à leurs petitz enfantz,
« excepté à ung qui fut tué entre les bras d'un adhérent
« nommé Claude Haton et qui receut le coup qu'on pensoit
« donner à son père. Il se trouva plusieurs prebstres et
« moynes, nommément de l'abbaye de Saint-Jehan, mortz et
« traînés dans la rivière d'Yonne, qui furent trouvez et tenus
« huguenotz. Maistre Mathieu de Charlemaison, doyen de
« l'église dudit Sens et grand-vicaire de l'archevesque,
« échappa de ladite sédition à cause de son absence, car
« audit Sens estoit estimé comme huguenot, et si à la
« chaude eust é.é trouvé, il fust allé évitailler les poissons
« comme les aultres. Le massacre fut grand et si n'a-t-on
« peu sçavoir par qui. »

Quelque horrible que soit ce tableau, il faut, pour le compléter, y ajouter encore un dernier trait fourni par le même

écrivain. Le soir du dimanche 12 avril, arriva avec ses gens
le capitaine à qui les protestants avait confié la garde de
leur prêche; ils parurent vouloir venger leurs frères assassinés, « mais ils n'allèrent pas loin sans estre chargés et
« mis à terre de dessus leurs chevaux et il ne leur fut faict
« pardon, non plus qu'au prédicant. Il (capitaine) à demy-
« mort fut prins par les enfants dudit Sens, après qu'il fut
« abaîtu de dessus son cheval, auquel mirent une corde en
« un de ses pieds et jambes et le trainèrent par les rues de
« carrefour en carrefour, faisant le ban et cry, en disant :
« Gardez bien voz pourcéaux, nous tenons le porcher ! Et
« à chacun carrefour faisaient du feu de feurre (paille) sur
« son corps pour le brusler. Ilz appeloient ledit capitaine le
« porcher et les huguenotz de Sens les pourceaux, d'aultant
« que leur presche était près le marché aux pourceaux. Les
« enfants, après avoir bien traisné et pourmené ledit capi-
« taine par les rues, l'allèrent jetter avec ses autres pour-
« ceaux en la rivière d'Yonne. »

La vérité apparait désormais dans tout son jour. Les provocations des huguenots à la procession, Taveau, si intéressé
à excuser les excès dont il était un des moteurs, n'en parle
même pas. Quant à la résistance des victimes contre leurs
assassins, elle n'était assurément que trop légitime; et, en
ce qui concerne le nombre immense des morts, les aveux
de Claude Haton en disent assez. Il apparaît aussi avec évidence que le clergé n'était pas tout entier complice de ces
horreurs ; mais que ceux qui osaient se déclarer trop hautement pour la tolérance et l'humanité étaient regardés comme
huguenots et traités comme tels. Ainsi se justifie ce mot terrible du maréchal de Vieilleville dans ses Mémoires (1),

(1) Liv. III, chap. IX.

que « le fait de Vassy n'était rien au regard de celui de
« Sens. »

On a vu déjà, par les écrits cités plus haut, combien fut
grande et profonde l'émotion du parti protestant. A la nouvelle de si audacieux attentats, le prince de Condé écrivit à la
reine-mère dans les termes les plus énergiques pour lui
demander prompte et sévère justice de tant d'horreurs. Cette
lettre, datée du 19 avril, que tous les historiens ont citée, a
été dernièrement retrouvée en original, et existe dans la
collection de M. le duc d'Aumale (1). Elle contient, de la
main du prince, le postscriptum suivant qui n'avait jamais
été publié :

« Madame, la conesance que je de vostre bon naturel me
« donne assurance que, sy estes en liberté comme il plaist
« a voste majesté de nous le faire entendre, que ne lésérez
« impuni le fait si huoumain qui s'ait esséquté à Sans. Vous
« asurrant, madame, qu'il est besoin d'èn faire une bonne
« jeustysse pour faire connoistre a tous vos seugès que ce
« n'est pas vostre voulonté, mais campt (qu'en) n'estes très
« fachée et pour cela que leur fairée connestre la faulte
« qu'ils ont faict de journelement tué vos seugès et rompre
« vos esditz pour satisfaire à leur pasion trop domageable
« pour se reosme (royaume) au regar de l'importance c'aporte
« après soy tel essemple. »

Sur l'ordre que la reine transmit aussitôt, le parlement
commit, le 21 avril, deux de ses conseillers « pour aller in-
« former en la ville de Sens des excès et séditions. » Mais
tout se borna là, car la majorité du parlement était devenue des
plus hostiles aux idées de réforme et de tolérance, et l'hérésie

(1) *Bulletin du Bibliophile*, 1857, p. 198.
Sc. hist.

lui paraissait un crime de nature à mériter tous les châtiments, à justifier tous les excès. On en trouve cent exemples
dans les mémoires du temps. La reine envoya alors le Prévôt
de l'hôtel pour faire une information. Mais Claude Haton, en
mentionnant ce fait, ajoute cette naïve reflexion qui déjà
avait apparu dans son récit des événements : « Lesditz habi-
« tants furent si bien instruitz de leur faict, que oncquè ne
« fut possible de sçavoir à qui s'en prendre, ne qui avoient
« commencé la sédition sur lesditz huguenotz estant à leur
« presche.... et autre chose n'en fut. »

Un avocat appelé Brasart fut pourtant compromis. « Tou-
« tesfois, dit le même auteur, pour éviter la fureur de justice
« il se destourna pour quelque temps, jusqu'à ce qu'il fust
« rendu certain que aulcun dommage ne luy en adviendroit,
« joinct aussy que les huguenotz restant audict Sens demeu-
« rèrent si faibles de biens et de nombre, qu'ils n'osèrent
« en faire poursuitte davantage, de crainte qu'on ne recom-
« commençast de jour et de nuict à se jeter sur eux pour
« les envoyer nager en la rivière d'Yonne après les aultres,
« et oncque depuis n'y eust presche public de prédicans
« audict Sens. »

Th. de Bèze (1) raconte avec plus de détails les circonstances de cette information.

« Plainte faite au roi par un conseiller de grand-chambre,
« accompagné de Claude Gouste, prévôt de Sens, et de Jean
« Painon, procureur du roi, par la menée de ceux de Guise
« le sieur de Charlus y fut envoyé pour informer. Lequel,
« accompagné de ceux-là mêmes qui étaient auteurs de la
« sédition, au lieu de s'enquérir de ces cruautés, (desquelles

(1) *Hist. des Egl. réf.*, p. 247.

« aussi il n'avait garde pour lors de trouver des témoins),
« informa contre les saccagés et meurtris et outre ceux qui
« étaient de la religion, lesquels, toutefois, par risées
« étaient interpellés de déclarer leurs pertes et dommages,
« auxquels, au lieu de leur faire justice, il fut commandé,
« en la présence de Charlus et en l'assemblée tenue en la
« chambre de ville, de sortir de la ville dans deux jours, ou
« de se rendre prisonniers dans la maison archiépiscopale,
« avec garde à leurs dépens. Le lendemain donc sortit une
« partie d'iceux, qui furent fouillés et visités, leur disant les
« portiers avoir charge de ne leur permettre emporter sur
« eux plus de cinq sols. »

Pour achever ce triste récit, il faut ajouter que, le 27 août
suivant, le roi autorisa l'imposition sur la ville d'une somme
de trois mille livres destinée à rembourser les avances qui
avaient été faites à ses magistrats « pour choses d'intérêt
« public, » et que la répartition en fut opérée de manière à
en faire supporter la plus grande partie aux familles des
protestants (1). Les enfants avaient ainsi à payer le salaire
des assassins de leurs pères!

Cependant Th. de Bèze et deux autres députés du parti
protestant étaient allés trouver la reine régente et le roi de
Navarre, lieutenant général du royaume, au château de Monceaux en Brie, et leur demander justice contre les violateurs
de l'édit de janvier et les assassins. Le prince de Condé,
appuyant cette requête avec véhémence, avait montré à la
reine une liste de 2150 églises réformées et offert cinquante
mille hommes au nom des protestants pour la soustraire à la
domination des Guise, contre lesquels elle avait par plusieurs

(1) Arch. de la ville, ch. XXVII, Ms. déjà cité, p. 242.

lettres réclamé son appui. Cette révélation de la puissance de
plus en plus formidable du parti avait eu peut-être un effet
opposé à celui qu'on en attendait. D'ailleurs le duc de Guise,
étroitement uni au connétable de Montmorency et au maréchal de Saint-André, se trouvait à Paris à la tête d'une force
militaire imposante qui entourait la cour et pouvait s'emparer d'elle à la moindre apparence de faveur pour les huguenots. Le roi de Navarre lui-même se détachait alors des protestants, par conviction disent les uns, par peur de l'Espagne
pour son royaume de Navarre, selon Tavannes, et, selon
d'autres, par dépit jaloux de voir que son frère puîné était
adopté comme chef de ce parti, de préférence à lui. Il parla
fort durement à Bèze, qui lui répondit : « Il est vrai que c'est
« à notre église de recevoir les coups et non de les rendre.
« Mais souvenez-vous que c'est une enclume qui a déjà usé
« beaucoup de marteaux (1). » Paroles presque prophétiques
et dont le roi de Navarre lui-même devait, peu de mois après,
par sa mort prématurée, fournir une des premières démonstrations. La reine-mère et lui se laissèrent entraîner par les
Guise et revinrent à Paris, et le connétable, pour signaler
cette victoire, se mit à la tête du peuple de Paris pour aller
saccager et incendier les prêches des fauxbourgs de cette
ville, ce qui lui valut le surnom du *capitaine Brûle-bancs.*
Ce fut le signal d'un soulèvement populaire contre les huguenots, dont on massacra huit ou neuf cents à l'occasion
d'un incendie à l'arsenal dont, quoique sans aucun indice,
la rumeur publique les accusa. On vit alors, selon les détails
rapportés par Claude Haton, se renouveler ce qui s'était déjà
vu à Paris dans les émeutes contre les Armagnacs en 1418,

(1) *Hist. des Egl. réf.*, t. II, p. 3.

et ce qui devait encore s'y revoir à la Saint-Barthelemy et
dans les sinistres journées de septembre 1792. « Le nom de
« huguenot étoit alors à Paris en si grande haine, que pour
« faire tuer un homme par les rues, il ne fallait que dire aux
« massacreurs : Voilà un huguenot! Tout à l'instant, sans
« en enquérir davantage, le pauvre homme estoit mort: Et
« se trouva cinq ou six catholiques avoir été tuez de cette
« façon (1). »

Alors, Condé, Coligny et d'Andelot appelèrent aux armes
dans toute la France leurs coreligionnaires, qui de toutes
parts se soulevèrent, s'emparèrent de Tours, de Blois, du
Mans, d'Angers, de Rouen et des principales villes de la
Normandie, de l'Angoumois et de la Saintonge, de Poitiers,
de Bourges, de Sancerre, de Valence, de·Lyon, de Châlon,
d'Autun et d'une foule d'autres villes, où furent exercées
d'affreuses représailles sur les personnes et surtout sur les
monuments religieux. On, vit, en certains lieux contre les
prêtres, ailleurs contre des magistrats et même contre des
femmes, des actes de férocité qui semblaient vouloir riva-
liser avec les plus cruels excès des catholiques (2). Mais
surtout les soldats huguenots se montrèrent en tous lieux
implacables contre les œuvres d'art qu'abritaient les églises
ou que leurs façades montraient au dehors. Les statues et
les bas-reliefs étaient brisés, les autels renversés, les reliques brûlées, les chaires et les boiseries mises en pièces,
les mille figures des grands portails criblées d'arquebusades,

(1) *Mém. de Cl. Haton*, p. 274.
(2) *Discours sur le saccagement des églises catholiques en l'an
1562*, par Cl. de Sainctes, Paris, 1562. *Théâtre des cruautés des héré·
rétiques de notre temps*, Anvers, 1588. Cl. Haton, *Mém.* p. 256.

les tombeaux, et surtout ceux des rois, des princes et des
ministres, saccagés et détruits, et l'on vit même à Orléans le
monument de Jeanne d'Arc renversé par des mains françaises.!

Cependant Condé et Coligny organisaient leur armée à
Orléans et y appelaient toutes leurs troupes, auxquelles, de
leur côté, les catholiques essayaient de barrer le passage.
Un détachement parti de Troyes fit sa jonction dans la vallée
d'Aillant avec une autre troupe venue de Metz. Mais le lieutenant
au gouvernement de Champagne (1) avait fait poursuivre les
huguenots de Troyes par une compagnie de gens d'armes.
Ceux-ci, arrivés à Sens, se renforcèrent des trois cents hommes
qui étaient restés organisés depuis le massacre du 12 avril,
et, qu'à raison de leur humble condition, l'on avait alors sur-
nommés les *Pieds-nuds* ; ils avaient pour capitaines Biard,
Cayer et un chanoine appelé Roulleau. Ces deux troupes
réunies surprirent les huguenots dans le bourg de Senan
et en firent un grand carnage. Les ecclésiastiques n'étaient
pas alors dispensés du service de la milice urbaine, et
Claude Haton raconte qu'il était cinquantenier (capitaine de
cinquante hommes) dans la ville de Provins. Mais, quand des
prêtres se mettaient, comme le chanoine Roulleau, à la tête
de bandes soudoyées pour aller guerroyer au dehors, c'était
un triste exemple aux populations et un étrange oubli de la
dignité du sacerdoce.

La cour faisait pendant ce temps ses préparatifs avec activité. On levait de toutes parts des troupes, et, pour subvenir
aux dépenses, on empruntait de l'argent à la ville de Paris

(1) François de la Rochefoucauld, baron de Barbezieux, lieutenant au gouvernement de Champagne, sous le duc de Nevers.

et l'on établissait des taxes sur le clergé. Dans les premiers jours de juin il y eut à Thoury, en Beauce, une entrevue entre Condé et l'amiral de Coligny d'une part, et d'autre côté la reine mère et le roi de Navarre ; ceux-ci déclarèrent « qu'il n'était pas possible d'avoir deux religions dans le « royaume, vu que tous ceux de l'église romaine s'étaient « mis en armes contre l'édit de janvier. »

On se mit donc de part et d'autre en mesure de commencer la plus horrible guerre des temps modernes, et chaque parti fit appel à l'étranger. La reine mère sollicita les secours de l'Allemagne et du roi d'Espagne, et le prince de Condé envoya à la fois d'Andelot auprès du comte Palatin pour en obtenir des troupes, et Jean de Ferrières en Angleterre pour solliciter l'envoi d'une flotte et d'un corps de débarquement sur les côtes de Normandie. En même temps les chefs catholiques avaien décidé qu'il fallait déchaîner les fureurs du peuple contre les huguenots, ou, comme ils le disaient, *lâcher la grande lévrière*. Un arrêt du parlement du 13 juillet autorisait tous « les manants et habitants des villes, bourgs et villages, « à prendre les armes contre tous ceux qui saccageaient les « églises ou faisaient conventicules illicites. » Un autre arrêt du 17 décrétait l'arrestation « de tous les ministres et pré- « dicants de la nouvelle secte et leur mise en jugement, « comme criminels de lèse-majesté divine et humaine, avec « peine capitale contre leurs fauteurs et recéleurs. » Ce fut alors comme une grande jacquerie religieuse ; la guerre fut universelle, et, pendant que les armées tenaient la campagne et se livraient avec frénésie aux plus affreux excès, c'étaient dans toutes les provinces de sanglants soulèvements, des engagements acharnés entre les partisans des deux religions, et, de ville en ville, de village en village, une suite de

guerres privées, d'attaques, de surprises, de massacres,
d'incendies et de pillages dont l'horreur ne saurait se décrire.
En certaines contrées, dans le Midi surtout, où les colères
sont promptes et les haines féroces, les protestants étaient
poursuivis, traqués, égorgés sans miséricorde avec leurs
femmes et leurs enfants, leurs maisons saccagées et brûlées.
Dans notre pays, où les passions ont d'ordinaire moins de
fureur, la bourgeoisie et la noblesse étaient en majorité ga-
gnées aux idées nouvelles, mais le clergé avait en général
conservé son ascendant sur le peuple. Les bourgeois des
villes feignaient de revenir au catholicisme et souvent ainsi
sauvaient la vie de leurs familles. Mais les gentilshommes
de ce parti, qui habitaient la campagne, fortifiaient leurs
châteaux, protégeaient les huguenots des bourgs, et, usant
de représailles contre les paysans qui souvent les attaquaient,
armaient leurs gens, forçaient les maisons de leurs ennemis,
pillaient les églises, tenaient les champs, interrompaient les
communications et ruinaient le commerce. Cette noblesse de
campagne ayant en grande partie péri dans les trente deux
ans de ces sanglantes guerres, et les fiefs étant, pour la plus
grande partie, passés à des familles roturières, on a peine
aujourd'hui à se rendre compte du nombre considérable de
combattants qu'elle avait pu alors fournir. Pour en avoir une
idée exacte il suffit de savoir que dans le seul diocèse d'Auxerre
on ne comptait pas moins de 458 fiefs qui devaient à leurs
comtes ou barons le service militaire (1). Les cadets de ces

(1) 98 dans le comté d'Auxerre,
    70 dans la baronnie de Donzy,
    200 dans la baronnie de Saint-Vérain,
    90 dans la baronnie de Toucy. (Manuscrits de Georges Viole sur
l'Évêché d'Auxerre, dans la bibliothèque de cette ville).

STATVE TOMBALE DE GVY IV COMTE DE FOREZ,
DE NEVERS ET D'AUXERRE
dans l'Eglise Notre Dame de Montbrison
V⁰ le la Ste de Sc de l'Yonne t 16 Pr ces verbaux P LXI

nombreuses-familles n'avaient d'autre ressource que le métier des armes, et c'étaient eux qui, en temps ordinaire, composaient les compagnies d'hommes d'armes des ordonnances. L'esprit d'aventure et l'ardeur religieuse en jetèrent un très grand nombre dans les armées et dans les bandes de partisans du protestantisme. Les huguenots pouvaient donc être maîtres du terrain en dehors des villes. Mais il arrivait aussi, parfois, que, si la noblesse protestante était faible et peu nombreuse en proportion de la population des villes de son voisinage, celles-ci soudoyaient, comme à Sens, des bandes de prolétaires, pour battre le pays, attaquer et dévaster les châteaux et même les bourgs où le protestantisme dominait encore.

Une petite ville de cette localité, entrecoupée de grands bois et connue sous le nom de la forêt d'Othe, que Th. de Bèze et après lui de Thou appèlent Céant-en-Othe, et qui n'est sans doute que le gros bourg aujourd'hui appelé Aix-en-Othe (1), avait un prêche et un ministre protestant. Le 12 avril, une partie de ceux qui venaient de signaler leur fureur à Sens s'y transportèrent et ruinèrent le temple qui, selon l'édit de janvier, était hors de la ville. Mais, étant en trop petit nombre pour attaquer une ville entière, ils bornèrent là leur exploit. Quelques jours après ils revinrent pendant la nuit, saccagèrent deux maisons des faubourgs et assassinèrent un vieillard. Les habitants veillaient pour leur défense et on ne pouvait espérer d'en venir à bout qu'en les attaquant en force. C'est à quoi l'on se décida. A un jour donné, le 25 juillet, les *pieds-nus* de Sens et les hommes turbulents de toutes les communes d'alentour, dont un des princes lorrains, le grand-

_____

(1) Aix-en-Othe, petite ville du département de l'Aube, canton d'Estissac, à 24 kil. de Troyes et à 26 kil. de Sens.

prieur de Guise, était seigneur, Coulours, Arces, Cerisiers, Dixmont, Vaudeurs et Fournaudin (1), vinrent au nombre de deux mille attaquer la ville qui, aidée de deux gentilshommes, les seigneurs de Saint-Mards (2) et de Cormononcle, parvint à repousser leur assaut. Ils ne purent que piller toutes les maisons du dehors jusqu'à une lieue de distance et comprirent qu'il fallait user de ruse pour surprendre de nuit les habitants endormis. En effet, le 24 août, à deux heures du matin, sous le commandement du capitaine Cayer, ils trouvèrent le moyen de pénétrer dans la place, y mirent le feu en plusieurs endroits et firent périr par le fer ou les flammes plusieurs habitants. Les historiens racontent, entre autres horreurs, qu'un enfant de cinq ans fut jeté dans le feu par Cayer. Et comme, à la faveur de la nuit, la plus grande partie des habitants s'étaient échappés, les assassins revinrent le 15 octobre èt y commirent de nouveaux meurtres. Enfin, le 31 janvier suivant, ils égorgèrent encore seize malheureux qui s'étaient jusque-là soustraits à leurs coups et dont les historiens donnent les noms. L'un d'eux, Crespin Déon, qui était l'objet de leur animosité particulière, fut décapité à coups de cognée, et sa tête, mise au bout d'une perche, fut promenée pendant plusieurs jours dans tous les villages environnants.

Encouragées par ces succès, et affamées de sang et de pillage, ces hordes se répandirent au loin, saccageant les châteaux sans défense et massacrant leurs habitants. Après

---

(1) Coulours, Arces, Cerisiers, Fournaudin, bourgs du canton de Cerisiers, département de l'Yonne. Dixmont, bourg du canton de Villeneuve-le-Roi, même département.

(2) Saint-Mards-en-Othe, bourg du canton d'Estissac, à 4 kil. d'Aix.

plusieurs exploits de ce genre, l'une d'elles vint attaquer le
château de Saint-Maurice-aux-Riches-Hommes (1), appartenant à un seigneur protestant appelé d'Esternay. Il ne s'y
trouvait alors que les dames de la maison avec quelques
serviteurs. L'une d'elles, prenant avec énergie le commandement, encouragea et arma ses domestiques, combattit à
leur tête, manœuvrant elle-même les petites pièces d'artillerie
dont étaient munis les remparts, et força les brigands à la
retraite, ce qu'ils ne firent toutefois qu'après avoir brûlé le
moulin, ainsi que la grange et les étables, qui étaient, au
dire de de Bèze, les plus belles de France. Quelques jours
après, une autre bande, qui comptait cent vingt ou cent
quarante arquebusiers, conduits par deux chefs appelés
llélie et Tricher de Maligny, s'étant emparée d'un autre château du sieur d'Esternay, appelé Soligny (2), vint assiéger
de rechef Villeneuve-aux-Riches-Hommes (3). Mais ils
furent mis en déroute par un gentilhomme protestant venu
au secours avec une petite troupe, qui en tua quelques-uns,
et leur fit vingt-cinq prisonniers (4).

Le brigandage n'était pas pratiqué avec moins d'audace
par le parti contraire, si l'on en croit Claude Haton, qui fait
le tableau suivant des misères de cette année (5) :

« Non seulement la France fut agitée en cette année de
« guerres, diminution des biens de la terre et de peste, mais

(1) Saint-Maurice-aux-Riches-Hommes, bourg du canton de Sergines, département de l'Yonne, à 24 kil. de Sens.

(2) Soligny, aujourd'hui Saligny, village du canton nord de Sens,
à 5 kil. de cette ville.

(3) Ancien château près du bourg de Saint-Maurice-aux-Riches-
Hommes.

(4) *Hist. des Egl. réf.*

(5) *Mémoires*, p. 322.

« aussi fort remplie et fort tourmentée des voleurs, larrons
« et sacriléges qui de nuict et de jour tenoient les champs
« et forçoient les églises et maisons pour voller et piller les
« biens d'icelles pour vivre et s'entretenir, et le tout sous le
« nom et couverture des huguenots et de la guerre qui avait
« cours en France.... Les voleurs et méchants garnements
« des villes et villages, pour la plupart gentilshommes, ou
« pour mieux dire, gens pille-bommes, et leurs serviteurs,
« s'adonnèrent à piller et à desrober toutes parts où ils
« pourroient faire prouffict et butin, fust ès maisons des
« riches gens ou dans les églises des villages, et de plus n'y
« alloient que de nuict, afin de n'estre veus et cognus et de ne
« point tomber ou en déshonneur ou ès mains de justice. »

Le fléau de la peste qui, selon cet écrivain, se joignait
cette année à celui de la guerre et qui, conséquence ordinaire, en ces temps de désordre, des désastres et des disettes
qu'elle amenait, prolongea ses ravages pendant bien des années et presque pendant toute la durée de ces dissensions
religieuses, contribuait aussi à accroître la misère publique.
Une maladie, qu'il appelle pestilencieuse et contagieuse,
sévissait alors dans un grand nombre de villes, au nombre
desquelles il cite Auxerre, Sens et Vézelay. Il rapporte qu'à
Paris il était mort vingt-cinq mille personnes. Les registres
de l'hôtel-de-ville de Sens de cette année contiennent, en effet,
plusieurs délibérations pour régler les soins, les secours et
les quêtes en faveur des pestiférés. Les comptes de la ville
de Tonnerre mentionnent aussi le salaire payé pendant l'été
de cette année à un homme et une femme pour « soulager
« les pestiférés et enterrer les décédés de la peste (1). »

(1) Manuscrits de M. le docteur Crou. Archives de la ville de Tonnerre. Notes communiquées par M. Le Maistre.

La sécurité, au reste, n'était pas plus grande dans l'Auxerrois que dans le Sénonais. François de la Rivière, seigneur de Champlemy, avait été, dès le mois de mai, envoyé à Auxerre comme gouverneur de la ville par le duc d'Aumale, gouverneur de la province de Bourgogne, et cet officier, de concert avec les deux frères Le Bryois, l'un lieutenant-général et l'autre lieutenant particulier du bailliage, avait arrêté de chasser de la ville tous ceux qui étaient suspects de protestantisme. Sur leur ordre le prévôt du comté, Jacques Chalmeaux et beaucoup d'autres personnages notables, s'étaient immédiatement retirés à la campagne. Il y avait dans le voisinage beaucoup de gentilshommes de leur parti, Marraffin, seigneur de Guerchy et d'Avigneau, Louis Blosset, seigneur de Fleury (1), Laborde, seigneur de Serin et autres, chez lesquels purent trouver un asile ceux qui n'avaient pas de maisons des champs. Quand fut rendu l'arrêt du Parlement du 13 juillet, qui autorisait tout le monde à prendre les armes contre ceux qui saccageaient les églises ou faisaient conventicules illicites, les magistrats s'empressèrent de le faire afficher et ce fut le signal des aggressions et des meurtres contre les huguenots de la ville, qui, en ce moment pourtant, respectaient les églises et ne faisaient pas d'assemblée. A Auxerre, où la navigation fluviale avait alors une grande activité et où le nombre des entrepreneurs de batellerie n'était pas moindre d'une trentaine, il y avait une population nombreuse d'ouvriers du port, mariniers, chargeurs ou charpentiers de bateaux, classe active et robuste, mais ignorante et grossière, d'une intempérance habituelle, violente, irritable, (l'historien de Thou dit même féroce et sangui-

(1) Fleury, bourg du canton d'Aillant, département de l'Yonne.

naire) (1), qui avait plus que toute autre contribué à donner
naissance au vieux proverbe qui accusait les Auxerrois d'être
adonnés au vin, querelleurs et batailleurs (2). Les prédications violentes, que la publication de l'arrêt n'eut sans doute
pas pour effet de modérer, eurent bientôt mis le feu à ces
éléments d'explosion. Deux hommes, que les documents de
l'époque signalent pour leur esprit plus qu'ardent, un avocat
appelé Bougault et un homme d'une condition plus humble,
un géolier de prison appelé Jacques Creux, se mirent à leur
tête et les conduisirent à d'horribles excès dont les historiens
n'ont raconté qu'une partie, ayant voulu seulement, disent-ils,
citer quelques exemples, qui donnent une déplorable idée de
la connivence ou de la lâcheté des magistrats. Le dimanche
23 août ils inaugurèrent leurs tristes attentats par l'assassinat d'un potier d'étain nommé Cosson, qu'ils tuèrent dans
sa maison et dont ils traînèrent ensuite le corps dans les
rues, pour le jeter du haut du pont dans la rivière. « Ils en-
« trèrent, dit Th. de Bèze dans la maison, le battirent et le
« jettèrent par les fenêtres, et finalement d'un coup de levier
« lui firent voler la cervelle en l'air, appelant le gouverneur
« Champlemis et le président Le Bryois qu'ils contraignirent
« à frapper eux-mêmes ce pauvre corps tout mort, l'un d'une
« épée, l'autre d'une dague, et de dire qu'on avait bien fait
« de le traiter ainsi. » Deux jours après, ils traitèrent avec la
même férocité et le même acharnement une femme, une
étrangère, la femme du châtelain d'Avallon. « Ayant, Jacques
Creux et sa suite, » dit le même de Bèze dont le récit est si

(1) De Thou, *Hist. universelle*, t. XXXI.
(2)   « Peuple d'Auxerre, enfant du vin,
             « Apré de la gueule et léger de la main. »

plein de détails précis, qu'il doit avoir été emprunté à la relation de quelque témoin oculaire. « saisi cette dame, après « lui avoir arraché bracelets, chaîne d'or et autres habits, la « menèrent à la rivière, jetant cris épouvantables, blessée de « plusieurs coups de dague aux reins et aux cuisses, la dé- « pouillèrent, et de la levée d'un grand bateau la précipitè- « rent au fil de l'eau, auquel se débattant, parce qu'elle était « jeune et forte, elle fut assommée par un batelier, de sorte « que l'eau était rouge de son sang. Encore ne leur fut-ce « pas assez, car son corps tout nud fut mis en spectacle de « ces bourreaux infâmes, prenant plaisir à choses si déshon- « nêtes, qu'elles ne se peuvent décrire. Et s'étant alors trouvé « un pauvre homme apportant un linceul pour la couvrir et « ensevelir, encore en fût-il empêché, et fut contraint de « l'inhumer aux champs toute nue. » Puis vint le tour de deux prisonniers qui étaient détenus dans la prison de l'évê- que. L'un était le juge de la seigneurie de Corbelain (1), et « l'autre, dit de Bèze, « un pauvre drapier drapant. » Tous deux avaient été arrêtés comme hérétiques. L'official eut la barbarie ou la lâcheté de les livrer à la fureur des émeutiers qui les mirent en pièces et firent subir à leurs restes les mêmes outrages. Ce fut une terreur universelle parmi tous ceux que la rumeur publique soupçonnait d'être favorables à la réforme. Chacun d'eux s'empressa de fuir, désertant ses affaires et sa maison. Et leurs habitations furent, aussitôt après leur départ, pillées et saccagées par cette multitude en fureur. Ils n'étaient pas revenus à l'époque des vendanges et leurs récoltes furent la proie des pillards. Les catholiques,

(1) Corbelain, bourg du canton de Varzy, département de la Nièvre.

selon l'expression que Lebeuf a sans doute prise dans une
relation du temps, vendangèrent pour eux. Puis les exaltés
voulurent organiser, à l'exemple des pieds-nus de Sens, une
colonne mobile pour aller dévaster au dehors les refuges des
huguenots. L'avocat Bougault commandait cette bande, qui
alla d'abord à la Chesnault, près de Charbuy (1), à trois lieues
de la ville, piller la maison d'un gentilhomme de ce nom qu'ils
ne trouvèrent pas chez lui. L'avocat du roi Etienne Sotiveau
fut moins heureux. Ils le frappèrent de-.tant de coups qu'ils
le laissèrent pour mort. Ces victimes furent bientôt vengées
par leurs co-religionnaires, et Dieu permit, dit Lebeuf à qui
nous empruntons tout ce récit, que la violence fût repoussée
par la violence. Marraffin de Guerchy, seigneur d'Avigneau,
qui avait le grade d'enseigne dans la compagnie de l'amiral
de Coligny, se mit en route avec une vingtaine de cavaliers
pour arrêter ces brigandages. Quand il approcha d'Auxerre,
une populace de catholiques (2), se fiant à son nombre, sortit
pour l'attaquer. Il y eut alors une véritable bataille aux portes
de la ville, et les catholiques furent repoussés avec une perte
de quatorze hommes tués et plusieurs autres blessés. Quelques jours après, le même officier escortait un gentilhomme
qui venait d'Allemagne et était passé près de Saint-Bris (3),
apportant au prince de Condé des dépêches de d'Andelot.
Les guetteurs des villages voisins les aperçurent au moment

(1) Charbuy, bourg du département de l'Yonne, à 10 kil. d'Auxerre,
La Chesnault, ancienne résidence seigneuriale dans la commune de
Charbuy.

(2) Expression de Lebeuf, *Prise d'Auxerre*, p. 95.

(3) Saint-Bris, petite ville du département de l'Yonne, à 8 kil.
d'Auxerre.

où ils. traversaient l'Yonne au gué de Vaux (1) et sonnèrent
le tocsin. A ce signal les paysans de ces villages, troupe
nombreuse, mal armée et marchant sans aucun ordre, accoururent avec plus de courage que de discernement pour disputer le passage à l'ennemi. Mais seize d'entre eux restèrent
sur la place, beaucoup d'autres furent blessés et le reste prit
la fuite. Ainsi maîtres de la campagne, les huguenots inter-
ceptaient les communications, arrêtaient les approvisionnements et tenaient en grande anxiété les magistrats d'Auxerre,
qui avaient affaire au dehors à un ennemi actif et entrepre-
nant, et en dedans à une population turbulente et séditieuse.
Le gouverneur Champlemy était sans soldats et sans argent
pour en lever. Le comte de Tavannes avait autorisé l'établissement d'une taille, mais les habitants refusaient de la payer.
Les murailles de la ville étaient en partie tombées et l'on
craignait que l'ennemi ne vînt la surprendre. L'inquiétude
des magistrats se peint dans une lettre qu'écrivait, le 20
octobre, le lieutenant-général du bailliage, Pierre Le Bryois,
au comte de Tavannes (2) :

« Par la lettre que mes compagnons et moi vous escripvions du
« jour d'hier vous verrez le piteux état auquel nous sommes constituez
« en cette ville. Cela se continue et sommes en grande captivité. L'on
« s'accorde à nous roigner vivres et à chasser et piller ceux qui nous
« en amènent, mêmes des bleds dont vous sçavez que ce pays a grande
« faulte, d'aultre côté on pille aux villaiges les maisons des habitants
« de cette ville et eulx avec, quant on les trouve. La présente est
« pour vous redoubler de ma part la supplication que tous ensemble-

(1) Vaux-sur-Yonne, bourg du département de l'Yonne, à 6 kil.
d'Auxerre.
(2) Bibl. imp., Mss. Delamarre, 9484, fos 44 et 45.

« ment vous avons faite de nous secourir. S'il y a des-ordre d'un
« costé, d'aultre costó celuy de la ville est bien petit; car aujour-
« dhuy le petit peuple ne veult obéyr à chose qu'on luy commande,
« et ne fait ung chacun que ce qui luy plaist. De façon que la puis-
« sance de commander, soit par la justice ou aultre chose, est hors
« de nos mains. Vous avez commandé de lever un emprunt de taille
« de IIII ᵐ livres. La plus grande partie du peuple ne veult point
« payer. Disent les ungz que la taille se fait pour aultres causes que
« celle contenue en vostre commission, et en parle chacun à sa vou-
« lonté et d'estranges façons, ferment les huyz à ceulx qui les veu-
« lent exécuter, s'assemblent les ungs avec les aultres en petites
« troupes, tellement que les collecteurs ou sergents ne peuvent faire
« exécution. M. de Champlemy, qui a été envoyé par Monseigneur
« d'Aumalle, fait tout ce qui luy est possible ; mais il n'y a point de
« forces pour réprimer la voulonté des particuliers. Quant aux offi-
« ciers ordinaires, vous sçavez quelle puissance ils peuvent avoir.
« Ledict sieur de Champlemy, voyant l'urgente nécessité, a comman-
« dé au receveur du roy qui est commis pour faire recepte de ladicte
« somme de IIII ᵐ livres, de luy en bailler une partie pour lever et
« mettre quelque nombre de gens de pied pour servir à la deffence
« de luy et empescher les tumultes du peuple; il en a ja faict
« délivrer jusques à cent escuz. Il vous en escrit. Cela a bien petit
« effet parce que ledit sieur n'a pas encore recouvert vingt ou vingt-
« cinq hommes. Il est de besoing que vous mandiez vostre voulunté
« et ordonnance tant aux officiers que eschevins de la ville. Les bons
« citoyens désireroient fort qu'il vous pleust permettre que ceste
« somme qui se lève fust employée aux affaires de ceste ville, mesme
« à réparer nos murailles qui sont tombées. Je leur ay promis vous
« en faire supplication, vous en ordonnerez comme il vous playra.
« Il me déplaist de vous faire telz advertissements et bien fort du
« piteux estat auquel est nostre ville ; il sera fort difficile de la con-
« server sans forces. Les officiers sont chascun jour en armes, mais
« vous sçavez quels moyens ils ont en telz affaires. Si vous ne nous
« pouvez donner forces, nous désirerions fort que vous eussiez envoyé
« par deçà quelques gentilshommes pour nous conseiller et comman-
« der avec ledict sieur de Champlemys ce que nous debvons faire.
« J'ay bien grand peur qu'en peu de temps nous soyons surprins;

« nous n'attendons que l'heure que nous soyons investys de nombre
« d'hommes. Je me tiens assuré que votre providence sçaura bien
« donner ordre partout. En attendant de voz nouvelles que je désire
« estre bientost, Monseigneur, je supplieral le créateur estre vostre
« garde et me tenir en vostre bonne grâce à laquelle je me recom-
« mande très humblement. D'Auxerre, le XX octobre 1562.

   « Votre très humble et obéissant serviteur. »

      P. LE BRJOYS.

 Tavannes, qui n'avait en ce moment que six enseignes de
gens de pied dont il ne pouvait se démunir, écrivit au maréchal de Saint-André pour le prier, en raison de la grande
importance d'Auxerre, d'y envoyer des troupes (1). Cependant
Marraffin d'Avigneau s'étant éloigné, les Auxerrois reprirent
courage; ils allèrent s'emparer de son château situé à trois
lieues d'Auxerre et y mirent une garnison de vingt soldats
sous les ordres d'un gentilhomme appelé de la Mothe de
Culon. Mais, ne recevant pas de solde régulière et manquant
de poudre, les soldats étaient sur le point d'abandonner la
place, lorsque le capitaine Jehan Lallemand, envoyé avec la
compagnie du maréchal de Saint-André, après avoir parcouru le pays jusque dans l'Avallonnais, et mis en état
de défense le château de Pisy (2), vint les approvisionner et
ranimer leur zèle (3). Il écrivait à Tavannes, le 27 décembre,

(1) Mss. Delamarre, 9484, f° 74

(2) Pisy, ancien château fort dans la commune de ce nom, canton
de Guillon, à 21 kil. d'Avallon.

(3) M. Chardon, au tome Ier de son *Hist. d'Auxerre*, p. 310, a dit à
tort que le maréchal de Saint-André avait alors séjourné à Auxerre. Il
était allé droit à Sens, d'où il gagna ensuite l'armée du roi. C'est sa
compagnie de gens d'armes seulement qui, par son ordre, était venue
tenir garnison à Auxerre, et quand elle arriva dans cette ville, le
maréchal avait déjà péri à la bataille de Dreux.

que la place était forte et de grande importance pour la ville, et se plaignait fort des Auxerrois qui demandaient à être secourus, mais ne voulaient rien donner aux troupes. Sa lettre, malgré son style soldatesque, n'est pas sans intérêt pour l'histoire :

« Nous sommes ici, disait-il, en ung lieu de grande chierté, mesme
» pour gens de chevaulx, et n'avons aultre chose de nos hostes que
» les chambres mal garnyes. Disant que ne leur avez escript qu'ils
» nous dussent accommoder d'autres choses, et encore qu'ils ayent
» foing et avenne de munition, ilz ne nous en ont jamais voulu ayder
« pour argent, ou faire vers les villaiges qu'ils nous en eussent
« fournis, comme aussi de bois pour argent, mais nous ont enchéri
« vivres. En quoy vous supplie très humblement, monsieur, me
« vouloir favoriser, aultrement ne seroit possible que les pourès
« soldatz ne despendent beaucoup du leur avec la soulde. Aussi que
« il vous plaira vous ferez tant de bien que nous ordonner faire
« monstre, car je vous asseure bien que le capitaine et ses soldatz
« sont bien dépourveuz de monnoie (1).

Etant si mal payée et encouragée au désordre par l'exemple de la population, cette troupe se mit à piller à son tour, *par excès de zèle*, dit Lebeuf, les maisons des huguenots, et même à les abattre pour en brûler les bois. Le château d'Avigneau fut ainsi dépouillé de tous ses meubles, quoique la dame du lieu l'habitât encore, et quand le capitaine qu'y avaient mis les les Auxerrois se retira, il crut ne devoir rien épargner de ce qu'on y avait laissé, et, afin que le seigneur huguenot ne pût y rester, il emporta jusqu'aux châssis et aux fenêtres (2).

(1) Mss. Delamarre, 9484, f° 46.
(2) *Prise d'Auxerre*, p. 97.

Ce qui se passa sur ces entrefaites à Entrains (1) ne contribua guère à rassurer les Auxerrois. Cette petite ville avait depuis longtemps déjà une église protestante. Au mois de juin de cette année 1562 elle fut occupée par un capitaine catholique appelé Chevenon, qui, par ses menaces, contraignit le plus grand nombre des huguenots d'en sortir. Il n'y restait guère que les vieillards, les femmes et les enfants, qui, pour conserver leur vie, retournèrent à la messe et parurent faire quelquefois profession de la religion catholique. Ces marques extérieures de conversion ne suffirent pourtant pas pour rassurer le parti opposé. Les sanglantes immolations de Sens, d'Auxerre et de tant d'autres villes, et les prédications furieuses qui exaltaient ces exemples de zèle, avaient partout répandu un esprit de vertige et de frénésie, et les catholiques d'Entrains complotèrent l'extermination de tous ceux dont la foi leur était suspecte. On ajoute qu'un prêtre, appelé Etienne Blondelet, était venu à Auxerre dans les premiers jours de décembre pour se concerter avec les chefs du parti et s'assurer sans doute, la coopération de la bande de Jacques Creux et Bougault. Mais, le 12 de ce mois, Entrains fut surpris, par le capitaine protestant Louis Blosset, parti avec sa compagnie de la ville forte de la Charité (2). Il avait pris ses mesures pour arriver à la pointe du jour, et, lorsqu'il ne fut plus éloigné que d'une portée de mousquet, il envoya en avant son lieutenant et son trompette qui, enve-

(1) Entrains, petite ville du canton de Donzy, département de la Nièvre, à 25 kil. de Clamecy.

(2) La Charité, chef-lieu de canton du département de la Nièvre, arrondissement de Cosne.

loppés de leurs manteaux, se glissèrent dans la ville à l'ouverture du guichet, et, suivis aussitôt de cinq autres soldats,
arrachèrent les clefs au gardien. N'apercevant alors ni guet,
ni corps-de-garde, ils donnèrent promptement le signal au
reste de la troupe qui arriva en toute hâte. Les catholiques,
épouvantés, ne firent aucune résistance. Quelques-uns se
cachèrent comme ils purent. D'autres sautèrent par-dessus les
murailles pour s'enfuir. D'autres, enfin, demandèrent miséricorde en révélant le complot d'extermination. Le prêtre
Blondelet fut accusé d'avoir médité et préparé cet affreux
coup de main. Les vainqueurs le condamnèrent à être pendu
et arquebusé à une des portes de la ville, avec un sergent
(de Thou dit un bedeau) qu'on appelait « le dangereux. »
De Bèze dit que Blondelet avoua les faits qu'on lui repro-
chait et Lebeuf paraît croire à l'exactitude de cette assertion.
Pour nous elle semble douteuse et nous ne pouvons voir, dans
le meurtre de ces deux malheureux, qu'une horrible réponse
aux massacres de Sens et d'Auxerre. Ainsi les vengeances
sanglantes appelaient de sanguinaires représailles, qui devaient elles-mêmes susciter des vengeances nouvelles. Peu
après un gentilhomme franc-comtois, appelé de Trouan, qui
était venu guerroyer dans l'auxerrois pour le parti catholique, tenta de reprendre cette place, mais il fut repoussé
avec perte de plusieurs de ses gens, et quelques jours plus
tard, un des officiers de Blosset, appelé le capitaine de
Blannay, le tua de sa main dans une rencontre. Blosset
établit le capitaine Beaumont pour gouverneur d'Entrains,
qui devint et resta jusqu'à la fin de cette guerre le quartier
général des huguenots du centre de l'Auxerrois. Le culte
catholique, qui y fut suspendu, n'était pas encore rétabli
quatre ans après, quand Charles IX, venu dans ce pays,

ordonna que la messe y fût de nouveau célébrée (1). La garnison, recrutée sans cesse de nouveaux combattants, faisait des courses qui la rendaient redoutable jusqu'à une très longue distance. Elle alla jusqu'à Bar-sur-Seine (2), reprendre cette ville sur les catholiques qui, pour venger les dévastations impies que les protestants avaient commises dans l'église pendant une occupation de quelques jours, y avaient exercé des cruautés furieuses et dont quelques-unes seraient si horribles que, malgré le témoignage de l'histoire, on hésite à les croire. « Ils coupaient, dit l'historien « de Thou, les enfants en morceaux, leur ouvraient le ventre, « en arrachaient le cœur et poussaient la rage et la fureur « jusqu'à le manger. Le procureur du roi, appelé Ralet, « plus barbare et féroce que les bêtes, y avait fait pendre « son propre fils. Déchiré ensuite de remords et accablé de « chagrin, ce misérable cherchait à s'étourdir par les sup-« plices et la mort qu'il faisait endurer aux autres. Les « soldats venus d'Entrains le pendirent à une solive de sa « maison et le tuèrent à coups d'arquebuse (3). »

A l'extrême sud-ouest du diocèse d'Auxerre, les réformés étaient depuis longtemps, comme nous l'avons déjà dit, en majorité dans la ville de Gien, qui, dès les premiers bruits de guerre, s'était déclarée pour le prince de Condé. Là fit ses premières armes un gentilhomme protestant d'Auxerre, Jehan de la Borde, seigneur de Serin, qui s'y était réfugié après le saccagement de cette ville et dont le nom reparaîtra

(1) Lebeuf, *Prise d'Auxerre*, p. 255.
(2) Bar-sur-Seine, ville chef-lieu d'arrondissement du département de l'Aube.
(3) De Thou, *Hist. universelle*, liv. XLII.

plus tard dans notre récit. Il avait levé dans les environs de
Gien une compagnie avec laquelle il servit pendant toute
cette campagne. Une troupe indisciplinée de soldats huguenots, qui fut envoyée ensuite dans cette place, s'y livra à de
grands excès. Cette garnison fit sans résultat une tentative
sur Cosne et se retira devant l'armée du roi, quand celle-ci,
vers la fin de la campagne, eut pris Bourges. Les troupes
royales, composées de régiments italiens, enivrées de leur
victoire, se ruèrent sur le petit nombre d'habitants qui étaient
demeurés à Gien, et on vit là se répéter des scènes de carnage indescriptibles, et si l'on en croit quelques relations, les
mêmes actes de férocité frénétique qu'on avait vus à Bar-
sur-Seine s'y reproduisirent. Et pourtant, cette fois, le grave
de Thou ne les raconte que sous forme dubitative. « On
« assure, dit-il, que les Italiens qui étaient au service du
« roi, animés par la haine et la rage qu'ils avaient conçue
« contre les protestants, ouvrirent le ventre d'un pauvre
« enfant encore en vie et mangèrent son foie encore palpi-
« tant. (1) »

A peu de distance de là, la Charité avait été aussi, dès
l'origine, occupée par les huguenots, et le riche prieuré de
cette ville avait été saccagé. Diverses tentatives pour la reprendre avaient échoué. Une petite armée commandée par le
grand-prieur d'Auvergne et par le seigneur de la Fayette,
« lieutenant et gouverneur du pays de Nivernais, » y réussit
par une capitulation dont ils violèrent ensuite toutes les conditions, et les soldats s'y livrèrent à toutes sortes de cruautés.
La place fut surprise plus tard, non sans de sanglantes représailles, même contre les prêtres du prieuré, dont six furent

---

(1) De Thou, liv. XLII.

tués par une troupe venue d'Entrains, sous le commandement du capitaine Le Bois de Mérille. Ce hardi partisan, n'ayant sous ses ordres que soixante-sept soldats, soutint ensuite dans la Charité un siége de huit jours contre les garnisons catholiques de Nevers, Cosne, Auxerre, Gien et Bourges, venues avec six pièces de canon. Les capitaines Blosset et de Blannay, qui venaient d'Entrains pour le secourir, ayant été [repoussés, il ne se défendit qu'avec plus d'énergie, et après avoir tué plus de quatre-vingts hommes aux assiégeants, il les força enfin à se retirer.

L'abbaye de Fontaine-Jean, située entre Châtillon-sur-Loing (1) et Champignelles (2) avait été transformée par les catholiques en une forteresse d'où ils tenaient en échec les châteaux protestants du voisinage. Elle fut prise d'assaut par une troupe envoyée d'Orléans, et les moines et soldats qui la défendaient massacrés jusqu'au dernier. De Bèze, dont le récit ne peut être accepté que sous réserve, raconte ainsi cet incident qui prouve bien l'acharnement de cette guerre. « En « ces entrefaites les moines de l'abbaye de Fontaine-Jean, à « deux lieues de Châtillon, gens débordés de tous temps en « toute méchanceté, quoique le cardinal de Châtillon fut « leur abbé, firent de leur abbaye une véritable retraite de « brigans, se ruant sur les passans et pillant les métairies « voisines. Etant cela rapporté à Orléans, y fut envoyé Dam- « pierre avec 30 ou 35 lanciers écossais, lequel arrivé à « Châtillon le 5 octobre, y mit si bon ordre, que les moines,

(1) Châtillon-sur-Loing, chef-lieu de canton du département du Loiret.

(2) Champignelles, petite ville du canton de Bléneau, département de l'Yonne, à 40 kil. d'Auxerre.

« s'étant mis sur leur défense avec les soldats qu'ils avaient
« retirés, y demeurèrent quasi tous, les uns tués en se défen-
« dant, les autres s'étant sauvés au clocher, dont ils ne
« purent jamais être dénichés que par le feu qui les y brula
« avec la plupart de leur temple. »

Cependant, dès le mois d'août, les armées s'étaient mises
en marche. Celle du roi avait repris Blois, le Mans, Tours,
Poitiers, Angoulême et Bourges, pendant que Tavannes
reprenait possession de la plupart des villes de la Bourgogne.
Le roi de Navarre était tué en octobre au siége de Rouen.
Trois mille Espagnols entraient en Guyenne pour se joindre
aux catholiques, pendant qu'une flotte anglaise se préparait
à descendre en Normandie pour secourir les protestants.
L'Allemagne et la Suisse avaient fourni des soldats aux deux
partis. Le Rhingrave et le comte Rockendoff avaient amené
huit mille hommes à l'armée royale (1), et d'Andelot conduisait, des bords du Rhin, au secours du prince de Condé, trois
mille reîtres (cavaliers) et quatre mille lansquenets (fantas-
sins). Cet habile général avait su éviter le maréchal de
Saint-André et le duc de Nevers, lieutenant-général de la
province de Champagne, qui l'attendaient pour le combattre (2). Il franchit la Seine au-dessous de Châtillon le 25
octobre et se dirigea sur Cravant (3) pour y traverser la rivière
d'Yonne. Le passage de ces troupes étrangères, à quelque
parti qu'elles appartinssent, était toujours marqué par le
pillage et la dévastation. Notre contrée en conserva de tristes

(1) *Mém. de Condé*, t. III, p. 575.
(2) Mss. Delamarre, 9484, f° 6.
(3) Cravant, petite ville du canton de Vermenton, département de
l'Yonne, à 20 kil. d'Auxerre.

souvenirs. Cravant, qui n'était pas alors en état de défense, se soumit sans doute à la force. Mais les habitants de Saint-Cyr-les-Colons (1) refusèrent d'ouvrir leurs portes à ces allemands qui, les ayant forcées de nuit, saccagèrent tout, tuèrent quarante hommes et emmenèrent prisonniers les plus riches d'entre les autres. Le bourg de Jussy (2) fut encore plus mal inspiré, et reçut un traitement encore plus cruel. Excités par les conseils insensés d'un moine jacobin, ses habitants attaquèrent les reîtres en leur tirant plusieurs coups d'arquebuse et en proférant mille injures contre d'Andelot, logé à deux lieues de là. Ils furent bientôt forcés par les reîtres et les lansquenets qui en massacrèrent un grand nombre, pillèrent et saccagèrent tout, et brûlèrent le village entier, à l'exception de l'église et de deux ou trois maisons. La récolte de vins qui avait été fort abondante et comprenait bien, selon Lebeuf, cinq ou six mille muids, fut perdue tout entière. Mailly-le-Château (3), forte place sur de hauts rochers qui dominent la rivière d'Yonne, fut pris d'assaut et d'Andelot y laissa une garnison qui, se liant à Entrains et la Charité, assurait les communications de l'armée entre l'Yonne et la Loire. Mailly-le-Château fut pourtant repris par la garnison d'Auxerre quelques jours après. Auxerre s'attendait à être attaqué. Il avait reçu quelques troupes commandées par un officier, appelé de la Boissière, qui prenait le titre de « colonel

(1) Saint-Cyr-les-Colons, bourg du canton de Chablis, département de l'Yonne, à 18 kil. d'Auxerre.

(2) Jussy, bourg du canton de Coulanges-la-Vineuse, département de l'Yonne, à 10 kil. d'Auxerre.

(3) Mailly-le-Château, bourg du canton de Coulanges-sur-Yonne, à 27 kil. d'Auxerre.

« des enseignes de Picardie, à Auxerre, avec ses bandes. »
Les échevins achetaient en toute hâte de la poudre et des
munitions, et, pour subvenir à ces dépenses, ils empruntaient
le 28 octobre, cent écus d'or. Le même jour, ils délivraient
un mandat d'emprunt forcé de 670 écus sur divers habitants,
et le 29, ils répartissaient sur vingt-trois personnes du haut
clergé et de la bourgeoisie un nouvel emprunt de 865 écus (1).
Cependant le maréchal de Saint-André, qui n'avait pu arrêter
l'ennemi au passage, s'était retiré à Sens, craignant que cette
ville ne fût assaillie la première, comme ayant la première
commencé les massacres après Vassy. Mais d'Andelot, sans
s'arrêter davantage, poursuivit sa route, pour opérer sa jonction avec le prince de Condé. Et, en rejoignant l'armée, le
maréchal de Saint-André laissait sa compagnie de gendarmerie à Auxerre pour protéger le pays, comme nous l'avons
déjà raconté. Il laissait aussi à Sens trois compagnies de gens
de pied. Une imposition de 8,000 livres, était établie sur la
ville et sa banlieue pour les nourrir. Venue après deux autres
de 3,000 et de 10,000 fr. déjà assises la même année, elle
excitait de vifs murmures. Il est vrai que le maréchal, en la
créant, et en recommandant de faire cotiser les chapitres,
abbayes, colléges et prieurés, avait ajouté qu'il fallait « impo-
« ser signamment les sectateurs et adhérents de la nouvelle
« religion auxquels on en ferait porter la plupart, ainsi qu'il
« avait déjà plu audit seigneur roi pour les précédents
« impôts (2). »

Tonnerre avait été exempt de troubles et d'attaques, mais
non d'anxiétés et d'alarmes. Jacques de Luxembourg, en-

(1) Arch. de l'Yonne. Acte d'Armant, notaire.
(2) Archives de la ville. Ms. du docteur Crou,

voyé dès le début de la campagne avec une troupe de soldats
par le baron de Barbezieux, pour protéger et défendre la
ville, avait fait travailler en toute hâte aux murailles par des
pionniers mis en réquisition. Il avait fait murer l'une des
portes, dite porte de Rougemont, et, en faisant garder les
autres, il faisait faire le guet sur la tour « du fort et chastel
de Saint-Pierre, » où l'on avait bâti une logette de bois pour
abriter le guetteur, « par doubte de surprinses des voleurs
« et aultres gens de la nouvelle religion, allans, venans et
« nuisans journellement à l'entour de ceste ville, mal vivans,
« rompans, gastans les ymaiges et croix et faisans aultres
« œuvres exécrables (1). » La garnison, commandée plus
tard par le capitaine Ladventure, permit à la ville de tenir
ses portes fermées pendant le passage des troupes allemandes.
Mais ces travaux et cette protection, dont la dépense restait
à sa charge, pesaient lourdement sur les habitants et leur
infligeaient de ruineux sacrifices.

Dans l'Avallonnais il y avait eu quelque commotion. Les
deux partis en étaient venus aux mains dans la ville d'Avallon. Les détails nous manquent sur cet engagement que
mentionne M. Abord dans son *Histoire de la Réforme et de
la Ligue dans la ville d'Autun* (2). Tavannes, à qui Catherine
de Médicis, en le complimentant d'avoir repris Châlon,
écrivait d'achever « de nétoyer tout le pays de Bourgogne de
« cette vermine de prédicants et ministres qui y avait mis la
« peste (3), » pour se procurer de l'argent afin de mettre

(1) Archives de Tonnerre, citées par M. Le Maistre. Bulletin de la
Société des Sciences de l'Yonne, 1850, p. 440.

(2) T. Ier, p. 195.

(3) Document communiqué par M. Marcel Canat.

ses troupes en mouvement, s'était s'emparé de l'argenterie
des églises de la province. Le 12 août 1562, il envoyait une
commission au lieutenant-civil du bailliage d'Avallon, Etienne
Fitzjean, pour saisir, en vertu des autorisations royales,
l'argenterie des églises de la ville. Un procès-verbal de
saisie et un inventaire, dressés contradictoirement avec les
chanoines, estimaient à 430 liv. 3 s. 6 d. les « joyaulx et
argenteries » sur lesquels on avait pu mettre la main. (Le
« vaisseau contenant le chef de Saint-Lazaire, et le reposi-
toyre de la sainte-hostie » avaient été dès auparavant cachés
en lieu secret hors de la ville, et échappaient à la saisie.)

Les chanoines, après avoir vivement résisté, rachetaient
une portion de ces objets précieux et mettaient en vente une
coupe de bois, pour se libérer de cette exaction et acquitter
les lourdes dépenses que leur occasionnaient l'installation
d'un gouverneur et de ses soldats (1).

Tavannes avait nommé, le 24 août 1562, pour gouverneur
d'Avallon, Philippe de Chastellux, « seigneur de Bazarne,
chevalier et comte dudit Avallon » qui, dans une lettre du
dernier jour d'octobre (2), s'excusait sur sa santé, « étant
« tourmenté d'une colique graveleuse, » de n'avoir pu encore
mettre ordre « à quelques-uns de la ville qui avaient voulu
« faire les fous, dont, ajouta-t-il, il me déplaist et si Dieu
« m'eust permis ma santé accoustumée, y eusse mis ordre
« que auriez été content de moi. » Il se plaignait surtout
d'un échevin appelé Rocher et voulait être autorisé à avoir
une garnison de cent arquebusiers. Le château de Girolles (3),

---

(1) Notice de M. Quantin et pièc. justif. Bulletin de la Société des
Sciences de l'Yonne de 1856, p. 319.

(2) Bibl. Imp., fonds Delamarre, 9484, f° 75.

(3) Girolles, bourg du canton d'Avallon, à 7 kil. de cette ville.

appartenant à l'abbaye de Saint-Martin d'Autun et situé à une
ou deux lieues d'Avallon, avait été pris par une troupe de
trois cents hommes, détachée soit de Mailly-le-Château, soit
d'Entrains, « faisant journellement, dit un procès-verbal
« d'enquête de ce temps, courses, pilleries, rançonnements,
« concutions et plusieurs insolences, voire jusques aux
« portes dudict Avallon, ès fauxbourgs de laquelle ville ils
« prirent et ravirent de nuict et de jour plusieurs biens et
« personnes, mesmement des cuirs en la tannerie de Pierre
« Bonnier jusqu'à la valeur de 8 à 900 liv., et à plusieurs
« autres tanneurs et marchands, emmenèrent audit chastel
« prisonniers plusieurs personnes qu'ils rançonnaient avant
« que partir dudit chastel (1). » Tavannes remplaçait alors
Philippe de Chastellux par un homme d'armes de sa compagnie, appelé le sieur de Vezannes, à qui il donnait une
troupe de soldats assez nombreuse pour protéger efficacement
la ville. Le 17 février, il annonçait de Dijon qu'il partait
avec deux couleuvrines pour reprendre cette place (2). Mais
il n'arrivait à Avallon que quinze jours plus tard, « et avec
artillerie et grande compagnie de guerre, » il faisait capituler
la garnison et s'emparait du château, « non sans grands
« fraiz et dommages du pays, signamment des habitants
« dudict Avallon et desdicts du chapitre, » qui, pour subvenir aux dépenses de cette expédition, durent contracter de
lourds emprunts (3).

Cependant les protestants, renforcés par les secours que
d'Andelot avait amenés, étaient allés au devant de l'armée

---

(1) Procès verbal d'enquête du 17 juillet 1563, dans la notice de M.
Quantin, ci-dessus indiquée.

(2) Bibl. imp., fonds Delamarre, 9484, f° 67.

(3) Notice déjà citée de M. Quantin.

royale et lui avaient livré bataille près de Dreux le 19 décembre. Les deux généraux en chef, le prince de Condé et le
connétable de Montmorency, étaient restés prisonniers de
part et d'autre ; le maréchal de Saint-André y avait été tué ;
mais l'avantage était resté aux catholiques. Coligny avait rallié
les restes de ses troupes et le duc de Guise était venu mettre
le siége devant Orléans, où, le 18 février, il était assassiné par
Poltrot. On se décida alors à faire la paix. Le traité, arrêté dès
le 12 mars, fut promulgué à Amboise le 19, sous forme d'un
édit qui, « en attendant le remède du temps et d'un saint
« concile et la majorité du roi, permettait à tous barons,
« châtelains, hauts-justiciers, seigneurs tenant pleins fiefs de
« haubert, de pratiquer librement dans leurs maisons, avec
« leurs familles et sujets, la religion réformée. Les autres
« gentilhommes ayant fiefs avaient le même droit pour eux
« et leurs familles seulement. La liberté de conscience
« était reconnue généralement, et le culte réformé était
« maintenu dans les villes où il avait été exercé jusqu'au
« jour du traité. Mais dans le reste de la France le culte ne
« pourrait être célébré, hors des manoirs nobles, que dans
« les fauxbourgs d'une seule ville par bailliage ou séné-
« chaussée. Tous les arrêts rendus pour le fait de la religion
« depuis la mort de Henry II étaient annulés. Chacun ren-
« trait dans ses biens, honneurs et offices. La mémoire de
« toutes les offenses commises de part et d'autre durant les
« troubles devait demeurer éteinte et comme morte. »

Quelles que fussent les promesses de cet édit de pacification, il ne faisait que clore le premier acte d'un drame funeste,
dont tous les acteurs devaient tomber, les uns après les
autres, sous le glaive des batailles ou sous le fer des assassins.

Les villes de notre contrée, dans les faubourgs desquelles l'exercice du culte protestant fut autorisé, en exécution de l'édit, étaient Villeneuve-le-Roi, Cravant et Avallon. Entrains et la Charité conservaient le droit de le continuer comme par le passé. Cette dernière ville devait, aux termes du traité, être rendue. Cependant les protestants, qui y étaient en majorité, faisaient difficulté d'y recevoir le duc de Nevers, qui venait la reprendre au nom du roi. Mais il y entra par surprise ; vingt-deux habitants furent massacrés et toutes les maisons livrées au pillage des soldats; ce qui laissa dans les cœurs de profonds ressentiments qui devaient éclater plus tard (1).

La retraite des troupes étrangères des deux partis ne se fit pas sans de graves oppressions et de nouveaux pillages dans les pays qu'elles traversèrent.

« Jamais en France, dit Cl. Haton (2), nation n'avait été
« plus craincte ni redoubtée que furent lesdits reîtres, les-
« quelz toutefois ne faisoient aucun mal aux simples gens
« des villages où ils logeoient, mais prenoient et ravissoient
« tous leurs biens qu'ils trouvoient et les chargeoient en
« leurs harnois et les emmenoient avec eux. Ils portoient en
« iceux leurs harnois vans à vaner grains, fléaux à batre ès
« granges, seaux ou seilles à porter et puiser eau, cordes et
« chaines pour en puiser ; ils avoient sur aucuns harnois
« de petis fours à cuyre le pain, pour s'en servir en néces-
« sité, et molins artificiellement faits pour moudre du grain.
« Ils étoient fort songneux de charger du bled et de l'avène
« en leurs ditz harnois et d'emmener le bétail gros et menu

_____

(1) LEBEUF, *Prise*, p. 221. — *Arch. curieuses de l'Hist. de France*, t. VII, p. 317.

(2) *Mémoire*, p. 555.

Sc. hist.

« devant eux. Où ilz se logeoièut ne faisoient que cercher et
« foullier en terre ès logis, jardins, courts, fumiers, pour
« trouver butin, et tout ce qu'ils trouvoient de caché et non
« caché estoit à eux et n'y avoit personne qui y pust donner
« ordre ou qui voulust. Ils assailloient aussitost les logis,
« maisons et chasteaux des gentilshommes par où ils pas-
« soient, qu'ils voyoient n'estre fortz de deffence et ils tuoient
« ou prenoient prisonniers les gentilshommes d'iceux qui
« tomboient entre leurs mains, qui estoit la cause que les
« gentilshommes mal fermez vuydoient leurs maisons et se
« sauvoient ès villes. Les autres qui estoient fortz et bien
« fermez faisoient levée de soldatz pour mettre en leurs mai-
« sons et chasteaux, pour se deffendre d'eux s'ilz en estoient
« assaillis. Toutesfois, après, que les paysans en eurent
« beaucoup enduré, se bandèrent et se ruèrent sur eux quand
« ils alloient à petites trouppes et leur coupoient le gorge,
« et à ce faire aidoient les gentilshommes aux paysans et les
« paysans aux gentilshommes. Qui fut occasion de faire
« resserrer et tenir quoy iceux reistres, lesquelz, après avoir
« receu leur argent, s'en allèrent en leurs pays. »

Des étrangers, ces habitudes de pillage avaient gagné les
soldats français, qui se livraient aux mêmes excès et étaient
aussi indisciplinés. C'est ainsi que le 27 mars 1563, une
troupe qui passait près de Tonnerre et que l'on voulait loger
hors de la ville, en força les portes, s'y introduisit avec
violence, et commit de si affreux désordres que, trois jours
après, le 1er avril, on ferma et on mura trois des portes de
la ville « pour le bruit que l'on faisoit qu'il descendoit gens
« de guerre qui debvoient passer par ladite ville, et à l'oc-
« casion de surprinse faicte par les aultres jà passez (1). »

---

(1) Comptes de la ville. Notes fournies par M. Le Maistre..

Sur la demande des habitants, le duc d'Aumale leur envoya un détachement de gens d'armes de sa compagnie, avec le prévôt de la connétablie et ses archers, pour faire une information « touchant le tumulte et effort faicts par les gens de « guerre. » Mais il ne paraît pas que la ville y ait rien gagné. Et la dépense, qu'on mit à sa charge, pour le déplacement et le séjour de ces protecteurs, fut si considérable, qu'elle ne pût y pourvoir qu'à l'aide d'un emprunt. Elle s'éleva à 1,111 liv. 10 s., équivalant à douze ou quinze mille francs de notre monnaie (1). Le saccagement que l'on venait de subir avait ruiné un grand nombre d'habitants qui étaient réduits à mendier, et deux ans après il était encore demandé, pour secourir les plus malheureux, une somme de 300 liv. aux échevins, qui en référaient à une assemblée générale des habitants (2).

(1) Ibid.
(2) Ibid.

CHAPITRE III.

Années 1563 à 1567. — exécution incomplète de l'édit d'amboise a auxerre. protestations et pétitions. emeute a cravant. d'andelot a tanlay. le prince de condé, seigneur de vallery et de noyers. voyage du roi et de la reine mère dans le mid, par sens et troyes. conseils du duc d'albe. retour par auxerre, sens et serginés. violationscontinuelles de l'édit. sens, courtenay. réclamations des protestants. refus et menaces de la cour. projet d'arrêter leurs chefs. assemblées a chatillon-sur-loing et a vallery. deuxième prise d'armes. surprise d'un grand nombre de villes.

L'édit d'Amboise ne fut reçu par les catholiques qu'avec une grande répugnance. Le parlement de Paris, sur les conclusions du procureur général, se refusa une première fois à l'enregistrer, et, sur l'insistance et les menaces de la reine-mère, il ne céda qu'en faisant des réserves pour le moment où le roi atteindrait sa majorité. La populace de Paris jeta de la boue et des pierres aux crieurs qui avaient mission de le publier (1). La résistance fut vive et longue dans beaucoup de villes, mais nulle part autant qu'à Auxerre, si l'on en croit Th. de Bèze (2). « Et depuis et longtemps

(1) Cl. Haton, *Mém.*, p. 328.
(2) *Hist. des Egl. réf.*, t. II, p. 249.

« après la publication de l'édit, dit-il, n'ont cessé ces sédi-
« tieux de poursuivre en leurs excès et violences du tout
« énormes, de sorte qu'il se peut dire qu'à grand'-peine par
« toute la France se trouvera-t-il une ville qui ait plus ou-
« vertement et plus félonieusement résisté à l'observation de
« l'édit. »

C'est ainsi que lorsqu'il s'agit de déterminer en quel lieu
du bailliage d'Auxerre les protestants seraient autorisés à
tenir leurs assemblées religieuses, la commission nommée
ayant indiqué le faubourg de cette ville appelé de Saint-
Amatre, où précédemment se tenaient ces réunions, les
catholiques s'y opposèrent et firent rapporter cette décision.
Les protestants demandèrent alors le village de Saint-Georges
distant de la ville d'une petite lieue. Mais ils ne purent pas
l'obtenir davantage (1). Ils jetèrent alors les yeux sur la petite
ville de Saint-Bris éloignée de deux lieues. Mais le duc·
d'Aumale intervint au nom du seigneur de cette ville, « un
« des plus anciens serviteurs de notre maison, » écrivait-il
à Tavannes (2), et cette demande fut encore rejetée. La commission, après près d'un an de débats, choisit Cravant, à
quatre ou cinq lieues de distance. Ils réclamèrent contre
cette désignation par une pétition du 30 mars 1563 (3), qui
portait soixante-deux signatures dont les noms se retrouvent

(1) Lebeuf, *Prise d'Auxerre*, p. 100, et *Mém. sur l'Hist. de cette
ville*, t. II, p. 389.

(2) Bibl. Imp., Mss. Delamarre, n° 9484, f° 67.

(3) L'année se comptait encore selon l'ancienne méthode. Ce n'est
qu'à partir du jour de Pâques que commença l'année 1564 pour finir
au premier janvier. Cette observation était nécessaire pour rectifier
quelques erreurs de chronologie que l'on trouve dans Lebeuf et dans
M. Chardon qui l'a souvent copié.

encore en grande partie dans les familles d'Auxerre et qui
produisait en outre d'autres griefs. Ils avaient tenté d'établir
à leurs frais une école particulière pour leurs enfants. Mais
les magistrats s'y étaient opposés et avaient même fait une
information et porté plainte à M. de Tavannes contre « l'insolence du maître d'école des huguenots (1). » La pétition
demandait son maintien. Elle demandait en même temps que
les réformés pussent avoir leurs sépultures au cimetière du
faubourg Saint-Amatre, et enfin elle terminait par les doléances qui suivent sur les traitements injurieux et violents dont
ils étaient chaque jour l'objet :

« Qu'il soit permis aux dits de la religion réformée infor-
« mer et faire poursuites des mesportements, complots,
« excès, violences, voyes de fait, acclamations et injures
« qui leur ont été faites depuis l'édit de paix et se font et
« commettent journellement contre les édits et intentions
« de Sa Majesté. En temoing de ce, tant pour nous que pour
« les aultres qui n'ont peu signer ni estre appelez, nous
« avons signé ces présentes de nos seings. »

Signé : Tribolé, L. Girardin, Lessoré, C. Restif, Guiard,
Jambe, Noyer, Verdot, Courtenoyre, Moreau, Tiélement,
Duru, Chasneau, Delacourt-Belnotte, Brichelet, Mathieu,
Nicolas le Cueur, Mamerot, de Chaonnes, Boucher, Ragon,
Jean le Prévost, Claude Tartarin, Guyard, Noyer, Ducrot,
Regnard, Leclerc, Girardin, Legrand, Delavau, Poullet, De-
labarre, G. Restif, Thumereau, P. Mamerot, Folleville, Fremin,
Cochon, Delahaie, Jacques Bosset, Guenin, Nicolas du Sauge,
Delafaye, Mignot, Jean Munoys, Leroy, Chacheré, Terre-
saud, Hélie Genevoys, J. Charmoy, Guespier, Cœur-de-Roy,

(1) Mss. Delamarre, 9484, f° 48.

Dumont, Berger, François Bonneviste, Lallement, Edme Lerable, Berthelemy Didier, Didier Gortion. Et encore trois ou quatre illisibles (1).

La pétition paraît être restée sans réponse. Lebeuf dit qu'elle ne fut pas même présentée. En tous cas, si elle avait été renvoyée à Auxerre pour avoir les observations des magistrats, elle était demeurée silencieusement entre leurs mains, car la copie qu'en donne Lebeuf a été par lui prise à Auxerre sur l'original qui ne portait, ni avis des autorités intermédiaires, ni décision.

Les violences dont se plaignaient les signataires avaient peut-être amené des représailles dans les campagnes, car le duc d'Aumale écrivait le 24 juillet 1563 à Tavannes, « qu'à « l'entour d'Auxerre plusieurs volleurs qui s'advouent à « M. l'amiral faisoyent excès aux habitants de ladite ville. » Et il donnait l'ordre d'y envoyer le prévôt des maréchaux avec une compagnie de gens d'armes (2).

· Les protestants continuèrent donc d'aller en prêche à Cravant, ou plutôt dans un lieu voisin de Cravant, appelé la Gravelle. Lebeuf dit que « craignant l'animosité d'un peuple « qui les avait en horreur, ils n'y allaient que bien armés. » Ils n'en furent pas moins insultés et même attaqués, au dire de de Thou (3), dans les premiers jours de juin 1564 par une multitude ameutée qui leur aurait fait à tous un mauvais parti, si quelques gentilshommes survenus à leur secours n'eussent mis en. fuite les assaillants. L'engagement avait été des plus violents, et plusieurs morts étaient de part et

(1) LEBEUF, *Prise d'Auxerre.* Pièces justificatives, p. VI.

(2) Mss. Delamarre, 9484, f° 71.

(3) Liv. 26, vol. 4, p. 646.

d'autre restés sur la place. D'Andelot, qui était en ce moment à Tanlay, porta sur-le-champ les plus vives plaintes à la reine-mère qui s'empressa de répondre, le 18 juin, qu'on allait faire prompte justice. En effet, le lendemain 19, une lettre signée du roi et contresignée du garde des sceaux Laubespine, fut adressée de Lyon au comte de Tavannes. Il semblait à sa teneur franche et énergique que la cour voulût alors sincèrement la tolérance et la paix.

En voici les termes (1) :

« Monsieur de Tavannes, je ne fais doubte que vous n'ayez bien
« entendu le désordre qui est aduenu à Crevant et les meurdres qui
« y ont été commis, dont la source et l'occasion se dit en plusieurs
« sortes. Neantmoins quoi qu'il en soit, c'est une très mauvaise et
« pernicieuse chose dont je veulx que la vérité soit sçue et la pu-
« gnition en estre faicte si roydde et si exemplaire que chacnn
« cognoisse combien elle me dépluist ; et quel ennuy j'ai de voir que
« toute la peyne que j'employe pour remettre et tenir mon royaume
« en paix est en vain par la malice et folye d'aulcuns que j'estime
« comme ennemys de moy et de mondict royaume ; pour à quoy
« donner ordre je dépesche présentement ung conseiller de ma court
« de parlement de Paris qui estoit ici et le Prévôst de la connestablie
« de France avec luy pour vériffier leur faict et procéder contre les
« coulpables en justice si vifuement que le cas le requiert, afin que
« l'exemple serve à contenir les aultres et pour estre chose qui j'ai
« fort à cueur pour la conséquence qu'elle trayne, n'y ayant guerre
« moins de danger que de retourner à ceste occasion aux malheureux
« troubles dont nous sommes à ceste heure sortiz, et que je veulx
« que la justice ayt la main-forte pour chastier ceulx qui l'auraient
« mérité. Je vous prye vous transporter sur le lieu avec vostre com-
« pagnye pour la y tenir telle et si roidde qu'il appartient et donner
« audit Prévost de faire les captures et avoir en main les coulpables.
« Et neantmoins mettons dedans ledict lieu la compagnie du comte

(1) Fonds Delamarre, 9484, f° 58.

« de Charny avec charge à son lieutenant qu'il n'en bouge suivant
« ce que je lui escris avecq ladite compagnye tant que l'entière
« exécution ayant été faicte et que la force et auctorité en demoure
« à moy et à ma justice. Donnant en demourant ordre par tous
« moyens dont vous pourrez adviser pour empêcher que telz désor-
« dres n'adviennent plus en votre gouvernement; en recordant
« partout que mon intention est que mon édict et déclaration faicte
« sur la pacification soit sincèrement gardé et observé et faysant
« punir ceulx qui y contreviendront si à bon escient que l'on cognoisse
« combien cette contravention m'est désagréable. car plus grand
« service ne me sçauriez vous faire ; priant Dieu, monsieur de Ta-
« vannes, vous auoir en sa saincte garde. »

En dépit de l'esprit de justice que respire cette dépêche,
due sans doute au chancelier Lhospital, on sentait déjà à la
cour une puissance occulte dont les actes démentaient la
loyauté apparente de ce langage, et on voyait, en effet, appa-
raître presque aussitôt un nouvel édit, qui, dérogeant à celui
d'Amboise, « défendait la religion réformée à la suite de la
« cour, le roi ne voulant pas qu'en sa présence on fît exer-
« cice d'aultre religion que celle qu'il professait. »

Aussi, quelque pressantes que parussent les injonctions de
la dépêche, leur effet fut nul. On sait quelles étaient les dispositions de Tavannes et du parlement, qui, de leur côté
savaient sans doute à quoi s'en tenir sur la sincérité de cette
correspondance. En vain le prince de Condé insista par une
lettre écrite de Vallery le 34 août (1), à laquelle le roi répondit par de grands témoignages d'intérêt (2). L'information
fit voir, selon Lebeuf (3), que ceux qui s'étaient plaints

(1) *Mém. de Condé*, V, p. 201-204.
(2) De Thou, IV, p. 650.
(3) *Prise d'Auxerre*, p. 105.

avaient donné lieu à ce tumulte en allant à Cravant armés
comme pour un jour de bataille. Singulier grief de la part
d'un écrivain qui vient de dire qu'ils avaient tout à redouter
de l'animosité d'un peuple qui les avait en horreur ! La Popelinière raconte (1) que les *vignerons et gens rustiques* de
Cravant *avaient reçu des exhortations* pour ne pas souffrir
ces assemblées, et que les protestants soupçonnaient qu'on
les eût mit là pour les faire massacrer par ce *peuple rude et
grossier*. M. Chardon n'avait sans doute pas lu cet historien, quand il avançait (2) que, d'après son aveu, les huguenots étaient les aggresseurs. Il ne dit absolument rien de
semblable. Les protestants d'Auxerre gagnèrent pourtant à
cette sanglante attaque d'obtenir la permission de tenir
désormais leurs assemblées dans le faubourg Saint-Amatre
d'Auxerre.

L'oppression sous laquelle ils vivaient alors et qui les
faisait désespérer de la justice humaine, leur donna la pensée
d'une protestation étrange et mystérieuse, dans laquelle ils
en appelaient à la postérité de l'oppression de leurs contemporains, et que, par une précaution qu'explique assez l'état
d'appréhension continuelle où ils vivaient, ils résolurent de
confier à un réduit inaccessible, au sommet d'un monument
public, l'intérieur de la boule de métal creux qui surmontait
l'un des plus hauts clochers de la ville. Lebeuf raconte ainsi
les détails de ce fait extraordinaire. « Ils dressèrent une
« formule de foi en forme de catéchisme, qui contenait toute
« la doctrine de leur prétendue réforme et ils la signèrent
« tous. Pour la transmettre plus sûrement à la postérité, il

(1) *Hist. de France*, p. 578.
(2) *Hist. d'Auxerre*, t. I, p. 311.

« leur vint dans l'esprit de la placer dans un endroit fort
« singulier et d'où l'on ne pouvait l'ôter à leur insu. Ayant
« gagné un couvreur qui travaillait à la flèche du grand
« horloge de la ville, ils la firent mettre dans le globe qui
« supporte la girouette. Ce fut là qu'un autre ouvrier la
« trouva il y a soixante ans ou environ dans une boîte de
« fer-blanc. Un témoin oculaire m'a assuré qu'elle contenait
« la signature d'une centaine d'habitants ou à peu près, et,
« qu'à cause de certains noms qui y furent remarqués,
« quelqu'un jeta la pièce au feu (1). »

Malgré la puissance dont les catholiques disposaient à
Auxerre, la présence de d'Andelot à Tanlay (2) était une
cause d'inquiétude pour eux et on l'y surveillait de près. Il
faisait reconstruire son château et avait démoli pour cela les
bâtiments qu'y avaient occupé des Cordeliers. Le duc d'Aumale écrivait à ce sujet de Troyes les 28 juin au comte de
Tavannes.

« M. d'Andelot a chassé de sa maison de Tanlay tous les
« gens d'église, même les cordeliers. Cela est contraire à
« l'édit de paix. Envoyez quelqu'un sur les lieux pour infor-
« mer. Il faut écrire à M. d'Andelot et envoyer un homme
« d'épée pour cognoistre quelles fortifications il faict en ladite
« maison de Tanlay, où l'on ma dict qu'il y faict fort beson-
« gner, et m'avertir de ce que l'envoyé aura appris (3). »

Trois jours après, informé que l'amiral de Coligny et d'Andelot avaient rendu visite au capitaine Marraffin de Guerchy,
dans son château d'Avigneau, il écrit au même :

(1) *Mém. sur l'hist. d'Auxerre*, t. II, p. 390.
(2) Tanlay, château et bourg du canton de Cruzy, département de
l'Yonne, à 9 kil. de Tonnerre.
(3) Mss. Delamarre, 9484, f° 68.

« Les deux frères nos bons amys se sont mys en · cam- .
« pagne et joints ensemble avec quelques chevaux, ils ont
« dîné hier à Vigneaux (Avigneau) en Auxerrois. On dit
« qu'ils se réunissent dans la maison du prince .qui est
« dans votre gouvernement. Il la fortifie. Envoyez un exprès
« à Tanlay (1). »

Cette maison du prince dans le gouvernement de Bourgogne, dont le nom n'est pas indiqué, cessa bientôt d'être sa
résidence. La passion qu'avait pour lui la veuve du maréchal de Saint-André et l'espoir qu'elle nourrissait de l'épouser,
lorsqu'il serait veuf de sa première femme qui se mourait
d'une maladie de langueur, l'avait portée à lui faire donation
de son magnifique château de Vallery. Ses espérances furent
trompées, car deux ans après il se maria en secondes noces à
Françoise de Longueville, qui, entre autres domaines, lui apporta la seigneurie de Noyers et son fort château (2), et depuis
ce temps il partageait sa résidence entre Noyers et Vallery.
Dans cette dernière habitation il n'était qu'à dix lieues de
Châtillon-sur-Loing, qu'habitait l'amiral de Coligny, et, à
Noyers, quatre lieues seulement le séparaient de Tanlay où
résidait d'Andelot. La présence presque permanente de ces
grands personnages pouvait entretenir l'assurance et l'ardeur
des partisans du protestantisme; mais elle tenait sans cesse
en défiance le parti opposé. D'Andelot avait voulu visiter les
adhérents qu'il avait à Auxerre, et, si l'on en croit la relation
d'un bourgeois catholique appelé Edme Panier, l'entrée lui
en avait été refusée. Il paraît pourtant peu vraisemblable

---

(1) Ibid., f° 70.
(2) Noyers, chef-lieu de canton du département de l'Yonne, à 20
kil. de Tonnerre.

que les magistrats de la ville aient osé en refuser en temps
de paix l'entrée à un si puissant seigneur. Quoiqu'il en
soit, il y vint au mois de septembre 1566 et sa présence y
causa la plus vive émotion. A une visite qu'il fit d'abord au
couvent des Jacobins, situé en face de l'Hôtel-de-la-Grande-
Magdeleine où il était descendu, probablement pour y voir le
magnifique jubé que la reine Marie Stuart venait d'y faire
construire et que les moines ont détruit en 1782, « les reli-
« gieux croyant, dit ce chroniqueur, qu'il venait les faire
« mourir, s'enfuirent dans l'épouvante et l'un d'eux, le
« prédicateur Pierre Divolé, tomba par terre en défaillance,
« dont il fut fort blessé et depuis fort malade. » Il parcourut
la ville en compagnie de Jacques Chalmeaux, devenu lieutenant-général du bailliage, du lieutenant-criminel Couroy, des
avocats Jambe-et Fernier et de plusieurs autres protestants
et monta avec eux au clocher de Notre-Dame-là-Dehors, qui
était le point le plus élevé de la ville et d'où l'on pouvait
mieux en voir l'ensemble. Plus tard, quand la ville fut surprise, on supposa qu'il était venu là rechercher les endroits
faibles de la place et concerter avec ses partisans les moyens
de l'enlever. Il y a peu de vraisemblance dans cette conjecture. Ce n'est qu'un an après qu'eut lieu la nouvelle prise
d'armes ; la ville fut surprise au-dedans par une partie de ses
habitants et non assiégée du dehors, et l'on pouvait mieux
juger les défauts de la place en en faisant le tour, qu'en la
voyant du haut d'un clocher central.

Charles IX, à qui sa mère voulait faire parcourir tout son
royaume, était passé par Sens, venant de Fontainebleau et
allant à Troyes le 15 mars 1563 (1). Le procureur du roi,

(1) Il avait été reçu en grande pompe. Le célèbre Jean Cousin, qui

absent de Sens depuis les massacres, Jacques Penon, y revint
pour cette circonstance et crut pouvoir alors lui demander
justice des attentats commis l'année précédente avec la
connivence, si ce n'est sur la provocation du maire et des
échevins, et des malversations et exactions qui avaient suivi
ces scènes d'horreur. Il n'en retira qu'une amère déception
dont nous empruntons le récit ironique au manuscrit de

résidait près de là, dans sa maison de Soucy, avait été mandé par
l'échevinage, pour donner son avis sur les décorations artistiques qu'il
convenait de faire. Une délibération citée dans le manuscrit de M. le
docteur Crou porte : « Seront mandés Jehan Louis Cousin le jeune,
« peintre, et Nicolas Couste, autre peintre, pour les entendre sur ce
« qu'il est besoin de faire ès-choses de leur estat. » Et le journal
de Taveau, cité dans le Manuscrit Quantin, p. 221, contient à ce
sujet la relation suivante :

« Charles IX fit son entrée à Sens, le 14 mars 1563, assisté de plu-
« sieurs notables du royaume. Il arriva près la porte d'Yonne et vis-
« à-vis Sainte-Colombe-la-Petite lui fut présenté un bouquet par la
« fille du sieur Pierre Grenetier qui récita plusieurs vers françois de
« la composition de Feschesnau, avocat audit Sens. Cette jeune fille
« était sur un théâtre, entourée de fleurs de lys. Le lendemain, le
« maire et les eschevins présentèrent à Sa Majesté un vase de vermeil
« qui pesait douze marcs. Ils présentèrent aussi à M. d'Aumale une
« coupe qui en pesait quatre et trois onces, qu'Etienne Garnier, pro-
« cureur des habitants, apporta ; le tout pesé par Christophle Marcil-
« liat, orphèvre, demeurant audit Sens ; outre ce il y avoit douze
« aulnes de velours rouge, bleu et blanc, dix aulnes de satin de
« Bruges avec des franges pesantes vingt-cinq onces, et quatre robes
« de sergents. Ledit mois et an, il survint une contestation au sujet
« de la harangue qui se devoit faire au roy entre le bailli et les
« maire et eschevins. Le bailli soutint qu'il devoit le faire au nom de
« la ville et lesdits maire et eschevins prétendirent le contraire. Le
« roy ordonna que le bailli pourroit haranguer à la teste de la no-
« blesse et que les maire et eschevins harangueroient au nom de la

B. Taveau, cité dans le recueil manuscrit de M. Quantin, p. 242, et dans l'Essai historique manuscrit de M. Crou.

« Penon se trouva, qui ne se y estoit trouvé dès quatorze
« mois, et sous sa faulse qualité de procureur du roy, avoyt
« entrepris de faire plainctes qu'il avoyt ja mises par escript,
« dont aulcuns gouverneurs de la ville avoyent par moyens
« recouvert secrettement ung double et s'estoient préparés
« contre les actions dudict Penon, homme de vif esprit, de
« lectres et de diligence; mais de contradiction, maling et
« factieux. Le roy commanda à ses officiers de ladicte ville
« de se trouver à Troyes pour oyr ce qui leur seroit dict et y
« allèrent lesdits maistres Jehan Riché, lieutenant-général,
« Robert Hémard, lieutenant-criminel, Baptiste-Pierre Gre-
« netier, Martin du Puys, eschevins; Balthazard Taveau,
« greffier de la chambre de ville, aultres au nombre de
« vingt, qui mirent aux mains de Monseigneur Daumalles,
« lors gouverneur de ce pays, requeste pour présenter au
« roy et de ladict ville, à ce que, pour les tenir en paix,
« il lui plust en interdire l'entrée audist Penon. Lesdits
« députez furent appelez en conseil le ving-huitième mars
« audict an, auquel estoient messeigneurs et aultres au

« ville, lequel règlement fut fait à Pont-sur-Yonne, le 15 mars 1563.
« Les frais pour l'entrée du roy furent arrestés par M. le lieutenant
« général à la somme de dix-sept cent soixante et dix livres huit sols.
« Il fut ordonné dans l'Hôtel-de-Ville qu'il seroit mandé au sr de
« Villefranche ou autres gentilshommes voisins de dresser les ban-
« des de gens de pied pour l'entrée du roy, et avisé qu'aux tambours
« et fifres qui serviront à l'entrée du roy seroit baillé à chacun un
« bonnet de la couleur du capitaine aux dépens de la ville, et que
« pour ladite entrée chaque corps de métier auroit son fifre et son
« tambour. »

« nombre de seize assis. Devant lesquelz se présenta ledict
« Penon, assisté de sept de ladicte secte. Ladicte requeste
« fut d'entrée présentée par ledict seigneur Daumalles et
« lue a haute voix devant ledict Penon auquel fut recom-
« mandé d'y défendre, dont se trouva fort estonné. Car il
« pensoyt agir et accuser, dont il s'estoyt tenu bien prest.
« Mais il fallut promptement deffendre à chose qu'il n'avoyt
« pensé. Toutefois eschappa et tourna à ses actions, aux-
« quelles ledict Hémard répondit éloquemment et au conten-
« tement desdicts seigneurs assistants. Tant que de tout
« Penon et sa suyte ne remportèrent que honte et mes-
« contentement et fut prononçé arrest sur ledict jour, par
« lequel fut dict que lesdicts maires et eschevins mettraient
« ès mains des intendants des finances les commissions en
« vertu desquellz les deniers avaient été imposés en ladicte
« ville, ains les départements et comptes de receptes et
« dépenses, pour en être ordonné par le roy; que lesdits
« maire et eschevins bailleroyent par escript les actes
« lesquels rendroyent contre ledict Penon, et enjoint aux
« officiers, maires et eschevins vivre en paix et repos faisans
« leurs charges et y faire vivre les peuples, sans rien recher-
« cher du passé contre l'édict de pecification. »

Ce voyage du roi et de la reine-mère dura deux ans, et
pendant le long séjour qu'ils firent tant à Lyon qu'en Provence, en Languedoc et en Guyenne, de nouveaux édits
furent successivement rendus pour resteindre la liberté
religieuse qu'avait accordée l'édit d'Amboise. Il était visible
qu'une influence contraire aux idées de tolérance agissait de
plus en plus sur les sentiments de la cour. Au mois de juin
1565, à l'occasion d'une entrevue entre Catherine de Médicis et la reine d'Espagne, sa fille aînée, la reine mère et

Charles IX eurent de longues conférences avec le duc d'Albe.
On a retrouvé les lettres où ce ministre sanguinaire rendait compte à Philippe II de ces entretiens et des sinistres
conseils qu'il donnait au jeune prince et à sa mère ; on y
voit les progrès que sa funeste influence avait déjà faits sur
leur esprit au moment où ils se séparèrent. Restreindre peu
à peu les concessions accordées, s'entourer d'une grande
force, puis, quand les circonstances le permettaient, frapper
les chefs du calvinisme et révoquer entièrement l'édit de
tolérance : tel était le plan de politique qu'il leur avait
suggéré, et auquel ils ne furent que trop fidèles. On a pu
ainsi se convaincre que l'historien Davila, confident des
pensées de Catherine de Médicis, était bien informé quand il
rendait compte en ces termes des conseils de ce digne ministre de Philippe II.

« Que pour détruire cette nouveauté de religion et ces
« révoltes d'Etat il fallait couper les têtes des plus grands
« pavots, et empêcher que les gros poissons, sans se soucier
« de prendre les grenouilles.... Qu'un prince ne pouvait rien
« faire de plus scandaleux, ni de plus nuisible à son propre
« bien que de souffrir à ses peuples de vivre à leur mode,
« surtout en matière de conscience.... Que les controverses
« de la foi ayant toujours servi de matière et de couverture
« aux factions des rebelles, il était nécessaire premièrement
« de leur ôter ce prétexte, puis d'y appliquer des remèdes
« violents et de n'épargner ni fer ni feu à déraciner un mal
« que la douceur ne faisait qu'aigrir, tant il était perni-
« cieux (1). » Le même historien raconte qu'au retour de
Bayonne vers la Loire en compagnie de la reine de Navarre

(1) DAVILA, *Hist. des Guerres civiles de France*, liv. III, p. 334.
Sc. hist.   8

et de son fils. le jeune roi montrait avec dépit les églises
dévastées, les couvents en ruines, les statues brisées, les
sépulcres ouverts, et que l'impression causée par ce spectacle
sur son esprit violent, et la haine inextinguible qui s'allumait chez lui contre les huguenots se traduisaient dans tous
ses gestes et dans toutes ses paroles (1). On le vit en effet,
quand il passa à Auxerre le 18 avril 1566, en revenant de
Bourges par la Charité et Entrains, maltraiter de paroles
les protestants qui s'étaient mis en frais pour honorer son
entrée, en fabriquant un char de triomphe oriental, escorté
par une troupe d'esclaves noirs, armés de cimeterres (2).

« Ils avaient, dit Lebeuf, dressé un char de triomphe sur
« lequel Charles IX était représenté. Ils s'avisèrent de mar-
« cher autour de ce char ; chacun d'eux avait le visage
« noirci et tenait en main un coutelas tiré hors de son four-
« reau. Le roi les aperçut dans cet état risible. Il demanda
« qui ils étaient ; il apprit que c'étaient les huguenots et
« aussitôt il leur commanda de prendre le dernier rang et
« les apostropha en des termes dont ils s'étaient rendus
« dignes par leur témérité. Derrière, derrière les machurés,
« leur dit le roi (3) ! »

Quand il alla entendre la messe dans la cathédrale, le
jeune roi de Navarre, qui fut depuis Henry IV, et que sa mère
avait élevé dans le protestantisme, s'arrêtait à la porte, sans
vouloir aller plus loin. Charles IX lui prit gaîment sa toque
de velours et la jeta au-dedans de l'église pour l'obliger à y

---

(1) *Ibid.*, p. 357.
(2) D. G. VIOLE. *Catal. des comtes d'Auxerre*, Mss. de la Bibl.
de cette ville, t. III, p. 3162. ,
(3) *Prise d'Auxerre*, p. 104.

entrer. Plût à Dieu qu'il n'eût jamais usé de contraintes plus
rigoureuses que celle-là ! Son passage à Auxerre était
marqué par le don qu'il faisait au maître de musique de sa
chapelle de la première prébende de chanoine qui viendrait
à vacquer dans le chapitre de la cathédrale. Celui-ci, appelé
Nicolas d'Aussonville, qui se qualifiait de « chapelain des
« haultes messes de la chapelle de musique du roi », donnait le 19 avril une procuration pour en toucher les provisions. C'est ainsi qu'étaient dilapidés, au profit des gens de la
cour, les bénéfices ecclésiastiques (1).

Il s'en alla par Sens, Sergines et Bray (2). Cl. Haton raconte (3) comment dans le bourg de Sergines (4) où, il avait
dîné chez le curé, il se donna une de ces tristes distractions
qui lui était familières, en tuant une truie à coups d'épée. On
sait qu'à la chasse il éventrait de ses propres mains les animaux blessés ; il « coupait le cou aux ânes qui se trouvaient
« sur son passage, tuait des porcs et faisait étrangler par
« ses lévriers des vaches et des mulets. On trouve, dans ses
« comptes de dépenses, diverses indemnités données à des
« propriétaires pour des faits de ce genre (5).

_____

(1) Acte d'Arnaut, notaire, *Arch. de l'Yonne.*

(2) Il avait, le 18 avril, dîné à Ouanne et couché à Auxerre. Le 19,
il en partit pour Régennes et fit son entrée à Joigny. Le 20, il dîna à
Armeau, entra à Villeneuve-le-Roi et alla coucher à Sens où il passa
la journée du dimanche 21, et le 22, il partit pour aller dîner à Sergines et coucha à Bray. (A. Jouan. *Voyages de Charles IX.*)

(3) *Mémoires,* p. 400.

(4) Sergines, chef-lieu de canton du département de l'Yonne, à 17
kil. de Sens.

(5) *Archives curieuses de l'Hist. de France,* t. VIII, p. 335 et suiv. ;
V. aussi *Hist. de Charles IX,* par Papire Masson ; *Ibid.,* p. 342.

Le trait de Sergines est assez caractéristique, en dépit
des excuses que cherche à lui donner le bon curé Haton
pour être cité textuellement. Il l'est aussi pour constater la
qualité qu'avait au xvie siècle le vin, aujourd'hui assez médiocre, de Sergines. « De Sens prit son chemin par Sergines
« où il dîna au logis du curé dudit lieu nommé maître Deninat,
« chanoine du depuis de l'église de Sens, lequel présenta à
« Sa Majesté du vin de sa maison et creu dudit Sergines, qui
« par ladite Majesté fut trouvé fort bon et n'en fut point beu
« d'aultre à son dîner et celuy de son train. Le roy se
« cognoissoit bien en vin et savoit bien juger quand il estoit
« bon, et si de soy en beuvoit fort peu ou point pour l'imper-
« fection qu'il cognoissoit dans sa personne. Il estoit fort
« colère et cruel en icelle à frapper, battre ou tuer à cœur
« jeun, et encore davantage après son repas, quand il avoit
« beu du vin ; pour de laquelle cruauté se garder, ne vouloit
« user de vin pour son boire, ains se faisoit composer un
« breuvage d'eau sucrée au lieu de vin. Toutefois gousta à
« son dîner du vin dudit curé de Sergines qu'il et ses gens
« trouvèrent fort bon. Après son dîner et avant que monter
« à cheval, se promena ès environs le logis dudit curé, et
« cheminant en sa cour, ouyt crier des petits couchons en
« un seu à porcz, dont lui print la volonté de les voir, et
« pour ce faire feit ouvrir la seu et en icelle trouva lesditz
« couchons qui allaictoient la truye leur mère, où sa majesté
« prit grand plaisir à les voir, et comme toute jeunesse tant
« des personnes que des animaux est délectable à l'homme
« plus que les adultes, Sa Majesté print ung desdiz cou-
« chons en ses mains pour le manier. Au cry duquel cou-
« chon se leva la truye qui en sa fureur sortit hors de son
« toict et seu qu'elle trouva ouverte, et se jeta au roy qui

« maniait son couchon, lequel se trouva si empesché à se
« deffendre de ladite truye qui n'eut d'aultre loysir que de
« jetter par terre le couchon et de tirer l'épée d'un des
« pages qui le suipvoient pour en frapper au travers du
« corps d'icelle truye qu'il tua estant en sa colère, ce qu'il
« n'eust faict sans estre blessé d'elle s'il eust été seul. Mais
« estant secouru, fut délivré de la fureur d'icelle truye, sans
« avoir mal. Il commanda au partir qu'on la payast au curé
« avec toute la despense qu'il avoit faicte en la maison. »

Le même écrivain raconte aussi comment le roi et son
frère le duc d'Anjou s'évertuèrent en ce lieu à tourner en
dérision, en présence de l'amiral de Coligny et de ses deux
frères, les psaumes et les ministres huguenots. De la part de
jeunes princes des plaisanteries, même excessives, ne pouvaient blesser gravement. Mais ce qui paraissait plus sérieux
c'étaient les poursuites qui, au mépris de la liberté de conscience, si hautement proclamée par l'édit d'Amboise, commençaient à se renouveller contre les hérétiques. Cl. Haton
en cité un exemple à Sens, avec des traits de mœurs si
remarquables, que nous le lui laisserons raconter.

« Entre aultres fut prins et arrêté prisonnier ung prebstre
« soi disant curé de Cortenay (Courtenay), comme et ins-
« tallé en icelle cure par le baron dudit lieu, huguenot et
« voleur insigne des plus méchants qui fussent en France,
« et fut mis ès prisons dudict archevesque, où il fust resté
« longtemps assez mal traicté, n'eussent été les huguenots
« de Sens qui l'entretinrent de vivres et sollicitèrent pour le
« saulver et faire sortir, de l'emprisonnement duquel fut
« adverti ledit baron de Cortenay, qui ne digna escrire ne
« prier ledit archevesque pour lui, ains seulement mander
« à l'official assez vigoureusement qu'il, en diligence, lui

« renvoyast son prebstre, s'il et aultres ne s'en vouloient
« mal trouver. Ce prebstre veu et interrogé avec la preuve
« qui estoit contre lui, fut par l'archevesque jugé hérétique,
« administrant toutesfois les sacrements aux catholiques,
« et pour ceste cause voulut qu'il fust procédé contro lui
« jusque à sentence suyvant les saincts canons. L'official
« déclara audit sieur archevesque ce que lui avoit mandé
« le baron de Cortenay, protecteur dudict prebstre ; pareil-
« lement les huguenotz de la ville de Sens voyant l'affection
« dudit archevesque, le prièrent de le délivrer, lui remon-
« trant l'édit de pacification et de liberté de conscience faict
« par le roy et les princes. Auquel ne voulut obéyr ledict
« archevesque. Quoy voyans lesditz huguenotz advisèrent
« une ruse assez gentille de laquelle ils usèrent pour ravoir
« ledit prebstre des mains et prisons dudict archevesque,
« qui fut telle qu'il s'ensuit. Advint que durant l'empri-
« sonnement dudit prebstre et le refus de l'archevesque de
« le rendre, le lieutenant de son official, nommé Me Estienne
« Haton, licencié ès lois et advocat au siége présidial dudict
« Sens, avec quelques promoteurs et procureurs de l'offi-
« cialité, allèrent en commission à Montargis, distant dudict
« Sens de dix lieues ou environ ; ce que bien seurent les
« huguenotz dudict Sens, lesquelz en donnèrent advertisse-
« ment au baron de Cortenay. Celui-ci les espia à leur
« retour, se saisit de leurs personnes sur les chemins et les
« mena prisonniers en son chasteau de Cortenay ; duquel
« ils ne sortirent que l'archevesque n'eust rendu et délivré
« le prebstre huguenot qui estoit en ses prisons contre sa
« volonté ; et n'eust été les humbles et importunes prières
« que les parents et amys desditz prisonniers feirent audict
« archevesqué, n'eussent été si tost délivrez. Car il vouloit

« envoyer au roy pour avoir mandement adressant audit
« Cortenay de les rendre ; mais luy fut faict entendre que
« ledict Cortenay n'y obéyroit parce que c'estoit un capi-
« taine de volleurs, qui en avoit bien trois cents à son
« commandement, qui lui payoient tribut par chascun moys
« des voleries qu'ilz faisoient sur toutes personnes et si-
« gnamment sur ceulz de la ville de Sens. »

Ce baron de Courtenay, qui, s'il n'était pas précisément
un capitaine de voleurs, n'en était pas moins souillé de bien
des méfaits, n'était pas François de Courtenay, comme on
pourrait l'induire d'une note du savant éditeur de Cl. Haton.
Il y avait longtemps que la seigneurie de Courtenay était
sortie des mains de la famille de ce nom, issue de sang
royal, et qui a été s'apauvrissant de siècle en siècle jusqu'à
son extinction arrivée au siècle dernier. C'était Gabriel de
Boulainvilliers, issu aussi d'une race illustre, mais dont les
excès et les désordres étaient, selon La Noue (1), en horreur
aux gentilshommes protestants.

Si l'on en croit les remontrances adressées alors au roi
par les chefs du parti, non-seulement de tels actes se renou-
velaient fréquemment, mais les menaces, les injures, les
attaques, les assassinats contre les calvinistes se reprodui-
saient partout. Les catholiques et les protestants étaient
comme deux nations ennemies en présence sur le même sol.
Il était impossible que cette trève, démentie par les faits,
subsistât longtemps encore. L'intolérance était égale des deux
côtés (2). On était de part et d'autre également disposé à
recourir à la force, pour empêcher l'exercice du culte ennemi.

(1) *Mém. de La Noue*, chap. V.
(2) H. MARTIN, *Hist. de France*, t. IX, p. 201.

Mais, dans les rixes qui éclataient partout et sans cesse, tout l'avantage était pour les catholiques, beaucoup plus nombreux et favorisés par les magistrats, par la plupart des chefs militaires et par la cour. On évaluait à trois mille le nombre des protestants qui avaient ainsi péri dans les trois dernières années (1). Les parlements et surtout le parlement de Paris refusaient obstinément justice à de tels écarts. Cl. Haton en cite plusieurs exemples et particulièrement celui d'une émeute dirigée contre les huguenots de Provins par la jeunesse catholique de cette ville. Le bailli voulait con‑ damner tous les émeutiers qui, étant mille ou quinze cents contre cinquante huguenots, les avaient fort maltraités, et leurs parents comme responsables. « Mais à la fin, ajoute « l'auteur, il n'y eust que les huguenotz de mocqués, car « ledict Jehan Leroy appela du tout, tant pour luy que pour « ses enfants et aultres, à la court de parlement de Paris, où « demeura le tout pendu à la perche. »

Les chefs du parti, en portant au roi des plaintes ins‑ tantes, déclaraient que s'il n'y était pourvu avec énergie, leur sûrcté à tous était gravement compromise. Loin de faire droit à ces requêtes, Charles IX rabroua fort rudement l'ami‑ ral de Coligny. « Vous ne demandiez, lui dit-il, qu'un peu « d'indulgence. Aujourd'hui vous voulez être nos égaux ; « demain vous voudrez être nos maîtres et nous chasser « du royaume (2). » Ce langage si plein d'aigreur semblait présager de grands malheurs au parti protestant. L'impru‑ dence et l'audace de quelques-uns de ses membres exaspérés par de continuels outrages avaient peut-être aussi contribué

(1) V. DE THOU, liv. XXXIX, LA POPELINIÈRE, liv. X, f° 581.
(2) DAVILA, liv. IV, p. 157-158.

à indisposer davantage encore les catholiques et la cour. Le ministre Sureau venait de publier un livre, où devançant les apologistes de Jacques Clément et Jean Châtel, il avançait qu'il était permis de tuer le magistrat ou le prince persécuteur de l'évangile, et des lettres anonymes menaçaient Catherine de Médicis du sort de François de Guise (1). La réforme venait d'être écrasée par la force des armes dans les Pays-Bas. Le duc d'Albe y avait conduit une armée espagnole à laquelle la reine mère avait fourni des vivres et des munitions et il avait inauguré par le supplice des comtes d'Egmont et de Horn le régime de terreur et de sang qu'il allait imposer, non-seulement aux protestants, mais à tous les partisans des vieilles libertés du pays. Sous le prétexte de mettre un corps d'observation sur les frontières de Picardie, Catherine de Médicis avait fait en Suisse de grandes levées de soldats et déjà un corps de six mille hommes s'acheminait sur Paris. Les chefs du protestantisme reçurent de source certaine l'avis secret qu'aussitôt ces troupes arrivées, la cour de France allait suivre l'exemple du duc d'Albe et que la révocation de l'édit d'Amboise, la captivité éternelle de Condé et la mort de Coligny étaient décidés. Déjà ils s'étaient réunis deux fois depuis un mois à Vallery, chez le prince de Condé, et à Châtillon, chez l'amiral, sans rien arrêter. Coligny opposait sa ferme prudence à la fougue emportée de ses amis. Mais, dans une troisième réunion tenue du dix au douze septembre 1567, la prise d'armes fut résolue. Le plan consistait à insurger en masse les réformés, à s'emparer de certaines villes comme Toulouse, Lyon, Troyes et Auxerre, à se réunir en corps pour attaquer

(1) H. Martin, *Hist. de France*, IX, p. 213.

et détruire les Suisses avant qu'ils fussent renforcés de troupes
françaises, à arrêter ou chasser les cardinaux lorrains et
à s'emparer du roi, de ses frères et de sa mère, pour gouverner sous leur nom. L'attaque générale fut fixée au 29
septembre, fête de Saint-Michel, et le rendez-vous des
troupes à Rosoy en Brie, entre la Seine et la Marne. Des
instructions pressantes, en chiffres et à mots couverts, furent
immédiatement transmises dans toute la France par le service de postes secrètes qu'avait organisé le parti. Cl. Haton,
qui exagère sans doute quand il raconte que l'on comptait
à l'assemblée de Vallery 4,500 chevaux et environ mille
hommes de pied, n'en donne pas moins d'intéressants détails
sur les allées et venues de cette foule de gentishommes autour
de la ville de Sens (1).

« L'assemblée qui fut faicte à Vallery commença à s'as-
« sembler le dix ou douzième jour dudit mois de septembre,
« le roy estant auprès de Meaux. Après que audit Vallery
« furent arrivez quelques 300 hommes à cheval en attendant
« les aultres, firent certaines courses ès environs de la
« ville de Sens, et après estre en plus grand nombre, s'ap-
« prochèrent par deux ou trois divers jours jusque auprès
« des portes de la ville, en intention de se saisir de ladite
« ville. Mais, pour la crainte qu'ils eurent d'estre repoulsez
« et de faillir à l'entreprise, se retirèrent et n'entrèrent plus
« avant. Ce que bien aperceurent plusieurs citoyens de la
« ville qui en donnèrent advertissement aux gouverneurs
« d'icelle. A l'instant de la retraite desditz huguenotz d'au-
« près des portes d'icelle ville on aperceut les huguenotz
« habitant de ladite ville sortir et s'en aller après les aultres,

(1) *Mém. de Cl. Haton*, p. 428.

« auleuns à pied, aultres montez à cheval, tous bien armez
« de harquebuses et pistolles et en bonne couche. Qui donna
« lieu aux habitans de doubler le soupçon qu'ilz avoient,
« jugeant en eux que telles menées tendoient à quelque
« mauvaise fin et entrèrent en grande crainte plus que
« devant, par ce qu'ilz étaient desdilz huguenotz fort menacez
« pour la sédition et massacre qui avoit esté faicte en leur
« ville des huguenotz d'icelle et aultres en l'an 1562. Estans
« en telles craintes ordonnèrent à l'assemblée de ville qu'ilz
« firent à ces fins que jour et nuict y auroit gens aux portes
« sur les murailles de leur ville et parmy les champs aux
« escoutes et pour faire le guet sans sonner mot, afin de se
« donner garde d'estre surpris... Ils envoyèrent pareillement
« auleuns hommes sages et bien-entendus par les chemins
« et jusques dans le village de Vallery pour découvrir quel
« nombre d'hommes s'amassoient là et que pouvoit signifier
« tel amas. Desquelz ayant en response tinrent assemblée
« de ville pour délibérer ce qu'ils debvoient faire sur cette
« nouvelle occurrence... Et despeschèrent deux hommes
« d'autorité pour aller au roy, qui le furent trouver à Fonte-
« nay-lès-Meaux. »

La cour était ainsi avertie de la réunion de Vallery par
une députation des magistrats de Sens, comme elle l'avait
été des apprêts des protestants par Tavannes (1). On envoya
à Châtillon un agent qui trouva l'amiral occupé à faire ses
vendanges et son rapport, joint aux affirmations imprévoyantes
du connétable de Montmorency, fit que l'on ne crut
rien des avertissements donnés et que l'on demeura en pleine
sécurité. La ville de Sens n'en fit pas moins bonne garde

(1) Mss. français, 9484, f° 26.

et ferma ses portes aux partis de cavalerie qui grossissaient
de jour en jour dans la campagne. Elle avait été informée
par un heureux hasard d'un complot formé pour la surprendre. Un écrit trouvé le soir dans une rue par la femme d'un
marchand et livré immédiatement à la mairie portait :

« 1° Seront amassés 500 hommes à cheval en bon équipage
que conduira le sieur de Courtenay, lesquels se trouveront
au point du jour près du faubourg de Sens. Le jour précédent seront envoyés douze hommes logés aux hôtelleries de
la ville, pour avertir les fidèles qui y habitent.

« 2° Lesquels douze faisant semblant de sortir le lendemain de la ville, monteront à cheval, se réuniront à la porte
d'Yonne, et dès qu'elle sera ouverte, ils s'en saisiront et
avertiront à coups de pistollets l'embuscade de s'approcher
pour donner mainforte.

« 3° Et sitôt qu'ils seront en ville, ils iront avant toute chose
s'emparer des portes d'icelle et mettront à mort prêtraille et
moinerie et en feront à d'autres même outrage, à moins
qu'ils ne veuillent se rébeller ou qu'ils soient reconnus de
ceux qui massacrèrent nos frères en 1562.

« 4° Et si ladite gendarmerie entrant, les habitants s'en
vouloient fuir par la porte d'en haut, le sieur de Courtenay,
accompagné de gentilshommes et autres gens cotoyera toute
la ville et ne laissera sortir aucun qui ne soit mis à mort.

« 5° MM. le prince de Condé, l'amiral et autres grands seigneurs ne se trouveront pas en ces entrefaites, mais se tiendront chacun à port dans son lieu. Et, dès qu'ils seront avertis
du succès de l'affaire, se retireront en ladite ville pour y
aviser tous ensemble à ce qui leur sera bon de faire (1). »

_____

(1) *Essai hist. du D* Crou*, citant le journal de Balthazar
Taveau.

Que cet écrit fût apocryphe, comme certains passages peuvent le faire supposer, cela est possible. Toujours est-il qu'en le recevant les magistrats firent immédiatement fermer les portes de la ville. « Dont bien lui advint, dit Cl. Haton, « car deux jours avant la Saint-Michel s'approchèrent de « ladite ville plus de mille chevaux bien armés pour tâcher « à la surprendre, mais estans près de ladicte ville et ayant « entendu par leurs espions le debvoir et force qui estoit « aux dictes portes, se retirèrent avec grand regret d'avoir « failli cette belle commodité. Quelque cent chevaux plus « furieux et orgueilleux que les autres, entrèrent jusque sur « le pont d'Yonne pour veoir s'ilz sçauroient forcer la garde « de ladicte porte, laquelle trouvant fermée, tournèrent bride « et avec grande colère se recompensèrent à injurier les « gardes d'icelle, comme aussi les habitans de la ville. »

Le 25 septembre Rosoi et Lagny étaient occupés et la route de Paris interceptée par les protestants. La cour, qui était au château de Monceaux-en-Brie, se réfugia en toute hâte et pleine de terreur à Meaux. Des négociations furent entamées, sous le prétexte d'accéder aux demandes des réformés, mais en réalité pour donner le temps aux Suisses d'accourir. Ils arrivèrent le 28 et le lendemain 29 la famille royale, s'enfermant dans leur carré, que ne put entamer l'attaque des gentilshommes protestants, se mit en route pour Paris, où elle arriva harassée et gardant une amère rancune à ceux qui venaient de lui causer une si grande épouvante.

Pendant ce temps des complots ou d'habiles coups de main livraient aux protestants un grand nombre de villes. S'ils échouaient à Lyon, Toulouse, Metz et Troyes, ils étaient plus heureux à Orléans, à Dieppe, à Soissons, à Mâcon, à la

Charité, à Vienne, à Valence, à Sisteron, à Montpellier, à Nîmes, à Montauban, etc., et enfin à Auxerre, qui fut surpris dans la nuit du 27 septembre.

CHAPITRE IV.

1567. — LES PROTESTANTS D'AUXERRE. LEURS RÉUNIONS. — MANOEUVRES IMPUTÉES AUX MAGISTRATS DE CETTE RELIGION. ÉMEUTE CONTRE EUX LE JOUR DE LA FÊTE-DIEU. LEURS DISPOSITIONS POUR S'EMPARER DE LA VILLE. ILS LA SURPRENNENT DANS LA NUIT DU 27 SEPTEMBRE. LE PÈRE DIVOLÉ ARRÊTÉ, ACCABLÉ D'OUTRAGES, PUIS MIS EN LIBERTÉ. SACCAGEMENT DES ÉGLISES, DES COUVENTS ET DES CLOÎTRES DES CHANOINES. DÉVASTATIONS. PILLAGES. INCENDIE. CHASSE DE SAINT-GERMAIN. — CONTRIBUTION DE 5000 ÉCUS SUR LA VILLE.

Si l'on en croit les écrivains catholiques, le nombre considérable des partisans que les huguenots comptaient alors à Auxerre et le voisinage des principaux chefs de leur parti avait enflé leur cœur et excité leur hardiesse. Ils avaient, en dehors même des assemblées de leur culte, des réunions suivies où ils se concertaient et s'encourageaient réciproquement. Un bourgeois catholique, dont nous avons déjà cité la chronique, d'ailleurs fort passionnée, raconte que « le lieu- « tenant-général Chalmeaux et autres des plus apparents « s'assemblaient d'ordinaire en la maison du seigneur de la « Borde, grande rue Saint-Germain, et que le rendez-vous « de tous les traistres de cette poure ville estoit au fauxbourg « de Saint-Amatre en la maison du Gros-Colas, autrement « dit le Béarnois, tavernier, où se trouvaient souvent les

« huguenots de la ville, pour monopoler par ensemble plus
« aisément la trahison de leur patrie, ce qu'ils n'eussent
« osé faire si facilement au-dedans de la ville. Là paroissoit
« de plus un misérable escorcheux de chevaux qui se don-
« noit de l'*audivi* par dessus le reste de ces bélistres. »

La relation d'Edme Panier, que nous donnerons textuellement dans nos pièces justificatives, et d'après elle, Lebeuf et
M. Chardon, (1) mettent au nombre des manœuvres perfides
des huguenots la publication, par le lieutenant-général, d'un
ordre aux habitants de venir déposer leurs armes de guerre à
la mairie. Ce n'était là pourtant que l'exécution des édits royaux
exécution recommandée expressément par les arrêts du parlement, et Lebeuf l'a reconnu plus tard dans ses *Mémoires sur
l'Histoire d'Auxerre*, p. 391. Il en était de même des règlements que publia en 1565 le nouveau bailli d'Auxerre, Louis
de Millaux, seigneur du Vau, qui, dit-on, appartenait aussi à
la nouvelle religion, pour taxer les marchandises et fournitures
des cabaretiers, hôteliers, bouchers et boulangers. Le bailliage tenait la main à l'exécution de ces réglements et
condamnait les contrevenants à des amendes dont Edme
Panier se plaint amèrement d'avoir payé sa part. Il ajoute,
dans sa rancune contre les magistrats, « et ainsi faisoient
« de grands sommes de deniers pour exécuter facilément
« après leur dessein. » Il faut s'étonner de ce que les deux
graves historiens cités plus haut aient répété comme choses
sérieuses ces puériles et injustes doléances. La taxe des
denrées de consommation, ce *maximum* si contraire à
toutes les données de la science économique et dont nous

(1) LEBEUF, *Prise d'Auxerre*, p. III ; CHARDON, *Hist. d'Auxerre*, t. I,
p. 318.

voyons encore aujourd'hui un reste dans la taxe des boulangers, ne date, ni de nos jours, ni de la Convention. Elle remonte aux temps reculés du moyen âge, et on y avait recouru encore en 1563 dans le chimérique espoir d'apporter par là un remède aux maux de la disette dont on souffrait alors, triste fruit des troubles et des guerres, aussi bien que des intempéries. Charles IX, par des ordonnances des 20 janvier 1563 et 5 juillet 1564, avait enjoint, sous peine de révocation, aux baillis et sénéchaux de faire cette taxe deux fois par année. En comparant les taxes faites par les magistrats catholiques dans le bailliage de Provins et qui sont publiées à la suite des mémoires de Cl. Haton, avec ce que rapporte Panier de celles d'Auxerre, on voit que ces diverses taxes sont en parfait accord. Quant aux amendes, c'était, dès cette époque, dans la caisse d'un comptable royal qu'elles étaient versées, et les magistrats n'avaient pas cette caisse à leur disposition. Mais comment un humble marchand, ignorant et simple comme cette classe l'était alors, n'aurait-il pas conservé contre ces actes, tout empreints qu'ils étaient d'une stricte légalité, une prévention aveugle, quand, selon ce qu'il raconte lui-même, les prédicateurs s'attachaient sans cesse à exciter la défiance du peuple contre ses magistrats.

« Le plus notable advertissement vint, dit-il, de la part de
« M. nostre maistre, frère Pierre Divolé de l'ordre des frères
« prescheurs, natif de ceste ville, qui, souvent en ses prédi-
« cations, voire même en la présence des sieurs Chalmeaux,
« Fernier et leurs adhérents, disoit qu'il n'estoit point bon
« d'avoir dans la ville d'Auxerre des officiers de la justice,
« ennemis de la religion catholique, apostolique et romaine ;
« qu'il ne pouvoit arriver que des malheurs ; que si nostre
« bon roy n'y mettoit ordre, que dans peu de temps la messe
« seroit abolie dans Auxerre. »

Sc. hist.

Ainsi la défiance des catholiques allait croissant et tout leur était suspect de la part des protestants. Le même Edme Panier raconte que lo jour de l'ascension 1567 « Messieurs « du chapitre faisant une procession, La Borde, accompagné « de plusieurs huguenots, les regardant passer, se moc- « quoient et rioient effrontément de cette saincte cérémonie.» La passion violente dont était animé ce chroniqueur, et qui, comme on va le voir, lui faisait dénaturer les faits les plus patents, pouvait bien à plus forte raison lui faire accueillir de confiance les commérages les plus frivoles.

Le jour de la Fête-Dieu suivante, les rues étant tapissées suivant l'usage, « le cordon qui soutenoit aulcuns draps « blancs et tapisseries au devant d'une maison étoit tombé « et les draps tombèrent par terre. » Un nommé Symonet fut soupçonné de l'avoir coupé. Il faillit lui en coûter cher, « car, selon Edme Panier, « le peuple aiant veu ces draps « par terre et bien instruit de la malice du pèlerin, s'esmeut « sur le champ, courut aux armes, à dessein non seulement « d'exterminer cet impie, mais aussi tous ceulx de sa reli- « gion, et l'eussent faict sans l'empeschement qui intervint « par la garnison de M. le comte de Charny qui estoit dans « la ville, qui donna du temps aux huguenots de s'assem- « bler et armer dans une maison. »

Il y avait en effet alors, tant à Auxerre que dans les petites villes environnantes, une compagnie de gens d'armes d'or-donnance de trente lances, ce qui, quand la Compagnie était au complet, non-seulement d'hommes d'armes, mais d'ar-chers et autres servants, chose qui, du reste, arrivait rarement, faisait un personnel de deux cent quarante chevaux, une lance étant, d'après les derniers règlements, composée de huit chevaux. L'intervention de la partie de cette troupe qui était

DANS LE DÉPARTEMENT DE L'YONNE.

dans la ville eut alors d'heureux résultats pour le maintien
de la paix publique, car voici le récit que, dans son dernier
livre sur l'histoire d'Auxerre, Lebeuf a fait de cet événement,
sur le vu du procès-verbal authentique dressé par le lieutenant-criminel et qu'il avait pu se procurer depuis la publication de son premier ouvrage (1).

« Le peuple catholique s'arma de pierres et de tout ce
« qu'il put trouver pour jeter contre la maison où il (Symo-
« net) s'était retiré. Un bourgeois nommé Prix Soufflot se
« présenta dans l'instant aux magistrats, le visage rempli
« de sang, et on apprit de plusieurs qu'il avait reçu un coup
« de pistolet en voulant s'efforcer d'entrer dans la maison
« du même huguenot. On était disposé à courir aux armes
« de part et d'autre. Mais le roi avait sagement prévenu ces
« inconvénients, en ordonnant par un édit qu'elles fussent
« portées à l'hôtel-de-ville. Les portes de la ville étant fer-
« mées, les huguenots voulurent que sur le champ il en fût
« fait ouverture. Le sieur du Broc, lieutenant-criminel, le
« plus notable des magistrats qui se trouva ce jour-là à la
« procession, crut devoir leur accorder leur demande. Ce
« fut par ce moyen que le tumulte fut un peu calmé. Mais
« ce qui contribua le plus à le faire cesser, fut la vigilance
« du maréchal-des-logis de la compagnie du comte de Charny
« qui employa tout ce qu'il pouvait avoir de gens à la suite
« de la procession, en sorte que la cérémonie ne laissa pas
« que d'être continuée. »

Cet événement se trouve complétement dénaturé dans la
relation d'Edme Panier, que Lebeuf avait suivie dans son
premier ouvrage, et selon laquelle « un coup d'arquebuse

_____

(1) *Mém. sur l'hist. d'Auxerre*, t. III, p. 414, éd. de 1855.

« avoit été tiré au sainct ciboire où estoit le sainct sacre-
« ment que l'on-continuait de porter. La balle passa devant
« la barbe de M. le maréchal-des-logis de M. le comte de
« Charny et alla frapper un nommé Prix Soufflot, bourgeois
« de ceste ville qui portoit un des bastons du ciel ou dais du
« sainct sacrement, dont il fut fort blessé, et néantmoins
« n'en fut-il autre chose. »

C'est avec de pareils mensonges que souvent on poussait
le peuple aux émeutes et aux assassinats. Et l'on voit, par
ces détails, que les réformés d'Auxerre vivaient dans une
appréhension continuelle des fureurs populaires. Aussi quand
arriva, vers le milieu de septembre, le mot d'ordre des chefs
de leur parti, portant que le moment était venu de tirer l'épée
s'ils voulaient sauver leur foi et la vie de leurs familles, ils
prirent aussitôt leurs mesures pour occuper militairement
cette ville et s'en rendre maîtres absolus. Le lieutenant-
général Chalmeaux et le seigneur de la Maison-Fort, gouverneur de la ville, se mirent à la tête de l'entreprise.

Le 27 septembre le lieutenant-général fit publier de nouveau de par le roi et au nom du bailli l'ordre de porter à la
mairie toutes les armes sans exception, avec défense aux
habitants de porter aucune autre arme qu'un couteau de six
pouces de long, et aux marchands de vendre de la poudre.
En même temps le capitaine La Borde faisait venir des soldats de la Champagne. Marraffin d'Avigneau, se tenait prêt
avec une compagnie de soixante-dix cavaliers; un gentilhomme de Crain (1), appelé Loron de la Maison-Blanche, en
avait organisé une autre de quatre-vingts gens-d'armes et un

(1) Crain, bourg du canton de Coulanges-sur-Yonne, à 32 kil.
d'Auxerre.

cordelier défroqué appelé Baron, qui s'était fait ministre
protestant et tenait son prêche au château de Fleury, chez
le seigneur Louis Blosset, réunissait une troupe de paysans
huguenots de la vallée d'Aillant (1), commandée tant par lui
que par plusieurs moines jacobins, qui à son exemple avaient
échangé leur froc contre une épée. Les Auxerrois étaient alors
fort occupés de leurs vendanges, et les protestants, d'après
le récit d'un bourgeois catholique appelé Joseph Félix (2),
purent faire entrer des armes et de la poudre dans des tonneaux. La garnison avait sans doute été changée récemment ;
un nouveau capitaine arriva le 26 septembre, mais ses soldats
n'étaient pas venus avec lui. Dans la journée du 27 l'apparition de quelques cavaliers répandus dans la campagne ayant
inspiré des craintes et le bruit s'étant répandu que la ville
allait être attaquée, on publia que l'on allait rendre aux
habitants leurs armes qui étaient à la mairie. Mais l'heure
avancée servit de prétexte pour remettre cette opération au
lendemain, et les catholiques résolurent de faire bonne garde
aux portes et d'allumer des lanternes dans toutes les grandes rues. Ils n'avaient ni poudre, ni armes à feu qui ne
fussent rouillées, pour avoir été cachées dans des lieux humides, et les hommes de garde ne reçurent que des épées,
des dagues et des bâtons à deux bouts. Leur consigne était
de bien veiller au dehors et de ne quitter sous aucun prétexte leurs postes, quelque tumulte qu'ils entendissent dans
la ville. Vers dix heures du soir les hommes d'action du
parti réformé se réunirent chez le capitaine La Borde pour

(1) Aillant, chef-lieu du canton du département de l'Yonne, à 20
kil. d'Auxerre.

(2) LEBEUF, *Prise d'Auxerre*, Pièces justificatives, p. VIII.

y recevoir leurs instructions. On les organisa en compagnies, en leur donnant pour mot d'ordre *frappe fort.* Ils en sortirent en deux bandes dont l'une marcha à la porte d'Égleny et la fit ouvrir, sans rencontrer de résistance. L'autre, si l'on en croit la relation d'Edme Panier, se dirigea sur la porte du Temple que le poste de garde voulut défendre. Une décharge d'arquebuses, qui tua ou blessa quinze ou seize personnes, parmi lesquelles des femmes, des enfants, des prêtres et des moines, rendit les assaillants maîtres de cette porte. Le mémoire de Joseph Félix ne dit pas un mot de cet incident qui n'a pour lui que le témoignage d'Edme Panier, suspect d'exagération et d'erreur, comme on l'a déjà vu. Les troupes qui attendaient au dehors entrèrent au même instant et marchèrent sur l'hôtel-de-ville, où elles s'emparèrent de toutes les armes. Cependant, au bruit qui se faisait, le guetteur de nuit qui était dans la tour de la cathédrale se mit à sonner la grosse cloche en tocsin et à l'effroi. Les postes des autres portes se disposaient à se rendre à la maison de ville, mais Chalmeaux et de la Maison-Fort, qui parcouraient la ville à cheval avec une quarantaine de cavaliers, les retinrent en leur persuadant que rien de grave ne se passait. Quand le jour vint, les mesures étaient prises pour que toute résistance devînt impossible, et les vainqueurs allaient publiant « qu'ils ne voulaient faire de mal à personne; qu'ils « n'avaient dessein, ni de persécuter les prêtres, ni d'abolir « la messe; que leur intention était seulement de soulager « le peuple des subsides et impôts dont le roi les surchar- « geait; qu'ils voulaient tout d'abord ôter les cinq sous « par muid qui étaient imposés sur le vin vendu dans la « ville, et qu'ils allaient ensuite supprimer les tailles. » Les gens simples se laissaient persuader à ces promesses. Mais les prêtres et un grand nombre de catholiques, craignant pour leurs vies, s'enfuirent en hâte et gagnèrent les villes voisines de Saint-Bris, Seignelay, Chablis, Cravant, Brienon, Saint-Florentin et Joigny. Quelques-uns même allèrent chercher asile dans des villes éloignées, comme Troyes, Nevers, Châlon et Paris. Ils y transportaient ce qu'ils avaient de plus précieux. Quelques-uns prenaient les armes pour la défense de l'église et se jetaient dans les places les plus voisines, qu'ils prévoyaient devoir être bientôt assiégées. Cravant, ville appartenant alors au chapitre de la cathédrale, devint le refuge des chanoines et des riches émigrants. Le père Divolé s'était réfugié au logis abbatial de l'abbaye de Saint-Père (Saint-Pierre-en-Vallée) avec l'abbé de cette communauté qui était âgé de quatre-vingt-dix ans, et deux religieux de la maison. Des soldats vinrent les y arrêter pour les conduire auprès de leur capitaine. Les deux religieux prirent la fuite à travers les rues, et l'un deux parvint à se mettre en sûreté. Mais l'autre, le trésorier de l'abbaye, appelé Nicolas Crespin, fut abattu d'un coup de pistolet, puis dépouillé de tous ses vêtements et jeté du haut des murs de la ville dans le fossé où il mourut bientôt. Divolé conduit devant un capitaine appelé Musnier, cet officier et ceux qui l'entouraient lui demandèrent « s'il était ce prédicateur qui avait tant crié « contre eux et s'il voulait soutenir ce qu'il avait dit en « chaire. » Il répondit avec fermeté « que c'était lui-« même, et qu'il était prêt à mourir pour défendre la vérité « qu'il avait annoncée au peuple ; » à quoi il ajouta des remontrances et des protestations pleines d'une noble assurance, comme s'il eût encore parlé du haut de sa chaire. Le capitaine Musnier ordonna alors qu'on conduisît ce moine entêté devant le commandant La Borde, pour que celui-ci

décidât de son sort. Les soldats s'emparèrent de lui, « le
« dépouillèrent de sa robe et de son bonnet doctoral et ne
« lui laissèrent que son pourpoint haut et bas. Puis ils lui
« posèrent sur les épaules un vieil et bien chétif manteau
« et sur la tête un ancien chapeau fort gras et hault d'une
« coudée avec de petits bords et en cet équipage ils le firent
« sortir par la rue, le pourmenant comme un fol, lui levant
« la queue de ce manteau par derrière, criant les ungs aux
« aultres : Voilà monsieur notre maistre Divolé ! Mais il se
« mit à leur dire : Je ne mérite pas tant d'honneur que d'être
« traité à la mode de Jésus, mon maistre. Si vous désirez
« me faire mourir, rendez-moi mon habit de religieux et
« puis faites de moi à vostre volonté. Chacun de ceux
« qui l'avoient connu, ajoute l'auteur de ce touchant ré-
« cit (1), le voiant en cet estat crurent qu'il alloit au sup-
« plice, c'est pourquoi ils se mirent à pleurer et se tour-
« menter, voiant ce bon personnage traité de la sorte. »

Conduit devant La Borde, il y trouva plusieurs ministres
protestants, parmi lesquels étaient d'anciens religieux de
son couvent. Tous voulurent « disputer à l'encontre de luy. »
Mais, en dépit des soldats qui lui mettaient parfois le pistolet
sous la gorge, il leur répondit à tous avec une énergie et une
puissance de conviction inébranlables, et La Borde, rendant
noblement hommage à ce ferme courage, le fit mettre sur
le champ en libèrté, ainsi que le vieil abbé de Saint-Pierre
que l'on avait amené avec lui. L'intrépide dominicain partit
aussitôt, embrassa aux portes de la ville quelques amis fidèles
qui l'avaient suivi jusque-là et prit à pied le chemin de Paris,
en disant adieu à Auxerre qu'il ne devait plus revoir. L'au-

(1) Relation d'Edme Panier.

teur d'un biographie de ce prédicateur, mise en tête de la
troisième édition de ses sermons, publiée en 1579, paraît
avoir dit qu'il ne fut délivré qu'au moyen d'une grosse rançon à laquelle tous les gens de bien contribuèrent. La relation très détaillée d'Edme Panier n'en dit rien et ne le laisse
même pas supposer.

Cependant des gens affamés de brigandage étaient arrivés
de tous les villages voisins, et alors, avec l'aide de ces auxil-
liaires commencèrent de toutes parts les affreuses représailles
des pillages et des dévastations que les catholiques avaient
commis sur les maisons et les propriétés des huguenots le
9 octobre 1561 et dans l'été de 1562. Les soldats et tous les
hommes de désordre se ruèrent sur les églises et les couvents,
renversant les autels, abattant les croix, brûlant les chaires,
les boiseries, les tableaux et les statues de bois, mutilant les
figures de pierres, brisant les vitraux, les châsses et les reliquaires, jetant sur les parvis et foulant aux pieds les reliques
qui étaient l'objet de la vénération des catholiques, apportant
dans la rue les meubles, les ornements sacerdotaux et autres
objets de toute nature, et les vendant à vil prix aux gens des
campagnes attirés par ces monstrueux désordres. Puis ils
emportèrent les objets d'or et d'argent, brisèrent les cloches,
fondirent les tombes de cuivre, les colonnes, les chandeliers,
les bénitiers de même métal pour en faire des canons et le
plomb des vitraux et des toits pour en faire des balles, et
abattirent les toitures elles-mêmes pour en avoir les matériaux. En un mot, dit Lebeuf, il en resta plus à quantité
d'églises que les quatre murailles et une partie de la couverture. Cela fait, ils menacèrent d'y mettre le feu si on ne voulait
pas les racheter. L'église des Jacobins fut ainsi rachetée par
une pieuse et riche dame. La tour de Saint-Pierre, qui n'était

achevée que depuis peu d'années, n'ayant pas trouvé d'acheteurs, ils mirent le feu à la charpente qui fut totalement consumée ; mais la tour demeura entière comme on la voit aujourd'hui. Il faut lire dans Lebeuf le récit détaillé de ces odieuses dévastations, dont on voit encore les traces dans les églises qui sont demeurées debout, et surtout à la façade de l'église de Saint-Étienne. Le trésor et la bibliothèque de cette cathédrale qui étaient de la plus grande richesse, furent entièrement perdus (1). Les tuyaux d'orgue au nombre de sept mille, la tapisserie, l'horloge, les grilles de fer furent enlevés. Les vitraux des hautes voûtes du chœur et tous ceux que le bâton pouvait atteindre furent brisés. Le jubé, œuvre du siècle précédent, qui était chargé d'une grande quantité de statues et autres sculptures d'un grand prix, où était représentée l'histoire de la vie de Jésus-Christ, subit d'affreuses mutila-

---

(1) Lebeuf a donné dans les Pièces justificatives de son *Histoire de la Prise d'Auxerre*, p. xxv, l'extrait d'un inventaire des statues, reliquaires, vases sacrés et ornements de l'église cathédrale, qui avait été dressé peu avant la spoliation de cette église. On y compte dix images ou statues et quinze reliquaires d'argent doré et une grande quantité de croix, chandeliers, burettes, bassins, encensoirs, calices, et patènes et autres vases d'argent. Parmi les objets d'orfévrerie, il en est un appelé spécialement le joyau, qui pesait 60 marcs. Les riches chasubles, chappes, dalmatiques et autres ornements étaient en nombre immense. Les registres du chapitre, dont le même auteur a publié un extrait, p. xxxi, constatent les efforts, souvent suivis de succès, faits l'année suivante, après la paix, pour retrouver ou racheter une partie de ces ornements. Quant aux statues, reliquaires et vases d'argent, tout avait été converti en lingots et les chanoines n'en purent rien retrouver. Les précieuses tapisseries de la légende de Saint-Étienne, dont dix subsistent encore aujourd'hui, furent rachetées d'un gentilhomme du voisinage à qui elles avaient été vendues par les Huguenots.

tions. Là, comme au portail, ce que le bâton ne pouvait
abattre tombait sous les balles des arquebuses. La bibliothèque de l'abbaye de Saint-Germain, dont la richesse en
manuscrits était inestimable, fut brûlée en entier. Toutes les
châsses, et en premier ordre celle de Saint-Germain, qui était
toute d'or, enrichie d'émeraudes et autres pierreries, dons
précieux accumulés par la piété des rois, et qui, données en
gage aux Anglais, avaient sauvé la ville de l'incendie lors
de sa prise en 1558 par Robert Knowles, furent saccagées,
brisées et fondues, sans distinction de celles de ces châsses
qui étaient plus riches encore par le travail exquis des plus
habiles artistes que par la somptuosité des métaux et des
joyaux (1). Les ossements du grand évêque Saint-Germain,

(1) Ces riches joyaux sont ainsi décrits dans l'inventaire qui accompagne l'engagement pris en 1359 par les habitants envers l'abbaye
de Saint-Germain, de les rendre ou de payer une rente de 5,000
florins d'or.

« Une croix d'or garnie et adornée de 43 pierres esmeraudes
bonnes et grosses et autres pierres.

» *Item,* le premier fronteaul pris et levé et osté de la propre chasse
du glorieux corps Monsieur Saint Germain, garni de trente-deux
saphirs de prix.

« *Item,* audict fronteaul soixante esmeraudes grosses et plus.

« *Item,* une escarboucle parmi, avec deux grosses communes
pierres.

« *Item,* deux cent perles cinq moins (195), et tout ledict fronteaul
qui est d'or fin.

« *Item,* le fronteaul de la partie de derrière, où qu'il y a un gros
camayeu et une grosse et claire pierre esquels on ne sçauroit mettre
prix. En iceluy sont dix esmeraudes grosses.

« *Item,* trente-cinq bons saphirs.

« *Item,* quatre-vingt-sept granats (grenats) et trois grosses amathis-
tes (améthistes).

qui douze cents ans auparavant avait été le protecteur et le défenseur de la contrée, tant contre les invasions des barbares, que contre les exactions impériales, et que, pendant tant de siècles, la reconnaissance publique avait proclamé le patron et le père de la cité, furent indignement jetés sur le parvis, profanés avec dérision et foulés aux pieds. Il en fut de même partout des restes des vieux évêques des temps mérovingiens, qui avaient fondé l'église et défendu la ville d'Auxerre ; dans l'église de Notre-Dame-la-d'Hors de la châsse et des ossements de l'évêque saint Vigile ; au prieuré de Saint-Eusèbe de ceux des évêques saint Pallade et saint Tétrice ; et généralement de toutes les reliques de personnages puissants et illustres, devant lesquelles s'étaient agenouillées tant de générations.

Toutes ces richesses, parmi lesquelles était une grande croix d'or qui venait d'être donnée par le roi Charles IX, les autres croix, les vases, les calices, les ornements d'or et d'argent furent partagés entre les chefs. Si l'on en croit un procès-verbal d'enquête de 1640, où se trouvent pourtant aussi des récits de visionnaire, indignes de toute confiance, les trésors de l'abbaye de Saint-Germain échurent au capitaine Loron de la Maison-Blanche, qui ramena dans son château

« *Item*, deux cent soixante-trois perles grosses avec ledict fronteaul tout d'argent.

« *Item*, les ouvrages de ladicte croix et desdits fronteaulx en la manière qu'étaient par avant.

« *Item*, les vaisseaux d'argent sur or esquels reposent très grande quantité des reliques des saincts apôtres, martyrs et confesseurs et sainctes vierges. »

Suite la description de ces *vaisseaux* ou reliquaires.

La croix garnie d'émeraudes avait été prise en 1566 par Charles IX qui avait envoyé à la place une autre grande croix d'or.

de Crain dix ou douze charrettes chargées de coffres ou bahuts remplis d'objets précieux (1). Après les églises, les dévastateurs passèrent aux maisons des chanoines, qui furent pillées et pour la plupart brûlées ou démolies. Sur environ quarante-trois que contenait le cloître de Saint-Etienne, il n'en resta que treize, et encore étaient-elles fort endommagées (2). L'on ne voyait, dans les rues autour de la cathédrale, dit Lebeuf, que vitres cassées, fenêtres brisées, murailles abattues, un tas confus de décombres et de matériaux, en sorte que ce quartier avait plutôt l'apparence d'une ville mise à feu et à

(1) LEBEUF, *Prise d'Auxerre*, Pièces justificatives, p. XII. Le procès-verbal d'information dressé à la requête de l'abbé de Saint-Germain par le juge de Donzy en 1510, relate la déposition d'une femme, selon laquelle la châsse de Saint-Germain, qu'aucun coup de marteau n'avait pu briser, aurait été enfouie pendant la nuit dans les cours ou le jardin du château de la Maison-Blanche, par un maçon que le châtelain aurait ensuite fait périr, pour qu'il ne trahît pas son secret. Bien des fouilles ont été opérées depuis pour rechercher ce trésor, et encore aujourd'hui, c'est la croyance de beaucoup d'habitants de la commune qu'il est caché sous quelque muraille du château. Cependant le récit de ce témoin est d'une si grossière invraisemblance dans tous ses détails, qu'il est de toute évidence que ce n'est qu'une ridicule invention, ou le rêve d'une imagination en délire.

(2) Dans un mémoire produit au parlement de Paris, en 1593, à l'occasion d'un procès avec l'évêque Jacques Amyot, les chanoines disaient que « les maisons claustrales avaient été en nombre de plus « de 70 ou 80 minées rez de terre et les plus belles qui fussent en « toute la ville. » Il exagéraient sans doute pour le besoin du procès, puisque Lebeuf ne compte que quarante-trois maisons dans le cloître du Chapitre. Voir ce Mémoire, t. IV, p. 534 de la nouvelle édition des *Mémoires de Lebeuf sur le diocèse d'Auxerre*, et *l'Histoire de la prise d'Auxerre*, p. 140.

sang que d'un cloître de chanoines. Les démolisseurs voulurent ensuite abattre l'église de l'abbaye de Saint-Germain
et commencèrent par le clocher du chœur qui était couvert
de plomb. Des chevaux, des bœufs et des hommes furent
attelés à des cables attachés à ce clocher, que l'on parvint
ainsi à renverser. Cela fait, on voulut abattre les colonnes si
sveltes et si délicates qui, encore aujourd'hui, supportent la
chapelle de la Vierge. Mais une d'entre elles étant tombée
entraîna une partie de la voûte qui tua trois ou quatre hommes,
et l'on s'arrêta dans l'œuvre de destruction, en se bornant à
enlever de l'édifice tout ce qu'on put en arracher, savoir : le
bois, la tuile, le fer, le plomb et les vitraux (1). Le peuple
catholique trouvait une certaine consolation dans le récit de
quelques accidents de ce genre où il voyait la main de Dieu,
et dont on peut voir le détail dans l'histoire de Lebeuf. Cet
historien a raconté, sur la foi de G. Viole, que l'abbaye de
Saint-Marien, située en face de la ville, sur la rive droite de
l'Yonne, et dont la place est marquée encore par un faisceau
de colonnettes dans le jardin de la maison Lesseré, avait été
alors démolie par les huguenots (2). « Ils y coururent en foule,
« dit-il, et, pour la détruire plus promptement, ils contraigni-
« rent encore le petit peuple catholique de les aider ou de
« payer cinq sols par tête, qui était le prix ordinaire des
« journaliers de ce temps-là. » En dépit de la précision de
ces détails, le fait est controuvé. Il existe aux archives d'Auxerre une requête du 30 avril 1570, présentée au bailli par
les administrateurs de l'Hôtel-Dieu de la Madeleine, pour
demander, afin de les employer aux réparations de cet hôpital,

---

(1) Notes du prieur Pierre de Pesselière sur le livre des *Gestes des
abbés de Saint-Germain.*

(2) *Prise d'Auxerre*, p. 154.

les matériaux provenant de la démolition faite depuis peu des bâtiments de l'abbaye de Saint-Marien, *laquelle démolition a été faicte*, dit cette requête, *pour empêcher les hérétiques de s'emparer de l'abbaye et de s'y fortifier contre la ville* (1). Si les autres détails donnés par Lebeuf sont plus authentiques, la seule église qui resta intacte fut celle du couvent des Cordeliers que l'on conserva, comme étant au centre de la ville, pour servir de temple au culte calviniste (2).

Au reste, la rage des destructeurs n'avait pas seulement attaqué les édifices religieux. Ceux des édifices civils qui portaient, selon l'usage du temps, des sculptures ou emblèmes qui se rattachaient en quelque chose à la religion, n'avaient pas été ménagés davantage. Il en était sans doute ainsi de l'Hôtel-de-Ville, car, treize ans après, les maire et eschevins passaient un marché avec deux maîtres maçons, pour faire refaire, dans le style de la renaissance, « l'escalier au de-« vant de ladite maison de ville, lequel, dit l'acte, a été ruyné « par les rebelles au roy pendant l'occupation qu'ils faisoient « de ladite ville au temps des troubles. » A la face de ce nouvel escalier devaient être sculptées, selon le marché, les armoiries du roy et de la ville supportées par un ange et deux lions, pour remplacer, sans doute, les figures et emblêmes

(1) Paquet 221, case h ; — Inventaire, ligne 4, f° 100. Au reste. les bâtiments de cette abbaye furent relevés peu de temps après, et Lebeuf raconte dans ses *Mém. sur l'hist. d'Auxerre*, p. 430 du tom. III, de la nouvelle édition, qu'en 1589, à l'approche de l'ennemi, on fit signifier aux religieux qu'ils eussent à vider les lieux et à rentrer dans l'enceinte des murs. On démolit sans doute alors le couvent une seconde fois, pour la même raison qu'à la première.

(2) Sur tout ce récit de la prise d'Auxerre et des dévastations qui y furent commises. V. LEBEUF, *Hist. de la Prise*, p. 113 et suiv.; et, dans les Pièces justificatives, la relation d'Edme Panier.

qui avaient appelé sur l'ancien édifice, la colère aveugle des démolisseurs (1).

Le 7 octobre, Jehan de la Borde, qui prenait le titre de « gouverneur pour le roi sous l'autorité du prince de Condé, » fit tenir une assemblée générale à l'hôtel-de-ville et réclama trois mille écus pour l'entretien de sa troupe, sous peine de livrer au pillage les maisons des habitants. Cette lourde contribution fut immédiatement répartie entre les paroisses et acquittée dans un bref délai. Les catholiques prétendirent qu'il s'en appropriait les deux tiers. Après quoi il renvoya une partie de ses soldats à l'armée du prince de Condé, et conserva le reste qui tenait garnison dans la ville et y vivait militairement à la charge des habitants.

(1) Acte d'Armant, notaire à Auxerre, du 47 mai 4580; Arch. du département.

CHAPITRE V.

Bataille de Saint-Denis. — Retraite de l'armée protestante. Prise de Pont-sur-Yonne. Saccagement de Courlon. — Tentative sur la ville de Sens. — Combat a Saint-Florentin. Situation de Joigny. — Retour de l'armée protestante avec les reitres. — Tonnerre mis a rançon. Attaque de Cravant. Prise et saccagement d'Irancy. Coulanges-la-Vineuse rançonnée. Dévastation des abbayes. — État intérieur d'Auxerre et de Sens. — Entrains et Gien occupés par les protestants. — Siége de Chartres. — Paix de Lonjumeau.

Cependant l'armée protestante, après avoir fait une vaine tentative sur Meaux, était venue audacieusement bloquer Paris. Le connétable de Montmorency en sortit avec toutes ses troupes et lui livra dans la plaine Saint-Denis une bataille sanglante et sans résultat, dans laquelle il resta sur le champ de bataille avec grand nombre de braves gens des deux partis. Le cardinal Odet de Châtillon, qui avait pris l'habit cavalier, s'y trouvait, « où il fit très bien, dit Brantome, et combattit très vaillamment. » Le soir, le maréchal de Vieilleville disait à Charles IX : « Votre Majesté n'a point « gagné la bataille; encore moins le prince de Condé. — « Eh! qui donc? — Le roi d'Espagne, car il est mort de « part et d'autre assez de vaillants capitaines et de braves

10

« soldats français pour conquêter la Flandre et tous les **Pays-**
« **Bas** (1). » Alors les deux partis avaient fait un nouvel appel
aux secours de l'étranger. Le duc d'Albe envoya au roi le
comte d'Aremberg avec quinze cents chevaux flamands et
wallons, et un des princes de Saxe lui amena un corps de
troupes allemandes, pendant que l'Électeur Palatin, zélé
calviniste, mettait sous les ordres de son fils, à la disposition
de ses coreligionaires, une armée de huit mille reîtres et
trois mille lansquenets, qu'il avait levés avec d'autant plus
de facilité, que le souvenir du butin considérable rapporté de
France par le corps auxiliaire de 1562, excitait l'avidité et
l'ardeur de tous les aventuriers des bords du Rhin. Et, de
plus, les calvinistes et la cour appelaient à eux, chacun de
son côté, au centre de la France, des troupes que leurs
partisans avaient levées en Languedoc et en Guyenne. Les
protestants arrivèrent les premiers, et passant la Loire à
Orléans, prirent dans cette ville deux canons et une couleuvrine avec de la poudre et des munitions et vinrent, par
Montargis et Chéroy, pour rejoindre l'armée du prince de
Condé, qui, ne pouvant songer à prendre Paris, s'était repliée
sur Montereau. En tournant la ville de Sens, cette troupe
arriva à Pont-sur-Yonne (2), place fermée de murs, dans
laquelle le jeune duc Henri de Guise, qui s'était jeté avec
beaucoup de gentilshommes catholiques dans la ville de Sens,
avait mis, pour la défendre, trois compagnies d'infanterie
commandées par les capitaines Saint-Loup et Saint-Martin,
auxquelles s'étaient joints nombre d'habitants du pays,

---

(1) *Mém. de Vieilleville*, p. 9, chap. XXX.
(2) Pont-sur-Yonne, chef-lieu du canton du département de l'Yonne,
à 12 kil. de Sens.

gens énergiques et résolus, parmi lesquels beaucoup de
bateliers et mariniers. Après les avoir vainement sommés
de se rendre, les protestants mirent leurs canons en batterie sur une petite colline qui domine la ville, et eurent
promptement fait brèche dans une muraille faible et nouvellement bâtie, qui n'avait pas de fossé ou n'en avait qu'un
de très peu de profondeur. Ils coururent alors à l'assaut sous
la conduite de Campaignac, moine défroqué, devenu capitaine d'aventure, comme on en voyait tant dans ces guerres.
Cette première colonne, soutenue par les capitaines Mont-
ferrand, Lanjoran et Armand de Piles, se rua sur la brèche
avec une telle furie que, malgré une vive résistance, la ville
fut bientôt forcée. Ceux de ses défenseurs qui se réfu-
gièrent dans l'église y furent poursuivis l'épée dans les
reins et massacrés. Il en fut de même d'un grand nombre
d'autres qui gagnaient le port pour s'embarquer sur des
bateaux et remonter la rivière jusqu'à Sens. L'encombrement
fit aussi sombrer plusieurs de ces embarcations et noya
beaucoup de ceux qui s'y trouvaient. Une partie seulement
put gagner le large et se sauver. Ceux qui s'étaient retirés
dans le château capitulèrent et eurent la vie sauve (1).

Pendant ce temps, l'armée protestante avait résolu de se
rapprocher de la Lorraine pour y attendre les secours promis de l'Allemagne, et ayant passé la Seine à Montereau et
l'Yonne au gué de Port-Renard, elle s'emparait de Bray et
de Nogent-sur-Seine, et les généraux s'occupaient à organiser les éléments assez incohérents de leurs forces, pendant
que leurs détachements saccageaient les environs de Sens,
pillant et rançonnant indistinctement les prêtres, les gen-

---

(1) DE THOU, liv. XLII, p. 382. — D'AUBIGNÉ, liv. IV, chap. II.

tilshommes et les laboureurs. Un de ces corps s'étant présenté devant le bourg de Courlon (1), qui n'était fermé que
de fossés avec un simple épaulement, les habitants refusèrent
d'ouvrir leurs portes, « ce qui fut grande folie à eux, » dit Cl.
Haton, dont nous allons transcrire le récit, parce qu'il peint
avec une saisissante vérité ces scènes de carnage qui se
répétaient si souvent alors sur le passage des armées et dont
notre contrée offrit beaucoup d'exemples (2).

« Lesditz huguenotz sommèrent les habitants d'ouvrir
« leurs portes et d'avaler leurs ponts et de se rendre audit
« seigneur, prince de Condé, ce qu'ilz habitants refusèrent
« faire, lesquelz en armes se laissèrent assiéger et battre
« en quelque peu de temps, aymant mieux se laisser prendre
« par force et assault que de se rendre ; ils se mirent en
« défense, tirèrent sur le camp huguenot, tuèrent quelque
« capitaine ou enseigne avec quelque quatre ou cinq
« soldatz avant qu'être prinz et tinrent bon environ un jour
« entier, qui fut cause que ceux qui les avaient assiégez en-
« voyèrent appeler du secours en leur camp pour prendre ce
« pauvre bourg. Pour lequel avoir se présentèrent devant
« plus de deux mille huguenotz des gens de pied et quasi
« mille de chevaulx équippez et arrangez comme s'ils eussent
« eu volonté de combattre une forte ville de frontière. Les
« assiégez, se voyant assaillis si furieusement par les assié-
« geants, pensèrent parlementer, pour se rendre à composi-
« tion honeste ; mais ils n'y furent receuz, et y volurent
« entrer lesditz assiégeants huguenotz par force et assault.
« Quoy voyans les habitants assiégez, qui n'avoient secours

---

(1) Courlon, commune du canton de Sergines, à 19 kil. de Sens.
(2) *Mémoires*, p. 466.

« de personne, advisèrent à se sauver au mieux qu'ilz purent,
« mais sur le tard, au proffit de plusieurs, joinct aussi qu'il
« leur estoit impossible d'eschapper tous la rage hugueno-
« ticque, pour estre par lesdicts huguenotz enfermez et en-
« tourez de toutes partz. Quand ils commencèrent de prendre
« la fuite pour se penser sauver, les assaillants huguenotz
« avaient jà gagné le hault de leurs fossez, lesquelz entrant
« à la file tuèrent et massacrèrent tout ce qui se trouva en
« leur voie, fussent gens ou bestes de tout sexe et âge, et
« commirent lesditz huguenotz toute espèce et genre de mes-
« chanceté audit bourg après qu'ils y furent entrez, comme
« s'ils eussent été scythes et barbares, excepté le feu qui ne
« fut mis par eux que dans l'église. Ilz massacrèrent hom-
« mes, femmes et enfants à leur entrée, ils viollèrent filles
« et femmes, ilz ravirent et pillèrent tous les meubles des
« maisons, ilz prindrent à rançon les plus riches qu'ilz lyèrent
« étroictement et les gouvernèrent misérablement..... Les
« gens d'église dudict Courlons se saulvèrent en la tour de
« leur église pour éviter la rage et cruauté de ces barbares...
« pensans pour cela avoir meilleur marché de leur vie, après
« que la fureur d'iceulx réformez seroit passée. Les hugue-
« notz assiégèrent lesditz ecclésiastiques dans ladite tour à
« force canon de leurs arquebuses... lesquelz demeurèrent
« en ladicte tour deux jours avant que de se rendre à la misé-
« ricorde de leurs ennemys, qui avaient juré de les recevoir
« à composition. Mais perjures et desloyaux massacrèrent
« au pied de la tour lesditz ecclésiastiques sitôt qu'ils furent
« descenduz. Quoy voyant l'ung d'iceulx, qui étoit le dernier
« à dévaller de ladicte tour, remonte vistement au sommet
« d'icelles pour regagner son fort..... et se précipita du hault
« de ladicte tour en bas..... Il avait nom messire Jean Egre-

« ville, homme fort alègre et dispos de son corps, il était
« estimé ung des meilleurs joueurs de paulme qui fust en
« Champagne et en Brie. »

Avec l'église de Courlon furent brûlées l'abbaye de Sainte-
Colombe (1), l'église et le fort château de Nolon, résidence de
l'archevêque de Sens (2); celles de Pailly (3), Vertilly (4), avec
beaucoup d'autres et nombre de châteaux.

Si c'étaient là les excès des soldats huguenots, ceux de
l'armée catholique n'étaient pas moins odieux, au dire du
même écrivain (5). » Les gens de guerre catholiques, excepté
« le pillage des églises et le saccagement des prebstres, es-
« toient au reste aussi meschantz et quasi plus que les hugue-
« notz, et feurent aux gens de guerre catholicques toutes
« bonnes mœurs corrompues tant en religion qu'en conver-
« sation, et commencèrent à se dépraver quasi de tout. »
S'ils ménageaient les prêtres et les églises, ils prenaient leur
revanche sur les gentilshommes huguenots et leurs châteaux.
« Tous les hommes qu'ils trouvèrent dans lesdits châteaux
« qui leur faisoient résistance et qui estoient huguenotz pas-
« sèrent par le fil de l'épée. » Et il n'était pas besoin que l'on
résistât pour être livré à tous les excès. Si l'on était huguenot,
cela suffisait. « Lesditz soldatz ravagèrent la maison de
« Houssoy appartenant à la demoiselle de la Gravelle, fille
« ou femme de M. Loys Leroy, en son vivant procureur du
« roy. » Là s'étaient réfugiées les femmes de plusieurs bourgeois ou gentilshommes calvinistes. « Toutes lesdites hugue-

(1) Sainte-Colombe, ancienne abbaye à 1 kil. de Sens.
(2) Nolon, hameau de la commune de Cuy à 8 kil. de Sens.
(5) Pailly, commune du canton de Sergines à 18 kil. de Sens.
(4) Vertilly, commune du même canton, à 20 kil. de Sens.
(5) *Mémoires de Cl. Haton*, p. 517.

« notes habillées en pauvres femmes de village pour tascher
« à saulver leur vie et honneur. Nulle ne fut tuée, » poursuit
agréablement l'auteur, « mais toutes gangnèrent leur vie et
« rançon à la peine et ouvrage de leur corps, et Dieu sçait
« comment les charitables huguenots furent faits coupeaux,
« scachans pour une partie d'entre eulx (1). »

Cependant, après la prise de Pont-sur-Yonne et à l'approche
de l'armée protestante, le jeune duc Henry de Guise avait
quitté Sens avec une centaine de cavaliers et s'était retiré à
Troyes, ce dont il fut fort blâmé comme d'un acte de faiblesse. La ville resta sous le commandement d'un gouverneur
habile et expérimenté, Nicolas Durand de .Villegagnon, à qui
ses longs services dans les campagnes d'Italie et ses hardies
expéditions d'outre-mer avaient acquis un grand renom. Il
prit ses mesures avec une grande énergie, en faisant brûler
et raser les maisons et églises des faubourgs Saint-Didier,
Saint-Antoine et Notre-Dame, qui étaient les plus rapprochés
des murs de la ville, de peur que l'ennemi ne s'en aidât. Les
églises de Saint-Didier, de Notre-Dame, de l'abbaye de Saint-
Jean et du prieuré de Saint-Sauveur furent ainsi détruites (2).
Mais l'intention des généraux protestants n'était pas de s'at-
tarder à l'attaque d'une ville si bien commandée et munie
d'une nombreuse garnison, et de donner le temps à l'armée
royale, beaucoup plus forte que la leur, de leur couper le
chemin de la Lorraine. Ils voulaient seulement, par quelques
démonstrations, neutraliser les efforts que la garnison aurait
pu tenter pour les troubler dans l'organisation de leur armée

(1) *Mém. de Cl. Haton*, p. 501.

(2) Mss. Gressier; au Recueil de M. Quantin.

et dans la manœuvre qu'ils méditaient (1). Ils n'engagè-
rent devant Sens qu'une action peu importante sur laquelle
Cl. Haton donne les détails suivants, que les récits populaires avaient probablement exagérés (2). « Le feu n'estoit es-
« tinct desdites maisons et églises, que le camp des ennemis
« huguenotz arriva devant la ville ; pour lesquelz bien vigner
« et festoyer leur feit faire la feste ledit sieur de Villegangnon
« à son d'instruments de haultzbois par une bande de mene-
« trez qu'il avoit faict monter au sommet des tours de Saint-
« Etienne, lesquels haultzbois et menetrez après avoir joué
« de leurs instruments et faict la feste au camp huguenot,
« leur fit sonner ung autre son par l'instrument de son artil-
« lerie qui avoit été apposée sur lesdites tours, qui sonnoit
« une basse-contre toute différente à celle des haultzbois, au
« son de laquelle faisoient toujours le petit ou le canart quel-
« que huguenot dudit camp. Toutes les forces huguenotes
« furent mises devant la ville pour l'assaillir, mais en vain.
« Ilz n'avoient ni artillerie ni munitions en suffisance pour
« la battre et pour ce tâchèrent de miner la muraille entre la
« porte Saint-Antoine et celle d'Yonne. De quoy s'apperçut à
« l'instant ledit sieur de Villegangnon, qui soudain feit es-
« vanter leur dite mine et la feit tomber sur ceux qui la
« faisoient, ou soixante d'entre eulx demeurèrent mortz et
« estropiez sans que nulle pierre de la muraille tombast.
« Ledict sieur de Villegangnon, voyant les huguenotz campez
« ès fauxbourgs susdits, laissa la porte Notre-Dame ouverte
« qui est du costé de Troyes en Champagne et le pont-levis

(1) D'AUBIGNÉ, *Hist. univ*, liv. IV, chap. II ; — DAVILA, *Guerres
civiles*, liv. IV, p. 216 : — *Mém. de Castelnau*, liv. VI, chap. VIII.
(2) *Mémoires*, p. 480.

« abaissé, pour donner entrée auxditz huguenotz dedans la
« ville, sans que aulcunes personne des habitants ni soldatz
« de la garnison se présentast à ladicte porte pour les em-
« pescher. Quoy voyant lesditz huguenotz, firent entrer de
« vitesse quelque centaine de leurs gens dedans ladicte porte
« et pont-levis pour s'en penser saisir et prévaloir : ilz pen-
« soient passer plus oultre dedans la ville, ne se doubtant de
« l'appareil que leur avoit appresté le sieur de Villegangnon,
« qui estoit de sept à huit pièces de canon posées au milieu
« de la rue non loin de ladicte porte, toutes chargées à
« plomb, dans lesquelles luy même mit le feu sans que le
« huguenot s'en aperceust que n'ouït le son de ladicte artil-
« lerie. Elle desbanda le long et au travers d'eulx, de plu-
« sieurs desquelz volèrent les testes et membres au loing,
« sans se sçavoir jamais rassemblez en ce monde. Aultres
« demeurèrent en la place, les ungs morts, les aultres demy-
« morts. Après le son de laquelle artillerie sortirent sur le
« reste des huguenotz qui estoient à ladicte porte près de
« cinq cents soldats, tant des habitans que de la garnison,
« qui estoient en embuscade dans les maisons, rues et ruelles
« joygnans laditte porte, lesquelz de fureur se ruèrent sur
« lesditz huguenotz jà fort espouvantez de ladicte artillerie
« et les rechassèrent jusqu'à leur camp, où attacquèrent une
« alarme assez brusquement au dommage des huguenotz con-
« jurez lesquelz ne se hastèrent de retourner à ladicte porte.
« Ledit sieur de Villegangnon feit plusieurs sorties en armes
« sur lesditz conjurez et leur bailla de rudes charges, sans
« perte de beaucoup de ses gens et comme poinct, qui don-
« nèrent tant de perte à l'ennemy huguenot qu'il fut contrainct
« de lever le siége avec sa honte et de quitter laditte ville en
« son repos. Il se retira ès villages qui sont entre ledit Sens

« et les villes de Bray et Nogent où il séjourna jusques au 13,
« 14 ou 15ᵉ jour de décembre. »

Le manuscrit de Gressier raĉonte les choses d'une manière plus simple et plus conforme à la vraisemblance historique (1). Il mentionne seulement une sortie faite le 30
novembre à sept heures du matin, à la suite de laquelle
l'ennemi s'éloigna le jour même. « Jehan de Lignerot, escuyer,
« seigneur de Bon-Hutin, y fut tué et fut enterré aux Corde-
« liers. Il y eut quantité d'assiégeants de tuez, plusieurs faitz
« prisonniers et beaucoup d'assommez par les paysans qui
« les poursuivoient. »

Le riche monastère de Saint-Pierre-le-Vif et l'antique
église de Saint-Savinien furent dévastés et incendiés pendant
le court passage de l'ennemi. Deux inscriptions qui ont
subsisté jnsqu'en 1789 constataient ces tristes souvenirs (2).

Les troupes protestantes ne tardèrent pas à se mettre en

(1) Recueil manuscrit de M. Quantin, p. 196.

(2) La première, placée dans l'église de Saint-Savinien, portait
« Antiquissimum totius Galliæ hoc templum Sancti-Saviniani ac Po-
« tentiani, primorum Galliæ apostolorum et Senonensis civitatis
« episcoporum, sociorum et eorum martyrorum (sic) nomini dicat.
« hœreticorum Huguenotorum efferata incendit rabies, dum Seno-
« nens. civitat, oppugnarent tertia die decembris 1567, piorum que
« hominum denariis restitutum. »

Une autre inscription, en l'honneur des officiers et soldats qui
étaient morts dans la sortie du jour de la Saint-André, se trouvait
dans l'église des Cordeliers. Elle portait :

« Generosis tribunis fortissimisque militibus qui eruptione facta ex
« urbe Senonensi dum ab hæreticis perduellionibus obsideretur die
« dicta Andreæ 1567 pro catholica religione, christianissimi que regis
« defensione fortiter pugnando, magnà hortium strage editâ occu-
« buère. — Cives Senonenses in perpetuam virtutis et pietatis eorum

marche et traversèrent la forêt d'Othe, puis se retirèrent en
Champagne, suivies par l'armée du roi dont le chef en
apparent était le duc d'Anjou, depuis Henri III, alors âgé de
seize ans et demi, mais qui, en réalité, était sous les ordres
du maréchal de Cossé-Brissac. Elle joignit à Saint-Florentin (1) un corps ennemi qui, pour l'arrêter, laissa dans la
ville un détachement de deux cents gens d'armes et trois cents
arquebusiers, commandé par un capitaine angoumois appelé
de Tors. L'avant-garde, à la tête de laquelle marchait le fils
du maréchal, quoique moins nombreuse, attaqua et força la
ville, et de Tors, « brave, vaillant et gentil compaignon de
« guerre et fort habile, dit Brantôme, y fut tué (2). »

En se retirant, l'armée protestante avait renforcé la garnison d'Auxerre. Celle de Sens rejoignit l'armée royale, et
Villegagnon, laissé dans cette ville sans soldats et sans
argent, informant le roi de l'état du pays, lui écrivait le 26
décembre (3).

« Outre ceux la s'en trouve quelque nombre, tant de pied
« que de cheval ès chasteaux et maysons fortes de ce pays,
« qui le pillent et achèvent de saccager tous les jours, sans
« que nous y puissions donner ordre, non ayantz le moyen...
« Le sieur de Clairemont s'est retiré à Précy (4)... Il a pris,

« memoriam, officii memores et antiquissimæ urbis tutelæ. » (Manuscrits de M. le docteur Crou.)

(1) Saint-Florentin, chef lieu de canton du département de l'Yonne,
à 31 kil. d'Auxerre.

(2) BRANTÔME; cité dans les *Additions aux mémoires de Caselnau*,
II, p. 462.

(3) *Mém. de Cl. Haton*, Pièces justificatives, p. 1106.

(4) Précy, commune du canton de Saint-Julien-du-Sault, département de l'Yonne, à 13 kil. de Joigny.

« comme j'entends, en sa protection le sieur de Choinot
« (Chaumot) et son chasteau retraicte de brigans (1). Ceulx
« de Courtenay, de Chastillon et de Chasteau-Renard (2)
« n'ont moindre commerce avec eulx qu'avec ung de vos
« principaulx ennemis. D'aultre costé nous avons Valleri,
« Dollot (3), Chevri (4), chasteaux occupés par le prince de
« Condé, pleins de brigans qui sont continuellement à battre
« et espier les chemins pour voler les passans. Nous pour-
« rions rémédier à ces inconvénients, si nous avions de bons
« soldatz, bien payez et bien vivans. Nous eumes nouvelles
« la veille de Noel que tous les brigans des lieuz susdits
« s'estoient assemblez à Auxerre, pour venir nous donner
« une camisade la nuict que l'on seroit à matines, au son de
« noz grosses cloches, à ce attirez par quelques mauvais
« espritz de ceste ville. Mais, grâce à Dieu, nous n'eu avons
« rien veu, nous estans cependant tenus sur nos gardes. »

Les armées traversèrent la Champagne. Un moment menacés auprès de Châlons, les protestants s'enfoncèrent dans
la forêt des Ardennes et firent leur jonction à Pont-à-Mousson
avec les troupes allemandes que leur amenait le duc Jean
Casimir. Aussi forts alors que l'armée catholique, ils voulurent
d'abord revenir sur leurs pas ; mais, voyant les passages des
rivières bien gardés, ils firent un grand détour, franchirent

(1) Chaumot, commune du canton de Villeneuve le-Roi, à 16 kil.
de Sens.

(2) Courtenay, Châtillon-sur-Loing et Château-Renard, chefs-lieux
de canton du département du Loiret.

(3) Dollot, commune du canton de Chéroy, département de l'Yonne,
à 16 kil. de Sens.

(4) Chevry, château et commune du canton de Lorrez-le-Bocage,
département du Loiret.

la Marne près de sa source et, passant la Seine à Châtillon, ils se dirigeaient sur l'Auxerrois. Pendant ce temps, le duc de Nevers, Ludovic de Gonzague, arrivé du Piémont avec un corps soldé par le pape et ayant réuni les forces catholiques du Dauphiné et quatre mille Suisses de nouvelle levée, reprenait la ville de Mâcon, et envoyait au duc d'Anjou une partie de ses troupes. Prévoyant le retour de l'armée du prince de Condé, il avait écrit dès le 11 janvier qu'il fallait se fortifier sur la Loire et reprendre Auxerre (1). Ses conseils n'avaient pas été écoutés. Cependant le comte de Brissac, fils du maréchal, avait fait vers la fin de janvier une reconnaissance de ce côté, mais sans résultat. On croyait à un retour des ennemis sur Sens et le duc de Nevers recevait du duc d'Anjou, dans les premiers jours de février, l'ordre de marcher sur cette ville par Chaource et Saint-Florentin. Il détachait le capitaine Foissy avec deux de ses compagnies pour tenir garnison à Cravant, et, en faisant garder Montbard, Semur, Epoisses et Vitteaux (2), il envoyait des secours à Saulieu, Vézelay et Avallon. Il avait eu le projet de surprendre Auxerre à l'aide des intelligences qu'il avait dans la place. Mais, au moment d'agir, ses affidés ne s'étaient pas trouvés prêts et les déguisements qu'il fallait pour tromper les soldats huguenots avaient manqué (3). Pendant ce temps, ceux-ci rayon-

---

(1) Instructions du duc de Nevers, données de Coulommiers au sieur Bonnet. Mss. de Béthune, 8676, f°ˢ 168-170.

(2) Montbard, Epoisses, Vitteaux, Saulieu, Semur, villes du département de la Côte-d'Or.

(3) Mss. de Béthune, 8676, f° 162. 167, 168. « Quant à l'entreprise « d'Auxerre, lui pourra dire que si les hommes eussent été bien fort « prêts et si l'on eust trouvé des abbis, que tout estoit fait comme il « avoit été cuidé et secrètement, de façon qu'il lui verroit bien la

naient assez loin autour d'Auxerre, et à la fin de janvier le capitaine Louis Blosset était allé avec cinquante chevaux sommer la ville de Joigny de se rendre à lui, ce à quoi elle s'était refusée (1).

Villegagnon, qui avait enfin reçu des troupes, envoyé de Sens dans les villes d'alentour pour en connaître la situation et les mettre en état de défense, avait fait couper le pont de la ville de Pont-sur-Yonne. Il avait trouvé Villeneuve-le-Roi « la « plus belle et forte place qui soit sur la rivière. Mais, écri- « vait-il au duc d'Anjou, il se fault saysir d'une demie « douzaine de mutins pour fayre vostre playsir de ladite ville. « Il vous playra nous envoyer incontinent un provost du camp « pour se saysir de ces mutins suspects de leur foy, puis « vous jouyrez de la ville à vostre plaisir. » Il était allé aussi à Joigny, où « il trouva, dit-il, ung peuple si rude et si bes- « tial qu'il n'i a espérance de l'amener à rayson, sinon par « force. Il n'i a sur eulx homme qui commande. Les vigne- « rons et menu peuple se mettent ensemble et crient tous « ensemble, et l'ung veult et l'aultre non, de sorte qu'il n'en « fault attendre que confusion. Ilz ont chassé leur gouver- « neur et n'obéissent à leurs eschevins non plus que s'il n'i « en avoit. Ilz ne veulent aulcune garnison, dizantz qu'ilz se « gouverneront et se défendront bien d'eulx-mêmes, jà çoit « qu'ilz n'ayent armes que de fourches de fer et vieux ran- « çons. Leur ville est commandée de montagnes, et en ung « endroit est batue en courtine par dedans, de sorte que la « brèche estant faite, ne sera possible de la défendre sans y

---

« chose véritable, ni perte aucune d'un homme. » (Instructions du duc de Nevers données de Joigny au capitaine La Barathe pour aller faire son rapport à la reine-mère.)

(1) Mss. de Béthune, 8676, f° 171.

« faire des traverses. Leur muraille n'est flanquée et je
« entray dans le fossé tout à cheval et vins au pied d'une
« tour près d'une porte sans que je peust ne voir n'offenser,
« et se peult icelle tour et pan de mur même desroquer sans
« dangier, de façon que je tien la ville pour perdue si elle est
« assaillie. Il y a ung pont de bois qu'on peut rompre en un
« demy-jour, si les villains le permettoyent. Mais il n'en
« fayront rien sans forces et ne sont délibérés d'ouvrir leur
« porte. Je ne sçay si la révérence qu'ils doivent à leur sei-
« gneur les pourroyt fléchir (1).

 Peu de jours après, l'armée du prince de Condé, venant de
Châtillon-sur-Seine, paraissait devant Tonnerre. Mandelot,
seigneur de Pacy et Lézinnes, en avait été nommé gouverneur depuis quelques mois, et avait fait prendre les mesures
nécessaires pour la mettre à l'abri d'un coup de main. On
avait muré trois des portes de la ville et une poterne, organisé un guet de jour et de nuit, acheté de la poudre et des
« bâtons à feu, dressé des canons et fauconneaux sur les rem-
« parts, acheté, rempli de terre et placé en avant de la porte
« Saint-Pierre, soixante-seize vaisseaux à sel, » faisant sans
doute l'office de gabions, envoyé des cadeaux en vins, poissons et oranges à ceux de qui on croyait avoir à craindre et
« particulièrement dix feuillettes de vin à Tanlay, à M. d'An-
« delot. » Mais ce n'était pas là de quoi arrêter une armée.
Les faubourgs étaient promptement occupés par l'avant-garde
du prince, et la ville, sommée de se rendre, se rachetait le 6
février moyennant une somme de cinq mille livres qui était
payée en dehors de la ville dans une des salles de l'abbaye de
Saint-Michel, et dont une partie était empruntée à usure d'un

---

(1) *Mém. de Cl. Haton,* Pièces justificatives, p. 1107.

banquier lucquois qui était agent et bailli du duc d'Uzès,
seigneur de Tonnerre. Un capitaine et deux autres gentilshommes restaient dans la ville, comme sauvegarde, pendant
que les troupes défilaient sous ses murs. Il fallait encore
défrayer et rétribuer chèrement ces officiers, et de plus fournir
les chevaux et les voitures requis pour le transport des
bagages, et qui furent confisqués à Auxerre, ce qui obligea
la ville de Tonnerre à en payer la valeur (1).

Le duc d'Anjou envoyait alors en toute hâte des troupes
pour protéger Joigny et Villeneuve-le-Roi (2). Le duc de
Nevers, mécontent des marches et contre-marches dont on
avait sans succès fatigué ses soldats, et jaloux peut-être
du maréchal de Cossé-Brissac, datait de la première de ces
deux villes les instructions qu'il donnait, le 14 février, à un
de ses officiers qu'il envoyait à la reine-mère pour lui rendre-
compte de l'état des choses (3), puis il se mettait en route
avec une escorte de cent chevaux pour se rendre à Nevers,
sous prétexte de voir la duchesse sa femme qui venait d'accoucher.

(1) On avait dû payer au banquier lucquois 500 fr. d'intérêts pour
un prêt de 1,500 fr., plus un droit de change, et lui faire cadeau de
six feuillettes de vin clairet. Ainsi, disait le notaire Petitjean qui consignait ces faits par écrit peu d'années après qu'ils ve · aient de s'accomplir, « il fallut faire un pont d'argent pour sauver la ville. »
Notice de M. Le Maistre dans le Bulletin de la Société des Sciences
de l'Yonne de 1850, p. 439 et 440, dans l'Annuaire de l'Yonne de
1863, p. 84. Voir un extrait des comptes de la ville dans les Pièces
justificatives. M. Jacquillat Despreaux a mentionné les mêmes faits
dans l'Annuaire de l'Yonne de 1857, mais il les a, par erreur, placés
dans la campagne suivante de 1568-1569.

(2) Lettres du duc d'Anjou au duc de Nemours, datées de Nogent-
sur Seine et de Provins, des 9 et 12 février 1568, Mss. de Béthune,
8676, f° 172 et 173.

(3) Mss. de Béthune, 8676 f° 162-167.

Déjà dix ou douze jours avant que l'armée protestante ne parût à Auxerre, la garnison de cette ville avait voulu s'emparer de Cravant, qui avait un pont sur l'Yonne, dout le passage abrégeait d'une journée le trajet de Tonnerre à la Loire. Elle fit à cet effet transporter par la rivière devant cette forte place deux pièces de canon dont l'une appartenait à la ville d'Auxerre et l'autre, baptisée par les soldats, en patois, du nom de la Pute-gueule, avait été fondue dans l'église de Saint-Germain avec le cuivre des bénitiers, des tombes, des chandeliers et autres ornements sacrés, et même avec les ustensiles d'airain mis en réquisition chez les habitants. Mais Cravant avait été mis en bon état de défense par le chapitre de la cathédrale, à qui cette ville appartenait. Elle était remplie d'hommes résolus qui s'y étaient réfugiés après la prise d'Auxerre et elle avait de plus une garnison éprouvée, commandée par un capitaine vaillant et expérimenté. Le canon avait fait brèche, mais les assauts avaient été vigoureusement repoussés ; et, au nombre des morts que complèrent les assiégeants, se trouvaient le capitaine Musnier, le même qui avait fait subir au prédicateur Divolé les humiliations que nous avons racontées, et la femme de cet officier, qui suivait son mari sur le champ de bataille et partageait ses fatigues et ses dangers. Le siége durait déjà depuis plus d'une semaine sans aucun succès. Alors le capitaine La Borde était allé au-devant du prince de Condé et, en lui vantant les richesses entassées dans cette ville, dont la prise devait fournir d'abondantes ressources aux dépenses de l'armée, il en avait obtenu qu'un détachement avec quelques pièces d'artillerie prît les devants, pour achever la prise d'une place qui ne semblait pas devoir tenir contre ces nouveaux assaillants. Mais, à son arrivée, cette troupe trouva que la brèche précédemment faite était

complétement réparée ; et, comme les murs de la ville étaient
d'une grande force, l'attaque qu'elle tenta, et à laquelle elle ne
ne put employer que quelques heures, ne pouvait être qu'une
simple démonstration. Le lendemain elle allait reprendre sa
route, car il ne pouvait convenir aux généraux protestants
de prolonger leur séjour dans l'Auxerrois. Ils avaient hâte
d'arriver à Orléans, « leur mère nourrice, » au dire de La
Noue, « pour plus commodément recouvrir, ajoute de Serres,
« artillerie, munition et argent, afin de porter la guerre aux
« environs de Paris, moyen apparent pour avoir la paix. »
Le détachement de Cravant allait donc continuer sa route en
se dirigeant sur la Puisaie, lorsqu'il reçut l'ordre d'aller attaquer et forcer Irancy (1). Une compagnie de cavalerie, envoyée
la veille dans ce bourg fermé de murs pour y passer la nuit,
n'avait pu y entrer. Les habitants, encouragés par un notable
du pays appelé Coquard, quelque peu habitué dans sa jeunesse aux exercices de la guerre, et renforcés par un peloton
de soldats sous les ordres d'un gentilhomme du pays et par
un certain nombre d'hommes déterminés venus des villages
voisins, s'étaient préparés à une résistance au moins téméraire (2). Aux premiers pourparlers engagés entre les cavaliers huguenots et les habitants montés sur les remparts, un
coup d'arquebuse, tiré de l'intérieur, renverse mort l'enseigne
qui commandait le détachement, dont les soldats se replient
aussitôt. Le prince de Condé, averti de la résistance de ce
petit bourg et de la mort de son enseigne, donne ordre à un
régiment d'infanterie d'aller punir les habitants de leur témé-

(1) Irancy, bourg du canton de Coulanges-la-Vineuse, département
de l'Yonne, à 14 kil. d'Auxerre.

(2) *Annuaire de l'Yonne de* 1861, notice de M. Sonnié-Moret.

rité. Mais, comme ils firent une vigoureuse résistance et
défendirent avec énergie leurs remparts que ne purent escalader les assaillants, ceux-ci, ayant perdu beaucoup de
monde (1), se retirèrent à distance et attendirent l'arrivée des
trois pièces d'artillerie que l'on devait ramener de l'attaque de
Cravant. Le lendemain, 7 février, les trois canons mis en batterie sur une éminence, dirigent leur feu sur les faibles remparts d'Irancy, et dès les premiers coups y font brèche sur un
large espace. Alors les assaillants de la veille, commandés par
le colonel Boury et renforcés d'un corps de gascons qui avait
pour chef Armand de Piles, montent à l'assaut avec furie,
forcent l'entrée après un combat opiniâtre, et massacrent tous
ceux qui ne peuvent se cacher ou s'échapper. Le carnage fut
affreux et le saccagement impitoyable. « La place, dit de Thou,
« fut prise et mise à feu et à sang avec tant de fureur et de
« cruauté, que le sang coulait de tous côtés et qu'on douta
« lequel des deux l'avait emporté, ou la témérité des assiégés
« ou l'inhumanité des assiégeants. » Pour se débarrasser de
tant de cadavres qui encombraient les rues, on les jeta dans un
puits situé au bas de la ville, qui en fut rempli et comblé, et
sur l'emplacement duquel fut élevée plus tard une croix que
l'on appelait *la croix des morts*. Chaque année, le jour anni-
versaire de ce triste événement, on y faisait une procession
et on y chantait les psaumes de l'office mortuaire. En 1790
des fouilles pratiquées pour les fondations d'un mur de
clôture firent découvrir l'entrée de ce puits. On en retira plu-

---

(1) M. Sonnié Moret dit, après Lebœuf, qui écrivait sans doute sur
des relations locales plus ou moins hasardées, que sept cents hommes étaient tombés de part et d'autre. Ce chiffre semble d'une exagération presque ridicule.

sieurs tombereaux d'ossements que l'on transporta au cimetière. Lebœuf dit, d'après G. Viole, qu'il n'échappa de cette
horrible tuerie qu'un prêtre du lieu, qui fut emmené à Vézelay,
ville occupée par les calvinistes, pour être immolé à leur
cruauté, et qui trouva moyen de se sauver durant la nuit.
Nouvelle preuve des erreurs graves de la tradition qui
trompe si souvent les historiens. Vézelay n'était pas alors
occupé par les protestants, mais par une garnison catholique qu'y avait mise le duc de Nevers (1). Quant aux habitants d'Irancy, loin qu'ils eussent tous péri, M. Sonnié-Moret
a prouvé (2), par les registres de naissance et de décès des
années suivantes, que la population n'avait que médiocrement
faibli et que les mêmes habitants qui y existaient avant 1568
s'y retrouvaient encore en très grande partie huit ans plus
tard. Il est donc probable que c'étaient surtout les soldats et
les gens du dehors qui avaient péri dans ce sanglant
assaut.

Le même jour, 7 février, un autre régiment commandé
par le sieur de Prunereaux venait pour prendre son logement
à Coulanges-la-Vineuse et les habitants lui en refusaient aussi
l'entrée. Quelques soldats avaient même été tués à l'approche.
Mais, consternés par l'exemple d'Irancy, les habitants se rendaient bientôt, et, par l'intervention de quelques protestants
du voisinage, ils se rachetaient moyennant une somme
d'argent. Il leur fallut aussi livrer les plus riches ornements
de leur église et un buste en argent de Saint-Christophe, leur

.

(1) « Les deux compagnies du capitaine Foissy sont réparties avec
« les compagnies d'argolets dans Avallon, Vézelay et Saulieu. » Lettre du duc de Nevers du 12 février 1563; Mss. Béthune, 7676, f° 168.

(2) *Annuaire de l'Yonne*, *loc. cit.*

patron, qu'on avait inutilement caché dans le puits du château. Et comme, au départ de la troupe, mille écus restaient dûs sur la rançon, les soldats emmenèrent comme otages cinq des principaux habitants, savoir, les deux frères Foudriat, , d'Aubin, Miguières et Merlinat, noms qui appartiennent encore à des familles de cette ville (1). Cette armée, traversant la Puisaie (2), gagna Bléneau, puis Châtillon-sur-Loing, Montargis et Orléans. Avant de quitter Auxerre, comme le gouverneur La Borde avait, selon de Thou, « fait bien des « choses qui avaient extrêmement mécontenté les habitants, « le prince de Condé, à leur prière, lui ôta ce gouvernement « et le donna à Antoine Marraffin de Guerchy. » La domination de celui-ci ne fut guère plus douce pour les catholiques, car, redoutant quelque surprise, il les tint jusqu'à la paix sous un régime de terreur tel, que, selon une relation aujourd'hui perdue, mais qu'a citée Lebeuf, celle de Joseph Panier, deux catholiques ne pouvaient parler ensemble dans les rues, sans s'exposer à recevoir des coups de bâton.

Il en allait moins bien encore à ce moment dans la ville de Sens pour ceux qui étaient soupçonnés de protestantisme. S'ils avaient fui pour éviter les coups des assassins, on traitait leurs maisons comme un terrain conquis ; et, s'ils s'étaient avisés de rester, on les mettait en prison. Voici ce qu'en écrivait B. Taveau dans son journal (3) : « Le lundi 22 dé-

---

(1) LEBEUF, *Prise d'Auxerre*, d'après un témoin oculaire, p. 161.

(2) Puisaie, région de hautes collines boisées des départements de l'Yonne et de la Nièvre, comprenant les cantons de Donzy, Saint-Amand, Saint-Sauveur, Saint-Fargeau, Bléneau et Toucy ; de puy (hauteur) et baia (bois). *Haia id est foresta*, dit l'ancienne coutume de Lorris.

(3) Recueil manuscrit de M. Quantin, p. 253.

« cembre (1567), fut ordonné que la compagnie de pied du
« capitaine Bérard qui estoit en ceste ville de Sens seroit
« logée ès maisons des huguenots absents et des suspects
« notés par les décrets de ladite ville. Le département
« desquelz seroit fait par le maire et les eschevins. Et le deux
« janvier en suivant nous condamnâmes maistre François
« Fiournat soupçonné d'estre de la religion prétendue réfor-
« mée à la prison. »

Pendant que l'armée protestante gagnait Orléans, toutes
les troupes catholiques traversaient l'Yonne à la hauteur de
Joigny et de Sens et la Seine à Montereau, pour s'échelonner
entre Orléans et Paris. Le maréchal de Montmorency écrivait
des environs de Sens à la duchesse de Ferrare (1), qui résidait
au château de Montargis, qu'il avait reçu du duc d'Anjou
l'ordre d'occuper cette ville avec un régiment de gendarmerie,
pour essayer de séparer les divers corps de l'armée de
Condé (2). Les aventuriers protestants restés à Auxerre
purent alors courir impunément au pillage des abbayes
situées dans le voisinage. Le monastère de Pontigny (3),
qui avait été jusque-là préservé fut pillé et dévasté. Les
tombeaux des personnages illustres, et entre autres ceux
de la reine Adèle, femme du roi Louis VII, et de Hugues
de Mâcon, premier abbé de cette maison et depuis évêque
d'Auxerre, furent mutilés. Ils crurent que ce dernier monument était celui de saint Edme de Cantorbéry dont les reliques
étaient l'objet d'une grande dévotion tant en France qu'en
Angleterre, et, l'ayant ouvert, ils jetèrent au feu les ossements

(1) Renée de France, fille de Louis XII, veuve du duc de Ferrare.
(2) Mss. Béthune, 8726, f° 79.
(3) Pontigny, ancienne abbaye et bourg du canton de Ligny, département de l'Yonne, à 20 kil. d'Auxerre.

qu'il contenait. Les moines avaient heureusement transporté et caché, tant à Saint-Florentin qu'à Chablis, leurs archives et leurs effets les plus précieux. Ce qui en était resté dans l'abbaye fut enlevé et les pillards, après avoir mis le feu à l'église, rentrèrent à Auxerre avec des chasubles ou autres ornements déployés sur leurs corps. C'est sans doute à cette époque et par des colonnes parties, soit d'Auxerre, soit d'Entrains, que les abbayes de Bouras, de Roches, les char-treuses de Bellari et de Basseville (1), furent brûlées, et que furent dévastées beaucoup d'églises de bourgs non fermés de murs, que Lebeuf, d'après des relations particulières, a citées dans son histoire. Les prêtres et les moines que ces furieux surprenaient dans leurs expéditions subissaient les plus indignes traitements ; on leur faisait subir d'affreuses mutilations et souvent ils étaient cruellement massacrés. Lebeuf cite les noms de plusieurs de ceux qui furent ainsi martyrisés. Les villes et bourgs fermés de murs pouvaient seuls offrir une protection efficace contre les attaques de ces bandits. Au reste, ces cruautés étaient réciproques. Les deux partis faisaient assaut de férocité, et de Bèze raconte d'ef-froyables supplices infligés alors à des protestants inoffensifs dans les petites villes de l'Auxerrois et notamment à Ligny-le-Châtel (2). La ville d'Entrains avait été aussi, et en même qu'Auxerre, surprise par les protestants. Deux capitaines, dont on retrouve encore les noms dans des familles de la Puisaie, Beauvais et Bourgoin, l'occupaient et tenaient sous leur

---

(1) Bouras, Roches, Bellari et Basseville, anciennes abbayes du dio-cèse d'Auxerre, dans le département de la Nièvre.

(2) *Hist. des Egl. réf.*, p. 69 ; Ligny-le-Châtel, chef-lieu de canton du département de l'Yonne, à 17 kil. d'Auxerre.

domination tout le pays environnant. Ils faisaient aussi des
incursions qui rendaient au loin leurs noms redoutables aux
catholiques. Le duc de Nevers ayant, comme nous l'avons dit
plus haut, quitté l'armée, après le passage des troupes protestantes au travers de l'Auxerrois, pour aller à Nevers avec
une escorte de cent chevaux, ils osèrent l'attaquer auprès de
Donzy, et dans le combat il reçut un coup d'arquebuse au
genou, dont il resta estropié toute sa vie. De ce moment, il
fut pris d'une grande haine contre les huguenots, avec lesquels,
dans ces derniers temps, il avait été soupçonné de former
quelque alliance secrète. Et, quand la paix fut conclue, et
qu'Entrains, qui était de son domaine, fût rentré en son
pouvoir, il en fit raser les tours et les fortifications. Plus
tard, cependant, le parti catholique, étant maître dans la
ville, obtint de lui la permission d'en relever les murailles.

A Gien, où la réaction catholique de la fin de l'année 1562,
dont nous avons plus haut raconté les horreurs, avait laissé
de profondes rancunes dans le cœur des protestants, ils
s'étaient, dès le mois de septembre 1567, rendus maîtres de
la ville sous le commandement dn capitaine du la Bordi-
nière. Pour assurer sa domination sur la ville et le pays
d'alentour, ce chef avait appelé à son aide une troupe d'aventuriers du Berry que l'on appelait les Pieds-nus de Bourges ;
et comme un ministre, appelé Lambert, ne cessait de leur
dire que, pour chasser les pigeons, il fallait abattre les colom-
biers, les fureurs cupides de ces tristes auxiliaires s'étaient
exercées sur les églises qu'ils avaient pillées et ruinées et les
couvents qu'ils avaient saccagés. Un contemporain, cité par
Lebeuf (1), dit que les démolisseurs des églises en employaient

_____

(1) Le chanoine Boizon ; *Prise d'Auxerre,* p. 260.

les matériaux à la construction de leurs maisons. Les chanoines de Gien et quelques autres prêtres du pays, au nombre de quinze environ, avec quelques bourgeois, s'étaient réfugiés dans le fort château de la Bussière, situé à deux lieues de la ville. Ils y furent bientôt assiégés et le manque de provisions les força à se rendre sous promesse de la vie sauve. Cette capitulation fut indignement violée ; les quinze prêtres furent massacrés après d'horribles tortures et avec d'indignes mutilations. « La horde des assassins n'eut pas honte de se « faire une infâme parade de ces marques de barbarie qu'ils « étalaient sur des chasubles et autres ornements d'église « dont ils s'étaient couverts pour rentrer à Gien, en criant « de toutes leurs force : Chapelets de papistes ! A cinq sols « la messe de la Bussière ! » Le chef de ces bandits était le vice-bailli Girard. Il faisait la chasse aux prêtres, « tuait « les uns de sa main, enterrait les autres tout vifs jusqu'au « cou, et après les avoir mis en forme de but pour le jeu de « boule, leur déchirait le visage à coups d'éperons (1). » Un autre magistrat, le lieutenant-général Fortet, s'il ne mettait pas lui-même la main à ces horreurs, les encourageait par les témoignages de son approbation. Il y a, dans les agitations civiles, des hommes pires et plus dangereux que les scélérats qui obéissent à la férocité de leurs instincts ; ce sont ceux qui, d'une position élevée, applaudissent par lâcheté ou par ambition à tous les excès. Celui-ci se convertit plus tard, quand le catholicisme eut repris sa domination. « On le vit « s'appliquer avec joie à la réparation des églises qu'il avait « aidé à détruire, aider aux maçons, porter lui-même les

(1) Lebeuf, *Prise d'Auxerre*, p. 262.

« matériaux et encourager en toutes manières les conci-
« toyens à suivre son exemple (1). »

Zèle méritoire, s'il était sincère. Mais, dans les révolutions
de notre siècle nous avons trop vu de gens, compromis par
la violence de leurs excès, essayer de racheter plus tard leurs
torts aux yeux des pouvoirs nouveaux par d'hypocrites démonstrations de zèle dans un sens opposé, pour croire facilement à la sincérité de pareilles conversions.

Cependant l'armée des protestants, après s'être approvi-
sionnée à Orléans, avait pris en quelques jours Beaugency et
Blois et tenait Chartres étroitement assiégée. La Rochelle
s'était déclarée pour eux et l'imminence de leur triomphe
commença à effrayer la cour. Le chancelier Lhospital redoubla d'efforts pour ramener la paix. Il démontrait avec une
courageuse franchise, dans nn mémoire, qu'ils ne s'étaient
armés que pour sauver leur liberté et leurs vies, et il solli-
citait un rapprochement qui leur présentât des garanties
acceptables. L'état obéré des finances royales venait en aide
à ces propositions. On ne savait où prendre les fonds nécessaires à une campagne nouvelle. Et puis elles étaient appuyées
par les passions secrètes de la cour. La reine-mère haïssait
et redoutait les Guise autant que Condé et les Châtillon. Elle
craignait que la victoire de l'un ou de l'autre parti ne la
soumît au joug du vainqueur. Le roi était jaloux de son frère
le duc d'Anjou et ne le voyait qu'à regret à la tête de l'armée.
Tous se flattaient d'ailleurs de venir très sûrement à bout
pendant la paix d'abattre, par des moyens ténébreux ou des
mesures inopinées, les chefs du parti protestant. On céda
aux instances du chancelier, et la reine-mère offrit aux réfor-

(1) LEBEUF, loc. cit.

més « le maintien de l'édit d'Amboise, avec abolition de toutes
« les restrictions qui l'avaient modifié depuis 1563. Les
« auxiliaires allemands seraient congédiés avec de l'argent
« avancé par le roi, et la liberté religieuse maintenue à tous,
« jusqu'à ce qu'il plût à Dieu que tous les sujets du roi fussent
« réunis en une même religion. » Ces propositions étaient
avantageuses ; mais les protestants auraient voulu des garanties et des places de sûreté, qui furent refusées comme un
outrage à la royauté. Toutefois des symptômes de lassitude
commençaient à se manifester dans leur armée et une foule
de gentilshommes du midi avaient hâte de revoir leurs maisons
et leurs familles. Les chefs finirent par céder et, après trois
semaines de négociations, l'édit de la paix, qu'à raison de sa
courte durée on appela depuis la petite paix, fut signé à
Lonjumeau le 23 mars et enregistré le 27 au Parlement.
« Les réformés licencièrent leurs étrangers, posèrent les
« armes et se séparèrent, ayant opinion, dit La Noue, que
« les catholiques feraient le semblable. Ils se contentèrent
« de le promettre, mais n'en firent rien, et, demeurant toujours
« armés, gardèrent les villes et les passages des rivières, si
« bien qu'à deux mois de là les huguenots se trouvèrent
« comme à leur discrétion. Quelques-uns même de ceux qui
« avaient insisté pour la paix furent contraints de dire : Nous
« avons fait la folie, ne trouvons donc pas étrange si nous la
« buvons. Toutefois, il y a apparence que le breuvage sera
« bien amer (1). »

(1) *Mém. de Lanoue,* dans Michaut et Poujoulat, chap. XIX, page
620.

CHAPITRE VI.

Année 1568. protestation des prédicateurs contre la paix de Lonjumeau. le père divolé. sa mort. — auxerre rendu au roi. — émeute
contre les protestants. leur expulsion de la ville. attaque a
main armée. désordres et assassinats. — protestations de l'amiral
de coligny et du prince de condé. — leur sureté est menacée.
— formation des confréries. — complot contre la vie des chefs
protestants. — le prince a noyers et l'amiral a tanlay. — avertissements qu'ils reçoivent. ils se décident a partir. requête du
prince au roi.

Si la paix de Lonjumeau laissait les protestants pleins de
défiance et d'anxiété, elle n'en suscitait pas moins de violents mécontentements dans le parti catholique. Le Parlement, l'Université et le Corps de ville de Paris adressaient au
roi les plus vives remontrances. Dans toutes les églises de
cette capitale la chaire retentit des plus violentes sorties contre
le chancelier, la reine-mère et le roi lui-même. Les prédicateurs, au premier rang desquels était le jacobin Pierre Divolé
d'Auxerre, blâmaient avec emportement, selon Claude Haton,
« le mal que faisoient le roy et son conseil, d'accorder, contre
« tout droit divin et humain, canonic et civil, ladite paix si
« pernicieuse à l'honneur de Dieu et de son église, de
« Sa Majesté et contre le repos public de la France, faisant

« comparaisons des Majestés du roi et de la royne sa mère
« au roy Achab et à la royne Hyésabel de l'ancien testament,
« lesquels avoient de leurs temps baillé libertés aux faulx
« prophètes de Baal, qu'ilz y avoient mis en toute sureté,
« honneur et crédit, avec leur fausse et dampnable religion,
« et deschassé, bany et persécuté jusques à la mort les pro-
« phètes et prédicateurs de la vérité et parolle de Dieu et de
« sa vraye religion, dont à la fin grand mal leur en
« advint (1).

On fit venir au Louvre devant le roi ces prédicateurs si
audacieux. Pierre Divolé, qui prêchait le carême à Saint-
Etienne-du-Mont, porta la parole comme le plus ancien de la
compagnie. Claude Haton nous a conservé la substance des
paroles hardies et pleines d'exaltation qu'il fit entendre et qui
peuvent donner une idée du diapason ardent et impérieux
auquel était monté le ton des sermons de ce temps.

« Sa Majesté, dit-il, les écouta, mais impatiemment,
« estant contre eux marri de ce qu'ils l'avoient taxé d'héré-
« sie couvertement en leurs sermons. Auquel fit réponse ledit
« d'Ivollé, qu'ils n'avoient taxé Sa Majesté ouvertement ni
« couvertement que d'aultant qu'il en donnoit l'occasion par
« la paix si pernicieuse qu'il accordoit aux ennemis de Dieu,
« de la vraye religion et de Sa Majesté même, et que, pour
« certain, mal luy en adviendroit, tout ainsi qu'il estoit
« advenu aux rois Baltazar, Manassès, Achab et aultres de
« l'ancien testament, d'aultant que Dieu qui est juste ne
« laisse sans punition tout homme, quelque puissant qu'il
« soit, qui confond sa religion et qui exalte ceux qui blas-
« phèment son saint nom, et que ce seroit adventure si S. M.

(1) *Mém de Cl. Haton*, p. 528.

« voyoit et parvenoit à la moytié de ses ans ; que un roy
« chrestien ne doit jamais fermer la bouche aux vrays pro-
« phètes et prédicateurs de Dieu et de son saint évangile,
« pour la faire ouvrir en toute sureté et liberté aux faulx
« prophètes et prédicateurs de l'anté-christ, s'il ne veult
« donner occasion que l'on doubte de sa foy, de sa piété et
« de sa religion. Pour lesquelles causes ilz, serviteurs de
« J. C. et prédicateurs de son saint évangile, prient S. M. de
« n'accorder la paix aux huguenotz en la forme qu'ilz la
« demandent par leurs articles qui sont du tout directement
« contre l'honneur de Dieu, le salut de son église, les bonnes
« mœurs et le repos public du royaume, et, au cas qu'elle
« fust jà accordée, de la rompre, et les contraindre, comme
« il en avoit le moyen, à se désarmer et quitter leur faulse
« religion de bon gré ou de force, ou bien, en les laissant
« en la liberté de leurs consciences, de leur oster tout exer-
« cice public de leur religion, tant pour l'administration de
« la parolle, que des sacrements, qu'ils font à leurs presches,
« auxquelz ils n'enseignent à leurs auditeurs que les mas-
« sacres, les sacrilèges, assassins, meurtres, rébellions et
« séditions contre S. M. et le peuple catholique. »

A ces véhémentes remontrances, le roi répondit d'un ton
résolu, « que la paix étoit conclue et qu'elle ne seroit rom-
« pue, affin que perssnne ne lui en parlast plus, s'il ne s'en
« vouloit mal trouver. » L'un des seigneurs présents, en qui
Claude Haton voit un huguenot, prenant la parole après
S. M., dit : « Sire, c'est trop disputer avec ces caffars ; il les
« faut lier en la cuysinne et leur faire bailler les estrivières
« par les tourne-broches d'icelle. » Le roi ne répondit rien à
cette folle saillie et congédia tout le monde. Ce fut le coup
de la mort pour l'ardent et fougueux prédicateur auxerrois..

« Ledit d'Ivollé, ajoute le chroniqueur que nous venons de
« citer, eut si grande tristesse au cœur d'avoir veu le roy
« obstiné et accompagné de huguenotz, qu'il, estant dans sa
« chambre, après avoir prié Dieu qu'il eust pitié de son
« église et de sa religion catholicque et romaine, comme
« aussi du royaume de France, se jetta sur son lit et mourut
« avant qu'il fust vingt-quatre heures après, au grand regret
« du roy quand il le sceut et de toute la ville de Paris. »

Charles IX n'avait pas voulu communiquer toute sa pensée
à tant d'oreilles indiscrètes, « mais, dit encore le même
« écrivain, en la conclusion de ladite paix Sa Majesté brida
« les huguenotz, comme il sera veu par les articles d'icelle,
« et ne tendoit qu'à les faire désarmer et se retirer en leurs
« maisons, comme aussi de renvoyer leurs forces étrangères
« hors du royaume, pour par après se prévaloir contre eulx
« et les tenir en subjection ; gardant son secret en soy, sans
« le vouloir déclarer à personne, jusques au temps de l'exé-
« cution et.... falloit qu'il dissimulast jusques au temps
« opportun, pour en avoir sa raison. »

Ce fut là bientôt la conviction de tous, catholiques et protestants. Aussi, selon Montluc et le duc de Bouillon, comme
selon La Noue et Castelnau (1), « il semblait que ce fût plutôt
« une trève qu'une paix et ne l'appela-t-on que la petite
« paix. »

Les appréhensions des protestants ne furent que trop tôt
justifiées. En nombre de villes, nonobstant l'édit, les autorités catholiques repoussèrent la liberté de conscience. Le
Parlement de Toulouse se distingua dans cette audacieuse
résistance, en faisant décapiter le maître d'hôtel du prince

(1) *Mémoires, passim.*

de Condé, porteur des lettres du roi pour faire publier l'édit
de paix, et en déclarant par arrêt, « qu'en la ville de Tou-
« louse ni autre du Parlement d'icelle ne se fera publique-
« ment ni secrètement aucun exercice de la nouvelle
« prétendue religion en quelque sorte que ce soit, sous
« peine de la hart. » Et cet attentat resta impuni. En beaucoup de lieux les gentilshommes protestants étaient, à leur
retour dans leurs maisons, attaqués et assassinés. Dans le
Sénonais, trois jours après la publication de l'édit, Hodoart
de Foissy, arrivant de Cravant qu'il venait de défendre,
brûlait les châteaux de Saligny et de Villeneuve-aux-Riches-
Hommes appartenant au chef protestant d'Esternay et il
menaçait de s'emparer du château même d'Esternay où se
tenait la femme de ce seigneur avec ses enfants (1). En apprenant ces graves infractions, les garnisons protestantes, qui occupaient certaines places fortes, en ajournaient la reddition.

Il n'en était pas ainsi d'Auxerre. Dès le 8 avril 1568, le
prince de Condé annonçait au roi (2) qu'il envoyait dans cette
ville un gentilhomme pour la faire évacuer, et, en effet, le
14 avril l'édit de paix y était publié et Marraffin de Guerchy
la quittait avec sa troupe.

Le renvoi des reîtres avait fait quelques difficultés. Ils
voulaient être payés avant de se mettre en route. Sur la
promesse qu'on leur fit au nom du roi, qu'ils recevraient leur
paie à Auxerre, ils partirent (3). Mais ils n'y trouvèrent pas

---

(1) *Lettre du cardinal de Chastillon au roi.* Bibl. imp., Mss. **24°**,
Colbert, f° **146**.

(2) Lettre du 8 avril 1568. Bibl. imp., Mss.**24** v° Colbert, f° **150**.

(3) Lettre du roi au prince de Condé des premiers jours d'avril ;
autre du prince de Condé à la reine-mère du 7 avril ; ibid.. f°˙ **145** et
148.

d'argent et on leur annonça leur paiement à Langres. Le duc Casimir les conduisit au-delà d'Avallon, dans le riche pays de la vallée d'Epoisses, et sa lettre du 12 avril déclarait (1) qu'ils ne voulaient pas aller plus loin sans recevoir leur solde. Cette troupe vivait là comme en pays conquis et s'y livrait à toutes sortes de désordres. Aux plaintes du roi le duc répondait par des récriminations, alléguant que c'étaient les sujets du roi qui attaquaient la nuit les reîtres, les volaient et les tuaient. Le roi avait envoyé, le 15 avril, 100,000 liv. à Auxerre, en disant qu'il n'avait pas voulu expédier une plus forte somme, ayant été averti que la ville n'était pas encore réduite à son obéissance. Plus tard, informé qu'Auxerre avait fait sa soumission dès le 14, on avait fait partir pour cette ville 360,000 liv., qui, écrivait-on, seraient délivrées au duc dès qu'il aurait passé Langres (2). Mais les reîtres insistèrent et restèrent en Bourgogne jusqu'à ce que l'argent leur fût délivré. « Ils emportaient en partant, dit Cl. Haton, tant de « butin de France, que leurs chevaux et harnois ne purent « emmener le tout en leur pays. »

En recevant l'avis de l'évacuation d'Auxerre, le roi avait nommé au commandement de cette ville le sieur Aymard de Prie (3), et, en attendant le départ de ce gouverneur, un courrier avait porté à Tavannes l'ordre d'envoyer dans la ville un gentilhomme de son choix, « pour la tenir en obser- « vance, et y mettre telles compagnies de gens de pied qu'il « cognoistroit estre nécessaire pour la garde et seureté

---

(1) Bibl. imp., Mss. Saint-Germain, 322, f° 16.

(2) Lettre du 23 avril. Ibid., f°s 20 et 24.

(3) Aymard, seigneur de Prie, baron de Toucy. Il est appelé Edme de Prie dans le procès-verbal de réforme de la coutume d'Auxerre

« d'icelle, jusqu'à ce qu'aultrement il y ait été pourvcu (1). »
Ce gouverneur par intérim était en route, lorsqu'était survenu
à Auxerre un événement que l'on pouvait considérer comme
une première et grave violation du traité de paix. Les protestants de cette ville avaient, en exécution de ce traité,
reporté en dehors de ses murs et au faubourg Saint-Amatre
le lieu de leurs assemblées religieuses. Ils s'y rendirent le
dimanche 25 avril. Mais à leur retour, d'après le récit de
Lebeuf que nous transcrivons, ils trouvèrent les portes de la
ville fermées et « comprirent, par le langage et la contenance
« des catholiques, qu'on était résolu de ne plus les souffrir
« à moins qu'ils ne se convertissent. Ils prirent le parti
« d'aller en porter leurs plaintes au roi Charles IX, mais
« inutilement. Ce prince leur dit, qu'ayant ci-devant surpris
« sa bonne ville d'Auxerre sur les catholiques, ils ne devaient
« pas être étonnés si les catholiques leur rendaient le réci-
« proque. »

Les détails de cet événement n'ont été fournis à Lebeuf
que par les relations de quelques catholiques contemporains,
qui ne sont pas parvenues jusqu'à nous. Mais les plaintes,
qu'après quatre mois de correspondance sans réponse, le
prince de Condé rendit publiques et que nous aurons occasion
de transcrire, et deux documents authentiques que nous ferons
connaitre tout à l'heure (2), donnent à croire que ces relations
étaient inexactes et incomplètes, et qu'elles omettaient à
dessein un grave et sinistre incident survenu à la suite de la
fermeture des portes de la ville, à savoir une irruption à main

---

(1) Bibl. imp., Mss. fr., 9484, fᵒ 66.
(2) Lettre des Echevins du 30 avril 1568 au comte de Tavannes.
Information du 6 janvier 1604.

armée contre les protestants, tant dans la ville, que dans leur
prêche du faubourg, et des meurtres commis sur ces hommes
alors inoffensifs et désarmés, faits atroces que quelques jours
après les magistrats, tout en parlant de coups d'armes à feu et
de personnes tuées, cherchaient à pallier, sous le prétexte de
menaces et de provocations dont il n'est pas plus parlé dans
le récit de Lebeuf, que des attaques et des meurtres eux-
mêmes. Voici, d'abord, ce qu'en rapporte cet historien (1) :

« La ville, étant entièrement rendue au roi et soumise à
« son obéissance, commençait à jouir de son ancienne
« liberté et peu à peu on la voyait reprendre l'extérieur et
« les exercices de la religion catholique. Cependant le
« capitaine de la Borde y faisait sa demeure ordinaire, et les
« hérétiques ne se comportaient point encore avec sincérité.
« On remarqua que, lorsqu'ils allaient au prêche dans le
« faubourg Saint-Amatre, ils avaient soin de se munir de
« leurs armes et qu'ils ne les quittaient qu'à la porte d'Ai-
« gleny sous laquelle ils passaient pour y aller, laissant
« quelqu'un des leurs pour les garder. Ces précautions
« donnaient quelque ombrage aux catholiques et leur fai-
« saient conjecturer que les religionnaires avaient quelque
« autre dessein qu'ils ne disaient pas. Le soupçon ne tarda
« guères à être bien fondé. Un des gardes catholiques de
« cette porte fut assassiné par un huguenot (2). Cet événe-
« ment parut aux catholiques un commencement de guerre.

---

(1) *Prise d'Auxerre*, p. 164.

(2) Lebeuf dit en note qu'il a pris ce fait dans un mémoire du bé-
nédictin Georges Viole, qui le mentionnait sur la foi d'un écrit d'un
habitant d'Irancy. Les relations contemporaines des habitants d'Auxerre
n'en parlaient pas, ce qui rend le fait au moins très douteux.

« C'est ce qui anima le zèle et le courage d'un nommé
« Thuillant, capitaine du quartier de Saint-Père au de Saint-
« Mamert, homme de cœur et de résolution. Il entreprit de
« chasser entièrement de la ville ces perfides citoyens
« moyennant l'aide de Dieu et l'assistance de ses compa-
« triotes. Le dimanche de Quasimodo, 25 avril, il remarqua
« que les huguenots, étant au prêche, n'avaient laissé que
« deux hommes dans leur corps-de-garde ; il en donna
« promptement avis à Jacques Creux, l'un de ses amis, aussi
« généreux et aussi dévoué que lui. Après avoir concerté
« ensemble ce qu'ils avaient à faire, ils se munirent de
« pistolets de poche, s'approchèrent du corps-de-garde des
« huguenots, et, y étant entrés comme pour se chauffer, ils
« firent tomber le ratelier où étaient suspendues les armes
« des ennemis, se jetèrent sur les deux sentinelles, les
« menacèrent de mort s'ils criaient et les désarmèrent. Ils
« abattirent ensuite la grille de fer de la porte et demandèrent
« prompt secours aux catholiques. Aussitôt on ferma tous
« les endroits par lesquels les huguenots auraient pu ren-
« trer dans la ville, et, comme on était assuré qu'il n'y en
« était resté, que fort peu, savoir quelques vieillards ou
« malades et quelques femmes, on commença à crier avec
« joie par toutes les rues : Liberté, liberté ! Les huguenots
« ne sont plus dans Auxerre ! »

Trente-sept ans après, le 6 janvier 1604, le commissaire-
enquêteur du bailliage d'Auxerre faisait une information à
l'occasion d'un procès relatif aux dîmes de la seigneurie de
Serin. Des vieillards y rappelaient les faits relatifs au capitaine La Borde, seigneur de ce village, qui s'étaient passés à
Auxerre en 1567 et 1568, et voici ce que l'un deux racontait
au sujet de la journée du 25 avril.

« Les portes de la ville d'Auxerre furent fermées aux hu-
« guenots par les catholiques et ceux-ci, s'étant alors rendus
« les maîtres, s'en allèrent saisir la maison de Saint-Sixte,
« appelée maintenant le collége… grande rue Saint-Germain,
« où le capitaine La Borde demeurait, laquelle maison au
« même instant fort vîtement fut bouleversée et mise en feu
« par lequel feu furent brulés plusieurs habitants de la ville
« et autres soldats et ladite maison mise en cendres, en la-
« quelle ne demeura que les murailles. »

Un autre témoin ajoutait que « le feu avait été mis *fortui-*
« *tement* à quelques caques de poudre, ce qui causa le bou-
« leversement de ladite maison. »

Du silence affecté que gardent les relations catholiques
analysées par Lebeuf et de ces révélations si précises, il paraît
résulter assez clairement que ce qui restait de protestants
dans la ville, attaqués et poursuivis, s'étaient retirés, pour
se défendre, dans la maison de leur ancien gouverneur, qui
était peut-être fortifiée comme il y en avait alors beaucoup
d'exemples, et que leurs assaillants, pour en venir plus tôt à
bout, firent, par un acte d'odieuse cruanté, sauter avec quelques barils de poudre, la maison et tous ceux en assez grand
nombre qui s'y trouvaient réunis.

Lebeuf, terminait son récit en disant que « ceux des pro-
« testants expulsés qui accoururent aux portes et les trou-
« vèrent fermées, comprirent, par le langage et la contenance
« des catholiques, qu'on était résolu de ne les plus souffrir, à
« moins qu'ils ne se convertissent. » Ce n'est peut-être pas
trop hasardé que de conjecturer que ce langage et cette contenance, c'étaient des coups d'arquebuses.

Jacques Creux dont il est question dans le récit de Lebeuf,
était déjà, selon de Thou, le chef de la sanglante émeute

des mariniers, du 23 août 1563, dont nous avons raconté plus
haut les exploits. A ce personnage et à Nicolas Thuillant
Lebeuf associe, pour l'entreprise du 25 avril 1568, un jeune
chanoine de la cathédrale, appelé Charles Thiot, italien de
naissance et parent de l'évêque Robert de Lenoncourt. Quelques mémoires, ajoute-t-il, portent qu'il signala son zèle en
cette journée, et que pendant le mois de mai il allait encore
dans les rues muni d'une arquebuse.

Cette expulsion violente substituait dans la contrée l'état
deguerre à l'état de paix. La ville était livrée à une agitation
extrême, et les protestants chassés maintenaient au dehors
une grande fermentation. Le « fermier-général des aydes de
« l'élection de Tonnerre, » dont la circonscription venait
jusqu'aux portes d'Auxerre, faisait dresser le 26 avril un
procès-verbal portant « qu'il est impossible de recouvrer
« deniers, attendu qu'il fait dangereux ès villages, au moyen
« des troubles qui sont de présent en ladite ville et mesmes
« depuis le jour d'hier 25 du présent mois et que le sergent
« royal s'estant transporté esdits villages, y avoit trouvé
« empêchement pour cause de guerre, tellement qu'il avoit
« été contrainct se retirer sans pouvoir faire aucune dilli-
« gence touchant le recouvrement desdits deniers (1). »
Les magistrats faisaient fermer les portes chaque soir, et,
pour plus de sûreté, faisaient murer celles de Chantepinot,
du Temple, de Saint-Siméon et les poternes des Grands-
Moulins et de Saint-Pélerin. Des visites domiciliaires étaient

(1) Acte d'Armant, notaire à Auxerre, du 26 avril 1568. 2ᵉ édition
des *Mémoires de Lebeuf sur l'Hist. du dioc. d'Auxerre*, t. IV, p. 536.
La pièce porte en tête, par erreur, dans cette édition, la date du 26
septembre. Mais l'erreur se rectifie par le texte même de l'acte.

faites sous la direction de l'avocat Bougault chez les protes-
tants absents, parmi lesquels les procès-verbaux citent les
noms de Jean Marcault, Etienne Cœur-de-Roy, Jean Chau-
chefoing, Nicolas Collin, Jean Cloppet, Simon de Folleville,
Claude Bureteau, René Martin, Claude Tournai, Etienne
Duru, Nicolas d'Alençon, Jean Hary, Jean Soufflot, François
de l'Orme, Savinien Girardin, Claude Foing, Pierre Jouault,
Claude Rétif, Germain Chasneau, Jean Thoulouzant, Jean
Mignot, Guillaume du Broc (1). « On avait donné, dit Georges
« Viole (2) dans sa *Vie de saint Germain*, une telle épou-
« vante à ceux de dedans, qu'ils abjurèrent publiquement
« leur hérésie. » Quelques-uns des bannis parvinrent à rentrer
dans la ville en déclarant aussi leur volonté de revenir à la
doctrine catholique. D'autres secouèrent la poussière de leurs
pieds et allèrent demander un asile pour eux et leurs familles
à des villes moins inhospitalières. Le lieutenant-général du
bailliage, Jacques Chalmeaux, et l'avocat du roi Sotiveau y
étaient revenus au mois de juin et avaient repris leurs fonctions au bailliage, car un procès-verbal de perquisition fait
chez le premier, le 11 juin, constatait sa présence (3), et le 25
du même mois, les membres du clergé de la ville donnaient
une procuration pour les récuser tous deux dans un procès
consistant en « une opposition à l'exécution des lettres
« royaulx obtenus par ceux de la religion réformée, concer-
« nant le sacrement de baptême (4). »

Ceux des magistrats d'Auxerre qui n'étaient pas aveuglés

---

(1) LEBEUF, *Prise d'Auxerre*, p. 173.
(2) Chap. XXVIII, p. 214.
(3) LEBEUF, *ibid.*
(4) Acte d'Armant, notaire à Auxerre. Archives de l'Yonne.

par les passions intolérantes du temps, déploraient les **excès** qui venaient d'être commis et tremblaient qu'il n'en **arrivât** de plus grands encore dans l'avenir. Ils cherchaient à conjurer de nouveaux orages, en envoyant des députés porteurs de messages à l'amiral de Coligny qui était à Châtillon, et à d'Andelot qui était à Tanlay, pour les adoucir par des récits mitigés et des protestations de dispositions favorables à la cause de la tolérance et de la paix. En même temps, ils s'excusaient auprès du comte de Tavannes sur l'absence de toute force militaire qui leur eût permis de résister au désordre, et ils alléguaient, pour justification d'événements dont ils ne parlaient qu'avec une réserve mystérieuse, que les huguenots, qui venaient pourtant de congédier docilement leurs troupes, avaient fait des complots, des entreprises hostiles et que c'étaient eux qui ce jour-là « avaient com- « mençé à tirer des coups de pistolet et à tuer. » L'état agité de leurs esprits se revèle tout entier dans la lettre suivante, datée du 30 avril et signée « pour les manans et « eschevins de la ville d'Auxerre, Girart, procureur du fait « commun. »

« Monseigneur, nous louons Dieu et vous remercions très humble-
« ment de la bonne souvenance et singulière affection que vous avez
« eue cy-devant et comme de présent des poures subgetz du roy de
« sa ville d'Auxerre, nous ayant envoyé si à propos monsieur de
« Montperru (Montpérou), maintenir en ceste ville en attendant sa
« venue et celle de monseigneur de Prie. S'il eust plu à messieurs
« les chefz de la compagnie de mondit sieur de Prie de eulx ache-
« miner en ceste ville suivant ce qu'ilz ont esté priez et requis par
« plusieurs en diverses foys, leur ayant fait des offres courtoises et
« gracieuses qu'il a esté possible, ce qui est aduenu en nostre ville
« et que nous prévoyons n'y feust survenu. Nous espérons avec
« l'ayde de Dieu de faire paraistre à la majesté du roy et vous, mon-

« seigneur, qu'il n'a esté rien d'entreprins ou contrevenu à son édict
« et vouloir par ceulx de la religion catholique romaine, mais qu'il
« y avoit des menasses et entreprinscs faictes par ceux de la pré-
« tendue religion de eulx emparer de rechef de ladicte ville, désar-
« mer ceulx qu'ils appelent papistes et leur faire un rude traistement.
« Tant il y a que de leur auctorité ont volu renforcer les postes de
« leur religion et commencer à tuer et et tirer des coups de pistollet,
« les premiers ayant commencé, et de nouvel à faire presches et
« seyne (cène) ès faulxbourg où il y avoit apport de plusieurs
« estrangers.

    « Monseigneur nous vous supplions de croyre que nous sommes
« et désirons estre très humbles serviteurs et obéissants du roy et à
« vos commandements et de recevoir toutes compaignies et garni-
« sons qui nous seront envoyées de par Sa Majesté ou de par vouz,
« mais suplions de prendre par forme de remonstrance que tout le
« bien des ecclésiasticques et leurs maisons sont ruynés, qui est
« partye et diminution de la moictié de la ville. Et, à l'égard des
« habitants catholiques romains, ilz ont tous esté pillez pour le faiz
« de surcharge de l'occupation de la ville, norriture de gens d'armes,
« tailles et pilleries fetes en leurs maisons de façon que pour
« cejourd'hui les plus riches sont les plus pauvres. Et toutesfois,
« monseigneur, parce que la nécessité et calamité du temps requiert
« garnison pour la seureté de la ville et obéissance du roy, vous
« supplions affectueusement de nous faire ceste faveur d'y en ordon-
« ner le moings qu'il sera possible. Cy devant y a eu garnison de
« gens de cheval, on les souloit eslargir par les villes du bailliage
« proche de la ville, esqueles y a chasteaux, comme Vermenton,
« Courson, Collanges, Saint-Bris, Oanne et aultres, par le chemin
« desquelles nous sont apportez vivres par chascun jour, ce qui ne se
« faict librement, à l'occasion que ceulx de la prétendue religion y
« sont journellement et s'en emparent, empeschent du moins, sont
« cause que les marchans n'ont le seur accès en ceste ville. Au
« moyen de quoy, monseigneur, nous vous vouldrions supplier, si
« vostre vouloir estoit tel, de y ordonner la garnison de pied pour
« faire rendre l'entière obéissance au roy, car, encore que soyons en
« paix, ne laisseront auscuns mal vivants de troubler les habitants et
« empescher que les chemins ne soient asseurez.

« Monseigneur, le porteur vous dira les causes et raisons qui nous
« ont meu faire responses a quelz que lettres, lesquelles nous ont
« esté envoyées de la part de monsieur l'amiral et monseigneur
« d'Andelot et de ce que nous y avons envoyé personne pour parler
« à eulx ; a esté pour leur faire entendre que ce qui leur avoit esté
« rapporté par ceulx de la religion prétendue n'estoit véritable, pour
« par telz moyens les destourner, s'il estoit possible, de l'entre-
« prinse dont' on nous menaçoit de leur part, qui estoit de courir
« sus à ceulx de ceste ville et de faire retourner les reytres. »

Cette dépêche paraît avoir arrêté toute autre information.
Le comte de Tavannes, à qui le roi écrivait ces jours-là
« qu'il falloit qu'il fit sortir de gré ou de force le duc Casimir
« du royaume (1) » et qui ne recevait pas les fonds sans
lesquels ce général refusait de partir, avait assez d'affaires
sur les bras pour ne s'intéresser que médiocrement à une
échauffourée et au meurtre de quelques huguenots. C'étaient
là des incidents ordinaires et auxquels on avait pour système
de donner peu d'attention. Il venait d'en arriver autant dans
la petite ville d'Entrains, où des soldats, envoyés pour en
reprendre possession au nom du roi, et y entrant sans résistance, avaient tué neuf personnes, forcé des femmes et
commis toutes sortes d'excès (2).

Dès la fin d'avril, l'amiral de Coligny avait envoyé au roi
un gentilhomme, le sieur de Moulvet, pour s'informer « du
« mauvais gouvernement de ceulx de la ville d'Auxerre » et,
quelques jours après, un de ses secrétaires, pour lui dire
« combien de désordres et insolences se commettaient en
« divers endroits de son royaume, qui ne pouvaient enfin
« qu'amener un grand mécontentement et troubles parmi ses

(1) Lettre de Castelnau, du 30 avril. Mss. Delamarre, 9484, f° 186.
(2) De Thou, L. xlv.

« sujets. » Mais ces remontrances n'avaient eu aucun résultat. Un maître des requêtes était cependant arrivé à Auxerre
en même temps que le gouverneur de Prie, mais, soit pour
se conformer à des ordres secrets, soit par impuissance au
milieu de l'exaltation des esprits et de l'affreux désordre qui
régnait dans la ville, il était resté dans une complète
inaction. Les prêtres et les religieux à qui la paix venait
de rouvrir les portes de la ville, avaient trouvé leurs églises et
leurs maisons en ruine. Ils cherchaient les moyens de réparer
les pertes incalculables que leur avaient causées l'incendie
et le pillage, et la vue de tant de désastres entretenait dans
leurs esprits les plus vifs ressentiments contre les auteurs de
ces dévastations. Ceux qui avaient coopéré au soulèvement
du 25 avril restaient armés et reconnaissaient pour chef
Jacques Creux que, soit à raison de la violence de son humeur,
soit pour quelque trait de ressemblance avec le fou de François Ier, on avait surnommé le capitaine Brusquet. Ils com-
mandaient à leur gré dans la ville, et en sortaient en bandes
pour aller attaquer et piller les huguenots partout où la
présence de ceux-ci était signalée. Le gouverneur de Prie,
impuissant à arrêter ce désordre, demandait au roi trois
enseignes de gens de pied, de la poudre, quelques pièces de
campagne et de l'argent (1). Bientôt arrivèrent trois compagnies du régiment italien de Strozzi. Ces étrangers, qui
s'étaient signalés ailleurs par des actes odieux de violence
et de barbarie, n'étaient guère propres à rétablir l'ordre, et
souvent ils se joignaient aux bandes de la populace dans ses
expéditions contre les huguenots. Le 19 mai l'amiral de
Coligny avait envoyé une somme de 50,000 livres, pour

(1) Lettre du 15 mai. Bibl. imp. Mss. Béthune, 4750, f° 55.

compléter, conformément à l'engagement que le prince de
Condé et lui en avaient pris envers le roi, la solde des reitres
du duc Casimir. Le gentilhomme qui portait ces fonds s'était
arrêté avec sa suite à Chevannes (1) pour y passer la nuit.
Il y fut assailli par des gens venus de la garnison d'Auxerre,
qui « le forcèrent en son logis, pillèrent et volèrent les deniers
« et tout ce qu'il avait en sa compagnie, tant de hardes que
« de chevaux. Les gens de l'amiral et de d'Andelot, son frère,
« furent garrottés et emmenés prisonniers à Auxerre et il y
« en eut de tués et de blessés. »

En rendant compte au roi de ces nouveaux griefs, l'amiral
observait « que c'est bien loing de pourvoir et remédier aux
« désordres, quand ceux que l'on envoie les font et commet-
« tent encore plus grands. Il plaira aussi à Votre Majesté,
« ajoutait-il, de considérer l'outraige qui est faict à monsieur
« d'Andelot, mon frère, et à moy, d'avoir ainsi vilainement
« assailly mes gens et honteusement mené prisonniers. Et
« me semble bien que nos personnes méritent d'estre aultre-
« ment traitez et respectez que ne l'avons esté depuis un
« temps. En ça est montré combien que l'on seroit bien ayse
« de nous faire faire et entreprendre quelque chose de quoi
« l'on eust occasion puis après de nous taxer. Mais Dieu
« nous fera la grâce de ne nous oublier point tant que nous
« facions jamais aultre chose que ce que gens de bien et
« d'honneur doibvent faire et bons et fidèles subgetz de
« Vostre Majesté. Et pourtant, sire, je vous supplye très
« humblement nous vouloir à ce coup faire raison et justice
« laquelle vous nous debvez et de croire que j'estime plus
« mon honneur que ma vye (2) »

---

(1) Chevannes, bourg du canton d'Auxerre, à 8 kil. de cette ville.
(2) Bibl. imp., portef. Fontanieu, 316. Mss. Béthune, 8702, f⁰ˢ 29-30.

Il ne paraît pas qu'il ait été donné aucune suite à ces plaintes, bien que l'amiral les eût adressées en outre à la reine-mère et au duc d'Anjou (1), et que son frère d'Andelot eût, de son côté, formulé les plus vives protestations. C'était sans doute un parti pris de laisser un libre cours aux excès des passions populaires ou soldatesques contre les réformés. Cependant le prince de Condé, ayant en vain réclamé la mise en possession du gouvernement de la province de Picardie dont il était titulaire, se voyant environné, dans ses résidences, de garnisons dont les démonstrations étaient de plus en plus menaçantes, et ayant reçu de la cour plusieurs avertissemens de se tenir en garde, s'était mis en route avec sa femme et ses enfants en bas âge, par des voies détournées et en passant les rivières à gué ou en bateau, pour éviter les villes où se trouvaient les ponts, et était venu se réfugier avec sa famille dans son château de Noyers.

Ce château, fort ancien et dont la reconstruction datait du xii° siècle, était assis sur le sommet d'une haute colline entourée de trois côtés par la rivière de Serein. Il était défendu par des tours, des murailles, un triple fossé très profond et protégé par un énorme donjon, haute et vaste masse carrée. La ville de Noyers, séparée du château par la rivière, était aussi défendue par une forte enceinte de murailles et de tours (2). Le prince avait donné avis de son arrivée à l'amiral de Coligny. Celui-ci ne se jugeant pas en sûreté dans son château de Châtillon-sur-Loing, voisin de Gien et autres places, où se trouvaient des troupes italiennes dont le

(1) Ibid.

(2) Notice de M. Le Maistre au Bulletin de la Société des Sciences hist. et nat. de l'Yonne de 1850, t. IV, p. 435.

langage public était plein de menaces contre lui, et qui à
diverses reprises avaient paru épier ses démarches et ses
sorties, était venu de son côté résider à Tanlay, dans le
château de son frère d'Andelot. Ces trois personnages pouvaient ainsi échanger avec facilité leurs renseignements et
concerter leurs résolutions. L'amiral envoya de là à Auxerre
un de ses gentilshommes pour chercher le lieutenant-général
Chalmeaux, qu'il avait l'intention, disait-il, de consulter sur ses
affaires particulières. La présence de ce gentilhomme excita
une violente émotion dans la classe qui, depuis plusieurs
semaines, était enrégimentée pour le pillage et le meurtre
des huguenots. Le gouverneur de Prie, auquel il s'adressa,
lui donna deux arquebusiers pour le reconduire jusqu'au
delà des portes. Mais la populace l'attaqua dans les rues et,
au lieu de le défendre, les deux soldats se joignirent à elle
pour l'assassiner (1). La femme du gouverneur (2) éprouva
un tel saisissement du récit et peut-être de la vue de ce crime
odieux, qu'elle en mourut subitement.

Exaspéré par ce nouvel attentat, Coligny, en l'annonçant
à la reine par une lettre du 12 juillet, lui représentait « les
« violences, voleries et meurtres journaliers qui se commet-
« toient contre ceux de la religion, desquelz on ne faict
« point de justice. Et, quoiqu'il ne soit point prophète ni
« prescheur, néanmoins il l'assure que c'est un présage
« de la ruyne du royaume. Que la dame de Prye étant
« morte subitement à Auxerre le jour qu'on a assassiné son

(1) Brief discours — dans l'*Hist. de notre temps,* de LANDRIN et
MARTEL, 1870, p. 82.
(2) Charlotte de Rochefort, fille de Jean de Rochefort, sieur de
Pluviaut, mariée le 12 septembre 1558.

« gentilhomme, il l'attribue à une punition du ciel (1). »

Le nombre et l'audace de ces assassinats croissait chaque jour dans la banlieue d'Auxerre et l'on verra bientôt à quel chiffre s'élevait le nombre des victimes. Le prince de Condé se joignait à l'amiral pour dénoncer, tant au roi qu'à la reine-mère, cette succession de crimes. Il n'obtenait aucune réponse. Mais, par une triste compensation, Charles IX, en écrivant le 3 juillet, du château de Boulogne, « aux maires, « eschevins, manans et habitants de la ville d'Auxerre, » pour autoriser la mise d'une garnison dans le château de Régennes, qui appartenait à l'évêque, absent du royaume comme ambassadeur à Rome, approuvait et encourageait ce régime de terreur par ces lignes qui apparaissent comme une sanglante dérision :

« Me louant, quant au reste, grandement du bon devoir
« que chacun de vous fait en l'observation de mes édits, et que
« chacun vive paisiblement sous le bénéfice d'iceux, qui est
« le plus seur moyen de vous acquérir repos, pourquoi je
« vous prie y continuer, ayant ci-devant escript audit sieur
« de Prie de regarder à avoir la raison de ceulx qui contre-
« venant à mes édits, tiennent les champs et ne veulent
« rentrer en leurs maisons, et que pour cet effet il s'aide de
« sa compaignie de gens d'armes et de tel nombre de gens
« de pied qu'il verra estre nécessaire d'assembler, à quoy
« vous devez tous ayder et employer pour vostre repos et
« seureté (2). »

(1) Portef. Fontanieu, 516. Mss. Colbert, v. 24, in-f°, n° 161. Bibl. de Berne, collection Bongars, p. 141. Bull. de la Soc. de l'Hist. du Prot. fr., 4e année. p. 328-331.

(2) Arch. de la ville d'Auxerre. LEBEUF, *Prise d'Auxerre*, Pièces justificatives, p. XL.

Cependant on voyait se former en nombre de villes, sous
la protection et même sur la provocation de l'autorité, des
confréries ou associations, ayant leurs chefs, leurs cotisations, leurs assemblées particulières, et dont l'objet était en
apparence la défense de la religion, mais constituait en réalité
une organisation politique et militaire qui devait plus tard
devenir formidable à la monarchie elle-même. Tavannes
en recommandait ouvertement la formation aux villes de son
gouvernement, en leur promettant de les faire ratifier par le
roi. C'est dans ces termes qu'il en écrivait le 26 juillet aux
habitants de Cravant (1). Et le 18 de ce mois on avait tenu à
Dijon, en présence de ses deux fils, une assemblée de deux
mille personnes où une indisposition l'avait empêché de se
rendre. Un conseiller an Parlement, appelé Jean Bégot, y
avait fait, selon un écrit du temps (2), un long discours
« pour remontrer aux assistants combien il était requis et
« nécessaire qu'on se préparât et qu'un chascun se montast
« de chevaux de service et de corps de cuirasses, et ceulx de
« moyen estat de harquebuses et de bons moryons, ayant un
« tel ennemy voisin (parlant du prince de Condé) qui est à
« Noyers, afin qu'ils ne fussent surpris par un tas de petits
« princes bastards et estrangers qui avaient voulu faire la
« part au roy. «
En même temps, les propos les plus menaçants avaient
cours. Il se disait publiquement « que les huguenots n'avaient
« plus qu'un mois au ventre. » On répétait avec affectation,
à propos des nouvelles que l'on recevait du massacre de

---

(1) *Histoire de notre temps*, 1570, p. 80 ; LEBEUF, *Mém. hist. sur
Auxerre*, t. II, p. 394.
(2) *Histoire de notre temps*, p. 79.

quelques protestants, le mot du duc d'Albe, qu'une tête de saumon valait plus que cinquante têtes de grenouilles. Les gens du prince avaient arrêté un émissaire qui paraissait en vouloir à ses jours et qui mesurait la hauteur des murs de Noyers. Le roi, à qui il en avait porté ses plaintes, semblait vouloir qu'il fût puni et adressait pour cela des lettres ostensibles à Tavannes et au premier président du Parlement de Dijon. Mais le procès n'avançait pas. L'on voyait souvent des détachements de soldats dans le voisinage de Noyers, et en s'éloignant ils disaient ouvertement qu'ils n'allaient pas tarder à revenir pour visiter le château. Enfin le prince fut averti que l'on faisait acheminer du côté de Noyers le régiment de Goas de dix compagnies de gens de pied, quatre compagnies du comte de Brissac et quatorze compagnies de gens d'armes, et qu'on faisait rétrograder dans la même direction les compagnies de gens de pied du capitaine La Barthe, qu'on avait, quelque temps auparavant, dirigées vers La Rochelle sous prétexte de forcer cette ville à recevoir garnison. Le prince avait d'abord envoyé à la cour la marquise de Rothelin, sa belle-mère, pour exposer au roi toutes ces choses et lui demander en grâce « que l'honneur de « sa foi et parole solennellement et publiquement jurée en « son édit ne fût pas violé. » Mais, après son départ, des avis pressants, qui parvinrent au prince et à l'amiral, leur montrèrent la nécessité de partir promptement, s'ils voulaient encore trouver les passages libres. Le comte de Tavannes, pressé par la reine-mère d'investir et de prendre Noyers, et ne se souciant que très peu d'accomplir une telle mission, « avait fait passer des messagers proche Noyers avec lettres « qui contenoient : Le cerf est aux toiles, la chasse est pré- « parée. Les porteurs de cette lettre furent arrêtés, comme

« il désirait, par le prince de Condé qui, fortifié d'autres avis
« qu'il avoit (1), » se décida enfin avec l'amiral à se mettre
en route pour traverser la Loire et essayer de gagner La Rochelle. Mais auparavant, le prince adressa au roi une longue
requête datée du jour même de son départ, où, en énumérant
tous les griefs qui le forçaient à fuir, il rejetait sur le cardinal
de Lorraine la responsabilité de tous les malheurs qu'une
guerre nouvelle allait susciter. Le nom d'Auxerre est cité à
plusieurs reprises dans cette pièce, comme une des villes où
il avait été commis le plus d'attentats contre les biens, la
liberté et la vie des réformés (2).

« Y a-t-il lieu, disait-il, où ceux de la religion aient pu
« ou puissent encore demeurer et dormir en sécurité.... et
« depuis l'édit même n'en a-t-il pas été emprisonné pour le
« seul fait de la religion à Caen, Auxerre, Toulouse et
« Beaune? »

Et, après s'être plaint de ce qui était arrivé à Amiens, où
une centaine de protestants avaient été assassinés :

« Autant en est advenu à Auxerre où il a été tué depuis
« la paix jusqu'au nombre de six ou sept vingts personnes,
« ainsi que Votre Majesté verra par un rôle qui a été faict
« des homicidiés et où il a été commis une infinité d'autres
« insolences, mêmement le vol des deniers qu'on conduisait
« vers les reitres, meurtres, emprisonnements et rançonne-
« ments de ceux qui en avoient la charge et conduite. Nous
« ne pouvons ignorer que Votre Majesté, ne se pouvant con-

(1) *Mém. de Gaspard de Saulx-Tavannes*, édition du Panthéon,
p. 338.

(2) Requête au roi, dans l'*Histoire de notre temps*, 1570, p. 106 et
suivantes.

« tenter du sieur de Montperrou, qui avoit été ordonné
« gouverneur en ladicte ville, y envoya le sieur de Prie et un
« maitre des requêtes. Mais qu'en est-il advenu, ou qu'y
« ont-ils avancé? A-t-il été fait une seule punition ni re-
« cherche, non seulement de tous les meurtres et insolences
« susdits, mais, au contraire, l'audace et l'insolence desdits
« meurtriers est-elle pas accrue et augmentée? »

Plus loin la ville d'Auxerre a encore le triste honneur d'être
nommé la seconde parmi celles où il y a eu le plus de crimes
sans punition ni poursuites :

« Que si, entre tant d'actes d'inhumanité qui ont été, avec
« une affreuse licence, perpétrés à Orléans, Auxerre, Soïs-
« sons, Lyon, Valence, Sisteron, Amiens, Toulouse, et
« Entrains où ceulx de la garnison ont tué neuf personnes
« et enlevé pulsieurs honnestes femmes et filles... il se soit
« ensuivi quelque châtiment, nous confessons franchement
« que nous avons eu tort de nous plaindre. Mais on peut
« dire véritablement que ces villes ne servent maintenant
« que de retraite aux brigans et voleurs, estant destituées
« de leurs citoyens naturels, remplies de vagabons et gens
« dissolus, sans aucun ordre, police ni justice, ny sans
« aucune apparence de cité. »

CHAPITRE VII (1).

1568. DÉPART DE NOYERS. FAMILLE DU PRINCE ET DE L'AMIRAL. PASSAGE DE
LA LOIRE. — SURPRISE DE BONNY. — MOUVEMENTS DES PROTESTANTS. —
MONTRÉAL. CHATEL-GÉRARD. — NOYERS ASSIÉGÉ PAR BARBEZIEUX. PRISE DE
LA VILLE ET DU CHATEAU. PILLAGE. — EXCUSES FOURNIES PAR BARBEZIEUX.
PROTESTATION DU PRINCE DE CONDÉ — EXPÉDITION CONTRE CHATEAU-
RENARD. PRISE DE CETTE PLACE.

Après avoir expédié cette dépêche, le prince de Condé
et l'amiral de Coligny se mirent en route le 23 août 1568 (2).
Il s'agissait de faire, sans être surpris par les catholiques,
un trajet de plus de cent lieues (3). Le prince était accompagné de sa femme, qui était grosse, et de ses enfants, de
madame d'Andelot avec son fils, de l'amiral de Coligny

(1) Ce chapitre est presque en entier de M. L. de Bastard.

(2) *Mém. de la troisième guerre civile*, t. III, p. 148.

(3) Les historiens ont successivement raconté ce départ et ce
voyage. De tous les récits le plus émouvant est, sans contredit, celui
que le prince de Condé et la reine de Navarre adressèrent à Charles
IX sous forme, pour ainsi dire, officielle : *Lettres et requeste envoyez
au Roy par monseigneur le prince de Condé, contenant les causes
et raisons de son départ de Noyers. (Histoire de notre temps*, 1750).

avec sa fille, mademoiselle de Châtillon (1). « Les chariots,
« coches et litières, dit le prince de Coudé, dans la lettre
« qu'il adressa ensuite à Charles IX, étaient-ils pleins
« d'armes ? Non, mais de femmes grosses et petits enfants,
« berceaux et nourrices ; et le cry innocent de ces petites
« créatures estoit leur trompette pour sonner le boute-
« selle (2). On voyait dans ce cortége plus de femmes,
« filles et petits-enfants que de gens de guerre, plus de
« coches et chariots que chevaux de service (3). » En tout
cent cinquante chevaux. Les gentilshommes et les soldats
chargés de protéger le convoi n'avaient d'autres armes que

(1) *Mém. de la troisième guerre civile.* — D'AUBIGNÉ, *Hist. univ.*;
liv. V, chap. I.

M. H. Martin fait, d'après de Thou, La Popelinière, d'Aubigné et
Pierre Mathieu, le dénombrement suivant des femmes et des enfants
qui partirent de Noyers avec le prince de Condé : « La seconde
« femme de Condé (de la maison d'Orléans-Longueville), enceinte ;
« les quatre enfants du prince, dont trois en bas-âge ; la femme de
« d'Andelot avec un enfant de deux ans ; les quatre enfants de Coli-
« gny. » Le fils aîné du prince avait seize ans et le cadet de ses
enfants dix ans ; le dernier, François, né le 5 novembre 1866, n'avait
pas deux ans. Les historiens contemporains ne disent pas positivement, ce qui est cependant probable, que l'amiral Coligny vint rejoindre le prince de Condé avec quatre enfants. En 1568 il en avait
cinq, dont deux filles. L'aînée de tous était Louise, née en 1855, celle-
là sans doute que les *Mémoires de la troisième guerre civile* désignent
sous le nom de la Demoiselle de Châtillon, et à laquelle de Thou fait
allusion (LXIV), quand il parle de la fille-nubile de Coligny. Madame d'Andelot avait deux enfants alors très jeunes. L'aîné, François,
depuis seigneur de Tanlay, avait été baptisé en 1564 ou 1565 au plus
tard. (*Mémoires de Condé*, t. V, p 367.).

(2) *Histoire de notre temps*, p. 98.

(3) *Ibid.*, p. 212.

celles « que le plus infime facteur de boutique porte aujour-
« d'hui en ce royaume, et dont le moindre échevin de ville
« donne licence à qui il luy plaist (1) ; pour toute consola-
« tion que la souvenance de cette misère leur serait aussi
« douce que le ressentiment en estoit rude (2). » Ils avaient
de longues étapes à parcourir. Les chemins étaient peu sûrs.
Le duc de Nevers qui, quelques jours auparavant, avait suivi
la même route, n'avait pu le faire en toute sécurité que les
armes chargées et la mèche allumée (3). Un capitaine protestant appelé Gasconnet, pour faciliter leur passage, s'était
emparé de la ville de Bonny qui avait un pont sur la Loire.
Mais cette place étant très voisine de Gien, qui était occupé
par les troupes du roi, le prince aima mieux aller passer à
un gué qui lui fut indiqué près de Sancerre, et une fois sur
l'autre rive il se dirigea vers La Rochelle où toute la troupe
était arrivée saine et sauve le 9 septembre (4). Le capitaine
le Bois de Mérilles qui, averti sans doute par les émissaires
du prince, avait en hâte donné le signal à un grand nombre
de gentilshommes de la Puisaie, protestants comme lui,
était venu au-devant des fugitifs avec deux cents chevaux,
et leur avait servi de guide jusqu'à la Loire. Il revint
ensuite à Bonny, afin d'assurer ce passage à la noblesse qui

---

(1) *Mém. de notre temps*, p. 212.

(2) Pierre Mathieu, t. II, p. 312.

(3) Ils avaient à éviter les places où il y avait garnison, comme
Auxerre, Cravant, Avallon, Vézelay, Clamecy et Entrains, et durent
passer par Vermanton, Courson, Saint-Sauveur, Saint-Amand et
Donzy, route boisée sur une grande partie de son parcours et peu
fréquentée.

(4) Bibl. imp., Mss 24, V. Colbert, f° 183. — *Hist. de notre temps*,
p. 267-276.

accourait de tous côtés pour rejoindre le prince. Mais, s'étant mal gardé, il fut surpris pendant la nuit par Martinengue, gouverneur de Gien, et forcé de se retirer à la hâte dans le château en abandonnant ses chevaux et ses bagages Quelques jours après il capitula moyennant la vie sauve. Grâce à cette heureuse diversion le prince avait pu continuer sa route sans être poursuivi. La Loire d'ailleurs avait subitement grossi et cessa pendant plusieurs jours d'être guéable. Au nombre des gentilshommes de l'Auxerrois qui avaient pu suivre le prince, se trouvaient Louis Blosset, seigneur de Fleury, et Jehan de la Borde, l'ancien gouverneur d'Auxerre.

Ce départ avait causé partout la plus profonde sensation. Chacun comprenait que c'était le préliminaire d'une nouvelle et inévitable guerre et prenait ses mesures en conséquence. Charles IX fit arrêter le secrétaire qui avait apporté à la cour la lettre du prince. Tavannes, dès le 4 septembre, informait le roi que trois ou quatre cents hommes de guerre s'étaient rassemblés à Précy le-Sec (1), et que les huguenots restés à Noyers travaillaient activement aux fortifications de cette place forte. Il lui mandait en même temps « qu'il avait « ordonné au pays d'Auxois, là où est Noyers et la terre de « mondit sieur le prince, aussi que c'est le lieu où il y a « le plus d'huguenots, estant près de Tanlay, M. de Mis- « sery (2) qui est de ce pays-là. » Et, comme le bruit courait que le prince avait promis à ses amis d'être de retour dans

(1) Précy-le-Sec, commune du canton de l'Isle-sur-Serein, à 14 kil. d'Avallon.

(2) M. de Missery était lieutenant de la compagnie de François de la Rochefoucauld, baron de Barbezieux, lieutenant du roi en Champagne.

un mois, Missery avait été chargé de surveiller de très près les menées du parti protestant (1).

Quelques jours, après Tavannes avait eu des nouvelles plus rassurantes apportées par un gentilhomme (2) qui était passé à Noyers, dont la garnison n'avait pas encore reçu de renforts. Il insista alors, dans ses dépêches à Charles IX, sur la nécessité de réduire le plus tôt possible cette ville à l'obéissance du roi, avant que les protestants n'y eussent introduit de nouvelles troupes. « Il n'y a pas plus de cent cinquante « hommes dedans, disait-il, il sera facile à les prendre, qui « les assaudra de bonne heure. C'est un passage pour les « Allemands, si d'aventure il en vient, ou bien une retraicte « pour ledit prince (de Condé), aussi un passage pour chacun « de leur religion. » Il lui paraissait opportun que Barbezieux, avec toute l'artillerie qu'il avait à Troyes, et aidé de MM. de Ventoux et de Prie, se dirigeât sur Noyers, et il

(1) Lettres de Tavannes au roi, datées de Dijon, Mss Saint-Germain-Harlay, n° 320, f° 14. Les minutes originales se trouvent dans le manuscrit du fonds français, n° 9484, du f° 38 au f° 41.

(2) Ce gentilhomme nommé Cormaillon, était « un homme de « menée. » Il revenait d'Allemagne où il avait été envoyé comme espion vers le prince d'Orange et le comte Palatin du Rhin, Jean Casimir. Il s'était introduit auprès du prince d'Orange en feignant de vouloir lui acheter la terre de Montfort; il s'agissait sans doute de Montfort, près Sisteron, en Provence; et il était parvenu à savoir que Casimir avait pris l'engagement de fournir des troupes au prince de Condé six mois durant et sans argent comptant, mais à la condition que la reine d'Angleterre lui garantirait une somme de 200,000 écus. Cormaillon avait fait ce voyage, déguisé et à cheval, ayant une malle en croupe et se faisant passer pour le valet d'un gentilhomme qu'il suivait. Lettres de Tavannes au roi, du 11 septembre 1568. (Mss. Saint-Germain-Harlay, n° 320, p. 37).

ne doutait pas que cette expédition fût menée à bonne fin. Cependant, comme il avait reçu du roi l'ordre de se rendre à Orléans avec la gendarmerie qui devait y être réunie vers le 20 septembre, il fit, conformément à ses instructions, partir son corps d'armée et il se mit lui-même en route. Avant son départ il avait pourvu au commandement des places de Montréal et Châtel-Gérard, dont jouissait la maréchale de Bourdillon, et dont le capitaine, bâtard du maréchal, venait de partir avec le prince de Condé. La maréchale désirait d'y mettre un homme « qui s'entretînt des deux religions, » c'est-à-dire qui restât neutre entre les deux partis. Mais Tavannes écrivait au roi que « Montréal est des plus forts et tient « grand passage, même est à deux lieues de Noyers. Il est « nécessaire, ajoutait-il, d'y avoir un homme qui soit entière- « ment à votre dévotion. Cette place n'est point si mauvaise « qu'elle n'endure 1,000 ou 1,200 coups de canon et c'est « bien besoin d'y mettre un homme de bien. J'y ai commis « un gentilhomme nommé la Vaudelée, qui est vieux soldat « et homme de service. » Quant à Châtel-Gérard, « qui n'était pas de telle conséquence, » il y avait mis un homme d'armes de sa compagnie appelé le sieur de Violot. Il terminait sa lettre par ces mots caractéristiques : « Je me doute qu'il y « en a qui courent les capitaineries comme les bénéfices. « Mais je vous supplie très humblement n'y nommer que « ceulx ci-dessus, car ils sont hommes de bien (1). » Cela fait, il avait remis le commandement de la province entre les mains de M. de Ventoux et il l'avait chargé de « courir sus » aux gentilshommes qui n'avaient accompagné le prince de Condé que jusqu'à la Loire. Il avait aussi écrit à Charles IX

(1) Mss. Saint-Germain Harlay, n° 320, f° 83.

qu'il lui paraissait opportun que M. de Barbezieux, avec M. de Ventoux, et aidé du gouverneur de l'Auxerrois, M. de Prie, se dirigeassent sur Noyers, en prissent possession (lettre du 11 septembre), et comme cette place de guerre se trouvait en quelque sorte sur la route qu'il avait à suivre pour se rendre de Dijon à Orléans, il voulut, en passant, s'assurer par lui-même s'il ne parviendrait pas à la faire capituler. Arrivé à deux lieues de Noyers, Tavannes invita le maire, les échevins de la ville et le capitaine du château qui s'appelait Noguier, à le venir trouver. Le capitaine ne voulut pas se rendre à cette invitation et il se borna à envoyer deux soldats qui accompagnèrent le maire et les échevins. Ceux-ci ayant déclaré sans difficulté qu'ils étaient prêts à faire leur soumission, Tavannes leur ordonna de licencier la garnison du château, de n'y laisser qu'un capitaine pour la conservation « des droits et meubles du prince de Condé, » et d'y recevoir un commandant nommé par le roi; il demanda en outre que M. de Missery eût toute facilité pour s'établir dans la ville avec cinquante hommes et remettre les choses en l'état où elles étaient avant l'arrivée du prince de Condé. Au retour du maire et des échevins le capitaine du château fit savoir à Tavannes qu'il ne pouvait souscrire à de pareilles conditions sans l'agrément du prince de Condé, et il demanda le temps nécessaire pour l'en prévenir. Les échevins appuyèrent cette demande; mais Tavannes répondit à son tour qu'ils devaient avant toute chose obéir au roi, leur souverain seigneur. Toutefois, pressé qu'il était d'arriver à Orléans et sachant d'ailleurs que la garnison de Noyers se mettait en état de défense et qu'elle faisait travailler aux fossés et aux remparts, il continua sa route, lorsqu'à six ou sept lieues de Noyers, à Ligny-le-Châtel, il reçut des dépêches de Charles IX.

Le secrétaire de Tavannes qui les lui apportait avait d'abord été le chercher à Dijon et ne l'y ayant pas trouvé, il était revenu sur ses pas.

Charles IX, modifiant ses premières instructions, enjoignait à Tavannes, qu'il croyait encore à Dijon, de rassembler en Bourgogne les forces dont il pouvait disposer, d'y joindre les troupes que Barbezieux avait à Troyes et d'assiéger Noyers. Tavannes répondit immédiatement que, pour se conformer à ces nouveaux ordres, il lui fallait rebrousser chemin et que, cela fait, il ne lui était pas possible d'arriver à Orléans en temps utile; qu'il fallait plusieurs jours pour réunir les garnisons de Chalon et de Mâcon aux forces de Barbezieux et un certain temps pour s'emparer de Noyers. En conséquence il écrivit à Barbezieux (que l'on disait alors à Châlons-sur-Marne) de faire préparer l'artillerie de Troyes et d'informer M. de Ventoux du moment où il serait en mesure d'agir, afin d'aller avec lui attaquer Noyers. Il manda en même temps au gouverneur d'Auxerre de les rejoindre avec trois enseignes de gens de pied. Tavannes, en informant le roi de ces mesures, le pria de vouloir bien lui donner des ordres en conséquence. Ces ordres furent transmis à Barbezieux qui tenait alors garnison à Troyes avec trente lances (1). Il se dirigea aussitôt sur Noyers, et appelant à lui la garnison d'Auxerre et quelques villes voisines, il attaqua cette place, où il entra sans grande résistance. Les habitants n'avaient pas défendu la brèche faite par l'artillerie des assiégeants, ils s'étaient réfugiés dans le château. Barbezieux le fit battre en brèche de trois côtés à la fois. Les fortifications, qui dataient du xiie siècle, n'étaient pas en état

(1) Bibl. imp., Mss. Béthune, n° 8,676, f°° 105 et 152.

de résister à l'artillerie. Lorsque la principale tour eut été abattue et qu'une mine pratiquée par les soldats de Barbezieux, eût achevé de rendre la défense impossible, le capitaine Noguier fut obligé de capituler, ce qu'il fit le 2 novembre (1), sous la condition que la garnison sortirait du château saine et sauve avec ses bagages, et que Barbezieux garantirait contre tout pillage le mobilier du prince de Condé, dont l'inventaire devait être dressé (2). Cette capitulation ne fut pas observée, triste exemple, qui ne fut ensuite que trop souvent imité dans le cours de cette guerre acharnée. La plupart des soldats de Noguier furent dévalisés ou tués, et le riche mobilier du château saccagé. Ce qui fut sauvé fut transporté à Troyes au quartier général de Barbezieux (3). On pensa qu'il en avait usé ainsi afin de s'approprier les meubles somptueux de Noyers (4). Pour se justifier, Barbezieux écrivit au roi qu'il se chargeait de lui rendre bon compte de ce mobilier, dont la valeur, d'ailleurs, était dix fois

---

(1) « Du 10 novembre 1568, à Orléans. Ledict jour, Sa Majesté a « advis de la prise de Noyers faicte le 2 du présent par M. de Bar- « bezieux par composition, et y avoit deux cents soldatz dedans qui « ont promis de vivre catholiquement et comme bons et fidèles « subjetz doibvent faire. » Bibl. imp., Mss. Saint-Germain-Harlay, n° 321. L'auteur des *Mémoires de la troisième Guerre civile et des derniers troubles de France* (éd. de 1571, p. 264), place la reddition de la ville de Noyers sous la date du 30 octobre.

(2) Dans sa lettre au roi, Barbezieux ne parle que d'une seule stipulation, la vie sauve, conclue en faveur des assiégés qui, selon lui, jurèrent au capitulant de vivre désormais catholiquement et d'observer les édits royaux. V. Pièces justificatives.

(3) *Mém. de la troisième guerre civile*, p. 264. *Comment. de Statu Reipublicæ*, part. III, lib. VII, p. 245-246.

(4) DE THOU, liv. XLIV.

moindre que celle qu'on lui attribuait, et que, pressé par les demandes de ses soldats qui, faute de paiement, commençaient à se débander, il n'avait pas « sceu vacquer à faire « l'inventaire de ces meubles (1). »

En annonçant à Charles IX la reddition de Noyers, Barbezieux avait réclamé la récompense de ses services ; et, faisant observer qu'il avait perdu plus de cinquante mille livres par suite du pillage de ses propriétés, il demandait à être envoyé en possession des biens de MM. de Saint-Pouange et de Sainton, qui, écrivait-il au roi : « vous « doibvent être confisqués, aiant esgard qu'en toutz les « troubles passez et présens ils ont toujours vescu en obsti- « nation de rebelles, portant ordinairement les armes contre « vous. » Il recommandait aussi à la bienveillance royale son guidon, M. de Vulennes, et MM. de Missery, de Montpérou, de Nuitz, de Poilly, de Villars et de Saint-Rémy. Après avoir installé dans le château de Noyers une compagnie

(1) « Mes forces sont diminuées à cause que les soldatz n'estant « point payez se débandent journellement, les gentilshommes de « ma compagnie et celle du sieur de Listenois qui se commencent « de retirer, ayant sceu que voz autres compaignyes de gendarmerie « sont été payées, bien que je fasse tout ce qu'il m'est possible de les « retenir. Tout ce que dessus, sire, a été cause que n'ay sceu vac- « quer à faire l'inventaire des meubles de Noyers, estimant que votre « service deust estre préféré à inventorier lesdicts meubles qui ne « sont d'une dixième partie d'une si grande valeur qu'on ne les « faict. Je pense que Votre Majesté aura cependant telle assurance « de moy, qu'en rendray bon compte, chose qui me semble de bien « petit maniement, au prix des aultres employz où j'ai hazardé ma « propre vie. » (Lettre de Barbezieux au roi, datée de Troyes, le 26 novembre 1568. Bibl.,imp., Mss. Saint Germain-Harlay, n° 520, f° 155).

de gens de pied, et une petite garnison de quinze hommes à
Tanlay, Barbezieux envoya de suite M. de Vulennes à Château-Renard (1) avec ordre de s'emparer de cette place et
d'en chasser les protestants. Il s'y rendit de sa personne
quelques jours après, et sut que Vulennes avait trouvé la place
abandonnée, les protestants qui la tenaient s'étant retirés à
Chaumot (2). Il y laissa une garnison de deux cents hommes
et revint à Troyes où il était de retour le 25 novembre. C'est
de là que le lendemain il écrivait à Charles IX (3) pour lui
demander la récompense de ces services qu'il venait de lui
rendre, lui donnant l'assurance qu'avant peu « il aurait
« délogé les huguenots de sorte, disait-il au roi, que vos
« païs de Champagne et de Bourgogne demeureront nétoyez
« de ceste vermine. »

La violation de la capitulation de Noyers et le pillage de
son château parvinrent à la connaissance du prince de
Condé, peu de jours après l'occupation de Champigny par
les protestants (4). Champigny (5) étant la principale résidence du duc de Montpensier, qui commandait un des corps
de l'armée catholique, le prince lui écrivit, le 8 décembre,
une lettre pleine de fierté, mais exempte d'orgueil, et qui ne
contenait pas la moindre récrimination. Tout en rappelant,

---

(1) Château-Renard, chef-lieu de canton du département du Loiret,
tenant son nom d'un fort château bâti au xᵉ siècle par Raynard-le-
Vieux, comte du Sénonais.

(2) Chaumot, ancien château et bourg du département de l'Yonne,
à 25 kil. environ de Château-Renard.

(3) Lettre de Barbezieux ; loc. cit.

(4) De Thou, liv. XLIV.

(5) Champigny-le-Sec, arrondissement de Saumur, département de
Maine-et-Loire.

avec une méprisante ironie, la conduite du capitaine Barbezieux, il déclarait que, quelque grandes que fussent les
pertes qu'il avait subies à Noyers, sa naissance et son courage le mettraient toujours, avec l'aide de Dieu, à l'abri de
la pauvreté et de la souffrance ; qu'il était décidé à ne
pas user de représailles, à observer les capitulations qu'il
aurait accordées à ses ennemis et à mettre sous sa protection
les habitants de Champigny, dont la soumission, cependant,
avait été bien tardive. « Personne, en France, disait-il en
« terminant, n'a moins que moi raison de craindre et plus
« que moi moyen de se faire redouter (1). »

(1) Pièces justificatives.

CHAPITRE VIII.

1568. NOUVELLE PRISE D'ARMES. — OCCUPATION PAR LES BANDES PROTES-
TANTES DE GURGY ET D'ESCAMPS. — PRISE DE CES DEUX PLACES. — LES
DEUX PARTIS RECRUTENT DANS LES CAMPAGNES. — COMPLOT POUR L'EXTER-
MINATION DES PROTESTANTS A AUXERRE. — MASSACRE DE 150 CONVERTIS
DONT ON SUSPECTAIT LA SINCÉRITÉ. ASSASSINAT DU LIEUTENANT-GÉNÉRAL
CHALMEAUX. — SOLDATS CATHOLIQUES PRIS POUR DES PROTESTANTS ET
ÉGORGÉS A MAILLOT.

Le départ du prince et de l'amiral avaient mis sur pied
tous les partisans que la réforme comptait dans notre contrée. Les uns l'avaient suivi au-delà de la Loire, les autres,
voyant la guerre rallumée, se disposaient à y prendre part
dans leur pays même, et s'emparaient de places qui pussent
leur offrir un solide abri, et leur servir à la foi de base
d'opérations et de refuge au retour de leurs excursions.
Dès les premiers jours de septembre deux chefs de bandes
s'étaient emparés, l'un d'un prieuré situé à deux lieues
d'Auxerre, et l'autre d'une « maison d'église, » à pareille
distance de cette ville, où, selon une lettre écrite au roi
par le gouverneur de Prie le 16 septembre 1568 (1), « ils

(1) Bibl imp., Mss. de Saint-Germain-Harlay, n° 320, p. 50.

« commençaient à leur fortifier et ce assemblaient beaucoup
« de voleurs dedans. » L'une appartenait, selon ce document,
à l'abbaye de Saint-Germain d'Auxerre. C'était probablement la ferme, alors fortifiée, de Gurgy (1), que l'on appelle
encore aujourd'hui l'abbaye. Lebeuf dit en effet (2) qu'avant
la surprise de Régennes, dont il sera question plus tard,
les huguenots se saisirent de l'église de Gurgy et s'en firent
une retraite pour mettre à contribution tous les bateaux qui
passaient sur la rivière. L'autre était sans doute le prieuré
d'Escamps, fameux déjà comme place de défense au temps
des guerres de Charles VII contre les Anglais et les Bourguignons. Le commandant de la première de ces deux places
était un nommé Lachau, qui, sommé par le gouverneur de
Prie de se retirer, répondit « qu'il était en lieu sûr pour sa
« personne et qu'il n'était pas délibéré d'en partir. » Le
gouverneur envoya alors, sous le commandement du capitaine Noyon, deux cents arquebusiers qui s'en emparèrent et
firent sur tous les prisonniers un impitoyable exemple (3).
Escamps fut pris aussi et traité de la même manière. Le
gouverneur, en rendant compte au roi de ces expéditions,
ajoutait que « beaucoup de gentilshommes de ce pays, qui
« avaient d'abord suivi le prince et l'amiral, étaient revenus
« en leurs maisons, disant qu'ils ne voulaient plus porter
« les armes contre le roi ; mais qu'on l'avait averti qu'il y en
« avait quelques-uns qui attendaient d'autres forces pour
« leur servir de guides.» Il annonce qu'il va les surveiller et

(1) Gurgy, bourg du département de l'Yonne, sur le bord de cette
rivière, à 8 kil. d'Auxerre.

(2) *Hist. de la Prise d'Auxerre*, p. 274.

(3) « Et a fait telle exécution qui me semble qui la méritent. »
(Lettre de de Prie, du 16 septembre ; *loc. cit.*)

14

il demande « de l'argent pour entretenir les troupes, que le
« pauvre peuple ne peut plus fournir, et pour lui, qui, s'il
« plait au roi n'avoir pitié de lui, se voit le plus pauvre gen-
« tilhomme du royaume (1). »

Le roi avait envoyé l'ordre aux capitaines des compagnies
de les porter au complet de cent hommes et de se diriger au
plus tôt sur Orléans. De Prie en témoigne une assez grande
inquiétude :

« Si ainsi estoit, dit-il, ce seroit grandement affoiblir ce
« dict pays qui a beaucoup plus grand besoin en la saison
« présente d'estre gardé que n'a eu pour le passé, ayant
« esgard que voycy le temps des vendanges, pendant les-
« quelles affluera grande multitude de peuple en ceste ville,
« les habitans de laquelle ayant eu advertissement de ce
« qu'ils m'ont prié de vous en escripre et ce qu'il plaise à
« Votre dicte Majesté ne leur oster lesdictes garnisons,
« aultrement, pour le doubte de leurs personnes, ils seroient
« contraints habandonner la ville (2).

Dans une autre lettre il insiste, au nom des habitants qui
l'en ont prié, pour que la compagnie du sieur de Montpérou
qui doit y tenir garnison n'y soit pas aux frais de la ville,
« ce qui lui est impossible par la ruyne qu'elle a soufferte. »
Et il demande une commission pour lever trois cents hommes
qu'il distribuera par les villes et châteaux du voisinage sous
le capitaine Noyon et autres gentilshommes (3). Le même
jour il annonce au duc d'Anjou qu'il a fait des arrestations
à Cravant, dont son beau-frère (M. de Rochefort) rendra

---

(1) *Ibid.*
(2) *Ibid.*
(3) Bibl. Imp., mss. Saint-Germain-Harlay, 320. f° 78.

compte au prince, et il demande à quitter Auxerre pour
servir auprès du roi.

Des levées de soldats se firent en conséquence dans les
villages, en excitant la jeunesse par des distributions de vin
et d'argent et par l'espoir des aventures et du butin. Ces
levées étaient toujours accompagnées de fâcheux désordres
qui retombaient sur les paisibles cultivateurs. Et cette fois,
comme les deux partis faisaient à la fois leurs recrutements,
le mal fut plus grand encore que d'habitude. « Tout le pays,
« dit Cl. Haton (1) fut à l'instant plain et peuplé de gens de
« guerre qui firent moult de mal aux laboureurs et gens de
« village qui estoient assez pauvres. Les gens de guerre
« voloient les chevaux des laboureurs pour se monter
« à cheval, et ne les pouvoit-on retirer de leurs mains qu'à
« grande somme de rançon. Et, où le cheval étoit au gré du
« soldat voleur, ne falloit parler de le ravoir ni de le pour-
« suivre. »

C'est à cette époque que se place l'événement le plus atroce
dont fut témoin notre contrée dans tout le cours de ces sanglantes dissensions. A la suite de la surprise qui le 26 avril
précédent avait expulsé les protestants de la ville d'Auxerre,
ceux d'entre eux qui avaient échappé aux bandes d'égorgeurs
du capitaine Brusquet, et qui ne pouvaient se décider à
s'expatrier, convaincus désormais qu'il n'y aurait jamais
dans leur pays de sûreté pour leur vie qu'en faisant irrévo-
cablement acte de soumission au catholicisme, avaient
obtenu, moyennant cette condition, de revenir chez eux. Ils
étaient publiquement rentrés dans le sein de l'église, en
suivaient les offices et en pratiquaient les prescriptions.

_____

(1) *Mémoires*, p. 540.

Mais, malgré leurs efforts pour donner des gages de leur
sincérité, ils restaient suspects aux yeux des exaltés du parti
catholique et de la populace que ceux-ci conduisaient et
soulevaient à leur gré. Sur ces entrefaites il était survenu
deux édits du roi en date du 8 septembre, l'un pour interdire
d'une manière absolue dans le royaume tout exercice du
culte réformé; l'autre pour révoquer de leurs fonctions tous
les magistrats et officiers civils appartenant à cette religion (1). Bien qu'il interdît, dans une de ses clauses, toute
persécution personnelle contre ceux qui vivaient paisibles sans
exercer le culte réprouvé, le premier de ces édits était rédigé
avec une violence de langage propre à soulever les colères
des masses, auxquelles malheureusement ne faisaient faute
ni les agitateurs aux rancunes furieuses, ni les meneurs aux
passions féroces et dont les mains s'étaient déjà tant de fois
trempées dans le sang des malheureux réformés. Un complot
sanguinaire fut alors formé pour exterminer tous ceux qui à
Auxerre avaient fait profession du protestantisme. Nous ne
savons rien que par induction des faits antérieurs, sur les
chefs et les moyens d'action de cet infernal complot, et peu
de chose sur les détails de son exécution. Les huguenots
qui ont pu le savoir périrent presque jusqu'au dernier, et les
bourreaux n'ont pas été tentés de divulguer ces affreux mystères. Le mobile que l'on dut faire agir sur le peuple pour
l'entraîner à tant de crimes, semble percer à travers la lettre
du gouverneur de Prie en date du 16 septembre, dont nous
venons de transcrire quelques passages. C'est le même que
l'on a employé de tout temps quand on a voulu armer des
bandes d'assassins pour des causes politiques ou religieuses.

(1) *Histoire de notre temps*, 1570, p. 281-294.

Il consistait à dire qu'il y avait dans la ville tant d'ennemis de la religion, que, lorsque la garnison l'aurait quittée, la sûreté des catholiques serait compromise, et que, pour vivre en repos, il fallait se débarrasser une bonne fois de tous ces dangereux et infâmes hérétiques. Comme au grand massacre de Sens du 12 avril 1562, le sinistre événement qui devait ensanglanter Auxerre commença par une procession. Écoutons le récit de Lebeuf (1).

« Le dix-septième octobre, jour du dimanche, on fit une
« procession générale de la cathédrale à Saint-Germain,
« tant pour remercier Dieu de ses bienfaits que pour la
« prospérité du roi (2). Comme on y porta le corps de notre
« seigneur, les huguenots ne purent voir tranquillement
« cette pieuse cérémonie. On s'aperçut du *secret* dépit qui
« les possédait.... Soit que le peuple se crût autorisé par
« l'édit que le roi donna dans le même temps (celui qui
« interdisait tout exercice du culte réformé), soit que les
« huguenots eussent fait quelque nouvelle insulte aux catho-
« liques, ils se jetèrent en force, le dix-huitième octobre,
« dans les maisons des plus suspects ; ils en tuèrent jusqu'à
« cent cinquante, traînèrent leurs corps nuds, partie dans
« la rivière, partie sur les fumiers et cloaques ou dans les
« voiries. »

Lebeuf, dans l'honnêteté de son cœur, cherche à se persuader *qu'il y avait eu peut-être quelque nouvelle insulte aux catholiques.* Mais Georges Viole, qu'il cite comme le seul narrateur de ce lugubre événement, Georges Viole, qui

---

(1) *Hist. de la Prise d'Auxerre*, p. 175.

(2) Lebeuf constate dans une note que les registres du Chapitre mentionnaient en effet cette procession du 17 octobre.

écrivait dans le dix-septième siècle, et qui avait dû entendre
dans sa jeunesse des témoins oculaires de cette horrible
tragédie, est plus ingénu et plus franc dans son langage.
Voici son récit (1) :

« La plupart néanmoins (des huguenots) rentrèrent depuis
« en la ville, feignans d'être catholiques, quoique, par
« effet, ce n'était que simulation et hypocrisie. C'est pour-
« quoi les plus zélés des vrays catholiques, s'apercevant des
« veues qu'ils couvoient dans leurs cœurs, en massacrèrent
« 150 des plus reconnus. »

Dans sa vie imprimée de Saint-Germain, le même auteur
donne à cet événement sa couleur véritable, d'une populace
ignorante et féroce, entraînée au crime par les excitations
d'hommes sans conscience et sans pitié, et sur le simple
soupçon de conversions incomplètes. « Comme le même
« peuple, dit-il, se fut aperçu que plusieurs de ceux qui
« s'étaient reconciliés à l'église n'avaient rien moins que
« la vraye et sincère foi dans le cœur, et que tout ce qu'ils
« faisoient n'étoit qu'un masque de religion, le 18e d'octobre
« en suivant, cette populace se jeta dans les maisons des
« plus suspects, et en massacra 150 dont les corps furent
« traînés nuds, partie dans la rivière d'Yonne, partie sur
« des fumiers et en diverses voiries et cloaques de la ville,
« sans leur donner aucune sépulture. »

Bargedé, autre annaliste d'Auxerre au XVIIe siècle, et qui
cite sur cette époque des traditions de sa famille, ne tient
pas un autre langage. C'est seulement, dit-il, « (2) parce

(1) *Histoire manuscrite du comté d'Auxerre* ; *vie de Charles IX*,
par don Georges Viole ; Bibliothèque d'Auxerre.

(2) Manusc. de la Bibl. d'Auxerre, *Hist. d'Auxerre*, t. I.

« qu'on soupçonnait les convertis de n'êtes pas francs dans
« leurs conversions, qu'on a massacré cent cinquante des
« plus renommés. »

Lebeuf, dans son *Histoire de la Prise d'Auxerre*, avait
paru croire que cet odieux massacre faisait une seule et même
chose avec les nombreux assassinats que le prince de Condé
avait dénoncés au roi dans sa « Requête » du 23 août. Mais,
après l'impression de son livre, il s'était convaincu, par la
date de cette requête, que les faits qu'elle relatait avaient
précédé de plusieurs mois le grand massacre du 18 octobre,
et qu'il n'était que trop avéré, qu'après avoir tué en détail
cent vingt huguenots pendant la paix, les meurtriers en
avaient encore, au renouvellement de la guerre, égorgé, en
un seul jour, dans leurs maisons, cent cinquante qui ne donnaient pas le moindre prétexte aux fureurs de leurs assassins. Aussi il en avait fait l'objet d'une correction dans une
feuille supplémentaire. Plus tard il revint à sa première
supposition dans les mémoires que dix-neuf ans après' il
publia sur l'histoire du diocèse d'Auxerre (1). Mais, selon la
requête du prince de Condé, les meurtres qu'il dénonçait
s'étaient commis en grande partie sous le gouvernement de
M. de Montpérou, c'est-à-dire du 25 avril au 10 mai, le jour
où les catholiques avaient chassé les protestants de la ville
ou dans la quinzaine qui avait suivi ; tandis que l'événement
dont la date est bien précisée par Viole dans deux ouvrages
différents, s'était passé le lendemain de la procession du
17 octobre, et était postérieur de quelque temps aux conversions apparentes, qui avaient permis aux huguenots
expulsés le 25 avril de rentrer après plusieurs mois d'ab-

(1) T. III, p. 417, éd. de 1855.

sence dans leurs domiciles. M. Chardon, dans son *Histoire d'Auxerre* (1), a mis, au reste, ce point hors de toute controverse.

Ces victimes de l'émeute du 18 octobre appartenaient principalement aux classes élevées. C'étaient, comme à Sens en 1562, des gentilshommes, des magistrats, des hommes appartenant à la bourgeoisie, aux professions libérales ou au commerce. Si quelques-uns des suspects parvinrent à s'échapper, ils furent en bien petit nombre. On sait seulement que, parmi les magistrats dont les noms ont été cités précédemment, il en est un qui survécut à ce massacre, peut-être parce qu'il était de ceux qui s'était refusés à rentrer dans la ville. C'est le conseiller Stanislas Girardin. Il y revint pourtant, mais peut être longtemps plus tard. Il survécut trente-sept ans au massacre et fut inhumé en terre sainte, comme un bon catholique. Le lieutenant-général, Jacques Chalmeaux, avait d'abord échappé, en se cachant, à la fureur des assassins. Mais il ne réussit pas à se dérober à leurs coups, et Lebeuf raconte ainsi sa fin tragique (2).

« Pour sauver sa vie il voulut sortir secrètement de la
« ville. Il emprunta pour cela un baril chez un couvreur de
« ses voisins, nommé David, qui demeurait près de l'Orme-
« Villon (3). Le matin il s'habilla en vigneron, et muni de
« ce baril comme d'un passeport, il sortit par la porte d'Ai-
« gleny où l'on faisait la garde. Mais, une heure après, le
« couvreur, étant allé à cette porte, fit connaître aux gardes
« qu'ils avaient laissé passer, sans le savoir, le lieutenant

(1) T. I, p. 332.
(2) *Hist. de la Prise d'Auxerre*, p. 177.
(3) C'est aujourd'hui la place de l'Orme.

« général. Ils coururent donc aussitôt après lui, le rame-
« nèrent dans la ville, et la tradition porte qu'il fut tué sur
« un fumier derrière l'hôtel des Consuls (1). » Georges Viole
raconte « qu'il demeura un assez bon espace de temps sur
« ce fumier. » Selon une autre tradition, rapportée par
Lebeuf, il avait été d'abord pendu à une gouttière. Ce crime
horrible commis sur la personne du premier magistrat du
bailliage, d'un homme aussi éminent par sa science, son intégrité et sa haute considération que par sa dignité, ne tarda
pourtant pas, même au milieu de cette frénésie d'assassinats,
à répandre une consternation universelle. On n'osa pas lui‑
refuser la sépulture en terre sainte et il fut inhumé dans le
cloître de Saint-Eusèbe, « parce que, disait-on, il avait ‑fait
« avant sa mort des protestations d'un bon catholique, »
et c'est à côté de ses restes que 37 ans après on plaça ceux
de son ami Stanislas Girardin. Le souvenir des forfaits de
cette sinistre journée pesa longtemps sur la tête de la population d'Auxerre. On racontait que la mémoire de Jacques
Chalmeaux avait été réhabilitée par un arrêt, et longtemps
encore après, parmi les fausses prophéties de Nostradamus,
que la fraude des imprimeurs publiait après coup, on lisait
un quatrain qui présageait en ces termes sa fin déplorable :

> Un grand d'Auxerre mourra bien misérable,
> Chassé de ceux qui sous lui ont été,
> Serré de chaînes, après d'un rude cable,
> En l'an que Mars, Venus et Sol mis en été [*sic*] (2).

(1) L'hôtel des Consuls était dans la rue de ce nom, à l'angle de
celle des Nobles; il tournait le dos à la rue d'Egleny. C'est donc à
l'angle des rues d'Egleny et des Nobles que fut commis l'assassinat.

(2) LEBEUF; *loc. cit.*

Ces exemples de férocité étaient alors devenus contagieux et dans les villages catholiques les étrangers étaient assassinés sur le moindre soupçon d'hérésie. Le journal de Balthazard Taveau en fournit la preuve. On y trouve, à la date de janvier 1569, la note suivante (1) : « Les paysans de Masliot « (Maillot) (2) ayant tué vingt-deux soldats huguenots venant « du camp des rebelles et allant renforcer la garnison d'Or- « léans, et iceux jetés dans la rivière d'Yonne, nous avons « proposé maistre Louis Garnier, conseiller, en l'absence du « lieutenant-criminel, pour sçavoir si lesdits soldats estoient « de la qualité requise. Fait à Sens audit mois de janvier « 1569. »

Orléans n'avait pas cessé d'être occupé par les troupes royales depuis le commencement de cette guerre. C'est là qu'avaient été acheminées les troupes destinées à former l'armée du duc d'Anjou. Si donc les vingt-deux malheureux soldats, assassinés à Maillot pendant leur sommeil, allaient renforcer la garnison d'Orléans, c'étaient, non des huguenots comme le croyaient les assassins, mais des catholiques, victimes innocentes de cette aveugle fureur qui versait alors impitoyablement le sang humain sur le moindre soupçon.

(1) Manuscrit Quantin, p. 253.
(2) Maillot, commune du département de l'Yonne, à 4 kil de Sens.

CHAPITRE IX.

1569 ET 1570. MORT DU CAPITAINE LA BORDE. — SURPRISE DE VÉZELAY PAR LES PROTESTANTS. DÉPRÉDATIONS DE SA GARNISON. — PASSAGE DE L'ARMÉE DES REÎTRES. ILS PRENNENT LA CHARITÉ. — SIÉGE DE CETTE VILLE PAR SANSAC. — SURPRISE ET REPRISE DE RÉGENNES. CRUAUTÉS INOUIES. — NOUVEAU SIÉGE ET PRISE DE NOYERS. — SIÈGE DE VÉZELAY. — INCURSIONS DES GARNISONS DE VÉZELAY, SANCERRE ET LA CHARITÉ. ÉTAT DES ABBAYES, PRIEURÉS ET ÉGLISES DE L'AUXERROIS. — RETOUR DE COLIGNY DANS CETTE CONTRÉE. — EXCÈS ET MISÈRES. — PAIX DE SAINT-GERMAIN.

Pendant que ces choses se passaient, le prince de Condé et Coligny avaient été rejoints à La Rochelle par la reine de Navarre qui leur conduisait un secours de quatre mille hommes. Peu après d'Andelot leur avait amené des troupes de Bretagne. Puis le Poitou, l'Angoumois, le Quercy, une partie de la Guyenne et du Dauphiné s'étaient déclarés pour eux et leur avaient fourni une armée qui avait tenu tête avec des chances diverses aux troupes du roi commandées par le duc d'Anjou, ou plutôt, sous son nom, par le comte de Tavannes. Ensuite, au mois de décembre, les deux armées avaient pris leurs quartiers d'hiver. Dès cette première campagne le capitaine Jehan de la Borde, le principal auteur de la surprise d'Auxerre, avait péri misérablement. Il était à la prise de la ville de Melle, dont la petite garnison catholique avait été passée au fil de l'épée. Plus tard, il s'était distingué par sa bravoure à la prise de Mirebeau, et le prince de Condé

lui en avait confié le commandement avec une troupe de
quatre cents hommes. Il y fut assiégé par les comtes du Lude
et de Brissac, à la tête d'un corps de sept mille hommes. Le
canon ayant fait brèche et la ville étant forcée, La Borde,
avec une partie de sa garnison, s'était retiré dans le château,
dont le commandant capitula après quelques jours de siége.
Dès que les portes en furent ouvertes, les soldats catholiques, irrités par la vue de La Borde et voulant, disaient-ils,
venger le massacre de Melle, firent main-basse sur les
huguenots. Ce dernier avec un de ses parents furent réservés
pour le lendemain, « où on les tua à coups de pistolets et on
« traîna leurs corps dans une ruelle pour les faire dévorer
« par les chiens (1). » Un document authentique, que nous
publions dans les pièces justificatives, constate que, si c'était
un vaillant soldat, c'était en même temps un caractère d'une
grande violence, et qui était fort redouté dans tout l'Auxerrois.
Quelques jours après, la garnison catholique du monastère de
Saint-Florent s'étant rendue après quelques jours de siége, fut
inhumainement égorgée, en représailles du massacre du Mirebeau. Les passions furieuses des partis donnaient ainsi à cette
triste guerre les affreux caractères d'une guerre d'extermination.

Pendant le repos que l'hiver imposait aux troupes, le roi
avait fait lever en Allemagne un corps de cinq à six mille
chevaux qui entra en France sous le commandement du
marquis de Bade. Dès la fin de février les armées se remet-
taient en campagne et le 5 mars se livraient bataille à Jarnac,
où le prince de Condé, battu, renversé de cheval et prisonnier, était tué lâchement d'un coup de pistolet. Quelques
semaines après, d'Andelot mourait d'un mal subit, non sans

---

(1) *Mémoires* de LA NOUE; LEBEUF, *Prise d'Auxerre*, p. 170.

quelques soupçons d'empoisonnement. Et Coligny, demeuré seul chef du parti protestant, continuait la guerre avec une infatigable persévérance, soutenu d'ailleurs par l'assistance énergique de la reine Jeanne d'Albret, cœur viril et protestante convaincue, qui venait passer la revue de l'armée et présenter aux soldats, pour partager leurs fatigues et leurs dangers, son fils Henry, alors âgé de seize ans, et le fils du prince de Condé, qui n'en avait que dix-sept.

Cependant, dès avant cet échec, les protestants avaient de nouveau invoqué l'appui de l'Electeur Palatin, qui levait pour eux une armée dont il confiait le commandement à son parent, Wolfgang de Bavière, duc de Deux-Ponts, et à laquelle venait se joindre un corps de troupes sorti des Pays-Bas sous les ordres du prince d'Orange, Guillaume de Nassau. Pour faciliter le passage à travers la Bourgogne et l'Auxerrois de ces auxiliaires allemands, il était précieux d'avoir, dans cette contrée où la noblesse protestante n'avait pas cessé de tenir la campagne, une forteresse qui leur servît de point d'appui et de ravitaillement. On jeta les yeux sur Vézelay, une des plus fortes places de la Bourgogne, assise au sommet d'un haut mamelon aux pentes abruptes, reliée seulement aux collines avoisinantes par une langue étroite de terrain, munie de fortes tours, et entourée de toutes parts de massives et solides murailles, et, sur les instructions qui leur furent transmises, des gentilshommes du pays s'en emparèrent par surprise. Selon de Thou, Vézelay « fut surpris par du Tarot, aidé de quelques « gentilshommes du voisinage. Ils escaladèrent la place au « point du jour dans le temps qu'on changeait les gardes. » D'Aubigné raconte les choses de la même manière, en appelant Cantarac l'auteur de la surprise. Il est possible que ces

deux noms appartinssent à la même personne, et que Cantarac
s'appelât aussi du Tarot ou de Tharot, parce qu'il était seigneur du village de Tharot (1), situé à une lieue de Vézelay.
L'abbé Martin, dans sa chronique de Vézelay (2), entre dans
plus de détails, qu'il a puisés dans La Popelinière et Le Frère
de Laval (3). « Ce fut du Tharot avec quelques gentils-
« hommes voisins qui firent connaître l'état de la ville, sur
« le rapport qu'ils en avaient eu par surprise d'un garçon
« qui en sortait souvent pour affaires personnelles. Après
« une nuit où les assiégés s'étaient crus tout-à-fait hors
« de crainte, ils avaient retiré les gardes à la diane,
« c'est-à-dire au point du jour et les assiégeants surpri-
« rent la ville par escalade. »

Sauf ces mots d'assiégés et d'assiégeants, que les historiens
du temps n'ont pas employés et qui sont inadmissibles, puisqu'il ne s'agissait que de la surprise d'une ville, d'autant plus
mal gardée qu'elle ne soutenait pas de siège, ces détails n'ont
rien que de vraisemblable. Toutefois le même écrivain donne
ensuite, à la page 208 de sa chronique, une autre relation
dont il n'indique pas la source (4), et qui est visiblement un

---

(1) Tharot, commune du canton de Vézelay, département de
l'Yonne, à 6 kil. d'Avallon.

(2) P. 200.

(3) *La vraie et entière histoire des troubles et guerres civiles avenues de notre temps*, par LE FRÈRE DE LAVAL, 1875, p. 257.

(4) Il cite à tort Lebeuf qui n'a rien dit de semblable. Mézeray, dont
le nom se trouve aussi dans son récit, n'a rien dit de tel non plus, et
l'auteur n'a reproduit sans doute qu'une tradition locale créée par
pure imagination. M. Flandin l'a pourtant répétée dans le travail qu'il
a inséré dans l'*Annuaire de l'Yonne* de 1852, p. 87, mais sous la foi
seulement de l'abbé Martin.

tissu d'exagérations et d'erreurs. Il suppose qu'après la prise
d'Auxerre en 1567, une armée de 12,000 huguenots, commandée par Sarrazin et Blosset, assiégèrent Vézelay, défendu
par une milice de 700 hommes, ayant à sa tête le lieutenant
du roi de la Châsse, secondé par le capitaine de la Coudre,
et, qu'après une vigoureuse défense, les murs, ouverts en
brèche du côté du levant, livrèrent passage à l'ennemi. Il
cite, parmi les braves morts dans la défense de la ville, de
Chachère, Bourdelot, de Gontaut, de Bretagne, la Coudre, le
Prêcheur, de Vattaire et d'Aubagnac, et il raconte ensuite la
dévastation et l'incendie du couvent et d'affreuses cruautés
commises sur les prêtres. Ces horreurs ne sont que trop vrai-
semblables. Mais il est constaté, par la lettre du duc de
Nevers, citée plus haut, du 14 février 1568, que Vézelay
n'avait pas cessé de rester en 1567 au pouvoir des catholiques. Ce n'est qu'au commencement de 1569 qu'il fut surpris,
et non pris d'assaut, par des gentilshommes du pays. Il est
possible que cette surprise ait été précédée de quelques petits
combats partiels dans le voisinage de la ville que commandait de la Châsse, et que des habitants y aient été tués. Mais
ce n'était pas là un siége. Les gentilshommes protestants qui
tenaient la campagne n'avaient pas de canons et, au dire de
tous les historiens contemporains, c'est par ruse qu'un matin
ils s'introduisirent dans la ville et s'en emparèrent. Il faut
ajouter, qu'au milieu de leurs dévastations, ils épargnèrent
la magnifique église de la Madeleine, tant parce qu'elle leur
était précieuse pour loger leur cavalerie, que parce que sa
vaste toiture alimentait d'immenses citernes qui existent
encore aujourd'hui et qui fournissent d'eau toute la ville.

Ce fut un grand émoi dans toute la Bourgogne quand on
apprit la perte de Vézelay. La garnison nouvelle commença

de hardies incursions afin de lever et recueillir des vivres et
de l'argent, tant pour elle-même que pour le corps d'armée
qui allait arriver. Les habitants d'Auxerre, menacés par cet
inquiétant voisinage, crurent qu'ils pourraient reprendre cette
ville avec la même facilité qu'elle avait été surprise. Une
bande de cinq ou six cents hommes, composée, tant des réfugiés catholiques de Vézelay, que de volontaires auxerrois, se
mit en marche sous le commandement de Jacques Creux (1),
avec le secours de quelques troupes que le roi envoyait au duc
d'Aumale pour empêcher la descente du duc de Deux-Ponts.
Ils investirent la place et ouvrirent la tranchée. Lebeuf dit
que, si l'entreprise eût été continuée, la ville eût été rendue
au roi. Il ne fait pas connaître la cause de cette retraite ino-
pinée. Mais les assiégeants ne possédaient ni l'artillerie
nécessaire ni les forces suffisantes pour une telle entreprise,
et selon Le Frère de Laval (2), les troupes, qui avaient l'ordre
de rejoindre au plus tôt le duc d'Aumale,« voyant la résistance
et résolution des tenants, » jugèrent que ce serait perdre
inutilement un temps précieux que de persévérer dans cette
attaque.

Cet échec enfla l'audace des protestants et leur fit entreprendre des incursions lointaines et des brigandages que Cl.
Haton raconte en ces termes (3) : « Les hommes huguenots
« qui étaient dans ledit Vézelay étaient le chevalier du Boulet
« [Boulay] (4), de Lescagne, de Besancourt et le gendre de

---

(1) LEBEUF, *Prise d'Auxerre*, p. 194.
(2) *Loco citato*.
(3) *Mémoires*, p. 559.
(4) Le Boulay, ancien manoir seigneurial, près du bourg de Druyes
à 30 kil d'Auxerre.

« Barbezieux, duquel je n'ai sceu le nom, tous quatre grands
« et insignes voleurs de gens sur les chemins et passages
« avec leurs gens, lesquels tenoient les chemins à douze ou
« quinze lieues dudit Vézelay, pour prendre les passants
« quels qu'ils fussent, les mener prisonniers audit Vézelay.
« Ils firent des courses jusqu'à Bréviande lès-Troyes où ils
« prirent et emmenèrent aulcuns marchands dudit Troyes
« fort riches, qu'ils taxèrent à grand rançon. Bref ledict
« Vézelay estoit le retraict de tous les voleurs, larrons et
« brigans, moyennant qu'ils fussent huguenotz, pour desquelz
« se sauver tous passans de pied et de cheval, comme aussi
« tous rouliers et voituriers qui avoient à faire de Paris à
« Lyon et de Lyon à Paris, quittoient le grand chemin de
« Montargis, de Gien et de la Charité et prinrent tous le
« chemin de Provins, Troyes et Beaulne. » Lebeuf raconte
aussi que le curé de Bazarnes et un chanoine de la cathédrale furent faits prisonniers, conduits à Vézelay, et qu'on
nees relàcha que moyennant une forte rançon.

L'armée du duc de Deux-Ponts, pour éviter le passage
des rivières et des places bien gardées qui se trouvaient sur
sa route directe, était remontée jusqu'en Franche-Comté, d'où
elle avait pénétré en Bourgogne, bien qu'elle fût côtoyée par
les troupes des ducs d'Aumale et de Nemours qui, supérieures
en nombre, n'osèrent ou ne purent lui barrer le passage et se
bornèrent à observer sa marche. Elle entra par Thil-Châtel,
tourna Dijon et arriva le 12 mars à l'abbaye de Citeaux qu'elle
dévasta. Le 25 elle était à Beaune, où elle fit quelque séjour,
puis, prenant par Saulieu, elle marcha sur Vézelay en passant
par Avallon. Sa marche était lente et les bons vins de cette
riche province avaient pour elle un attrait qui l'y retint longtemps. Tavannes, en quittant la Bourgogne pour prendre le

commandement de l'armée du duc d'Anjou, en avait laissé le
gouvernement au comte de Ventoux, qui n'avait pas de troupes
pour tenir la campagne et se bornait à défendre les places-fortes
que les Allemands ne songeaient pas à attaquer. La garnison
d'Avallon n'était que de cinquante soldats commandés par le
capitaine Marey ; mais ses remparts, protégés par l'art et la
nature, étaient à l'abri d'un coup de main. Ses faubourgs seulement furent pillés et brulés, y compris ceux du Consin,
malgré la précaution que l'on avait prise de les fermer de
murs. Arrivé à Vézelay, l'armée y fit un assez long séjour. Le
duc de Deux-Ponts était tombé malade, on attribuait son mal
au poison. « On racontait qu'un médecin, alors premier
« échevin d'Avallon, pour essayer de venger de si grands
« malheurs par la mort de celui qui les avait causés, avait
« fait empoisonner un certain nombre de bouteilles de vin,
« qui avaient été servies sur la table du duc. » (1). C'était
une chose ordinaire et fréquente alors d'attribuer au poison
bien des maux auxquels il était étranger. Le duc, dont la
sobriété n'était pas la vertu favorite, s'était livré avec excès
aux charmes des vins exquis de la Bourgogne, et il devait
expier quelques semaines plus tard, par une mort prématurée,
les exagérations de son intempérance.

Le duc d'Aumale, voyant qu'il ne pouvait arrêter l'armée
des reîtres, avait cessé de la poursuivre. Il écrivait du camp
d'Epoisses, le 10 mai, au duc de Nemours (2), qu'il s'arrête-
rait à Avallon et irait ensuite à la Charité, l'intention des
ennemis étant de séjourner à Vézelay et de marcher de là

(1) *Annuaire de l'Yonne* de 1852, p. 267. Notice de M. Quantin
sur Avallon.

(2) Bibl. Imp., Mss. Béthune, 8758, f° 81.

sur Auxerre. Ensuite, apprenant que le duc de Deux-Ponts ne songeait pas à menacer cette ville, il avait traversé lui-même l'Auxerrois et gagné Gien, pour se joindre au duc d'Anjou qui marchait du même côté avec son armée afin de disputer au duc de Deux-Ponts le passage de la Loire.

Peu de jours après, l'armée allemande se remit en marche et, au lieu de se diriger sur Gien, gagna Pouilly, où elle passa la Loire à un gué que lui indiqua le capitaine Marraffin de Guerchy qui, après après avoir été fait prisonnier à la bataille de Jarnac et relâché par le duc d'Anjou à qui il avait été recommandé (1), était revenu dans son domaine de Guerchy situé près de là. Le duc de Deux-Ponts, comprenant l'importance de s'assurer un pont fortifié qui lui permît de faire en tout temps traverser ce fleuve à ses troupes, fit investir aussitôt la Charité qui était démunie de garnison et battit en brèche sur deux points les murs de cette ville, dont le commandant s'enfuit la nuit, sous le prétexte d'aller à Gien demander du secours au duc d'Anjou. Les Allemands furent alors introduits par la connivence des habitants protestants et ils livrèrent au pillage les maisons des catholiques. Il y eut là, si l'on en croit un moine appelé Noël Coquille, qui assistait à ce désastre, et dont Georges Viole, cité par Lebeuf (2), a analysé la relation, des scènes de carnage et de cruauté, principalement sur les prêtres et les religieux, qui dépassèrent tous les actes de barbarie que l'on eût encore vus. L'armée poursuivit ensuite sa route du côté du Limousin, laissant à la Charité deux compagnies d'infanterie et quelque cavalerie sous le commandement de Marraffin de Guerchy.

(1) DE THOU, t. V, liv. LXV.
(2) LEBEUF, *Prise d'Auxerre*, p. 225.

Il ne tarda guère à y être assiégé par Sansac (1), officier habile et expérimenté, qui, sur l'ordre du duc d'Anjou, avait réuni pour cette entreprise les garnisons de Bourges, de Nevers, de Gien et d'Orléans, et qui avait ainsi sous ses ordres sept mille hommes de pied avec quelques compagnies de cavalerie. Marraffin déploya dans la défense une activité et une énergie supérieures. Il réparait sur-le-champ les brèches que l'artillerie avait faites à ses remparts. Et quand les assiégeants en vinrent à un premier assaut, ils trouvèrent un nouveau fossé creusé et un nouveau rempart élevé en arrière. Après deux autres assauts sans résultat, et lorsqu'ils avaient perdu déjà plus de cinq cents hommes, l'explosion de leur parc aux poudres les démoralisa complétement, et l'annonce d'un secours amené à la ville par les capitaines Blosset et Le Bois de Mérilles causa une panique qui fit lever le siége dans le plus grand désordre. Sansac, obéissant aux ordres du duc d'Anjou, alla le rejoindre alors au siége de Châtellerault qu'il pressait en ce moment (2).

Louis Blosset, qui, en raison de sa difficulté à s'exprimer, était surnommé le Bègue, et Le Bois de Mérilles, avaient été, en effet, détachés avec leurs compagnies de l'armée protestante, après le succès qu'elle avait obtenu à la journée de la Roche-Abeille, pour faire sur la rive droite de la Loire, dans l'intérêt de leur parti, et pendant que l'amiral allait entreprendre le siége de Poitiers, une utile diversion. Aussitôt après leur arrivée et avec leur aide, Marraffin de Guerchy

(1) Louis Prévôt de Sansac, chevalier de l'ordre du roi, capitaine de cinquante hommes d'armes de l'ordonnance de S. M., ancien gouverneur du roi François II. Lettre du roi du 23 août 1569. Lebeuf, *Prise d'Auxerre*, supplément aux Pièces justificatives, p. 4.

(2) *Mém. de Castelnau*, chap. VIII.

s'empara de Donzy (1) et y plaça Le Rois pour capitaine. Il soumit ensuite Pouilly, Corbigny, que les écrits du temps appellent Saint-Léonard, du nom d'un riche couvent qui se trouvait à ses portes, Entrains (2), Coulanges-sur-Yonne (3), et, de concert avec la garnison de Vézelay, il étendit ses incursions du côté d'Auxerre et ne désespéra pas de s'emparer de cette ville. Louis Blosset, avec une cinquantaine de cavaliers, s'avança du côté d'Aillant, où il était assuré de trouver de nombreux partisans parmi les vassaux et les voisins de sa seigneurie de Fleury. Pour se faire un point d'appui dans le dessein qu'il méditait, il jeta les yeux sur Régennes, château-fort appartenant à l'évêque d'Auxerre (4), qui était en ce moment fort mal gardé; et l'un des gardiens, appelé Roboam, lui livra, le 6 août, cette place importante, dans laquelle il entra avec quarante chevaux. De là il pouvait, ou intercepter complétement la navigation de l'Yonne, ou lui imposer des tributs arbitraires, faire des courses dans la banlieue et jusqu'aux portes d'Auxerre, et se mettre en communication avec les quelques partisans que, malgré les massacres de la population réformée, il pouvait avoir conservés dans cette ville. Les habitants d'Auxerre furent

(1) Donzy, chef-lieu de canton du département de la Nièvre.

(2) Pouilly, Corbigny, chefs-lieux de canton du département de la Nièvre; Entrains, petite ville du canton de Donzy.

(3) Coulanges-sur-Yonne, chef-lieu de canton de l'arrondissement d'Auxerre.

(4) Régennes, très ancien château, à 8 kil. d'Auxerre, sur le bord de la rivière d'Yonne, qui l'entourait de trois côtés à la fois. Le quatrième côté était protégé par un fossé qui pouvait recevoir les eaux de la rivière. Bâti au xii⁰ siècle, il avait été ruiné en 1472, et relevé en 1840. Aujourd'hui, simple maison de campagne.

d'autant plus émus de la prise de Régennes, qu'ils n'avaient plus de garnison en ce moment et qu'ils apprirent en même temps que la troupe qui occupait Coulanges-sur-Yonne faisait fabriquer des échelles, dans le dessein d'escalader leurs remparts pendant la nuit. Le duc d'Alençon, frère du roi, qui, en l'absence de celui-ci et du duc d'Anjou, présidait le conseil du gouvernement, écrivait, en apprenant cette nouvelle aux maire et échevins d'Auxerre (1), qu'il fallait « s'occuper de recouvrer tous ces forts, même les petites « villes que les rebelles occupaient ; qu'il y avait un canon « et deux couleuvrines à Sens qui serviraient pour cet effet. « Déjà, selon sa lettre, il avait donné ordre au capitaine du « Lys, gouverneur de Villeneuve-le-Roi, de se mettre à la « disposition des Auxerrois, et il annonçait l'envoi d'un « gentilhomme de la Brie, appelé La Borde, avec vingt ou « trente bons hommes. »

Les habitants écrivaient alors à toutes les villes voisines et aux seigneurs catholiques les plus notables des environs pour avoir du secours. Vezannes, gouverneur d'Avallon, répondit que ses troupes étaient en Bourgogne. Le marquis de Nesle, comte de Joigny, s'excusa sur ce qu'il avait reçu ordre du roi de se rendre près de lui le 15 août avec sa compagnie. Mandelot, gouverneur de Tonnerre, manda qu'il était appelé en Champagne pour le service du roi et promit seulement de l'aide à son retour. Les habitants de Saint-Bris s'excusaient sur ce qu'ils n'avaient point d'hommes ; ceux de Toucy allèguèrent qu'ils étaient menacés eux-mêmes par soixante ou quatre-vingts cavaliers qui occupaient le bourg de

(1) LEBEUF, *Prise d'Auxerre*. Supplément aux Pièces justificatives, p. 2.

Champignelles sous la conduite de Lestaigne (ou Lescagne) et Godefin (1). En effet, depuis Bléneau jusqu'à Courtenay, toute la contrée était sous la domination des gentilshommes protestants, quoique Châtillon-sur-Loing et Château-Renard, qui appartenaient à l'amiral de Coligny, eussent été récemment pris et occupés par des détachements de la garnison catholique de Gien. La première assistance que reçurent les Auxerrois vint du château de Seignelay. Le sieur de Malain, parent du seigneur de cette forte place et préposé par lui à sa garde, offrit les pièces d'artillerie qu'il possédait. On avait compté sur les canons et la poudre offerts par la ville de Sens et sur une compagnie de gens de pied envoyés de Troyes par le baron de Barbezieux, ainsi que sur un officier habile et expérimenté, appelé le seigneur de la Grange-aux-Roy (2), qui résidait dans la Puisaye et dont Barbezieux avait instamment réclamé la coopération. Ce vieux gentilhomme leva à ses frais une compagnie de cent arquebusiers et la mit à la disposition de la ville d'Auxerre (3). Mais la surprise du château de Noyers, qui arriva sur ses entrefaites et dont nous allons bientôt parler, changea ces mesures. Toutes les ressources disponibles furent tournées du côté de Noyers, et les Auxerrois furent livrés à leurs propres forces, aidés seule-

(1) Lebeuf, *Prise d'Auxerre*, p. 182.

(2) Guillaume Roy ou Le Roy, seigneur de la Grange-aux-Roy, capitaine de deux cents chevaux-légers et lieutenant de cent cinquante hommes d'armes. Son manoir était dans la paroisse de Grandchamp. Il en reste encore une tour sur le bord de la vallée de l'Ouanne, à moitié chemin de Grandchamp et Villiers-Saint-Benoit. Une famille de ce nom existe encore dans le pays.

(3) *Rapport de Sansac au roi du 24 novembre 1568*. Mss. Colbert, 197. — Fontanieu, 20.

ment, dans le commencement, par les garnisons de Joigny
et Villeneuve-le-Roi. Jacques Creux se mit à la tête d'une
troupe de volontaires, et dès le 10 août il avait investi la
place. Mais ces soldats, peu aguerris, se décourageaient au
bout de quelques jours, après que deux d'entre eux avaient été
blessés. Alors, sur la demande du vicaire-général de l'évêque,
Guillaume Chevalier, seigneur de Miniers, requit la milice
du pays qu'il y conduisit. C'étaient alors les officiers qui
manquaient, et on réclama de nouveau la coopération du seigneur de la Grange-aux-Roy ou de quelque autre capitaine.
Déjà le roi avait ordonné au gouverneur de Prie, qui servait
dans son armée, et à M. de Ventoux, lieutenant-général de
Bourgogne par intérim, de s'y rendre de leur côté, et le 23
août il nommait Sansac lieutenant-général en l'armée qu'il
formait « pour reprendre les villes et chasteaux que les
« rebelles avoient pris ès pays de l'Aucerroys, Champagne,
« Bourgogne et Nivernoys (1). » Mais on n'eut besoin ni des
uns ni des autres. Une partie des garnisons de la Charité et
Vézelay, qui s'était mise en route au nombre de trois cents
cavaliers pour venir au secours de Blosset, arriva trop tard.
Le canon ayant fait brèche, on put donner l'assaut le 24 août,
et l'on profita pour cela des trains de bois flotté qui descen-
daient en ce moment le cours de l'Yonne. Mis en travers
du fossé qui communiquait avec cette rivière, ils formèrent
un pont qui livra passage aux assiégeants et leur permit de
mettre le feu au château. Louis Blosset parvint à se sauver
avec quelques-uns de ses gens. Mais les autres furent tués ou
faits prisonniers. « Ces derniers, » selon de Thou, dont nous

(1) LEBEUF, *Prise d'Auxerre.* Supplément aux Pièces justificatives,
p. 4.

empruntons le récit, « étaient réservés pour périr par de longs
« et cruels supplices. Il y en avait un parmi eux que l'on
« appelait Cœur-de-Roi, qui était très haï dans le pays à
« cause des courses fréquentes qu'il y faisait. La populace le
« mit en pièces, lui arracha le cœur du ventre, le porta dans
« toutes les places de la ville, le mit à l'enchère et ensuite le
« fit griller sur les charbons. Il y en eut même qui poussè-
« rent l'inhumanité jusqu'à en manger (1).

La Noue donne des détails non moins hideux sur cette
orgie de cannibales. « On arracha son cœur, on le coupa en
« petits morceaux qui furent exposés en vente pour tous
« ceux qui en voudraient, et il y eut des gens assez féroces
« pour le mettre sur les charbons et le manger à demi
« grillé (2). »

Mezeray, dans sa grande histoire, écrite plus de soixante
ans après ces événements, a dit que l'on attribuait à ce malheureux les principales cruautés qui avaient été exercées
l'année précédente sur les prêtres ; qu'il coupait le nez aux
uns, aux autres les oreilles ou le bout des doigts, à quelques
uns pis encore. Au contraire, selon La Noue, qui était contemporain et écrivait peu de temps après, la fureur des
assassins venait seulement de la rudesse ou de l'injustice
qu'il avait montrées en quelques occasions et notamment
quand il était mesureur de grains du marché d'Auxerre. Cet
homme était certainement depuis longtemps un des protestants les plus déclarés de la ville, puisqu'on a vu, dans notre
chapitre III, sa signature au milieu d'une cinquantaine
d'autres, dans la pétition adressée au roi le 30 mars 1563.

(1) DE THOU, liv. LXV.
(2) *Mém. de La Noue*, p. 214.

Mais dans les relations contemporaines que Lebeuf avait à sa disposition, il n'a rien trouvé qui appuyât le récit de Mezeray. Il est donc possible que les renseignements sur lesquels a écrit cet historien provinssent de quelque auxerrois, moins soucieux de la vérité, que désireux de pallier de quelque excuse les horribles excès de ses compatriotes. Un curieux trait de mœurs que rapporte ensuite Lebeuf, c'est que celui qui avait conduit cette entreprise, (on ne sait s'il veut parler de Jacques Creux ou du seigneur de Miniers,) s'adressa au duc d'Alençon pour avoir la confiscation des biens des huguenots tués à Régennes (1). On ignore ce qui en résulta.

Le château de Noyers avait longtemps offert un point d'appui aux catholiques de la contrée. La garnison qui y était établie ne se contentait pas de bien garder cette place. Elle faisait aussi des courses dans les environs. Elle avait essayé, le jour de Noël 1568, de s'emparer de Villiers-les-Hauts, occupé alors par les protestants, qui l'avaient déjà tenu en 1563. Elle pénétra même jusqu'à la basse-cour du château. Mais les habitants de Villiers-les-Hauts (2), avertis par leurs co-religionnaires de Noyers, repoussèrent vigoureusement cette attaque, et dans la suite inspirèrent, par leur bonne contenance, de sérieuses inquiétudes à leurs voisins (3). Cependant Noyers retomba, dans les premiers jours d'août, entre les mains des protestants et devint un grave sujet d'inquiétudes pour les villes d'Auxerre et de Tonnerre. Damas de Saint-Rirand, guidon de la compagnie de M. de Ventoux, qui

---

(1) *Prise d'Auxerre*, p. 188-279.

(2) Villiers-les-Hauts, commune du canton d'Ancy-le-Franc, à 24 kil. de Tonnerre.

(3) Lettre de N. à M. de Tavannes, datée de Noyers du 27 décembre 1558. Mss. fr., 9484, f° 250.

y avait commandé (1), rappelé par ce dernier, y avait, en le
quittant, laissé une garnison de vingt-cinq soldats commandée par Edme Lebreton, sieur de Donjon, sous les ordres du
maire. Mais, la peste exerçant de cruels ravages dans la ville,
le maire, la garnison et les habitants l'abandonnèrent, et les
protestants avertis de cette désertion étaient venus l'occuper
de nouveau. Lebreton, qui avait quitté son poste, fut arrêté
par la garnison de Cravant et conduit en prison à Auxerre,
pour y attendre la punition qui lui était réservée. Charles IX,
informé de ces faits à Tours, ordonna, le 23 août, que les
maire et échevins d'Auxerre fissent enquête sur la prise de
Noyers et que Lebreton fût puni, s'il était reconnu coupable (2). C'est le même jour qu'il nommait Sansac « lieute-
« nant-général commandant l'armée au pays d'Auxerrois
« sous l'autorité du duc d'Anjou (3). » Déjà le prévôt des
maréchaux de Sens avait acheminé l'artillerie de cette ville
à Tonnerre, réuni des approvisionnements et des voitures,
recruté des pionniers et « pierriers, » fait des réquisitions de
vivres de toute espèce, le tout aux frais de Tonnerre, qui s'en
trouvait fort obéré (4). Sansac avait formé en Champagne un
nouveau corps d'armée de huit compagnies de cavalerie et

<hr/>

(1) *Quittance des appointements de Jean Damas, baron de Chau-
denay-le-Châtel, seigneur de Saint-Rirand, des* 13 *décembre* 1568
et 14 *mai* 1569 (DE CORCELLES, *Hist. généal. et hérald. des Pairs de
France,* p. 40). Lettre à M. de Tavannes, datée de Noyers du 27 décembre 1568. Mss. fr. 9484, f° 250.

(2) LEBEUF, *Prise d'Auxerre,* p. 185.

(3) PINARD, *Chronologie militaire,* t. I, p. 254-256.

(4) Archives de la ville de Tonnerre. Notices de M. Le Maistre ;
dans le Bulletin de la Société des Sciences hist. et nat. de l'Yonne de
1850, p. 441.

de trente-deux enseignes de gens de pied commandées par
Hodoard de Foissy. Il quitta Troyes, accompagné du baron
de Barbezieux, avec ses troupes et une artillerie formée de
quatre grosses pièces de canon et deux couleuvrines, et,
comme les apprêts du siége n'étaient sans doute pas encore
terminés, après avoir envoyé, pour protéger Auxerre, une
compagnie sous les ordres du sieur de la Grange-aux-Roy (1),
il se dirigea d'abord vers la Puisaie pour reprendre Donzy (2).
A son approche Le Bois de Mérilles, ne trouvant pas ce bourg
susceptible de défense, l'avait abandonné. Sansac revint
ensuite assiéger Noyers, qui, en présence des formidables
apprêts qui le menaçaient, ne fit qu'une faible résistance. La
place capitula comme l'année précédente. Mais cette capitulation ne fut pas mieux observée que la première. L'auteur
des *Mémoires de la troisième guerre civile* (3) raconte que
les prisonniers conduits à Troyes y furent en partie massacrés par le peuple. Le château fut ruiné, la ville pillée et ses
titres perdus (4). Pendant ce temps le maire et les échevins
d'Auxerre déclaraient, qu'après avoir examiné les pièces relatives au capitaine Lebreton, ils ne pouvaient prendre une
décision en connaissance de cause sur la désertion qui lui
était reprochée, et qu'ils s'en rapportaient, pour le jugement
à rendre, au bailli du roi ou à son lieutenant (5).

Cependant l'amiral de Coligny avait échoué au siége de
Poitiers; le 30 septembre il avait perdu la bataille de Mont-

(1) LEBEUF. *Prise d'Auxerre*, p. 190.

(2) LA POPELINIÈRE, LE FRÈRE DE LAVAL, DE THOU.

(3) T. III, p. 449-450.

(4) Bibl. imp., Mss. fr., 9873,4. Description du duché de Bourgogne, t. V, p. 436. Courtépée.

(5) *Hist. de la Prise d'Auxerre*, p. 189.

contour et s'était retiré, avec ce qui lui restait de troupes, en
Guyenne et dans le Languedoc. Sansac résolut alors d'entreprendre le siége de Vézelay, et arriva, le 6 octobre, sous ses
murs. Il y fut rejoint par deux officiers expérimentés, Vési-
gneux et le sieur de la Grange-aux-Roy, qui lui amenaient des
renforts et des approvisionnements tirés d'Auxerre, de Chablis
et de Vermenton. La ville d'Avallon mit aussi à sa disposition toutes les ressources qu'elle pouvait offrir. Marraffin de
Guerchy avait envoyé de la Charité à Vézelay deux compagnies
pour en renforcer la garnison. Le capitaine Sarrazin qui la
commandait était un officier plein de résolution, et des chefs
habiles, Louis Blosset, Ribeaupierre, Besancourt et beaucoup
d'autres gentilshommes, jugeant cette ville d'une importance
décisive pour leur parti, s'y étaient jetés pour la défendre.

Les journées des 6 et 7 octobre furent employées à une
reconnaissance générale de la place. Les trois côtés du sud,
de l'est et du nord étaient protégés par des escarpements
presque à pic et à peu près inabordables. Elle n'avait, comme
aujourd'hui, que trois portes ; mais de plus elle avait alors
du côté du levant, qui regardait le village de Saint-Père, une
poterne appelée le Guichet. Du côté du nord étaient la porte
Neuve et la porte Sainte-Croix ; cette dernière aboutissant à
un petit couvent de Cordeliers bâti à mi-côte. Restait, à l'aspect du couchant, la porte du Barle ou de Saint-Etienne,
établie sur l'étroite langue de terre qui relie la haute colline
de Vézelay aux hauteurs avoisinantes. Les remparts et les
tours avaient de ce côté une élévation et une solidité extraordinaires (1). Les troupes assiégeantes étaient concentrées
à Asquins et à Saint-Père, deux villages situés au pied de la

(1) V. le plan de Vézelay, dans l'*Annuaire de l'Yonne* de 1863.

montagne, sur les bords de la Cure. Le 8, trois compagnies
ayant été envoyées pour investir la place du côté de la porte
Saint-Etienne, une sortie vigoureuse des assiégés mit en déroute deux de ces compagnies, après avoir tué les capitaines
et trente-cinq ou quarante soldats. La troisième se déroba derrière une colline, où elle resta cachée dans les vignes jusqu'à
ce que l'obscurité du soir lui permit de se retirer à Asquins.
Des forces plus considérables furent envoyées le lendemain
de ce côté. La batterie était établie le 10, et le feu commença
contre une tour et continua le lendemain jusqu'à ce qu'un
pan de cette tour s'écroulât. Le 12, Sansac fit placer deux
canons du côté de Saint-Père, pour battre la poterne du Guichet et il y posta huit compagnies. Le 14, une autre batterie
de deux pièces fut établie en face de la tour des Colombs pour
mieux battre le Guichet. Lorsque la brèche fut pratiquée de
ce côté, on donna l'assaut aux deux brèches à la fois, et, en
même temps, pour diviser les forces des assiégeants, on
planta des échelles du côté des Cordeliers. L'attaque fut
longue et acharnée. Un grand nombre des assiégés furent
tués sur la brèche, et entre autres le capitaine Sarrazin, gouverneur de la place. Mais les assiégeants avaient subi des
pertes beaucoup plus considérables, et force leur fut de se
retirer. Sansac, jugeant la place imprenable des deux côtés
qu'il avait d'abord attaqués, fit établir une nouvelle batterie
au nord, en face des Cordeliers, et dès qu'elle eût fait brèche
il tenta un nouvel assaut qui ne réussit pas mieux que le
premier. Louis Blosset, qui avait succédé à Sarrazin dans le
commandement de la place, repoussa cette nouvelle attaque
avec le même courage et la même habileté (1). Là fut tué

(1) La Popelinière, Le Frère de Laval, de Thou. liv. LXVI ; de
Serres ; l'abbé Martin, *Chronique de Vézelay.*

Hodoart, seigneur de Foissy, qui commandait toute l'infanterie du siége. Il était de Sens, neveu du chanoine Claude
Hodoart, qui avait fondé en 1535 le collége de cette ville, et
frère du conseiller Hodoart qui suivait le parti de la réforme
et dont il a été question dans notre chapitre II. Soldat intrépide, mais, au dire de Claude Haton, détesté pour 'ses exactions odieuses, ses vols effrontés et ses cruautés sanguinaires.
« Ledict de Foussy fut mort à jour de joie pour les gens des
« villages à vingt lieues à la ronde dudit Vézelay, comme
« aussi pour les villes de Pont, Nogent et Bray-sur-Seine, et
« il est une chose très certaine que, s'il ne eust été tué, quel-
« que temps après la paix faicte ou devant, eust été exécuté
« par justice par les grands reproches qu'on avoit faictz au
« roy de sa personne... qui fut cause du hasard où il se mit
« audit Vézelay de se faire tuer à l'assaut et de la hardiesse
« qu'il prit de faire une vaillance pour recouvrer grâce avec
« Sa Majesté (1). » Pendant le siége, un habitant catholique,
appelé Albert de la Châsse, écrivait à Sansac tout ce qui se
passait dans la ville. Il lui faisait connaître la situation des
assiégés, les endroits les plus faibles, l'état des approvisionnements. Il envoyait ses lettres par dessus les murailles avec
une fronde, selon de Thou, ou, d'après l'abbé Martin, au
moyen de traits qu'il jetait dans un champ. Il fut surpris sur
le fait, confessa tout, et fut pendu avec un maître d'école
qu'il déclara son complice (2).

Sansac avait perdu de 300 à 400 hommes dans ces divers
assauts et ses canons étaient hors d'état de servir. Il se

---

(1) *Mém. de Cl. Haton*, p. 557.

(2) La Popelinière, Le Frère, de Thou, liv. LXVII, t. V, p. 648 ;
Martin, *Chronique de Vézelay*, p. 204.

retira à Avallon où il s'occupa à renouveler son artillerie.
Quand il y fut parvenu, il reçut de Vévelay l'avis secret que
presque tous les gentilshommes qui avaient assuré le succès
de la défense de cette place, en étaient partis. Il s'empressa de
venir de nouveau l'investir, et fit d'abord battre par ses canons
la tour du Barle ; puis il installa une nouvelle batterie du côté
des Cordeliers, de manière à agrandir les premières brèches, à
ruiner les défenses, à éteindre le feu de la place et à chasser
tous les soldats des remparts. Alors il donna le signal de
l'assaut, qui fut long et acharné, et se reproduisit à plusieurs
reprises, mais sans aucun succès. La perte des deux côtés fut
énorme. Mais le courage des assiégés n'était pas ébranlé, et,
bien que l'armée de Coligny, qui seule pouvait les délivrer,
fût en ce moment repoussée au fond du Languedoc, ils ne
désespérèrent pas, et, soutenus peut-être par la pensée du
puissant service qu'ils rendaient à leur cause, ils étaient
résolus à se défendre jusqu'au dernier homme. L'artillerie de
Sansac avait tiré plus de trois mille coups de canon et ses
munitions étaient épuisées. Ce général résolut alors de con-
vertir le siége en blocus. Il espérait prendre la place par
famine. Ses troupes, distribuées dans les villages d'alentour,
en fermaient toutes les avenues. Il s'était retiré le 17 décembre à Avallon, où il tomba gravement malade de fatigue et
d'anxiété. Quoique, depuis plusieurs semaines, il eût tenu la
cour au courant des incidents du siége, il n'en avait reçu
aucune nouvelle, ce qui augmentait encore son trouble.
Cependant le capitaine protestant Briquemaut, qui avait
réuni quelques troupes dans le Berry, passa la Loire et, se
joignant, dans la Charité, à Marraffin de Guerchy, tous deux
vinrent, avec dix compagnies de cavalerie, apporter de la
poudre et des provisions de tout genre qu'ils avaient chargées

sur leurs chevaux. Ces troupes, habilement conduites, parvinrent jusqu'aux fossés et y jetèrent leurs charges que les assiégés vinrent ramasser. Puis, quand l'alarme fut donnée, elles se retirèrent en hâte et sans aucune perte. Ce succès enhardit Briquemaut, qui tenta une seconde expédition de ce genre, avec une troupe que, dans un rapport au roi, Sansac portait à 12 ou 1,500 cavaliers et 5 ou 6 enseignes de gens de pied (1). Mais ils trouvèrent cette fois les assiégeants sur leurs gardes. Barbezieux qui, en l'absence de Sansac, avait pris le commandement, marcha au-devant d'eux avec toute sa cavalerie, « de sorte, dit le rapport, que lesdits ennemis furent « contraints de se retirer plus vite que le pas et repasser la « rivière de Loire que, sans les grandes bruines, et la « retraicte à propos qu'ils eurent dans une méchante ville « appelé Pouilly, à trois lieues de la Charité, les ennemis « estoient tous défaitz. Encore ne purent-ilz si bien faire, « qu'il n'y en eust de tués plus de 100 ou 120 aux faux- « bourgs de Pouilly, que l'on faillit d'entrer dedans pêle- « mêle, et s'en noya beaucoup de hâte qu'ils avoient de « passer l'eau, ce qu'ils n'eussent pu faire sans les batteaux « qu'ils y avoient tout pretz. » Dans ce rapport Sansac dépeignait comme désespérée la position des assiégés. « Ils « ont, disait-il, grandissime faulte de farine; ils mangent « du blé pilé, ont peu de vin, et, si ce temps continue, ils « auront extrême disette d'eau. Conclusion, sire, ils ne « sauroient avoir vivres pour trois semaines, à tout rompre, « comme ils sont. » Il se louait fort des services « de deux « gentilshommes, le sieur de Vézigneux et le sieur de la

(1) Voir aux pièces justificatives le rapport de Sansac au roi, du 24 décembre 1569. Mss. de Colbert, 197. — Fontanieu, 20.

« Grange-aux-Roy, tous deux vaillants et hardis gentils-
« hommes, et qui ont fait de grands et notables services à
« Votre Majesté depuis quatre mois que je suis arrivé par
« deçà » et il demandait que le roi voulût bien les honorer
de son ordre. Il recommandait aussi les services des sieurs
du Châtelet, de Ton et de Saint-Fal, ses maréchaux de
camp.

Cependant Briquemaut n'avait pas été découragé par son
échec, que peut-être Sansac exagérait dans son rapport. Il
revint une troisième fois, et, surprenant les postes avancés,
il força le passage avec l'aide de la garnison venue à sa
rencontre, et entra dans la place, amenant de nouveaux soldats, et avec eux des approvisionnements pour un temps
considérable. La saison rigoureuse et les pertes qu'avaient
subies les troupes royales, plus de mille hommes selon de
Thou, quinze cents selon d'autres, contraignirent Sansac à
lever le blocus et à dissoudre son petit corps d'armée. Les
assiégés, de leur côté, avaient perdu plus de la moitié de leur
monde, tant par les armes que par la contagion qui s'était
mise dans la ville, et qui y fit tant de ravages que, selon
l'abbé Martin (1), dont les documents ont sans doute beaucoup exagéré le mal, tous les habitants y périrent.

Restée libre maîtresse de la place, la garnison reprit ses
incursions avec la même hardiesse que par le passé. Sancerre, la Charité et Vézelay servaient de retraite à tous les
protestants du Berry, du Nivernais, du Gâtinais et de la
Bourgogne, et leurs bandes, toujours en campagne, répan-
daient l'épouvante et les exactions à plus de trente lieues à
la ronde. L'un des capitaines de Vézelay, Besancourt, dont le

(1) *Loco citato.*

véritable nom était Vauvilliers, et qui était seigneur de Courgis près Chablis, vint attaquer cette dernière ville dont il brûla le faubourg et qu'il tint assiégée pendant trois jours, après lesquels, s'étant ménagé des intelligences dans la place, il la surprit et la pilla (1). La garnison de la Charité ne se rendait pas moins redoutable. On trouve dans les minutes du notaire Armant deux actes à la date de 1571 et 1572, qui constatent qu'au mois de juillet 1569 deux habitants d'Auxerre, Jean Guenin, conseiller au bailliage, et un marchand appelé Jean Potin, avaient été pris près de Gy-l'Evêque (2) par un détachement de cette garnison et conduits à la Charité, d'où il n'étaient sortis qu'après plusieurs mois de prison et de mauvais traitements, et sous promesse de rançon. Le commandant de la ville, Marraffin de Guerchy, et le conseiller Guenin transigeaient, en 1572, sur cette rançon promise, moyennant 350 écus (3).

Le sieur de Rochefort, nommé gouverneur de l'Auxerrois en remplacement du sieur de Prie, son beau-frère, s'efforçait de mettre les villes de la contrée en état de défense. Mais les déprédations des troupes catholiques étaient souvent aussi ruineuses pour ces villes que les pillages de l'ennemi, et elles ne se défiaient guères moins des soldats du roi que des huguenots. C'est ainsi que la ville de Vermanton refusait de recevoir,

----

(1) LEBEUF, *Prise d'Auxerre*, p. 272. Acte d'Armant, notaire à Auxerre, du 14 avril 1570, constatant l'information faite par le prévôt des maréchaux pour prodition et trahison de la ville de Chablis, par Sébastien Mauroy, Pierre de Lantenat, Vauvilliers dit Besancourt, et autres.

(2) Gy-l'Evêque, commune du canton de Coulanges-la-Vineuse, à 8 kil. d'Auxerre.

(3) Voir aux Pièces justific. les curieux actes de cette transaction.

le 3 mars 1570, une compagnie du régiment de Strozzi, et de
reconnaître la commission écrite du gouverneur, dont le capitaine de cette troupe était porteur, et que, lui fermant leurs
portes et montant sur les murailles avec leurs arquebuses,
les habitants déclaraient qu'ils n'avaient que faire d'une
garnison, qu'ils avaient su jusqu'à présent et sauraient bien
à l'avenir se défendre eux-mêmes, sans le secours de personne. Le capitaine, ce qui pourra paraître singulier à
nos idées d'aujourd'hui, faisait dresser acte de ce refus par
un notaire (1). Rien, du reste, ne peut mieux peindre l'audace
des expéditions lointaines des garnisons de ces trois forteresses et la terreur qu'elles inspiraient, que leur incur-
sion à Milly en Gâtinais (2), au mois de janvier 1570. Une
troupe nombreuse, commandée par les capitaines Bourri,
Briquemaut, Besancourt, La Grange-Sautour, des Essarts, le
chevalier du Boullay, Lescagne et Hagueville, était partie de
Sancerre et de Vézelay, pour harceler un corps de reîtres que
le duc d'Albe avait précédemment envoyés au roi, et qui s'en
retournaient en Flandres. Le 24 de ce mois de janvier, le
prévôt des marchands de la ville de Melun informait le duc
d'Alençon que ces chefs huguenots étaient entrés dans Milly
avec cinq ou six cents chevaux, avaient tué et pillé plusieurs
marchands qui étaient à la foire et en avaient emmené d'autres
prisonniers (3). Un détachement de cette expédition s'attarda
au pillage qu'il avait commencé, et fut surpris, repoussé
dans un château, assiégé et pris par les reîtres réunis à des

---

(1) Voir aux pièces justif., acte d'Armant, notaire, du 4 mars 1570.

(2) Milly, chef-lieu de canton du département de Seine-et-Oise, à
20 kil. d'Etampes.

(3) Bibl. imp , Collect. Saint-Germain-Harlay, n° 323.

troupes royales. Cet incident a été raconté par Cl. Haton (1)
avec des détails de mœurs qui méritent d'être reproduits
textuellement, pour faire voir à quels excès en était arrivé le
brigandage de ces nouveaux « routiers. »

« Lesquelz reistres estant aux environs de Pluviers furent
« par une ou deux fois chargez et attaquez par les huguenotz
« voleurs des villes de Sanxerre et Vézelay, qui tenoient les
« champs par les pays de Gastinois, Hurepoix et Beauce,
« et les serrèrent quelquefois de si près qu'ils n'eussent osé
« s'écarter, et leur estoit besoing de marcher en troupe et
« et en forme de bataille pour eulx sauver de la rencontre
« desditz voleurs. Or advint que lesditz voleurs huguenotz,
« le jour de la feste de Saint-Vincent, 22e jour de janvier de
« cette présente année (1570), entrèrent dedans la ville de
« Myllis en Gastinois, lez-la-Ferté-Alez, qui estoit le jour de
« la foire de ladicte ville. Dedans laquelle estoient plusieurs
« bons marchands, tant de ladicte ville que des estrangers
« qui là estoient allez pour le trafic; lesquelz furent prins,
« volez et emprisonnez par iceulx voleurs qui estoient les
« chevaliers du Boulet, Lescagne, Besancourt et leur suite,
« montant au nombre de cent à six vingtz hommes bien
« montez et armez; lesquelz demeurèrent en ladicte ville
« six jours entiers pour le moins, pour la piller et saccager,
« où ilz firent grand butin, et y eussent demeuré davantage
« si ladicte ville eust été de défense, ou bien qu'elle eust été
« plus à main de celles de Sanxerre et Vézelay qu'elle
« n'estoit. Dedans lesquelles villes de Sanxerre et Vézelay
« se pensèrent aller saulver lesditz voleurs avec leurs pri-
« sonniers et butin, mais ne les purent gagner à l'heure,

(1) *Mémoires.*

« pour la contrainte que leur firent les reitres susditz qui
« les trouvèrent par les chemins à leur adventage au partir
« dudict Myllis, auxquelz voleurs ilz reistres baillèrent la
« chasse si vivement, qu'ilz voleurs n'eurent loysir que de
« s'enserrer dans le chasteau de Ville-Maréchal, qu'ilz trou-
« vèrent ouvert à leur dévotion, près dudict Myllis, où ils
« s'enfermèrent. Lesditz reistres, après avoir veu le chasteau
« dudit lieu de Ville-Maréchal estre prenable, l'assiégèrent
« de toutes partz et y enserrèrent le huguenot leur ennemy,
« pour lequel guarder de sortir, se campèrent là, en atten-
« dant le secours de quelques compagnies françoises qui
« estoient logez ès environs, par les villages du pays de
« Gastinois qu'ils mandèrent. Lesquelz assemblez ne furent
« assez fortz sans canon de prendre et forcer ledict chasteau,
« mais gardèrent l'ennemy d'en sortir, en attendant le canon
« qui y fut mené de la ville de Paris pour le battre, jusque
« à y faire bresche suffisante pour y donner l'assault. Laquelle
« faicte, demandèrent à parlementer lesditz voleurs, lesquelz
« se volurent rendre et la place, leurs vie et bagues saulves,
« ce qui leur fut refusé, et leur dit-on qu'on les prendroit à
« miséricorde, à quoy répondirent lesditz voleurs que s'il
« falloit aller à l'assaut et se deffendre, que tous les mar-
« chans qu'ilz tenoient avec eulx prisonniers y seroient les
« premiers tuez, d'aultant qu'ilz les exposeroient les pre-
« miers devant eulx pour recevoir les premières charges
« auxditz assaultz ; ce qu'ayant entendu, les assaillans réso-
« lurent de ne point donner d'assaut, afin de saulver la vie
« de eulx-mêmes qui y eussent pu estre tuez, comme aussi
« desditz marchans qui estoient là enserrez, et que le plus
« expédient estoit de les tenir là prisonniers, et de les affa-
« mer, affin que eulx-mêmes, sans coups frapper, deman-

« dassent à se rendre, la faim à ce les contraignant, ce que
« l'on fit. Les assiégez, voyant que les assaillans ne leur
« livraient point d'assaut après la bresche faicte.... et estans
« résolus y avoir assez de vivres et qu'ilz auroient secours,
« advisèrent le moyen comment et par qui ilz le pourroient
« avoir. Après avoir sur ce tenu conseil, les chefs qui estoient
« les dessus nommés du Boulet, Lescagne et Besancourt,
« encouragèrent leurs soldats à tenir bon léans et à ne point
« quitter la place, en attendant le secours que eulx-mêmes
« alloient querre, et pour ce faire trouvèrent moyen d'es-
« chapper par le parc de derrière dudict chasteau, avec les
« intelligences qu'ilz eurent avec quelques gentilshommes
« françois du pays, qui estoient du nombre des assaillans,
« et qui leur firent passage pour ayder à les saulver, partye
« par amitié et connoissance qu'ilz avaient avec eulx, l'aultre
« partye pour la bourse qu'ilz leur rendroient pleine d'or et
« d'argent, et par ce moyen eschappèrent du danger où
« demeurèrent aultres leurs compagnons, auxquelz ilz ne
« menèrent aucun secours et ne tâchèrent à y mener, se
« contentans d'avoir leur vie saulve. Les compagnons assié-
« gez prirent courage quelque peu de temps que durèrent
« leurs vivres, en attendant leurs chefs et le secours qui
« tardoit trop à venir, desquelz ils se trouvèrent trompez. Ilz
« furent contrainctz de se rendre et de livrer la place aux
« assaillans, après avoir attendu leur secours dix jours. A
« l'entrée plusieurs desditz voleurs furent tuez et massacrez
« par les reistres. Les capitaines et principaux d'entre eulx
« qui furent trouvez audit chasteau furent liez et menez pri-
« sonniers à Paris, qui incontinent y furent pendus et es-
« tranglez. Les marchans furent délivrez en liberté ; mais
« leur or, argent et marchandises ne leur furent rendus, par

« ce qu'ilz furent trouvez ès bourses et babitz des voleurs,
« et servirent pour le payement et contentement des gens de
« guerre, tant françoys que estrangers, qui s'y trouvèrent
« jusqu'au nombre de quelque huit à neuf cents personnes
« ou mille pour le plus. Les seigneurs et gentilzhommes de
« Lours, de la Barge et Vimpelle y furent qui eurent leur
« part du butin, qui estoit bon et gros. Cet exploict faict,
« les reistres reprirent leur chemin pour s'en aller. »

La ville de Sens avait contribué à ce succès en envoyant
au chevalier de la Mauvissière, qui commandait les troupes
royales devant le château de Ville-Maréchal, deux canons et
une couleuvrine avec leurs attelages, 500 livres de poudre et
150 livres de plomb, plus un convoi de vivres sous l'escorte
de 200 hommes aguerris (1).

Cette déconvenue put rendre· les soldats de Vézelay plus
prudents, mais n'arrêta pas le cours de leurs incursions.
Les échevins d'Autun écrivaient à M. de Tavannes, dans les
premiers jours de mars 1570, que « Blosset, capitaine de
« Vézelay, levait des impôts sur les habitants des environs,
« et que ces derniers sollicitaient la protection du Roi (2). »
Tavannes envoyait aussitôt l'ordre à sa compagnie et à celle
de M. de Ventoux « d'aller sur les frontières de Vézelay afin
« de rompre les desseins des ennemis. (3). » Ces mesures ne
les empêchaient pas de s'emparer, le 3 mars, de la forte
place de Mailly-le-Château (4), d'où ils menaçaient de plus en

(1) Archives de la ville de Sens. *Essai historique manuscrit* du
docteur Crou.
(2) Bibl. imp., Portef. Fontette, XL, f° 41.
(3) Bibl. imp., Mss. fr., 9484, f° 78.
(4) Mailly-le-Château, bourg du canton de Coulanges-sur-Yonne, à
27 kil. d'Auxerre.

plus Auxerre, et les receveurs des élections d'Auxerre et de
Tonnerre faisaient constâter le 17 de ce mois (1), l'impossibilité de recouvrer les tailles des paroisses, « à raison des
« courses continuelles que font les rebelles qui tuent, vollent,
« saccagent ceux qu'ilz trouvent par les chemins sans rémis-
« sion aulcune. » Ventoux avait renforcé les garnisons des
petites villes de la contrée ; il avait repris sur les ennemis
la ville de Coulanges-sur-Yonne, que ceux-ci avaient occupée
pendant un an (2), et le 16 mai il écrivait au Roi (3) que
« les habitants de Vézelay, sous la conduite de Brique-
« maut, de Burry (Bourri) La Boule (du Boulay), ravageaient
« tout le pays ; qu'ils avaient attaqué, mais sans succès,
« Lormes (4), Joux, etc (5), et que le sieur de Briquemaut
« avait reçu un coup d'arquebuse devant Lormes (6) ».

Outre les grandes places de Sancerre, la Charité et Vézelay,
leurs détachements occupaient plusieurs châteaux de moindre
importance ; ils tenaient, dans la Puisaye, les châteaux de
Ratilly et Dannemarie, et par ce moyen exerçaient sur toute
la contrée une domination oppressive et ruineuse. C'était surtout sur les monastères et les prieurés, les églises et les
presbytères que s'appesantissaient leurs dévastations. Tout
ce qui, en établissements de ce genre, dans un rayon de
cinq ou six lieues autour de leurs forteresses, n'était pas

---

(1) Acte d'Armant, notaire à Auxerre. Arch. de l'Yonne.

(2) *Etat et rôle des bénéfices du diocèse d'Auxerre*, 1570. Archives
de l'Yonne.

(3) Bibl. imp., Mss fr., 9484, f° 78.

(4) Lormes, chef-lieu de canton du département de la Nièvre.

(5) Joux-la-Ville, commune du canton de L'Isle, à 24 kilomètres
d'Avallon.

(6) Bibl. imp. Mss. Béthune, 9454, f° 79.

protégé par de bons remparts, était saccagé et souvent
brûlé. On lira dans nos pièces justificatives un document qui
fournit sur ces faits d'étranges révélations. C'est le rôle dressé
en 1570 par les agents du clergé pour affranchir de la levée
des décimes les bénéfices qui, dans le diocèse d'Auxerre,
étaient occupés par les soldats protestants, ou se trouvaient
abandonnés par leurs titulaires, soit en raison de ce que les
bâtiments étaient brûlés ou ruinés, soit par la crainte d'être
massacrés par les huguenots tenant garnison dans le voisinage. Il ne contient pas moins deux abbayes, deux collé-
giales, quinze prieurés et soixante-dix presbytères.

Pour mettre un terme à tant de maux, le roi prit la résolution de faire attaquer les trois grandes places de refuge
des huguenots, en commençant par la Charité. On avait
formé un camp à Gien. Le roi écrivait d'Angers, au comte
de Tavannes, d'envoyer les Suisses, qui y rallieraient le
maréchal de Cossé. Ce maréchal s'y trouvait le 22 mai; il
faisait ses apprêts et réunissait ses approvisionnements pour
commencer le siége (1).

Ces projets furent rompus par la marche hardie, autant
qu'inattendue, de l'amiral de Coligny, du midi vers le centre
de la France. Après la bataille de Montcontour le duc d'Anjou
avait passé six semaines à assiéger Saint-Jean-d'Angély,
héroïquement défendu par Armand de Piles. Pendant ce
temps l'armée protestante, commandée par Coligny et ayant
dans ses rangs le jeune roi de Navarre et le fils aîné du
prince de Condé, avait porté la guerre en Languedoc où, au
milieu des atroces vengeances et des dévastations commises
par les deux partis, elle s'était maintenue avec succès, pen-

(1) Bibl. imp. Mss., Béth., 8738, f° 58.

dant qu'Angoulême, Cognac, La Rochelle, et quelques troupes de protestants, restées dans l'Ouest, neutralisaient tous les efforts de l'armée catholique. Coligny avait été condamné à mort par le parlement et sa tête avait été mise à prix ; le roi avait offert 50,000 écus à qui le livrerait mort ou vif. Il n'en conçut pas moins le hardi projet de ramener la guerre vers le Nord et aux portes de Paris, afin de forcer la cour, dont les ressources étaient épuisées, à accepter un traité qui rendît à la France la paix et la liberté de conscience. Pour accomplir ce dessein, il forma une colonne de quatre à cinq mille hommes déterminés, tous à cheval et sans artillerie. La légèreté et la mobilité de ce petit corps d'armée devait compenser sa faiblesse numérique, et l'amiral, marchant avec les deux jeunes princes, comptait rallier en passant tous les réformés des provinces qu'il traverserait et recevoir en Bourgogne de nouveaux secours de l'Allemagne où il en avait demandé. Il se mit en route dans les premiers jours de mai 1570. Les protestants de l'Auxerrois, avertis par leurs correspondances, si actives et si sûres, de ce retour offensif, se ranimèrent à cette nouvelle. Ceux de Vézelay s'emparèrent (1) de Mailly-la-Ville (2) et d'Accolay (3), et le 16 mai ils s'avancèrent contre Vermanton, où il y eut un engagement dans lequel les catholiques perdirent quinze ou seize hommes.

M. de Ventoux informait le roi, le même jour 16 mai « du

(1) LEBEUF, *Prise d'Auxerre*, p. 195.

(2) Mailly-la-Ville, commune du canton de Vermenton, à 27 kil. d'Auxerre.

(3) Accolay, commune du canton de Vermenton, à 22 kil. d'Auxerre.

« passage en Comté (Franche-Comté), de plusieurs bandes
« de protestants qui vouloient aller rejoindre Coligny en
« passant le Rhône (1). » C'est pourquoi on envoya aussitôt
l'ordre au maréchal de Cossé de s'avancer à sa rencontre
avec toutes les troupes qu'il pouvait réunir. La marche de
l'amiral fut arrêtée à Saint-Etienne-en-Forez par une maladie
qui faillit l'emporter. A peine rétabli, il se remit en route et
le 26 juin il rencontrait à Arnay-le-Duc le maréchal de Cossé,
qui l'attaquait avec douze mille hommes. L'amiral, par l'habileté de ses manœuvres, soutenait le choc sans désavantage,
et le surlendemain il se dérobait rapidement à son ennemi
qui, embarrassé de bagages et d'artillerie, ne pouvait l'atteindre, et, marchant par Autun, Moulins-Engilbert, Dam-
pierre et Châteauneuf, il venait se poster entre la Charité,
Sancerre et Vézelay, en se rapprochant de Montargis par
Bléneau et Châtillon-sur-Loing, d'où, donnant suite aux propositions de négociations que, depuis quelques mois la
reine-mère lui avait fait parvenir, il députait vers le roi, pour
lui demander une paix fondée sur de justes conditions et de
solides garanties. Le trésor était épuisé par les vingt mois
de guerre que l'on venait de soutenir ; et l'armée royale, dissé-
minée dans plusieurs provinces, à peine suffisante pour y
défendre le terrain contre les protestants, dont le nombre
et les ressources semblaient croître après chaque revers qu'on
leur infligeait. La rancune que le roi leur gardait était d'ailleurs balancée par sa jalousie contre son frère le duc d'Anjou,
son aversion contre les Guise et sa défiance envers sa mère.
Quant à Catherine de Médicis, à son fils le duc d'Anjou et
aux princes de Lorraine eux-mêmes, ils étaient découragés

---

(1) Bibl. imp., Mss. Colbert, f° 246.

par l'insuccès de cette guerre et, selon Tavannes, ils consen-
taient à la paix, « dans l'espérance d'attraper les huguenots
« désarmés. » L'ordre vint en conséquence au maréchal de
Cossé de conclure un armistice pendant lequel on traiterait
des conditions de capitulation. L'armée du maréchal de
Cossé avait repris Mailly-le-Château, « où quelques protes-
« tants du pays s'étoient retirés, » dit Castelnau (1). Le 3 et
le 6 juillet elle était campée à Vermenton, Cravant et Esco-
lives, d'où elle gagna Sens et la Brie en deux colonnes, l'une
par Appoigny, Joigny et Villeneuve-le-Roi; l'autre par Pontigny, que Cl. Haton appelle Saint-Edme de Pontigny, et
Saint-Florentin, Arces et Cerisiers (2). Le maréchal écrivait
le 15 juillet de Villeneuve-le-Roi à la duchesse de Ferrare
qui résidait dans son apanage de Montargis, de n'y pas laisser
entrer les troupes des princes (3). Les infatigables soldats
de la garnison de Vézelay n'en battaient pas moins la campagne. Le 6 juillet, pendant que l'armée royale était cantonnée
autour d'Auxerre, du Boulay, Lescagne et Besancourt avec
une centaine de cavaliers surprenaient pendant la nuit Villeneuve-l'Archevêque (4) et s'en emparaient après avoir tué
seize hommes de la garde de cette ville. « Ils allèrent courir
« jusqu'à Villeneuve-l'Archevêque-lez-Sens, dit Cl. Haton
« dans ses Mémoires (5), les surprindrent à l'improviste,
« les pillèrent, et emmenèrent prisonniers avec eux les

----

(1) *Mém. de Castelnau*, liv. VI, chap. XII.

(2) LEBEUF *Prise d'Auxerre*, d'après des lettres du maréchal de
Cossé, p. 195.

(3) Bibl. imp. Mss. Béthune, 2738, f° 93.

(4) Villeneuve-l'Archevêque, chef-lieu de canton de l'Yonne, à 24
kil. de Sens.

(5) *Mémoires*, p. 560.

« plus riches marchans qui y fussent, qu'ilz mirent à grosse
« rançon. Entre autres emmenèrent un potier d'étain de
« Provins, lequel fut par eux taxé à 4 ou 5,000 écus qu'il
« paya, après l'avoir bien tourmenté en son corps. Le gre-
« netier de sel de Nogent-sur-Seine allant à ses affaires fut
« par eux prins prisonnier, mené audit Vézelay et taxé à
« 500 livres tournois de rançon et aultant qu'ilz luy ravirent
« sur luy. » L'émoi fut grand à Sens en apprenant cette
nouvelle. On voulait d'abord emprisonner ceux des huguenots
qui y restaient encore ; mais on se contenta de leur interdire
de sortir de chez eux avant sept heures du matin, de rester
dehors après dix heures, et de s'assembler au nombre de
plus de trois. On arrêta que leurs maisons seraient visitées
chaque mois et qu'elles seraient constamment surveillées ; et
enfin on les frappa d'un impôt de guerre pour les armes à
fournir aux catholiques (1). Quelques jours après, à l'approche
de l'armée royale, les cavaliers huguenots quittaient Villeneuve-l'Archevêque. L'armistice, qui fut conclu sur ces
entrefaites, étendait les quartiers de l'armée protestante dans
les bassins du Loing, de l'Ouanne et du Tholon, jusqu'au
ruisseau de Beaulches, qui passe à 4 kilomètres d'Auxerre,
et il portait que cette ville fournirait du pain et du vin aux
corps de cette armée cantonnés depuis Villefargeau (2) jusqu'à Bassou (3). Ce voisinage aigrit les passions violentes
de la population catholique, et, malgré la trève conclue et
la paix imminente, quelques soldats huguenots furent tués

(1) Archives de Sens. *Essai historique manuscrit du docteur
Crou.*

(2) Villefargeau, commune du canton d'Auxerre, à 4 kil de cette
ville.

(3) Bassou, commune du canton de Joigny, à 12 kil de cette ville.

dans le voisinage de cette ville. « Un gentilhomme, entre
« autres, venant demander des vivres, fut tué auprès des
« portes, et ses chevaux et bagages furent pris et emmenés
« par quelques habitants. Le sieur de Courseulle qui était
« venu à Auxerre pour faire rendre ceux de l'armée du
« prince qu'on y tenait prisonniers, adressa à ce sujet une
« lettre au roi qui contenait de violents reproches contre le
« lieutenant général du bailliage Chevalier (1). »

Le caractère turbulent et agressif, qu'avait alors le peuple
d'Auxerre, ne s'était déjà que trop signalé contre les huguenots, dans les circonstances diverses que nous avons précédemment racontées. Mais ces derniers actes de guet-à-pens
répondaient peut-être à quelques excès commis par des
soldats protestants, car, selon Cl. Haton (2), « les huguenotz
« n'avoient oublié à voler, piller, meurtrir, tuer et sacca-
« ger les églises et ecclésiasticques par où ils passoient. »
Les pauvres habitants des campagnes n'avaient guères plus
à se louer du séjour des soldats catholiques. « Ilz étaient,
« ajoute le même chroniqueur, aussi larrons et volleurs du
« bien d'autrui que les huguenotz. Ils rançonnoient, pilloient,
« volloient, emmenoient les chevaux et juments des labou-
« reurs, qu'ilz battoient à crédit s'il ne leur bailloient de
« l'argent, et estoit heureux celuy qui ne se trouvoit devant
« les ungs ni les aultres. »

C'est surtout dans les environs de Sens que l'armée catholique commit d'affreux excès. Le bourg de Dixmont, qui
crut y échapper en fermant ses portes, fut traité avec une

(1) LEBEUF, *Prise d'Auxerre*, p. 146.
(2) *Mémoires*, p. 597.

barbarie inouïe et dont le même annaliste rend compte en
ces termes (1) :

« Le camp catholique chemina jusqu'à Moret et les envi-
« rons ; mais, avant que d'y aller, menèrent à tire tous les
« villages et bourgs fermez qu'ils trouvèrent sur leur chemin,
« où ils logèrent de bon gré ou de force, comme en portera
« tesmoignage à jamais la petite ville et bourg fermé de
« Dimont, à quatre petites lieues de la ville de Sens, dans
« laquelle logea par force le camp catholicque. Aux refus
« d'ouvrir leurs portes aux commissaires pour y prendre les
« logis et quartiers pour s'y loger, le canon y fut mené par
« commandement dudict mareschal (de Cossé) et fut tiré
« contre les murailles. Celles-ci par lui rompues et bresche
« faite, par là entrèrent les gens de guerre dudict camp,
« lesquelz tuèrent, meurdrirent et saccagèrent aultant
« d'hommes qu'ilz rencontrèrent par les rues. Ledict mares-
« chal entra qui fit cesser la tuerie et le meurtre, mais fit
« prendre et emprisonner les gouverneurs et justiciers
« d'icelle, qu'il incontinent fit pendre et estrangler comme
« séditieux et rebelles au roy. Les filles et femmes furent
« forcées par les paillards de la guerre, et, je crois, le feu
« mis en aulcunes maisons. Acte cruel, barbare et inhumain.
« Il n'estoit besoin d'exercer telle cruauté sur ces pauvres
« gens pour une si petite rébellion, de laquelle on les eust
« bien punis sur leurs biens, sans leur faire perdre la vie et
« souiller leur pudicité. Il n'est possible de faire pis sur un
« ennemy estranger, voire barbare, que l'on prendroit par
« force d'assault, que qui fut faict à ces pauvres rustiques
« qui sentoient encore mieux le paysan de village que le

(1) *Mémoires*, p. 597.

« civil bourgeois d'une ville. Ledict mareschal fut aultant
« déshonoré d'avoir sur eulx commis et faict commettre
« cette cruauté, qu'ilz de Dimon furent folz et mal conseillez
« de vouloir résister. »

Tel était donc le sort des campagnes pendant ces horribles
guerres, qu'amis et ennemis les dépouillaient avec une avidité semblable, et, s'ils voulaient résister, les massacraient
avec une égale férocité. L'armistice faisait peser de lourdes
charges sur les villes catholiques situées dans le voisinage
des troupes ou des garnisons protestantes, à la subsistance
desquelles ces villes devaient pourvoir. Si Auxerre avait à
nourir les soldats huguenots dans leurs campements, Sens
était astreint à acquitter la solde de la garnison de Vézelay,
et les maire et échevins recevaient une injonction de du
Boulay, nouveau commandant de cette place, de lui compter
pour cet objet six cents livres par mois. Cette imposition, qui
venait à la suite des demandes et réquisitions sans cesse
renouvelées pour la subsistance de l'armée royale, paraissait
intolérable. Heureusement la paix qui survint ne tarda pas
à en arrêter l'exécution (1).

Elle fut enfin signée à Saint-Germain, le 18 août, contre
le gré du pape et du roi d'Espagne qui s'efforcèrent en vain
d'en empêcher la conclusion. « La mémoire de toutes les
« choses qui s'étaient passées de part et d'autre depuis les
« troubles était déclarée éteinte et abolie. La religion catho-
« lique devait être rétablie partout où elle avait été suspendue.
« La liberté de conscience était de nouveau reconnue et
« consacrée; le libre exercice du culte réformé octroyé à
« toute personne ayant haute justice ou plein fief de haubert,

(1) Archives de la ville de Sens. Notes manuscrites du docteur Crou

« pour sa famille, ses sujets et autres qui y voudraient assis-
« ter, et aux possesseurs de simples fiefs pour eux, leurs
« familles et dix au plus de leurs amis. Il était maintenu
« dans les villes où il se trouvait établi le 1er août 1570, et
« concédé en outre dans les faubourgs de deux villes de
« chaque province. Les adhérents de cette religion étaient
« reconnus capables de toutes fonctions publiques et remis
« en possession de leurs offices. Les jugements rendus
« contre eux étaient annulés. Ils avaient droit de récuser
« un certain nombre de magistrats dans chaque parlement,
« et le parlement de Toulouse tout entier. Et enfin ils
« obtenaient pour deux ans la conservation de quatre places
« de sûreté, La Rochelle, Cognac, Montauban et Sancerre,
« où pourraient se retirer ceux d'entre eux qui ne jugeraient
« pas à propos de retourner immédiatement dans leurs
« maisons. »

Vézelay et les faubourgs de Villeneuve-le-Roi, étaient les
deux places du gouvernement de Champagne où le culte
réformé pouvait être exercé, et, dans la province de Bourgogne, c'étaient Mailly-la-Ville et les faubourgs d'Arnay-le-Duc.

L'opinion générale avait peine à croire à l'efficacité de
cette paix. Les négociateurs qui avaient été employés à la
conclure étaient Armand de Gontaud, baron de Biron, qui
boitait des suites d'une blessure, et Henry de Mesmes, seigneur de Malassise. Ce qui la fit appeler par ceux qui
n'avaient pas confiance dans sa durée « la paix boiteuse et
« mal assise. »

Le roi congédia ses auxiliaires étrangers. Les reîtres qu'il
avait à son service se retirèrent par la Champagne. Deux
mille d'entre eux devaient passer par la ville de Sens. « Elle
« pourvut à leur étape en leur fournissant des rations en
« pain, vin, viande, harengs et morue. Mais, comme les

« habitants les connaissaient pour d'intraitables pillards,
« ils refusèrent de les laisser entrer. On plaça sur la grosse
« tour, en regard du pont d'Yonne, six pièces d'artillerie,
« trois sur la porte d'Yonne, autant sur toutes les autres
« portes de la ville, et les murailles furent garnies de grandes
« troupes d'hommes bien armés (1). »

La paix n'apportait pas au peuple un soulagement immé-
·diat. De lourdes contributions furent établies pour acquitter
les dettes de la guerre. La cotisation de la ville de Sens dans
cette perception, exigée sous le nom d'emprunt royal, ne
s'élevait pas à moins de vingt quatre mille livres. Et, tout en
supportant cette charge si pesante, il lui fallait s'imposer
encore pour venir en aide aux malades de la peste qui continuait à faire de grands ravages (2).

L'amiral et les princes, après avoir reconduit jusqu'à la
frontière le comte Wolfrad de Mansfeld avec ses troupes
allemandes, se retirèrent à La Rochelle, d'où ils envoyèrent
des députés au roi pour lui soumettre diverses doléances.
Ils se plaignaient, entre autres griefs, de ce qu'on retenait
plusieurs châteaux qui appartenaient tant à eux qu'à quelques-uns de leurs capitaines. Noyers et Vallery étaient de
ce nombre. Les d'Apchon, héritiers du maréchal de Saint-
André, s'étaient emparés de ce dernier domaine, et disaient
qu'on ne leur en ôterait la possession qu'avec la vie et
« qu'il mourrait 300 gentilshommes devant qu'ils en sortis-
« sent (3). » Quant à Noyers, propriété particulière de la

(1) Archives de la ville de Sens.
(2) Ibid.
(3) De Thou, liv. L, t. VI, p. 263. *Mémoires de l'État de France
sous Charles IX*, liv I, p. 39.

Après le retour de la paix, et lorsque Vallery eut été rendu à la fa-

princesse de Condé, on demandait qu'elle justifiât régulièrement de ses droits. Mais les archives de cette terre ayant

mille de Condé, les restes du prince tué à Jarnac, qui, d'abord,
avaient été déposés dans l'église collégiale de Saint-Georges de Vendôme, furent portés et inhumés dans cette résidence. La tradition
avoit seule conservé le souvenir de cette translation qu'aucune inscription tumulaire, aucun témoignage extérieur ne constataient, et dont
rien ne peut préciser la date. Ils y ont été retrouvés en 1857, lors de
la démolition d'une sacristie attenant à l'église dans laquelle ont été
inhumés ses descendants, et où le génie du grand sculpteur Jacques
Sarrazin a élevé un si admirable monument au prince Henri II,
père du grand Condé. Ils étaient contenus dans une boîte de plomb,
qui, au lieu de la forme d'un cercueil, offrait celle d'un corps
d'homme. C'est ainsi qu'autrefois les reliques des saints qui consistaient dans un crâne ou dans les os d'un bras étaient enfermés dans
un buste ou dans un bras de métal. Cette enveloppe de plomb présentait un dos d'une voussure, ou, pour être plus exact, d'une gibbo-
sité très prononcée. Le corps y était complet, et il s'y trouvait aussi
une boîte du même métal contenant les entrailles et le cœur; le tout
mêlé de sachets de parfums encore très-odorants. La colonne vertébrale présentait de fortes déviations. Ainsi, il était constaté que ce
prince d'un si grand cœur, d'un cœur de lion, dit La Noue, et que les
mémoires contemporains représentent comme si séduisant dans sa
figure et son humeur, « ce petit homme tant joli, » était fortement con-
trefait. Ses restes furent replacés dans un petit caveau creusé sous
la sacristie nouvelle et à la même place. Un procès-verbal que nous
donnerons dans les Pièces justificatives constata la découverte et
la réinhumation. On mit sur la face intérieure du mur de la sacristie
une pierre portant l'écu du prince, surmonté d'une couronne, avec
cette inscription, qui, selon Desormeaux (*Hist. de la maison de Bourbon*, t. Ier, p. 74, se trouvait d'abord à Vendôme :

L'an MCCCCC *et* LXVIII*, du mois de mars le* XIIIe*, auquel jôr fust la
bataille de Jarnac, après laquelle dicte bataille fust tvé, se estant
rendv sur parole, très havt, très pvissant, très magnanime seigneur
Lovis de Bovrbon Condé, premier prince de Condé, marqvis de*

été brûlées, elle ne pouvait produire ses titres, et il s'écoula plus de vingt-cinq ans avant qu'elle n'obtînt satisfaction Les protestants d'Entrains, au nombre de cinquante chefs de famille, se plaignaient des vengeances sanglantes et des excès en tout genre de la troupe que l'on avait envoyée en garnison dans leur ville. Le roi promettait de faire droit à ces divers griefs. Pour faire revenir à la cour les chefs du parti, il montrait de la facilité à leur accorder certaines concessions personnelles. Parmi ces faveurs il en était une qui désobligeait vivement le cardinal Nicolas de Pellevé, archevêque de Sens, et d'autres prélats de cour qui, dès le commencement de cette dernière guerre, avaient obtenu de se partager les bénéfices que possédait le cardinal Odet de Châtillon, mort depuis peu en Angleterre. Ils durent rendre ces riches abbayes à de nouveaux titulaires qui, si l'on en croit Cl. Haton, n'étaient que les prête-noms de l'amiral de Coligny et du maréchal de Montmorency, qui s'en appropriaient les revenus. Il parait pourtant que cette libéralité que faisait le roi à l'amiral de Coligny, du revenu des bénéfices de son frère, n'était que pour un an et à titre de dédommagement du saccagement du château de Châtillon-sur-Loing, qui avait été pillé et ruiné pendant la guerre. Mais tels étaient alors les abus du régime en commende, que les familles puissantes, dont les membres avaient reçu des abbayes, s'en considéraient presque comme propriétaires, ou, qu'en tous cas, ces bénéfices n'étaient plus considérés que comme des domaines civils, dont le roi disposait selon le gré de sa poli-

Conti, comte de Soissons, etc , etc., etc. Lequel prince estoit né le xiii° *jór de mois de mai de l'an de grâce* mccccc *et* xxx. *Ici est déposé son corps. Dieu à son âme fasse merci.*

tique, en dehors de toute considération religieuse, et pour dis-
tribuer ses largesses sans grever le trésor royal. Les simples
gentilshommes du parti protestant, en retournant chez eux,
avaient souvent trouvé leurs châteaux envahis, à la faveur de
la guerre, par des possesseurs qui refusaient de les rendre.
C'étaient partout des débats aussi multipliés qu'interminables.
Ainsi Marraffin de Guerchy avait voulu rentrer dans son
château d'Avigneau. Mais il n'avait plus trouvé sa femme qui
était morte, et la fille que celle-ci avait eue d'un précédent
mariage était devenue la conquête à main armée d'un
gentilhomme catholique appelé de la Bussière, seigneur de la
Bruyère, qui par contrainte et sans l'aveu de ses parents,
l'avait forcée de l'épouser, pour s'emparer de la terre et du
château. Le capitaine huguenot, tout redoutable qu'il était,
fut forcé de transigér sur ses droits. L'acte que dressa à ce
sujet un notaire d'Auxerre contient de curieux détails de
mœurs. On le trouvera dans les Pièces justificatives dont
nous ferons suivre cette Histoire.

CHAPITRE X.

1571. CHARTE DES PROTESTANTS DE BOURGOGNE ET DE CHAMPAGNE. —
— 1572. MASSACRE DE LA SAINT-BARTHÉLEMY. MORT DE MARRAFFIN DE
GUERCHY. INCURSIONS ET BRIGANDAGES DES CONFRÉRIES. JACQUES CREUX
ET LAPRIME DE CRAVANT. LES PIEDS NUS DE SENS. — ABJURATIONS A
SENS ET A AUXERRE. FUITE DE CEUX QUI REFUSENT D'ABJURER. — 1573-
1574. SIÉGES DE LA ROCHELLE ET SANCERRE. TRAITÉ DE LA ROCHELLE.
— ALLIANCE DES PROTESTANTS AVEC LES POLITIQUES. — MORT DE
CHARLES IX. — 1575. NOUVELLE PRISE D'ARMES SOUS LE COMMANDE-
MENT DU DUC D'ALENÇON. — LA NOBLESSE DEVENUE ODIEUSE AU PEUPLE
DES CAMPAGNES.

La situation des protestants n'était pas encore bien assurée, ·
et, en février et mars 1571, il y eut des massacres à Rouen
et à Orange. Le parti modéré, qui était principalement représenté par les fils du connétable de Montmorency, semblait
reprendre faveur auprès du roi, et les princes lorrains per-
daient visiblement de leur crédit. Charles IX paraissait
écouter avec intérêt l'amiral de Coligny, qui lui proposait
d'éteindre les dissensions en France, en tournant toutes les
forces vives du pays, tant dans une guerre des Pays-Bas
contre l'Espagne que dans des expéditions de découvertes et
d'établissements au-delà des mers. Les symptômes de dispositions meilleures apparurent dans notre contrée par la mission qui fut donnée à deux maîtres des requêtes, Charles

Lamoignon et Nicolas Potier de Grandmesnil, d'y faire exécuter l'édit de pacification. Les territoires sur lesquels devait
s'exercer leur commission comprenaient la Champagne, la
Bourgogne, l'Auvergne et la haute et basse Marche du Bourbonnais.

Ils étaient au mois d'avril à Sens et, après avoir entendu,
dans une enquête officielle, les maire et échevins de cette
ville et quelques habitants appartenant tant à la religion
catholique qu'au culte réformé, ils y publiaient, le 10 de ce
mois, pour Sens et le ressort de son bailliage, une ordonnance en 19 articles, destinée à assurer à la fois la liberté de
conscience, le maintien de l'ordre et la sûreté des personnes
et des propriétés (1). Le surlendemain 12 avril une seconde
ordonnance était par eux rendue, avec les mêmes formes et
dans les mêmes termes, pour le bailliage de Tonnerre (2). Il
est probable qu'il en fut édicté par eux de semblables pour les
bailliages d'Auxerre et d'Avallon, quoiqu'elles n'aient point
été conservées dans les archives de ces deux villes.

Le texte de ce document est assez intéressant pour mériter
d'être transcrit littéralement.

« Sur lez requestes et remonstrances à nous faictes par les maire,
« eschevins et habitans de la ville de . . . . . , tant de l'une que
« de l'aultre religion, avons, pour le bien du repos publicq et affin
« d'obvier aux troubles et dissensions qui se pourroient esmouvoir
« entre eulx, et pour les tenir en paix soubz l'obéissance du roy en
« l'observance de ses édictz, ordonné et ordonnons, soubz le bon
« plaisir du roy et de messieurs de son conseil, ce qui s'ensuyt :
« Premièrement uous avons faict expresses inhibitions et deffenses
« à toutes personnes do ne s'attaquer, injurier, ne provoquer par

(1) Archives de Sens. Notes manuscrites du docteur Crou.
(2) Archives de Tonnerre. Copie communiquée par M. Le Maistre.

« reproches de ce qui s'est passé, et disputer, contester ou querel-
« ler, et do ne se oultragor ou offenser de faict ou de parolles ; leur
« onjoignons eulx contenir et vivre comme frères, amys et conci-
« toyens, sur peine d'estre punis comme infracteurs de paix et repos
« publicq, les mettant tous en la protection et sauvegarde du roy, en
« les baillant en garde les ungs aux aultres.

« 2. Avons aussy deffendu à toutes personnes de quelque qualité
« qu'elles soient, de donner aucung destorne ou empeschement à
« ceulx qui sont de la religion que l'on dit réformée, à joyr et user de
« l'édict de pacification, sur les peines y contenues, enjoignons à
« tous juges, officiers, maires et eschevins et aultres personnes
« publicques de les conserver en la liberté et protection à eulx pro-
« mises par ledict édict et ne souffrir qu'ils soient offensés de faict
« ou de paroles en allant ou retournant des lieux èsquels l'exercice
« de leur religion est permis, ni en faisant ledict exerciee èsdicts
« lieux permis par lesdicts édicts.

« 3. Avons aussy enjoinct auxdicts de la religion de se contenir
« modestement, et, pour oster toutes occasions de suspicion et esmo-
« tion, leur avons défendu et défendons expressément qu'en allant
« èsdicts lieux où l'exercice de leur religion est permis, ou en
« retournant, ils ne s'assemblent et congrègent sur les chemins en
« troppes (troupes) excédant le nombre de dix, leur faisant aussi
« deffense de porter sur lesdicts chemins aultres armes que espées
« et dagues seulement ; et oultre leur avons expressément deffendu
« de ne porter auscunes armes quelles qu'elles soient, offensibles ou
« défensibles, ès assemblées où se faict l'exercice de ladite religion, et
« de n'y faire aulcuns traictés, associations, confédérations, enrolle-
« ments ou monopoles, levées ou contributions de deniers ou aultre-
« ment, suyvant les édicts de pacification, sur les peines y conte-
« nues.

« 4. Il est aussi deffendu très expressément de faire, en ladicte
« ville ou aultre endroit de ceste province, aulcung exercice de la
« dicte religion, tant pour le ministère que réglement, discipline ou
« instruction publicque des enfans ou aultres. Est excepté ès lieux
« permis et octroyés par ledict édict de pacification. Et, pourtant,
« nous avons faict inhibitions et deffenses à toutes personnes de la
« dicte religion de publicquement instituer ou instruire enfans ou

« aultres ès lieux où n'est pas permis l'exercice de ladicte reli-
« gion.

« 5. Deffenses sont faictes à toutes personnes de rechercher les
« dicts de ladicte religion en leurs consciences, et d'empescher que
« chacung en son privé puisse faire ses œuvres de instruire ou faire
« instruire privément en sa maison ses enfants et famille, et de les
« vexer et molester ou contraindre pour le regard de leur dicte
« religion contre leur conscience, ne pour raison d'icelle rechercher
« ès maisons et lieux de leurs habitations, tant aux champs que en la
« ville, pourvu qu'ils se comportent selon qu'il est contenu auxdicts
« édicts.

« 6. Et pour obvier aux esmotions, périls et dangers qui s'en
« pourroient ensuyvre, nous avons deffendu auxdicts de la religion
« de s'assembler deux, troys où plusieurs mesnages ou familles pour
« faire leurs prières, ès lieux ou l'exercice de leur religion n'est per-
« mis, et de n'y faire lesdictes prières, ni chanter et psalmodier à
« haulte voix qui puisse être entendu des voisins et passans.

« 7. Il est pareillement deffendu à toutes personnes d'enlever ou
« ravir les enfans de ceulx de ladicte religion que l'on dict réformée
« pour les faire baptiser en l'église catholicque contre le voloir de
« leurs pères et mères. Enjoignons auxdicts pères et mères et aux
« dicts domestiques de faire baptiser leurs dicts enfans dedans six
« semaines à compter du jour de la nativité desdicts enfans, et de
« venir dans ledict temps déclarer au bailli dudict lieu, en son hos-
« tel, les jours de la nativité et baptème, le lieu où lesdicts enfans
« auront été baptisés, et les noms et surnoms desdicts enfans et de
« leurs pères et mères et de celuy qui les aura baptisés et de leurs
« parrains et marraines, pour estre fait acte de ce régulièrement au
« greffe dudict bailliage, affin d'y avoir recours, suyvant les ordon-
« nances sur le faict des registres desdicts baptèmes.

« 8. Il est aussy enjoinct aux baillis de faire, comme juges ordi-
« naires des lieux, pourvoir dedans troys jours ceulx de la religion
« d'ung lieu à eulx appartenant ou qu'ils pourront acquérir, pour y
« faire inhumation et sépulture de leurs morts et d'observer de
« poinct en poinct ce qui est prescript et ordonné par le treiziesme
« article dudict édict de pacification sur le faict desdictes sépultures,
« enjoignant en oultre à celuy des officiers qui sera commis au faict

« desdictes sépultures de faire enregistrer au greffe dudict bailliage
« les noms, surnoms des décédés et les jours de leurs décès et lieu
« de leur sépulture, pour y avoir recours si besoing est.

« 9. Et pour retrancher les occasions qui pourroient apporter
« discords et troubles entre les subjets du roy, ainsi que nous avons
« veu par effect, nous, en suyvant le 23me article dudict édict, avons
« faict inhibitions et deffenses auxdicts de la religion de manger
« publiquement ni de faire exposition de chair preste à manger ès
« jours maigres, ès quels l'usage de chair est prohibé et défendu par
« l'église catholicque des romains, deffendant très expressément à
« tous hosteliers, taverniers et cabaretiers et à toutes aultres per-
« sonnes publicques de ne servir publicquement à leurs hostes ou
« exposer chair auxdicts jours, sur peine de punition arbitraire.

« 10. En faisant deffenses auxdicts de la religion de tenir et esta-
« ler, aux jours de fêtes, boutiques ouvertes, ny aultrement travailler
« publicquement lesdicts jours, ni faire œuvre ni aultres qui puisse
« estre veu ou entendu du peuple passant par les rues et voyes
« publicques, deffendons aussi très expressément auxdicts officiers
« de rechercher lesdicts de la religion ou permettre qu'ils soient
« recherchés s'ils mangent chair au aultrement ès dicts jours dans
« les maisons ou habitations privées, sans scandalle et publicques
« transgressions.

« 11. Nous avons aussi enjoinct auxdicts de la religion de faire
« tendre et parer devant leurs maisons et leurs habitations ès jours
« èsquels il est enjoinct aux catholicques de ainsy le faire, ou bien
« de permettre que, en leur refus, les maire, eschevins de la ville ou
« marguilliers, procureurs ou tout aultres ayans charge des parois-
« ses où les maisons sont situées, fassent tapisser et tendre devant
« lesdictes maisons et habitations aux dépens de ladicte ville ou
« desdictes fabriques ; et à cet effet seront tous les maires, esche-
« vins, marguilliers, procureurs ou aultres ayans charge desdictes
« fabriques, tenus de sçavoir de ceux de ladicte religion qui seront
« demourans auxdictes paroisses, le jour précédant la feste, s'ils
« veulent tapisser ou non, et, à leur refus, y pourvoir, en sorte qu'il
« n'en advienne esmotion ou incommodité, ce que nous leur avons
« enjoinct et enjoignons sur peine d'estre responsables en leurs
« propres et privés noms.

« 12. Et d'auitant que nous avons veu et apris que la plus véhé-
« mente cause qui retient lesdicts habitans en discord et dissensions,
« et qui plus les peult émouvoir et troubler, est la suspition de
« défiance que prennent les catholicques que les ministres de ladicte
« religion qui viennent résider en leurs villes y facent lenr ministère
« et exercice de leur religion contre les prohibitions et deffenses du
« roy, nous avons ordonné par provision, jusqu'à ce que par le roy
« ou messieurs de son conseil ou aultrement en ayt esté ordonné,
« que pour le bien et repos des habitans de ladicte ville et pays de
« l'une et de l'aultre religion, tous ministres feront leurs habitations
« ès lieux et endroicts où leur ministère et exercice de leur religion
« est permis suyvant l'édict, et non ailleurs. Et pourront toutesfoys
« aller et venir librement en tous lieux et endroicts de ce royaume
« comme les aultres subjects du roy, et pourveu qu'ils n'y facent
« demeure plus de vingt-quatre heures, sinon en toute nécessité
« d'estre, et seront tenus admettre les officiers du roy et eschevins
« des lieux, et qu'ils n'y facent auscun ministère ou exercice de leur
« dicte religion, sur la peine portée par ledict édict.

« 13. Il est expressément deffendu à tous prebstres, religieux et
« religieuses ou aultres personnes ayans fait profession monachale
« de contracter mariage, sur peine d'être punis comme perturba-
« teurs du repos public, sauf à ceulx qui prétendent leur profession
« avoir été forcée ou aultrement invalidée, de se retirer au roy pour
« leur estre pourveu selon les voyes de droict et de justice accou-
« tumées en ce royaulme.

« 14. Il est aussi enjoinct aux officiers de faire exécuter, garder et
« observer les édicts faicts sur le faict de blasphèmes, tavernes, caba-
« rets et jeux publics, et de les faire publier de nouveau ès lieux et
« endroicts accoutumés à faire faire crys publics.

« 15. Inhibitions et deffenses sont faictes à ceulx de ladicte religion
« se promener ou porter irrévéremment ès églises des catholicques
« ou devant icelles, mesme lorsque le divin service s'y fera, leur enjoi-
« gnant en outre de éviter aux scandalles et esmotions qui se pour-
« roient en suyvre; qu'estans èsdites églises ils portent tel honneur
« et révérence au divin service et sacremens que font les catholic-
« ques, si mieulx ils n'ayment vuider et sortir hors lesdictes églises,
« le tout sur peine d'estre punis comme perturbateurs du repos

« publicq. Deffenses aussy sont faictes, sur les mêmes peines, d'em-
« pescher directement ou indirectement que le divin service ne se
« face ès églises dudict bailliage et de ne troubler ou empescher les
« ecclésiasticques en la paisible jouissance et perception de leurs
« droicts, rentes, revenus et chevance ; enjoignons à toutes person-
« nes, de quelque qualité qu'elles soient, d'apporter et mettre entre
« les mains des abbés, prieurs, curés ou chanoines des lieux tous
« meubles subjects à restitution par l'édict, ensemble les livres, ter-
« riers, titres, papiers, renseignemens et documens quelconques qui
« appartiennent auxdicts ecclésiasticques ou qui concernent leurs
« droicts, pour leur estre promptement rendus et restitués, et à tous
« qui les ont ou détiennent en la place où ils sont, qu'ils ayent à les
« révéler et dénoncer à justice ; le tout sur peine du quadruple et autres
« peines arbitraires. Et à cet effect est permis auxdicts ecclésiastic-
« ques procéder par monition et censures, affin de révélation, sans
« aulcung excepter.

« 16. Il est enjoinct aux gouverneurs, capitaines et aultres ayans
« charge de souldarts ou mortes-payes, de ne les laisser vaguer
« et courir le plat pays, et de les livrer aux mains de la justice quand
« ils auront forfaict ou délinqué, pour leur estre faict et parfaict leur
« procès par les officiers des lieux, ainsy que les aultres subjects
« du roy.

« 17. Il est deffendu à toute personne tant de l'une que de l'aultre
« religion de ne porter aulcunes armes à feu, tant par les villes que
« par les champs, et de ne porter armes ostensibles ès villes et faulx-
« bourgs dudit bailliage, excepté que ceux qui sont connus pour
« gouverneurs et gardes desdites villes et places et comme minis-
« tres de l'Estat pourront porter toutes armes indifféremment tant
« aux champs que en la ville. Pourront aussi les gentilshommes et
« gens d'ordonnance du roy et leurs serviteurs porter par lesdites
« villes et faulxbourgs leurs espées et dagues seulement, le tout sur
« peine d'estre punis comme perturbateurs du repos publicq, le tout
« par provision et jusques à ce que par le roy aultrement en ayt esté
« ordonné.

« 18. Il est ordonné aux maires, eschevins ou toutes aultres per-
« sonnes ayant l'administration et gouvernement de ladicte ville
« d'admettre ou recepvoir indifféremment, et sans distinction pour

« raison de la religion, les habitans de ladicte ville aux conseils, déli-
« bérations, assemblées, estats, charges et fonctions publicques et de
« ne surcharger et fouler d'aulcunes charges ordinaires ou extraor-
« dinaires les ungs plus que les aultres pour raison de ladicte reli-
« gion, ains imposer chascun selon la proportion de son bien et
« faculté, et ne devront ceulx de ladicte prétendue religion estre
« compris ès charges que la ville aura imposées pour les despenses
« passées. Mais contribueront à toutes celles que les roy imposera et
« à celles des villes depuis ledict édict comme les catholicques, suy-
« vant le 55ᵐᵉ article dudict édict.

« 19. Il est enjoinct à tous vagabonds, sans art, métier ou moyen
« de gaigner leurs vies, de vuyder ladicte ville dans les vingt-quatre
« heures du jour de la publication du présent article. Si aulcun vient
« de nouveau habiter en ladicte ville, il lui est enjoinct de prendre
« lettres de bourgeoisie des maire et eschevins d'icelle ville, ou se
« faire inscrire ès matricules des registres de l'hostel commung de
« de ladicte ville dedans huitaine à compter du jour qu'il y viendra
« habiter ; et pareillement sont les artisans et aultres tenans bou-
« tique en ladicte ville et faulxbourgs tenus de venir déclarer aux
« dicts maire et eschevins le premier jour de chascun moys les noms
« de leurs apprentis et serviteurs et se rendre responsables de tous
« leurs faicts, et faire ouvrer et travailler leurs dicts apprentis et
« serviteurs en leurs ouvroirs et boutiques et non ailleurs, le tout
« sur peine d'amende arbitraire. »

Telle était cette charte des huguenots de la Champagne et
de la Bourgogne. Et il faut reconnaître que, sauf peut-être
les articles relatifs aux écoles, aux ministres et aux mariages,
qui pouvaient paraître contraires au traité, elle réalisait
d'une manière satisfaisante les promesses de l'édit de pacification. Les dix-huit mois qui suivirent furent en effet une
période de calme absolu, du moins dans notre contrée.
Pendant ce temps, la confiance que le roi avait paru rendre
à l'amiral s'était accrue de manière à offrir toutes les apparences d'une franche affection. Ses projets de guerre exté-

rieure semblaient de plus en plus goûtés par Charles IX qui en préparait l'exécution. La reine de Navarre était aussi rentrée en faveur, et le roi avait résolu de marier avec le jeune prince Henri sa sœur Marguerite. La reine mourut avant d'avoir vu cette union, qui fut célébrée le 18 août 1572. Cependant Catherine de Médicis, jalouse jusqu'à la fureur de l'ascendant qu'avait conquis sur le roi l'amiral qu'elle appelait ironiquement « le second roi de France, » se lia d'une nouvelle intimité avec les Guise et recourut aux dernières extrémités pour ressaisir le crédit sans limite qu'elle avait eu sur l'esprit de son fils. Les symptômes de cette réconciliation frappèrent l'esprit de beaucoup de chefs protestants que l'on s'était efforcé d'attirer et de retenir à la cour pour les fêtes du mariage. Louis Blosset, l'ancien commandant de Vézelay, fut désabusé l'un des premiers. Il se résolut à partir, et, en allant prendre congé de l'amiral, il lui dit que, malgré les belles démonstrations dont ils étaient l'objet, il ne faisait pas bon pour eux dans ce pays ; qu'il était, quant à lui, bien décidé à le quitter sur-le-champ et que, si l'amiral suivait son exemple, il ferait beaucoup mieux pour son parti et pour lui-même (1). Coligny ne le crut pas et resta. Quelques jours après, Maurevert, agent des Guise, lui tirait dans la rue un coup d'arquebuse qui lui fracassait le bras, et deux jours après éclatait l'infernal complot de la Saint-Barthélemy, combiné par la reine-mère, le duc d'Anjou et les Guise, et auquel Charles IX avait adhéré la veille, passant le dernier jour, avec la violence et la dissimulation qui était le fond de son caractère, de la confiance amicale qu'il avait montrée

_____

(1) *Mémoires de Lestoile*, t. II, de l'éd. de Michaut et Poujoulat, p. 25.

aux huguenots à une ardente et sanguinaire fureur. Parmi
les milliers de gentilshommes protestants qui périrent dans
cette affreuse journée, se trouvaient le capitaine **Armand
de Piles**, qui avait pris d'assaut et saccagé en 1567 nos
bourgs de Pont-sur-Yonne et d'Irancy, et défendu avec tant
d'énergie la ville de Saint-Jean-d'Angély après la bataille de
Montcontour ; « il était logé au Louvre et lança au balcon du
« roi un cri foudroyant, le sommant de sa parole. Charles IX
« se tut (1). » Marraffin de Guerchy, l'ancien gouverneur
d'Auxerre et de La Charité, dont nous avons eu tant de fois
l'occasion de citer le nom, y fut aussi assassiné. L'amiral
l'avait récemment nommé lieutenant de sa compagnie de
gens d'armes; le jour du coup d'arquebuse de Maurevert,
Marraffin se trouvait à la droite de son illustre général, et
dans cette nuit lamentable de la Saint-Barthélemy il était à
l'hôtel de Coligny, où il avait obtenu la permission de passer
la nuit ; se voyant surpris par les meurtriers, sans avoir le
temps de se reconnaître, il s'enveloppa le bras de son manteau, mit l'épée à la main et se défendit longtemps contre
eux, sans en tuer pourtant aucun, parce qu'ils étaient
tous cuirassés. Enfin il fut accablé par le nombre (2). Il avait
acquis assez de renom de bravoure et d'habileté, pour que
Voltaire ait cru devoir consacrer son nom dans la *Henriade.*

> Et vous, brave Guerchy, vous, sage Lavardin,
> Dignes de plus de vie et d'un autre destin !

Briquemaut, qui avait défendu La Charité avec Marraffin
de Guerchy, et Vézelay avec Blosset, échappa le premier jour

---

(1) MICHELET, *Guerres de Religion,* p. 453.

(2) DE THOU, liv. LII. Notice de M. Ravin sur le bourg de Guerchy,
Annuaire de l'Yonne de 1857.

au massacre, en se réfugiant chez l'ambassadeur d'Angleterre. Mais quelques jours après il y fut arrêté, et fut pendu avec un autre officier, en vertu d'un arrêt du Parlement. Le Roi et toute la Cour assistèrent à son supplice comme à une fête. « Le roy, dit Papire Masson son historien (1), y assista avec « tant d'avidité que de suppléer au défaut du jour par des « flambeaux qu'il fit approcher au gibet, pour voir les gri- « maces des mourants. » Jacques de Crussol, comte d'Acier, frère du duc d'Uzès, seigneur de Tonnerre, fut épargné par ordre de la reine, à la considération de son frère, qui l'envoya à Tonnerre pour le mettre à l'abri de toutes recherches (2). Ce furent les Guise qui le sauvèrent, espérant s'en faire une créature. En effet il revint au catholicisme, et en 1575 il commandait en Languedoc le corps d'armée catholique contre les réformés (3).

Dès le lendemain, 25 août, l'on expédiait à tous les gouverneurs de province l'ordre de « tuer ou laisser tuer les « chefs et factieux. » Quelques jours plus tard, la fureur étant refroidie, on cédait à la prudence en modifiant ces impitoyables instructions. Mais déjà elles n'avaient été que trop bien exécutées à Meaux, La Charité, Orléans, Saumur, Angers, Lyon, Troyes, Rouen, Toulouse, Bordeaux et dans une foule d'autres villes. Si elles ne le furent pas dans les villes de notre région, Auxerre, Sens, Tonnerre, Joigny et Avallon, ce ne fut pas faute de zèle, car on vit le procureur du roi d'Auxerre s'empresser de porter lui-même à Lyon au gouverneur Mandelot l'ordre d'exterminer les huguenots de la même

---

(1) *Archives curieuses de l'Hist. de France*, t. VIII, p. 338.
(2) Archives de Tonnerre. Notes communiquées par M. Le Maistre.
(3) De Thou, liv. LII, p. 411.

manière qu'à Paris (1) ; c'est seulement que la besogne était
faite d'avance et qu'il ne s'y trouvait plus de protestants qui
n'eussent pas abjuré, ou que, comme le dit Cl. Haton (2),
« lesdits huguenotz furent les premiers advertis du saccage-
« ment de Paris et eurent moyen de eux s'enfuyr avant qu'on
« ne s'avisast de mettre la main sur eux. Les huguenotz
« convertis et réduictz à l'église catholicque se trouvèrent,
« ajoute-t-il, fort étonnez et ne sçavoient qu'ils devoient faire,
« ou de fuyr après les aultres ou de se tenir. Toutefois, par
« le conseil de leurs amys, s'arrestèrent, mais furent plus
« de huit jours serrez nuict et jour, qu'ilz n'osoient se mon-
« trer publiquement, de peur qu'on ne se ruât à leur frippe-
« rie. » Il ne paraît pas qu'on ait recommencé sur eux les
anciens massacres. Mais les bandes, ou, comme on disait
alors, les confréries se mirent en campagne pour attaquer les
châteaux des gentilshommes huguenots et, selon le témoignage du même écrivain, « les gentilzhommes et damoiselles
« huguenotz des villages, quelques chasteaux et maisons
« fortes qu'ilz eussent, perdirent tout courage de plus tenir
« bon en leurs dictes maisons et chasteaux, après qu'ilz furent
« certains du désastre advenu sur leurs chefs et séditieux
« frères, et quasi tous prindrent le chemin, les aulcuns de
« Sedan, aultres ès Allemagnes et les aultres à Genesve, et
« ne se tinrent assurez qu'ilz ne fussent deffinagez du
« royaulme, jusqu'à ce qu'ils sceurent la volunté et déclara-
« tion du roy. Et pour enpescher qu'on ne leur fist mal sur
« le chemin en s'enfuyant, avoient les hommes de grandes

---

(1) D'AUBIGNÉ, t. II, p. 25 ; — DE THOU, liv. LII ; — LEBEUF, *Prise
d'Auxerre*, p. 199.

(2) *Mémoires*, p. 688.

« croix blanches ou d'aultre couleur sur leurs chappeaulx et
« habitz, et les damoyselles et femmes huguenottes des pate-
« nostres en leurs mains ou à leur cincture. »

Ceux qui étaient demeurés dans leurs maisons payèrent le
plus souvent de leur vie cette imprudence. Beaucoup aussi de
ceux qui avaient pris la fuite furent assassinés sur les routes
par les bandes de sicaires qui mettaient ensuite au pillage
les châteaux dont les maîtres étaient partis.

Les incursions de ces bandes s'étendaient au loin, comme
l'indique le fait suivant raconté par le même Cl. Haton (1).

« Une bande de soldatz à pied en bon ordre arrivèrent au
« village de la Saulsotte (près de Provins) et allèrent envi-
« ronner la maison et logis du sieur de Besancourt, qui y
« faisait sa résidence, pour tâcher à le faire prisonnier ou à
« le tuer en la place ; et estoient là allez exprès pour ce
« faire, estans partis de quelques villages d'auprès d'Au-
« xerre, pour prendre vengeance des maux incroiables que
« le dict Besancourt avoit faicts en leurs pays, tant en vols
« que saccagements de personnes en leurs maisons et par les
« chemins, comme ils disoient, et estoient le nombre de 50 à
« 60 soldatz. Lesquelz, n'ayans trouvé en la maison ledit
« Besancourt, mangèrent tout ce qu'ilz trouvèrent de comes-
« tibles en ladite maison, et chargèrent une charrette des
« meilleurs meubles qui y fussent, avec deux grandes et
« grosses juments à luy appartenant, puis reprindrent leur
« chemin et s'en retournèrent sans faire aulcun mal à per-
« sonne, estant fort marris d'estre allez à faulte. Il n'y avoit
« demye heure qu'il Besancourt estoit party avec ses chevaux
« de sadite maison pour s'enfuyr, quand lesditz soldatz y

(1) *Mémoires*, p. 696.

« arrivèrent. » Au nombre des fugitifs le même écrivain
mentionne avec dérision « un gros et gras abbé huguenot
« nommé l'abbé de Saint-Michel de Tonnerre, » qui fut
assiégé et pris dans un château, près de Provins, avec une
vingtaine d'autres protestants (1).

Parmi les chefs de ces bandes d'assassins et de pillards se
faisaient remarquer, pour leur fureur sanguinaire et leur
avidité, Jacques Creux, dit Brusquet, l'ancien geôlier d'Auxerre, et un certain Laprime, de Cravant. Vainement de
nouveaux édits du roi avaient invité les réformés, même ceux
qui avaient quitté la France, à rentrer dans leurs maisons,
avec promesse de toute sûreté en cas d'obéissance, ces
bandits n'en continuaient pas moins leurs chasses aux huguenots, leurs pillages et leurs dévastations. Les défenses
qu'avait publiées à ce sujet le lieutenant-général de Bourgogne, Chabot, comte de Charny, étant ouvertement violées,
il envoya aux magistrats d'Auxerre l'ordre de faire arrêter et
mettre en prison ces deux audacieux malfaiteurs. Sa lettre,

(1) Il s'appelait Marin de Dinteville. C'était un bâtard de la famille
des Dinteville, évêques d'Auxerre. L'abbaye lui avait été donnée en
1559. Dès 1565, tout en la gardant, il faisait profession ouverte de
protestantisme, car il ne prenait plus que le titre de seigneur de
Saint-Michel. Il ne fut pas assassiné avec les autres. M. Le Maistre, *Notice sur l'abbaye de Saint-Michel*, Annuaire de l'Yonne de 1843, dit
que c'est en 1574 qu'il fut tué, et on lit dans les mémoires de Lestoile,
à la date du 25 avril 1575; « Le 25 fut pendu à Paris un soldat qui
« d'un coup de pistolet avoit tué M. Dinteville, abbé de Saint-Michel
« de Tonnerre, pour 33 écus que lui avait donné celui qui était en
« contention pour ladite abbaye. » Ce trait peint les mœurs du
temps. Ce contendant, si pressé de succéder à l'abbé huguenot, était
sans doute quelque protégé de la cour, peut-être un des héros de la
Saint-Barthélemy, qui avait obtenu, à titre de commende, cette opu-
lente abbaye.

qui est transcrite sur le registre des délibérations de la ville, mérite d'être reproduite textuellement :

« MM. les officiers, maire et eschevins de la ville d'Au-
« xerre, je vous ai par cidevant faict entendre le méconten-
« tement que le roy a de ce que plusieurs se mectent en
« armes et font si maulvais traitement à ceulx de la religion
« qui se tiennent aux champs, que, ne pouvant sûrement
« habiter en leurs maisons, ilz sont contrainctz de se retirer
« aux pays estrangers, où ils pourront machiner quelque
« chose contre Sa Majesté et repos de ses subjectz. Et parce
« que de plus j'entends que cela continue en vos quartiers,
« je n'ai voulu faillir de vous envoyer ce mot pour vous
« ordonner de bien et duement informer contre tous ceulx
« qui auront commis voleries, pillages ou rançonnemens, et
« mesme contre ung capitaine Brusquet de vostre ville et ung
« Laprime de Cravant, qui en sont fort diffamez; lesquelles
« informations vous m'enverrez ou mettrez entre les mains
« du prévost, afin que la pugnition en soit faite suyvant la
« volonté du roy. Quant auxdictz Brusquet et Laprime, vous
« ne fauldrez de les mectre en prison si vous les pouvez
« attraper, comme je vous ai récemment mandé. Car, après
« qu'ils seront pris, les tesmoingz qui peuvent déposer de
« leurs actes parleront plus librement.... Je me recommande
« bien affectueusement à vos bonnes grâces, priant le créa-
« teur de vous tenir en sa saincte et digne garde. De Dijon,
« ce 5ᵐᵉ octobre 1572. Vostre entièrement bon amy.

                              « CHARNY. »

Aucun document n'indique ce que devinrent ensuite ces deux personnages qui, selon Lebeuf, ne pouvaient modérer leur zèle (1). Le nom de Laprime n'est prononcé par l'histoire

(1) *Prise d'Auxerre*, p. 199.

qu'à cette seule occasion. Quant au capitaine Brusquet, nous
en avons souvent parlé dans le cours de ce récit, et il mérite
bien que nous en disions encore quelque chose.

Il avait sans doute pris part, dès les premiers troubles, à
toutes les émeutes suscitées à Auxerre contre les huguenots.
Mais il n'est nommé pour la première fois que dans la relation des atroces assassinats commis dans cette ville le 23 août
1562 ; il était, selon Lebeuf, qui cherche en vain pour lui
des formules d'atténuation (1), le moteur de l'entreprise et le
chef des massacreurs. Th. de Bèze (2) parle de lui à cette occasion avec autant de mépris que d'horreur. « Un certain bélis-
« tre, dit-il, geôlier des prisons, nommé Jacques Creux dit
« Brusquet, leva l'enseigne des meurtriers, volans et pillans
« dehors et dedans la ville, avec impunité et infinies cruautés,
« dont je citerai seulement quelques exemples. » C'est lui
aussi qui avait organisé le soulèvement du 26 avril 1567, dans
lequel, après avoir saisi les armes des huguenots et fermé les
portes de la ville, on alla attaquer ceux qui étaient restés dans
la ville, et faire sauter, avec des barils de poudre, la maison
où ils s'étaient retirés, et probablement aussi, poursuivre en
armes les autres dans leur prêche du bourg, et consommer
leur expulsion dans une attaque sanglante dont il ne nous
reste que de vagues révélations. Il n'avait sans doute pas été
moins ardent et moins actif dans les émeutes et les assassinats de l'année 1568, et particulièrement dans le grand
massacre du 18 octobre de cette année; car, selon Lebeuf (3),

(1) *Prise d'Auxerre*, p. 94.

(2) *Hist. des Égl. réf.*, t. I, p. 483.

(3) Délibération du chapitre du 24 juillet 1568, citée par Lebeuf
dans la *Prise d'Auxerre*, pièces justificatives, p. XXXIII. Acte d'Armant,
notaire, du 21 janvier 1570 ; archives de l'Yonne.

c'était un de ceux que les huguenots regardaient comme leurs plus grands fléaux, et selon une délibération du 14 mai 1570, consignée sur les registres de l'hôtel-de-ville, « les « rebelles l'avaient longtemps menacé et cherché tous les « moyens de se saisir de sa personne et de ses biens pour « le deffaire et le ruyner. » Il est vrai de dire que, si à Auxerre il avait fait voir la férocité d'un assassin et l'avidité d'un pillard, à Vézelay et à Regennes il avait montré depuis le courage d'un soldat. Il n'avait pas été sans tirer quelques profits de son zèle. Le chapitre de la cathédrale et les moines de Saint-Germain avaient reconnu ses services par des dons et des concessions. Puis le pillage et le rançonnement l'avaient mis à portée d'acquérir des terres et de bâtir une métairie à une lieue d'Auxerre (1). Cette maison des champs ayant été brûlée par un parti de huguenots, les maire et échevins avaient, par la délibération que nous venons de citer, sollicité du roi « de lui bailler moyen de se recouvrer de ses pertes « et lui accorder récompenses telles qu'il luy plaira. » Aucun document n'a pu nous apprendre ce qui advint de cette recommandation. Toutefois, en parcourant ceux où son nom est cité, on voit successivement croître et s'épanouir les titres de ce digne personnage. En 1562 il n'est que le *geôlier Jacques Creux*. En 1568, le 24 juillet, il est dans une délibération déjà citée du chapitre, *le capitaine Brusquet nommé Jacques Creux*. Dans l'acte d'acquisition du 7 décembre 1569, sa considération croissant avec sa fortune, il est devenu « hon-« nête homme Jacques Creux, capitaine pour le roy des « gens de cheval de la ville d'Auxerre. » Et, enfin, dans un

(1) Lebeuf, *Prise d'Auxerre*. p. 194. Acte d'Armant, notaire, du 7 décembre 1569 ; archives de l'Yonne.

procès verbal d'enquête de 1571, il se qualifie de « noble
« homme, capitaine de cinquante hommes arquebusiers à
« cheval et trois cents hommes à pied pour le service du
« roy. » Il aurait peut-être été définitivement anobli, si le
régime de la Saint-Barthelemy eût continué à être glorifié.
Mais, après la réaction que proclame la lettre du comte de
Charny, peut-être le héros des massacres et des pillages, s'il
avait été pris, aurait-il été tout simplement pendu. Toutefois
les magistrats d'Auxerre, ou lui portaient trop d'intérêt, ou le
redoutaient trop pour le livrer, et Lebeuf nous apprend qu'il
vivait encore en 1576 et qu'il commandait à cette époque une
troupe soldée par la ville (1).

Ce n'est pas à l'humanité que l'on cédait dans cette
réaction, c'est à la politique. Cette lettre le dit assez clairement. Après le premier mouvement de stupéfaction, le calvinisme s'était relevé sur plusieurs points, et notamment en
Provence et en Languedoc, où ses adhérents avaient une
grande puissance. La Rochelle, Sancerre, Nîmes, Montauban
s'étaient insurgés et avaient fermé leurs portes aux envoyés
du roi. L'ordre était venu alors de ménager les huguenots,
de peur qu'ils n'allassent se rallier à ces foyers de rébellion.
En même temps on prenait des mesures pour contraindre
ces villes à rentrer dans l'obéissance. Dès le 26 octobre,
une imposition de 4,925 livres était établie à Auxerre (2)
pour payer les chevaux d'artillerie destinés au siége projeté
de La Rochelle. On se préparait aussi à assiéger Sancerre.
Le comte de Tavannes écrivait au roi, le 13 décembre, « que
« si l'on voulait assaillir Sancerre promptement, il fallait

(1) *Mém. sur l'hist. d'Auxerre*, t. III, p. 423.
(2) Archives de la ville.

« mander à M. de Guise d'envoyer M. de Barbezieux à Vézel-
« let (Vézelay), ou d'y aller lui-même pour y donner ordre
« qu'ils (les huguenots) ne s'en saisissent. J'y passai il y a
« quelque temps, ajoutait-il; en quatre jours, s'ils le pre-
« naient, ils se rendraient bien forts. C'est tout précipice à
« l'entour et ne s'en faut cinquante pas. Tous ou la plupart
« sont huguenots, et force gentilshommes du pays. C'est le
« chemin de venir d'Allemagne à Sancerre (1). » Les gouverneurs de province reçurent sur ces entrefaites l'ordre de faire
des tournées générales, de convoquer dans chaque ville tous
les gentilshommes du ressort, pour leur faire prêter serment
de fidélité au roi et amener les protestants à faire abjuration ;
moyennant quoi, on promettait de les laisser libres et en
sûreté. Le duc de Guise, gouverneur de Champagne, était
pour cette mission à Sens, le 15 décembre. Il y faisait arrêter
quelques gentilshommes (2). Six d'entre eux, pour être rendus
à la liberté, signaient ce jour-là une profession de foi catholique. C'étaient Charles de Quinquet, seigneur de la Vieille-
Ferté et de la Chaisne; Pierre de Dissey, seigneur de Valuy;
Pierre de l'Abbaye, seigneur de Chaumot; Edme de Pontville,
seigneur du Châtelet et des Essarts; Pierre de Romainvilliers,
seigneur d'Ismainville; et Jean de Taucque, seigneur de Saint-
Jean (3). Le désordre était grand dans cette ville et l'on avait
beaucoup de peine à réduire les éléments de troubles que
l'on avait déchaînés précédemment contre les huguenots.
Les *Pieds-Nus*, qui avaient été longtemps les maîtres de la
ville, et qui, ayant vécu de pillage, avaient perdu toute habi-

(1) *Mém. de Gaspard de Saulx-Tavannes*, p. 161,
(2) *Hist. des ducs de Guise*, par DE BOUILLÉ, II, 526.
(3) Bibl. imp., Mss. Colbert, f° 464 v°.

tude de travail paisible, s'étaient mis ensuite en hostilité
permanente contre toutes les classes de la société aisée. La
Saint-Barthélemy avait remis sur pied cette tourbe de bandits,
qui avait recommencé avec ardeur son ancien métier. Et,
quand on avait mis un frein à leurs incursions en troupe
contre les châteaux des protestants, ils s'étaient faits cou-
peurs de bourses et voleurs de nuit dans les rues de la ville.
Les mémoires manuscrits du duc Henri de Guise (1) portent,
à la date du 15 décembre de cette année, les renseignements
suivants :

« En la ville de Sens s'est faict une aultre plainte par le
« clergé et partie des principaux habitants d'icelle, disant
« que depuis environ deux mois, incontinent que sur les
« cinq heures du soir approchaient, il s'élevait un certain
« nombre d'hommes, la plupart habitants de ladicte ville et
« se pourmenant par les rues, s'ils trouvoient un person-
« nage qui eust la bourse bonne ou aultre chose de valeur,
« ou bien, s'ils entendoient dire qu'il y eust quelque maison
« bien meublée et fournie d'argent, ils se mettoient en devoir
« de la saccager, de sorte qu'en ladicte ville estoit un vrai
« brigandage, et si n'osoient les juges en dire un mot, pour
« les menaces qu'on leur faisoit. Pour à quoi remédier le dit
« sieur de Guise a faict telles diligences, qu'il a été pris
« cinq ou six des gens de cette faction. Avant de quitter la
« ville, le duc en fit punir ou emprisonner plusieurs. »

A Auxerre aussi la terreur avait obtenu des abjurations.
Les convertis comparaissaient devant le vicaire-général de
l'évêque, qui constatait par un procès-verbal leur résispi-

(1) *Mém. du duc de Guise, Mss.* déc. 1572. — Bibl. imp., Mss.
Colbert, f° 466, v°.

scence, et leur en délivrait une expédition qui leur servait sans doute de carte de sûreté. Il existe dans les archives de l'Yonne un acte de ce genre, qui contient un assez grand nombre de noms. Il n'y en a pas moins de cent deux, tant de la ville que de diverses localités du diocèse, pour le seul mois d'octobre 1572. On y lit entre autres celui du conseiller Savinien Girardin. On trouvera cet acte dans nos Pièces justificatives.

Cependant la guerre recommençait par les siéges que soutenaient avec une indomptable énergie les habitants de La Rochelle et Sancerre. Le duc d'Aumale était tué devant La Rochelle, et son neveu, le duc de Mayenne, nommé à sa place au gouvernement de Bourgogne. L'élection au trône de Pologne de Henri III fournit un prétexte pour offrir à la ville de La Rochelle, après dix mois d'attaques inutiles, un traité de paix honorable. « On garantissait, tant à elle qu'à « celles de Nîmes et de Montauban, le plein exercice du « culte réformé avec l'exemption de garnison. Les gentils- « hommes et autres ayant justice, qui avaient porté les « armes avec les habitants desdites villes, étaient autorisés « à célébrer dans leurs maisons les baptêmes et mariages, « sans plus grande assemblée que dix personnes outre les « parents. Le reste des protestants de France devait avoir « seulement la liberté de conscience, avec amnistie pour « tout ce qui s'était passé depuis le 24 août. » Sancerre prolongea sa défense quelques mois encore au milieu des tortures de la plus affreuse famine. On y vit se renouveler les horreurs si fameuses du siége de Jérusalem. Un père et une mère mangèrent le corps de leur fille morte de misère (1).

---

(1) *Discours de la famine de Sancerre*, par Jean DE LÉRY ; *Arch. curieuses de l'Hist. de France*, t. VIII, p. 21.

Enfin la ville capitula le 19 août, sous la garantie de la vie et des biens aux hommes, de l'honneur aux femmes, et de la liberté de conscience à tous, moyennant une rançon de 40,000 fr. aux soldats. Aucun document certain ne révèle la présence à La Rochelle ou à Sancerre d'aucun des protestants de notre contrée, si ce n'est Jean de Lafin de Beauvoir, beau-frère de Jean de Ferrières et seigneur de Maligny, et peut-être aussi quelques gentilshommes ou soldats de la Puisaie. Après ceux qui avaient péri sous le fer des assassins et ceux qui s'étaient soumis à l'abjuration, il est probable que tous les autres avaient gagné Genève ou l'Allemagne, et on pouvait presque dire qu'il n'y avait plus de protestants dans ce pays. Mais ceux qui, à quelque époque que ce fût, avaient abjuré, étaient toujours l'objet d'une suspicion ombrageuse et d'une surveillance étroite. Ainsi au mois d'octobre 1572, le roi se faisait envoyer un dénombrement de tous les officiers et agents de justice et de finance, qui étaient ou avaient été de la religion réformée. En 1574, le 13 mars, consulté par les magistrats d'Auxerre « sur la façon dont ils avaient à gouverner « à l'endroit d'aulcuns de la nouvelle opinion qui étaient dans « leur ville, » le roi répondait : « Nous entendons que vous « ayez à oster les armes à tous ceulx qui vous sont suspects « et que vous craignez estre pour se mouvoir, afin de leur « oster tout moyen de mal faire. » Et le 26 avril suivant il disait dans une nouvelle lettre. « Pour ce que nous doublons « aulcunement de la fidélité des habitans de votre ville qui « ayant autrefois esté de la nouvelle opinion, se sont depuis « réduits à l'église catholique, à ces causes nous mandons « que vous ayez à observer, de plus près qu'il vous sera « possible, leurs actions et déportements, et, ordonnant de « la garde des portes de la ville, n'y laisser aller que ceulx

« de la fidélité desquels vous serez très assurez. (1) » Les
archives de Sens contiennent à la même date des lettres
semblables. On en peut conclure que, s'il y avait encore des
convertis dans ces deux villes, on n'y voyait plus de protestants déclarés. Les seuls points du diocèse d'Auxerre, où il
s'en trouvait encore, étaient Vézelay, Entrains, la Charité et
Gien. Il en resta dans les trois premières de ces villes
jusqu'à la révocation de l'édit de Nantes. Après cette époque, il n'y en eut plus qu'à Gien, où, malgré les persécutions ultérieures, ils se sont toujours maintenus, jusqu'à
ce que l'année 1789 ait ramené le régime de la liberté des
cultes. Mais par combien de crimes exécrables ce résultat
avait été obtenu ! Que de sang versé, que d'assassinats, que
de massacres, dont l'esprit de libre examen du xviiie siècle
devait un jour raviver le souvenir et faire retomber la responsabilité sur l'église catholique ! Néanmoins, on continuait à
prendre à Auxerre de grandes mesures de précautions. Une
ordonnance du bailli avait proscrit aux hôteliers de venir déclarer chaque jour à l'hôtel-de-ville, les noms, surnoms et
pays de ceux qui passaient et qui logeaient chez eux et quelles
armes ils portaient. On travaillait aussi activement à réparer
les fortifications de la ville fort endommagées par les dernières guerres, et, pour en hâter l'achévement, on obtenait de
l'évêque la permission d'y travailler les jours de fêtes (2).

Cependant, si le protestantisme paraissait abattu dans notre
région, il en était autrement dans l'Ouest et dans le Midi.

_____

(1) LEBEUF, *Prise d'Auxerre*; pièces justificatives, p. xxxvi, xliii,
et xliv.

(2) Règ. de l'hôtel-de-ville. LEBEUF, *Mém. sur l'Hist. d'Auxerre*,
t. III, p. 422.

Loin de s'éteindre après la capitulation de La Rochelle, il avait acquis des forces nouvelles par une alliance avec un nouveau parti, « les politiques ou catholiques paisibles, » qui, révoltés des horreurs de la Saint-Barthélemy, et ayant enfin pénétré le système de Catherine de Médicis, voyaient qu'elle ne visait qu'à détruire, les unes par les autres, toutes les supériorités et toutes les grandes influences de religion, de rang et de puissance individuelle ou héréditaire. Il y eut à Nîmes et à Montauban de grandes assemblées de la Guyenne et du Languedoc, où furent arrêtées des résolutions et des demandes, que des députés apportèrent au roi, et auxquelles adhérèrent d'autres assemblées de la Provence, du Dauphiné et du Poitou. On demandait, entre autres choses, que les massacres de la Saint-Barthélemy fussent désavoués et réprouvés, et que l'exercice public du culte réformé fût permis à tous dans tout le royaume ; que les Etats-généraux fussent convoqués, les vieilles libertés nationales remises en vigueur et les impôts réduits à ce qu'ils étaient sous François Ier. Un complot fut formé à la cour pour mettre le duc d'Alençon, second frère du roi, le jeune roi de Navarre et le prince de Condé à la tête du mouvement. Il échoua d'abord ; le prince de Condé seul put s'échapper et gagner la frontière ; les deux autres furent retenus et surveillés de près. Sur ces entrefaites Charles IX mourut, tourmenté d'affreux remords et de visions lamentables. Henri III s'échappa de la Pologne pour venir occuper le trône de France, qu'il était destiné à déshonorer par ses tristes faiblesses, ses prodigalités insensées, ses ridicules superstitions et ses hideuses débauches. La guerre, qui n'avait pas été un seul instant assoupie, reprit avec plus de violence dans les provinces « associées. » Des négociations s'ouvrirent au commencement de l'année 1575, où les

réformés élevèrent leurs prétentions au-delà de ce qu'ils avaient demandé à Charles IX : « Exercice public de la reli-
« gion réformée par tout le royaume, avec égalité absolue
« entre ce culte et la religion catholique ; chambres de justice
« composées pour moitié de protestants ; châtiment des mas-
« sacreurs ; annulation des sentences rendues contre les
« victimes des massacres ; allégement des impôts ; réunion
« prochaine des États-généraux ; remise aux confédérés de
« deux places de sûreté par gouvernement. »

Le Roi, stupéfait par tant de hardiesse, consentait à céder sur partie de ces demandes. Mais on ne conclut rien et la guerre reprit avec fureur. Sur ces entrefaites le duc d'Alençon et le jeune roi de Navarre, sans cesse menacés et maltraités à la cour, s'évadèrent et allèrent rejoindre les confédérés, qui reconnurent le duc d'Alençon comme chef suprême. Il lança de Dreux un manifeste pour expliquer sa conduite, se plaindre des persécutions, des impôts et des exactions dont le peuple était accablé au nom du roi, et il déclarait prendre sous sa protection tous les français des deux religions, en attendant les États-généraux et la réunion d'un concile. « Belles paroles
« et de bonne volonté envers la républicque, fait judicieu-
« sement observer Cl. Haton, s'il estoit vrai que le zèle
« d'icelle l'eust poulsé, mais quant à moy je crois que ce
« n'estoit aultre chose d'un esmorsoir pour secourir ledit
« seigneur et servir son ambition. » Il y eut d'abord, entre le prince et la reine-mère, des pourparlers qui n'aboutirent qu'à une trève de quelques mois.

Les misères publiques, qui avaient si longtemps désolé notre contrée ne devaient pas tarder à s'appesantir de nou-veau sur elle et à s'accroître encore. Les protestants d'Alle-magne s'apprêtaient à rentrer en France. Le prince de Condé, après avoir longtemps échoué dans ses efforts, faute d'argent et de crédit, venait de signer un traité, pour la levée d'une armée allemande et suisse, avec l'Electeur Palatin, en lui promettant la cession du territoire des Trois-Évêchés (Metz, Toul et Verdun). Un premier détachement de ces auxiliaires, à son entrée en France, était mis en déroute par le duc de Guise. Ce prince y recevait au visage une grave blessure qui lui valait, comme jadis à son père, le surnom du « balafré. » L'armée était mise alors sous le commandement de son jeune frère le duc de Mayenne. Une effroyable anarchie régnait dans l'armée royale qu'on ne payait pas et qui s'en dédommageait en saccageant le pays plus impitoyablement que les étrangers eux-mêmes. La désolation des campagne ne saurait s'exprimer. L'on convoqua en Champagne et en Bourgogne l'arrière-ban de la noblesse, qui ne fournit que peu de compagnies, si l'on en croit Cl. Haton, qui, à cette occasion, se répand, contre les gentilshommes, en reproches et en accusations, où il y a sans doute beaucoup d'exagérations, mais qu'il n'en est pas moins curieux de lire, pour connaître le degré d'exaspération qui animait, contre la noblesse, le peuple des campagnes dont cet écrivain reproduit les plaintes et le langage (1).

« Ne hobèrent (bougèrent) pour ceste fois les gentils-
« hommes de l'arrière-ban, parce que la plus grande part
« d'entre eux devindrent malades de peur, ou feirent
« semblant de l'estre, affin de n'aller aux coups; et firent
« gangner les médecins, cirurgiens et notaires beaucoup plus
« que les appoticaires, par les belles attestations qu'ils
« feirent faire de leurs fiebvres et maladies. Voilà comment

(1) *Mémoires*, p. 786.

« les gentilshommes servent le roy, quand il fault aller à une
« bonne affaire ! En temps de paix ils sont hardis et ont faict
« merveilles, à les ouyr dire ; en temps de guerre ilz sont
« malades et ne peuvent aller plus loing que leur village et à
« l'entour, pour prendre les lièvres et perdreaux qu'ilz ven-
« dent aux gens frians des villes, pour achepter du lard pour
« se nourrir en leurs maisons. Aultres vont un peu plus loin
« cercher quelque capitaine de gens de guerre, pour les
« amener loger ès villages des paroisses où ilz demeurent,
« pour faire manger et chastier ces meschans paysans qui
« ne veulent obéyr à Monsieur, et aller labourer, semer,
« moissonner, charrier, faner les grains et foins de ses prés
« et de ses terres à sa première requeste. Et tels ont la puis-
« sance de faire du mal et poinct de bien ; et si n'ont le
« moyen de bailler un morceau de pain ou ne veullent à ceux
« qui de bon gré ou de force vont faire leur besongne. J'en
« particulariserois beaucoup de telz qui ont bien la puissance
« de nuyre et qui le font...... Je n'entends blâmer personne
« des bons et honnestes gentilshommes qui s'emploient au
« service de leurs subjetz et voisins, mais le nombre des
« bons est beaucoup moindre pour le présent que ceulx des
« meschants gentilshommes, qui, en tout temps et saisons
« de leur vie, font la guerre aux pauvres gens des villages,
« soit à leur faire faire courvée, à décevoir la femme, violer
« ou stuprer les filles, battre les hommes et leur ravir leurs
« biens, jusques à prendre par force le pain en leur mect
« et huche, pour se nourrir et leurs demoiselles. »

Il revient plus tard avec une violente amertume sur le
même sujet (1), et après avoir fait l'éloge des vertus et des
services de la noblesse d'autrefois, il ajoute :

_____

(1) *Mémoires*, p. 884.

« Mais, maintenant le tout est bien renversé au contraire.
« Les nobles qui jadis étoient gentilhommes de vertu, sont
« maintenant gens-pille-et-tue-hommes, héréticques, infi-
« dèles, irrévérens, idolastres, folz, cruelz, fiers, arrogans,
« ravisseurs du bien d'autruy, sacrilèges, oppresseurs du
« peuple, renieurs de Dieu, blasphémateurs de son sainct
« nom, de ses saincts et de son église, paillards, incestueux,
« violleurs de filles et de femmes, traîtres, desloyaux, prodi-
« teurs de leur patrie, non charitables ni aumosniers, non
« hospitaliers au passant, mais guetteurs et espieurs de
« chemins, volleurs, associez des larrons, des meurtriers, des
« assommeurs de gens, traîtres à toutes personnes, immisé-
« cordieux. Brief il n'y a genre ni espèce de mal que ne
« facent maintenant ceux qui se disent nobles et gentils-
« hommes, et de toute meschanceté en font vertu, et princi-
« palement de l'assassinat et trahison, qui sont à cette heure
« si commungs entre eux, que les hardys et accortz d'entre
« eux ne daigneroient ou n'oseroient plus mettre la main à
« l'épée contre ung aultre, mais guettent et espient celuy à
« qui ilz veullent mal, ou le font guetter et espier par leurs
« assommeurs pour le tirer et tuer à coups de pistolle et
« harquebuse; ou bien s'ilz prennent l'épée en main, sans
« advertir celuy qu'ilz veulent assassiner, lui traversent leur
« ditte espée ou dague à travers le corps, en lui baillant
« les bonadies et en faisant semblant de le baiser et em-
« brasser. Voilà les vertus qui reluysent en nos nobles et
« gentilshommes de France. Je ne parle que des meschans,
« le nombre desquelz excède de plus des trois partz le
« nombre des bons et des vertueux. Dieu garde de mal les
« nobles vertueux et gens de bien qui ont en horreur les
« vices susditz et les vicieux. Leur nombre en est assez

« petit ; ils sont hays et desprisez des aultres qui font de
« tout vice vertu. »

Ces violentes invectives, ces profonds ressentiments des
classes inférieures contre la noblesse, qui eût dû les protéger
et qui les opprimait et les ruinait, c'était encore un des
tristes fruits et l'un des plus fâcheux de ces déplorables
guerres.

CHAPITRE XI.

1575-1576. — LEVÉES DE RÉGIMENTS ET DÉSORDRES QU'ELLES ENTRAINENT. SACCAGEMENTS DE BOURGS ET VILLAGES. — SURPRISE ET OPPRESSION DE JOIGNY. — PASSAGE DES ALLEMANDS AUXILIAIRES. PERREUSE ET SAINT-VERAIN PRIS ET SACCAGÉS. PONT-SUR-YONNE OCCUPÉ. CONFÉRENCES DE VALLERY ET D'ÉTIGNY. — PAIX D'ÉTIGNY. — PROTESTATION DU CLERGÉ DE SENS. — DÉPART DES ALLEMANDS. — COURGENAY BRULÉ. SERGINES RANÇONNÉ. DÉVASTATIONS. RÉSISTANCES. BRIGANDAGES.

Dès le début de cette campagne on levait dans nos contrées plusieurs régiments qui, mis sous le commandement du sieur de Puygaillard, étaient cantonnés entre Montereau, Sens et Provins, où ils pressuraient et dévastaient le pays avec autant d'âpreté et de brutalité qu'eût pu faire l'ennemi. Les paysans, lassés d'endurer toutes sortes de misères et de vexations, s'enrôlaient souvent pour avoir du pain et se venger en faisant subir le même sort aux autres, et ils étaient plus rudes encore au pauvre peuple et plus désordonnés que les vieux soldats. Les petites villes qui leur fermaient leurs portes, pour éviter le pillage, étaient prises d'assaut et saccagées. C'est ainsi que furent forcées et en partie brûlées la Villeneuve, (aujourd'hui Saint-Maurice-aux-Riches-Hommes,) Villeneuve-l'Archevêque, La Chapelle-sur-Oreuse et d'autres bourgs autour

de Sens. « Nul ne croiroit le mal que firent ces régi-
« ments par les villages où ils logèrent, dit Cl. Haton (1),
« en rançons, volz, meurtres, viollement de femmes, sans
« reprinses, corrections ni châtiments. Et croissoit de jour
« à l'autre la tirannie des gens de guerre pire que oncques
« n'avoit esté, et estoit toute meschanceté tolérée par les
« capitaines qui par chacune semaine recepvoient tribut de
« leurs soldatz, montant à un escu au moins par chaque
« soldat. » L'auteur ajoute, quelques pages plus bas : « Ceux
« qui n'auront été des temps de ce présent siècle misérable,
« ne vouldront croire les tortures qu'ont endurez les pauvres
« gens des villages en leurs corps, esprit, âme, biens, bes-
« tial et aultres choses, tant les hommes que les femmes'
« et par gens de leur propre nation, pour le plaisir des
« princes et les envies qu'ilz pourtoient en ce temps les ungz
« aux aultres. »

Lorsque ce pays fut épuisé, le camp fut transporté dans la
vallée d'Aillant, où les mêmes désordres recommencèrent,
et le quartier général installé à Joigny, dont les habitants
tentèrent aussi de fermer leur ville à ces bandes de ravageurs.
Là se passa un fait caractéristique dont le même écrivain va
nous donner le récit (2).

« De telz outrages faits aux pauvres gens des villages
« furent pitoiables ; les habitans dudit Joigny, qui entrepin-
« rent d'en faire plainctes audit sieur de Pogaillard, qui se
« trouva en leur ville et fort amiablement les escouta, leur
« promist d'y mettre ordre et d'en faire justice exemplaire,
« de laquelle ilz s'aperceurent en peu de temps et bien doul-

<hr>

(1) *Mémoires*, p. 805 et suiv.
(2) *Idem*, p. 807.

« cement les contenta, estans bien ayse de cela pour l'espé-
« rance qu'il prit en soy d'en faire son prouffict pour venir
« au dessein de son entreprinse, qui estoit de surprendre
« ladite ville et de s'y loger et partie des gens de son camp,
« pour y manger de toutes leurs dens. Tout sur l'heure qu'il
« eut receu les plainctes des habitants dudit Joigny, apper-
« ceut plusieurs hostes des villages, chargez de vivres par les
« rues, et guidez par des soldatz desquelz il s'approcha, et
« sans leur aultre chose dire frappa à coups de bàton sur les
« épaules desditz soldatz, en la présence des habitans, en
« leur disant : Voici les coquins desquelz j'ai reproche qui
« contraignent leurs hostes de leur achepter des lièvres,
« perdrix, conilz (lapins) et venaison, et qui les battent outra-
« geusement. Devant, bélistres, je vous chastieray bien avant
« qu'il soit trois jours ! Ledit sieur de Pogaillard, trois jours
« après, entreprint de jouer sa tragédie pour surprendre ladite
« ville, soubz couleur de faire pugnition exemplaire dans
« icelle des soldatz qui molestoient leurs hostes ; et, pour y
« parvenir, envoya plusieurs soldatz des plus rusés et mieux
« aguerris en ladite ville les ungs après les aultres soubs
« cette feincte d'aller, les ungs refaire leurs armes, les aultres
« leurs souliers et aultres nécessités, et leur donner charge
« de l'attendre en certain lieu de laditte ville. Il choisit
« cinquante bons arquebusiers à l'eslite de son camp, qu'il
« arma dextrement, et qu'il feit cheminer à pied, et aultres
« cinquante qu'il feit monter à cheval bien en armes, pour
« conduire dix-huit ou vingt aultres bons soldatz, qu'il feit
« les ungs aller à pied, les aultres monter en des charrettes,
« tous liez et escouplez deux à deux, comme il sembloit.
« Dans les charrettes, entre les jambes des soldatz, estoient
« leurs arquebuses et pistolles toutes chargées, cachées en

« du feurre (paille) ; et feit courir le bruit que ceulx qui
« estoient ainsi liez et acceptez estoient les rançonneurs et
« pillards de son camp qu'il menoit pendre audit Joigny,
« pour monstrer exemple aux aultres, et de ce faire faisoit
« bonne mine. Or, affin que ceulx de la ville ne s'espouvan-
« tassent de veoir une si grande trouppe d'hommes ensemble
« et qu'ilz ne fermassent leurs portes, luy-même, avec deux
« ou trois des plus hardis, alla devant avertir les gardes et
« habitants de la venue des pendars qu'il amenoit pour les
« exécuter et donna charge de trouver des charpentiers pour
« faire des potences, ainsi qu'il disoit, pour les pendre. Les
« habitants croyoient qu'il fust vray. Ce pendant qu'il les
« tenoit à l'abboy, eut novelle que les pendars estoient
« arrivez à la porte. Partant, abandonna lesditz citoyens,
« soubz couleur de les aller faire entrer, affin qu'il n'y eust
« aulcun tumulte. Lorsqu'il fut arrivé à la porte, il en feit
« entrer une partie dedans la ville pour conduire les pre-
« mières charrettes et pour se joindre aux soldatz qui estoient
« jà par les rues entrez en la manière qu'avons dict. Quand
« les dernières charrettes furent soubz la porte, les soldatz de
« pied et de cheval qui estoient à leur conduite, se saisirent
« de la ditte porte, au son d'un coup de pistolle qui estoit
« le signe donné pour se saisir de laditte ville ; auquel coup
« sortirent des charrettes les prisonniers les armes au poing
« et avec les aultres soldatz empeschèrent ceux de la ville de
« se rager, soubz peine d'estre tuez en la place. Une partie
« gangna une aultre poste pour s'en faire maistre et pour
« donner entrée à trois cents hommes, qui suivoient d'assez
« près, et en ceste sorte fut surprinse la petite ville de Joigny,
« laquelle fut emplie de gens de guerre, tant qu'à peine pou-
« voient-ilz avoir des litz pour eulx coucher trois à trois, où

« mangèrent tout et plus que leur soul aux despens des
« habitans l'espace de trois sepmaines et plus. Pour inti-
« mider les pauvres habitants de laditte ville, il Pogaillard
« feit dresser les potences qu'il avoit faict faire pour pendre
« les soldatz qu'il menoit, (ainsi qu'il le disoit), pour y faire
« pendre ceulx de la ville qui entreprendroient quelque rébel-
« lion contre lesditz soldatz ; et, pour les tenir en plus grande
« subjection, ordonna ung de ses capitaines gouverneur en
« icelle ville, en laquelle fut faict beaucoup de domage et de
« de vilaines insolences. »

L'auteur raconte ensuite en grand détail comment Puygaillard, voyant le succès de son stratagème, s'en alla le
lendemain pour l'essayer aussi à Sens. Mais, pendant la con -
férence avec les habitants à l'hôtel-de-Ville, on reçut des
nouvelles de Joigny qui firent tout rompre. « Ledit sieur,
« ajoute-t-il, s'en alla en plain jour avec sa courte honte,
« n'ayant sceu mettre à exécution sa traïson à Sens comme
« il avoit faict à Joigny ; laditte ville de Joigny s'estoit fort
« bien deffendue des huguenotz par plusieurs fois qu'elle
« avoit esté par eulx assiégée et assaillie ; mais ne se sceut
« sauver de cest ennemi, et ont expérimenté le proverbe
« commun estre vray, qui dict, n'estre point de pires
« ennemis que le domestique et celuy duquel on ne se donne
« garde. »   .

Cependant le prince de Condé et Jean Casimir, fils de
l'Electeur Palatin, entrèrent en France par la Lorraine au
commencement de janvier 1576, à la tête de dix-huit mille
hommes, parmi lesquels se trouvaient deux mille réfugiés
français. Le reste était composé d'Allemands et de Suisses.
Ils passèrent près de Langres et de Dijon, dévastant tout sur
leur passage et punissant sur leur chemin les moindres résis-

tances par de cruels ravages, prirent et mirent à feu et à
sang la petite ville de Nuits qui avait attendu le canon pour
capituler, et gagnèrent à travers le Nivernais la ville de La
Charité, près de laquelle ils traversèrent la Loire. De là ils
entrèrent dans le Bourbonnais et s'avancèrent jusqu'auprès
de l'Auvergne qu'ils rançonnèrent. Le duc de Mayenne côtoyait
cette armée dont il se bornait à observer les mouvements. Il
s'était avancé jusqu'à Châtillon-sur-Seine, puis il avait rétrogradé à Montbard où il était le 30 janvier. Il avait envoyé
d'abord du secours à Nuits, mais le lendemain, informé de
la prise de cette ville, il s'était dirigé sur Cravant, où Puygaillard était venu le rejoindre. Puis il avait marché sur
Nevers et Decize pour barrer, selon ce qu'il annonçait, le passage à l'ennemi. La ville de Clamecy et son gouverneur,
appelé Blosset, avaient refusé de le recevoir, ce dont il
demandait au roi une punition exemplaire. Arrivé trop tard
à Noyers, il avait poussé jusqu'à Moulins où il avait été sur
le point de livrer bataille au duc Jean Casimir. Mais un
ordre du roi l'avait fait revenir (1) et il avait rétrogradé sur
Cosne et Montargis. L'armée allemande avait repassé la
Loire; elle se trouvait le 9 avril entre Saint-Verain (2) et
Lainsecq (3). Le prince de Condé était logé au château de
Pesselières (4). La petite ville de Perreuse (5) restait fermée,

(1) Lettres du duc de Mayenne au roi, datées du camp de Montbard, le 30 janvier 1876, de Cravant les 31 janvier et 2 février et de
Mollins (Moulins) le 1er mars. Mss. Colbert, 8, fos 39, 57 et 40.

(2) Bourg du canton de Saint-Amand, département de la Nièvre.

(3) Lainsecq, commune du canton de Saint-Sauveur (Yonne), à 40
kil. d'Auxerre.

(4) Pesselières, hameau de la commune de Sougères, canton de
Saint-Sauveur, à 35 kil. d'Auxerre.

(5) Perreuse, commune du même canton, à 45 kil. d'Auxerre.

mais ses habitants fournissaient des vivres aux soldats du
prince (1). Le bourg de Saint-Verain, forte place de la puissante baronnie de ce nom, ayant refusé de se soumettre à
l'armée allemande, celle-ci investit la place, et après quelques volées de canon lui donna l'assaut. Les assaillants
trouvèrent d'abord plus de difficulté à l'escalader et plus de
résistance chez les habitants qu'ils n'en avaient attendu, et ils
furent repoussés avec perte. Mais les Suisses étant retournés
deux ou trois fois à la charge, une quarantaine d'hommes
gagnèrent le haut de la brèche. Alors les bourgeois demandèrent à capituler, malheureusement trop tard. La place fut
forcée. Les Suisses taillèrent en pièces tout ce qu'ils rencontrèrent, et jusqu'aux paysans même qui ne s'y trouvaient
que parce qu'ils étaient venus s'y réfugier. Après quoi ils
pillèrent les maisons et y mirent le feu. Il n'y eut de sauvés
que quatre cents hommes qui s'étaient retirés dans le château
et à qui Jean Casimir fit donner quartier (2). Auxerre trem-
blait alors que ce torrent ne se dirigeât de son côté. Il
s'attendait à être assiégé. Les maire et échevins disposaient
une grande quantité de gabions pour mettre sur les plates-
formes ; on acceptait les services du capitaine Brusquet, et
peu rassuré sur la valeur des hommes que cet ancien chef
d'émeute avait réunis autour de lui, on confiait à un autre
capitaine, appelé Malherbe, le commandement d'une troupe
régulière. Mais on ne vit qu'un petit corps d'éclaireurs dont
les exploits se bornèrent à tuer quelques hommes aux abords
de la ville (3) ; et, traversant la Puisaie et le Gâtinais, l'armée

---

(1) *Récit des choses jour par jour avenues en l'armée conduite
d'Allemagne en France par M. le prince de Condé*, p. 126.

(2) DE THOU, liv. LXII.

(3) Règ. de l'Hôtel-de-Ville d'Auxerre, d'avril et mai 1576.

allemande gagna la Beauce et fit sa jonction avec les troupes
du duc d'Alençon et du roi de Navarre, pendant que le duc de
Mayenne se tenait entre Auxerre et Sens. « Par ainsi, dit
« Cl. Haton, ce pays de France était mangé de toutes parts.
« Mais avoit le camp dudit sieur duc du Maine la renommée
« de faire plus de domage, de ravissements, rançonnements
« et tous aultres maux que celui desditz reîtres, mettant le
« feu en aulcuns lieux (1). » Le 2 mai les armées coalisées,
fortes de plus de 30,000 hommes, sortant de la Beauce,
arrivèrent en vue de Sens et mirent leur quartier-général à
Villemanoche (2), où elles restèrent deux jours ; et s'étant
emparées de Pont-sur-Yonne, elles remontèrent, en côtoyant
la rivière, jusqu'à Saint-Martin-du-Tertre (3), et du haut de
la colline tirèrent quelques volées de canon sur la ville,
mais sans faire aucun mal. Puis, continuant à remonter la
rive gauche de l'Yonne, elles établirent leur camp à Etigny (4). Les princes se réunirent au château de Vallery, chez
le prince de Condé, où, en présence de plusieurs membres du
conseil du roi, qui leur avaient été envoyés pour avoir avec
eux une conférence, ils formulèrent leurs griefs et leurs
demandes (5). Le même jour, la reine-mère, jugeant enfin
qu'il fallait subir la paix à tout prix, sauf à ne pas tenir

---

(1) *Mémoires*, p. 827.

(2) Villemanoche, commune du canton de Pont sur-Yonne, à 14
kil. de Sens.

(3) Saint-Martin-du-Tertre, commune du canton de Sens, à 3 kil.
de cette ville.   .

(4) Etigny, commune du canton de Sens, à 8 kil. de cette ville.

(5) Archives de la ville de Sens. Manuscrits de Cl. Hémard, cités
par TARBÉ, *Notice sur Etigny*, et par l'*Essai hist.*, Mss. du docteur
Crou.

plus tard ses engagements, ou à n'en tenir qu'une partie,
lorsqu'elle aurait détaché le duc d'Alençon de la confédération, et renvoyé de France les troupes étrangères, arrivait à
Sens pour traiter elle-même. Elle avait eu déjà précédemment, à deux reprises, d'inutiles pourparlers avec les princes,
mais cette fois elle était bien résolue à conclure. Elle fit
aussitôt envoyer des vivres à l'armée confédérée. Le lendemain elle se rendit à Etigny avec le maréchal de Montmorency, le cardinal de Bourbon et l'essaim de jeunes dames
d'honneur que, dans les circonstances de ce genre, elle emme-
nait toujours avec elle. Le traité fut conclu. Les conditions
en étaient bien plus favorables aux calvinistes que ce qu'ils
avaient obtenu précédemment. « Libre et public exercice du
« culte par tout le royaume, sans restriction de temps, de
« lieu, ni de personnes, à l'exception de Paris et de la
« cour; défense d'inquiéter désormais les prêtres et religieux
« mariés, et légitimation de leurs enfants; création de cham-
« bres mi-parties dans les huit parlements de France pour
« juger les causes des protestants et des confédérés; désaveu
« de la Saint-Barthélemy et des désordres et excès faits à Paris
« et autres villes le 24 août 1572 et jours suivants, au grand
« déplaisir du roi; restitution des biens confisqués aux veuves
« et enfants des victimes; réhabilitation de Coligny et de
« tous les autres protestants condamnés; octroi de huit
« places de sûreté pour un temps illimité; engagement de
« convoquer les Etats-Généraux dans les six mois; paiement,
« pour la solde des troupes auxiliaires, de 3,600,000 francs,
« dont moitié comptant, au moyen de quoi Jean Casimir
« voulait bien renoncer à ses prétentions sur Metz, Toul et
« Verdun; et enfin de larges avantages particuliers aux chefs
« confédérés, et, tout d'abord, création d'un apanage com-

« posé du Berry, de la Touraine et de l'Anjou en faveur du
« duc d'Alençon, qui, à partir du jour de son installation,
« prendrait le titre de duc d'Anjou. L'édit de paix devait
« être juré par tous les officiers royaux et municipaux, habi-
« tants notables des villes, seigneurs et gentilshommes. »

Voilà à quoi il fallait se soumettre, en présence des f rces
formidables qu'avaient su réunir, et le parti protestant qu'on
croyait avoir anéanti, et le parti des catholiques mécontents,
suscité par une politique tortueuse, impitoyable et despotique ;
et c'était là tout le fruit que la cour et le parti des catholiques exaltés retiraient du complot et des crimes à jamais
exécrables de la Saint-Barthélemy.

« A l'instant et tout incontinent après cet accord signé et
« arrêté, dit un témoin oculaire (1), douze trompettes, dont
« six françaises et six allemandes, avec les tambours de
« cuivre qu'on bat ordinairement à cheval devant le duc
« Casimir, en signe de paix et de joie commencèrent à sonner
« dans la cour du château d'Etigny ; trois héraux du roy,
« qui estoient là tout prêts avec leurs grandes cottes d'ar-
« mes semées de fleurs de lis, se présentèrent aussi à cheval
« au milieu des chefs, gentilshommes, capitaines, et même
« d'une grande partie de l'armée là assemblée. Puis l'un des
« héraux, pour faire silence, ayant crié par trois fois : *Oyez*,
« *de par le roy, notre souverain seigneur et maistre !* ung
« aultre d'entre eulx lut à haulte voix un billet contenant la
« formule de l'édit sur ce expressément faict, et qui fut publié
« par tout le royaume. »

La Reine revint aussitôt à Sens où elle voulut faire chanter

(1) *Recueil des choses jour par jour avenues dans l'armée conduite d'Allemagne en France par M. le prince de Condé*, p. 167.

un *Te Deum* dans la cathédrale. Mais, selon le manuscrit de
Cl. Hémard (1), « le préchantre du chapitre s'y opposa,
« disant : *Quia plenam victoriam non habemus ;* (que l'on
« n'avait pas remporté une pleine victoire) ; et, au lieu du
« *Te Deum* il chanta : *Tua est potentia* ; ce qui déplut vive-
« ment à la reyne. » On ajoute qu'elle voulut faire allumer
des feux de joie par la ville et que le clergé s'y opposa.
Toutefois, le lendemain, le *Te Deum* fut chanté par les chantres du roi, mais en l'absence des chanoines, chapelains et
chantres de l'église, qui ne voulurent pas s'y trouver (2).

Cl. Haton donne même à ces faits une couleur encore plus
hostile. Selon lui (3) le « vertueux viellart précentre » répondit à Catherine de Médicis : « Madame, selon ce que j'ay en-
« tendu, comment que la paix est faicte, c'est mieux à faire
« aux Huguenots de chanter *Te Deum laudamus* qu'à nous
« et aux catholiques. Il nous sera mieux convenable de
« chanter : ·*Requiem æternam dona nobis domine.* » Il
ajoute qu'à la cérémonie du lendemain « le sermon fut faict
« par ung docteur jacobin, nommé maistre Prévost qui fut
« fort bien et doctement dict, non sans taxer ladite dame et
« ceux qui avoient accordé ladicte paix. ès termes qu'on
« pensoit qu'elle estoit. »

Cette protestation du clergé de Sens devait trouver un
écho dans le cœur de ceux que leurs passions violentes entraî-
naient à tout vouloir ruiner et abymer, plutôt que d'admettre
le régime de la liberté des cultes, et la ligue ne devait pas
tarder à sortir toute armée de cette disposition intraitable
des esprits. Mais la paix devait être accueillie avec une vive

(1) Recueil manuscrit de M. Quantin, p. 219.
(2) TARBÉ. *Notice sur Etigny.*
(3) *Mémoires*, p. 833.

satisfaction par la classe si souffrante et si opprimée du peuple des campagnes, qui voyait enfin renaître l'espoir d'une sécurité dont il était depuis si longtemps privé. Toutefois, avant d'en jouir, il avait encore, dans notre contrée, de tristes épreuves à subir. La retraite des armées allemandes était signalée par de nouvelles dévastations. Celle des protestants se mettait en route le 9 mai en traversant l'Yonne. Un des corps qui avait couché à Courgenay (1), forcé d'en déloger le lendemain matin pour faire place aux reîtres, mit par dépit le feu à ce pauvre village, qui fut en entier consumé. « C'était pitié, « dit un des témoins de ce triste spectacle, d'ouyr la clameur « du povre peuple qui entre autres choses disoit : Hélas, voici « une pauvre paix, laquelle en commençant nous fait avoir de « si vilains fruits (2). » Ces bandes vivaient partout à discrétion dans les pays qu'elles traversaient, pillant, maltraitant et rançonnant les pauvres campagnards. Le bourg de Sergines n'échappa à ce traitement que moyennant une rançon de 500 *écus d'or au soleil.* « Et, pour ladite somme trouver, dit Cl. « Haton (3), fallut que les plus riches dudit Sargine l'allas- « sent emprunter à Sens où et à qui ilz purent et en grande « diligence, car ung truchement d'iceulx reîtres, accompagné « d'un cent d'entre eux les alla sommer de ce faire, soulz « peine d'y mener toute la troupe. » Ces troupes étrangères traversèrent la forêt d'Othe et remontèrent, en s'éloignant, les vallées du Serein et de l'Armançon, où elles laissèrent de tristes traces de leur passage. Le duc d'Alençon frappait,

(1) Courgenay, commune du département de l'Yonne, à 27 kil. de Sens.

(2) *Recueil des choses jour par jour avenues en l'armée conduite d'Allemagne,* p. 164.

(3) *Mémoires,* p. 837.

pour la nourriture de ses régiments, des réquisitions oné-
reuses sur toutes les villes de Bourgogne, en sa qualité de *fils
et frère de roi* (1). Il fit ses adieux le 7 juillet, à Lisle-sous-
Montréal, au duc Jean Casimir, que le prince de Condé
reconduisit jusqu'à la frontière de Lorraine, qui ne fut
franchie par les reîtres qu'au mois de septembre, après
parfait paiement de leur solde. L'armée royale avait ses
reîtres aussi, à qui il fallut faire traverser la Champagne
pour les renvoyer dans leur pays. Les mémoires du temps et
particulièrement ceux de Cl. Haton sont pleins de détails sur
les brigandages qu'ils commettaient sur leur route. Les villes
se fermaient. Les paysans envoyaient au loin leurs bestiaux
dans les bois, et s'enfermaient dans des châteaux ou des
camps pour se défendre. Mais ces précautions étaient inutiles,
et l'on voyait fréquemment se reproduire ce que raconte ce
chroniqueur du sac de la petite ville de Marigni, située entre
Troyes et Méry-sur-Seine, « où ne réchappa homme ni com-
« paignon aagé en suffisance pour porter armes, excepté
« deux, ainsi que je l'ay ouy plusieurs fois dire aux femmes
« dudict Marigini. Tous les maux qui se font en la guerre
« furent par iceulx reistres faictz, excepté le feu; filles et
« femmes furent viollées et efforcées et la ville pillée, sans
« respecter aulcune personne. Ils chargèrent leurs harnais et
« charriots de tous les meilleurs biens. »

C'était pour la quatrième fois, depuis quatorze ans, que
des armées étrangères, appelées par chacun des deux partis
qui déchiraient le sein de la France, y laissaient tant de
ruines et de douleurs. Et ce ne devait malheureusement pas
être la dernière.

(1) V. aux Pièces justificatives la formule singulière de ces réquisi- .
tions.

PIÈCES JUSTIFICATIVES.

I.

1561. — SENS.

*Récit du massacre des protestants à Sens, par Balthazar Taveau,
consigné par lui dans le livre des Coutumes, ordonnances et
règlements de la ville.*

En l'an mil cinq cens soixante ung, quelques ungs de ladicte
ville, infectez de l'hérésie luthérienne et calvinisme, commencèrent
à faire presches et assemblées de nuict, et ayant desjà conspiré
entre eulx par la conduitte de leurs chefz de faire la rebellion qui
depuys a esté faicte contre le Roy. S'efforcèrent, le jour des Inno-
cents, oudict an, faire eslire à l'eschevinage gens de leur faction à
l'ayde de maistre Jehan Penon qui usurpoyt lors l'office de procureur du Roy sur le titulaire qui depuys l'en a évincé par arrest de
la cour. Et fist ce Penon tous efforts d'empescher l'élection libre
des habitans. Lesquelz ayans descouvert les menées desdictz
sectaires, se trouvèrent tous et en plus grand nombre qui ayt
oncques esté vu en l'assemblée de ladicte élection. Et laquelle
présida feu maistre Jehan Riché, lieutenant général oudict bailliage,
qui se y porta vertueusement et fut contrainct luy mesmes recepvoir et cueillir les voix particulières du quanton d'Yonne, pour y
empescher les brigues desdicts sectaires qui taschoient à en faire

eslire ung de leur secte, pour, ce mouvant, empescher que maistre
Robert Hémard, lieutenant criminel et depuys président dudict
Sens fust confirmé en l'estat de maire qu'il avoyt jà exercé par
deux ans, ce que tous lesdicts habitants désiroyent et acclamoyent
pour la nécessité du temps. De sorte que, nonobstant tous les
efforts desdicts sectaires et après avoir esté l'espace de huit heures
entières à faire l'élection des quantons et oyr lire empeschemens
dudict Penon, ledit Hemard fust confirmé à l'estat de maire, et
maistre Baptiste Pierre, lors grenetier et depuys prevost dudict
Sens, reçeu eschevin et au grand besoing et prouffict du public,
car incontinent lesdicts hérétiques, soubz couleur de l'édict de
janvier (non encore publié), et par le support d'aucuns conseilliers
et officiers du Roy en la dicte ville (certains desquelz estoyent de
la secte, aultres y favorizoyent), commencèrent à faire presches
publiques en une granche assise au marché aux porceaux, attenant
de la vieille église des Cordeliers, dont les bons citoyens catholiques et peuple dudict Sens furent fort scandalisez et esmeuz.
Néantmoins se contindrent jusques à la fin de la semaine de
Quasimodo, que estant advertiz que les aliez desditz hérétiques et
rebelles étoyent par les champs, tant du cousté de Troyes que du
Gastinoys pour s'emparer de ladicte ville, comme ils avoyent faict
d'aultres, par l'intelligence de ceulx de la dicte secte et leurs
fauteurs, commencèrent lesdictz citoyens et habitans à faire guet
et garde, tant de nuict que de jour. Et retournans de la procession
qui se faict annuellement en l'église de Sainct-Savinian (le dimanche
de *Misericordia*, douzième jour d'apvril mil cinq cens soixante
deux), allèrent raser et mettre par terre ladicte granche et logis
où se faisoyent lesdicts presches, dont aucuns desditz hérétiques
irrités, usèrent de menasses et parolles arrogantes, s'armèrent et
se mirent à tenir fort en quelques maisons, proche de l'église sainct
Pierre-le-Rond. Et entre autres un conseillier armé de deux pistolles
s'adressa, environ l'heure d'une heure après midy, à quelques
vignerons, proche de sa maison, assise ou quartier de Sainct-
Pierre-le-Donjon, les injuriant et menassant. De quoy provocquez,

s'esmeurent et forcèrent la maison dudict conseillier, qui fut mis en prison pour comprimer l'émotion, laquelle, toutesfoys, ne put être retenue. Car le peuple (après la longue patience de voir et oyr prescher publiquement l'hérésie en ceste ville, en laquelle, pre mière de France, a esté premièrement annoncé le nom de nostre seigneur Jhesuchrist, et irrité de l'orgueil et haultesse indicibles desdicts hérétiques, et des oultrages, injures et excès qu'ils avoyent faicts à plusieurs habitans durant lesdicts presches qui durèrent une caresme, ce (*sic*) mit en une extrême fureur qui dura jusques au mardy de toutes parts de ladicte ville. Et, pendant ces deux jours, furent tués unze desdictz hérétiques. Le premier desquels fut un nommé Mombault, homme d'armes, qui n'avoyt bougé de ladicte ville, plus d'un an avoyt, à mainer et entretenir lesdictz sectaires, et qui le premier, se mit à tenir fort en sa maison sus- dicte, de laquelle il partit la hallebarde au poing, dont il tua ung pauvre vigneron qu'il rencontra; mais incontinent fut mis par terre; furent aussy cinquante cinq de leurs maisons pillées et forcées, et ne fust denoncé aucun d'entre eulx s'ilz n'eussent esté saulvés et cachés par aulcuns de leurs amys. Cela abaissa le caquet et l'orgueuil d'iceulx hérétiques pour ung temps que durèrent ces premiers troubles. Mais incontinent qu'il y eut un œdict fait pour la pacification d'iceulx, cherchèrent tous moyens de vengeance, et d'exterminer ladicte ville et les bons citoyens d'icelle, et à toutes leurs entreprises et machinations, leur fut visiblement résisté par la prudente et vertueuse conduicte de ceulx qui avoyent la charge de ladicte ville. En laquelle le roy estant venu faire sa nouvelle entrée, le quinzième mars mil cinq cens soixante troys, avant Pasques, et Penon se trouva qui ne se y estoit trouvé dès qua- torze mois. Et sous sa faulse qualité de procureur du Roy avoyt entrepris de faire plainctes qu'il avoyt jà mises par escript, dont aucuns gouverneurs de la ville avoyent par moyens recouvert secret- tement ung double et s'estoyent préparez contre les actions dudict Penon, homme de vif esprit, de lettres et de diligences; mais de contradiction, maling et factieux. Le Roy commanda à ses officiers

et de ladicte ville se trouver à Troyes pour oyr ce qui leur seroyt
dict. Et y allèrent lesditz maltres Jehan Riché, lieutenant-général ;
Robert Hémard, lieutenant criminel et maire ; Baptiste-Pierre Grenetier ; Martin du Puys, eschevins ; Balthasar Taveau, greffier de
la chambre de ville, et aultres, en nombre de vingt, qui mirent
aux mains de monseigneur Daumalles, lors gouverneur de ce pays,
requeste pour présenter au Roy en nom de ladicte ville à ce que,
pour la tenir en paix, il luy plust en interdire l'entrée audict Penon.
Lesditz députez furent appellés au conseil le vingt-huitième mars,
oudict an. Onquel estoyent messeigneurs les Cardinaux de Bourbon
et de Guyse, prince de Condé, duc Daumalles, le connestable de
l'Hospital, chancelier ; seigneurs d'Andelot, de Cursol ; l'évesque
d'Orléans et aultres en nombre de seize assis. Devant lesquelz se
présenta ledict Penon, assisté de sept de ladicte secte. Ladite
requeste fut d'entrée présentée par ledict seigneur Daumalles et
lue à haulte voix devant ledict Penon, auquel fut recommandé d'y
deffendre, dont se trouva fort estonné. Car il pensoyt agir et
accuser dont il s'estoyt tenu bien prest ; mais il fallut promptement deffendre à chose qu'il n'avoyt pensé. Toutesfoys eschappa
et tourna à ses actions. Auxquelles ledict Hémard respondit
éloquemment et au contentement desdictz seigneurs assistans.
Tant que de tout Penon et sa suyte ne remportèrent que honte
et mescontentement, et fust prononcé arrest sur ce ledict jour,
par lequel fut dict que lesdictz maire et eschevins mettroyent
ès-mains des intendans des finances les commissions en vertu
desquelles les deniers avoyent esté imposez en ladicte ville,
ains les départemt et comptes de receptes et despence, pour en
estre ordonné par le Roy ; que lesdictz maire et eschevins bailleroyent par escript les actes lesquelz vuidroyent contre ledict Penon
pour iceulx biens ; lui baille commissaires, et enjoinct aux officiers,
maire et eschevins, vivre en paix et repos, faisans leurs charges, et
y faire vivre les peuples, sans rien rechercher du passé contre
l'œdit de pacification.

(Recueil sur la ville de Sens).

II.

1561. — SENS

Extrait des Mémoires d'un protestant de Sens sur les massacres et saccagements de cette ville au mois d'avril 1561.

Nombre des maisons pillées.

Le temple, la maison, les jardins, vigne et accius furent
  entièrement pillés,
la maison du conseiller Hodoard,
du conseiller Boulanger,
de Savinien Mauroy, procureur,
de Michel, eslu,
du sieur de Villanbost,
du conseiller Maslard,
du conseiller Pailly,
du seigneur de Chaumot,
de Claude Aubert,
de Châlons, avocat,
de Châlons, commis du greffier,
de Maurin, avocat,
de Made de Lantage,
de Claude Gouste, prévost de Sens,
de Gilles Richebois, imprimeur,
de Pierre Royer, avocat,
de la Veuve, avocat du roy,
du chancelier de la Boise,
de Milles Gibier, avocat du roy,
de Jacques Penon, procureur du roy,

du S^{gr} de Merdelin,

d'Ambroise Cartaut,

de Guillaume Gastebois, greffier,

des Appaux (*sic*),

de Pierre Lefebvre,

de Pierre des Trousses, marchand,

cinq ménages à Lépinglay,

du S^{gr} de St Vincent,

d'Achille Baudri,

de Nicolas Duport, chaussetier,

du S^{gr} de Vanne, enquesteur,

de Michel Paret, doyen du guet,

d'Estienne Bret,

de Mathurin Larivière, archer,

de Landrier, receveur,

de Jacques Maur, savatier,

de Louis Herbelin, sellier,

de Jean Hurpoix, orphèvre,

de Tristan Pesnot, marchand,

de Marie Legagneur,

de Louis Brochard,

de Jacques Ithier, médecin,

d'Estienne Bouvier, apothicaire,

de Nicolas Guichard, apothicaire,

de Nicolas Restre, marchand,

de la meusnière de Saint-Jean,

de Pierre Scieur dit Groslard,

des trois frères nommés les Rouifs,

de Pierre Jeubert,

d'un boulanger et de son beau-frère,

de Robert Tellier,

d'un pâtissier près l'image de Saint-Martin, vis-à-vis Saint-Etienne.

Noms des plus célèbres qui avaient juré la perte
de nos frères.

Robert Hémard, maire.
Le sr Tolleron.
Baptiste-Pierre Grenetier.
Jean Polangis, dit bon marchand.
Etienne Garnier, procureur de ville.
Le chapitre de Sens.
Le grand doyen.
Le préchantre.
Poissonnot, archidiacre.
Pierre Caillot, chanoine.
Jean Roullot,   id.
Etienne Thion,   id.
Jean Bouvier,   id.
Jacques Roussat,   id.
Jean Raju,   id.
François Herbelin, id.
Le Muet,   id.
Ravaux,   id.
Hamelin,   id.
Vernier,   id.

Et généralement tous les autres chanoines firent venir leurs sujets des villages voisins, pour ayder ceux· de la ville· à faire le
saccagement et massacre.

Claude de Pineau.
Le greffier Pinard et son fils.
Odot, notaire.
Estienne Pernot l'aisné.
Jean Villers, commis du greffe.
Eloi Popard, id.
Louis Goutier, id.

Nicole Jodrilliat, id.

Georges Compant, id.

Fleury.

Lambert.

Hombelot.

Hardy.

Coquin.

Leriche et son fils, tous du conseil.

Thomas de la Haie, boulanger.

Rainaut.

Boucher dit la Vallée, son gendre

Chapeau.

Moline.

*Une partie du nombre des plus apparens
du saccagement.*

Biard, capitaine.

Les deux Cailler frères, capitaines.

Christophe Fulnois.

Claude Sandrier, fils du greffier.

Jean Bobard, avocat.

François Fouquet.

Hérardin, sergent.

Jean Lingal, procureur.

Estienne Badefroy, id.

Pierre Dufour, id.

Victor Dubet, id.

Edme Doussier, id.

Jacques Veson, id.

Antoine Bouin.

Jean Boucher, marchand.

Mathieu Odier dit Le Maire

Mathieu Barreau.

Les deux Duport.

Farinade, son fils, sa femme et son gendre.

Un nommé Haligaut, cuisinier.

Courgenai, cuisinier et ses deux fils.

Guiot Dauphin, vigneron.

Claude Gousse, son fils Martin Gousse et son frère.

Bastien Simon.

Guillaume Jamet et son frère.

Jacques Pillié et tous les autres bouchers.

Tous les mariniers en général.

Eracle Tremblé.

Nicolas Moriau, couturier.

Jacques Cousin de la Monoye et son frère.

Jean Mossot, tanneur.

Un cardeur près de l'hostel de ville.

Jean Périer, marchand.

Jacques Guillot, cordonnier.

François Lebon.

Nicolas Rousset.

Jean Dauphigny.

Pasquier le Rech.

Pierre, taillandier.

Claude Maquaire, vigneron.

Claude Bossette.

Louis Dousier, boulanger.

Pour l'exécution de ce cruel dessein, Robert Hémard, maire par continuation, et nostre persécuteur, ayant la force en main, l'artillerie, les clés de la ville et les dixainiers, assembla après le massacre de Vassy, le plus secrétement qu'il put, dans la maison de Pierre Tolleron, conseiller, Baptiste-Pierre Grenetier, Jean Polangis dit bon Marchand, Joachim du Bourg, eschevins, Estienne Garnier, procureur de ville, et Baltazard Taveau, l'un des princi-

paux séditieux, procureur de la communauté de ladite ville, leur
remontra estre expédient et nécessaire d'avoir la force à la main,
à cet effect eslut chefs de guerre, capitaines et cantons (*sic*) esquels
fut ordonné de lever secrétement un nombre d'hommes en toute
diligence pour exterminer nos frères qui édifioient et par malice
esteindre leur mémoire.

(Recueil manuscrit sur la ville de Sens, p. 238. Bibliothèque de
M. Quantin.)

III.

1562. — AUXERRE.

*Lettre du capitaine Jehan Lallemand, lieutenant de la compagnie
du maréchal de Saint-André, au comte de Tavannes.*

27 décembre 1562.

Monsieur, je vous ay escript comme j'avoys donné ordre au
chasteau de Pisy, et quant au rapport que vous en a esté faict
depuis, celluy qui est le rappourteur sest oblié, car je y ay laissé
tel pour commander qui est fort homme de bien, et lequel l'on ne
pourroit charger à verité de saccager ny piller. Je n'ay receu nouvelles de vous sur mesdictes lettres jusques a ceste heure que
vous a pleu envoyer pardeca Monsr de Vantoux pour donner ordre
d'empescher le passaige aux reistres culx retirans ; et m'a dict
me mandiez le suyvre pour cest effect avec d'aultres ausquelz auez
mandé le semblable. Quant à ma part je feray tout debuoir en ce
que me sera commandé comme celluy qui a jamais vous veult
entièrement obeyr. Je crois qu'estes aduertys comme le Begue
Blosse (Blosset) s'est emparé d'une villette a dix lieues d'icy,
nommé Entrain et commencé à se fortiffier avec le Sr d'Avignot et
deux cens chevaulx qu'il a en la dicte ville. Aussi se sont emparez

de Villers les Chaulx (Villiers-les-Hauts). Il y a icy auprcs ung
chasteau appele Avignot duquel ceulx de ceste ville d'Aucerre,
comme bien nécessaire pour leur seurté dès longtemps, se sont
emparez et ont mis dedans ung gentilhomme pour capitaine nommé
le Sr de la Mothe de Chavannes auec vingt soldats ; lesquelx ilz
avoyent promis soldoyer, ce que toutes fois ilz n'ont faict ; parquoy
lesdicts soldatz estoient pretz habandonner la place quant je arrivay
pardeca ; en estant aduertye, et comme la place est forte et de grande
importance pour ceste ville, j'en ay parlé par plusieurs foys
ensamble auec Monsr de Champlemy aux eschevins de ceste ville,
et, apres plusieurs delayz de y donner ordre, suis esté contrainct
pour asseurer lesdicts soldatz, les retenir a ce que ladicte place ne
fust habandonnée, les munyr de pouldre a mes despens et les prier
demeurer jusques a ce que je vous en housse aduertye. Je vous
prie, Monsr y vouloir ordonner votre bon plaisir. Au surplus.
Monsr, nous sommes icy en ung lieu de grande chierté, mesmes pour gens de cheuaulx et n'auons aultre chose de noz
hostes que les chambres mal garnyes ; disantz que ne leur auez
escript qu'ilz deussent accommoder d'aultres choses ; et, encores
qu'ilz ayent foing et avenne de munition, ilz ne nous en ont jamais
voulu ayder pour argent, ny faire vers les villaiges qu'ilz nous en
eussent fournis, comme aussi de bois pour argent, mais nous ont
encherie viures. En quoy vous supplie tres humblement. Monsr, me
fauoriser, aultrement ne seroit possible que les poures soldatz
ne despendent beaulcopt du leur auec la soulde. Aussi, quand il
vous plaira, nous ferez tant de bien que nous ordonner faire
monstre ; car je vous asseure bien que le capitaine et les soldatz
sont bien desgarniz de monnoye ; et nous est venu bien a propos
ce que nous auons receu en ceste ville pour contenter noz hostes ;
mais si nous commandez y retourner, fauldra faire nouueaul cre-
dict, pour ce que messieurs de ceste ville sont grandz presteurs.
Je ne vous feray plus longue lettre, bien croyant que ledict S^r de
Vantoux vous aduertira de tont, parquoy feray fin a cestes, après
vous auoir presenté mes tres humbles recommandations a vostre

bonne grace, prie le createur que a vous, Monsieur, doinct l'entier
de voz desirs. D'Auxerre vingt septieme de decembre 1562.

Monsieur, ceux de ceste ville ne nous fournissent riens, n'y n'ont
vsé d'aulcune gracieuseté; je vous supplie, s'il vous plaist, mander
a Monsieur le Président qu'il nous face au moings pourueoir par
noz hostes de chandoille, sel, vinaigre, verjus et huille; et, quant
au fourraige, que nous puissions avoir pour argent, s'il vous plaist
que retournions ici en guarnison,

> L'entièrement vostre pour
> vous obeir a jamais
> JEHAN LALEMAND.

Au dos est écrit :

A Monseigueur,
Monsr de Tauanes, cheualier de l'ordre, lieutenant pour le Roy
en Bourgoingne.

(Bibl. Imp., Mss. Delamarre 9484, fol. 46 et 47).

IV.

1566. — VARZY.

Poursuites contre l'exercice du culte réformé dans cette ville.

Au Roy,

Supplient très humblement les eschevins gouverneurs et aultres
manans et habitans de la ville de Varzy, du diocèse et bailliage
d'Aucerre. comme par cy devant ilz se soient a tousjours rendus
obeyssans à vos ediz et ordonnances, ce neantmoins, puys deux
ans en ça, aulcuns qui se dient de la relligion prétendue réformée,
de leur propre vollonté se seroient ingerez eulx assembler en ung
lieu assis au faulxbourg de lad. ville, auquel ordinairement auroient

faict leurs prières et aultres exercices de leur d. relligion, mesmes y ont faict faire presches, baptesmes et mariages par ministres que les dessus ditz de lad. relligion y auroient amenez, combien que lad. ville ne soit establye à ce, et que tousjours elle se soit exemptée de gardes pour la conservation et entretenement de vosd. éditz. Et, d'abondant, souffrent et permettent ung maistre qui enseigne en lad. ville les enfans de ceulx de lad. relligion et l'instruction d'icelle. Oultre le grand vouloir et consentement d'iceulx supplians, dont toutefois ilz n'ont osé et n'osent y bailler empeschement, de peur que par ce il y survint sédition, joinct aussy que les dessus dicts de la relligion portent ordinairement espées et dagues, tant pour le dedans de lad. ville que dehors icelle.

Ce considéré, Sire, il vous plaise, en suyvant vosditz édictz ordonner que deffenses soient faictes à tous ceulx de ladite relligion prétendue réformée de ne plus eulx assembler pour faire actes et exercices d'icelle, et de ne tenir maistre pour enseignement des enffants en lad. relligion, et aussi de ne porter espées et dagues, affln que lesditz supplians puissent ester en paix et repous, et toulte occasion de trouble leur soit ostée. Et vous ferez bien. Ainsi signé Dupin, Chargelon, Bailly, Piéron la veuve, Bourbon, Bosfeau, Cholet, Coyn, Janot, Jeharan, Garnier, Bon, Journons.

Et au-dessous est escript en ce présent.

Inhibitions et deffenses seront faictes à ceulx de lad. religion mentionnez en lad. requeste, de ne faire presches ni aultres exercices de lad. relligion en lad. ville et faulxbourgs de Varzy, contre et au préjudice des éditz du roy, sur peyne d'estre punis comme infracteurs d'iceulx ; et, pour les contraventions prétendues avoir esté faictes, auront les supplians commission pour faire appeler les dessusditz au Conseil privé du roy. Faict audict conseil tenu à Aucerre le 19e jour d'apvril 1566.

Ainsi signé : Morvil-liers.

A la suite sont les lettres patentes du roi, en date à Sens du 21 avril 1566, signées de Laubespine, portant inhibitions et défenses comme en l'ordonnance qui précède, et commission de faire appeler les contrevenants au Conseil privé.

En conséquence, le dimanche 23 mai 1566, Claude Chefveau, « sergent à cheval du Roy au bailliage d'Auccrre, » notifie les lettres patentes du roi à Jehan Dupin, Isaac Bazat, Henry Guillaubet, Jehan Cler, Nicolas Lefranc, Guillaume Camus, Blaise Duchesne, Charles Veuillat, Toussaint Pernillat, Lazare Charoys, Jehan Pourcher, Pierre Pourcher, Léonard Mureteau, Pierre Mureteau, Anthoine Bernard, Léonard Boulle, Edme Brohard, Jehan Henjo, Jehan Rousseau et Estienne Duchesne, et leur en laisse copie, en leur faisant « les deffenses de par le roy notre sire contenues esdites lettres « patentes. »

L'acte ajoute : « Tous lesquelz m'ont faict réponse qu'ils se « garderont de mesprendre et que on ne les sçauroit garder de « prier Dieu ainsi qu'ilz avoient accoustumés et faire cesser pres- « ches, et led. Jehan Dupin m'a faict reponse que je allasse faire « deffense aux papaux de ne plus aller à la messe, aussi bien que « je leur faisois les deffenses de n'aller aux presches. »

(Archives de l'Yonne.)

1567. — AUXERRE.

Description de la surprise et trahison faite en la ville d'Auxerre, la veille de Saint-Cosme et Saint-Damien, sur les neuf à dix heures du soir du samedi 25 septembre de l'an 1567, (rédigée par Edme Panier, marchand drapier, bourgeois d'Auxerre, tesmoing oculaire).

Honneur et gloire soit à Dieu, le père tout puissant, à Jésus-Christ, son fils, notre benoit Sauveur, et au Saint-Esprit, le paraclet, que je prie de m'assister de la grâce en toutes mes œuvres et particulièrement en celuy-cy, où je prétent réduire par escript la description ou plutôt la désolation, la cruauté, la tirannie faitte et commise en la surprise de la ville d'Auxerre, ma chère patrie, par les huguenots calvinistes, ennemis de notre foy et de notre église chrétienne, catholique, apostollique et romaine, ainsi que je l'ai veu les deux premiers jours de mes propres yeux en personne et à mon grand regret. Car, aiant veu les grands excès que ces misérables hérétiques commettaient par toute cette pauvre ville, je sortis incontinent, ne pouvant voir plus longtemps le désastre de tous les saints lieux et cruautés que ces traîtres commettaient à l'encontre des gens de bien et généralement de tous les ecclésiastiques demeurés absents l'espace de six mois et plus jusqu'à la réduction de la ville. C'est pourquoy, mon cher ami lecteur, vous prendrez en bonne part, s'il vous plait, mon petit ouvrage, y reconnaissant plus de vérité que de fard, quelques autres, qui ont été plus courageux que moi, aiants demeuré dans la ville tout le temps qu'elle a été entre les mains des huguenots, y aiant vu davantage, pourront faire plus amplement. Ce que j'en fais, c'est plutôt pour servir d'advertissement non seulement à ma petite famille, mais encore à la postérité, quelle a esté la punition et juste vengeance de Dieu des péchés du malheureux Auxerre.

Or si vous désirez savoir l'ordre de notre perte, le voicy. Le sr Chalmeaux, l'un des principàux agents des huguenots, estant lieutenant général, prenant pour prétexte qu'il y avait une paix faicte et publiée, et qu'il avait été ordonné de par le Roy que les habitants d'Auxerre seroient despouillez de leurs armes et portées en un magasin public, et ce pour empécher une esmotion, fit publier par le concierge de la maison de ville, que tous les habitans d'Auxerre eussent à porter toutes leurs armes en la maison de ville, et ce de par le Roy, ce qui fut bientost exécuté pour la plus grande partie.

Incontinent après arriva Monsr Duvau, bailly d'Auxerre, de la nouvelle religion, qui fit publier plusieurs réglements contre les cabaretiers, hosteliers, bouchers, boulangers, par les quels la chair se vendait à la livre à certains prix, les hostelliers ne devaient prendre que douze sols pour homme et cheval, et,. par faulte de lever copie desdits réglements, le sr Chalmeaux, qui était du complot, condamnoit les délinquents en de grosses amendes. J'en parle comme sçavant, pour en avoir payé ma part, et ainsi faisaient de grandes sommes de deniers pour exécuter facilement par après leur dessein. L'imprudence des huguenots parut clairement dès le jour de feste de Dieu 1557, lorsqu'un certain de leur parti coupa malicieusement le cordeau qui soubstenoit certains draps blancs et tapisseries devant une maison de cette ville. Mais aussi échappa-t-il belle. Car le peuple, aiant veu ces draps par terre et bien instruit de la malice du pélerin, s'esmeut sur le champ, courut aux armes, à dessein non seulement d'exterminer cet impie, mais aussi tous ceux de la religion, et l'eussent fait sans l'empéchement qui intervint par la garnison de M. le comte de Charny qui estoit dans la ville, qui donna du temps aux huguenots de s'assembler en armes dans une maison secrètement, par devant laquelle, la procession passant, ils tirèrent un coup d'arquebuse au saint ciboire où estoit le saint Sacrement que l'on continuoit de porter. La balle passa par devant la barbe de M. le maréchal des logis de M. le comte de Charny et alla frapper ung nommé Prix Soufflot, bourgeois de cette ville, qui portoit l'un des bastons du ciel ou dais du sainct Sacrement, dont il fut fort blessé, et néantmoins n'en fut il autre chose. Si l'on juge assurément de la pluye future par les vents précédents, dès le jour de l'Ascension il fut facile de prognostiquer ces événements, quand Messieurs du chapitre faisans une procession, un nommé Laborde, accompagné de plusieurs huguenots, les regardans passer, se mocquoient et rioient effrontément de cette sainte cérémonie, et quand le sieur Chalmeaux, lieutenant-général, fit publier des deffences à tous les habitants de porter ni guarder aucunes armes ni de faire aucunes gardes ni de jour ni de nuict aux portes de la ville. Et ce qui augmenta davantage le soupçon fut l'entrée que donna dans la ville le sʳ lieutenant général Chalmeaux a Monsieur Dandelot, qui lui avoit été refusée tant de fois auparavant, le logeant à la Grande-Magdeleine, le jour de Saint-Michel, d'ou tout premièrement il alla au salut aux P. P. Jacobins, à l'aspect duquel les religieux furent tellement effraiés qu'ils s'enfuirent tout à coup, croyant que ledit sieur fust venu exprès pour les faire mourir ; nostre maistre Divolé, docte et devot personnage, fuiant et saisi d'appréhension, tomba par terre en défaillance, dont il fut fort blessé et depuis fort malade. Tous les bons catholiques furent esmeuz, quand ils virent par dedans la ville ledit sieur Dandelot se pourmener, venir, aller par toutes les rues, sur les remparts autour de la ville, et même monter dans le clocher de Notre-dame-la-dehors, pour de la considérer la ville plus à son aise, assisté qu'il estoit des sʳˢ Chalmeaux, lieutenant général, Fernier advocat, Jambe abvocat, du sʳ lieutenant-criminel Couroy et plusieurs autres, et consulter plusieurs et diverses fois par entre eux et secrettement comme ils mettroient à chef leur entreprise. Et, depuis, le rendez vous de tous les traitres de cette pauvre ville estoit au faubourg de Saint-Amatre en la maison du gros Colas autrement dit le Béarnois, tavernier, ou se trouvoient souvent les huguenots de la ville pour monopoler par ensemble plus aisément la trahison de leur patrie, ce qu'ils n'eussent osé faire si facilement au dedans de la ville. La paroissoit de plus un misérable escorcheux de chevaux qui se donnoit de l'*audivi* par dessus le reste de ces belistres. Le lieutenant général et aultres des plus apparents s'assembloient d'ordinaire en la maison de La Borde, qui depuis a été ruinée.

Mais le plus notable advertissement vint de la part de Monsieur notre maistre frère Pierre Divolé, de l'ordre des frères prècheurs, natif de cette ville, qui souvent en ses prédications, voire même en la présence des sʳˢ Chalmeaux, Fernier et leurs adhérants, disoit qu'il n'estoit point bon d'avoir dans la ville d'Auxerre des officiers de la justice ennemis de la religion catholique, apostolique et romaine, qu'il ne pouvoit arriver que du malheur, que si notre

bon Roy n'y mettoit ordre, que dans peu de temps la messe seroit
abolie dans Auxerre, que les églises seroient prophanées, pillées,
volées, saccagées, les prebstres excédés, tués, assommés ; bref il
adaptoit comme un second Jérémie les lamentations et les plaintes
de ce dolent prophète à la ville d'Auxerre et il invitoit incessam-
ment ses compatriotes à amender leur vie et être sur leur guarde ;
mais il parloit à des hommes endormis en leur malheur. Aussi
n'en tirent-ils point de compte. C'est pourquoy les hérétiques
continuoient toujours leurs entreprises, les bons catholiques ne
pouvoient se persuader que le mal deubt être si grand. Chalmeaux,
voulant jouer son coup, trois jours auparavant fit crier de par le
Roy et faire deffence de porter aucunes armes, non pas même un
couteau plus grand de demi pied, non pas même de vendre
aulcune poudre à canon, ni de guarder les portes de la ville, et
commandement de mettre toutes les armes tant en la maison de
ville qu'en certains magasins à ce destinés. Tallard, pour lors
concierge de la maison de ville, fit ce cri par toute la ville, et ce
par le commandement de M. du Vau bailly d'auxerre et de son
lieutenant Chalmeaux. Pendant ces belles ordonnances les huguenots faisoient provision d'armes et de poudre, et ce d'aultant plus
facilement, que c'étoit le temps des vendanges, que chacun avoit
assez à faire à soigner à sa besogne.

Le samedi 27 septembre 1567 l'on fit guarde aux portes sur
le bruit qui courut qu'il y avoit des gens d'armes autour de la
ville ; mais pourtant la disette d'armes fut si grande qu'à peine
pouvoit-on trouver un pistolet ou arquebuse qui ne fust enrouillée,
pour avoir été cachée en terre ou en quelque lieu humide, afin de
la sauver des mains des huguenots, comme a esté dit ci-dessus.
La poudre manqua par l'artifice des huguenots qui l'avoient toute
en leurs maisons. Sur le midi courut un bruit par la ville que la
nuit en suivant la ville devoit être prise. Néanmoins peu de personnes s'en esmeurent, ne se pouvant persuader une telle trahison.
Sur le soir pourtant il fut résolu que les lanternes seroient allu-
mées par toutes les grandes rues pendant la nuict et que l'on
feroit bonne guarde aux portes.

Proche la porte du pont je fus du nombre d'une belle et bonne compagnie, armés que nous estions seulement de nos épées, dagues, et bastons à deux bouts, mais pourtant bien résolus de monter vers la maison de ville pour faire actes de bons citoyens, lorsqu'arrivèrent vers nous Messieurs de la Maisonfort gouverneur de la ville et Chalmeaux lieutenant-général, tous deux montés à cheval, en bon ordre, mais à mauvais dessein, qui nous commandèrent de ne bouger de ce quartier, ains de nous poser, tant à la porte du pont qu'en tours voisines, pour en faire bonne et sûre garde, nous faisant voir qu'il n'y a rien à craindre, que c'est un vain soupson et une terreur panique de s'imaginer une surprise de la ville cette nuict.

Ces deux traistres nous ayant ainsi endormis et reconnu l'estat de notre compagnie, notamment notre disette d'armes, remontent promptement en la maison du s^r La Borde ou estoient ensemble leurs gens munis la plupart d'armes à feu, leur donnent le mot du guet, *frappe-fort*, les font sortir en la rue; l'une des parties monte vers la porte du Temple où trouvant la guarde de nos concitoyens, ils tirent rudement dessus, en blessent ou tuent 15 ou 16, tant hommes, femmes, enfants que prestres religieux.

L'autre partie s'en va droit à la maison de ville, où elle entra sans grand effort, tandis que nous estions sur les murailles de la porte du pont sans rien faire, Chalmeaux courant d'un costé, La Maison-Fort de l'autre, pour empêcher le guet d'accourir au lieu où il avoit ouy bruit, et leur faisant accroire que ce ne seroit rien; qu'ils ne bougeassent point; ainsi ceux qui entrèrent dans la maison de ville avec le sieur La Borde se saisirent des armes qui estoient en quantité, et sortans puis après bien munis firent un grand mal. Mais, quand nous entendismes la grosse cloche de Saint-Estienne qui sonnoit en tocsin et à l'effroy, nous voulusmes de rechef monter avec toute nostre compagnie. Mais Chalmeaux parut aussitôt monté à l'advantage, qui nous appaisa et nous fit accroire que c'estoient des enfants de la ville qui badinoient; que seulement nous demeurassions en notre cartier et fissions bonne guarde. Toute cette nuict se passa dans le doubte, sans que nous sçussions ce qui se faisoit au cœur de la ville. Les uns disoient que c'étoient les huguenots qui s'estoient esmeuz, les aultres, au contraire, que c'étoient les papaux qui se mettoient en guarde. Le dimanche matin 28 dudict mois de septembre audict an 1567, ainsi que nous pensions aller à la messe, suivant notre coustume, nous fusmes tous estonnés de voir tous les prestres et religieux s'enfuir de tous costés sans vouloir dire messe, et les huguenots d'aultre costé qui nous faisoient accroire qu'ils ne vouloient point faire de mal aux prestres, qu'ils n'avoient de dessein d'abolir la messe comme on disoit, que les prestres la pouvoient dire avec toute assurance, que leur dessein étoit de soulager le peuple des subsides et imposts dont le Roy les surchargeoit, et qu'ils vouloient tout premièrement oster cinq sols par muid que le Roy avoit imposés sur chacun muid qui seroit vendu à Auxerre; puis qu'ils osteroient toutes les tailles : ce que plusieurs simples gens croioient trop facilement.

Sur les huit ou neuf heures du matin Chalmeaux assisté de trente ou quarante hommes à cheval viennent à la porte du Pont pour l'ouvrir. Ouverte qu'elle fut, entrèrent plusieurs gens d'armes fort mal vestus, en mauvais estat, la plus part gens de village des lieux circonvoisins, qui trouvèrent bien à disner par la ville, attendu que c'estoit au temps des vendanges et que le vin n'estoit pas encore faict, qui fut fort bon ceste année, mais qui par cette trahison ne prouffita guères à la plus part, fors à ceux qui estoient du parti huguenot.

Quand les bons catholiques virent leur ville ainsi prise et trahie, ils pensèrent à se retirer le plus promptement fût possible, considérant que tous les ecclésiastiques s'estoient la plupart enfuis, si bien que les uns se sauvèrent en petit équipage à Saint-Prix, à Cravan, à Seignelay, les aultres à Joigny, à Troyes, à Saint-Florentin, les aultres descendirent jusques à Paris, à Chalons, à Nevers ; mais dans cette retraicte ce qui nous faschoit le plus estoit la cruauté et volerie des villageois qui nous persécutoient comme des chiens enragés.

La ville d'Auxerre estant aiusi surprise, le capitaine La Borde commença à marcher imprudemment par la ville, assisté de quantité de voleurs et s'en alla dans les couvents et monastères déserts par la fuite des religieux.

Les bons catholiques néantmoins, selon leur bonne et ancienne coustume, alloient toujours faire leurs prières aux églises, mais ils en furent bientôt chassés par cet impie et ceux de son parti qui commença ses miracles par le vol et incendie de la maison de maistre Gaspard Damy, chanoine et pénitentier de l'église Saint Estienne et grand-vicaire de Monsieur l'évesque d'Auxerre. Puis il continua par les aultres maisons voisines dudit chapitre qu'il fit jeter par terre et vendre les matériaux aux citoyens à vil prix. Ainsi ce pillage et incendie continua par les abbaies de Saint-Père, Saint-Germain, Saint-Marian, Saint-Julian, par les priorés de Saint-Eusèbe, Saint-Gervais, par les couvents des Cordeliers et Jacobins, et incontinent après par le vol et sacrilége des saints temples, par l'abatis des aultels, des images, par le ravissement des sainctes reliques, voire de tous les ornements quelconques. Puis, se doubtant qu'il pouvoit y avoir quelques trésors sacrés-saints cachés dans les églises, ils firent incontinent fouiller partout, et comme si ce fût une saisie juridique, mettre leurs volerie et pillage à l'encan par les carrefours et délivrer ou plus offrant et dernier enchérisseur ce qu'ils ne vouloient au plustost ne pouvoient transporter; car ce qui estoit le plus léger ne tarda guères à estre chargé sur des chariots et conduict en maisons et repaires de voleurs ou receleurs circonvoisins. Les uns furent si impies que de se faire des habillements avec les ornements des églises, les autres les bruloient quand il y avoit de la broderie ou des draps d'or, puis passoient les cendres pour recueillir quelques petits lingots d'argent fondu, les autres fondaient les châsses entières, voire les cloches des églises avec les chaires et bancs qu'ils y rencontroient, et pendant tout ce temps ils faisoient

bonne chère aux dépens de leurs hostes qui étoient grandement
foulés, et, pour toute consolation les soldats leur disoient que s'ils
se sentoient grevés, qu'ils s'en allassent faire plainte au capitaine
qui leur donneroit des aides. Mais à peine si en pouvoit-il trouver
aulcun en toute la ville qui ne fut déjà assigné et marqué. J'ai vu
un tel pauvre mercedaire (mercenaire) estre aidé d'un sien voisin
qui estoit hoste d'un de ces voleurs, et paier par semaine un escu,
qui à peine avoit-il du pain pour vivre, et néantmoins c'estoit à
bon marché faire auprès des hostes, qui n'estoient pas seulement
volés, mais battus et meurtris suivant la passion de ces impies.
Ma petite fille en portera des marques tous les jours de sa vie,
ayant perdu un œil du coup qu'elle receut d'un de ces traistres de
notre chère patrie.

Or, comme les huguenots faisoient accroire à leur entrée qu'ils
n'avoient aucun dessein de voler ni de piller, monsieur nostre
maistre frère Pierre Divolé, prédicateur jacobin, se retira en
l'abbaie de Saint-Père, au logis abbatial, avec Monsr de Boulangers,
bon et ancien abbé, aagé de 80 ans ou environ, et Messire
Nicole Crespin religieux et trésorier de ladicte abbaie, avec Messire
Antoine Deschamps aussi religieux de la mesme abbaie, pensans
que les huguenots ne leur feroient aucun mal sous ce spécieux
prétexte de soulager le peuple et de l'affranchir de gabelles. Mais il
arriva bien tout autrement, car ces imposteurs ne manquèrent
point de faire prendre par quelques soldats ce bon abbé avec
Monsr notre maistre Divolé, avec ces deux religieux susnommés,
l'un desquels, savoir frère Deschamps se sauva par l'entremise
de quelques bons catholiques nos compatriotes, l'autre, savoir
frère Crespin, fut arrêté d'un coup de pistollet, puis despouillé tout
nud et jetté de dessus les murailles dans le fossé par ces meurtriers, où il mourut bientôt après. Quant à frère Deschamps, après
avoir été caché quelque temps et nourri secrètement, mon frère
et ma femme lui donnèrent un surplis de vigneron avec un faix
de paille qu'il feignit porter au-delà de l'eau pour faire de la
litière à des porcs, puis estant passé, il se sauva en diligence et

fort couvertement par des sentiers des vignes jusqu'à Saint-Bris, où il demeura en assurance.

Quant à Maistre Divolé, autant qu'il avoit été zélé pour la conservation de la ville et de la foy catholique, d'aultant plus en ressentit-il d'injures de ces perfides huguenots ; car, estant conduit par quelques-uns d'entre eux vers la maison d'un nommé Philippe Collon, hostellier, pour être présenté à un de leurs capitaines appelé capitaine Musnier, arrivoient plusieurs compagnies de ces impies qui interrogeoient diversement. Les uns lui demandoient s'il estoit ce prescheur qui avoit tant crié contre eux et s'il vouloit soubtenir ce qu'il avoit dit en chaire, auxquels il répondoit qu'ouy et qu'il estoit prêt de mourir pour deffendre la vérité qu'il avoit annoncée au peuple, et, comme il pensoit parler pour leur faire entendre ses raisons, en arrivoient d'autres tout à coup qui lui crioient comme insensés : « N'est-ce pas là ce séditieux qui a tant de fois esmeu le peuple contre nous pour empescher la publication du sainct Evangile ? » Lors il répondit : « J'ai essaié par mes sermons de maintenir le peuple d'Auxerre en son debvoir autant qu'il m'estoit possible, et quant aux saincts Evangiles, je l'ai publié avec vérité, avec l'interprétation des saints pères et docteurs de l'église et n'ay rien dit que vray et pour l'édification de ceux qui m'ont ouy, et plust à Dieu que j'eusse été cru, nous ne serions pas maintenants réduits aux malheurs qui nous environnent de toutes parts et que je trouve bien difficile maintenant de pouvoir éviter, nous y estant pris bien tardivement. Mais j'espère tant de la miséricorde de nostre bon Dieu qu'il nous regardera de son œil de pitié et qu'il ne délaisse pas tout à fait sa pauvre église d'Auxerre, y aiant tant de bons saincts la hault en paradis, qui emploiront leur crédit pour nous, notamment les saincts tutélaires de ce diocèze.

Il dit encore beaucoup d'aultres et plus belles remonstrances à ceux qui le tenoient comme prisonnier, et au milieu du gros tas de peuple qui accouroit de toutes les rues pour voir ce triste spectacle, craignant qu'on ne voulust faire exécuter ce bon sainct

personnage par la main do quelque sacrilége huguenot. Mais
comme il commençoit à parler, tout à coup quelque jeune libertin
d'hérétique l'interrompit. « Et comment, lui disoit-il, es-tu si osé
que de parler si impudemment en présence de Monsʳ nostre capitaine, penserois-tu point encore nous pouvoir amuser de tes
réveries? C'est trop endurer.

Lors un de la troupe l'aiant fait entrer dans la maison dudit
Collon et présenté au capitaine Musnier, lui dit : « Mon capitaine,
voilà le docteur Divolé, de qui vous nous avez ouy tant de fois
parler. » Plusieurs autres entrèrent quand et quand, et d'un commun complot s'advisèrent de le dépouiller, ce qu'ils firent aussitôt.
Premièrement ils commencèrent par son bonnet doctoral, puis par
son chaperon et ainsi de ses aultres habillements de religieux
jusqu'à sa robe, et ne lui laissèrent que son pourpoint hault et bas ;
et lors ils lui posèrent sur les épaules un vieil et bien chétif manteau et sur la teste un ancien chapeau fort gras et hault d'une
coudée avec de petits bords, et en cet équipage ils le font sortir
par la rue le pourmenant comme un fol, lui lèvent la queue de ce
manteau par derrière, criant les uns aux aultres.... Voilà monsieur
notre maistre Divolé! « Hélas, commença-t-il à leur dire, je ne
mérite pas tant d'honneur que d'estre traité à la mode de Jésus
mon maistre ; si vous désirez me faire mourir, rendez-moi mes
habits de religieux et puis faites de moi à votre volonté. » Marche
seulement, lui disoient-ils, et; le poussant fort rudement et le faisant marcher par force, en le traisnant quelques fois quand il se
pensoit arrester ou reposer, chacun de ceux qui l'avoient connu, le
voiant en cet estat, crurent qu'il alloit au supplice, c'est pourquoy
ils se mirent à pleurer et se tourmenter, voiant ce bon personnage
traité de la sorte.

Arrivé qu'il fut au capitaine La Borde, parurent incontinent quelques jeunes ministres de la religion prétendue réformée, pour
disputer à l'encontre de luy. Ce qu'ils firent autant que leur capacité
leur permettoit, car il y en avoit quelques-uns qui avoient été
religieux Jacobins soubs ce bon personnage, et, n'aiant pas voulu

observer la règle de l'ordre et suivre les bonnes et salutaires remonstrances, après avoir jetté le froc aux orties pour vivre en toute liberté, s'estoient rendus depuis peu ministres, auxquels monsr notre maistre Divolé fit de belles remontrances et les exhorta à retourner dans l'ordre, et le capitaine La Borde au giron de notre mère l'église, leur reprocha qu'ils estoient des apostats et qu'ils estoient en estat de damnation, faisant profession de l'hérésie.

Monsieur l'abbé de Saint-Père était aussi là détenu comme prisonnier. Chacun croioit que le capitaine La Borde les alloit faire mourir; les soldats huguenots s'y attendoient. Toute la ville appréhendoit ce coup funeste. Mais le bon Dieu ne le permit pas, car ils furent tost après mis en liberté et sortirent incontinent de la ville, ne s'y trouvants pas bien assurés, où ces deux bons personnages se séparèrent et prirent congé l'un de l'autre.

Plusieurs bons catholiques suivirent notre maistre Divolé pour le consulter sur l'estat malheureux de la prise de la ville et comment ils se gouverneroient au faict de la religion, auxquels il répondit : « Mes chers amis, voilà des effects de vos péchés, je vous l'avois toujours bien dit ; néantmoins, si vous me croiez, jeunez et priez Dieu qui est justement courroucé contre cette pauvre misérable ville, et lors vous l'appaiserez et obtiendrez de luy ce que vous aurez justement demandé. Au moins usez de ce remède, puisque vous avez négligé les précautions. » Et, nous embrassant les uns après les aultres, il prit congé de la compagnie, en disant et répétant plusieurs fois : Adieu messieurs, adieu Auxerre. Puis il prit le chemin de Paris où il s'en alla et y décéda bientôt après à Saint-Etienne.

VI.

1567. — PONT-SUR-YONNE, COURLON.

La tradition du saccagement de Pont-sur-Yonne et Courlon par les troupes du prince de Condé, après la bataille de Saint-Denis, les 23 et 25 novembre 1567, s'est conservée dans ces deux bourgs.

Tous les ans, au retour de ces anniversaires, on y célèbre un service funèbre pour les habitants qui périrent dans ces tristes événements. Des dictons rimés rappèlent encore dans ces lieux ces funestes désastres et l'époque de l'année où ils ont été soufferts. On dit à Courlon :

> « A la saint Clément
> « Courlon fut mis à sang. »

Et à Pont-sur-Yonne :

> « A la sainte Catherine
> « Pont fut mis en ruine. »

(Document fourni par M. le comte de R)

VII.

1568.

Copie d'instruction baillée au Sr Bonnet, monseigneur estant à Collomiers (par le duc de Nevers).

de Collommiers (Coulommiers) 6 février.

Le duc de Nevers a reccu la lettre que Mg^r lui a adressée à Mussy-l'Evêque. Il demande des instructions. Il s'en réfère à celles qu'il a receues le 4, qui lui enjoignent de se rendre à St Florentin. Il le fera dès qu'il anra receu des lettres de M. de Lignières qui est a Chaumont en Bassigny. Il lui a écript le 3. Il ne peut donner aulcun conseil pour la gurde de la Loire. Il n'a jamais été à Auxerre et ne cognoist pas la route d'Orléans. Les ennemis sont trop avancés pour qu'on puisse leur couper le chemin. Dès le 11 janvier le duc de Nevers avoit escript qu'il estoit d'opinion qu'on prist Auxerre, ce qu'on auroit pu faire facilement et se fortifier sur la Loire. M. le comte de Brissac vient de faire un voyage du costé d'Auxerre. Il aura sans doubte mis des forces dans La Charité. Le duc de Nevers vient de recepvoir la lettre de Mg^r qui lui mande de se rendre directement à Chaource et de là à Sens. Il obéyra de suite.

(Bibl. Imp., Mss. Béth. 8676, f° 168-171).

VIII.

1568.

Copie d'instruction baillée (par le duc de Nevers) *au capitaine la Barathe, Mgr estant à Jugny (Joigny).*

14 février.

Mécontentement du duc de Nevers auquel la reine et Mgr n'ont pas tenu les promesses faites — difficulté de s'opposer au passage des ennemis — Il a ordonné au capne Foissy de se retirer avec deux de ses compagnies dans Crevant et d'envoyer ses soldats au château d'Avallon. Il a ordonné a Missery, lieutt de M. Barbezicux, de garder Semur, Epoisse, Grignon et Viteaux. il a envoyé une cie de gens de pied commandée par le capne la Perrière et une d'argolets commandée par le capne Bellegarde — Les capnes Chantal et Mussy gardent Monthar — Les deux cies du capne Foissy indépendt de celles qui sont à Mussy et iront à Crevant sont réparties avec la cie d'argolets dans Avallon, Vézelay et Saulieu.

Quant à l'entreprise d'Auxerre, lui pourra dire que si les hommes eussent esté bien fort prests et si l'on eût trouvé des abis, que tout estoit fait comme il avoit été cuidé et secrettement, de façon qu'il lui verrait bien la chose véritable sans doubte ni perte aucune d'un homme.

(Bibl. imple, Mss. Beth., 8676, fos 162-167).

IX.

1568. — AUXERRE.

Requête adressée au roi par les habitants d'Auxerre, aussitôt après l'expulsion des protestants, opérée le 25 avril 1568. — Et réponse envoyée par le roi le 11 mai suivant.

Le roy a faict élection du Sr de Prye, chevalier de son ordre, pour commander en ladiete ville, lequel doyt bientost si rendre afin de maintenir toutes choses.

1º Sa Majesté sera supplyée de commander a celuy qui aura le gouvernement en lad. ville de faire garder et observer les edictz pour le faict de la religion catholicque et romaine.

S. M. veut que ceulx de la religiou prétendue réformée, suivent l'édict et declaration sur le faict de la pacification des troubles sans excéder sous les peynes portées par ycelui.

A esté député ung maistre des requestes de l'hostel dud. seigneur pour se transporter eu lad. ville d'Auxerre pour informer des contraventions faites aux édictz et ordonnances de Sa Majesté, tant par les juges officiers que autres, pour estre procédé à l'égard de ceux qui y auront contrevenu selon l'exigence des cas et quant au sindicq requis par les supplians S. M. ne trouve pas qu'il soit nécessaire, attendu la provision qui est donnée à leurs doléances.

2o En ce faisant, que deffenses soient faictes à ceulx de la religion pretendue réformée de prescher ni autres exercices de lad. religion, sinon au lieu destiné.

3o Et, d'aultant qu'ilz y ont contrevenu, fait prescher la cene et autres exercices en l'un des fauxbourgs de lad. ville depuis l'edict de paciffication et publicᵒⁿ d'iceluy, qu'il soit proceddé à l'encontre d'iceulx ainsi que de raison.

4o Et, pour ce que la source et origine de tous les maulx et calamitez que portent à present les pauvres habitants de la religion catholicque et romaine, procede des juges et officiers estant de lad. religion pretendue refformée, comme du lieutenant gᵃˡ et criminel et advocat du Roy, lesquelz non seulement permectent lesd. presches et autres exercices ¦de religion, mais y assistent et par leurs comisions (*sic*) et faveurs en justice ont attiré à eulx et de leurd. religion plusieurs desd. habitans, qu'il plaise à la Majesté du roy leur bailler autres officiers estant de la religion catholicque et romaine afin de faire cy après venir le peuple en une bonne paix, ce qui aultrement scroit difficile, attendu que tout le peuple non seulement de la ville mais de tout le pays les a fort suspectz et odieulx.

5o Et ou sa Majesté n'y vouldroit aulcunement toucher, qu'il lui plaise permettre auxd. habitants catholicques eslyre un syndic, le procureur dudit Sʳ appelé, à l'effet seulement de pouvoir par ledit syndicq avoir l'œil à ce que aulcune chose ne soit innovée ou entreprinse contre les edicts, et en cas de contravention les dénoncer a justice et faire poursuicte contre les infracteurs, selon que sera conclud et délibéré par nombre d'habitans susdits assemblés par devant l'ung des magistrats de la religion catholicque.

Led. seigneur désire soulager lesd. manants et habitants auant qu'il sera possible et ne leur sera donné garnison qu'ils ne puissent facilement porter.

6º Et si tant est que Sa Majesté ordonne quelques garnisons de ladicte ville et villes circonvoisines, qu'il veuille la réduire a bien petit nombre, comme a deux cents hommes au plus en lad. ville, attendu la pauvreté du pays qni est du toust ruyné, et aussi que lad. ville n'est assise en lieu de bled ni de pain.

Led. maistre des requestes informera du contenu de cest article et y pourvoira suivant l'édict.

7º Qu'il plaise aussi à la Majesté du roy donner ordre sur l'infraction faicte a son edict de pacifoⁿ contre ceulx qui depuis la publicoⁿ d'icelui ont rompu et pillé les églises et fait exaction de deniers sur les ecclésiastiques, antidatant la quittance du temps des troubles, transporté artillerie et autres armes de la ville et autres munitions de guerre contre la forme de l'édict.

Sa Majesté ayant esgard aux portes supportées par les habitans leur avait jà faict remise desdites tailles et leur en seront les commissions expédiées, mais quant au droit de cinq sols par muid de vin Sa Majesté n'y peut aucunement toucher.

8º Secondement Sa Majesté sera suppliée d'avoir égard aux ruynes grandes du pays notoires à ung chascun de la perte que les pauvres habitans catholicques ont faicte ; que tout le bien d'iceulx consiste en vignes lesquelles sont demeurées sans estre façonnées et la plupart en désert, leurs maisons et meubles pillez, ont été si rudement

traictez par ceulx de lad. prétendue religion ayant vescu l'espace de sept moys et
plus a discrétion, et non seulement vescu,
mais imposé tailles sur eulx, qu'il leur a
convenu emprunter deniers pour y satisfaire.

9° En considération de quoy, plaise a Sa
Majesté les descharger de toutes tailles et ·
subsides, signamment ¡des cinq solz tournois par chascun muid de vin pour le
temps qu'ils doibvent estre tenus, parce que
le revenu de leurs vignes ne pourra satisfaire en trois ans aux frais qu'il convient
faire pour les remettre en nature; du moins
leur donner modération a quelque somme
de deniers qu'ilz en paieront pour chascun
an.

Accordé qu'ils puissent lever
sur eulx jusques à la somme
de douze cents livres pour
icelle employer au payement
de ces achapts.

10° Outre qu'en considération des grands
frais qui se sont faicts et se font encore
depuis que lad. ville est remise en son
obeyssance, tant pour les garnisons y
logées que pour les autres fraiz concernant
la deffense de lad. ville, plaise à S. M.
leur permettre lever deniers sur eulx et
sur le pays jusques à la somme de trois
mil livres, que aussi pour estre employés
en achapt de poudre et autres munitions
de guerre demeurant a lad. cause; y comprendre les villes et bourgades du bailliage
et vicomté d'Auxerre.

(Archives de la ville d'Auxerre, paquet
211, case HHHHH.)

X.

1568. — AUXERRE.

Extrait de dépositions faites dans un procès-verbal d'enquête du commissaire-enquêteur du bailliage d'Auxerre, à l'occasion d'une . pièce relative aux dixmes de la seigneurie de Serin, qu'avait possédée Jehan de la Borde.

Jean Simon de la Roche, boucher à Auxerre, dépose.............
.... qu'il a bien connu deffunct Jehan de la Borde, autrement appelé le capitaine La Borde, qui estoit et faisoit profession de la religion prétendue réformée, homme fort crainct et redoubté de tout le pays de l'Auxerroys, mesme que, lors des troubles de l'année 1567, le déposant comme marchand boucher de ceste ville d'Aucerre, voulant aller en marchandises n'y osoit aller sans passeport dudict deffunct capitaine La Borde, lequel lors et en mesme temps fust eslu par les prétendus réformez pour leur chef et au mesme temps que ceste ville d'Aucerre fust surprinse par les prétendus réformez, ledict capitaine La Borde estant chef des prétendus réformez commandoit en ladicte ville d'Aucerre, en laquelle il feit sa demeure par ung long temps pendant lequel il auroit disposé des biens des habitants, mesme de ceulx des gens d'église ainsy que bon lui auroit semblé, sans que personne osast le contredire.... et qu'en ceste ville d'Aucerre, il auroit toujours esté crainct et redoubté sans avoir redoubté personne. Que ledict deffunct capitaine La Borde feit sa demeure en une maison appelée saint Sixte, jusques au temps que le camp d'armes de M. le prince de Condé passa avec son armée, et destitua led. deffunct capitaine La Borde du commandement et gouvernement qu'il avoit en ladite ville d'Aucerre, ne sçait pourquoy, sinon qu'il oyt dire que c'estoit pour quelque querelle que ledict deffunct capitaine La Borde avoit avec un nommé Marafin, auquel temps led. capitaine La

Borde, quitta ladicte ville d'Aucerre pour aller faire sa demeurance
au lieu de St Léonard, où il y feut jusqu'à ce qu'il y eust édict de
pacification ; après lequel édict ledit deffunct capitaine La Borde,
retourna en ladicte ville d'Aucerre en ladicte maison de saint Sixte
où il feist sa demeurance comme auparavant, jusqu'à ce que ladicte
ville d'Aucerre fut reprinse par les habitans d'icelle qui fut ung
mois après la publication faite dudict édict de pacification, qui
estoit un jour de Quasimodo de l'an 1568, lequel jour, lesditz prétendus réformez estant allez au bourg de saint Amatre de ceste
ville d'Aucerre pour faire leur presche et cène, les portes de ladicte
ville d'Aucerre leur furent fermées, desquelles les habitants s'estant
rendus les maistres, s'en allèrent saisir de ladicte maison de saint
Sixte ou ledict capitaine La Borde faisoit sa demeurance, laquelle
maison au mesme instant fortuitement fust bouleversée et mise en
feu, par lequel feu fust brulé plusieurs habitans de ladicte ville
d'Aucerre et aultres soldatz et ladicte maison mise en cendres, en
laquelle ne demeura que les murailles.

Edme Taingy, m^d cordonnier, dépose des mêmes faits, et, au
sujet de l'incendie de la maison de s^t Sixte, s'explique en ces
termes.

« Quelques-uns desditz habitants fortuitement furent tués et
« bruslés à cause d'un accident qui advint lors, qui estoit que
« le feu fut mys dans quelques caques de pouldres qui feit boule-
« verser ladite maison et brusla partye d'icelle et grande partye
« des soldatz qui estoient en ladite maison. »

Un troisième témoin appelé Jean Papon, lieutenant de maréchaussée, fait une semblable déposition.

(Archives de l'Yonne.)

XI.

1568. — AUXERRE.

Requête du seigneur de Prie, gouverneur de l'Auxerrois.

15 mai.

AU ROY.

Sire,

Le seigneur de Prye, en obéissant au commandement qu'il vous a pleu luy faire de venir deuers votre maiesté et luy faire cest honneur de luy bailler le gouuernement d'Auxerre affin qu'il puisse mieulx exécuter votre commandement et s'acquitter de sa charge, vous supplie très-humblement, sire, de ce qui s'en suit : premièrement qu'il vous plaise ordonner et bailler audict de Prye trois enseignes de gens de pied pour la garde, seureté et deffense de la ville d'Auxerre et de tout le pays dudit gouuernement et pour leur estre commandé ainsi que les affaires et occasions se présenteront audit pays et gouuernement (1) et aussi remettre la compaignie dudit de Prye en tel estat qu'elle estoit du temps de feu Monsieur le mareschal de Bourdillon, suyvant la commission qui pour cest effect en fut expédiée au moys d'octobre dernier, et d'aultant qu'il vous plait, sire, commander audit de Prye de faire (2) sa compaignie dernièrement, estant au camp, ce qu'il ne peult promptement faire, pour l'incommodité de la guerre et du temps, que trente hommes d'armes et de vingt archers seulement, et que à ceste dernière monstre ledit de Prye eust faict venir gentilzhommes exprès pour rendre sa dite compaignie complette, touteffois le

(1) Ordre du roi. *En marge :* Sera pris jusques au nombre de deux enseignes de ceulx qui sont destinez pour Bourgongne, pour mectre audit Aucerre.

(2) *En marge :* Quant à la compagnie on n'y touche poinct pour le présent ny a ceste la ny aux autres.

commissaire, suiuant la dernière ordonnance, ne les voullut enrol-
ler, qu'il plaise à Votre Majesté permectre audit de Prye de para-
cheuer sa dite compaignye suiuant ladite commission, pour estre
remise en tel estat et nombre qu'elle estoit du viuant du dit feu Sr
mareschal de Bourdillon, en laquelle compaignie ledit de Prye se
fiera pour estre exécuté ce qui sera de besoing pour vostre seruice.
Pareillement qu'il vous plaise, Sire, donner audit de Prye ample
pouuoir et commission pour commander à tout le pays de l'Auxerrois (1) selon que votre seruice le requerra en l'absence de
monsieur le duc d'Aumalle, et à tous les manans et habitans de
quelque qualité qu'ilz soient d'obéyr audit de Prye et le recong-
noistre comme gouverneur et votre lieutenant en toutes choses
nécessaires et requises pour votre seruice; et, pour aultant qu'estant sur les lieux pourroit avoir affaire de pouldres pour les
soldats (2) et de quelque pièce de campaigne, qu'il vous plaise luy
en ordonner tel nombre qu'il sera requis; semblablement estant
sur lesdits lieux ledit de Prye n'y pourra demeurer sans grandz
fraiz, votre bon plaisir soit, Sire, luy ordonner estat de la somme
de quatre mil liures tous les ans; et pour s'achemyner sur lesdits
lieux et luy donner moyen de s'acquitter de sa charge et vous
faire très humble et fidèle seruice, vous plaise luy faire deliurer la
somme de mil escuz (3) et ledit de Prye s'acquittera et continuera
de vous faire le service fidelle comme il a accoustumé.

(Bibl. Imp., Mss. Beth., 8750, fo 55).

(1) *En marge* : Quant au pouuoir pour commander en l'Aucerrois,
luy sera baillé en l'absence de Messieurs d'Aumalle et de Tavannes.

(2) *En marge* : Quant aux pouldres en sera escript à Monsieur de
Tavannes pour luy en faire bailler ce dont il aura besoing.

(3) *En marge* : Il aura la somme de mil escuz en don, et pour son
estat Sa Majesté y aduisera entre cy et qu'elle face l'estat des pen-
sionnaires.

Faict le xve jour de may 1568.

(Signé) DE LAUBESPINE.

XII.

1568. — AUXERRE.

Lettre de l'amiral de Coligny au roi.

Du château de Châtillon, 21 mai.

Sire, il y a quelque temps qu'estant à Tanlay je vous feys entendre par le sieur de Moulvet le mauvais gouvernement de ceulx de la ville d'Auxerre et depuys je vous en ay encores adverty nagueres par ung mien secretaire que j'ay envoyé deuers vostre Majesté, et combien de désordres et insolences se commettoient en divers endroitz de vostre Royaulme, qui ne peuvent enfin qu'admener un grant mescontantement et trouble entre vos subjetz ; et pour ce qu'il est advenu une chose depuis deux jours qui confirme bien tout ce que j'avois mandé à vostre majesté auparavant, je n'ay voulu faillir de vous envoyer ce gentilhomme présent porteur pour vous supplier très humblement d'y vouloir pourveoir ; et oultre ce que vous en pourrez entendre de ce dit gentilhomme, je n'ai voulu faillir encores de vous eu toucher ce mot par escript ; c'est que Monsieur le Prince de Condé m'avait ici envoyé celluy quy durant ces troubles avoit commencé de faire le paiement des reistres et lansquenetz, pour achever de leur faire payer quelque reste qu'il leur estoit encores deu, et les cinquante mil francs qui debvoient estre paiez par nous de la religion refformée suyvant l'accord qui en fut faict en la présence de M. de Verdun à Orléans. Ce que mondict sieur le Prince en avoit faict c'estoit que lors il pensoit aller en Picardye pour y faire quelque séjour et que je seroys ici plus près et commodement pour recueillir les deniers et les envoyer ou seroit le duc Casimir. Il y a quelque temps que j'avoys faict porter les deniers de ce qui restoit à fournir du moys que nous avions commancé de payer, et avant hier je l'avois faict partir pour

aller porter le payment des cinquante mille francs, craignant que
pour ce deffaut ledit duc Casimir avec ses trouppes ne voulussent
différer de sortir de vostre royaulme et que cependant vos subjetz
eussent à en pastir ; et, encores que l'on nous empesche le passaige
de tous costez pour ne pouvoir recueillir des deniers suyvant la
permission qu'il vous a pleu de nous en vouloir donner, si est ce
que mondit sieur le Prince et quelques ungs de ceulx de la religion avyons avec grant incommodité recueilly les deniers pour
faire ledit paiement, pour éviter à la foulle de vostre pauvre peuple ;
et à ceste cause j'avoys depesché avant hier celuy qui portoit ce
paiement, lequel estoit allé couscher à ung lieu nommé Chevannes
pres Auxerre, où la nuict fut assailly par ceux de la garnison dudit
Auxerre, lesquelz le forcèrent en son logis, pillèrent et vollerent
les deniers et tout ce qu'il avoit ; et, en sa compaignye, tant de
hardes que de chevaulx, il y avoit quelques gens de Monsr d'Andelot mon frère et des miens que j'avoys baillez pour la conduite
des ditz deniers, lesquelz tous ont esté emmenez prisonniers liez et
garottez audit Auxerre ; il y en a eu de tuez et de blessez, mais
pour ce que je n'en scay pas bien la vérité je m'en tairai.

Sire, il vous plaira considérer que s'il vient faulte pour ledit
paiement, que cela ne nous doibt point estre imputé, ayant satisfaict a ce que nous debvions, et d'autre part que c'est bien loing de
pourveoir et remedier aux désordres, quant ceulx que lon envoye
pour y pourveoir les font et commettent encore plus grands. Il
plaira aussy à Vostre Majesté de considérer l'oultraige qui est faicte
à Monsieur d'Andelot mon frère et à moy d'avoir ainsi vilainement
assailly nos gens et honteusement menez prisonniers, et me semble
bien que nos personnes meritent d'estre aultrement traictez et
respectez que nous ne l'avons esté depuys ung temps ; en ça est
monstré combien que l'on seroit bien ayse de nous faire faire ou
entreprendre quelque chose de quoy l'on eust occasion puis après
de nous taxer. Mais Dieu nous fera la grace de ne nous oublier
point tant que nous facions jamais aultre chose que ce que gens de
bien et d'honneur doibvent faire et bons fidelles subjetz de Vostre

Majesté. Et pourtant, Sire, je vous supplie tres humblement nous vouloir à ce coup faire raison et justice, laquelle vous nous debvez, et de croyre que jestime plus mon bonneur que ma vye, remettant le surplus sur ce présent porteur, je prierai nostre seigneur, sire, donner à Vostre Majesté en sus tres parfaite santé et prospérité très heureuse et très longue vie.

De Chastillon le xxie jour de mai 1568.

Vostre très humble et très obéissant subjet et serviteur,

CHASTILLON.

(Bibl. imp., portefeuille Fontanieu, 316. Mss. Béth., 8702, fos 29-30).

XIII.

. 1568. — AUXERRE.

Lettre du sieur de Prie, gouverneur de l'Auxerrois, au roi.

16 septembre.

Sire, je n'ay voulu faillir de vous advertir de ce qui se passe en ce pays ycy depuis le département de monsieur le prince de Condé, qui est que pour cest heure tout le monde y veit en pascience, si non que quelques ungs qui estoient retournez d'avecques mondit Sr le prince se sont emparez du deux maisons d'église, dont l'une est de l'abbaie de sainct Germain qui appartient à monsieur le cardinal de Guyse et commencoys à leur fortifier et ce assembloient beaucoup de volleurs dedans. Sachant cela, j'ay mandé a cestuy la qui l'avait prinse, nommé Luchau, que cé n'estoit raison de prendre le bien de l'église, et ce que ce n'estoit chose que votre majesté n'entendoit. Il me feit response qu'il estoit en lieu seur pour sa personne et qui n'estoit pas délibéré d'en déloger.

Sire, voyant sa mauvaise volunté et le peu d'obeissance que vous

rendoit, je feis assembler deux cens harquebuziers et donnay la
charge au cappitaine Noyon d'y aller, pour veoir s'il y avait moien
de le prandre ; ce qu'il a faict, et a faict telle execution qui me
semble qui la méritent. Il y avait en ung aultre prieuré a deux
lieues d'ycy qui en avoient faict ainsy, lesquelz ontesté traistés de
mesmes ; et mectray peine, Sire, suivant vostre commandement de
les garder d'assembler.

Sire, il est aussy retourné beaucoup de gentilzhommes de ce
pays en leurs maisons, qui estoient partiz avec mondit S^r le prince
et mon S^r l'admiral, disans quilz ne veullent plus porter les armes
contre Vostre dicte Majesté. Mays on m'a adverty qu'il y en a quelques ungs qui attendent d'aultres forces pour leur servir de guyde.
Je aurai l'œil de si près, que si je veoy qu'ilz veilleut faire chose
contre vostre service, je les en garderay si m'est possible.

Sire, je vous supplie tres humblement de voulloir avoir esgard
a la longueur du temps qu'il y a que ce pays nourrit les troys
compagnies du régiment du seigneur de Strozzy, avec celle du S^r
de Mont Peroux, de sorte que le pauvre peuple m'est venu dire qui
ne peult plus fournir, et quant a moy, Sire, si vous plaist n'avoir
pitié de moy, je m'en voys le plus pauvre gentilhomme de vostre
royaulme.

Sire, j'ai veu les commissions qu'il a pleu à vostre majesté
envoyer aux cappitaines tenant garnison en ce pays, pour accroistre
leurs compagnies de cent hommes et eulx trouver le plustost qu'ilz
pourront par devers mon seigneur a Orleans. Si ainsy estait, se
serait grandement affaiblir cedit pays qui a beaucoup plus grand
besoing en la saison presente d'estre gardé, que n'a eu pour le
passé, ayant esgard que voycy le temps des vendanges, pendant
lesquelles affluera grande multitude de peuple en ceste ville, les
habitans de laquelle ayant èu advertissement de ce, m'ont prié vous
en escripre a ce qu'il plaise à vostre dicte majesté ne leur oster
les dites garnisons, aultrement, pour le doubte de leurs personnes,
ilz seroient contrainctz habandonner la ville. Il plaira à vostre
dicte majesté ordonner ce qui vous plaist qu'il en soit faict ; et si

ainsy est qui fault qui s'en aillent, commender quelles forces demeureront en ce dit pays.

Priant Dieu,

Sire, que vous doint en santé bonne et longue vie. A Auxerre ce xvie septembre 1568.

Votre tres humble et tres obeisant subject et serviteur

DE PRYE.

Au dos est écrit :

Au Roy.

(Bibl. imp., Mss. Saint-Germain-Harlay, 320, f° 50).

XIV.

1568. — NOYERS.

Lettre du comte de Tavannes.

28 septembre.

Sire, faisant mon voyage pour Orléans, ainsy que m'auez mandé, j'ay bien voullu venir passé à deulx lieues prez de Noyers, et de la ay mandé le maire de la ville, qui est catholicque, me venir trouver avec trois ou quatre eschevins des deulx religions, et au capitaine qui commande au chasteau qu'il vint ou qu'il m'envoyast quelcung des siens pour savoir ce qu'ilz auroient affaire pour le service de Vostre Majesté. Le dict cappitaine m'a envoyé deulx soldatz, et est venu le dict maire et eschevins, faisant entendre qu'ilz hobéyrunt à ce que je leur vouldroye commandé pour cest effect. Mais, aprez leur avoir commandé de licencié cent soldatz qu'ilz sont au dict chasteau et y retenir seullement ung cappitaine pour garder les droitz et meubles de monsieur le prince de Condey, avec un aultre cappitaine de la part de Vostre Majesté, et recepvoir à la ville le sieur de Missery chevalier de vostre ordre avec cinquante

hommes pour sa sureté, atendant que ceulx du dict chasteau fussent
sortis, pour puis après, en faisant cesser toutes voyes d'ostilité,
remectre le dict chasteau et ville avec les deulx religions en l'estat
qu'elle estoit avant que mon dict sieur le prince y arrivast, le
cappitaine du dict chasteau m'a faict responce que ne le pouvoit
faire sans adverty le dict sieur prince. Ceulx de la ville mont
présenté requeste, me priant de luy donner temps de ce faire.
Sur la requeste j'ay respondu qu'il failloit hobeyr au Roy leur
souverain seigneur avant toute chose. Voila comment les choses
sont demeurées, et depuis, estant arrivez en ce lieu, j'ay reçu les
lettres qu'il vous a pleu mescripre par mon secrétaire, qui m'ayant
failly par les chemins, les m'a raportée, et me retreuvant sy
avancé, comme aussy ma compagnie, ayant peur de faire faulte
à me retreuver au dict Orléans, atendu mesme quil y va ung grand
temps pour rassembler les forces de Bourgongne qu'il fault envoyer
requerir tant à Châlon que Mascon, pour les joindre avec celles de
monsieur de Barbezieux pour assaillir Noyers, ainsy que m'es-
cripuez, et aussy le temps qui va a le prendre, et que par ce
moyen ce seroit me bannir de vostre armée, il ma semblé pour
vostre service, plustost que de retorner, leur en debvoir faire une
dépesche pour faire ceste exécution, et ay mandé au dict sieur
de Barbezieux qui a l'artillerye à Troyes, quant elle sera preste,
d'auerty le sieur de Ventoux, affin de s'y trouver, comme aussy au
dict Ventoux se tenir prest pour quant y le mandra pour coste
entreprinse que, a mon aduis, ilz sarront fort bien mectre a exécution. J'aye mandé aussy a Monsieur de Prÿe y envoyer trois
enseignes de gens de pied qu'il a, quant il sera temps, avant que
ses forces la sceussent estre preste, mesmes que l'on m'a dit que
le dict sieur de Barbezieux est allé Châlon en Chempaigne. Sy
Vostre Majesté estime que je ne vous puisse servir au camp
mieux que la, je y retorneray, combien que cela se fere bien sans
moy, et treuvant bon que ceste exécution se fassent ainsy, il
plaira à Vostre Majesté mander au dict sieur de Barbezieux
retorner du dict Châlon à Troyes pour cela, et qui conserte avec

le dict sieur de Ventoux et le dict sieur de Missery, auquel j'ay donné des moyens pour facilement entrer dans la dicte ville. Ilz ont faict le foussé du chasteau et ilz font deux petits boulevartz quilz ne sont que hors de terre pour servir de plans ; s'y l'on se haste d'y aller, ilz leur seront inutille ; c'est ung pied quilz ont, comme je vous ay ja escript, tant pour leur retraicte que pour le passaige de ceulx quilz pourraient venir d'Allemaigne, et pour toutes aultres négociations de la religion de ses coustés la qu'ilz sont proche de leurs maisons. J'estime, si l'on y va tost, que cela se trouvera facille, et semble que sept ou huit compagnies de gens de pied de celles de Champaigne avec celles quilz sont à Auxerre, atendant que voz reistres soient pretz et que monsieur Daumalle soit party d'auprès de vous, pourroient bien faire ceste entreprinse, sans retardement de l'armée qu'il doit assembler et atendre comme dit est que les dicts reistres soient prestz, Vostre dicte Majesté cest (sait) sa commodité, j'obeyray toujours à ce qui luy plaira me commender.

Sire, je prie à nostre Seigneur vous donner en senté très bonne et longue vie. De Ligny le-Chastel ce xxiiie septembre 1568.

Vostre très humble et très obéissant subjet et serviteur,

TAVANES.

On lit au dos :

Mr de Tavannes du xxiiie septembre 1568. Au Roy.

(Bibl. Imp., Ms. S.-Germ. Harlay, n° 320, fos 73 et 74.)

XV.

1558. — NOYERS.

Lettre du comte de Tavannes au roi.

25 septembre.

Sire, suyvant ce que je vous avoye dernièrement escript pour les chasteaux de *Montréal* et *Chasteau-Girard*, qu'il y avoit ung

huguenault nommé *La Platiére*, batard de la maison de feu mons^r
le mareschal de Bordillon, et lequel s'en estant aller dernièrement
avec monsieur le prince, y est mort, j'ay faict saisir lesdits chasteaux ou sa femme, estant demeurée dedans Montréal qui est le
meilleur, avant que sortir, avoit faict emplyr les puys de bled.
Madame *la mareschalle de Bordillon*, a qui vostre majesté laisse
jouyr des dictes terres, désiroit d'y laissé ung homme qui s'entre-
tient des deux religions; mais, pour aultant que le dict chasteaux
de Montréal est des plus fortz et tient ung grand passaige, mesmes
est à deux lieues de Noyers, il est nécessaire dy avoir ung homme
qui soit entièrement a vostre dévotion; car il ne suffit pas seullement de se garder, puis que l'on est à la guerre, ains se fault ayder
des places qu'ilz sont nécessaires: et n'ayant pour ceste cause
peu accorder ce que dessus à la dicte dame, je y ay commis ce
gentilhomme présent porteur, nommé *La Vaudelée*, qui est vieux
soldatz et homme de service. Je vous supplie très humblement
luy en volloir faire donner son expédicion. Ceste place là nest
point sy mauvaise qu'elle nendure mil ou douze cens coups de
canons, et c'est bien besoing dy mectre ung homme de bien.
Quant à l'aultre place nommée Chasteau Girard qui n'est pas de
telle conséquance j'y ay nommé le sieur *de Violot* qui est homme
d'armes de ma compagnie; il vous plaira pareillement luy envoyer
son expédicion.

. Sire, je prie a nostre Seigneur vous donner bonne et longue
vie. De Villaines ce xxv^c septembre 1568.

Je me doubte qu'il y en a qui courent le cappitaineries comme
les bénéfices, mais je vous suplie très humblement ny nommer
que ceulx cy dessus, car ilz sont fort hommes de bien.

Vostre très humble et très obéissant subject et serviteur.
TAVANES.

Au dos est écrit :

« Monsr de Tavannes du xxv septembre 1568. Au Roy.

(Bibl. Imp., Ms Saint-Germain-Harlay, 320, f° 83.)

XVI.

1568. — NOYERS.

Lettre du s^r de Barbezieux au roi, 3 octobre.

Sire, comme il vous auroit pleu par plusieurs fois me commander d'assanbler des forces et avec icelles metre peyne de reduyre en vostre obéyssance les chasteaulx, maisons et places fortes tenues par les rebelles et portant les armes contro vostre autorité; aussi Monsieur d'Aumalle estant à Chaalons m'auroit faict pareil commandement qui se conforme à vostre intention, laquelle je n'y voulu faillir d'ensuyvre et combien que telles entreprinses ont apporté la ruyne de mes maisons, aiant déjà souffert la perte de cinquante mil livres tant en meubles, grains que aultres choses qu'on m'a pillé à Barbezieulx, si est-ce que j'ay preferé le bien de vostre service a tous mes advantages et conservation de mes terres, voulant en toutes occasions faire paroistre à vostre dicte Majesté de combien je suis affectionné en vostre dit service. Sire, ayant assemblé tout ce que j'ay peu des forces, y comprenant ce que mon dit Sieur d'Aumalle m'a depparty, je me suis achemyné en cette ville de Noyers dans laquelle ceulx qui tennoient le chasteau se seroient aulcunement fortifiez; et ne la pouvant prandre si facilement, il me la convint assiéger et batre; mais sur le point que la bresche se trouva raisonnable pour y entrer d'assault, ilz se sauverent dans le dit chasteau, auquel ilz firent aussi sauver (pendant la baterye), une grande partie des habitans avec leurs meubles. Et estant logé en ceste dite ville, je recognuz le dict chasteau plus fort qu'on ne me l'avoit progeté. Toutes fois je le fiz batre en tel endroit que l'une des principales tours fust abbatue; d'un aultre costé le plus fort portail, qui est dans la ville, et icelluy gaigner d'assault; et en mesme temps en aultre endroit il fust myné, si bien que, l'aiant

mys en estat de le gaigner, les dits rebelles faisans nombre de deux
cens soldatz, qui auparavant avoient délibéré de mourir avant que
de se randre, voulurent parlemanter, et faire toutes capitulations,
ne voians aucun moien de résister, se contentèrent d'avoir leurs
vyes sauves ; a quoy ne fiz difficulté d'entendre pour éviter la
perte de mes soldatz, desquels j'avois perdu ung grand nombre
avant que de venir en ces termes ; mais, prenant résolution de
cest affaire, il a esté arresté qu'ilz vivront désormais catholiquement soubz vostre obéissance et observation de voz editz, ce que
librement ilz ont juré faire. Et considérant que ledit chasteau est
de grande importance et receptacle des ennemys, j'ay establly
garnison d'une compagnie de gens de pied, aiant faict marcher
le reste des troupes vers Chasteau Renard, place tenue des semblables rebelles, lesquelz deliberent, comme l'on m'a dit, d'atendre
le canon avant que l'abandonner, mais la bonne dilligence que
j'y useray leur fera bien tost (*sic*) d'oppinion, m'asseurant que
vostre auctorité y sera recognue comme ez aultres places. J'ay
pareillement miz en garnison quelques quinze soldats à Tanlay
que je prins, vainant en cedit lieu. De sorte que je veois le pais
purgé de cette vermine et croy que ce peu de forces que j'y
laisseray gardera de la faire renaistre. Cependant je n'ay voulu
faillir d'envoyer par devers vostre dite Majesté ce gentilhomme
present porteur pour vous donner adviz de tout ce dessus, vous
suppliant très humblement d'avoir esgard aux fraiz infiniz qu'il
m'a convenu faire pour assembler et conduyre l'artillerye, munytions
et attirail, paier les gaiges des officiers qui n'ont acoustumé de
marcher sans argent ; entretenir ung grand nombre de gentilshommes qui m'ont accompaigné jusques a présent et faict autres
despenses nécessaires a telles entreprinses. Aussi il vous plaira
avoir esgard d'impartir quelque solde aux compagnies de gens de
pied, se plaignantz de se veoir si mal recompensez de leurs
services.. Ilz sont en nombre de... enseignes, sur la disposition
desquelles je vous supplicray très humblement me faire recevoir
vos commandementz pour les faire marcher et conduyre la

part ou il vous plaira adviser. Il vous a pleu destiner la somme de six mil livres pour paier les fraiz de l'artillerye, et toutes fois que je n'en ay eu encores les expéditions nécessaires lesquelles il vous plaira m'octroyer, car autrement je serois contrainct d'emprunter la dite somme pour y satisfaire. Sire, je vous remonstreray en cest endroit que, en recompense de mes dites pertes et de ce que je n'ay esté remboursé des fraiz par moi faictz en vostre dit service durant les derniers troubles, m'aiant esté vérifflez en vostre privé conseil, qu'il vous plaise de me faire don des biens des Srs de Saint Pouange et de Saicton, qui vous doibvent estre confisquez, aiant esgard qu'en toutz les troubles passez et présens ilz ont toujours vescu en obstination de rebelles, portant ordinairement les armes contre vous ; et m'en faire, s'il plaist a vostre Majesté, dépecher les provisions nécessaires à ce que soubz vostre pouvoir j'en puisse estre paisible possesseur sans révocation ; lesquelz biens ne scauroient monter au plus hault que de troys à quatre mil livres de rente. D'abondant je vous remonstre que le Sr de Vulennes, mon guydon, s'est toujours fidellement employé en vostre service, sans perdre une seule occasion, ny oblyer aucune chose qui deppande de son devoir, et l'ayant cognu tel je luy ay donné la charge d'aller prandre le dict Chasteau Regnard et autres chasteaux qui ne vouldroient vivre soubz vostre obeyssance, pour les y faire ranger. Qui me faict vous supplier très humblement de l'honnorer d'une place de Gentilhomme servant en vostre maison, a ce qu'il ayt occasion de continuer de bien en mieulx ses dits services ; commandant, s'il vous plaist, luy estre depeché lettres de retenue. Au surplus, combien que par vos dernières lettres ne trouvastes bon de faire entretenir cinquante soldatz en vostre ville de Troyes, si est ce qu'elle est bien de ce mérite, cognoissant de combien il importe que les habitans ne prennent envye de venir à la sédition, y estans assez faciles, joint aussi que cella sera cause de descouvrir ceulx qui pourroient conspirer quelques mauvais desseins pour perturber le repoz public conjoinct au bien de vostre service.

Et ne voulant user de plus longs discours, je vous supplieray très
humblement de vouloir croire ce dit porteur comme à moy mesmes,
parce qu'il a assisté à tout ce que dit est, et qu'il a chargé d'en
donner particulièrement avis à vostre dite Majesté. Particulièrement
je n'ay veulu oblier, Sire, d'asseurer voste dite Majesté du bon
devoir que les Srs de Missery, Montperrou, de Nuy, de Poilly, de
Villars, de Sainctz Remyz, ont faict en ceste dite entreprinse pour
votre service aussi accortement et fidélement qu'il est possible,
vous suppliant très humblement en avoir mémoire; et, d'autant
qu'il vous a pleu escrire une lettre au dit Sr de Missery, par
laquelle il vous plaist luy commander de faire ce que le s^r de
Vantou luy dira, il se delibère d'aller vers vostre dite Majesté
dans six jours pour recevoir voz commandemens, aiaut donné
ordre aux pais de l'Auxois, estant bien assavoir qu'iy n'y a gentilhomme en vostre royaume à qui il porte plus d'affection qu'aucun
s^r de Tavanes et à moy, comme de ce je m'en suis apperceu assez
souvant.

Sire, je prie Dieu vous donner en très parfaite santé très longue
et très heureuze vye.

De Noyers ce IIIe d'octobre 1568.

De la main de Barbezieux :

Vostre très humble et très obéissent suget et serviteur.

Barbezieux.

Au dos est écrit ·

« Au Roy. »

(Bibl. imp., M^s Saint-Germain-Harlay, n° 320, f° 121.)

XVII.

1568. — NOYERS.

Lettre du prince de Condé à M. de Montpensier.

Monsieur, je croy que vous aurez esté adverti comment ce preux et brave cappitaine Monsieur de Barbezieux, pour faire preuve de sa vaillance, de laquelle il craignait que je doutasse auparavant, a bien osé depuis peu de jours, estant bien accompagné de grandes trouppes de gens de guerre et de bon nombre d'artilleric, attaquer ma maison et chasteau et ville de Noyers, me sachant à cent ou six vingt lieues d'icelle, et, ores que ce ne soit qu'une bicoque, si est ce qu'à gens qui ne sont guères expérimentés en ce mestier, qui font leur coup d'essay, ce n'est petit loz de venir à bout de telles entreprinses, mesmes que pour augmenter sa réputation, il a, contre la coustume des nouveaux conquérans, usé de telle modestie et de sy bonne police à l'entrée de ladite ville et chasteau, qu'outre les volleries, extorsions et rançonnemens infinis qui ont esté commis à sa veue, il a permis femmes et filles qui estoient rétirées en ladite ville, estre indifféremment forcées et viollées, usant de telle inhumanité envers les cappitaines et soldats que j'avais mis pour la garde de ma maison, qu'il n'a tenu à ce bon chevallier qu'ilz n'ayent esté tous tuez et massacrez. On pensoit, pour avoir pris et emporté de ma dite maison tous mes meubles, m'avoir entièrement accablé ; touttes fois le lieu dont je suis issu, la vertu qui m'a toujours accompagné, et les moiens que par les armes Dieu m'a mis en main m'assurent qu'il n'est en la puissance de mes ennemis me rendre pauvre et souffreteux. Je croy, Monsieur, que vous et tout aultre qui aurez entendu au vray de quelle façon on m'a traicté, n'aurez oppinion, s'il y a du désordre, que j'en sois l'autheur et le commencement. Au surplus, d'aultant que ceux de Champigny se sont rendus à moy et soubz mis à ma discrétion, bien que ce n'ayt esté si tost qu'ilz debvoient, et que je les en avois doucement et gratieusement requis, je les tiendray soubz ma protection, usant à l'endroit des personnes et biens de telz traitements que je recevray ès maisons que j'ay par delà, vous priant croire que je ne fais aucun estat des revanches mentionnées en vostre lettre, tant pour estre touttes mes dites maisons en telle disposition, qu'il est malaisé qu'elles puissent empirer, que pour estre, de Dieu grâce, de telle quallité et accompagné de tant de moyens, qu'il y a peu de personnes en France qui aient en moings d'occasion de craindre et plus de commodité pour présenter et exécuter semblable menace que moy; et sur ce, après avoir présenté mes très humbles recommandations à vostre bonne grâce, je prieray le créateur vous tenir, monsieur, en sa sainte et digne grâce.

Du camp de La Fontaine ce viiie jour de décembre 1568.

> Votre humble et obéissant cousin,   ∗
>
> LOUIS DE BOURBON.

(Bibl. Imp., Mss. Bethune, 8476, foo 31 et 32.)

XVIII.

DE 1568 A 1569.

Notes extraites des comptes de la ville de Tonnerre.

1559. Les portes ont des gardiens payés à l'année.

1560. Cadeaux de perdrix à M. de Cessac, lieutenant de la compagnie de M. de Crussol, qui vient à Tonnerre asseoir la garnison.

1562. Taille reçue pour la dépense de Jacques de Luxembourg et de ses gens envoyés en ceste ville de par Mgr de Barbezieux, lieutenant pour le roi au gouvernement de Champaigne et de Brie, et pour les *dépenses de pyonniers* levés à deux fois par mandement du roy, ensemble pour nourrir un homme et une femme pour soulager *lcs pestiférés et enterrer les décédés de la peste.*

1562-63. Le Recepveur a payé... à sçavoir treize livres douze sols pour les salaires et vaccations d'avoir fait le guet de jonr à la lanterne du fort et chastel de Saint-Pierre pour double de surprinse des voleurs et autres gens de la nouvelle relligion allans, venans, et roulans journellement à l'entour de ceste ville, mal vivans, rompans et gastans les ymaiges, croix, et faisans autres crimes exécrables, etc, et pour les nuictz des deux mois de février et de mars (1563).

MÊME COMPTE. A Pierre Desmaisons et Jehan Gérard la somme de trente-deux sols pour une logette de bois sur la porte Saint-Pierre, pour mettre à couvert ceux qui faisoient la sentinelle et garde de nuict pour garder l'eschelage et la surprinse des volleurs et gens de la nouvelle religion, amassés, allans et venans jour et nuyct à l'entour de ceste ville et près des murailles d'icelle.

A Jehan Levuyt la somme de sept sols six deniers t. pour avoir esté au lieu de Saint-Vinnemer sçavoir des nouvelles de ceulx qui avoient pillé Bar-sur-Seyne et quel chemyn ils avoient prins.

A Berthin Bouldrey, sergent, pour le guet de nuyct et la garde de la porte de Bourberault, et soy garder des volleurs, allans et venans jour et nuyct à l'entour de ceste ville pendant les moys de décembre, janvier, febvrier, mars et apvril.

A Ambroyse Richardot et Zacharie Levuyt pour surveillance du guet et savoir s'il faisoit debvoir pendant les mêmes mois, etc.

Garde des portes de Rougemont et Jehan Garnier.

Garde de la porte du pont et ronde en la *paroisse Saint-Pierre*, mêmes mois.

Nombreuses réparations aux murs, poternes, portes, etc. — nourriture, habitz et utilz (outils) fournis aux pyonniers passans pour le service du Roi.

Payé à différentes fois logement et nourriture d'hommes, laquais, chevaulx, gens de M. de Saint-Marcel, envoyés en la ville

Sc. hist.   **23**

par M. de Barbezieux. (La dépense totale s'est élevée à la somme énorme de 133ᴸ 4ˢ 6ᵈ).

Le capⁿᵉ Ladventure et ses souldasts envoyés à Tonnerre par feu Mᵍʳ le duc de Nivernois, gouverneur de Champaigne et de Brye pour garder ceste ville. — Outre leur dépence il leur est faict un cadeau de 300 livres. (Dépense totale 372ᴸ 19ˢ 2ᵈ), il est même fourni au capitaine des *boutines* et autres ouvrages de cordonnerie.

A Michel Moreau 19ᴸ 5ˢ pour la nourriture d'un homme et sa servante prinse avec lui pour *survenir aux pestiférés et enterrer les morts de peste* du 21 mai au 14 juillet.

1562 à 1564. Chaque habitant s'était cotisé volontairement à 20ᵈ par moys pour salaire des gardes des portes.

Recette faicte par forme d'emprunt pour payer les frays de l'information et procédure faicte par le lieutenant du prévost de la connestablie de France, touchant le tumulte et effort faict par les gens de guerre le 27ᵐᵉ jour de mars de 1563 *avant pasques*, ensemble pour la despense dudit lieutenant, des archers estant avec luy, son greffier et vingt *saouldatz* de la garde de Mᵍʳ Daumale, gouverneur de Champaigne et de Brye, envoyez par luy en ce lieu avec ledict lieutenant, suyvant les assemblées et délibérations d'iceulx habitans.

14 octobre 1563. Trois personnes pauvres mortes de la peste au faubourg Sᵗ Michel.

6 octobre 1663. Une personne pauvre.

27 août 1564. Messeigneurs l'admiral de Chastillon, comte de Beauvais, et seigneur Dandelot, passans par ceste ville, reçoivent en présent des habitans un grand lièvre, quatre levraultz, quatre lappins, une douzaine de poulets, des truffes et un demi cent de prunes, qui coûtent 8ᴸ 2ˢ t.

Il est offert en outre une *fillette* de vin clairet du prix de 7ᴸ t.

1ᵉʳ janv. 1564. Louis de Gurat, cappitaine de Tonnerre. On lui donne en présent deux *fillettes* de vin clairet. 13ᴸ t.

20 juillet 1564. Mʳ de Misseri, lieutenant de Mᵍʳ Daumalle, est à Tonnerre. On lui fait présent de truffes.

17 avril 1564. Présent de deux *fillettes* de vin clairet à Nicolas Viollier, greffier de la chambre de la Reine, 10¹ t.

4 mai 1564. M. Dandelot dîne à Tonnerre à l'Ecu de France. On lui offre un plat de truffes, 25ˢ t.

27 et 28 mars. Envoyé le messager Jehan Champagne à Mussy, Chastillon et autres lieux pour savoir s'il y descendoit autres gens de guerre que ceux qui avoient passé par Tonnerre, 26ˢ. Envoyé Georges Barrault à Chassinelles où estoient logés les gens de guerre qui arrivoient à Tonnerre à la dicte porte Saint-Michel, pour savoir le nombre desdits gens de guerre et leur intention.

31 mars. Exprès est envoyé à Troyes au comte de Crussol pour lui faire connaître les événements du 27 mars.

1er avril. Fait fermer et murer les portes Saint-Michel, Vaucorbe et Saint-Pierre, le premier jour d'apvril 1563 avant Pasques, pour le bruit que l'on faisoit qu'il descendoit gens de guerre qui debvoient passer par ladicte ville, et à l'occasion de la surprinse faicte par les aultres jà passés.

La dépense faite par la ville en cette occasion s'élève suivant le compte à 1,111¹ 10ˢ 6ᵈ t.

1565. Un exprès est envoyé à Auxerre au logis de la Magdⁿᵉ pour être renseigné de deux compagnies de gens de pied gascons que l'on disoit descendre par ceste ville. (Sans date.)

1566. Un exemption d'impôt a été suivie avec zèle par suite de la position fâcheuse des habitants. — Le Roi fait abandon du recouvrement des impôts pendant 2 mois et 2 jours.

Les habitants amodient les chambres au-dessus des tours et portes, à charge de les entretenir et de le rendre en bon état en cas de guerre, et libres aux habitans pour la défense de la ville.— Quelques murs sont *haulsés*. — Il y avait encore dissentiment entre le seigneur et les habitants. Deux procureurs de la commune vont à Selles en Berry trouver le seigneur, M. de Crussol, duc d'Uzès. — Au mois d'août six chevaux sont envoyés à *Molains* en Bourbonnais pour être mis au service de M. le duc d'Uzès, ce qui coûte fort cher à la ville. La duchesse était venue à Tonnerre, des

chevaux avaient été mis à sa disposition pour conduire *sa couche*
à Argenteuil, Cruzy, Ravières, etc. — 261 ¹ 1 ˢ 2 ᵈ sont dépensés
pour la réparation des murailles.

1567. Une visite minutieuse des tours, portes et murailles a été
faite. Les réparations sont exécutées dès le mois d'octobre 1567. Il
est mandaté 835 ¹ 5 ˢ 7 ᵈ. De plus on achète de la poudre, on
sonne le tembour tous les matins pour cesser le guet, lever ét
ouvrir les portes; Le gouverneur, Mᵍʳ de Mandelot, est à Tonnerre,
où il est logé et chauffé aux frais des habitants; on lui fait des
présents. Les rondes de nuit et le guet de jour se fait exactement.

Il y a un compte spécial pour la vente de la coupe de 338
arpents 1/2 de bois. Il donne beaucoup de détails sur le *rachapt*
et rançon de la ville auprès du prince de Condé, pour éviter le *feu,
saccagement, pillage, saulver l'honneur* des filles et des femmes,
au *commancement* de février 1568.

	l	s	d
La vente produit	5,464	12	»
Il fut reçu de divers particuliers.	4,491	16	6
Et de M. de Cénamy, escuier lucquois. . . .	1,500	»	»
Total.	11,456	8	6

Les dépenses peuvent se résumer ainsi :

	l	s	d
Payé dans l'abbaye de Sᵗ-Michel, au capitaine envoyé par M. de Condé	5,000	»	»
Abandon fait à M. de Cénamy.	500	»	-
Perte sur les escus sol que l'on n'a voulu prendre pour 53 ˢ quoiqu'ils aient été donnés à ce taux.	54	1	
Au capitaine *pour sa peine* d'avoir compté l'argent du prince		5	6	»
Valise emportée par ce capitaine, etc. . . .		2	10	»
Au capitaine de Rochevert qui a gardé la ville, pendant que l'armée défilait, et à ses gens et ses serviteurs.	194	17	6

À *la trompette qui vint sommer la ville* . . .   » 53 »

Remboursement de chevaux et voitures emmenés par les gens du prince, pour transporter leurs coffres et hardes. . . . .   142 » »

Remboursement de 1,500 ¹ prêtées par M. de Cénamy. . . . . . , ...   4,500 » »

Perte sur les escus sol 19 4

Cadeau à M. de Cénamy (6 *fillettes clairet*). . .   36 »

Au *conte* de Tonnerre, *quint denier* de la vente des *boys* 1,037 16 6

Frais d'arpentage, de délimitation, de bornage, d'adjudication au bailly, d'expédition au greffier.   203 3 »
_____
8,697 11 6

Remboursé aux habitants à compte sur les 4,491 16 6 . . . .   2,780 10 6
_____
11,478 2 »

Le receveur s'était mis en avance de. 20ˡ 13ˢ 6ᵈ

Il restait dû aux habitants. . .   1,711 6 6

1569. Les échevins continuent la réparation des murs, portes, etc., font le guet, réparent la *tourelle* de St-Pierre, qui avait été *despecé* par les *suisses estans logés aux Tonnerre*, achettent une grosse *harquebuse à mesche, néloyent les bastons à feu*.

M. de Sansac est au camp de Dennemoyne (Dannemoine), il lui est fait un cadeau de vin et de poissons.

Des vivres sont fournis à l'armée qui assiége Noyers.

Les eschevins sont *prins* et retenus à Tanlay. — Avis en est donné, à Maulne, à Mad. d'Uzès, à qui est fait un présent.

Des vivres sont fournis à l'*armée* de Dennemoyne.

La ville aide aux transports pour le siége de *Vézelay*.

Voyage transport de denrées, nourriture d'hommes et de chevaux sur *Vermanton* et *Espoigny*.

Il est traité avec les commissaires aux vivres des Suisses et des Italiens.

La ville contribue à la levée et nourriture des pionniers par le camp de Vézelay.

Pour complément, la peste sévit ; la ville dépense 263 l 10 s 8 d pour garder, nourrir, chauffer les malades.

1571. Encore quelques réparations en petit nombre.

Les échevins s'occupent de l'instruction, du recteur des escoles et de son installation.

Le Roy établit, sous forme d'emprunt, un impôt assis sur les plus riches particuliers de Tonnerre, Ravière, Chablyes, 9,000 l que les Eschevins font conduire à Paris. Les frais de recouvrement et de transport coûtent à la ville. 198 l 10 s.

M. de Sansac, lieutenant du gouvernement de Champagne, veut mettre garnison en la ville. M. d'Acier, frère du duc d'Uzès, emploie son intervention pour empêcher cette garnison. La ville dépense beaucoup en démarches et en présens.

La ville a beaucoup de dettes.

(Archives de la ville de Tonnerre. — Communication de M. Le Maistre.)

———

XIX.

1469. — VÉZELAY.

Rapport de M. de Sansac au roi sur le siége de Vézelay.

.Sire,

Il y eut hyer trois sepmaines que je despechay par devers Votre Majesté ung homme d'armes de la compaignie de mon filz pour vous fère entendre bien amplement comme toutes choses avoient jusques alors passé au siége devant Vézelay, et supplyois Votre Majesté qu'il luy pleust me mander son intention pour me reigler

et conduire selon icelle, dont je n'ay encore eu aucune nouvelle
ny responce, tellement que j'en suis en une peyne extrême.
Depuis ce temps-là, Sire, j'ay toujours esté mallade en cette ville
et j'ay cuidé laisser la vye, mais Dieu a eu pitié de moy et m'a
préservé de ce dangier pour ce coup, pour avoir moien de vous
faire encores quelque bon service avant que je meure, comme
j'en ai et auray affection toute ma vye, laquelle je n'ay onc désiré
et ne désire de conserver que pour cet effect. Cependant, Sire,
Monsr de Barbezieux et les Srs et cappitaines qui estoient icy n'ont
perdu temps; car, ainsy que Votre Majesté a peu entendre par
ledit homme d'armes, ayant eu l'advertissement que les ennemis
avoient passé la rivière de Loire, avec xii ou xve chevaux et v ou
vi enseignes de gens de pied, en délibération de venir lever le
siége de Vézelay, ledit Sr de Barbezieux et autres Srs et cappitaines marchèrent au devant d'eux avec toute vostre cavallerye, de
sorte que lesdits ennemis feurent contraints de se retirer plus vite
que le pas et repasser la rivière de Loire, que sans les grandes
bruynes et la retraicte à propos qu'ils eurent dans une meschante
petite ville, appellée Pouilly à troys lieux de La Charité, lesdits
ennemis estoient tous deffaicts; encores ne peurent-ils si bien
faire qu'il n'y en eust de tués plus de cens ou six vingts aux
fauxbourgs dudit Pouilly, que l'on faillit d'entrer dedans pesle
mesle, et s'en noya beaucoup, de haste qu'ils avoient de passer
l'eau, ce qu'ilz n'eussent pu faire sans les basteaux qu'ils y avoient
tous prests. Cela faict, j'ay mis en garnison touttes les compaignyes
de gens d'armes ès lieux les plus commodes pour la seureté des
passages et pour endommager l'ennemy, en attendant des nouvelles de Votre Majesté, et au reste tenir serrez ceux de Vézelay,
lesquels ont grandissime faulte de farines; ils mengent du bled
pilé, ont peu de vin, et, si ce temps continue, ils auront extrême
nécessité d'eau. Conclusion, Sire, ils ne sçauroient avoir vivres
pour trois sepmaines à tout rompre, estant bridez, comme ils sont,
tant à cause de la cavallerye que à cause de vii ou viiie soldatz,
que j'ay encores dedans les bourgs de Saint-Père et Asquyen, et

j'en attens encores d'autres, en manière que dedans peu de jours
j'espère avoir ensemble plus de xii^c hommes et de l'argent pour
les payer encores ung mois, que j'ay faict mesnager sur l'assigna-
tion qui nous avoit esté donnée, ayant aussi faict si bon mesnage
de l'argent de l'artillerye que, tous les officiers d'icelle en ont été
payez de leur extraordinaire jusques à la fin de ce mois, ainsy
que Votre Majesté entendra, s'il luy plaist, plus particulièrement
par Chauvigny, présent porteur, qui me gardera vous ennuyer de
plus long discours, sinon pour faire entendre à Votre Majesté qu'il
y a ici deux gentilshommes, l'ung nommé le s^r de Vézigneux et
le s^r de la Grange aux Roys, tous deux vaillants et hardis gentilzhommes, et qui ont faict de grands et notables services à Votre
Majesté depuis quatres mois que je suis arrivé par deçà, vous
asseurant, Sire, qu'ilz n'y ont espargné ny leurs biens ny leurs
vies, tellement qu'ilz en méritent recongnoissance et gratiffication,
que s'il plaisoit à Votre Majesté, en considération de leurs services, les honnorer de votre ordre, j'en faictz très humble requeste
à Votre Majesté, laquelle je n'ay jamais importunée pour semblable chose pour parent que j'aye, ny autre que ce soit; mais
ayant congneu par expérience ceux cy si gentilzhommes et très
affectionnés et fidelles serviteurs de Votre Majesté, je leur ferois
tort et à moy-mesme si je ne vous supplyois, comme je fais très
humblement, Sire, attendu qu'ilz ont tous deux moien de l'entre-
tenir, ayant ledit s^r de Vérigneux xii^m livres de rentes et ledit
s^r de la Grange a bien de quoy. Oultre cela, c'est un vieux gentilhomme, qui a suivy toutes les guerres, et a, durant ces dernières, entretenu à ses despens cent harquebuziers à cheval,
reprins le chateau de Regennes et d'autres chateaux, du costé de
deçà, que tenoient vos ennemis.

Au demeurant, Sire, Votre Majesté entendra par ledict de Chauvigny, comme par soubson j'ay faict arrester prisonnier en cette
ville ung homme, qui disoit venir de Gascongne de la part de
monsieur de Caumont, et, ayant esté fouillé par tout, luy fut
trouvé deux despêches que les Princes et l'Admiral anvoyoient u

prince d'Orenge, lesquelles m'ont semblé dignes d'estre envoyées à Votre Majesté, qui voira clairement par icelle comme lesdits princes et admiral n'ont eu une seule nouvelle d'Almaigne despuis que le prince d'Orenge partit d'avec eux, et que tant s'en faut qu'ilz soient asseurez d'avoir forces de cette part là, qu'ilz mandient leur secours et ayde comme un belistre faict son pain. J'eusse plus tost envoyé lesdittes despesches à Votre Majesté, n'eust été que j'espérois entendre quelque chose de bouche dudit prisonnier par les interrogatoires que je lui ai faict faire, et néanmoings il n'en a peu estre tiré autre chose que ce que Votre Majesté voirra par son audition. Suppliant le créateur, Sire, vous maintenir en santé, très heureuse prospérité, bonne et longue vye.

D'Avalon, ce xxiiiⁱᵐᵉ jour de décembre 1569.

Sire, ainsi que Chauvigny montoit à cheval, le gentilhomme, que j'avois envoyé par devers Votre Majesté, est arrivé, et ne feray faulte de satisfère à tout ce qu'il vous a pleu me commender par voz lettres qu'il m'a apportées, ne voulant au reste oublyer à vous fère entendre le bon et grand devoir que les sieurs de Chatelet, de Ton et de Sainct Falle, mareschaux de camp, ont faict et continuent de faire journellement pour votre service du costé de deçà, en quoy ils font évidemment parroistre de quel pied ilz marchent, dont ils méritent recongnoissance

Votre très humble et très obéissant serviteur et subject,

SANSAC.

___

XX.

1570. — VERMENTON.

Acte dressé pour constater le refus des habitants de Vermanton de recevoir une garnison envoyée par le gouverneur de l'Auxerrois.

Pardevant moy, Pierre Armant, notaire tabellion royal en la ville d'Auxerre, et en la présence des tesmoings cy après nommés,

comparurent en leurs personnes noble homme Sʳ Cadot, commandant à la compagnie du cappitaine La Brosse, soubz le régiment du
sʳ Destresse, couronnal de l'infanterye des bandes françaises; et
Pierre Vincent, soldat de ladicte compaignie, estant de présent en la
ville d'Aucerre; lesquelz ont dict, attesté, confessé et rapporté
pour vérité en leurs consciences, que, suyvant certaine commission
a eulx donnée par Monsgʳ de Rochefort, chevalier de l'ordre du roy,
cappitaine de cinquante hommes d'armes de son ordonnance,
gouverneur et lieutenant pour Sa Majesté de la ville d'Aucerre,
pays, conté et bailliage d'Aucerre, en date du vingt-huitiesme et
dernier jour de février dernier, signée Rochefort et scellée du
cachet de ses armes, ils se seroient transportez le lendemain de la
date d'icelle commission, qui fut le mercredy premier jour du présent mois de mars, avec ladicte compaignie, jusques aux portes
dudit Vermanton et ils s'adressèrent à plusieurs personnes de
ladicte ville de Vermanton qui estoient aux portes et murailles
de lad. ville avec armes de arquebuses, auxquelz lesd. attestans
auroient présenté lad. commission dud sʳ gouverneur d'Aucerre
pour suyvant icelle la recepvoir en lad. ville de Vermanton avec
les soldats qu'ilz menoient au nombre de cinquante et exécuter en
icelle. Lesquelz habitans auroient faict responce auxd. attestans,
ayans leurs armes et la mèche sur le serpentin prest à tirer qu'ilz
sçavoient bien que lesd. attestans demandoient, et qu'ilz n'avoieut
que faire de voir la commission dud. sʳ de Rochefort, par ce que
c'estoit pour entrer en garnison de leur dicte ville, et que led. sʳ de
Rochefort estoit seullement gouverneur d'Aucerre et non dudict
Vermanton, et que, ce pendant que les ennemys ont esté à leurs
portes, qu'il ne leur a envoyé aulcunes forces, et qu'ilz se sont bien
gardez jusqnes à présent et se garderont bien toujours, sans avoir
aulcune garnison, tellement que lesd. attestans, pour le refus à eux
faict par lesd. habitans de Vermanton, ont estez contrainclz eulx
retourner par devant led. seigʳ de Rochefort, sans pouvoyr exécuter
l'entreprinse qui leur avoit esté commandée par led. sʳ de Rochefort. Dont et desquelles choses ainsi dictes et déclarées est comparu

en sa personne Benoist Mathon, secrétaire dudict seigneur, lequel nous a requis acte à lui octroyé et resté ferme pour servir et valoir aud. Ser de Rochefort de descharge. ainsi qu'il verra estre à faire par raison. Faict le 4me jour de mars l'an 1570 en présence de Me François Armant, procureur au bailliage et Me Jehan Armant, procureur.

XXI.

1570. — AUXERROIS.

Etat des bénéfices du diocèse d'Auxerre détenus et occupés, vers 1570, par les protestants, ou délaissés par les titulaires, pour la crainte qu'inspiraient les incursions des soldats de cette religion.

C'est l'estat et rolle des bénéfices du diocèse d'Auxerre qui sont pour le présent détenus et occupez par les rebelles ou délaissez pour la crainte d'iceulx, depuis l'an 1568 jusques à présent, contenant la taxe particulière desd. bénéfices, tant de l'octroi des trois décimes, subventions, que oultre plus, et aultres deniers, suivant les rolles pour ce faits pour ladite année 1568 et aultres séquentes, qui sont envoyez avec le présent estat pour vérification desd. taxes, et suivant l'ordce et arrest de Messeigneurs les scindicqs-généraux du clergé de France et commissaires de par le roy establiz à Paris en date du xiiie jour de janvier 1570.

I.

L'abbaye de St-Laurent de Cosne, pour estre l'abbaye délaissée et proche de la Charité, ville occupée par les rebelles depuis un an en ça.

L'abbaye de Bourras, délaissée comme dessus et proche de lad. Charité, est brûlée.

II.

Le prieuré de Basseville, qui sont Chartreux, délaissé et totalement ruyné, proche Vézelay occupé par lesdits rebelles depuis ung an.

Le prieuré de la Charité occupé par lesd. rebelles depuis ung an encore de présent.

Le prieuré de Cessy occupé par les rebelles.

Le prieuré de notre Dame-du-Pré, délaissé depuis ung an, et depuis brûlé à la prinse de la ville de Donzy. Lequel est joignant audict Donzy, et laquelle ville de Donzy a été occupée par les rebelles environ quatre mois, et est pour ce présent en l'obéyssance du roy.

Le prieuré de Lespeau, proche dudict Donzy et partant id. comme le précédent bénéfice.

Le prieuré de Bellary, proche de la Charité, bruslé et délaissé il y a deux ans.

Le prieuré de Revillon proche de Donzy, Entrains et Ratilly, places occupées par ci-devant par les rebelles, et partant délaissé et ruyné.

Le prieuré de Plein-Marchais, proche de Dannemarie, encore de présent détenu par les rebelles, partant délaissé et ruyné.

Le prieuré-cure de Cours, délaissé pour estre proche de Ratilly.

Le prieuré de Dampierre-sous-Bouy, id.

Le prieuré-cure de Ciez, id.

Le prieuré-cure de Eslan, id.

Le prieuré-cure de Sogères (Sougères) id. et est détenu par le seigneur qui est de la religion nouvelle.

Le prieuré-cure de Lainsecq, id. pour estre proche de Ratilly.

Le prieuré-cure de Thury, id.

Le prieuré-cure de Villefargeau délaissé et ruyné, et prebstres y ayant esté tués.

III.

Le chapitre de Donzy, leur esglise pillée et volée, à la prinse dudict Donzy, par les rebelles qui l'ont occupé par l'espace de quatre mois ou environ.

Le chapitre d'Appoigny ruyné et pillé par le prinse de Regennes.

IV.

CURES.

La cure d'Arcy, abandonnée pour la prinse de Vézelay depuis ung an, et le seigneur du lieu est de la nouvelle prétendue religion portant les armes contre le roy.

La cure de St-Morré, id.

La cure de Trucy-sur-Yonne, abandonnée pour la proximité et prinse de Vézelay.

La cure de Sery, id.

La cure de Bazarne, le curé dudit lieu a été prins prisonnier et rançonné par les rebelles de Vézelay de 300 l.

La cure de St-Pallaie, le curé a été prisonnier avec le curé de Bazarne et rançonné par les rebelles de Vézelay.

La cure de Merry-sur-Yonne, délaissée pour ce qu'il est proche de la ville de Coulanges-sur-Yonne et du chastel de la Maison-Blanche, lieux occupés par les rebelles, sinon que depuis deux mois ou environ est réduit ledit Coulanges en l'obéissance du roy.

La cure de Crain, id.

La cure de Festigny, id.

La cure de Coulanges-sur-Yonne, id. et lad. ville détenue par lesd. rebelles et depuis les derniers troubles, sinon depuis deux mois.

La cure de Surgy, id.

La cure de Ouagne, id.

La cure de Billy, pillée et ruynée pour les incursions continuelles desdits rebelles et délaissée pour les meurtres des gens d'église occis audit lieu.

La cure d'Oisy, id.

La cure de Champlemy, ruynée et délaissée pour le passage des rebelles depuis ung an en ça.

La cure de Saint-Malou, délaissée parce qu'elle est proche de la Charité, et le seigneur dudit lieu, de la nouvelle religion, capitaine de Sancerre contre le roi.

La cure de Sainte-Colombe-des-Bois, délaissée depuis ung an en ça, parce qu'elle est entre la Charité et Donzy.

La cure de Donzy, ruynée par la prinse et désertion de ladicte ville.

La cure de Parroy, près Donzy, délaissée pour les causes que dessus.

La cure de Corroltres (Couloutre), id. et aussy qu'elle a été totalement ruynée, estant proche de Ratilly.

La cure de Menestreau, id.

La cure de Chasteauneuf, délaissée, estant entre la Charité, Donzy et Vézelay, occupés par les rebelles.

La cure de Dampierre-sur-Nièvre, id. et estant le chastel dudit lieu détenu par les rebelles.

La cure de Murlin, id.

La cure de Arrebourse, id.

La cure de la Celle-sur-Nièvre, id.

La cure du Chassenay, id.

La cure de Vieil-Mannay, id.

La cure de Guerchy, id., et à cause du chastel Vieil-Moulin, estant de la paroisse, appartenant à Marraffin, commandant encore aujourd'huy aux rebelles de la Charité contre le roy.

La cure de Bulcy, délaissée pour estre proche de la Charité et de Sully, lieux détenus par les rebelles.

La cure de Narcy, id.

La cure de Varennes, id.

La cure de Raveau, id.

La cure de Sainte-Croix de la Charité, détenue encore à présent.

La cure de Saint-Pierre de ladite Charité, id.

La cure de Saint-Jacques de ladite Charité, id.

La cure de Mesves, id.

La cure de Poilly (Pouilly), ville détenue encore aujourd'hui par les rebelles.

La cure de Trucy, délaissée parce qu'il y a chasteau détenu par les rebelles.

La cure de Seuly, proche de ladite Charité et entre icelle et ledict Donzy.

La cure de Pogny, id.

La cure de Saint-Laurent l'abbaye, délaissée pour la proximité de ladite Charité.

La cure de Saint-Martin du Tronsoy, id.

La cure de Saint-Andelin, id.

La cure de Saint-Quantin, id.

La cure de Nannay, id.

La cure de Cessy, id.

La cure de Saint-Martin-du-Pré, id.

La cure de Saint-Sulpice d'Entrains, délaissée pour avoir été ladicte ville d'Entrains quasi toujours occupée par les rebelles depuis les premiers troubles jusqu'à huy.

La cure de Mézilles, pour avoir esté pillée par le capitaine Le Bois et Symbaulx et aultres rebelles, demeurant audit lieu.

La cure de Saint-Eusèbe (Eusoge) en Puysaie, délaissée par la proximité du château de Dannemarie, détenu par les rebelles.

La cure de Bertheau, id.

La cure de Escrinelles, id.

La cure de Arbelloys, id.

La cure de Ausson, id.

La cure de Gien-le-Vieil, id.

La cure de Dannemarie, encore aujourd'hui occupée par les rebelles.

La cure de Thou, délaissée parce que ceste terre appartient à M. de Chasitllon, naguère amiral.

La cure de Saint-Amand, délaissée pour estre proche de Ratilly.

La cure de Faverolles, id.

La cure de Boy (Bouy), délaissée pour estre près dudit Ratilly et Entrains.

La cure de Bitry, id.

La cure de Saint Puits (Sainpuits).

La cure de Treigny.

La cure de Sainte-Colombe-en-Puysaie.

La cure de Pourrain, délaissée des gens d'église, pour ce que la plupart sont de la religion nouvelle.

La cure de Saints-en-Puysaie, id., pour estre proche de Ratilly.

La cure de Charbuy, délaissée pour la prinse de Regennes et y a deux ou trois de la nouvelle religion en ladite paroisse.

La cure de Fontaines, délaissée par les pilleries et voleries qu'y a fait le capitaine Bois.

La cure d'Appoigny, id., pillée pour la prinse de Regennes.

(Archives de l'Yonne.)

XXII.

1571. — AUXERRE.

Relation de la prise des sieurs Guenin, conseiller au bailliage d'Auxerre, et Potin, M^d, près de Gy-l'Evêque, par les huguenots qui les emmenèrent à la Charité.

Par devant nous, Notaires et tabellions royaulx au bailliage, et prévosté d'Auxerre, soubsignés, est comparu en personne Jehan Paillot, vigneron demeurant à Auxerre, aagé de vingt cinq ans ou environ, lequel, après le serment par luy faict de dire et déposer vérité, a dict et attesté qu'il y a eu deux ans le 19e du présent moys, que noble homme et saige maistre Jehan Guenyn, conseiller du roy nostre sire, audict bailliage, et Jehan Potin, marchand d'Auxerre, furent prins auprès de Gy l'Evesque, distant de deux lieues de la ville d'Auxerre, par troys ou quatre de ceulx de la religion que l'on dict réformée. Lesquelz avoient des sayes de livrée croissés, icelluy Guenin n'ayant aulcunes armes à feu. Et fut ledit Guenin mené par lesdits de la religion au lieu de La Charité, où commandoit, soubz l'autorité de Messieurs les princes, François de Marafin, seigneur de Guerchy. Après laquelle prise dudit Guenin et Potin, luy attestant, du lieu d'Auxerre où il faict sa demeurance, fut envoyé par les parens desdits Guenin et Potin pour sçavoir s'ylz estoient vifz ou mortz. Et arriva luy attestant à la Charité, environ le 25e dudict moys de juing, auquel lieu il a demoré par l'espace de environ deulx moys, et jusques a ce que ledict Guenin se soit eschappé desdites prisons de La Charité.

A veu ledict attestant ledict Guenin avoir esté fort mal et cruellement traicté pendant qu'il a esté audict lieu, et mesme avoir esté en une prison où on ne voyait ciel ny terre. Et, depuys, d'icelle prison sorty, seroit esté mis tantoust en ung logis, tantost en l'aultre, par des soldatz de La Charité, qui le demandoient pour avoir sa rançon, luy présentant la pistolle et menassant de le tuer de jour à aultre. Est bien mémoratif ledict attestant que ledict Guenin estant hors de ladicte prison, et en chambre comme dict est, il y avoit tousjours deux ou troys harquebuziers qui gardoient ledict Guenin, et l'a veu depuys son arrivée à La Charité jusques ad ce que ledict Guenin auroit saulté par dessus les murailles de La Charité et évadé dudict lieu. A ouy dire, estant audict lieu de La Charité, mesme au capitaine Collette qu'il cognoist, que c'estoit luy qui auroit prins prisonnier lesdits Guenin et Potin. Et scet ledict attestant que c'est ledict Collette qui a faict sortir dudict lieu de La Charité ledict Guenin moyennant trois cens escus qu'il a receuz de luy. Et plus n'en scet ledit déposant. Faict le 21e jour de juin 1571.

Signé : Fauleau et Charmoy, avec paraphes.

Ledict jour et an que dessus Claude Moret demeurant à Montigny-sur-Aube, en personne estant de présent en ceste ville d'Auxerre, aagé de 23 à 24 ans, après le serment par luy faict a dict et déposé que le 4e et 5e juillet 1569, estant au service du

Roy, soubz la charge du capitaine Lichy, au camp de Monsieur de
Sansac, lorsque l'on vouloit remettre en l'obéissance du Roy la
ville de La Charité, approchant laquelle ville, à une saillie de
ceulx qui occupoient ladite ville, fut prins, puis mené prisonnier
à La Charité, où illec il cogneut noble homme et saige maistre
Jehan Guenin conseiller, qui estoit prisonnier et gardé par deulx ou
troys arquebuziers du seigneur de Guerchy, commandant soubz
l'obéissance de Messieurs les princes audit lieu, où estoit ledict
Guenin, fort mal et cruellement traicté, estant menacé par les
soldatz dudict lieu, de jour en jour, de le faire mourir, luy présentant pistoletz le chien baissé, luy demandant rançon. Et estoit
logé ledit Guenin quelque foys en une maison où pend pour
enseigne le Lyon d'or, quelques foys en d'aultres maisons, estant
transporté par les soldats de lieu en aultre. A bien entendu de
plusieurs soldatz, mesmes du capitaine Collette que c'estoit ledict
capitaine qui avoit pris prisonnier ledict Guenin à deux lieues
d'Auxerre et amené à La Charité. Et luy attestant a veu depuys
ledict Collette pourparler avec ledict Guenin de sa rançon, de
laquelle il accorda avec icelluy Collette, à la somme de 300 escus
dont il se tint pour content. Et, moyennant ce, feit sortir ledit
Guenin par dessus les murailles de ladicte Charité, pour évader
les cruautés dudit sieur de Guerchy et de ses soldatz. A dict oultre
estre estre bien mémoratif que depuis le jour qu'il arriva à ladite
Charité il a veu ledit Guenin prisonnier avec luy par l'espace d'un
mois et plus, ayant tousjours, jusqu'à ce qu'il s'évadât dudit lieu,
gardé comme dessus, où il abusa sa garde. Et est demeuré a La
Charité ledict attestant plus de deuy moys après, duquel lieu
s'enfuist ledit déposant; qui est ce qu'il dit savoir.

Signé : Fauleau et de Charmoy.

Faict à Auxerre, le 21 juin 1570.

(*Archives de l'Yonne*. Minutes des notaires, portefeuille 1.)

XXIII.

1572. — AUXERRE.

Transaction contenant quittance de 350 écus d'or payés par le sieur Guenin, conseiller au bailliage d'Auxerre, à Marraffin de Guerchy, gouverneur de La Charité, pour sa rançon.

Comparurent en leurs personnes noble seigneur messire François de Marraffin, chevalyer, seigneur de Guerchy, pour luy d'une part.

Et honorable homme et sage maître Edme Vincent, avocat au au bailliage d'Auxerre, au nom et comme soy faisant fort de honorable homme et sage maître Jehan Guenin, conseiller audit baiiage, promettant pour luy d'autre part.

Lesquelz, pour termyner les différendz et procédures intervenues pardevant messieurs le mareschal de Vieilleville, Lamoignou et Blancmesnyl, conseillers et maistres des requestes de l'Hostel du Roy, naguères députez par Sa Majesté au pays de l'Auxerrois pour l'entretenement et exécution de l'edict de paciftication, et depuys dévolu, par renvoy par eulx faicts pardevant Mgr frère du Roy, duc d'Anjou, pour raison des deniers de la ranson et prise faicte durant les guerres, de la personne dudit Guenin en la ville de La Charité en l'an 1569, et en laquelle ledit Guenyn auroit esté mené et conduict, et à raison de laquelle ranson ledit seigneur de Guerchy prétendoit luy estre deu par ledict Guenin la somme de 1,200 escuz, laquelle il disoit avoir payée, quoyque ce soyt en estre responsable pour icelluy Guenyn envers les cappitaines qui lors estoient audit] lieu de La Charité, et lesquelz auroient pris ledit Guenyn ; disant au contraire ledict Guenyn ne debvoir aulcune ranson, parce que la prise faite de sa personne nestoit vallable et n'avoit faict promesse de payer aulcune ranson, soit audit seigneur de Guerchy, ou aultre ; que s'il s'estoit absenté et sorty hors ladite

ville de la Charité, que, par le moien de l'edit de pacification, il
n'estoit tenu payer aulcune somme de deniers pour icelle à quelque
personne que ce soit, de manière qu'il espéroit obtenir estre
renvoyé, mesme que ledit seigneur de Guerchy n'auroit aulcunes
actions à l'encontre de luy pour n'avoir esté pris par luy, mais
par aultres, ausquelz il auroit satisfait et payé les deuiers auxquelz il pourroit estre tenu pour icelle ranson; et que ledit
seigneur de Guerchy disoit au contraire que sy ledict Guenyn
s'estoit absenté de la ville de La Charité, que en cela il avoit
contrevenu à sa promesse de ne sortir sans payer ranson, pour
ce qu'il auroit baillé cautions pour cest effect, qui estoient con-
tregnables : Ont icelles parties transigé et accordé esdiz noms
ainsy que s'ensuit. C'est assavoir que ledict seigneur de Guerchy a confessé avoir receu dudit Guenyn, par les mains dudit
Vincent, la somme de 350 escuz sol, moyennant laquelle
somme ledit seigneur de Guerchy a quitté et quitte ledit Guenyn
des deniers proceddans d'icelle ranson et capture faitte de sa personne, à quelque somme de deniers qu'elle puisse estre taxée par
quelque juge ou personne que ce soit, et sans que ledit seigneur
de Guerchy en puisse par cy après exiger ny demander plus grande,
soit pour l'avoir payée pour et au nom dudit Guenyn, ou aultrement, ausdiz cappitaines ou aultres. Et moyennant laquelle somme
de 350 escuz ainsy payée audict seigneur de Guerchy, acquitter,
indemniser et desdommager ledict Guenyn, non seullement envers
lesdiz cappitaines et soldatz, mais aussy envers toutes personnes
quelconques pour la somme d'icelle ranson, de laquelle ledit
seigneur de Guerchy estoit repondant. Et sans que ledit Guenyn
puisse répéter ce qu'il auroit payé à autres cappitaines ou soldatz
et sans toucher aux promesses que ledit Guenyn pourroit avoir
faict a aultres, desquelles ledit sieur de Guerchy ne sera tenu.
Consentant ledit sr de Guerchy que les pièces et procédures qui
sont es mains de Mr de Champigny, maistre des requestes de
l'Hostel du roy, pour la procédure intentée à cause d'icelle ranson
soient rendues et restituées audit Guenyn, demourans les partis

hors de cour et de procès, sans despens d'une part et d'autre.
Consentant ledit seigneur de Guerchy que, où ledit Guenyn seroit
inquiété pour raison d'icelle ranson, de faire cesser toutes procédures et empeschemens. Car ainsy et°. Promettant et°.

Faict le septiesme jour de janvier l'an 1572, au chasteau d'Avigneau, es presences de Noel Guesneau, recepveur dudit sr de
Guerchy, et maitre Louys Regnault procureur au bailliage d'Auxerre.

Signé : de Marrafin, Guesneau, Regnault et de Charmoy, notaire.

(Archives de l'Yonne. Minutes des notaires, portefeuille 1.)

XXIV.

1572. — AUXERRE.

*Acte d'abjuration d'un certain nombre de protestants
après la Saint-Barthélemy.*

Nous François de la Barre, doyen du chapitre d'Auxerre, vicaire-
général de révérend père en Dieu Jacques Amyot, par la permission
divine évesque d'Auxerre.

A tous fidèles chrestiens zelateurs de la relligion ancienne
catholique, apostolique et romaine, salut. Reçeue par nous l'humble
supplication et remonstrance de Marye Pyon, par laquelle elle nous
a faict entendre que depuis huict ans desja ou environ par subor-
nations et faulses persuasions se seroyt fourvoyée de nostre
relligion catholique pour suyvre les erreurs et faulses opinions de
la nouvelle secte, de quoy néanmoins elle se repentait maintenant
et cryoit pardon à Dieu et a notre mère saincte eglise avec contrition et pleurs et nous demandoit absolution, nous pryant de la
recepvoir en l'union et gyron de nostre mère saincte église.

Ouyes et veues lesquelles supplications et remonstrances,

contritions et repéntances, et desirant que les pauvres ouailles esgarées soient réduictes au troupeau de nostre seigneur Jesus Christ, receues et remises dans le gyron de son esglise toujours ouvert aux pauvres pécheurs repentans, lui avons en premier lieu faict faire les abjurations, promesses et protestations qui s'ensuivent.

Je Marie Pyon renonce et déteste les faulses opinions modernes esquelles j'ay esté plongée depuis ledict temps déjà, et promest de n'y retourner ni adhérer jamais, ainsi que la providence m'en donc la grâce.

Au contraire je croye fermement et confesse tout ce qui est contenu au livre des escriptures et bibles, vieil et nouveau testament, selon les sens, intelligences et interprétations de l'église saincte catholique, apostolique et romaine, avec les traditions des saincts pères, ordonnances des saincts conciles et aultres sainctes institutions estant en l'église de Dieu.

Je crois aussi tout ce qui est contenu au simbole de foy et credo dont l'esglise use ordinairement en la messe ainsi qui s'ensuyt.

(Suit en français et en douze paragraphes la teneur du credo).

Je croy, confesse qu'il y a sept sacrements de la loy de grâce par nostre sauveur Jesus Christ instituez pour nostre salut, délaissez à son esglise par la main d'iceluy, après lesquelz ladicte esglise son épouse et colonne de vérité a receue et gardez et fidèlement dispensez jusques à présent; sçavoir le baptème, etc.

(Suivent dabord la nomenclature des sacrements, y compris la pénitence et confession auriculaire, puis l'enonciation de la croyance à l'institution et aux mérites de la saincte messe, à l'existence du purgatoire, à l'honoration due aux saintes images, à la saincte église catholique apostolique et romaine comme mère principale de toutes les églises, à notre saint père le pape comme successeur de St-Pierre.)

Enfin je proteste et promet de demeurer perpétuellement et jusque au dernier soupir de ma vie en ceste présente déclaration de foy et créance. Ainsy je prye Dieu m'en donner la grâce.

Après lesquelles abjurations, déclarations, confessions et promesses ainsy faictes par la dicte Pyon et le rapport qui nous a été faict par monsieur maistre de la Galle docteur en théologie sur icelle Marye Pyon, après avoir esté par luy authorisée et instruicte en nostre foy et croyance, luy avoir faict confession auriculaire avec grande contrition et repentir, et sur ycelle lui auroit led. sieur donné absolution et enjoinct la pénitence requise et nécessaire.

Nous, de l'autorité que dessus, considérant que Dieu ne veult pas la mort du pescheur, mais plus tost qu'il se convertisse et vive, l'avons receue et recepvons en la bergerye du troupeau et gyron de nostre mère S^{te} esglise catholique apostolique et romaine pour en icelle vivre sous l'obéyssance du roy, ainsi que devraient faire tous les chrétiens fidèles et obéyssants serviteurs de Dieu et de leur prince, et en ce faisant l'avons absoute des sentences d'excommunication qu'elle avoit encoreu et de ses offenses, imparti nostre bénédiction au nom du père, du filz et du sainct esprit, amen, et admis à la communication des saincts sacremens, ayant pour cest effect enjoinct à son curé de la catéchiser et instruire d'abondant en tout qu'il verra estre nécessaire en la foy et créance de nostre mère saincte esglise et la recepvoir au nombre du troupeau de ses fidèles parochiens et lui administrer les saincts sacremens quand besoing en sera et au temps accoustumez et en espécial lui faire recepvoir le susdict sacrement de l'autel dans huit jours, l'ayant premièrement préparée à ce faire le plus diligemment que notre fragilité humaine est possible. Dont et desquelles choses elle a requis lui estre faict acte par le secrétaire et greffier soubsigné qui a esté octroyé en ceste faveur. Faict le dix-septième jour d'octobre mil cinq cent soixante-douze.

Signé de la Galle, Marie Pyon et Colas.

Le 28e jour d'octobre 1572 Jehanne Nepveux, veuve Edme Cornet dem^t à Pourrin, diocèse d'Aucerre, a fait telles abjurations, confessions, protestations et professions que dessus, en présence de MM. Charles Thiot et Claude Leprince, chanoines d'Aucerre et de M. Florent Mioche, curé de l'église parochiale de St-Pierre en chasteau en la ville d'Auxerre, signé Colas.

Le 29e jour desdits mois et au Jehanne Roty femme de Symon de Foulleville, demt à Auxerre a faict telle abjuron, etc.

Le 25e jour de novembre audit an 1572 ont fait telles adjurations, confessions promesses et protestations que dessus, lesquelles ils ont signez, à la réserve de ceulx qui seront ci-après nommés:

MM. Savinien Girardin, Nicolle Chacheré, Philippe Boucher, Palamède Desvoy, Pierre-Charles-Edme Delavau, advocat à Auxerre, Josepht Ancelot, Jacques Davau, sergent dudict lieu, Thomas Lessoré, Pierre Tournay, Jean Soufflot, dudict Aucerre, Jean Rabolin de Charentenay, Nicolas Ancel de Gy-l'Évêque, Jean Daugy d'Arcy, Edme Simonneau d'Apogny, Edme Theveneau des Bries, Simon Buffet de Vermenton, Jean Pelletier d'Apogny, Jehan Guimard de Collanges-sur-Yonne, Jehan Girardot dudit lieu, Jehan Brisset de Chevannes, Claude Chambenoit de Leugny, Jehan Née de Dreue (Druyes), Gaspard Rocher de Soyères (Sougères), Jehan Premy et sa femme de Vermenton qui ont déclaré ne savoir signer, Jean Lauthereau dudit lieu, Didier Polaine dud. lieu, Jehan Dieu de Colanges-sur-Yonne, Toussaint Chariot d'Apogny.

Le 26e dud. mois et au Me Nicolle Roydot, notaire au bailliage d'Aucerre, Jacques Moreau et Jehan Moreau advocats dud. lieu, Blaise Colonges demt à Coulontre, Jehan Gauthier demt à Moffy, Estienne Corbefousse demt à Parly, Edmon Vigneron de Pourrin, Guillaume Guyollot de Leugny, Antoine Marye d'Aucerre, Estienne Duru de Moffy, Philibert Daudé de Fontenay-soubz-Fourronnes, Claude Robin de Pourrin, Guillaume Retif d'Aucerre, Loup Gauthereau de Fourronnes, Estienne Bouffaut de Pourrin, Me Jehan Berteuat juge de Mailly-le-Chastel, Vincent Lemoye et Jehan Bezourt dud. Mailly, Claude Boigny de Courson et Germain Gauthier de Charentenoy, Germain Gastellier, Jehan de Marnay, Edmon Hébert de Pourrin, Jacques Lalivet de Leugny, Jehan Prévot dud. lieu et Jehan Morin d'Antrain.

Le 27ᵉ desd. mois et au Jehan Bœuf, Guillaume Camus, Estienne et Blaise du Chesne, Edme Bole, Charles Lemuet seigʳ d'Ardau de Varzy, Jean Bue dict D'Augy de Courson, Pierre Cochon demᵗ à Dreue (Druyes), Jehan Guillaumot et Jehan Raveau de Naintry.

Le 28 desd. mois et an Jehan Poillot et Guillaume Corne dit Davot demᵗ à Leugny, Pierre et Estienne Poillot d'Antrain, Jehan Cloppet d'Auxerre, Alain Berthier de Toussy, Noël Jeuble demᵗ à Antrain, Pierre Ragon, Monnet Ragon et Pierre Ragon fils, Laurent et Guillaume Coullaut demᵗ à Toussy, Habraham Harra, Claudine Françoise et Isaac Cornet fils, Edme Cornet de Pourrin, assistés de Jeanne Repoux, leur mère.

Du 29 desd. mois et an François Fabre, sergᵗ royal à Pesselières, Jacques Symon dud. lieu, Jehan Bourdin de Taingy, Guillaume Tellier demᵗ à Pesselières, Edmon David demᵗ aud. lieu, Symon David dud. lieu, Etienne Tartois dud. lieu; Jehan Magdelaine dud. lieu, Jehan Lessoré d'Aucerre, Jehan Jaillard d'Aucerre, Loys Symonet d'Antrain, Guillaume Lettereau de Soyère, Colas Perrin d'Auxerre, Philibert Regnard de Sᵗ-Puits (Sainpuits), Germain de Marnay de Pourrin, Loys de la Bussière seigʳ de Vaudoisy, demᵗ aud. lieu, Agruet Bougardi de Varennes, Pierre Legendre d'Apogny, Jean de la Bussière seigʳ de Vaudoisy.

Le 1ᵉʳ jour de décembre 1572, Henry Auffroy, de Jussy en la paroisse de Siez, Pierre Brisset de Chevannes.

Du 5 décembre, Symon Folleville d'Aucerre, Guillaume Blondet de Cosne, Jean Thibaut de Sᵗ-Verain, Eloy Pannetier dud. lieu.

Le 6 décembre, Jean Bonnet de Sᵗ-Verain et François Léger, dud. lieu.

Du 9, Pierre Faverot de Sᵗ-Puits, Jean Poing d'Antrain.

Du 19, Jean Hallemain de la Garde demᵗ à Donzy, Guillaume Aubart, du même lieu.

Du 20, Mess. Jean Yver prestre demᵗ à Pourrin, Nicolas Clément d'Accolay.

Du 6ᵐᵉ janvier 1573, Pierre de la Court d'Aucerre, demᵗ à Sougères.

Du 8 janvier, en la présence de MM. les présid⁸ et lieut⁸ g⁸ˡ, Pierre de Sergramain praticien dem⁸ à Avigneau paroisse d'Escamps.

Do 10ᵉ dud. mois Pierre Rotteau de Dimont dem⁸ à Bessy.

Du 24 janvier Jean Lamyot de Courson.

Du dᵉʳ jour dˡˡᵉ Christine D'Aulnoy, dame de la Loge, estant aud. lieu de Leugny.

Du 24 février François Taflineau de Pourrin, Symon Frappé dud. lieu, Pierre Michau dud. lieu, Liger Perricaudet et Estienne Perricaudet dud. lieu.

Du 10 mars 1573, Philippe Malvoisin de Bléneau.

Du 11 mars Jacques de la Rivière escuyer et seigneur de la Garde, dem⁸ à Beaumont, Noel Chevergy de Bléneau.

Du 12 dud. mois François Rosier dem⁸ à Arcy, Philibert Totey, dud. lieu.

Du 17 Jehan de Chaulne marchand dem⁸ à Aucerre, Guillaume Secouasse, mercier dem⁸ aud. Aucerre, Nicolas Jacques de Bléneau. Toussaint Horroy de Bléneau, Ithier Bardin, François Gauthier, Anthoine Maréchal, Guillaume Cadiotte mercier, Denis Thion, Hercule Devieu dem⁸ à Bléneau ; Marie Moreau vᵉ de feu Jean Ducrot dem⁸ à Auxerre.

Du 21 mars Léonard Ducrot dem⁸ à Ouaine, M. Nicolas Gaschot dem⁸ à Couloutre.

Du 4 mai, Mᵉ Pierre Bonnier d'Aucerre.

Du 24 octobre pardevant mgʳ notre maistre de la Galle, pénitencier, Estienne Pasquier d'Aucerre, dem⁸ à prés⁸ à St-Maurice Thizouaille.

(Archives de l'Yonne).

XXV.

1572. — AUXERRE.

Transaction entre Messire Marraffin de Guerchy d'une part, et sieur Guillaume de la Bussière de Bruyère, mari de Mlle de Chuyn, sur l'occupation du château d'Avigneau, le rapt de Mlle de Chuyn, et le compte de tutelle de cette dernière.

Comparurent en leurs personnes noble Seigneur Messire François de Marraffin, chevallyer, seigneur de Guerchy, pour luy d'une part, et noble homme Guillaume de La Bussière, seigneur de La Bruyère, et noble demoiselle Marye de Chuyn, sa femme, fille de deffunct noble homme Guillaume de Chuyn et de deffuncte noble demoiselle Marie De Champs, dudict seigneur de La Bruère son mary suffisamment aucthorisée, pour eulx d'aultre part.

Disant lesdictes partyes, mesmes ledict seigneur de Guerchy, que après le décès et trespas dudict deffunct Guillaume de Chuyn, second mary de ladicte deffuncte damoiselle Marie de Champs, il auroit icelle Marye de Champs espousée et contracté mariage avec elle; en faveur duquel mariage, entre aultres choses, luy auroient esté donnez tous et ungs chacuns les meubles qui se trouveroient lors de la dissolution dudit mariage commungs entre eulx, ensemble les rentes constituées apartenans à ladicte Marye de Champs, tant en la ville d'Auxerre que ailleurs, en quelque part que les diz biens meubles et constitutions de rentes feussent deues et se trouvassent payés; lequel mariage auroit esté consommé. Et parce que deffunct Guillaume de Chuyn auroit délaissé ladicte Marye de Chuyn sa fille et de ladite Marye de Champs, de laquelle sa mère

estoit tutrice légityme et avoit la garde noble qui auroit esté
perdue pour avoir convollé en secondes nopces avec ledit seigneur
de Guerchy, par anthorité de justice du lieu d'Avigneau ledit
seigneur de Guerchy auroit esté esleu et créé tuteur et curateur
à ladicte Marye de Chuyn, envers laquelle il auroit usé de tout ce
qui apartenoit à un tuteur de faire ; fait inventaire de biens à elle
appartenans, mys et rédigé par escript tout ce qui la concernoit
et regardoit, comme aussy de sa part il auroit faict mémoires
de ce qu'il employoit et fournissoit pour elle, gardant et concernant les quittances pour sa descharge et acquict, de manière que de ladicte tutelle il espéroit en venir à chef de son
honneur et au contantement de ladite Marye de Chuyn, sa pupille.
Touteffois seroit advenu que, à cause de la Religion réformée les
guerres et troubles seroient veuus en ce royaulme, qui auroient
commancé au moys de septembre mil cinq cens soixante et sept,
et sur la fin dudit moys, et régné jusque en 1570, au mois d'aoust,
que tesdites guerres et troubles auroient cessé par l'édict de pacification faict par le Roy et publyé par son royaulme ; pendant lesquelz, et lorsque les seigneurs de Prye et de Rochefort auroient
commandé pour la Majesté du Roy en la ville d'Aucerre, se seroit
intruz ledit Guillaume de la Bussière en la maison d'Avigneau, demeurance dudit seigneur de Guerchy, et en laquelle estoient seul-
lemnt ladite damoiselle Marye de Champs et ladite damoiselle Marye
de Chuyn sa fille, laquelle Marye de Chuyn il auroit forcée de telle
sorte, qu'elle auroit esté contraincte à l'espouser et contracter
mariage avec luy, sans le consentement d'icelluy seigneur de
Guerchy, son tuteur, ny de ladite damoiselle Marye de Champs, sa
mère et aultres parens d'elle ; et combien qu'elle feust ja promise
par parolles de présent au seigneur de Villernou. Et avec ce, que ledit
de la Bussière se seroit emparé de tous les titres et enseignemens,
non seullement regardans la maison d'Avigneau de sa femme et
de sa pupille, mais aussy d'aultres tiltres concernans et regardans
ledit sieur de Guerchy, obligations de crédites pour lesquelles
plusieurs personnes estoient debvables audict seigneur de Guerchy

par son dict traicté de mariage; et avec ce transporté ou faict transporter hors dudict chastel plusieurs meubles qui estoient en ladicte maison d'Avigneau, et des apartenances de laquelle ledict de la Bruère auroit mys par terre plusieurs édiffices, granges, estables et aultres aisances du pourpris d'ycelle, vaillant myenx de quatre mille livres tournois. Et encoures à raison de quelques remparts de terre mys proche la muraille du chastel dudict Avigneau, non bien ni duement assis, une grande partie des murailles dudit chastel seroient tombées qui ne pourroient estre refaictes pour huit cents escus d'or soleil. Et encoures, à celle fyn de desnuer ledit seigneur de Guerchy, et faire qu'il ne peust rendre compte de ladite charge et administration de tutelle de ladite Marye de Chuyn, se seroit saisi des inventaire, tiltres et papiers concernans l'administration de la tutelle de ladicte Marye de Chuyu sa pupille et des quittances et seurctez quil avoit concernant sa descharge; pris et levé les fruictz, proffictz, revenuz et esmolumens, par plus de denx ans entiers, de la terre et seigneurie d'Avigneau et aultres terres appartenans audict seigneur de Guerchy et à sa femme, et en dhouairre d'elle, revenans à plus de 3000 livres; — prés, boys, tant de haulte fustaye que tailliz, en ladite terre d'Avigneau revenans à plus de mille livres t. — desnué le colombyer dudit Avigneau et d'aultres lieux et terres apartenans à sadicte femme, de façon que ledit seigneur de Guerchy auroit eu perte à raison dudit seigneur de la Bruère et de ce qu'il se seroit mis et intruz audit chastel d'Avigneau, de plus de 1500 livres, sans comprendre les dommages et intérestz èsquelz il pourroit tomber, à cause de l'admistration d'icelle tutelle de ladite Marye de Chuyn, desquelz touteffoys il espéroit, en cas de poursuitte, s'en excuser ainsy qu'il apartenoit. — Mesmes ayant esgard à ladicte spoliation et faictz commis par ledit sr de la Bruère en ladicte maison d'Avigneau, le tout au lieu d'avoir gardé ladicte maison et conservé les personnes et biens qui estoient en icelle, suyvant l'edict du Roy, et ayant esgard que sa femme et sadite pupille ne portoient les armes pour l'une ou pour l'autre des

religions, ains se comportoient en ladite maison et chastel au
contentement de toutes personnes et suyvant les edictz dudict
seigneur. Que depuis l'édict de la pacification, et estant les
choses en tranquillité, et cognoissant que par ledit édict la force
qu'il disoit avoir esté pratiquée par ledict sieur de la Bruère,
en la personne de sadite pupille n'estoit anéanty ny assoupye, il
auroit faict faire information de rapt qu'il prétendoit avoir esté
commis à sadite pupille, par authorité du bailly d'Auxerre ou
lieutenans-criminel; sur lesquelles il auroit obtenu prise de corps
contre ledit de la Bruère; lequel, combien qu'il ayt esté recue en
procès ordinaire pour raison dudict rapt, que néantmoins ledit
sieur de Guerchy, en estoient appellant à la cour de parlement à
Paris, où il espéroit faire réformer ledit jugement. Et oultre disoit
ledit seigneur de Guerchy que nonobstant l'éedict de pacification
ledit de la Bruère se seroit intruz en une maison assise en la ville
d'Aucerre appartenant audit sieur de Guerchy à cause de sadite
femme, tout au moings en usufruict, en laquelle se tenoit auparavant les troubles Me Estienne Fernyer et Amatre Janneau, marchand
à Auxerre. Voire que d'icelle maison ilz auroient faict bail à
Me Jean Villon procureur au bailliage dudit Auxerre, au préjudice
des droitz de sa femme, et d'aultres biens à elle apartenans, esquelz
néantmoins il avoit esté conservé par sentence et jugement donné
par MM. les mareschal de Vieilleville, Lamoignon et Blauemeny
depputez de par le Roy pour le faict de l'observation des éedictz
de pacification, et par sentence donnée par M. Françoys Legeron,
conseiller au siège présidial d'Aucerre, commis par lettres patentes
du roy pour l'exécution d'icelle sentence. De toutes lesquelles
choses cy-dessus specifiées ledit seigneur de Guerchy espéroit
avoir raison en justice avec despens, dommages et interestz, desquelz il debvoit estre creu par serment pour la faculté de preuve
qui luy auroit esté tolluc et ostée.

De la part dudit seigneur de la Bruere auroit esté dict que il ne
se trouveroit que oncques il eust forfaict en la maison d'Avigneau,
faict ny commis acte qui ne feust et apartint à ung gentilhomme

de·faire et commettre, soit en temps de guerre ou en temps de paix. Que luy, estant de la compaignie du seigneur de Prye, gouverneur d'Aucerre et commandant en icelle pour La Majesté du Roy avec aultres gentilzhommes estans soubz ledit seigneur de Prye, qu'il auroit esté envoyé audit lieu d'Avigneau pour icelluy conserver et garder, et faire que ceulx qui portoient les armes sous la charge de Messeigneurs les princes ne se peussent prévaloir dudict chastel, où illec estans il auroit gardé icelluy au moings mal que possible luy auroit esté, sans avoir démoly aulcune chose: Sy démolitions se trouvent, qu'elles avoient esté faictes pour la tuition et deffense dudict chastel et parce qu'elles nuysoient et povoient empescher la garde dudit lieu. Que s'il y avoit quelques murailles tombées à cause du rempart mys au dedans ladite maison et derrière icelle muraille, que ladite faulte ne venoit de son costé, n'avoir pris ny transporté aulcuns meubles d'icelle maison, tiltres, papiers ny enseignemens. Et que sy levé avoit et perceu quelqnes biens de ladite terre que il en estoit excusable à cause des guerres et que ledit seigneur de Guerchy estoit de la religion prétendue réformée, qu'on ne pouvoit répéter les fruicts de ses terres ny de sa femme par l'edict de pacifficatiou et que s'il se trovoit fruictz et deniers levez en aultres terres que de la terre d'Avigneau et proches ledit lieu, que c'estoit des terres apartenant en propre à ladicte Marye de Chuyn sa femme, non restituables audict seigneur de Guerchy, qui ne se povoit plaindre de ce qu'il avoit contracté maryaige avec ladicte Marye de Chuyn, pour avoir esté le mariage contracté du voloir et consentement de la femme dudit seigneur de Guerchy, mère de ladite Marye de Chuyn, sa pupille, et du voloir et consentement d'icelle pupille, et sans avoir commis rapt en icelle, comme il ne vouldroit avoir faict. Et que il avoit entendu que ladite Marye de Chuyn, à présent sa femme, n'avoit oncques promis mariage audit seigneur de Villernou, mais au contraire avoir icelluy reffusé prendre à mary et espoux, pour estre de religion contraire à celle d'elle. Et que le consentement du seigneur de Guerchy n'estoit requis pour la

solempnité de mariage d'entre luy et elle, ayant esgard à son
absence, estant au camp de Mgr le roy de Navarre et du prince de
Condé. Et aussy que ledit seigneur de Guerchy vôloit provoir
icelle pupille en mariage à personne de la religion prétendue
réformée et non à personne catholicque, à quoy ne voloit entendre
ladicte Marye de Chuyn, de manière que son consentement n'estoit
requis, et supposé que ledit setgneur de Guerchy eust faict informer
de prétendu rapt commis à la personne de ladicte Marye de
Chuyn, qu'en la procédure extraordinaire faicte de ce il s'en estoit
purgé, et avoit esté congneu de son innocence, et comme le mariage avoit este faict du voloir et consentement d'elle et de sa
mère et plusieurs gentilzhommes estans à l'accord dudict mariage,
de façon qu'il auroit obtenu sentence par laquelle il auroit esté
receu en procès ordinaire. Et que sy ledit seigneur de Guerchy
estoit appellant de la sentence, comme il espéroit faire confirmer
le jugement et, en ce faisant, contraindre par ledit seigneur de Guerchy, tuteur de sadicte femme, à luy rendre compte et reliquat de
l'administration de la tutelle, n'ayant aulcuns tiltres ny enseignemens concernant ladicte administration, et que, si aulcuns tiltres il
avoit apartenans audit seigneur de Guerchy, il estoit prest et appa-
reillé de les luy rendre et restituer; et mesme contraindre ledit
sieur de Guerchy à rendre et restituer les levées qu'il avoit faictes
du bien paternel de ladicte Marye de Chuyn sa femme, comme de
la terre de Chéry, Tamenay et aultres biens à elle escheuz et ad-
venuz à cause de son père : Et, avec ce, pour avoir restitution des
meubles qui luy appartiennent à cause de son dict père et de feu
noble et scientiffique personne Pierre de Chuyn, seigneur de
Ribourdin, sou oncle, hors mys ceulx desquelz il auroit disposé
par son testament, et qu'il ne falloit point avoir esgard ou traicté
de mariage dudict seigneur de Guerchy pour les meubles à luy
delaissez par ladite deffuncte damoiselle Marye de Champs, car telz
meubles n'estoient compris par son traicté de mariaige, et qu'il y
avoit eu plus de démolitions advenues au chastel dudit Avigneau
de la part dudit s^r de Guerchy que de la part dudit s^r de la Bruere,

requérant à ceste cause, ayant esgard que ladite damoiselle Marye de Champs, femme dudit seigneur de Guerchy, de l'estoc de laquelle provenoit ladite terre d'Avigneau, et qui appartenoit à ladite Marye de Chuyn sa fille par donnation faicte par elle audit Guillaume de Chuyn, père de lad. Marye de Chuyn, hors mis l'usuffruict qu'elle s'estoit reservé sa vie durant, qu'il peust à luy delaisser la possession vacue tant de la maison et chastel dudit Avigneau, aisances et apartenances d'icelluy que aultres biens appartenans audit sr de la Bruere à cause de sa dite femme, et tant de ceulx qui auroient esté donnés au père de ladicte Marye par le mariage contracté avec ledict Guillaume de Chuyn que aultres biens provenant dn chef de son père, aultres que ceulx contenuz en ladite donnation et traicté de mariage, avec restitution de fruictz depuys le mariage, sans préjudice des fruictz préceddans dont il entendoit en demander compte audit seigneur de Guerchy, comme tuteur de ladite Marye, et en toutes lesquelles instances intantées et à intanter il espéroit obtenir, nonobstant le dire dudit sr de Guerchy.

De la part dudit sr de Guerchy auroit esté réplicqué et persisté aux choses cy dessus récitées, et mesmes que oncques il n'avoit faict démolitions audit chastel et maison d'Avigneau, ains icelluy augmenté, et non-seulement luy, mais ledit deffunct Guillanme de Chuyn, ensemble ladite Marye de Champs, sa femme ausquelles augmentations, méliorations et impenses faictes par ledict Guillaume de Chuyn, ladite damoyselle Marye de Champs y en auroit eu la moictié, et que comme ayant les meubles de feue Marye de Champs sa femme, il a semblablement la moitié aux augmentations, réparations et impenses, du moings la moictié aux deniers à quoy lesdites mélioration, augmentations et impenses seront estymées, de façon que en doibt estre payé et satisfaict auparavant que sortir la maison dudict Avigneau et en délaisser la possession vacue audit de la Bruere, comme aussy il n'estoit tenu sortir ny vuyder la maison de Chéry ny de Pestau, ny délaisser la jouissance des molins, synon qu'il feust payé et satiffaict des réparations qui y auroient esté faictes, scavoir en premier lieu des deniers de la

Sc. hist. 25

construction des troys tours et portal dudict chasteau d'Avigneau,
de la grosse tour où il y a deux chambres et une voulte dessoubz,
du gros collombyer à pied, de l'edification, construction des
murailles dudict chastel d'Avigneau, le tout faict par ledict deffunct
Guillaume de Chuyn; plus des méliorations et augmentations
faictes par ledit sr de Guerchy scavoir de la pescherye du jardin et
glassée avec toutes les bondes tant des fossez que de la pescherye,
des curées et netoyementz faictz des foussez et pescherye et de
l'alevyn du poisson y estant; des impenses faictes à la couverture
de thuilles faicte en la grande escurye du chastel d'Avigneau, des-
couvertes par ledict de la Bruère, qui estoient entre la tour Capette
et le colombyer, vallant mieux de douze cent livres tournois; les
impenses à reediffyer tout à neuf le molin Clacault, et depuis le
foudz jusques au feste et rendu tournant et molant, où il auroit
employé plus de mille livres t.; les impenses faictes par ledit seigneur de Guerchy à Pestau, pour y avoir basty la grange de la
mestayrie, fourny le boys pris au bois de Dreue, et icelle faict
couvrir de thuille, revenant à plus de 500 livres; les impenses
faictes par ledict seigneur de Guerchy en l'an 1571, au moys
de septembre, pour avoir faict couvrir à neuf la maison de
ladicte mestairie d'Assiz, qui avoit esté bruslée, revenant à
plus de 100 livres. Les impenses faictes aux deux pressouers
de Pestau, depuis troys ans en ça, pour y avoir faict mettre deux
tessons, huict arbres et faict faire deux meclz avec les vifz et
roues desdit pressouers, revenant à plus de 500 livres; les impenses faictes par icelluy sr de Guerchy à Chéry et maison sei-
gneurialle dudict lieu, scavoir les deux pignons du grand corps de
logis, murailles du costé des vignes, l'escalyer de pierres de taille
estant en ladicte maison, avec l'anceintre des murailles, revenant à
plus de 1800 livres t.; les impenses faictes au molin neuf dudict
lieu de Chéry, scavoir pour avoir fourny deux meulles, les em-
pouldres dans les murailles qui soustiennent ledict molin et couverture de thuille et boys pris à Taingy, revenans lesdites réparations et impenses à plus de 500 livres, et lesquelles il estoit besoin

de faire, pource que tout estoit en ruine ; et avec ce les impenses et réparations faictes par ledict sr de Guerchy pour faire recouvrir le corps de logis neuf du chastel dudit Avignau, et fourny le boys et la thuille, à cause du feu qui auroyt esté mys audict corps de maison par ledit sr de la Bruère, revenans à plus de 200 livres t.; plus pour avoir faict couvrir et mettre en nature les petites estables attenant la grange, qui auroient esté semblablement bruslées, · et qui servoient auparavant de greniers à mettre bled, à quoy il auroit esté employé plus de 160 livres t.; plus pour les impenses faictes au molin des planches réédiffyé à neuf ye fondz en comble, tant pour avoir faict le biez, fourny de meulles et roues, rouages, couverture de thuilles et l'avoir rendu molant et tournant, revenant à plus de 1,500 livres t.; plus les impenses faictes au pressouer du village d'Avignau pour y avoir faict faire deux jumelles, quatre arbres et la meet avec les vif et rouet, revenans à plus de 160 livres t.; plus pour les réparations faictes au pressouer estant tenant la maison d'Avignau pour y avoir faict mettre une meet, vif et roue, revenans à plus de 30 livres t., sans comprendre les impenses faictes à faire un pignon de murailles, revenans à plus de quatre escuz ; plus auroit ledit sr de Guerchy faict faire le pont-levys dudict chastel, planchettes du jardyn, et pour ce faire y auroit employé tant pour les boys, fer, cloux et bandes plus de 200 escuz ; et encore ledit sr de Guerchy à la fin de la cessation des premiers troubles, ayant trové le chastel dudit Avignau desnué de fenestres, huys, vistres et serrures y auroyt employé plus de deux mil livres t.; plus auroit ledict seigneur de Guerchy faict plusieurs réparations en la maison d'Aucerre pour y avoir faict mettre deux poultres, icelle faict recouvrir, ensemble les murailles de ladite maison et jardin qui estoient tombées, pour faire faire les vistres et fenestres des chambres de la petite maison, faict mettre deux eschencts à la grande maison, fait couvrir la grange tout à neuf et faict réparer les portes qui auroient esté rompues, et pour ce faire y auroit employé led. sr de Guerchy plus de 600 livres t.

En toutes lesquelles impenses pour la moitié ledit Sr de Guerchy
disoit y estre bien fondé et pour raison desquelles il disoit avoir
rétention des choses esquelles lesdites méliorations et impenses
estoient faictes et n'estre tenu vuyder ny en délaisser la possession ;

Au contraire, ledit Sr de la Bruère, disant que les réparations
cy dessus récitées ne se trouverront avoir esté faictes par ledict S^r
de Guerchy, et si aulcunes se trouvoient y avoir esté faictes, ledit
Sr de Guerchy et ladicte Marye de Champs, sa femme, y estoient
tenuz pour ce quelle estoit usuffruitière dudit Avignau et de la
maison dudit Aucerre, et à ceste cause qu'ilz estoient subjectz à les
entretenir, et que en aulcunes des aultres réparations et impenses
comme celles qui provenoient à cause des troubles, que ledit S^r de
Guerchy y estoit seul tenu, à raison que les ruines provenoient de
sa culpe et que les aulcunes ne gisoient en répétition, mesmes
celles qui auroient esté faictes durant le mariage dudit deffunt
Guillaume de Chuyn, et lesquelles il n'estoit vraysemblable que
ladite damoiselle Marye de Champs les eusse volu répéter sur sa
fille, femme dudit sieur de la Bruère, et en conséquence n'estre
comprises soubz les meubles à luy bailler, et qu'il n'estoit riens
de ce que ledit Sr de Guerchy disoit que en quelques endroictz
dudict chastel d'Avignau, le feu avoit esté mys par ledict de la
Bruère, et que sy aulcuns de ses gens avoient mis le feu en quelques endroictz que c'estoit à telle fin que aultres ne se peussent
prevaloir contre les forces du Roy ;

De façon que les parties estoient en grande involution de procès,
pour lesquelz terminer, nourrir, paix et amityé ensemblement, et
par l'advis de plusieurs gentilzhommes et gens de conseil, pris et
choisiz respectivement par les partyes, ont chevy et composé en la
sorte et manière qui s'ensuit :

C'est assavoir que audict seigneur de Guerchy seront et demeu-
rerons tous et ungs chacuns les meubles de quelques espèces qui
se trouvent et se puissent trover, credites et deniers doubz, et tant
les meubles qui auront appartenu à ladicte deffuncte Marye de

Champs que ceulx qui auroient apartenu ausditz deffunctz Guillaume et Pierre de Chuyn, père et oncle de ladicte Marye de Chuyn, ensemble les arrérages des rentes, soient de bled, argent ou aultre revenu, qui appartenoient à ladite deffuncte damoiselle Marye de Champs et arrérages deubz a cause des biens, tant provenans d'icelluy seigneur de Guerchy, que de ladicte Marye de Chuyn, sa femme, au jour de Nativité Notre seigneur dernier passé inclusivement, ensemble lesditz meubles, crédites et obligations, soit qu'elles soient consceues au nom propre dudict seigneur de Guerchy, ou comme tuteur de ladicte Marye de Chuyn, ensemble tous despens adjugez audict seigneur de Guerchy, esdiz noms, soit par sentences ou arrestz de quelque cour ou juridiction que ce soit, et de quelque cousté que puissent provenir lesdicts crédites, obligations et despens, supposé que les obligations qui estoient faictes au nom dudict seigneur de Guerchy, feussent esté innovées et faictes au nom dudit Sr de la Bruere, comme les obligations de Georges Pyat et aultres, de quelque nature qu'elles soient; et à cette fin seront audict seigneur de Guerchy renduz et restituez tous lettres et enseignemens audict Sr de Guerchy appartenans, et ceulx qui luy pourroient servir, pour se faire payer, tant des crédits que arrérages susdictz, si aulcuns en a en sa possession, comme aussy seront renduz et restituez audit seigneur de la Bruere les papiers, tiltres et enseignemens concernans les terres et seigneuries appartenans à sadite femme, et dont les parties respectivement se purgeront par serment pardevant deux gentilzhommes et deux hommes de justice de siéges royaulx, et dont les partyes accorderont, non compris touteffoys ausdictz meubles le bestial qui se trouverra en la métayrie de Verigny, lequel ledict seigneur de Guerchy a consenty demourer audict Sr de la Bruere et sa femme, les aultres meubles luy demeurans, comme dict est, quelque part qu'ilz soient sciluez et assis :

Et après avoir confessé par lesdictz seigneur de la Bruere et sa femme avoir l'inventaire tant des biens qui luy appartenoient à cause des biens dudict deffunct Guillaume de Chuyn, son père, que l'inventaire faict des biens dudict deffunct maistre Pierre de

Chuyn, son oncle; les mémoires, quittances et acquitz qui estoient pardevers ledit Sr de Guerchy, concernans et regardans l'adminis-tration de la tutelle de ladicte Marye ds Chuyn, de laquelle seroit esté tuteur ledict Sr de Guerchy, et avoir oy le compte entier de ladicte administration, et laquelle ilz ont confessé et confessent avoir eu dudict Sr de Guerchy contenant les mises et receptes, ensemble le reliqua et par le finito, duquel se seroit trové ledict seigneur de Guerchy n'estre en aulcune chose tenu envers lesdictz de la Bruere et sa femme.

Se sont les parties respectivement quittées lung l'aultre, tant de la directe que contraire action de tutelle qu'ils avoient les ungs envers les aultres pour l'administration de ladite tutelle, et sans ce qu'ilz puissent faire aulcune poursuitte cy après, les ungs à l'en-contre des aultres; confessans, comme dict est lesdictz seigneur de la Bruère et sa femme, avoir les comptes et acquitz dudict Sr de Guerchy, concernans icelle tutelle. Par le moyen de laquelle reddi-tion de compte et quittance ainsy faicte et baillée audict Sr de Guerchy, demeurent iceulx de la Bruère et sa femme quittes de toutes les réparations et impenses faictes, tant audict chastel d'Avigneau, aisances et appartenances d'icelluy, pressouers, mo-lins, granges et aultres bastimens dudit Avignau, que aultres impenses faictes tant audict lieu de Chery que Pestau. Ceddant par ledit Sr de Guerchy audict Sr de la Bruère, sans aulcune garentie tous droictz, noms, raisons et actions qu'il a et pourroit avoir contre toutes personnes pour le recouvrement desdites réparations et impenses, et sans restitution d'aulcuns deniers, mesmes de la somme de 1300 escuz sol, de laquelle sera cy après faicte men-tion, pour raison desquelles il avoit retention ou action soit contre ledit seigneur de la Bruère, et sa femme, au père de laquelle avoit esté faict donnation de la terre d'Avignau, ou aultres qui se pour-roient dire héritiers de ladicte deffuncte damoiselle Marye de Champs, et contre lesquelz héritiers ledict Sr de Guerchy, pour raison desdictes impenses et réparations, se pourra ayder ou cas qu'il soit poursuivy pour quelque occasion que ce soit, fors que

contre ledict Sr de la Bruère et sa femme, nonobstant lesdictz cession et transport faictz desdictes réparations et impenses, pour en
estre satisfaict et payé par iceulx héritiers; ensemble demeurent
quittes lesdictz Sr de la Bruère et sa femme de la récompense, des
pertes, despens, dommages et intérestz que ledict Sr de Guerchy
prétendoit avoir receuz en ladite maison d'Avigneau et aultres lieux
cy-dessus déclarez et de la jouissance des biens et perception du
revenu faictz et perceuz par ledict seigneur de la Bruère, pendant
qu'il estoit en la maison dudict lieu d'Avignau, et sans ce que les
particuliers debteurs et redebvables en puissent aulcunement estre
recherchez ny poursuiviz d'une part ny d'aultre, fors touteffoys que
ledit Sr de la Bruère a promis bailler et payer audit Sr de Guerchy,
la somme de 1300 escuz d'or sol dedans le 1er jour de mars prochainement venant ; et à laquelle somme payer se sont obligez
lesdiz de la Bruère et sa femme, de luy suffisamment aucthorisée,
ung chascun d'eulx seul et pour le tout, renonçans au bénéfice de
division et ordre de discussion, et mesmes ladicte femme au bénéfice du Velley en qui luy a esté baillé à entendre par le juré soubsigné estre tel que une femme ne se peult obliger pour aultruy
sans expresse renonciation audict bénéfice. Et jusques à ce que
ledit Sr de Guerchy. soit payé de ladicte somme, ont consenty
lesdiz de la Bruère et sadite femme qu'il joisse de la maison et
chastel dudict Avigneau, et qu'il ayt son chauffage au boys dudict
Avigneau pour led. temps seullement; pour le payement faict,
sortir et vuyder et délaisser la possession vacue dedans troys sepmaines après sans aultre interpellation ; la possession de laquelle
maison et chastel d'Avigneau, led. Sr de Guerchy délaissera entre
les mains du seigneur de Pesselières pour la remettre incontinant
ès mains dudict Sr de la Bruère et sa femme,· faisant l'entier
payement d'icelle somme.

Et néantmoins a accordé ledit sr de la Bruère que nonobstant
ledict délaissement, ledit sr de Guerchy aye le temps et terme
susdict pour vuyder lesdictz meubles. Et oultre demeureront audit
sr de Guerchy toutes les levées de toutes les rentes et revenuz qui

estoient deubz, au jour de Noël dernier, et ceulx qui estoient
escheux aux jours et termes préceddans, hors mys comme dict
est, ceulx qui ont esté levez par ledit sr de la Bruère, ou soubz
son nom pour le regard des propres de ladite Marye de Chuyn,
et encores les aultres levées du revenu et rentes proceddans
d'aultres biens qu'il auroit levez pendant les troubles du bien
dudit sr de Guerchy et de ladite demoiselle Marie de Champs, sans
ce que ledit sr de la Bruère aye aultres levées que celles qu'il
auroit faictes durant les troubles.

Et parce que ledit sr de Guerchy a faict bail de la terre de
Tamenay, appartenant à ladite madame de Chuyn, pour quelque
temps qui n'est encore escheu, a esté accordé entre les parties
que le bail tiendra pour le reste du temps contenu en icelluy,
demorant néantmoings les deniers dudict bail, et telz qu'ilz sont
accordez et convenuz, audit sr de la Bruère et sa femme.

Et oultre a esté accordé que ledit sr de la Bruère et sa femme
tiendront les baulx faictz par ledict sr de Guerchy de la maison
d'Aucerre à Me Jehan Pyon, conseiller, en faveur de Mr de Pesselières et dudict sr de Guerchy, accordant néantmoingz que s'il y a
dommages et intéreslz à raison du louaige faict à Me Jehan Villon,
procureur à Aucerre, d'icelle maison, à faulte de luy entretenir
ledit louaige, lequel louaige faict audict Pyon aura lieu pour joyr
seullement de ce qui est loué audit Me Jehan Villon, et auparavant
luy à noble homme et sage maître, Lebrioys Pierre, président à
Auxerre et à Me Estienne Fernier, advocat, qui depuys le décès
dudict Lebrioys se seroit tenu en ladicte maison, que icelluy Pyon
conseiller les payera, ou bien ledit sr de Guerchy jusques à la
somme de 30 l. A charge touteffois que la location et convention
faicte par ledict Pyon d'icelle maison sera faicte par te temps qui
reste d'icelle au nom dudict sr de la Bruère, et auquel les louages
dudit bail seront payez par ledict Pyon ; et lesquelz baux tant de
Tamenay que de ladite maison seront mis entre les mains dudit
sr de la Bruère, demourant une copye deuement signée ès mains de
ceulx auxquelz bail en auroit esté faict par ledict sr de Guerchy.

Et pour seurté du présent traicté et qui aultrement n'eust esté
faict ny aulcunes choses accordées par ledit s⁻ de Guerchy, ayant
esgard à la minorité de la femme dudict s⁻ de la Bruère, avec
laquelle il n'auroit volu contracter seullement pour le faict d'icelle,
est comparu lesdictz s⁻ de la Bruère et ladite damoiselle Marye de
Chuyn, sa femme, et ung chascun d'eulx seul et pour le tout,
renonçans au bénéfice de division et ordre de discussion, et
mesmes ladite Marye de Chuyn au bénéfice du Velleyen, comme
dict est : Lesquelz se sont obligez à l'entretenement du présent
traicté et pour chascune clause d'icelluy, ensemble au payement
de ladicte somme de 300 escuz. Promettant ledict de la Bussière
faire ratiffier ceste présente transaction à ladicte Marye de Chuyn,
vallablement et avec effect incontynent qu'elle sera en aage, à
peyne de tous despens, dommages et intérestz que ledit s⁻ de la
Bruère a promis payer audit s⁻ de Guerchy.

Et sy avant ou après ladicte majorité, lesditz de la Bruère et sa
femme voloient contrevenir à ladite transaction, seront tenuz
vuyder et sortir ladicte maison et chastel d'Avigneau et remettre
icelluy seigneur de Guerchy en tel estat qu'il estoit auparavant
ceste présente transaction, sy bon semble audict s⁻ de Guerchy,
demorans néantmoing la présente transaction en sa force et vertu ;
et à laquelle pour raison de ce ne sera aulcunement desrogé ni en
aulcune partye ou clause d'icelle. Déclarans par ces présentes lesdiz
de la Bruère et sa femme qu'ilz ont pour aggréable le traicté du
mariage en tant que touche les conventions y apposées d'entre
ledit s⁻ de Guerchy et ladite deffuncte Marye Champs sa femme,
sans jamais y voloir contrevenir et sans toutteffoys que pour raison
de ce ni aultres quittances apposées au présent contract, lesditz
s⁻ de la Bruère et sa femme entendent faire acte d'héritier de
ladite dam⁻ Marye de Champs, ne estre garandz pour la vallidité
dudict contract de mariage, et sans laquelle ratiffication semblablement n'eust esté faict le présent traicté.

Par le moyen duquel demeurent les serviteurs dudict s⁻ de
Guerchy, tant ceulx qui demeurent audit lieu d'Avigneau que

ailleurs, et qui l'ont suivy pendant les guerres, ensemble les serviteurs dudit sr de la Bruère en la protection et garde desdiz
seigneurs, et sans qu'il leur soit faict ou meffaict en aulcune
sorte ou manière, ou offensez par l'une ou l'aultre des partyes,
ou par leurs domesticques ; promettant les garder et conserver en
leurs biens et droitz comme leurs subjectz. Et ainsy l'ont promis
et juré. Tous procès sont pendans au bailliage d'Aucerre que à la
cours de parlement à Paris, pryvé conseil du Roy, que en aultre
cours ou jurisdiction quelconques soient civilz ou criminelz, tant
pour raison dudict prétendu rapt, instance de nouvelle, que aultres
intantez respectivement par les parties, demorans nulz et assoupiz,
et despens, dommages et interestz *hinc inde* faictz compensez d'une
parz et d'aultre. Et à celle fin que aulcunes des partyes contra-
hantes n'ayent occasion de plaider par cy après dit, ayans affermé
en foy de gentilzhommes qu'ilz n'entendent contrevenir à ceste
présente transaction. Ont, en tant que de besoing seroit, donné en
donnent l'ung à l'aultre et chascun d'eulx respectivement ce qui
leur pourroit apartenir pour le faict des choses cy dessus spécif-
fiées et déclairées et à eulx respectivement apartenants, soit
lesdictes réparations, méliorations et impenses selon les clauses
des cessions cy dessus mentionnées, reliqua de compte en quoy
pourroit estre tenu ledit sr de Guerchy et ce par donnation faicte
entre vifz à celle fyn que elle tienne et vaille ; consentans en tant
que besoing seroit qu'elle soit insynuée ès jurisdictions où il
apartient ; constituans icelles parteys procureur à réquérir l'insi-
nuation, chascune d'elles le porteur de ces présentes, demorans
néantmoings les clauses et conditions de la présente transaction
en leur force et vertu et en leur entyer, sans y desroger ; et
ausquelles comme dict est lesdiz sr de la Bruère et sa femme
soubz les renonciations cy dessus spéciffyées, d'une parz, et ledit
sr de Guerchy, d'aultre part y ont promis satisfaire de poinct en
poinct, renonçans à tous bénéfices qui pourroient estre introduictz
en la faveur de l'une ou l'aultre des partyes.

Car ainsy etc., promettans etc., obligeans etc., renonçaus, etc., présens les tesmoings desnommez en la ratiffication cy après.

Faict à Ribourdin, le 14e janvier 1572.

Signé : de Marraffin, de Bruère, M. de Chuyn, Fauvigny et de Charmoy, notaires.

A la suite sont les ratifications de la présente transaction.

1o Par M. de la Bruère et Mlle de Chuyn sa femme, datée de Ribourdin, le 14 janvier 1572.

2o Par Mr de Marraffin, sr de Guerchy, datée d'Avigneau le 16 janvier 1572.

(Archives de l'Yonne, minutes des notaires ; familles nobles)

XXVI.

1576. — MONTRÉAL.

François, fils et frère de roy, duc d'Alançon et premier pair de France, aux officiers, maire, eschevins et principaux manans et habitans de la ville de Montréal et ressort d'icelle.

Comme en attendant que les villes et places des pays qu'il a pleu au Roy, notre très honoré seigneur et frère, nous bailler pour notre apanage et celles qu'il a octroyées et accordées par le traicté de la paix, soient mises et délivrées entre nos mains ou des gouverneurs que nous y établirons, et que les gens de guerres que Sa Majesté a promis dy entretenir soient payez et receuz dans lesd. villes, il est besoing de retenir encores près de nous les seigneurs et gentilshommes qui nous ont suivy, avec une bonne partie de nos forces et spécialement nostre cavallerie françoise et les régiments des harquebuziers de nostre nation, pour lesquelz retenir en la plus grande modestie que faire se pourra, et soulager le pcuple, il est besoing de faire provision et amas de tous les vivres qui sont nécessaires pour leur nourriture et entretenement.

Nous à ces causes nous mandons et très expressément enjoignons qu'incontinent et sans aulcune longueur, excuse ou difficulté vous ayez à nous envoyer en la plus grande dilligence que faire se pourra, avec le porteur de la présente, l'un des commis des généraulx de nos vivres, la quantité de douze septiers (1) par tiers froment, seigle et avoyne et quatre muids de vin, que vous leverez et prendrez sur les habitans de vostre ville qui en sont le mieux garnys et accommodez, pour le tout estre après par vous desparty et égallé sur tous les habitans de vostre dicte ville et ressort d'icelle contribuables à la taille, le fort portant le faible, ainsy qu'il est accoustumé, a quoy vous ne ferez faulte, sur peine de s'en prendre à vos propres personnes et d'encourir nostre indignation.

Donné à Messy-l'Évêque le quatriesme jour de juin, l'an 1576..

Signé Françoys;

Par monseigneur, signé Dassy.

(1) Le septier, mesure de compte, comprenait douze boisseaux.

FIN DE LA PREMIÈRE PARTIE.

SUPPLÉMENT

I.

1562. — NOYERS.

Lettre de l'église protestante de Noyers à la compagnie des pasteurs de Genève.

(Cette pièce, que nous avons trouvée récemment en original à la Bibliothèque de Genève, tend à prouver un fait que n'a pas connu l'abbé Lebeuf et que nous ignorions nous-même au moment de l'impression de ce volume, à savoir que, par le contre-coup sans doute des massacres de Sens, les assassinats de protestants avaient commencé à Auxerre dès le mois d'avril 1562.)

24 avril 1562.

Messieurs, pour raison des grands troubles qui durent en ce moment en France, et mesmement près de nous ès-lieux d'Aucerre et de Sens, où se sont faitz des massacres inhumains, comme aussy en aultres endroitz dont pouvez estre certayns, l'esglise de ce lieu a trouvé bon et expédient que, pour eviter la fureur des malyns, maistre Isnert Bollot, ministre en ladicte esglise se retirast dans sa famille jusques à ce qu'il fust par nous mandé et adverti. Et, pour ce que la sanctymonie (*sic*) de la vie d'icelui maistre et sainct docteur mérite bien qu'il soit employé au ministère où Dieu l'a appelé, où l'occasion se pourroit peut-estre promptement présenter, nous ne l'avons volu lier ni obliger d'attendre la fin desdicts troubles, s'il trouve ailleurs seureté. D'aultant que son séjour se trouveroit peut-estre trop long et dangereux. Mme la marquise (1), notre dame et maistresse, pour les mesmes causes que dessus, estant d'accord avec nous, a esté contraincte de laisser son ministre jusques à un temps. Dieu veuille, par sa saincte grâce, vouloir maintenir sa cause et réduire le tout à bonne fin et conversion. Priant icelui, Messieurs, après avoir paix ensemble, selon que désirons, à jamais vous faire ses miséricordes et conserver en ses sainctes grâces.

De Noyers le xxiiiie jor d'apvril 1562 après Pasques.

Vos très humbles et très obéissants serviteurs.

L'église réformée de Noyers,

Signé des trois dignitaires (2) :

BERTHIER, TRAILLON et DESTHIERS, diacre.

Au dos est écrit :

A nos honorez seigneurs et frères, Messieurs de l'église de Genève.

(M^s de la Bibl. publ. de Genève. Fonds de Th. de Bèze, portef. 1er.)

(1) La marquise de Rothelin, dame de Noyers, comme ayant la tutelle et garde-noble de sa fille, Françoise de Longueville.
(2) Les qualités des deux premiers sont illisibles.

II.

De 1563 à 1684.

Extrait du Livre du Recteur, ou Catalogue des Etudiants de l'Académie de Genève de 1559, publié à Genève en 1860 d'après le registre original.

Liste des étudiants venus du diocèse d'Auxerre et des autres contrées qui forment aujourd'hui le département de l'Yonne.

1563. Dionysius Armenaldus Genabensis (Gien).

Stephanus Parvus Genabensis.

Andreas Ferreus Genabensis.

1564. Petrus Chalmeaux, Altissiodorensis.

1566. Franciscus Priveus Senonensis, ex Anatilorum oppido.

1578. Carolus Cortesius Avalonensis.

1582. Joannez Beza Vézelius (Vézelay).

Stephanus Alixius Genabensis.

1606. Simon Millet Venisinus Senonensis.

Petrus Armenaldus Genabensis.

1613. Petrus Bauleus Genabensis.

1618. Joannes Petitius Genabensis.

1620. Isaacus Colmæus Genabensis.

1621. Jacobus Salmasius Vezelius.

1622. Petrus Pinetus Genabensis.

1626. Nicolaus Malmireus Vezelius.

1631. Josephus Ardillonius Altissiodorensis.

1670. Franciscus de Bussy Genabensis.

1654. Joannes Bonguard   id.

1672. Joannes Baptista Amyotus, id.

Daniel String, id.

Paulus Babault, id.

1677. Joannes Babaldus, id.

1684. Petrus Guiot du Boulet Charitensis (la Charité).

(La révocation de l'édit de Nantes, survenue l'année suivante, indique assez pourquoi, à partir de cette époque, on ne trouve plus d'étudiants venus de notre contrée.

M. ARRAULT, DE TOUCY,

. Par M. le Dr Duché.

—

(Séance du 11 janvier 1863.)

—

Messieurs,

Il y avait trois mois à peine que notre infortuné collègue
Léon de Bastard venait d'expirer à la fleur de l'âge sur les
rives de l'extrême Orient, quand notre association fut frappée
d'un nouveau deuil par la mort de M. Arrault, de Toucy. En
moins de seize années que de places vides parmi nous!
Ernest Badin, François Vachey, Sonnié-Moret, Achille Colin,
Robineau-Desvoidy, Chaillou des Barres, Léon de Bastard,
Arrault, Villiers, et tout récemment d'autres encore, les uns
pleins de jeunesse, d'ardeur et de nobles espoirs, les autres
dans la force et dans la maturité de l'intelligence ! Tous ont
reçu ou recevront dans vos bulletins la pieuse hospitalité du
souvenir et de la reconnaissance, dernier et touchant hommage que vous rendez à ceux qui ont été vos frères d'armes
dans cette croisade volontaire poursuivie par vous en faveur
des sciences historiques et naturelles de ce département.

Celui dont j'ai à vous entretenir aujourd'hui a été l'un de vos membres fondateurs ; il a occupé dès la première année le fauteuil de la vice-présidence, et bien qu'il ait vécu depuis cette époque un peu à l'écart de vos travaux et de vos séances, vous avez voulu lui consacrer quelques pages, destinées à rappeler les lumières et les services qui le recommandent à la mémoire de ses concitoyens.

Né à Toucy le 26 février 1806, Guy-Adolphe Arrault appartenait à une ancienne famille de la contrée. Son père avait été longtemps juge de paix de son canton et jouissait d'une influence et d'une considération justement méritées.

Le jeune Adolphe fit ses études au collége d'Auxerre, sous le vénérable dom Laporte, avec un remarquable succès ; il en sortit en 1822, élève de rhétorique, pour faire, à Paris, ses classes de philosophie et de mathématiques au collége Saint-Louis. Il s'y fit connaître assez avantageusement pour être admis l'année suivante au concours général pour les mathématiques élémentaires.

Les sciences exactes captivèrent plus spécialement ses goûts, et après des études préparatoires sérieuses, il fut reçu, le 9 décembre 1826, en qualité d'élève externe à l'Ecole royale des mines. Là ses habitudes laborieuses ne se démentirent pas. Auditeur assidu des cours théoriques de cet établissement, prenant part à tous les exercices pratiques, passant les plus brillants examens, il visita en 1827, sous la conduite de MM. les professeurs, les usines et ateliers métallurgiques de Paris et des environs, et en 1828, les principales mines et usines du Hartz, de la Saxe, de la Bohême, de la Silésie et de la Pologne.

Ce fut au mois de mai que commença le voyage d'Alle-

magne, accordé par le gouvernement français aux élèves
sortant de l'Ecole des mines. Arrault avait pour compagnon
de route un condisciple de l'Ecole, Auguste Laurent, qui
devait laisser un nom justement honoré dans la science. Ils
s'en allaient insouciants et joyeux comme on l'est à vingt
ans : « Vous rappelez-vous de notre voyage, écrivait Laurent
« quinze ans plus tard, l'un et l'autre avec une veste verte,
« une espèce de béret bleu sur la tête et un sac sur le dos. »
Et il part de là pour entrer dans les détails de mille charmants
souvenirs que nous voudrions pouvoir consigner ici. Il lui
parle du beau pays de Bade, de la bière de Munich, des
paysages du Danube, des Juifs de Cracovie, des mauvais
chemins de la Silésie, des montagnes de la Bohême, et revenant tout-à-coup aux aspirations plus sérieuses du présent,
il s'écrie : « Oh ! mon vieux compagnon, si jamais je me
« remettais en route avec vous, ce n'est plus dans les mines
« que je descendrais, ce ne sont pas des usines à fer que
« j'irais voir; je consentirais encore à porter le sac sur le
« dos... et au lieu d'aller visiter les collections de minéra-
« logie, je voudrais voir tout ce que cette terre de nébuleux
« penseurs produit à sa surface. »

Arrault s'était muni de plusieurs lettres de recommandation
pour les principaux savants de l'Allemagne. C'est par ces
intermédiaires qu'il fit la connaissance du vieux professeur
Lampadius, célèbre métallurgiste de Freyberg, dont il traduisit plus tard en français le manuel de métallurgie générale. Il était aussi porteur d'une lettre d'Arago pour Alexandre
Humboltd. Nous avons sous les yeux la réponse autographe
de l'illustre savant prussien, où il proteste de son respect et
de son admiration pour le secrétaire perpétuel de l'Académie
des sciences, et de son vif désir d'être utile à tous ceux qui

sont recommandés par lui. Aussi le jeune voyageur reçut-il immédiatement une autorisation officielle du roi de visiter toutes les mines et tous les établissements métallurgiques de Prusse, ce qui le mit à même de recueillir les documents les plus curieux.

En quittant la Silésie, il écrivait à son père : « Le résultat « de notre voyage a été des plus satisfaisants : nous avons « trouvé dans cette partie de la Prusse l'accueil le plus « amical et les renseignements les plus détaillés. Il est « impossible d'exprimer l'empressement qu'on a mis à nous « être utile. Nous avons vu des choses bien intéressantes ; « nous rapportons une foule de documents précieux, de « dessins d'usines et de machines. Nous avons les rensei- « gnements les plus précis sur la fabrication de l'arsenic et « du bleu de Cobalt. Cette dernière a été jusqu'ici un secret « et les procédés en sont inconnus en France. »

Arrault prit en effet des notes considérables : elles forme- raient sans doute une monographie intéressante à plus d'un titre si elles étaient coordonnées et publiées par un spécia- liste ; sa famille les conserve comme un témoignage irrécu- sable de son savoir et de son talent d'observation.

Ce voyage dura six mois environ et ce fut vers la fin d'octobre 1828 que nos deux étudiants rentrèrent à l'Ecole des mines pour y subir leurs dernières épreuves. Elles furent des plus brillantes, car Adolphe Arrault sortit le premier de la promotion, et son ami Auguste Laurent le second.

En 1833, nous retrouvons Arrault dans le Morbihan. Il y avait été appelé par le concessionnaire d'une mine de plomb à Saint-Modé, dans l'arrondissement de Pontivy. Après un séjour suffisant sur les lieux, il publia un mémoire qui avait pour but de faire connaître l'état actuel de la mine, d'exposer

la série de travaux qui devaient être exécutés pour y créer un
établissement industriel, et d'indiquer le rapport des dépenses et des bénéfices de la future exploitation.

Pour complément de ses études pratiques et comme
dernier adieu à sa courte carrière de minéralogiste, il publia
vers 1840 une traduction du *Manuel de Métallurgie générale de Lampadius*, en deux volumes. L'absence de traités
élémentaires accessibles aux jeunes élèves de l'Ecole des
mines l'avait décidé à traduire le meilleur livre que possédât
l'Allemagne sur la matière : « Il est l'œuvre, écrit-il dans sa
« préface, il est l'œuvre d'un homme dont le savoir a opéré
« une véritable révolution dans le traitement des minerais
« de Saxe ; c'est le résultat de sa pratique éclairée et de
« ses expériences continuées depuis quarante ans. Je livre
« au public le manuel du célèbre professeur de Freyberg,
« auquel je me suis permis de faire des additions considé-
« rables. Les perfectionnements importants qui ont été
« introduits dans la science depuis la publication de l'édition
« allemande, les nombreuses observations que j'ai recueillies
« dans les grandes usines pendant un voyage métallurgique
« en Allemagne, m'ont fourni les moyens de mettre cet
« ouvrage au niveau des connaissances actuelles. Quoique
« ce livre soit particulièrement destiné aux élèves qui fré-
« quentent les cours de l'Ecole des Mines, les métallur-
« gistes y trouveront aussi des données précieuses et des
« résultats certains, qui serviront à les éclairer dans leur
« pratique. »

Cette publication fut en effet très bien accueillie ; elle est
encore entre les mains de tous ceux qui s'occupent de la
science des métaux et fit vivement regretter au monde savant
la retraite prématurée de notre compatriote.

Fixé définitivement dans son pays natal par son alliance
avec une honorable famille et par les soins d'une belle fortune, Arrault ne tarda pas à s'attirer la bienveillance et la
considération de ses concitoyens. En 1842, les électeurs le
portèrent au Conseil général en remplacement de M. de
Perthuis. Là ses qualités personnelles, ses connaissances
variées, ses aptitudes administratives lui acquirent bientôt
une juste autorité parmi ses collègues, et quelques années
plus tard il fut désigné comme successeur de M. Chaillou
des Barres pour remplir les importantes et difficiles fonctions
de secrétaire des séances.

On sait avec quel zèle et quelle précision il s'acquitta de
cette mission pendant près de dix années, et s'il n'avait pas
fait oublier son éminent prédécesseur, il avait mérité du
moins que ce dernier lui écrivît en 1852 : « Je vous retrou-
« verai avec joie au Conseil général, vous, mon excellent et
« très digne successeur, vous qui étiez et qui êtes encore de
« l'infiniment petit nombre de ceux capables de devenir
« secrétaires ; car ce n'est ni le lot d'un paresseux, ni la
« tâche d'une médiocrité ; vous devez savoir cela. Je souhaite
« que pendant dix-sept ans vous rédigiez le procès-verbal,
« mais sans interruption, sans doublures, s'il vous plaît. »

Il était depuis six ans le représentant de son canton au
Conseil départemental quand éclata la révolution de février.
Toucy, ville commerçante et industrielle, ressentit vivement
le contre-coup de ce bouleversement imprévu. L'honnête et
bien excellent M. Barrey, qui s'était concilié pendant de longues années l'estime et l'affection publiques par son administration toute paternelle, ne sembla plus remplir les
conditions d'énergie et de vigueur nécessaires dans un
moment de crise : Arrault fut investi des fonctions de maire,

le 29 février, par son ancien condisciple, Théophile Robert, commissaire du gouvernement provisoire à Auxerre.

Il s'en acquitta avec la fermeté et l'intelligence que l'on attendait de lui. A chacun d'apprécier les choses à son point de vue dans ces circonstances difficiles. Pour nous, la plus grande gloire de l'homme public consiste alors à sauvegarder autant que possible et les droits de l'humanité et ceux d'un pouvoir discrétionnaire dont les limites sont toujours mal définies.

Arrault ne tarda pas à se trouver en face d'événements graves qui mirent sa prudence à la plus terrible épreuve. C'était le 6 décembre 1851. Le coup d'Etat avait été le prétexte et le signal d'une formidable insurrection sur un grand nombre de points de nos départements. Toucy devait avoir aussi son épisode. Des bandes armées de mauvais fusils et d'instruments tranchants de toute nature étaient descendues sur la ville. Il s'agissait pour elles de s'emparer de la municipalité et de faire un appel à la révolte. Quelques soldats d'un régiment de ligne commandés par un officier les attendaient en bon ordre sur la place de l'Hôtel-de-Ville. Le maire s'y transporta, muni de ses insignes, espérant avoir raison, par sa parole persuasive, de quelques centaines de paysans égarés. Deux coups de feu furent dirigés contre lui sans l'atteindre. C'est alors que l'officier donna ordre à sa troupe de coucher en joue cette foule menaçante....Un horrible carnage était imminent.... Arrault ne consulta que son cœur dans cet instant décisif : Ne tirez pas ! s'écria-t-il. Et tout fut sauvé. Une charge vigoureuse à la baïonnette eut bientôt dispersé tous ces malheureux frappés de vertige, et le calme rentra dans la ville. Toucy échappait ainsi par la présence d'esprit de son chef aux scènes désastreuses qui désolaient tant d'autres localités, à cette heure même.

Le gouvernement fut bientôt informé de ce qui s'était passé au chef-lieu du canton, et Arrault recevait, à la date du 8 décembre, une lettre de M. de Morny, ministre de l'intérieur, ainsi conçue :

« Monsieur le maire, M. le préfet de l'Yonne m'a fait
« connaître avec quelle courageuse énergie vous aviez su
« remplir votre devoir en repoussant par la force l'envahis-
« sement des bandes insurgées dans votre commune. Je ne
« manquerai pas de signaler votre belle conduite à l'attention
« de M. le Président de la République et d'appeler sur vous
« un témoignage de sa haute satisfaction. Mais, en atten-
« dant, je suis heureux de vous offrir mes félicitations
« personnelles. Continuez à agir avec la même énergie, et
« soyez sûr que l'appui du gouvernement ne vous manquera
« pas pour ramener promptement l'ordre dans votre com-
« mune. »

En effet, le 5 janvier suivant, M. de Morny annonçait à Arrault que, sur sa proposition, le Président de la République le nommait chevalier de l'ordre national de la Légion-d'Honneur.

Les dernières années de la vie d'Arrault furent consacrées à l'administration de la ville de Toucy. Il y a laissé des traces considérables de sa sollicitude et de son expérience.

Il avait aussi donné une partie de ses loisirs à la construction d'une magnifique demeure, au milieu de son domaine des Gilats, sur une haute colline d'où la vue s'étend sur les fraîches vallées de la Puisaye. C'est là qu'il se flattait de trouver la solitude et le silence pour se livrer à ses travaux de prédilection. Vain espoir ! Sa santé s'était progressivement altérée sous l'influence d'une lésion organique du cœur : les conseils d'un médecin de Toucy, d'un vieil ami de trente ans, ceux d'un éminent professeur de la Faculté de Paris, ne purent conjurer l'issue fatale. Il succomba, après de longues souffrances, le 25 février 1861. Sa mort fut celle d'un fils respectueux de l'Eglise.

Bien qu'il eût renoncé volontairement à l'honorable carrière qui s'ouvrait devant lui sous de brillants auspices, Arrault revint plus d'une fois à ses études favorites. Les trop rares travaux qu'il a laissés touchent presque tous aux sciences naturelles. Sa haute compétence en pareille matière autorisait ses amis à compter sur une plus riche moisson. Leur attente se trouva déçue.

Tout le monde connaît sa première publication, qui touchait à notre département et qui vint dignement inaugurer l'apparition de l'Annuaire de l'Yonne. Il s'agissait d'un voyage aux grottes d'Arcy et d'une exploration des bords de la Cure et d'une partie de l'Avallonnais. Cette intéressante excursion avait été faite en compagnie de MM. Piétresson Saint-Aubin et Robineau-Desvoidy. Le mémoire qui en résulta, et qui porte exclusivement la signature d'Arrault, est resté comme une des plus lumineuses interprétations du curieux cataclysme géologique des environs de Saint-Moré.

Deux ans plus tard, le bulletin de la Société géologique de France contenait une *Notice sur la formation d'argile à ocre supérieure aux sables ferrugineux de l'Yonne*. Cet excellent travail donne les notions les plus claires sur la composition détaillée de la couche d'ocre et sur les procédés de fabrication. Il a servi de guide à MM. Leymerie et Raulin pour la description des ocrières de Pourrain, Diges et Parly, et l'on a reproduit une partie de son mémoire dans la *Statistique géologique de l'Yonne*.

Ce fut en 1845 seulement qu'Arrault fut nommé membre

de la Société géologique de France, sur la présentation de
MM. Leymerie et Moreau.

En 1847, il concourut comme membre fondateur à l'installation de la Société des sciences historiques et naturelles de
l'Yonne et fut nommé vice-président avec M. Gallois. La seule
offrande qu'il ait bien voulu apporter à la nouvelle association
fut un *Programme d'études à faire par la Société en histoire
naturelle*. Ce spécimen est large et parfaitement dessiné.
Il a ouvert des cadres nombreux dont une partie se trouve
déjà notablement remplie, grâce au zèle infatigable de quelques-uns de nos savants collègues. Nous ne pouvons que
regretter l'abstention et l'éloignement qu'il affecta depuis
pour les séances de la Société, éloignement que rien ne
semblait justifier. Arrault eut en effet le rare bonheur d'être
apprécié de son vivant comme il le méritait ; il n'est aucun
de nous qui ne se soit plu à rendre hommage à sa valeur
personnelle, à ses profondes connaissances, et qui n'ait eu
foi pleine et entière en sa belle intelligence.

Notre collègue, cependant, ménageait en silence une agréable
surprise à la Société des sciences de l'Yonne et à ses concitoyens. Le destin n'a pas voulu qu'il vécût assez pour voir se
réaliser son rêve. Il nourrissait depuis longtemps le désir de
laisser un monument scientifique à son pays natal : il voulait écrire l'histoire de Toucy et de ses environs. A l'exemple
de son compatriote Robineau-Desvoidy, il essayait de créer
une œuvre complète au point de vue de la statistique,
des sciences naturelles, de l'archéologie, de l'histoire et de
l'administration. Les matériaux considérables qu'il avait déjà
rassemblés nous donnent une haute idée du plan qu'il s'était
imposé. Nous trouvons en effet dans les papiers qui nous ont
été confiés par sa famille de nombreux documents manuscrits

qui témoignent de ses sérieuses préoccupations. Il excellait surtout dans l'art de décrire les objets soumis à son examen. Il y mettait un soin, une patience, une exactitude admirables. Il a tracé des catalogues complets des mammifères, des oiseaux, des poissons, des reptiles et des insectes qui peuvent se trouver dans le canton de Toucy ; il a décrit avec une minutieuse sollicitude un grand nombre d'oiseaux de passage qui avaient été tués dans la contrée ; il a laissé une flore fossile qui se rapporte probablement à ses observations géologiques particulières ; il a commencé une description des ferriers de la Puisaye, travail intéressant à plus d'un titre et qu'il destinait au Bulletin de la Société de l'Yonne ; ce travail par malheur est resté inachevé et vous le déplorerez avec nous, Messieurs, car notre savant collègue semblait l'historien désigné de ces antiques vestiges de l'industrie métallurgique de nos pères au sein des forêts de la Gaule.

Pour ne laisser aucune lacune dans son livre, il avait eu le soin de faire dresser pendant plusieurs années des tables météorologiques qui devaient tenir une place importante dans l'histoire naturelle de son canton. Pour la population, il avait compulsé tous les dossiers les plus anciens des archives communales environnantes, et il avait fait exécuter pour la ville de Toucy même les relevés des naissances, mariages et décès par âge qui remontaient au siècle dernier.

Tout semblait donc annoncer une volonté ferme de doter son pays d'une monographie complète. La mort seule a pu briser ces nobles efforts. Remercions-le cependant de sa féconde initiative et souhaitons qu'il se trouve parmi nous un ami de la science et de l'histoire qui vienn coordonner toutes ces pierres d'attente, rechercher ce qui peut leur manquer encore et mettre la dernière main à l'édification de cette œuvre éminemment utile.

N'oublions pas la part qu'il prit à l'achèvement complet de la *Statistique géologique de l'Yonne*. Voici en quels termes M. Leymerie, dans la préface de cet ouvrage, mentionne le concours de notre savant collègue : « Nous faisons paraître « cet ouvrage sous les auspices du Conseil général de « l'Yonne. C'est à ce Conseil, en effet, que nous devons les « moyens d'exécution et de publication. Qu'il nous soit « permis de joindre à cet hommage des remerciements par- « ticuliers pour les services si empressés que nous devons à « l'un de ses membres les plus éclairés, M. Arrault. La bienveil- « lante assistance et l'appui qu'il n'a cessé de prêter à notre « statistique nous a été bien utile au milieu des péripéties et « des difficultés que les circonstances ont fait naître pendant « la longue durée de nos observations et de notre publica- « tion. Nous lui devons aussi une coupe du sondage de « Saint-Fargeau, et il a bien voulu guider M. Raulin dans « ses courses aux environs de Toucy. »

Quelques années plus tard, Arrault devint le confident des difficultés assez vives qui s'élevèrent entre MM. Leymerie et Raulin au sujet de la préséance nominale à laquelle chacun d'eux prétendait comme auteur de la statistique de l'Yonne. Notre collègue chercha par tous les moyens à concilier ces deux estimables savants. Leur querelle retarda beaucoup la publication de l'ouvrage et un jugement de la Cour de Toulouse vint en dernier lieu trancher la question, tout en laissant les deux parties peu satisfaites.

Telles sont les principales indications que nous avons pu réunir sur la vie scientifique de votre ancien vice-président ; elles ne sont pas aussi nombreuses ni aussi importantes que nous l'eussions désiré.

Mais si nous cherchons dans cette vie si calme et si indé-

pendante en apparence, nous y trouverons à chaque pas la
cause et la justification de sa tiédeur pour les travaux de
longue haleine. Arrault, ancien ingénieur des mines, membre
et secrétaire du Conseil général, maire de Toucy, se vit bientôt
le point de mire de l'administration supérieure : on l'accabla
successivement de titres et de missions honorifiques qui
finirent par accaparer presque totalement ses journées. C'est
ainsi que nous le voyons simultanément membre du Conseil
départemental de l'instruction publique, secrétaire de la
Chambre consultative d'agriculture de l'arrondissement
d'Auxerre, membre du Conseil d'hygiène publique, membre
examinateur de la commission de la Ferme-Ecole de l'Orme-
du-Pont, de la commission de statistique, de la commission
pour l'exposition générale de l'industrie, membre fondateur
d'un comice agricole de Toucy, d'un autre comice à Saint-
Fargeau, de la Société centrale d'agriculture, etc., etc. En
calculant tous les instants qui lui étaient arrachés par
chacune de ces attributions et surtout par celle de maire
d'une localité importante et de secrétaire du Conseil général,
plus ceux qu'il devait naturellement consacrer à ses affaires
personnelles, on n'a plus le droit de s'étonner du faible tribut
payé par Arrault aux études scientifiques. Ce morcellement
continu de notre existence, ce va et vient perpétuel pour des
questions et des intérêts si dissemblables, cet éparpillement
de nos forces et de nos facultés finissent par miner sourde-
ment la vie intellectuelle et par la frapper d'impuissance.

D'un autre côté, il faut tenir compte à notre collègue de
ses longs sacrifices pour concourir à l'action administrative.
L'intervention des hommes éclairés et supérieurs dans les
affaires où se discutent et nos besoins et nos intérêts est trop
précieuse pour ne pas la payer au moins d'une juste recon-

naissance. Malheureusement il n'en est pas ainsi. Trop souvent les intentions les plus pures sont méconnues, les actes les plus légitimes sont calomniés, le vrai savoir et la haute expérience sont livrés aux commentaires de l'ignorance et de la mauvaise foi, et l'honnête homme, tout en se réfugiant dans sa conscience, est condamné à l'amertume et au découragement. Arrault eut à subir aussi ces tristes mécomptes dans sa carrière administrative, et il regretta sans doute plus d'une fois la vie paisible et studieuse qui lui offrait des loisirs si faciles et des satisfactions si assurées.

Ceux qui ont vécu dans son intimité se plaisent à rendre justice à ses qualités personnelles. Il cachait sous des apparences de froideur un cœur sensible et facile à gagner, mais chez lui l'homme officiel effaçait trop souvent l'homme privé. Il fallait le trouver à ses heures, en petit comité de quelques amis ; c'est alors qu'il dépouillait la forme sévère de sa tenue habituelle, et qu'il devenait insensiblement causeur expansif et attachant, puisant dans sa mémoire fidèle et dans son vaste savoir des récits d'un intérêt extrême.

Arrault, comme homme politique, manqua, il faut le dire, de cette ardente initiative qui sait proclamer une conviction et arborer un drapeau. Sa timide réserve, à ce point de vue, lui enleva toute chance de monter au-delà du Conseil général. Deux fois il eut, dit-on, la pensée de briguer les honneurs de la représentation nationale, et deux fois il s'arrêta court dans l'élan de sa légitime ambition. Malgré sa position indépendante, malgré les garanties que semblaient offrir ses connaissances économiques et administratives, la popularité ne vint pas à lui, parce qu'il ne voulut pas se donner la peine de lui tendre la main.

Messieurs, arrivés au terme de cette Notice, vous n'avez

pas oublié la douce et rêveuse figure de ce jeune écolier qui
accompagnait Arrault dans son voyage en Allemagne : je veux
parler d'Auguste Laurent. Il y a quelques mois à peine, un
éminent professeur de la Faculté de médecine, M. Würtz,
dans une séance publique de la Société des Amis des Sciences,
prononçait l'éloge d'un savant distingué, mort à la fleur de
l'âge, laissant des travaux immortels sur la chimie organique :
ce savant, qui avait occupé une chaire à la Faculté des
sciences de Bordeaux, qui avait professé le cours de Dumas
à la Sorbonne, qui était en dernier lieu essayeur à la Monnaie, avait usé sa vie dans un labeur qui n'eut pas de trève :
il vécut pauvre jusqu'à la fin, et s'il connut les souffrances,
dit M Würtz, il ne connut pas le découragement; il travailla
jusque dans les bras de la mort. — Cet éloge, Messieurs, que
je voudrais pouvoir vous relire tout entier, c'était l'éloge
d'Auguste Laurent, mort en 1853 à l'âge de quarante-six
ans.

Il était juste de réunir dans une dernière pensée ces deux
existences qui avaient débuté avec une conformité si parfaite
et dont l'évolution devait être si dissemblable. A chacun le
tribut qui lui appartient dans l'avenir. Quant à nous, Messieurs, nous serons heureux si nous avons réussi à faire assez
pour la mémoire de notre collègue, et si l'hommage que nous
lui rendons peut porter un adoucissement aux regrets de sa
veuve et de son fils adoptif.

ÉTUDE ARCHÉOLOGIQUE

SUR LE CULTE DES PIERRES

CHEZ TOUS LES PEUPLES

ET SPÉCIALEMENT CHEZ LES CELTES,

Par M. l'abbé BARRANGER.

—

(Séance du 28 juillet 1863).

—

Les découvertes celtiques, gauloises, gallo-romaines qui
surgissent, tous les jours, de notre *monde sous le monde ;*
nos huttes celtiques, avec leur four et leur céramique faite
au tour, au moule, à la main ; nos *Ustulum,* nos *Bustum,*
ces lieux d'incinération, nos *Columbaria,* ces sanctuaires de
la mort, avec leurs urnes cinéraires, et leurs pierres debout,
non taillées ; leurs amulettes ou armes taillées en silex, en
calcaire, en jade ; les *Tumulus,* ces sarcophages avec leurs
silex travaillés en haches, en hachettes, en couteaux, en
flèches, en lances, en monnaies ; nos Men-Hirs de Pierrefitte,
des Bûchereaux, des Mousseaux ; nos pierres loyes, tour-

nantes, branlantes, qui virent, m'ont inspiré cette *Etude sur le Culte des Pierres dans l'Antiquité.*

Les pierres furent les premières annales de l'humanité. C'était l'histoire quand l'histoire n'était pas : et c'est encore l'histoire quand muette est l'histoire. Sous le charme de cette épopée archéologique, étudions-donc la pierre comme monument historique, comme divinité et fétiche, comme arme, comme monnaie, et comme tombeau, chez tous les peuples, en commençant par celui des historiens dont Dieu inspira la plume et le génie.

I.

CHEZ LES JUIFS.

Avant l'usage de l'écriture, et même depuis, les anciens peuples érigeaient souvent des pierres solitaires, ou des monceaux de pierres, pour conserver la mémoire des événements remarquables. Ce sont là les premiers hiéroglyphes du monde. Ainsi Jacob, 1860 ans avant notre ère, allant en Mésopotamie, eut une vision, appuyé, pendant son sommeil à Béthel, sur une pierre. A son réveil, il érigea, en monument, la pierre qui lui avait servi de chevet, l'oignit d'huile, et fit vœu d'offrir à Dieu, sur ce monument de sa reconnaissance, la dîme de toute sa fortune. A ce monument il donna le nom de Béthel; Genèse, 28—11 à 18,

Appellavitque nomen Bethel !

En effet, à son retour d'au-delà de l'Euphrate, le patriarche revint à Béthel avec toute sa famille, offrit des sacrifices au Seigneur, et s'acquitta de toutes ses promesses, sur son *lapidum congeries.* Les Mahométans prétendent que la pierre de Jacob fut transportée dans le temple de Salomon, et qu'ils la conservent encore dans leur mosquée de Jérusalem.

Jacob fit alliance avec son beau-père Laban sur la montagne de Galaad, en prenant toujours la pierre pour témoin et pour contrat biblique :

Tulit itaque Jacob lapidem et erexit illum in titulum ! Exod. 31.

Là, sur le sommet de la montagne, à la face du soleil d'Orient, les parties contractantes se dirent l'une à l'autre : Venez, amassons ici un monceau de pierres. Jacob le nomma monceau du témoignage, et Laban, monceau du témoin :

Afferte lapides : qui congregantes fecerunt tumulum ; quem vocavit Laban tumulum testis, et Jacob acervum testimonii. Exod. 31—43 à 47.

Ainsi se passaient les actes et les contrats, il y a quatre mille ans ! Une pierre, quelques pierres furent les premiers notaires du monde ! C'est qu'alors sacrée pour l'homme était la parole de l'homme !

Pour éterniser le miraculeux passage du Jourdain (1500 ans avant J.-C.), Josué érigea deux monuments de pierres, l'un au milieu du fleuve, l'autre sur l'un des bords appelé Galgal :

Duodecimque lapides posuit Josue in Galgalis. Josué, IV.

« Quand vos enfants, dit-il au peuple, vous demanderont
« ce que veulent dire ces pierres, vous leur répondrez : Les
« eaux du Jourdain se sont arrêtées devant l'arche du Sei-
« gneur, lorsqu'elle traversait le fleuve, et on amassa ces
« pierres pour servir de monument éternel aux enfants
« d'Israël :

Ideo positi sunt lapides isti in monumentum in æternum ! id.

Voilà bien la pierre et le monceau de pierres érigés monumentalement pour redire à la postérité les annales des temps passés ! Une pierre, voilà le chroniqueur des temps anciens !

A la suite de la conquête et du partage de la Terre promise, les tribus de Ruben, de Gad, et partie de celle de Manassé se trouvant séparées des autres tribus par le Jourdain, élevèrent des pierres sur le bord du fleuve, comme un monument attestant que les tribus de deçà, comme celles de delà le Jourdain, s'honoraient de la même religion, et composaient un seul et même peuple, une seule et même nation.

Ici, la pierre est un monument de fraternité civile et religieuse, un témoignage d'alliance de contrée à contrée, de pays à pays, de peuple à peuple, un phare de patriotisme !

Et ces autels de gazons ou de *pierres brutes*, élevés au pied du Sinaï, sur le mont Hébel, où l'on offrait des sacrifices à Jéhovah ? C'étaient encore des monuments pour servir de mémoire à la postérité. Ces autels devaient être faits de *pierres brutes*, les pierres façonnées, travaillées, polies, seraient impures et polluées :

De lapidibus quos ferrum non tetigerit, et de saxis informibus et impolitis; Deut. XXVIII. Si enim levaveris cultrum in eo polluetur. Exod. XX.

N'est-ce pas chose étonnante que Dieu préféra la pierre brute, non travaillée, à la pierre façonnée, pour la construction de ses autels ? C'est qu'il ne voulait, pour des usages sacrés, que des choses non souillées par des usages profanes. La Divinité méritait bien cette attention, et elle était bien digne de ce privilége !

Voilà le rite biblique : ce qui nous surprendra, c'est que nous le retrouverons chez les Celtes ! Ainsi, le culte des pierres, culte non idolâtrique d'abord, mais seulement monu-

mental, remonte historiquement à plus de quatre mille ans !
Les pierres monumentales, *lapidem erectum in titulum*,
étaient des livres toujours ouverts, où tout le monde savait
lire couramment ; la tradition les avait burinés :

Monumentum in æternum !

II.

EN ORIENT.

Dans les contrées orientales, le culte des pierres courait
les rues : nombreux sont les témoignages. Eusèbe, historien
du III⁸ siècle, rapporte dans sa *Préparation évangélique,*
liv. I⁸ʳ, chap. XIX, que les Phéniciens appelaient *Béthulées*
les pierres qu'ils consacraient au culte divin. Evidemment,
chez ces peuples, limitrophes de la Judée, il y avait imitation
ou réminiscence du Béthel de Jacob.

Sanchoniathon, historien du même pays, bien avant la
guerre de Troie, douze siècles avant notre ère, dit qu'il vit
longtemps des Béthels ou *pierres élevées* sur le mont Liban.
Onze siècles plus tard, un médecin de Syrie, Asclépiade, en
remarqua grand nombre en cette contrée, près d'Héliopolis
(Photium, 2°-2). Ils étaient consacrés à différentes divinités :
les uns au ·Soleil, les autres à Saturne. Ainsi la pierre n'est
déjà plus un symbolisme du culte de Jéhovah, mais de Phé-
bus-Apollon !

Strabon, philosophe, historien, géographe, sous Auguste,
liv. XVII⁸, parle longuement des pierres élevées en Egypte,
sur la voie publique. « Il dit qu'elles sont droites, polies,
« rondes, de couleur noire; qu'elles sont superposées à une
« plus grosse pierre qui leur sert de base ; que souvent elles

« sont surmontées d'une plus petite pierre qui fait couron-
« nement; et que généralement elles sont isolées. »

Appulée, écrivain et philosophe, qui florissait sous Adrien,
IIᵉ siècle, rapporte que les Syriens du Liban et les Egyptiens
avaient, pour ces monuments, un respect qui allait jusqu'à
l'adoration. Ils les oignaient d'huile, les saluaient, les bai-
saient, les adoraient !

Progressif est le culte des pierres : voici le monolithe
devenu Dieu !

Hérodote, ce commis-voyageur des Dieux, nous signale, en
son VIIᵉ liv., chap. 160, des obélisques de pierre, élevés dans
l'*Atrium* d'un temple égyptien, mais il ne nous dit rien de
leur destination : *in area templi stani obelisci ingentes.*

Il nous serait difficile de ne pas croire que là, dans la
cour précédant le temple, ces monuments n'eussent été élevés
par la dévotion populaire. Partout l'humanité est pétrie du
même limon : il lui faut son Bon-Dieu partout. Si elle ne
connaît pas le véritable, elle le symbolise, et continue son
épopée !

En Grèce, fréquents étaient les Béthyles. On professait
pour ces pierres une grande vénération, car on y attachait
une puissance surnaturelle. On les croyait animés : on les
consultait comme des oracles.

A Delphes, dans le temple consacré au culte d'Apollon,
on conservait la pierre que Rhéa fit avaler, en place de
Jupiter, à Saturne, qui la rendit parce qu'elle l'incommodait.
On l'oignait d'huile ; on l'emmaillottait d'une laine spéciale
aux jours de ses solennités ; puis on l'exposait à la vénération publique.

Ainsi très florissant chez les Hellènes était le culte des

pierres, où les Dieux, dit Hérodote, étaient figurés par une pierre : *Et figuras Deorum lapidibus insculpsisse.*

« Néanmoins, la dévotion populaire se refroidissant, on
« la ranimait en mettant sous ses yeux le symbole et l'image
« de son culte. On exposa donc à sa vénération, d'abord une
« pierre brute, ou bien un tronc d'arbre non dégrossi. Puis on
« arrondit l'extrémité supérieure en forme de tête ; ensuite
« on y creusa des lignes pour y figurer les pieds et les
« mains. De là ces espèces de statues qui n'offraient qu'une
« gaîne, une colonne, une pyramide, surmontées d'une tête.
« Quelques-unes représentaient des mains qui ne sont qu'in-
« diquées, et des pieds qui ne sont point séparés. » C'est ce
que raconte Pausanias, historien de la fin du 1er siècle, sous
Antonin : liv. ii-ix, liv. iii-xix, liv. vii-xxxii, liv. ix-xxvii.

Il est évident que le respect et la vénération de la nation
israélite pour les pierres monumentales, qui lui tenaient lieu
d'annales et d'histoire, durent puissamment agir sur les
imaginations païennes, qui virent des divinités là même où
cette nation ne voyait qu'un monument respectable et sacré.
De là, le culte polythéiste des pierres, qui fit le tour du
monde !

Mais ces symboles religieux du polythéisme ont-ils devancé
les Béthels de Jacob et de Josué? Sans trancher la question,
il paraît au moins certain qu'au temps de Moïse cette superstition était déjà tellement répandue parmi les nations, que
Jéhovah dit à Moïse, dans le Lévitique : Vous ne vous ferez
point d'idoles; ni vous n'éleverez point dans vos champs une
pierre remarquable pour l'adorer :

*Non facietis vobis idolum, nec insignem lapidem pone-
tis in terra vestra ut adoretis eum :* Lévitiq. xxvi-i.

D'autre part, Salomon, en ses proverbes, jette et le blâme

et le ridicule sur l'adoration des pierres, quand il dit : Celui
qui fait honneur à un insensé, fait comme celui qui augmente
d'une pierre le monceau de pierres élevées en l'honneur de
Mercure :

*Sicut qui mittit in acervum Mercurii, ita qui tribuit
insipienti honorem !* XXVI-VIII.

C'est qu'en effet, dit Scaliger, docte commentateur du
XVI° siècle, on élevait à cette divinité des statues de pierre
dans les carrefours, et les passants, pour honorer la déité,
augmentaient d'une pierre le monceau de pierres, *lapidum
congeries*, fait au pied de la statue.

Le culte des pierres prit donc naissance en Orient ; il
remonte à la plus haute antiquité. Les pierres annales, les
pierres chroniques furent les préludes de l'écriture et de
l'histoire. Les imaginations orientales, frappées des souvenirs que rappelaient les Béthels, les Béthyles, leur accor-
dèrent les honneurs de l'apothéose et place dans l'Olympe !

III.

EN OCCIDENT. — ITALIE.

La pierre divinité ne termina point son épopée en Orient :
elle devint cosmopolite. En Occident bientôt passa le culte
des pierres. Les Romains, qui donnaient droit de cité à tous
les Dieux de l'univers, ne pouvaient dédaigner un Dieu d'une
fabrique aussi facile. Les voici envoyer un jour une brillante
ambassade en Asie-Mineure, pour rapporter de Phrygie un
Béthyle célèbre, et pour amener à Rome le collège des prêtres attachés à son culte. Telle était la grande dévotion du
peuple-roi, ce *populus imperator* de Tacite !

Mais, en nos occidentales contrées, les Béthyles chan-
gèrent de nom : ils devinrent des *Dieux-Termes* ; et bientôt
en voilà partout le sol romain, faisant sentinelles !

Ce Dieu, baptisé ainsi par les Romains, était, à travers
champs, le protecteur de la limite des propriétés, et le ven-
geur des usurpations. Il ne fut d'abord représenté que sous
la forme d'une simple pierre carrée, ou bien, dit Ovide,
sous la forme d'un tronc d'arbre, Fast. II :

> *Termine, sive lapis, sive es defossus in agris*
> *Stipes, ab antiquis tu quoque nomen habes !*

Pour imposer davantage aux larrons, plus tard on lui
donna tête humaine sur une borne pyramidale. Quelquefois
on le gratifiait du buste et du torse, mais jamais de bras, ni
de jambes, pour qu'il ne pût se déplacer ! Quelle prévoyance !
Et dormait en paix le propriétaire ! Quelquefois seulement
les échos démocratiques interrompaient son somme de patri-
cien par ces cris lugubres : Loi agraire ! loi agraire ! auxquels
Caton imposait silence par ces mots : Ventre affamé n'a pas
d'oreilles !

> *Venter auribus caret !*

Après avoir distribué le territoire romain à son peuple,
Numa, second roi de Rome, vers 714 avant notre ère, fit
l'apothéose de cette Divinité, pour policer son royaume de
bandits. Elle reçut depuis les honneurs divins, non-seulement dans les temples que Rome lui avait élevés, mais
encore en rase campagne et sur les grandes routes. Aux jours
qui lui étaient consacrés, la dévotion publique l'ornait de
guirlandes, de couronnes de fleurs et feuillages ; elle lui faisait des libations de vin et de lait avec des oblations de fruits
et de gâteaux de farine nouvelle. Ce qui indiquerait que ces

solennités se célébraient à l'époque de la moisson, dont le
Dieu-Terme avait protégé et les gerbes et les épis dorés!

Dans la suite, sa protection étant devenue encore plus
visible, attendu la statistique décroissante des larcins et des
empiétements, on lui immola des agneaux et des truies.
Les rites sacrés accomplis, le peuple se livrait, autour du
Dieu-pierre, à des ébats, à des chants joyeux, toujours
accompagnés de festins. Le luth d'Ovide nous peint, en
distiques magnifiques, ces fêtes populaires, Fast. II, 657 :

« S'assemblent suppliantes, les populations voisines, et
« célèbrent en ton honneur des sacrifices, en chantant tes
« louanges, ô Terme saint! Les peuples, les villes, les
« grands royaumes, c'est toi qui les limites; sans toi, tout
« champ serait en litige. L'ambition ne t'atteint pas: l'or
« ne sait te corrompre; tu protéges les campagnes qui te
« sont confiées sous l'égide de la bonne foi! »

> *Conveniunt, celebrantque dapes vicinia supplex,*
> *Et cantant laudes, Termine sancte, tuas.*
> *Tu populos, urbesque et regna ingentia finis ;*
> *Omnis erit, sine te, litigiosus ager.*
> *Nulla tibi ambitio : nullo corrumperis auro ;*
> *Legitima servas credita rura fide !*

Têtue, fort têtue fut toujours cette divinité ! Numa lui avait
élevé sur la roche Tarpéienne un temple magnifique, où elle
se trouvait bien. Plus tard, Tarquin-le-Superbe, dernier roi
de Rome, bâtit un temple à Jupiter sur le Capitole : il fallut
alors changer de place tous les Dieux qui formaient là une
sorte d'Olympe. Tous cédèrent, non-seulement sans résistance, mais encore avec bienveillance, la place qu'ils occupaient ; Terme, seul, seul tint bon contre tous les efforts

qu'on fit pour le déloger : il resta là, faisant la nique à
Jupiter, qui n'eut pas l'air de s'en fâcher.

Toute pleine de moralité est cette légende mythologique !
Elle enseignait au polythéisme que le père des Dieux lui-
même n'avait pas le droit d'anticiper sur la propriété voisine.
Dès lors, quelle puissance romaine, quel citoyen eût osé
commettre cette injustice, faire cette annexion ?

Il paraît que la puissance de Terme devenait insuffisante,
car voici comment Horace raconte la joviale création d'un
autre Bon-Dieu, protecteur des jardins, c'est Priape :

« J'étais autrefois un tronc de figuier, bois inutile : l'ou-
« vrier, incertain d'abord s'il ferait de moi un banc ou un
« Priape, se décida pour le Dieu. Ainsi je suis Dieu ! »

Olim truncus eram ficulneus : inutile lignum :
Quum faber, incertus scamnum faceret ne Priapum,
Maluit esse Deum. Deus inde ego !

Vous voyez, chez ce peuple qui perdait sa couronne, les
campagnes pour gardien avaient leur Terme, et les vergers
leur Priape : Bons-Dieux de pierre ou de bois ! Et les populations rassemblées leur offraient des sacrifices et chantaient
leurs louanges ! L'humanité peut se tromper sur l'objet de
son culte, mais elle est toujours dévote.

Ainsi régna, dans la belle Ausonie, le culte des pierres.

IV.

EN GAULE.

Traversons les Alpes : venons sur le sol celtique, terre
classique du culte des pierres. Nous n'y trouverons pas les
Béthels, les Béthyles, les Termes, les Priapes : d'abord, c'est
que nos aïeux n'étaient ni voleurs, ni larrons, ni plus reli-

gieux que la nation israélite, ni moins que les peuples
orientaux. Mais nous y trouvons, à chaque pas, des obélisques de toutes formes et de toutes hauteurs. Oui, notre sol
gaulois est encore jalonné par ces monolithes en pierre, que
deux, trois et quatre fois mille ans ont couvert de leur
majesté, et que nous connaissons sous le nom général de
Men-hirs et de Peulvans, de Dolmens, de Galgals et de
Cromlecks, et sous la dénomination particulière de Pierre-
Fitte, de Pierre-Loye, de Pierre-qui-Vire, de Pierre-Tournante, de Pierre-Branlante, de Pierre-Ecrite...

Vivace était donc, en Gaule, le culte des pierres, bien des
générations avant que le Tibre n'eût bercé et la louve allaité
le fondateur de Rome !

Dans nos parages de Villeneuve-le-Roi, nous avons Pierre-
Fitte, sur les deux rives de la Seine ; Pierre-des-Bûchereaux,
à Villeneuve-Saint-Georges ; Pierre-des-Mousseaux, à Vigneux ;
plus loin, Villecresnes fabriqua dernièrement des pavés avec
son obélisque celtique en grès, sur lequel les Alliés, en 1815,
avaient gravé et leur passage et leur conquête ! Cette localité
mit ainsi sous ses pieds son extrait de naissance, contresigné
par tant de siècles !

Les anciens élevaient souvent des autels sur les frontières
de leur pays, pour en rendre les limites sacrées et inviolables.
Comme ces frontières n'étaient fixées qu'à la suite des traités
de paix, les autels sur lesquels on avait écrit ces traités, et
sur lesquels on avait prêté serment de les exécuter, demeu-
raient des témoins toujours subsistants. C'était le culte de la
pierre dans toute sa ferveur. C'est ainsi que Strabon et Quinte-
Curce rapportent qu'Alexandre, pour perpétuer la mémoire
de ses conquêtes dans les Indes, fit construire douze autels
en pierres taillées. Déjà le même conquérant avait dédié

douze autels aux douze grandes divinités, à son entrée en
Asie, dit Justin. Il érigea de même, à son départ d'Europe,
des autels à Jupiter, à Minerve, à Hercule.

Cet usage, qui était aussi religieux que politique, rapporté
par les biographes et les historiens du temps, pouvait bien
être aussi celui de nos Celtes. De là nos Men-Hirs, nos
Dolmens !

Joseph, de *Bello judaïco*, Appien-Alexandrin, énumèrent
de trois à quatre cénts nations et huit cents capitales dans
les Gaules, avant la conquête romaine. Peuplades remuantes,
envahissantes, turbulentes, sans cesse en querelle les unes
avec les autres, mais très jalouses de la foi du serment. Notre
département (Seine-et-Oise) se trouvait sur la frontière des
Parisii, des *Carnutes*, des *Senones* : les diverses frontières
auraient été fixées par des obélisques, un Men-Hir, un
Dolmen, objets de vénération pour la nation celtique.

Le conquérant des Gaules, César, dans ses Mémoires,
parle de ces symboles sacrés qu'il avait remarqués sur le sol
et les chemins de la Gaule ; et, plus habile général que profond théologien, il les appelait *Mercures*, pour que Rome
dominât la Gaule par la religion comme elle la dominait par
les armes :

*Deum Mercurium colunt : ejusque sunt plurima simu-
lacra. Hunc viarum atque itinerum ducem arbitrantur.*

Placées au croisé des routes, ou bien au milieu des
champs, ces pierres, que nous admirons encore, avaient donc
un caractère sacré aux yeux des Celtes et de leurs conquérants même. Pour nos aïeux, c'était l'image de la Divinité
celtique, et pour les Romains, c'était le Bon-Dieu qui protége
les voyageurs.

Voilà donc les Béthels des Juifs, les Béthyles des Phéni-

niciens·et des Grecs, les Termes et les Priapes des·Romains,
métamorphosés en Men-Hirs celtiques! Et le Men-Hir était
l'image du Bon-Dieu celtique, de Theu-Tha-Thès; qui était
pour la Gaule ce qu'était pour les Romains leur *Jupiter-Lapis*.

Comme chez tous les autres peuples, ces statues sacrées;
au lieu d'être toujours·en pierre, n'étaient quelquefois qu'en
bois à peine dégrossi; car Lucain a remarqué, ainsi qu'Ovide
l'a déjà fait observer pour les Romains, qu'un tronc d'arbre
figurait parfaitement la divinité chez nos Celtes :

> ..... *Simulacraque mæsta Deorum.*
> *Arte carent, cæsisque exstant informia truncis !*

En tout temps et partout l'humanité porte en son·cœur
l'idée de la divinité, quelque nom qu'elle lui donne. Il lui faut
son Bon-Dieu, et l'image·de son Bon-Dieu, qu'elle soit de bois
ou de pierre. C'est égal, son cœur lui doit·un hommage,·et
nulle part l'humanité ne faillit à ce pieux devoir, en Asie
comme en Grèce, en Syrie comme en Egypte, à Rome comme
en·Gaule!

Nos Men-Hirs ou *Pierres-Dressées* sont donc des monolithes, des obélisques qui auraient représenté la divinité celtique. En tout cas, ils constituaient des monuments sacrés;
ayant·une grande analogie avec les Bethels israélites. Monuments religieux! Pages historiques! Pierres votives!
Fétiches celtiques!

Quelques archéologues les regardent comme des·monu-
ments funèbres, comme des pyramides élevées sur des
tombeaux, des *Tumulus*, des sarcophages. Ils seraient encore des monuments sacrés; ce serait l'image de la divinité,
ombrageant, comme notre croix, l'asile de ceux·que la mort
ravit à la tendresse, à l'amour des survivants: Nous avons,

en effet, constamment recueilli, aux pieds de nos Men-Hirs, à certaine profondeur, des tombelles, des cendres, du charbon, des urnes brisées, des silex taillés en couteaux, en flèches, en poinçons, en hachettes......

Les dolmens, ou *tables de pierre*, étaient des autels celtiques, druidiques, dressés au milieu des forêts, *toujours au pied d'un chêne, et tournés à l'Orient*, dit Pline. Sur ces dolmens, les pontifes celtiques, les druides gaulois, offraient leurs sacrifices, environnés de la nation (1). On comprend toute la vénération de nos aïeux pour ces monuments qui leur parlaient de Dieu comme le Béthel de Jacob lui parlait de Jéhovah ? Ces monuments celtiques nous ont toujours donné, à l'aide de fouilles pratiquées autour, des hachettes en silex, en jade, en calcaire siliceux, des os, des cendres, du charbon, des fragments de céramique...

La *Pierre-Branlante*, la *Pierre-Tournante*, la *Pierre-qui-Vire*, la *Pierre Ecrite*, si elles n'étaient pas des dolmens ou des monuments servant à l'exercice de la justice, aux épreuves judiciaires, furent, en tout cas, des pierres sacrées, des Béthyles, qui ont conservé jusqu'à nos jours une certaine réputation de mystère, d'où la terreur n'est pas toujours bannie.

Les Galgals celtiques indiquaient des lieux funèbres : for-

---

(1) Nous rappelons ici que la Société n'est pas responsable des opinions émises dans les mémoires qu'elle publie.

Nous ajouterons que dans l'état actuel de la science, et d'après le résultat invariable des fouilles de *Tumuli*, qui ont mis à jour une immense quantité de dolmens où se trouvaient toujours des traces de sépultures, l'opinion commune des archéologues ne voit plus dans les dolmens que des monuments sépulcraux : ce qui, du reste ne contredit en rien le système général de l'auteur de ce travail.

                              (*Note des Secrétaires*).

més d'un certain nombre de *pierres sur bout*, toujours
circulairement dressées, ils marquaient le lieu destiné aux
nécropoles et le sanctuaire qui devait protéger les urnes cinéraires, restes de l'incinération.

Les Galgals, en Gaule, prirent leur nom de Galgal ou Galgala, lieu célèbre où les Hébreux firent une longue halte, à
proximité du Jourdain, et où Josué fit *ériger douze pierres
monumentales*. Ce lieu fut longtemps célèbre ; le peuple
israélite y venait en pèlerinage. Mais cette dévotion, dégéné-
rant en superstition, parce que Jéroboam avait substitué des
idoles aux pierres monumentales, les prophètes Joël et
Amos la combattirent de tout leur zèle : *Nolite in Galgalam
intrare : quia Galga captiva ducetur : quærite Dominum
et vivetis :* Amos IV, 5-6.

En souvenir des Galgals en pierres, haltes israélites, nos
Celtes appelaient Galgals la dernière halte de l'humanité, et
en grande vénération ils avaient ces domiciles de la mort,
qu'indiquaient des *pierres debout*, comme celles du Jourdain.

Ainsi les peuplades celtiques et gauloises, ainsi nos aïeux
avaient en grand honneur le culte des pierres. Et chez nous,
catholiques, passez dans un cimetière, et vous direz si nous
avons oublié, dans le sens catholique, le culte des pierres.
Dans une pierre tombale, il y a toute la poésie du cœur et
des souvenirs !

Le culte des pierres fit donc poétiquement le tour du monde
celtique.

V.

NUMISMATIQUE CELTIQUE. — MONNAIES GAULOISES.

Nos bons aïeux, dans leurs cités souterraines et dans leurs
bourgades flottantes et lacustres, n'étaient pas dominés par

une bien grande ambition. L'*auri sacra fames*, cette déité souveraine d'aujourd'hui, n'était pas encore venue leur demander un traité de commerce international. La médiocrité dorée faisait leur bonheur et suffisait à leur industrie, consistant en l'échange de quelques denrées alimentaires avec des peaux de bêtes, et *vice versa*. Ainsi, pas grands étaient leurs besoins, pas indispensable leur était l'argent.

Mais voici que Plutus se fit celte et gaulois, comme il s'était fait grec, comme il s'était fait romain, comme il s'était fait cosmopolite, tout myope qu'il fut, disent les muses.

Dis cæcus quem dixerunt cognomine Plutus!

Hérodote, chroniqueur des Dieux, fait naître le dieu des richesses, Plutus, de Cérès et de Jasion, parce que ces deux personnages s'étaient appliqués toute leur vie aux labeurs de l'agriculture, qui procure les richesses les plus solides et les plus honorables ! — Patriarcal symbolisme !

Dans sa comédie de Plutus, Aristophane représente ce Dieu comme un beau jeune homme, avec une excellente vue ; mais ayant déclaré à Jupiter qu'il ne voulait favoriser que la *vertu*, le *travail* et la *science*, jaloux des gens de bien, le père des Dieux l'aveugla, pour lui ôter tout moyen de les discerner. Lucien ajoute que depuis ce temps-là Plutus va presque toujours de compagnie avec les méchants, lui faisant dire : « Aveugle comme je suis, comment puis-je trouver un homme de bien? Si rare est la chose! »

Que critique et malin était ce polythéisme envers les mœurs de son temps ! Quelle fine condamnation de la richesse et de la fortune, qui n'avaient pour levier et pour source que la fraude et que l'injustice !

A Athènes, la statue de Plutus gardait le trésor public ; à

Thèbes, la Fortune tenait sur ses genoux le jeune Plutus ;
chez les Athéniens, c'était la statue de la Paix qui avait cet
honneur. Symbolisme plus philosophique, plus platonique !

Ce fut sous le règne de Servius Tullius, sixième roi de
Rome, que les Romains reçurent le culte de la Fortune et
qu'ils lui bâtirent son premier temple au *Forum*. Dans la
suite elle devint la divinité la plus fêtée à Rome ; elle eut, à
elle seule, plus de temples que toutes les autres divinités
ensemble. La liste civile érigeait les temples, la fortune particulière élevait les statues, les autels de ce Plutus *encrino-
liné*. Aussi le luth de Juvénal disait-il :

> *Nos facimus Fortuna Deam, cœloque locamus !*

Mais nos Celtes, plus simples dans leur goût, plus austères
dans leurs mœurs, plus religieux dans leurs coutumes,
guidés par leur bon sens, jouèrent la plus belle niche du
monde tant à la Fortune qu'à Plutus. Ils firent de la monnaie
avec un *caillou !* Tout leur numéraire, c'était un *silex* un peu
dégrossi. Chez eux, la pierre symbolisait le bon Dieu, pourquoi n'eût-elle pas symbolisé l'argent et l'or ?

Aussi, ne voyait-on jamais en Gaule ni banqueroute, ni
faillite. Jamais !

Je m'attends aux contradicteurs : je n'en publie pas moins
cette découverte, qui, avec le temps, fera son chemin. En
attendant, je réponds à ceux qui ne partagent pas mes convictions : n'oubliez pas que les nations n'ont point toujours
adopté les métaux précieux pour matière monétaire. La
numismatique eut son enfance et ses progrès ; Ovide le proclame :

> *Crescit amor nummi quantum ipsa pecunia crescit !*

Ainsi, avant que la Fortune n'eut ses temples et ses autels

à Rome, Numa fabriqua pour les Romains de la monnaie de
bois et de *cuir*.

En Amériqne, pendant longtemps, les *amandes de cacao*
serfirent de menue monnaie. Dans les Indes, aux Maldives,
au Bengale, jadis on se servait de *coquillages* en guise de
monnaie.

Et dans nótre belle France, sous le roi Jéan, xive siècle,
n'y eût-il pas des monnaies de *cuir* comme autrefois à Rome ?
Et plus près de nous, ne voilà-t-il pas le papier-monnaie de
nos sans-culottes ?

Connues, quoique rares, sont les monnaies gauloises en
métal, avec une triple tête d'homme d'un côté, et de l'autre
une tête de cheval avec des épis dorés. Symbolisme tout pa-
triotique ! Moins connues sont les monnaies primitives en
silex, taillés en ronds, du diamètre et de l'épaisseur de nos
pièces de 5 francs. Après étude prolongée, je donne ce nom
à ces *silex* plats, travaillés, de forme circulaire, portant évidemment le cachet de l'industrie humaine dans son enfance.
Ces petites pierres monnayées ne se recueillent pas seulement
dans les huttes, les *Tumulus*, les *Ustulum*, les *Bustum* ;
nous les trouvons éparpillées jusque dans les couches géologiques du *Diluvium*. Sont-elles antédiluviennes ? C'est à
présumer. Il serait bien impossible de leur assigner un autre
usage qu'un usage mercantile et commercial. Pour nous, une
pièce de monnaie d'or, d'argent, de bronze, vaut tant ; pour la
peuplade celtique, un *silex monnayé* valait tant. Une brebis,
un cheval, une vache, une peau de bœuf s'échangeait ponr
tant de *silex*, comme nous disons, nous, tant de francs telle
chose.

Et cette monnaie de pierre, rentrant dans le domaine du
culte des pierres, avait non-seulement sa valeur numismati-

que et numérique, mais encore son caractère religieux, son
autorité sacrée, comme le Men-hir. Elle était un gage de la
sincérité des transactions et de la bonne foi commerciale.

De tous les minéraux connus, le *silex* dut être préféré,
tant à cause de sa dureté et de son éclat, que de sa propriété
phosphorique en tous temps et en tous lieux.

Je suis donc convaincu que nos peuplades celtiques, gui-
dées par un sentiment religieux, et fixées par l'absence des
métaux, firent d'abord usage de la monnaie de pierre. Un
galet, pour ces bonnes gens, était aussi précieux que précieuse
est pour nous une pièce de *cent sous !*

Religieuse numismatique ! C'est le culte des pierres jusqu'au fond de la bourse celtique ! et comme chante ironiquement à Plutus le luth d'Horace :

> *Te spes et albo rara Fides colit*
> *Velata panno !*

VI.

HACHES, HACHETTES, COUTEAUX, FLÈCHES EN SILEX.

Autour des monuments celtiques des Men-Hirs et Dolmens,
comme dans les *Tumulus,* les *Ustulum,* les *Bustum,* nous
recueillons grand nombre de couteaux, de haches, de hachettes, de pointes de flèches, de poinçons en silex, en jade, en
calcaire. Ovide connaissait cet arsenal de nos aïeux, que
M. Boucher de Perthes découvrit le premier en Gaule :

> *Facta ex adamante securis !*

Les haches et hachettes sont d'un poli, d'un travail parfait,

d'une confection finie, rare, qu'elles soient de silex, de calcaire ou de jade. Les couteaux, les flèches, les aiguilles, sont
taillées à facettes ; leurs tranchants et leurs pointes ne laissent
rien à désirer, sans nous rien indiquer de leur usage, sans
nous rien dire de leur âge. D'un travail moins parfait que les
haches, ces ustensiles ne paraissent être que le résultat combiné des éclats du silex à l'aide d'un autre silex affilé.

Quelques archéologues rangent le silex travaillé parmi les
objets antédiluviens ; ils les font contemporains des pierres
monnayées ; je partage ce sentiment, tout en admettant que
ces mêmes objets furent en usage postérieurement au *Diluvium*.

Nous pouvons les estimer comme des ustensiles indispen-
sables à l'existence de l'humanité : armes offensives et dé-
fensives, pointes de flèches, de lances, haches de sacrificateurs,
couteaux nécessaires dans les repas, dans les opérations chirurgicales. Dans ceux de ces objets recueillis dans les
sépultures, ou bien accompagnant les urnes cinéraires, nous
avons des signes de dévotion, des amulettes, des fétiches, des
objets votifs. Le docte historien, M. H. Martin, affirme que ce
sont des *symboles d'immortalité*, sous la formule gallo-romaine, *sub ascid*, consacrés.

Evidemment nous avons ici un touchant épisode du culte
des pierres.

Dans leurs obélisques en pierres, nos Celtes imitèrent les
Béthels et les Béthyles de l'Orient ; n'auraient-ils pas encore
imité les Orientaux dans l'usage de leurs instruments de
pierres ? Les Juifs employaient souvent le couteau de pierre
comme moins dangereux que le couteau de fer dans les opérations de la circoncision. C'était un couteau de cette matière
dont se servit Josué, par ordre de Jéhovah, après le passage

du Jourdain, à Galgala, pour circoncire tous les Israélites qui
ne l'avaient point été pendant leur séjour en Egypte.

Fac tibi cultros lapideos et circumcide filios Israël :
Exod. IV. 25.

Nos aïeux ne pratiquaient pas le rite de la circoncision ;
mais leurs couteaux en silex pouvaient bien leur servir à
d'autres opérations chirurgicales. Les haches armaient le bras
dès sacrificateurs des Druides, et puis aussi la main des guer-
riers et des chasseurs :

Ancipitemque manu tollens, utrâque securim !

Pline, liv. 35, ch. 12, dit que les prêtres de Cybèle se
servaient de pierres tranchantes pour se mutiler, ne croyant
pouvoir sans danger user d'autres instruments : *nec aliter
citrà perniciem !*

De son côté, Catule se plaint amèrement qu'Athys, berger
de Phrygie, pour le même motif, se servit d'une pierre ai-
guisée :

« En proie aux transports d'une rage insensée, l'esprit
« égaré, il accomplit, à l'aide d'un caillou affilé, une affreuse
« mutilation, et cela, en haine de Vénus ! »

Devolvit illa acuta sibi pondera silice,
Atque ut relicta sensit membra sine viro.
Et corpus evirastis Veneris nimio odio !

Nous ne pensons pas que nos Celtes eussent été si scrupu-
leux ou que les Druides eussent porté si haut l'amour de la
virginité, quoique le polythéisme admît cette vertu sacerdo-
tale, car Virgile dit :

Quique sacerdotes casti dum vita manebat !

Hérodote rapporte, liv. 2-26, que les Egyptiens se ser-

vaient de couteaux de pierre pour ouvrir le corps des morts
qu'ils voulaient embaumer : *Acuto lapideo æthiopico circa
ilia incidunt cadavera et totum alvum exanterant* :

Si nos aïeux n'eurent pas la même coutume, eux qui inci-
néraient ou qui inhumaient leurs morts, est-il certain, du
moins, que nous trouvons souvent des hachettes, des couteaux en silex dans leurs sarcophages, les *Ustulum*, les
Bustum, avec ou sans urnes cinéraires. Nous avons vu que
c'étaient des symboles religieux.

Dans ses Antiquités judaïques, liv. 14-7, Josèphe raconte
qu'on se servait de couteaux de pierre pour faire des incisions
aux arbres d'où découlait le baume. Il ne serait pas impossible que nos Celtes eussent employé au même usage, dans
leurs vastes forêts, les haches et couteaux en silex, en calcaire, que nous recueillons en grand nombre dans nos forêts,
anciens asiles de nos Celtes.

Ces couteaux, dont nous admirons encore les tranchants,
servaient, avant l'invention du canif, à tailler les cannes, les
roseaux employés à l'écriture. Scaliger affirme qu'il vit à
Lyon de ces *canifs en pierre*. Nous pourrions, aujourd'hui
même, en montrer un grand nombre dans les cabinets de nos
archéologues et de nos collègues.

Les Marocains se servaient souvent d'outils en pierre
affilée, en guise de couteaux, de lancettes, de rasoirs. *Ju-
lian*, IV.

Que nos Celtes se soient servis de couteaux de pierre pour
tailler les roseaux propres à écrire ; qu'ils aient employé les
poinçons en silex pour graver sur métaux, pour ornemen-
ter leur céramique, pour coudre leurs vêtements et les harnais
de leurs bêtes de somme, tout cela est aussi croyable que
possible.

Hérodote, liv. 7-69, nous montre les Ethiopiens armant leurs flèches d'une pierre aiguë, *tela vero brevia, quæ, loco ferri, lapide acuto erant præfixa :*

Les silex taillés en flèches que nous recueillons avec nos haches étaient de même usage en Gaule qu'en Ethiopie:

Nous ne devons pas oublier que nous sommes dans l'âge celtique, appelé par certains archéologues *âge de pierre.* Alors nos aïeux n'avaient pour habitation que les huttes souterraines, que les cahuttes sur les bords escarpés des rivières, et pour nourriture que le produit de leur chasse ou de leur pêche et pour armes que des flèches, des lances armées de cailloux pointus : *lapide acuto !*

Ainsi la nécessité et la religion consacraient, chez nos aïeux, le culte des pierres !

VII.

AUTELS, COLUMBARIA, USTULUM, BUSTUM EN PIERRES BRUTES.

Nous avons étudié la pierre monumentale, la pierre annale, la pierre fétiche et bon Dieu, la pierre monnaie, la pierre arme, la pierre ustensile de ménage et de chirurgie, en un mot, la pierre travaillée. La pierre non travaillée avait aussi son culte spécial.

C'est ainsi que chez les Juifs la pierre brute passait pour plus pure et plus propre aux usages sacrés que la pierre travaillée. Jéhovah dit à Moïse, Exode XX, 23 : « Si vous me « bâtissez un autel, vous ne le ferez point de pierres taillées, « autrement il serait profané : » *Quod si altare lapideum feceritis mihi, non edificabitis illud de sectis lapidibus, si enim levaveritis cultrum in eo polluetur.* Dans le *Deutéronome* bien plus expressives sont les paroles de Jéhovah :

il ordonne qu'on lui bâtisse sur le mont Hébal un autel de pierres brutes, enduites de chaux : *Ædificabis in monte Hebal altare Domino Deo tuo de lapidibus quos ferrum non tetegerit, et de saxis informibus et impolitis, et ligabis eos calce :* **XXVII, 5.**

Et fidèlement furent exécutés les ordres divins.

Au retour de la captivité, l'autel du temple rebâti par Esdras fut de même façonné de pierres non travaillées. Puis, après que le temple eût été profané par Antiochus, Judas-Machabée fit de même un autel en pierres brutes, non taillées.

Ainsi, voilà Dieu lui-même qui préfère, pour l'exercice de son culte, pour son autel, la pierre ni travaillée, ni taillée, ni polie, mais brute, et telle qu'elle sort du *fiat* de la création. De cette manière, on était assuré que ces pierres n'avaient point encore été souillées par des usages et des mains profanes.

Rien en cela d'étonnant ! Dieu est le maître suprême de la création ; il a bien droit aux prémices de toutes choses ; mais ne devons-nous pas admirer ces peuplades celtiques, habitant nos contrées, qui, comme les populations israélites, n'employaient pour la sépulture de leurs morts, pour leurs sarcophages, leurs *Tumulus*, que la pierre brute, ni polie, ni taillée, ni travaillée d'aucune façon, ainsi que nous l'avons reconnu dans l'*Ustulum* et le *Columbarium* de Villeneuve-le-Roi, et dans les *Bustum* des bords de la Seine, à Villeneuve-Saint-Georges.

Comme l'autel de Jéhovah, l'autel où l'humanité dort son somme de mort, devait être pur, net, saint, sacré, et pour les trépassés et pour les vivants, dès lors, la pierre, qui n'avait encore servi à aucun usage, devait seule être employée dans la construction des tombeaux, ombrageant le corps du celte inhumé, ou protégeant l'urne funèbre, contenant sa cendre, recueillie dans les *Ustulum*, les *Bustum*, les *Pyra*, après l'incinération.

Je ne puis penser que la nécessité, les outils manquant chez nos Celtes, ait eu quelque part à ce rite aussi religieux en Gaule qu'en Judée.

VIII.

CONCLUSION.

Universel fut le culte des pierres! Dès le début de son pèlerinage, l'humanité marqua ses haltes mémorables par une pierre, et sa halte finale par une autre pierre. Entre ces deux étapes, elle utilisa la pierre selon ses besoins. Du Béthel annaliste elle passa bientôt au Béthyle-Dieu; du Men-Hir au Terme, dieu aussi. Puis, après avoir protégé et prolongé son existence avec la pierre taillée en arme, en monnaie, elle s'endormit jadis sous un Galgal, sous un Cromleck en pierres non taillées, comme maintenant elle s'endort sous un mausolée de marbre, magnifiquement sculpté, ombragé de la croix.

RECHERCHES

SUR DES MARQUES ET DES SIGNATURES

DU XVIe SIÈCLE,

Par M. CAMILLE DORMOIS.

—

(Séance du 8 février 1863.)

—

En considérant l'état actuel de l'instruction, on a peine à comprendre l'ignorance qui régnait il y a à peine trois siècles.

Au moyen-âge, peu de personnes savaient écrire. Les grands même semblaient n'attacher aucune importance à l'art de confier au papier et leurs pensées et leurs volontés. L'usage de la signature n'étant pas connu, chaque personne, tant soit peu bien posée dans la société, avait son sceau dont l'empreinte servait à donner aux actes toute l'authenticité désirable.

Avant les premières années du XIVe siècle les actes reçus et délivrés dans le Tonnerrois par les clercs, notaires et tabellions, n'étaient pas signés ; le sceau de la cour du comté seul leur donnait une forme authentique. Les actes que nous trouvons revêtus des signatures de ces officiers ministériels ne remontent pas plus haut qu'à 1326. A partir de cette époque ces actes étaient souvent terminés par les mots : « *ita est,* » formule qui fut usitée pendant un siècle environ. La signature devint alors un accessoire à côté du sceau, apposé comme étant le signe le plus essentiel.

L'usage de la signature sur les chartes des seigneurs ne nous paraît pas antérieur au xvᵉ siècle. La première charte que nous trouvons revêtue d'un seing est celle qui fut donnée par Jeanne de Châlon, comtesse de Tonnerre, le 7 mai 1432 (voir le n° 32 de la planche ci-jointe).

Si les grands personnages s'abstenaient de signer les actes auxquels ils participaient, l'ignorance des gens du peuple ne leur permettait pas de faire plus. De là l'inutilité de constater si les parties savaient ou non signer.

Mais avec le xviᵉ siècle arrive la renaissance des arts et des lettres, et l'influence du règne de François Iᵉʳ atteignait toutes les branches de la société en amenant l'usage du seing, qui fut rendu obligatoire dans tous les actes par une ordonnance de Henri II, publiée en 1554, ce qui motiva l'obligation, alors imposée aux notaires tabellions, de constater l'impossibilité de signer où se trouvaient ceux qui ne savaient pas écrire. Cependant, ceux-là n'étaient pas toujours privés d'apposer leur signe d'adhésion à l'acte auquel ils prenaient part, car on admettait comme ayant la valeur d'une signature le signe choisi par la personne qui savait « *faire marque.* » Aussi lorsqu'un comparant était complétement illétré, on constatait qu'il ne savait « *ni signer ni faire marque.* »

L'usage de la marque n'était pas, du reste, chose nouvelle, car à des époques très reculées on trouve l'emploi des signes qui étaient choisis par des ouvriers pour marquer leurs œuvres. Ces signes sont encore visibles sur un grand nombre de monuments où on voit la marque de chacun des tailleurs de pierre qui ont concouru à l'œuvre. On doit à notre honorable compatriote, M. Desmaisons, la publication de celles que nous offre le pont d'Auxerre. Les peintres, les sculpteurs n'avaient-ils pas aussi leurs marques ?

Le caractère authentique attaché à une marque quelconque laissait le champ libre à l'homme tant soit peu intelligent. On ne se borna pas à la simple croix que nous trouvons encore quelquefois apposée sur des actes dits sous-seings privés de notre époque. Les marques étaient autant bizarres que variées, surtout vers la fin du xvıᵉ siècle. Elles forment quelquefois rébus ; mais le plus souvent elles représentent un outil ou un œuvre de l'art propre à l'auteur. Alors le notaire ou la personne qui écrivait l'acte mettait, à côté du signe, cette formule usitée : « *C'est la marque de*..... » (suivait le nom du contractant).

Des pièces que nous avons compulsées par milliers nous ont offert un grand nombre de ces marques, dont plusieurs ont un certain caractère d'originalité et donnent une idée des mœurs de l'époque.

Le nᵒ 1ᵉʳ de notre dessin représente la marque de Pierre Desmaisons « lesnel » (Laîné), maître charpentier (1583-1590). C'est un rébus qui aurait pu être complet sans la syllabe *dau* ou *dan* qui suit la lettre P, initiale du prénom. Cette syllabe serait mieux appliquée si elle formait le mot *dès* en avant de l'image des deux maisons complétant la marque.

Sous le nᵒ 2, nous donnons celle de Jehan Fagot, charpentier à Vezinnes, elle ne présente rien qu'un assemblage informe.

Nous ignorons ce que voulait représenter le charpentier Pierre Clément dans la figure qu'il plaçait au-dessous de ses initiales P. C. (nᵒ 3). La marque de son confrère Bérat (nᵒ 4) est plus caractéristique ; elle donne l'image de la partie d'une charpente, que l'on nomme ferme, avec toutes ses pièces.

La marque du charpentier Pichon (n° 5) offre la figure de deux fausses équerres.

Le n° 6 représente la marque de Jehan Varennes, couvreur. Elle est, en quelque sorte, parlante : la première partie offre un rampant de toit joint à une sorte de pignon barré par un marteau ou hachette, le tout forme, tant bien que mal, les lettres V A.

Le couvreur Jehan Gally avait choisi l'image du marteau de son état (n° 7). Son confrère, Edme Berger, avait pour emblème une hachette (n° 8). Jehan Varnier ou Vernier, aussi couvreur, avait une marque plus prétentieuse : un triangle aigu forme un toit avec accompagnement d'une petite échelle (n° 9).

La marque du couvreur Nicolas Babault (n° 10) présente un carré avec barres ; probablement une portion de toit latté.

Edmond Roze, maçon, voulait donner l'image d'un outil de son état, vulgairement nommé rustique (n° 11).

La marque du blanchisseur Adrien Seurre (n° 12) était une truelle. Celle de Nicolas Aubin, menuisier, représente une varlope avec les deux lettres N. B. (n° 13). Son confrère Henry Lesourd avait choisi une varlope plus petite (n° 14). Henry Sourdin est le menuisier qui fit le cercueil de la comtesse de Tonnerre, Louise de Clermont. Sa marque (n° 15) représente un rabot.

Celle de Louis Ravary, taillandier, offre l'image d'une roue, probablement celle qui faisait mouvoir la meule de l'émouleur (n° 16).

La marque de Michel Crespin, tonnelier, n'est pas facile à expliquer. Peut-être voulait-il représenter l'outil que l'on nomme chassoir (n° 17).

Richard Petit, manouvrier à Commissey, donnait un dessin assez embrouillé. On y distingue l'image d'une pioche (n° 18).

Viennent ensuite des croix plus ou moins ornées (n°ˢ 19, 20, 21 et 22), ce sont les marques de Giles Regnard, Barthelemi Fays, Jehan Michel, vigneron, et Jehan Donjois, cerclier.

Il serait difficile d'expliquer ce que représente celle qui était employée par Petitjean Fontaine (n° 23).

Dans la marque de François Davaly, de Ligny (n° 24), nous croyons voir l'image d'une besace. Si telle a été la pensée de ce prolétaire, ne semblait-il pas vouloir exprimer ce que le bon Lafontaine écrivait plus tard :

. . . . . . le fabricateur souverain
Nous créa besaciers tous de même façon.

On trouve aussi des signatures accompagnées de marques. L'imagier Monnard avait une fleur de lys (n° 25). Jehan Lalouze, une flèche (n° 26). Un serrurier, une clef (n° 27). Jehan Germain, boucher, un couperet (n° 28).

Nous ajouterons que tous ces individus étaient de Tonnerre, à l'exception de ceux désignés sous les n°ˢ 2, 18 et 24.

Le XVI° siècle vit non-seulement prospérer les arts et les sciences, il fut aussi témoin de la constitution d'un grand nombre de corporations ou confréries d'ouvriers et de la création des réglements qui les régissaient. Il fallait à ces corporations des signes de ralliement. Le blason leur fournissait le secours de ses images parlantes, et les armoiries, qui avaient été le privilége du noble, devenaient également l'apanage de l'ouvrier, en ornant la bannière de sa corporation. On ne contestait à personne le droit d'avoir ses armoiries. Le plus petit bourgeois avait la sienne ; aussi

voyait-on de simples ouvriers se servir de celles qu'ils adop-
taient pour orner leurs signatures ; mais comme il fallait avoir
quelques notions de dessin pour reproduire un blason, c'est
dans la classe des verriers ou peintres-vitriers que nous trouvons cette manie des armoiries.

Sous le n° 29, nous donnons la marque de Benjamin
Baudut, verrier (1599). C'est un écusson portant dans le
champ trois chiffres 8 (deux et un). Il est accosté de deux B,
initiales des nom et prénoms.

Le dessin n° 30 représente la signature de Jehan Baudut,
peintre-vitrier, composée d'un blason lozangé, chargé des
initiales des nom et prénom qui, écrits en entier, forment en
quelque sorte le support de ce blason. Nous pensons que le
signataire voulait représenter le pommeau d'une verrière.

Sous le n° 31, nous donnons le fac-simile de la signature
de Joseph Cabasson, peintre-vitrier (1572 à 1643). Le paraphe
se termine par un écu portant dans le champ trois figures
qui nous paraissent représenter des molettes à broyer des
couleurs.

Avec les premières années du XVII° siècle disparaît l'usage
des marques ; à partir de cette époque, on n'admettait plus
que des signatures dans les actes publics. Etait-il survenu
un règlement prohibitif des signatures blasonnées ? Nous
serions porté à le croire, n'en ayant plus rencontré sur aucun
acte postérieur à cette époque.

Les différentes phases traversées par l'usage des marques
et des signatures dans le Tonnerrois devaient être les mêmes
pour les autres provinces de la France. Tout en se rattachant
aux mœurs de l'époque ne montrent-elles pas la marche,
d'abord lente, mais toujours continuelle, de l'instruction ?

Marques et Signatures
du XVI.ᵉ Siècle.

RAPPORT DE M. MONDOT DE LAGORCE

SUR L'OUVRAGE DE M. VIGNON, INTITULÉ :

ÉTUDES SUR L'ADMINISTRATION DES VOIES PUBLIQUES EN FRANCE,
AUX XVIIe ET XVIIIe SIÈCLES.

———

Notre collègue M. Vignon, ingénieur en chef des ponts et chaussées, si aimé de tous ceux qui l'ont connu dans notre département, où il a rendu de grands services en tous genres, ayant été appelé à la direction du dépôt des cartes et plans et des archives du ministère de l'agriculture, du commerce et des travaux publics, a profité de cette position pour compulser tous les documents sur l'administration des voies publiques en France dans les deux derniers siècles. Il ne s'est pas borné à recueillir les documents peu connus ou inédits et oubliés du dépôt qu'il dirige ; il s'est fait ouvrir les archives de l'empire ; il a fait demander par les ingénieurs des départements, aux archives des préfectures, des cours impériales et des tribunaux, où se trouvent celles des intendances, des parlements, des anciens états provinciaux et des bureaux des finances, les pièces qu'il a jugé utile de réunir pour compléter sa collection. Il vient de publier, en trois

forts volumes grand in-8°, très-compacts et imprimés avec
un soin remarquable, un ouvrage entièrement nouveau,
dont il s'est empressé de faire hommage à notre Société et
qui dispensera de chercher ailleurs tout ce qu'on peut vouloir
connaître sur cette matière beaucoup moins aride et plus
intéressante qu'on ne serait d'abord disposé à le présumer.

L'intérêt de cet ouvrage n'est pas seulement rétrospectif,
il est actuel, et je ne crains pas de dire qu'il le sera toujours,
parce que, parmi les questions qui, en matière d'administration de travaux publics, sont aujourd'hui agitées, tant dans
le monde que dans les rapports officiels, il en est peu qui
n'aient été traitées à diverses reprises et qui ne soient réso-
lues dans cette publication par des décisions de l'autorité supérieure la plus compétente, prises tantôt dans un sens, tantôt
dans un autre. Ces questions reviendront toujours à des
périodes plus ou moins éloignées, comme celles de la politique et de la mode. En effet, il n'est pas de système
administratif qui n'ait ses inconvénients et ses avantages.
Quand l'un quelconque de ces systèmes est en pratique
depuis longtemps, on est porté à considérer ses avantages
comme chose toute naturelle ; on perd de vue les inconvénients dont il est spécialement exempt, parce que ces inconvénients n'ont été expérimentés que par une génération qui
n'existe plus ; on n'aperçoit que les défauts qui lui sont
inhérents ; on le qualifie de *vieux système qui a fait son
temps*; or, il y aura toujours des amis de ce qu'on croira
être du neuf, alors même que ce ne sera qu'un retour à
quelque chose d'usé et de plus vieux encore. L'ouvrage de
notre collègue est un arsenal où les partisans d'un mode
quelconque d'exécution des travaux trouveront les plus
solides arguments qu'ils puissent désirer en faveur de leur

opinion et les plus énergiques objections qu'ils aient à redouter de la part de leurs adversaires. Ils n'auront pour ainsi dire qu'à copier, car il leur serait difficile de mieux dire, tant les sujets ont été profondément élaborés de main de maître.

Pour qu'un tel ouvrage pût devenir pratique, il fallait que les recherches y fussent exemptes de fatigues et de lenteur. Il n'aurait pas suffi de transcrire toutes les pièces par ordre chronologique, on n'aurait eu qu'un dédale effrayant. M. Vignon a ajouté à cette volumineuse collection : 1° Son ouvrage personnel, qu'il a intitulé : *Etudes historiques,* où il analyse toutes les pièces, fait connaître leur liaison, les variations successives et très-souvent les retours, successifs aussi, de l'opinion du public et des administrateurs des divers ordres hiérarchiques ; enfin l'opinion de l'auteur, exprimée avec non moins de modestie que de sagesse; 2° une table des matières où les études historiques elles-mêmes sont sommairement résumées et dont les divisions et subdivisions en livres, chapitres et paragraphes, ayant chacun un titre simple, clair et précis, rendront les recherhes à la fois faciles et promptes. Puissent-elles servir à faire apprécier par les hommes impartiaux les bienfaits de nos règlements actuels, et convaincre de cette vérité qui, quoique banale, ne saurait être trop répétée, c'est qu'à côté de l'avantage de perfectionner se trouve le danger d'innover.

Dans une introduction qui était nécessaire, l'auteur fait connaître comment s'exécutaient les travaux publics avant le xviiᵉ siècle. Il traite successivement des moyens employés pour le transport des personnes et des choses, soit sur terre, soit par eau ; des routes et des digues ou écluses de navigation construites par les Romains pendant que leurs armées et leurs administrateurs occupaient notre pays ; puis il parle de l'abandon et de la destruction de ces routes ; il présente cette destruction comme une mesure de stratégie prise par les peuplades qui ont délivré la Gaule du joug des Romains et qui lui ont imposé le leur.

Les voyages étaient si pleins de périls et d'obstacles après l'invasion de ces barbares, que la protection des pèlerins et la construction des ponts sur nos rivières devinrent des œuvres de piété et de charité. Alors, naquirent d'une part la la chevalerie errante, et d'autre part cette congrégation de moines-ingénieurs qui prirent le nom de *frères-pontifes*, parce qu'ils édifiaient des ponts, soit pour passer d'une rive à l'autre, soit pour passer d'une vie à l'autre.

Les droits de péage, établis pour subvenir aux dépenses de construction et d'entretien, donnèrent à ceux qui furent autorisés à les percevoir au passage de chaque pont et de chaque pertuis une puissance contre laquelle se sont souvent élevées de vives réclamations et qui me paraît assez analogue à celle que tendraient naturellement à prendre les compagnies de chemins de fer ; avec ces deux différences toutefois, la première, c'est que jadis les concessionnaires n'étaient que des individus isolés, s'affaiblissant par les guerres qu'ils se faisaient fréquemment entre eux, et la seconde c'est que tout le monde avait le droit de voyager à pied ou avec son cheval, sa voiture ou son bateau ; tandis qu'aujourd'hui ce sont des compagnies peu nombreuses, bien autrement riches que ne l'a jamais été le plus puissant seigneur féodal péager, compagnies qui, après s'être partagé en régions, comme de grands duchés, le territoire entier de l'empire, finiront par s'entendre, parce que tel est leur intérêt commun ; elles exerceront alors un monopole d'une puissance inconnue dans tous les temps qui nous ont précédés. Elles deviendraient de taille à lutter avec le gouvernement dans les élections, si une loi ne venait bientôt donner au souverain le droit de se substituer aux assemblées générales d'actionnaires pour nommer directement les administrateurs et par suite tous les agents des chemins de fer, et si l'administration publique n'avait que le droit de rachat, tel qu'il est stipulé par les cahiers des charges, droit dont il suffit de lire les conditions, pour reconnaître que l'exercice en serait impraticable et vain au moment où les conjonctures l'auraient rendu indispensable.

Parmi les documents curieux inédits, vous pourrez remarquer une carte de la France, indiquant sa division administrative à la fin de l'ancienne monarchie.

La France était alors partagée en pays d'élections, pays d'états et pays mixtes.

Les pays d'élections comprenaient vingt intendances appelées généralités, qui avaient pour chefs-lieux Paris, Châlon-sur-Saône, Amiens, Rouen, Caen, Bourges, Tours, Poitiers, Riom, Bordeaux, Lyon, Grenoble, Orléans, Limoges, Moulins, Soissons, Montauban, Alençon, La Rochelle et Auch.

Chaque généralité était composée d'élections dont chacune avait à sa tête un subdélégué de l'intendant, comme aujourd'hui chaque arrondissement a un sous-préfet, qui est le délégué légal du préfet.

Le nombre des élections variait suivant l'étendue et l'importance de l'intendance. Il y avait à cet égard une disproportion choquante. C'était un des inconvénients reprochés à cette division administrative.

Paris avait 22 arrondissements d'élections, du nombre desquels étaient Sens, Joigny, Saint-Florentin, Tonnerre et Vézelay. Lyon n'en avait que 5.

Les pays d'Etats, au nombre de 5, savoir : le Haut et le Bas Languedoc, la Provence, la Bourgogne et la Bretagne, avaient pour capitales Toulouse, Montpellier, Aix, Dijon et Nantes, et se divisaient en diocèses ou bailliages et sénéchaussées.

On distinguait alors en France deux classes d'évêques : les évêques-curés et les évêques-administrateurs. Tout le Languedoc était administré par les évêques qui ne relevaient, sous le rapport des finances, que des assemblées diocésaines et des états de la province. Le système administratif y était ainsi d'une extrême simplicité et d'une grande économie, ce qui était le sujet de l'admiration de quelques personnes ; il n'y avait guère alors possibilité de conflits. Les règlements faits à cette époque pour l'entretien des chemins et des cours d'eau, pour les irrigations, pour les moulins et usines, étaient si précis et si clairs, qu'ils avaient tari la source de presque tous les procès. L'agriculture en avait éprouvé de notables améliorations. Ils pourraient servir de type dans la plupart de nos départements. On en trouve la collection dans le 5ᵉ volume de l'ouvrage intitulé : *Code des lois du Languedoc*, imprimé par ordre des Etats. Ceux relatifs à l'entretien des cours d'eau non navigables sont résumés et remis en vigueur par un arrêté du préfet de la Haute-Garonne du mois de novembre 1832, à la rédaction duquel je suis heureux d'avoir concouru, parce qu'il a été accueilli avec une très-grande faveur par la population.

Les Etats de Bourgogne étaient divisés en 19 bailliages du nombre desquels étaient Auxerre, Avallon et Noyers.

M. Vignon fait remarquer en passant que, d'après un itinéraire de la France dressé en 1553, notre Bourgogne tire son nom de la multitude de bourgs que les Ostrogoths et les

Vandales, ses premiers habitants, commencèrent par y bâtir.

Les pays mixtes étaient les pays frontières : ils étaient administrés par sept intendants en résidence à Lille, Valenciennes, Metz, Nancy, Strasbourg, Besançon et Perpignan.

Les anciennes circonscriptions territoriales avaient sur les circonscriptions départementales l'avantage d'une dénomination populaire généralement admise et fournissant un adjectif pour désigner et quelquefois pour caractériser les habitants ou les natifs du pays et ses productions, dénomination tellement enracinée dans notre langage et dans nos habitudes, que soixante-quinze années d'expérience et de tentatives n'ont pas pu les en faire sortir et n'ont pas même réussi à introduire dans notre langage le plus vulgaire, les adjectifs des nouvelles dénominations, si ce n'est pour un bien petit nombre, comme les Ariégeois, les Aveyronais, les Cantalistes, les Charentais, les Corréziens, les Creusois, les Girondins, les Jurassiens, les Vendéens et les Vosgiens.

Je suis porté à croire que cela tient à ce que beaucoup des nouveaux noms ont été mal choisis.

Il faudra bien des années encore pour faire abandonner les noms de Bourguignons, de Normands, de Picards, de Languedociens, de Limousins, etc., et pour faire adopter à leur place ceux d'Yonnais, de Nièvrains, de Côtedoriens, de Loiretiens, de Seine-et-Marnais, etc. Peut-être sera-t-on obligé de finir par changer quelques-uns de ces noms. S'il devait en être ainsi, mieux vaudrait plus tôt que plus tard.

Les territoires qui, sous le premier empire, portaient les noms de départements de la Dyle, de l'Escaut, de Jemmapes, de la Lys, portent aujourd'hui en Belgique les noms de Brabant, de Flandre orientale, de Hainault et de Flandre occidentale, avec les mêmes circonscriptions et les mêmes

chefs-lieux, qui sont Bruxelles, Gand, Mons et Bruges. C'est
avec sagesse que l'Empereur a donné à l'ancien département
du Montblanc le nom de département de la Savoie, et à l'ancien département du Léman (moins le canton de Genève), le
nom de département de la Haute-Savoie. On dit les Savoisiens
et les Hauts Savoisiens ; on n'aurait peut-être jamais dit les
Montblancains et les Lémanais, et je doute que les habitants
du département dont Nice est le chef-lieu, portent jamais le
nom d'Alpestres marins. Si la Belgique nous était rendue, il
est présumable qu'on ne changerait pas les noms actuels des
pays que je viens de citer pour leur faire reprendre les
anciens.

Certes, la division territoriale actuelle par départements
doit être conservée, et cela pour une foule de motifs dont
l'examen et même l'indication m'entraînerait trop loin du
cadre dans lequel je dois renfermer ce rapport. Mais je
vous demande la permission d'indiquer comme pouvant être,
selon moi, très-utilement mis au concours, le sujet suivant :

« Trouver, pour chacun des départements de l'empire, un
« adjectif désignant les individus qui en sont originaires, de
« manière à ne plus être obligé d'employer les noms abolis
« des anciennes provinces ; sauf, dans le cas où cela serait
« nécessaire ou jugé convenable, à proposer des noms tirés
« de ces anciennes provinces qui, satisfaisant à la condition
« de fournir des adjectifs, pourraient être avantageusement
« substitués aux noms actuels de certains départements,
« sans en changer la circonscription. »

L'ouvrage de M. Vignon est accompagné d'une note sur
l'appréciation de la valeur exprimée en francs et centimes de

la livre tournois à diverses époques, comparativement à l'époque actuelle. Le tableau qu'il a dressé servira dans un grand nombre de circonstances étrangères aux travaux publics. En effet, ainsi que le dit notre auteur, lorsque dans un récit historique se rencontre un nombre exprimant une valeur en monnaie du lieu et du temps, c'est pour la généralité des lecteurs un mot d'une langue inconnue jeté dans la phrase comme pour en faire une énigme. Il y a souvent plus : dans l'histoire de France, c'est un mot d'une langue mensongère où des termes identiques ont, suivant les temps, des significations différentes.

Le mot *livre tournois* exprime, dans l'intervalle de cinq siècles, plus de 360 valeurs ayant des oscillations de 20 à 4. La livre tournois n'a jamais été qu'une monnaie de compte ; il n'y a jamais eu de pièce de monnaie d'une livre tournois.

C'était donc rendre un service à la science de l'histoire que de rechercher et d'enseigner les règles, ou, si l'on veut, les variations de cette langue et les diverses valeurs de ses termes. C'est ce qu'avaient fait divers savants, notamment M. Natalis de Wailly. M. Vignon a dressé pour le xvii⁰ et le xviii⁰ siècle un tableau qui sera utilement consulté et sur lequel je me propose de revenir à l'une de nos séances.

Une des questions les plus controversées dans l'histoire de l'administration des travaux publics, est celle de la corvée.

M. Vignon a consacré à son étude un volume entier, le troisième de son œuvre.

Au temps où la monnaie était trop rare dans les classes inférieures de la population pour qu'il fût généralement possible aux manouvriers d'acquitter en numéraire ce qu'ils devaient pour leur contribution dans les travaux de construction des chemins, rien ne parut plus simple que la prestation en nature, tradition des sociétés antiques. On lui donna le nom de corvée, c'est-à-dire de travail de corps.

On distinguait deux classes de corvées ; la corvée réelle et la corvée personnelle.

La corvée réelle était imposée sur tous les fonds de terre que l'administration supérieure déclarait avoir intérêt à la construction ou à l'entretien d'un chemin. Ces terres y restaient assujetties, en quelques mains qu'elles vinssent à passer ; nuls propriétaires n'en étaient exempts, ni les étrangers ou forains, ni les clercs, ni les nobles ; tous étaient obligés de fournir la corvée, par eux-mêmes ou par des ouvriers à leurs frais.

Il y avait des pays entiers, le Languedoc et le comté de Bourgogne, ou la Franche-Comté, par exemple, qui ne connaissaient que la corvée réelle et qui n'ont jamais eu la corvée personnelle.

La corvée personnelle était une charge imposée aux habitants du pays qui la supportaient pour eux et pour leurs chevaux et voitures. Les prêtres et les nobles en étaient exempts ; les premiers à raison de la dignité de leur ministère ; les seconds sous le prétexte qu'ils fournissaient personnellement la corvée de guerre, et en outre des impôts territoriaux proportionnels au revenu de leurs fiefs.

Leurs chevaux et leurs attelages ne jouissaient pas de l'exemption, non plus que leurs fermiers et domestiques.

Quelques auteurs ont écrit que la corvée était personnellement obligatoire et non rachetable. C'est une erreur que j'ai regretté de voir partagée par M. Vignon. L'adage *nemo potest cogi ad actum* n'était pas plus méconnu sous l'ancien régime qu'il ne l'a été depuis 1789. Il n'a jamais été prescrit à la maréchaussée d'amener de force sur l'atelier celui qui était retenu chez lui par une maladie vraie ou simulée ou par un motif quelconque. Celui qui était commandé et qui ne se présentait pas, ni personne pour lui, n'était jamais condamné qu'à payer une somme déterminée, même en cas de récidive. Sans doute, s'il ne payait pas le montant de sa condamnation, on le contraignait par l'envoi de garnisaires et par la saisie de ses meubles, comme en matière de toute autre contribution ; et en cas d'insolvabilité on pouvait le condamner à la prison, mais il n'y avait aucune aggravation de peine motivée sur ce que la dette provenait du non accomplissement de la corvée, qui restait ainsi toujours rachetable moyennant finance.

L'erreur que je relève ici a probablement eu pour cause une instruction donnée en 1738 par le directeur général des ponts-et-chaussées aux ingénieurs et à tous les agents de son administration, et dont l'article 5 est ainsi conçu :

« Les particuliers sujets à la corvée ne pourront s'en
« racheter par argent et fourniront des hommes et des voi-
« tures effectives ; et en cas de discussion sur le prix de la
« journée ou de la tâche entre les dits particuliers et les
« corvoyeurs qu'ils auront fournis, l'estimation en sera
« réglée par le subdélégué sur l'avis de l'ingénieur ou du
« préposé en chef à la conduite des ouvrages. »

Pour comprendre le vrai sens de cette prescription, il faut en lire le texte avec attention et se reporter aux circonstances qui l'ont provoquée. Ces circonstances sont exposées dans les études historiques.

Avant 1738, les prestataires commandés qui ne se rendaient pas sur l'atelier étaient dans l'usage d'envoyer au conducteur ou piqueur le prix de la journée d'un ouvrier que

cet employé était chargé de mettre au travail à leur place.
Ce prix de journée n'était pas uniforme. Des plaintes s'étaient
élevées à ce sujet ; on prétendit que certains préposés faisaient
à cette occasion des bénéfices frauduleux. L'administration
jugea à propos d'interdire à ses agents tout maniement de
deniers. Le contribuable dut chercher lui-même son rempla-
çant et traiter directement avec lui. Ce ne fut plus qu'au cas
de contestation sur le prix convenu de la journée ou de la
tâche que les agents de l'administration eurent à intervenir,
non plus comme intermédiaires agissants, mais comme
juges.

Telle a été la raison d'être et la signification de l'article 5
du règlement précité. Le texte même de cet article prouve
que la corvée n'était pas exigée personnellement.

Dans certaines généralités, dans celle de Paris, par exemple, la corvée réelle avait été reconnue suffisante pour assurer
le service des routes et chemins ; et tous les biens, quels
qu'ils fussent, de fief ou de roture, y étaient assujettis sans
exception. Dès lors la noblesse et le clergé y contribuaient
dans la proportion de l'impôt dit de vingtième. De plus, la
corvée à bras n'y était pas réclamée ; il paraît que les allo-
cations de fonds généraux de l'Etat et de la province permettaient de s'en passer. On se bornait à commander les
corvées de chevaux, de voitures et de charretiers nécessaires
pour effectuer les transports de matériaux. M. Vignon explique cette faveur en disant que « le gouvernement semble
« avoir voulu entourer son siége de populations affranchies
« de ce lourd fardeau de la corvée, et jouissant en même
« temps du bénéfice de nombreux travaux exécutés à prix
« d'argent, afin que la prospérité, le repos et le silence de
« ces populations privilégiées masquât à ses propres yeux

« le spectacle fâcheux des souffrances des peuples des autres
« provinces et amortit à ses oreilles le bruit importun de
« leurs plaintes. »

Il faut qu'en pratique le travail par corvée ait fait naître
de bien graves abus, car il suscita dans les provinces qui y
étaient soumises d'énergiques et presque unanimes réclamations.

« Dans la corvée, dit M. Vignon (t. III, p. 12), la classe
« taillable était méconnue des autres pour sa rudesse, dis-
« persée, sans moyens de faire entendre sa voix, dure à la
« peine et patiente comme des bêtes de somme et de labour,
« dont le gouvernement ne semblait la distinguer que par le
« privilége d'avoir de la paille fraîche pour litière. »

Le marquis de Mirabeau, dans son *Traité de la Population*, publié en 1755, appelle la corvée « l'abomination de
« la désolation dans les campagnes. » Dans sa *Réponse à
l'Essai sur la Voirie* (1760), il dit : « Devant Dieu et devant
« les hommes, je persiste dans ma définition de la corvée.
« Ma prophétie, à moi, est que si l'on continue à exercer la
« corvée dans le royaume, on ne fera bientôt qu'un vaste
« cimetière sur tout le territoire de l'Etat. »

Dans ses remontrances de 1756 le Parlement de Toulouse
disait au roi : « Si les disettes sont fréquentes, c'est que les
« cultivateurs sont découragés ; ils ne sèment et ne moisson-
« nent plus pour eux ; et le pourraient-ils quand même ils le
« voudraient? On les tire de la charrue pour les employer
« des mois entiers à la construction des routes. On les traite
« absolument comme les galériens, sauf qu'on ne les nourrit
« pas. Grâces au ciel, le Languedoc est exempt de ces tra-
« vaux inhumains. Mais dans les autres provinces de notre
« ressort on les a portés au dernier excès : les gémissements

« excités par les corvées retentissent de toutes parts; ils
« seraient parvenus jusqu'au trône si des voix barbares ne
« les eussent étouffés. Nos remontrances n'auront pas ce
« sort ; adressées à de fidèles ministres, elles passe-
« ront dans vos mains; vous saurez, Sire, qu'il y a des
« corvées, et bientôt il n'y en aura plus... En vain s'occupe-
« t-on de perfectionner l'agriculture : des spéculations cu-
« rieuses font illusion aux ministres qui vous approchent ;
« des machines qu'on vous présente, des essais faits sous
« vos yeux, ne rendront pas nos champs moins incultes. Le
« parc de Versailles ne décide pas de nos campagnes : don-
« nez-nous des laboureurs, nous répondons des récoltes. »

Louis XVI, à son avénement au trône, fut touché de ces
plaintes et voulut abolir la corvée; son projet était de faire
construire les chemins à prix d'argent. Turgot, son ministre,
voulait les faire établir par des compagnies financières rentrant dans leurs déboursés par des droits de péage.

J'ai dit que les plaintes contre la corvée étaient presque
unanimes. Cependant ce mode de contribution avait des
partisans et même des partisans puissants, et tellement puissants qu'ils parvinrent à paralyser la bonne volonté du roi.
Le Parlement de Paris, notamment, s'opposa aux innovations projetées.

Dans une lettre écrite par M. Trudaine de Montigny,
directeur général des ponts-et-chaussées, à Turgot, le 6 janvier 1776, je lis ce qui suit :

« Je crois devoir vous donner avis que j'ai rencontré hier
« dans une maison le président Fleury qui m'a paru fort
« animé contre cette besogne... Je lui dis qu'il serait fort
« difficile de savoir mauvais gré à un roi qui prenait le parti
« des pauvres contre les riches. Il m'a répondu que c'était

« précisément le système du despotisme à Constantinople
« qui protégeait le peuple contre les grands... J'ai cru devoir,
« Monsieur, vous conter cette conversation : il est toujours
« bon de savoir à qui on a affaire. »

Les mauvaises dispositions du Parlement de Paris n'empêchèrent pas Louis XVI de signer l'édit de février 1776,
dans lequel, après un très long préambule justificatif, qui est
un modèle de logique trop vite perdu de vue, le roi s'exprime
ainsi :

« A ces causes et autres, à ce nous mouvant ; de l'avis de
« notre conseil, et de notre certaine science, pleine puis-
« sance et autorité royale, nous avons, par le présent
« édit, perpétuel et irrévocable, dit, statué et ordonné ;
« disons, statuons et ordonnons, voulons et nous plaît ce
« qui suit :

« Art. 1er. — Il ne sera plus exigé de nos sujets aucun
« travail gratuit ni forcé sous le nom de corvée ou sous
« quelque autre dénomination que ce puisse être, soit pour
« la contribution des chemins, soit pour tout autre ouvrage
« public, si ce n'est dans le cas où la défense du pays, en
« temps de guerre, exigerait des travaux extraordinaires ;
« auquel cas il y serait pourvu en vertu de nos ordres
« adressés aux gouverneurs, commandants ou autres admi-
« nistrateurs de nos provinces ; défendons en toute autre
« circonstance, à tous ceux qui sont chargés de l'exécution
« de nos ordres, d'en commander ou d'en exiger ; nous ré-
« servant de faire payer ceux que, dans ce cas, la nécessité
« des circonstances obligerait d'enlever à leurs travaux.

« 2. — Les ouvrages qui étaient faits ci-devant par
« corvée, tels que les constructions et entretien des routes et
« autres ouvrages nécessaires pour la communication des

« provinces et des villes actuelles, le seront à l'avenir au
« moyen d'une contribution de tous les propriétaires de
« biens-fonds ou de droits réels sujets aux vingtièmes, sur
« lesquels la répartition en sera faite à proportion de leurs
« cotisations au rôle de cette imposition. Voulons que les
« fonds et droits réels de notre domaine y contribuent dans
« la même proportion.

« 4. — Voulons que les propriétaires des héritages et des
« bâtiments qu'il sera nécessaire de traverser ou de démolir
« pour la construction des chemins ainsi que de ceux qui
« seront dégradés par l'extraction des matériaux, soient
« dédommagés de la valeur des dits héritages, bâtiments et
« dégradations, etc., etc. »

Par là se trouvait fondée une nouvelle législation sur la
contribution en matière de travaux publics, et de réquisition
militaire, sur l'expropriation pour cause d'utilité publique et
pour dommages aux propriétées privées.

Si cet édit avait ajouté que tout contribuable aux dépenses
d'un chemin avait droit au travail personnel pour racheter
sa cote par un nombre de journées en nature, ou par l'accomplissement d'une tâche réglée d'après un tarif dûment
approuvé, il me semble que ce règlement, ainsi amendé,
aurait été irréprochable. Mais sa rédaction ne fut pas étudiée
avec assez de soin ; il subit la critique des gens qui ne voulaient, à aucun prix, renoncer à cette idée : *qu'il est impossible aux pauvres d'acquitter une contribution en argent.*
Nous allons voir ce qu'il en advint.

Dès le 4 mars, le Parlement de Paris adressa des remontrances au roi pour solliciter le retrait de l'édit. Le roi prévit
un refus d'enregistrement. Et le 12 mars, il convoqua à

Versailles un lit de justice dont le procès-verbal est transcrit
en extrait dans l'ouvrage de M. Vignon :

« Le Roi s'étant assis et couvert, M. le garde des sceaux
« a dit, par son ordre, que S. M. commandait que l'on prît
« séance ; après quoi, le Roi, ayant ôté son chapeau, a dit :
« Messieurs, je vous ai assemblés pour vous faire connaître
« mes volontés ; mon garde des sceaux va vous les expli-
« quer. »

M. le garde des sceaux étant ensuite monté vers le roi,
agenouillé à ses pieds pour recevoir ses ordres, descendu,
remis à sa place, assis et couvert, a dit :

« Le roi permet qu'on se couvre. »

Après quoi M. le garde des sceaux a dit :

« Messieurs, le Roi a signalé les premiers moments de
« son règne par des actes éclatants de sa justice et de sa
« bonté.

« S. M. ne paraît avec la splendeur qui l'environne que
« pour répandre des bienfaits... La justice est la véritable
« bonté des rois : le monarque est le père commun de tous
« ceux que la Providence a soumis à son empire ; ils doivent
« tous être également les objets de sa vigilance et de ses
« soins paternels.

« Les édits, déclarations et lettres-patentes, auxquels
« S. M. donnera dans ce jour une sanction plus auguste par
« sa présence, tendent uniquement à réunir les seuls moyens
« qu'il soit possible dans ce moment de mettre en usage,
« afin de satisfaire l'empressement du Roi pour réparer les
« malheurs passés, pour en prévenir de nouveaux et pour
« soulager ceux de ses sujets auxquels le poids des charges
« publiques a été jusqu'à présent le plus onéreux, quoiqu'ils
« fussent moins en état de les supporter.

« La corvée imposait aux habitants de la campagne une
« espèce de servitude accablante. Il était de la justice et de
« la bonté du Roi de les en délivrer par une contribution qui
« ne fût supportée que par ceux qui, jusqu'à ce moment,
« recueillaient seuls le fruit de ce travail.

« Telles sont les vues qui ont engagé le Roi à établir cette
«, contribution, à la régler sur la répartition du vingtième et
« à donner lui-même l'exemple à tous les propriétaires de
« son royaume en ordonnant que ses domaines y seraient
« assujettis.

« Tels sont, Messieurs, les motifs qui ont déterminé le
« Roi à faire enregistrer en sa présence ces lois dont vous
« allez entendre la lecture. »

Après quoi M. le premier président et tous les présidents et
conseillers ont mis le genou en terre.

M. le garde des sceaux a dit :

« Le Roi ordonne que vous vous leviez. »

Ils se sont levés, restés debout et découverts ; M. le premier président (M. d'Aligre) a dit :

« Sire, en ce jour où Votre Majesté ne déploie son pouvoir
« que dans la persuasion qu'elle fait éclater sa bonté, l'appa-
« reil dont Votre Majesté est environnée, l'usage absolu
« qu'elle fait de son autorité, impriment à tous ses sujets
« une profonde terreur, et nous annoncent une fâcheuse
« contrainte. Eut-il donc été besoin de contrainte pour
« exercer un acte de bienfaisance ? Le vœu de la nation
« entière, le suffrage unanime des magistrats, n'y eussent-
« ils pas concouru avec le zèle le plus empressé ? Vous
« liriez, Sire, dans tous les yeux, sûrs interprètes des cœurs,
» la reconnaissance et la joie. Ce genre de satisfaction, si
« flatteur pour un bon roi, vous l'avez goûté, Sire, dans les

» premiers moments de votre règne et votre grande âme en
« a senti tout le prix.

« Pourquoi faut-il qu'aujourd'hui une morne tristesse
« s'offre partout aux augustes regards de Votre Majesté?

« Si elle daigne les jeter sur le peuple, elle verra le peuple
« consterné.

« Si elle les porte sur sa capitale, elle verra sa capitale en
« alarmes.

« Si elle les tourne vers la noblesse, elle verra la noblesse
« plongée dans l'affliction.

« Quel plus sûr témoignage peut attester à Votre Majesté
« l'impression que les édits adressés à votre Parlement ont
« laissée dans les esprits?

« Celui concernant la corvée, accablant si on impose tout
« ce qui serait nécessaire, insuffisant si on ne l'impose pas,
« fait envisager comme une suite indispensable le défaut
« d'entretien des chemins, et conséquemment la perte entière
« du commerce.

« Cet édit, par l'introduction d'un nouveau genre d'impo-
« sition, porte un préjudice essentiel aux propriétés des
« pauvres comme des riches et donne une nouvelle atteinte
« à la franchise naturelle de la noblesse et du clergé, dont
« les distinctions et les droits tiennent à la constitution de la
monarchie.

« Qu'il nous soit permis, Sire, de supplier Votre Majesté
« de considérer que l'on ne peut pas reprocher à votre
« noblesse et au clergé de ne pas contribuer aux besoins de
« l'Etat. Ces deux premiers ordres de votre royaume, par des
« octrois volontaires dans le principe, ont fourni les plus
« grands secours ; et, toujours animés du même zèle, ils con-
« tribuent directement aujourd'hui par la capitation et les

« vingtièmes, et indirectement par la taille que payent leurs
« fermiers et par les autres droits dont sont chargées les
« consommations de toutes espèces...

  « Après s'être acquitté de l'obligation de vous faire con-
« naître la vérité, Sire, le profond respect de votre Parlement
« le réduit au silence dans l'instant où V. M. commande... »

Son discours fini, M. le garde des sceaux, monté vers le
roi, agenouillé à ses pieds pour prendre ses ordres, descendu,
remis à sa place, assis et couvert, a dit :

  « Messieurs, le Roi a jugé à propos de donner un édit
« portant suppression des corvées et ordonnant que les
« grandes routes seront faites et réparées à prix d'argent.
« Sa Majesté ordonne qu'il en soit fait lecture, les portes
« ouvertes. »

Les portes ayant été ouvertes, M. Lebret, greffier en chef,
s'est avancé jusqu'à la place de M. le garde des sceaux, a
reçu de lui l'édit ; revenu à sa place, debout et découvert, en
a fait la lecture.

Ensuite M. le garde des sceaux a dit aux gens du roi qu'ils
pouvaient parler. Aussitôt les gens du roi se sont mis à
genoux. M. le garde des sceaux leur a dit :

  « Le Roi ordonne que vous vous leviez. »

Eux levés, restés debout et découverts, Me Antoine-Louis
Séguier, avocat dudit seigneur roi, portant la parole, a
dit :

  « Sire, la puissance royale ne connaît d'autres bornes que
« celles qu'il lui plaît de se donner à elle-même. Votre
« Majesté croit devoir, en ce moment, faire usage d'une
« autorité absolue. Quel que soit l'événement de l'exercice
« de ce pouvoir, l'édit dont nous venons d'entendre la lec-
« ture n'en sera pas moins, aux yeux de votre Parlement, une

« nouvelle preuve de la bienfaisance du cœur de Votre
« Majesté.

« Du haut de son trône, elle a daigné jeter un regard sur
« toutes les provinces de son royaume : avec quelle douleur
« n'a-t-elle pas considéré l'affreuse situation des malheu-
« reux qui habitent la campagne. Réduits à ne pouvoir
« même trouver dans le travail, par la cherté des denrées,
« un salaire suffisant pour assurer leur subsistance, ils
« accusent de leur infortune l'avarice de la terre et l'intem-
« périe des saisons. On a proposé à Votre Majesté de venir
« à leur secours ; on lui a fait envisager les travaux publics
« auxquels ils étaient forcés de sacrifier une partie de leur
« temps, comme une surcharge également injuste dans le
« principe et odieuse dans ses effets. La bonté de votre cœur
« s'est émue ; votre tendresse s'est alarmée, et, n'écoutant
« que la sensibilité d'une âme paternelle, Votre Majesté s'est
« empressée de remédier à un abus apparent, mais con-
« sacré en quelque sorte par son ancienneté. La nation
« entière applaudira aux vues bienfaisantes dont vous êtes
« animé. Tous vos sujets partagent vos sentiments et leur
« amour leur fera supporter avec patience la nouvelle
« charge que vous croyez devoir leur imposer. Mais, Sire,
« permettez à notre zèle de vous représenter très respec-
« tueusement que le même motif qui vous engage à tendre
« une main secourable aux malheureux doit également vous
« engager à ne pas faire supporter tout le poids des impo-
« sitions aux possesseurs de fonds, dont la propriété sera
« bientôt anéantie par la multiplicité des taxes, etc. »

Dans cette longue harangue, M. Séguier conseille au roi
d'employer les troupes à la confection des routes, ainsi que
l'ont fait les empereurs romains.

Ensuite, dit le procès-verbal, M. le garde des sceaux, monté vers le roi, ayant mis un genou en terre pour prendre ses ordres, a été aux opinions, à Monsieur, à M. le comte d'Artois, à MM. les princes du sang, à MM. les pairs laïques, à MM. les grand-écuyer et grand-chambellan; est revenu passer devant le roi, lui a fait une profonde révérence, a pris l'avis de MM. les pairs ecclésiastiques et maréchaux de France, du capitaine des gardes du corps, du capitaine des cent Suisses de la garde, puis, descendant dans le parquet, à MM. les présidents de la Cour, aux conseillers d'Etat et maître des requêtes venus avec lui, aux secrétaires d'Etat, aux présidents aux enquêtes et requêtes, et aux conseillers de la Cour; est remonté vers le roi, s'est agenouillé, descendu, et remis à sa place, assis et couvert, a prononcé :

« Le Roi étant en son lit de justice, a ordonné et ordonne
« que l'édit qui vient d'être lu sera enregistré au greffe de
« son Parlement, et que sur le repli d'icelui, il soit mis que
« lecture en a été faite et l'enregistrement ordonné, ouï
« son procureur général, pour être le contenu en icelui
« exécuté selon sa forme et teneur, et copies collationnées
« envoyées aux bailliages et sénéchaussées du ressort pour
« y être pareillement lu, publié et enregistré; enjoint Sa
« Majesté aux substituts du procureur général d'y tenir la
« main et d'en certifier la Cour dans le mois, etc. »

Ensuite le roi a dit :

« Vous venez d'entendre les édits que mon amour pour
« mes sujets m'a engagé à rendre. J'entends qu'on s'y con-
« forme. — Mon intention n'est pas de confondre les condi-
« tions. Je ne veux régner que par la justice et les lois. Si
« l'expérience fait reconnaître des inconvénients dans quel-
« ques-unes des dispositions que les édits contiennent,
« j'aurai soin d'y remédier. »

Après quoi le roi s'est levé, et est sorti dans le même ordre qu'il était entré.

L'édit de 1776, ainsi enregistré en lit de justice, resta lettre morte. Le 11 août de la même année parut une déclaration du roi ainsi conçue :

« Louis, etc.

« La nécessité de réparer avant l'hiver les grandes routes « de notre royaume nous a engagé à examiner les moyens « d'y pourvoir et nous avons reconnu qu'il était impossible « de mettre en usage ceux qui sont ordonnés par notre édit « du mois de février dernier : nous avons cru, d'ailleurs, « devoir donner une attention particulière aux représenta- « tions de nos cours sur les inconvénients qui pourraient « résulter des dispositions de notre édit, suivant la réserve « que nous en avons faite.

« A ces causes et autres à ce nous mouvant... nous avons « ordonné et ordonnons qu'immédiatement après les ré- « coltes, tous travaux et ouvrages nécessaires pour l'entre- « tien et les réparations des grandes routes continuent d'être « faits dans les diverses provinces de notre royaume comme « avant notre édit de février dernier. »

Nous venons de voir le gouvernement supprimer la corvée, ou du moins ne la maintenir en quelque sorte que provisoire- ment, nous allons maintenant le voir persister dans le main- tien de la corvée.

Par un arrêt du 17 juin 1778, la Cour des aides de Guienne, informée que l'intendant de la généralité de Bor- deaux avait ordonné de faire payer en argent les journées de corvées qui n'ont pas été exécutées, fait inhibition et défense à toute personne de lever ou de recevoir aucune imposition qui ne soit autorisée par des édits ou déclarations dûment

vérifiées et enregistrées en la Cour; ordonnant de poursuivre
les infracteurs suivant la rigueur des lois. Cet arrêt était
motivé sur ce que l'édit de février 1776, qui abolit la corvée,
était enregistré et que la déclaration du 11 août suivant, qui
rétablit cette imposition, n'a pas été enregistrée.

Le 31 juillet de la même année 1778, l'intendant adresse
à ses subdélégués une circulaire dans laquelle il se plaint
de ce que, dans quelques paroisses, l'imposition qui devait
tenir lieu du travail en nature n'a pas été payée. Il ajoute :
« Je sais que la Cour des aides a traversé ce recouvrement
« par des difficultés qui ont intimidé les collecteurs et
« ralenti le zèle de mes subdélégués. Mais je vous préviens
« que Sa Majesté, qui a déjà pris des mesures pour y mettre
« ordre, est dans la ferme résolution de maintenir l'exécu-
« tion du système établi dans ma généralité pour l'adminis-
« tration des corvées, et qu'ainsi rien ne doit vous empêcher
« d'y coopérer de toute l'autorité que je vous ai confiée....
« Il me serait infiniment désagréable que vous négligeassiez
« de réaliser mes espérances à cet égard ; si vous y trouviez
« de la répugnance, j'aimerais mieux que vous vous en expli-
« quassiez naturellement vis-à-vis de moi, parce que, cessant
« alors de compter sur vous, je verrais à prendre d'autres
« mesures... Je ne dois pas oublier de vous dire que si quel-
« ques collecteurs du rachat des tâches avaient, en exécution
« des arrêts de la Cour des aides, remis leurs rôles au greffe
« de cette Cour, ils sont autorisés à les retirer : vous voudrez
« bien les en prévenir ; et dans le cas où ils éprouveraient
« quelque difficulté à cet égard, vous auriez pour agréable
« de m'en instruire. »

Du 14 octobre 1778, arrêt du conseil d'État du roi qui
casse et annule l'arrêt de la Cour des aides de Guienne du

17 juin, ainsi que tout ce qui s'en est suivi ou pourrait s'en suivre ; fait très expresses défenses à la Cour de rendre de pareils arrêts à l'avenir, sous peine d'interdiction, et ordonne l'impression et l'affiche de cet arrêt de cassation.

Du 2 juillet 1779, arrêt du Parlement de Bordeaux, toutes les chambres assemblées, qui casse et annule les ordonnances de plusieurs subdélégués de l'intendant qui ont enjoint de payer le rachat des corvées non exécutées ; et ordonne l'impression et l'affiche de cet arrêt de cassation.

Du 18 juillet 1779, arrêt par lequel le roi en son conseil casse et annule l'arrêt du Parlement de Bordeaux du 2 du même mois. Sa Majesté, y est-il dit, n'a pu voir sans mécontentement que son Parlement de Bordeaux, qui n'ignorait pas les mesures qu'elle avait prises l'année dernière à l'effet d'arrêter les entreprises de la Cour des aides, se soit permis d'en faire de semblables. Ordonne en conséquence Sa Majesté que de son ordre exprès, ledit arrêt sera imprimé, lu, publié et affiché partout où il appartiendra.

Du 26 août 1779, remontrances du Parlement de Bordeaux pour justification de son arrêt du 2 juillet précédent contre l'administration de la corvée.

Du 3 mars 1783, ordonnance de l'intendant de la généralité de Bordeaux fixant le mode et le prix de rachat des corvées.

Du 27 mars 1784, arrêt du Parlement de Bordeaux ordonnant qu'il sera fait des enquêtes sur la légalité et l'effet de l'ordonnance de l'intendant.

Du 17 avril 1784, arrêt par lequel le roi, en son conseil d'Etat, casse et annule l'arrêt du Parlement *comme attentatoire à son autorité*, fait défense à tous officiers de justice d'y donner suite, défend à son dit Parlement de rendre à l'avenir de pareils arrêts.

Du 28 avril 1784, arrêt du Parlement de Bordeaux par lequel, nonobstant l'arrêt de cassation qui précède, il maintient l'arrêt du 27 mars et en ordonne de plus fort l'exécution.

Du 17 mai 1784, lettres-patentes dans lesquelles le roi, s'adressant aux conseillers, leur dit :

« Après notre arrêt du 17 du mois dernier, portant cassa-
« tion de celui que vous aviez rendu le 27 mars précédent,
« nous ne devions pas nous attendre qu'affectant de douter
« de nos véritables intentions, vous auriez, par un nouvel
« arrêt encore plus répréhensible, ordonné l'exécution de
« celui que nous avons annulé... Autant nous sommes porté
« à laisser à nos Cours la juste liberté de nous faire con-
« naître tout ce qu'elles croient être du bien de notre service
« et de l'intérêt de nos peuples, autant nous sommes éloigné
« de vouloir souffrir qu'elles se permettent d'arrêter l'exécu-
« tion des arrêts rendus par nous en notre Conseil, et que,
« couvrant de phrases respectueuses des démarches qui ne
« le sont aucunement, elles osent opposer à notre autorité
« immédiate celle dont nous leur avons confié l'exer-
« cice. Nous voulons croire qu'il suffit de vous retracer
« ces principes pour que vous ne les perdiez jamais de vue, et
« que vous vous hâterez de manifester, par une prompte
« obéissance à mes ordres, des sentiments qui sont gravés
« dans le cœur de tout bon magistrat. A ces causes et autres
« à ce nous mouvant, nous avons, par ces présentes signées
« de notre main, cassé et annulé, cassons et annulons l'ar-
« rêt par vous rendu le 28 avril dernier. Vous faisons très
« expresses inhibitions et défenses d'en rendre de semblables
« à l'avenir... Et vous mandons que ces présentes vous ayez
« à faire lire, publier et enregistrer, etc. Car tel est notre
« plaisir. »

A la suite de ces lettres-patentes se trouve la mention suivante :

« Lues, publiées et enregistrées du très exprès comman-
« dement du Roi porté par M. le comte de Fumel, lieutenant-
« général des armées du Roi, commandant en chef dans la
« province de Guienne : ouï et ce requérant le procureur
« général du Roi, pour être exécutées selon leur forme et
« teneur... Fait à Bordeaux, en parlement, le 25 mai 1784. »

A peine le gouverneur de la province est-il sorti de l'au-
dience que le Parlement rend l'arrêt suivant :

« Vu par la Cour le procès-verbal de ce qui vient de se
« passer en la Cour et la transcription qui a été faite sur ses
« registres, par le sieur comte de Fumel, des lettres-patentes
« du Roi du 17 de ce mois ;

« La Cour, considérant que l'enregistrement n'est pas
« une vaine formalité ; qu'elle est nécessaire pour donner la
« sanction aux lois ; que l'enregistrement ne peut être que
« le résultat des opinions ; que ces opinions doivent être
« données librement ; que toute transcription faite par force
« et sans avoir laissé la liberté des suffrages est évidemment
« nulle et illégale ; que les officiers de la Cour ont été con-
« traints par des lettres de cachet d'être spectateurs muets
« de ladite transcription ; que ce n'est pas la présence des
« magistrats, mais leur vœu librement exprimé qui peut
« donner une sanction légale ;... déclare la transcription
« faite ce jourd'hui sur ses registres par le sieur comte de
« Fumel nulle et illégale ; arrête qu'il sera fait au seigneur
« Roi de très humbles et très respectueuses remontrances
« tant sur ladite transcription que sur les lettres de cachet
« qui ont ordonné aux officiers de la Cour d'y être présents ;
« ... que Sa Majesté sera très respectueusement suppliée de

« ne plus à l'avenir employer une forme inusitée jusqu'à ce
« jour et qui est vraiment alarmante par les conséquences
« qui pourraient en être la suite ; déclare la Cour ne pouvoir
« procéder à l'enregistrement des dites lettres-patentes et
« que le seigneur Roi sera très humblement et très respec-
« tueusement supplié de les retirer... Arrêté en parlement,
« toutes les chambres assemblées, le 25 mai 1784. »

Il paraît qu'aucune réponse ne fut faite, au moins publiquement et officiellement, à cet arrêt.

Ainsi, vaincu par le Parlement de Paris, qui s'oppose à
l'abolition de la corvée, vaincu par le Parlement de Bordeaux,
qui s'oppose à ce qu'elle soit maintenue, le gouvernement du
roi se laisse impunément gouverner par les Parlements et
essaie de faire des concessions qui ne sont que le signe de
son impuissance. Ce devait être et ce fut le commencement
de son agonie.

Messieurs, vous lirez ce grand et consciencieux travail
avec intérêt et avec fruit. L'auteur qui, sur le terrain, a
prouvé son habileté comme ingénieur, montre ici qu'il est en
même temps un administrateur éclairé, historien impartial,
écrivain correct et élégant. Toutefois, vous éprouverez comme
moi un regret, c'est que l'auteur ait arrêté le cours de ses
études historiques à l'an 1789. A la vérité, à dater de cette
époque, la collection des lois, décrets, ordonnances, circulaires et instructions sur les travaux publics se trouve dans
divers recueils ; par conséquent les pièces justificatives n'auraient peut-être pas besoin d'être réimprimées, ce qui était
nécessaire pour les temps antérieurs, temps pour lesquels
il n'existe pas de collections et pour lesquels beaucoup de
pièces importantes étaient inédites. Mais on n'a guère réuni

les documents nouveaux que par ordre chronologique et il importe de faire pour les soixante-quinze dernières années ce qu'a fait M. Vignon pour les temps antérieurs, c'est-à-dire une étude historique et une table raisonnée des matières. Les nouvelles découvertes, les chemins de fer, les ponts suspendus, les télégraphes électriques demandent un historien.

J'ai l'honneur de proposer à la Société de remercier M. Vignon de son envoi et de lui exprimer le désir de le voir continuer cet ouvrage jusqu'à nos jours.

RAPPORT A LA SOCIÉTÉ

SUR LA

QUESTION DES RELIQUES DE SAINT GERMAIN.

—

Séance du 6 décembre 1863.

Etaient membres de la Commission : MM. Bazot, Blin, Chérest, l'abbé Laureau, Ch. Lepère, Quantin, Ribière, l'abbé Roguier, Savatier-Laroche, et Challe, rapporteur (1).

Messieurs,

Par une lettre du 1er juin 1860, M. Bravard, alors grand-vicaire de Sens, a, au nom de Monseigneur l'Archevêque, invité la Société à lui donner son avis sur le problème historique, que soulève depuis plus d'un siècle la question, si vivement débattue dans l'origine, et si longtemps depuis laissée en suspens, de l'authenticité des reliques de saint Germain. Sa Grandeur, avant de donner suite à l'action canonique, faisait à la Société l'honneur d'appeler ses investigations conscienieuses sur ce grave sujet.

Un témoignage de confiance si honorable pour notre Société aurait suffi pour appeler notre intérêt le plus vif sur le problème à résoudre, alors même que son sujet n'aurait pas été de nature à émouvoir, par lui seul, nos sympathies. Il s'agis-

(1) M. Bazot a été empêché par son état de maladie de prendre part aux travaux de la Commission.

sait du plus grand personnage de l'histoire civile d'Auxerre, aussi bien que de son histoire ecclésiastique ; d'un homme qui, selon nos annales, fut aussi grand dans la politique et dans la guerre, que l'Église l'a jugé éminent en sainteté. Ce serait assurément une gloire singulière pour Auxerre d'avoir conservé à travers les vicissitudes des siècles, de conserver encore dans ses murs les restes mortels de celui qui, pendant de longues années, où le reste de la Gaule était en proie aux désordres, à l'anarchie et à la dévastation, sut protéger, à la fois, contre l'irruption des barbares et contre les exactions de la tyrannie romaine, sa ville épiscopale, le territoire de la province dont elle était la capitale, et ses alliés dans la confédération armorique, et dont les éclatants services le font encore, après tant de siècles, justement considérer comme le bienfaiteur et le père de notre pays. Mais, pour nous prémunir contre l'exagération de ce sentiment, Monseigneur avait pris soin de nous faire savoir que ce qu'il désirait n'était « qu'un jugement de critiques et de savants. »

Déférant à ce désir, vous avez chargé une commission de dix membres de se livrer à un examen sérieux de ce grave sujet et de vous apporter, pour répondre aux vues sages et éclairées de l'éminent prélat, un rapport approfondi. Vous autorisiez d'ailleurs votre commission à appeler dans son sein les hommes de l'art qu'elle aurait besoin de consulter sur les questions spéciales qui pourraient naître de la discussion.

La commission s'est immédiatement constituée. Elle a reçu en communication le dossier entier de la procédure canonique qui avait été commencée en 1754 et qui est restée sans solution jusqu'à ce jour. Elle a eu de plus à sa disposition tous les écrits qui avaient été publiés au siècle dernier sur

cette question, tant par les partisans des reliques que par
leurs adversaires. Chacun de ses membres a étudié en particulier tous ces documents. Puis elle a jugé à propos de réunir en commission spéciale tous les docteurs en médecine
de la ville et deux de MM. les pharmaciens, vos collègues,
MM. Sallé et Monceaux, en demandant à Monseigneur l'autorisation d'ouvrir en leur présence le coffre, scellé en 1753,
du sceau de M. de Caylus, alors évêque d'Auxerre, qui contenait les ossements dont la vérification avait été alors demandée.

Les questions qu'elle soumettait à leurs lumières étaient de
savoir :

Si ces ossements avaient appartenu à un même corps ;

S'ils étaient ceux d'un homme ou ceux d'une femme ;

Quel pouvait être l'âge du sujet ;

Si les ossements portaient quelques traces d'embaumement.

L'ouverture du corps autorisée par Monseigneur l'archevêque a eu lieu en présence de M. l'archiprêtre de la cathédrale,
de MM. les curés de la ville et de M. le directeur du petit-séminaire, délégués par Sa Grandeur. MM. les médecins, après en
avoir examiné le contenu, ont jugé que, pour résoudre la
question d'embaumement, il fallait qu'un ou deux d'entre les
ossements fussent soumis à une analyse chimique. Deux de ces
ossements ont, en conséquence, été confiés à une sous-commission. Puis le coffre a été refermé et scellé de nouveau.

La sous-commission a procédé avec maturité à la mission
qu'elle avait reçue. Elle a soumis ensuite à MM. les médecins
un rapport dont nous ferons connaitre plus tard les conclusions.

MM. les médecins, convoqués une seconde fois, et le coffre

étant ouvert encore devant eux, en ont de nouveau examiné avec la plus grande attention les ossements ; puis ils ont dressé leur rapport qu'ils ont transmis, avec celui de la sous-commission d'analyse chimique, à la commission de la Société. Le coffre a été scellé comme après la première opération.

Votre commission s'est alors réunie de nouveau, à l'effet de discuter les questions qui résultaient, tant des documents consignés dans la procédure canonique, ou annexes de cette procédure, que des rapports ci-dessus énoncés. Et, après une discussion approfondie, elle a arrêté de vous soumettre l'exposé et les résolutions qui vont süivre :

Avant l'année 1567 l'église de l'abbaye de Saint-Germain contenait une riche et splendide châsse où se trouvaient des ossements qui, depuis bien des siècles, étaient honorés comme les reliques de saint Germain.

Lors de la dévastation des églises d'Auxerre, vers la fin de cette année, par une troupe de calvinistes, cette châsse et plusieurs autres qui se trouvaient dans l'église furent pillées et saccagées. Les saintes reliques, jetées sur le pavé, furent foulées aux pieds et livrées à mille outrages.

Celles de saint Germain furent-elles, comme ayant de tout temps excité une plus haute vénération, l'objet d'une profanation plus acharnée? Les livra-t-on à la destruction, par le feu ou autrement, comme en tant de lieux le fit la fureur des soldats protestants, pour porter des coups plus sensibles au sentiment pieux des catholiques, en anéantissant de préférence ce qui leur était le plus sacré?

Les témoignages contemporains sont complétement muets à ce sujet. Tout ce que l'on sait par la chronique d'Edme Panier, c'est « qu'avant de commencer le pillage des églises, les

« huguenots en chassèrent tous les catholiques, » et qu'en
ee qui touche l'église de Saint-Germain, dès que la ville fut
prise, un individu, dont le nom est cité par Lebeuf d'après
dom Viole, obéit à la consigne qu'il avait reçue, « de se
« rendre avec son arquebuse à la porte de l'abbaye et y fit
« une garde si ponctuelle, que les religieux ne purent trouver
« moyen de rien sauver. »

L'année suivante, les catholiques reprirent possession de
la ville et les moines de Saint-Germain rentrèrent dans leur
abbaye. On leur rapporta alors une certaine quantité d'ossements qui, après le saccagement, avaient été ramassés, soit
dans l'église, soit à ses abords. Mais on ne savait de quelle
châsse ils provenaient et à quel corps ils appartenaient. Leurs
possesseurs ne pouvaient fournir aucun indice sur ce point.
Les moines reçurent ces ossements et les déposèrent dans un
pilier creux de leurs cryptes, sur lequel on grava une croix.
Plus tard, sous l'évêché de Dominique Séguier, c'est-à-dire
de 1634 à 1637, on les en retira pour les placer dans une
armoire de bois. (Voir au dossier le procès-verbal de 1663
qui constate ces faits).

A cette époque, tout le monde croyait que les reliques de
saint Germain avaient été détruites dans le saccagement. On
ignorait seulement si, dans les ossements rapportés aux
moines, il ne s'en trouvait pas quelques-uns qui provinssent
de la châsse de ce saint évêque.

Il y eut pourtant, en 1640, une déclaration faite devant le
juge de Donzy par une femme de ce pays, qui prétendait que
la châsse avait été apportée intacte à Crain par le seigneur de
ce village, un des capitaines huguenots, dont elle était alors
la servante, et qu'après de vaines tentatives pour l'ouvrir, il
l'avait enterrée dans son jardin. Mais les circonstances visi-

blement inventées ou inspirées par une imagination malade, dont fourmillait ce récit, démontraient sa fausseté. Lebeuf a imprimé cette pièce dans son *Histoire de la prise d'Auxerre*, mais seulement comme une curiosité. Car ni lui ni personne n'y ont jamais cru.

En 1634, les religieux de Saint-Germain, ayant un procès au parlement et ne pouvant justifier de leurs titres de propriété, s'adressèrent au lieutenant-général du bailliage pour obtenir l'ouverture d'une enquête, à l'effet de prouver que ces titres avaient été détruits dans le saccagement de 1567. La requête présentée portait : « Que la châsse et reliques de « saint Germain furent brûlées, les bâtiments démolis et les « titres de ladite maison dissipés. » (Voir cette pièce au dossier.) A la vérité, dans l'enquête qui suivit, aucun témoin ne parla de cette destruction des reliques. Mais l'objet de l'enquête ne concernant que les titres, les témoins n'avaient à s'expliquer que là-dessus.

Ce fait de la destruction des reliques par le feu était, vers cette époque, raconté par dom Viole, prieur de la communauté, dans son histoire, restée manuscrite, de l'abbaye. Il le répéta dans son *Histoire de saint Germain*, imprimée en 1658 ; et, enfin, en 1668, dans une relation manuscrite de la prise de cette ville, qui est aujourd'hui perdue, mais que Lebeuf a analysée dans son histoire, et qu'il cite encore dans son Mémoire produit à la procédure de vérification.

Dom Clairé, autre prieur, admettait, dans un procès-verbal de 1663, qui est joint au dossier, qu'une partie des reliques avait pu être sauvée et pouvait se trouver dans les ossements recouvrés ensuite par les moines.

Un curé de la paroisse de Saint-Loup, Pierre Sallé, dont nous possédons une chronique du xviie siècle, annonçait, au contraire, qu'elles avaient été jetées à la rivière.

Enfin, en 1714, dom Fournier, dans sa « Description des « saintes grottes de Saint-Germain, » disait encore que les reliques de ce grand évêque avaient été livrées au feu.

Les récits variaient. Mais la croyance à la destruction était universelle. Et, en 1660, sur la demande des religieux, l'évêque Pierre de Broc avait écrit à Saint-Flour pour demander une part du bras de saint Germain, que l'on conservait, disait-on, à Cézens, situé dans ce diocèse, afin que l'abbaye eût au moins une relique de son glorieux patron.

Cependant, en 1718, l'abbé Lebeuf, s'informant des choses anciennes que pouvait posséder la communauté des religieux Prémontrés de Saint-Marien, transportée à Notre-Dame-la-Dehors après la ruine de leur monastère, apprit que, d'après la tradition de la maison, il y avait d'anciennes reliques dans un coffre de la bibliothèque, et, s'étant fait ouvrir ce coffre, il y trouva trois ou quatre sacs, dont un contenant des ossements au nombre de vingt-cinq. A ce dernier sac était attaché un petit papier portant ces mots d'une ancienne écriture :

« Ces ossements m'ont été mis en mains par gens pieux « me disant être des reliques de la châsse de Saint-Germain, « et qu'ils les avaient ramassés sur les pavés de l'église dudit « Saint-Germain à l'heure que les huguenots ruinèrent la « châsse d'icelle église, en l'an mil cinq cent soixante-sept. « Fait 1607. »

L'écrit ne portait aucune signature. Lebeuf compulsa les archives de l'abbaye et trouva que c'était l'écriture de l'abbé Martin, qui gouvernait alors le monastère.

Il communiqua ces documents à l'évêque d'Auxerre. Ce prélat annonça l'intention d'écrire à toutes les églises de France qui pouvaient posséder des reliques de saint Germain, afin de savoir si elles avaient des ossements qui feraient double emploi avec ceux qu'on venait de trouver. Le dossier contient deux des réponses qui furent faites, tant à lui qu'à des dignitaires de sa cathédrale. Quant à Lebeuf, il reçut des religieux de Saint-Marien deux tibias et trois petits fragments que l'on détacha des côtes provenant du sac retrouvé. Puis, des empêchements, des travaux, des voyages, lui firent, non oublier, mais ajourner cette affaire des reliques, qu'il avait pourtant à cœur.

Neuf ans après, en 1727, il revint à la charge auprès de l'évêque, et tous deux arrêtèrent de consulter les Bollandistes, qui publiaient à Anvers le grand recueil des *Acta Sanctorum*. Un mémoire à consulter, en forme de lettre, fut, à cet effet, rédigé par Lebeuf lui-même.

Les PP. Jésuites prirent un assez long temps pour répondre. Ils le firent enfin en 1729, et leur réponse a été depuis publiée par eux dans le tome vii de leur recueil. Elle était très-étendue, très-précisée, et concluait à rejeter, comme tout à fait improbant et indigne de confiance, le billet non signé.

« Toutefois, disaient-ils en terminant, nous avouons qu'on
« trouverait une sorte de preuve en faveur de ces ossements,
« s'ils pouvaient être comparés à tous ceux du même saint
« que différentes églises possèdent de temps immémorial, et
« s'ils se rapprochaient si bien qu'on n'en trouvât pas un de
« trop. »

Sur cette réponse, l'évêque s'en tint là. Le chapitre de la cathédrale obtint seulement, en 1732 et 1733, que les ossements fussent remis par les moines de Saint-Marien à un de ses chanoines, nommé Parent, qui en resta dépositaire. Quant à Lebeuf, qui n'était pas dissuadé, il s'occupa, dans chacun des voyages qu'il faisait chaque année, de rechercher

et de vérifier les reliques attribuées à saint Germain d'Auxerre.
Il en trouva un assez grand nombre qui auraient fait double
emploi avec les ossements d'Auxerre. Mais il objecta, en premier lieu, qu'aucune de ces reliques, quoique possédées
depuis plusieurs siècles, et, pour quelques-unes, selon la
tradition, de temps immémorial, n'était appuyée d'un titre
régulier d'authenticité; et, en second lieu, que l'Eglise de
France reconnaissait six autres saints du nom de Germain,
dont les reliques avaient pu, par suite de temps, être confondues avec celles du grand évêque d'Auxerre, qui était le
plus célèbre d'entre eux. Sa conviction ne fut donc pas
ébranlée; et, quoiqu'il eût été longtemps absorbé par de
graves occupations, et que, depuis 1735, il eût transporté sa
résidence à Paris, il ne voulut pas résigner le canonicat dont
il était toujours titulaire à Auxerre, qu'il n'eût obtenu qu'une
information canonique fût ouverte sur l'authenticité des
reliques trouvées en 1718. Le 31 octobre 1751, l'évêque
commettait l'official pour procéder à cette vérification.

Lebeuf y était entendu comme témoin le 8 novembre suivant, et il signalait, comme preuve d'authenticité, l'écrit de
l'abbé Martin, daté de 1607, la *couleur jaunâtre* des ossements, qui semblait indiquer que le corps dont ils faisaient
partie avait été embaumé; et il déposait entre les mains de
l'official les deux tibias et les trois fragments de côtes qui
lui avaient été remis en 1718 par les religieux de Saint-Marien. Il y joignait un certificat de médecin au sujet de trois
petits fragments d'os envoyés de Chessy, près Orléans, où ils
passaient pour des reliques de saint Germain. Le certificat
portait qu'il y avait identité absolue de couleur et d'apparence
entre ces fragments et les os trouvés à Saint-Marien.

Après lui comparut le chanoine Parent, qui raconta le

dépôt fait en ses mains en 1732, et remit à l'official le coffre qui contenait les ossements, au nombre de vingt-cinq.

Deux médecins et deux chirurgiens furent alors commis par l'official pour donner leur avis sur l'état des ossements contenus dans le coffre. Leur rapport, en date du 10 décembre 1751, portait qu'ils se rapportaient ensemble et paraissaient être du même corps, et qu'ils avaient tous une odeur résineuse et aromatique et une même couleur rougeâtre, qui faisaient juger qu'ils avaient été embaumés et n'avaient jamais été exposés à la pluie, ni aux injures de l'air et de la terre.

En même temps, des experts en écriture constataient que l'écrit de 1607 était parfaitement semblable à l'écriture des divers actes émanés de l'abbé Martin, qui leur avaient été représentés.

On entendait ensuite, à la date du 5 janvier 1752, le chanoine Leclerc, qui déposait les trois petits fragments d'os venus de Chessy. Ils étaient placés sous une bande signée de cet ecclésiastique et indiquant leur origine. On les soumettait le 5 février à l'examen des quatre médecins qui avaient déjà examiné les ossements d'Auxerre. Mais, parmi ces experts, trois « estimaient qu'il n'y avait pas assez de ressemblance « entre ces trois ossements et les six fragments de côtes « pour décider que les uns et les autres étaient du même « corps. Un seul, et c'était celui qui avait précédemment « donné le certificat mentionné par Lebeuf, était d'avis d'une « entière similitude. »

Cela fait, les ossements de Chessy étaient rétablis dans le reliquaire qui les contenait et rendus aux délégués du chapitre.

La procédure resta alors suspendue pendant huit mois.

Après ce délai, et le 28 octobre 1752, Lebeuf comparut de
nouveau comme témoin, et déposa diverses lettres relatives
aux reliques non authentiques qui existaient en plusieurs
lieux. Puis il déclara que, tant par l'étude qu'il avait faite de
l'histoire d'Auxerre, que par la vue des reliques et reliquaires
du diocèse, et par les actes et procès-verbaux qui lui avaient
passé par les mains, il était en état d'attester que le corps de
saint Germain était le seul, entre toutes les reliques du diocèse, qui eût été embaumé.

Les choses en étaient là, lorsqu'un incident singulier vint
compliquer cette procédure.

Les religieux de Saint-Germain avaient fait consigner dans
les premiers procès-verbaux leur prétention de revendiquer
les ossements, dans le cas où l'authenticité en serait vérifiée.
Cette prétention avait été hautement contestée par le chapitre
de la cathédrale, qui soutenait que ses chanoines ayant seuls
découvert les reliques et en ayant obtenu la possession,
c'était à lui de les conserver.

Alors apparurent successivement, dans un intervalle de
six mois, six écrits imprimés, portant pour titre : *Lettres
critiques, dans lesquelles on fait voir le peu de solidité des
preuves apportées par ceux qui poursuivent la vérification
des prétendues reliques de saint Germain, évêque d'Auxerre.*
Il paraît certain que la communauté des Bénédictins de Saint-
Germain tout entière avait coopéré à la rédaction de ces
écrits, sous la direction de dom Vidal, son prieur. On y reproduisait les objections des Bollandistes, on en ajoutait de nouvelles, que l'on faisait valoir avec beaucoup d'adresse et de
savoir. Le ton de cette polémique, très-vif dès l'abord, devint,
dans les dernières lettres, d'une extrême âcreté. La passion
entraînait ses auteurs à d'étranges extrémités. Ils finirent

par annoncer d'un air de triomphe que l'on venait d'apprendre que les ossements en question étaient des ossements de femme. Il s'en suivit un supplément d'instruction, qui démentit formellement cette allégation.

Lebeuf répondit aux Bénédictins dans un ample et savant mémoire, écrit d'un ton parfaitement digne et modéré, il faut lui rendre cette justice. Il reprit ses preuves une à une, essaya de les fortifier par des déductions nouvelles et de les faire triompher des rudes attaques qu'elles avaient subies. Ce travail mérite d'être conservé comme un chef-d'œuvre d'habileté et d'érudition.

Tout le monde n'avait pas conservé le même calme, et il paraît que, d'un côté comme de l'autre, sous l'empire des passions du temps, et aussi peut-être des intérêts personnels opposés du chapitre et de l'abbaye, cette affaire avait pris, dans la contrée, les proportions d'une querelle de parti. Les Jésuites, qui avaient, en 1727, condamné l'opinion de Lebeuf, n'étaient pas, malgré la domination qu'exerçaient à Auxerre les Jansénistes, sans avoir de nombreux adhérents, et les Bénédictins de Saint-Germain, corps savant et respecté, avaient aussi leurs amis. Le parti de M. de Caylus, Lebeuf en tête, qui, dès l'origine, avait soutenu l'authenticité des reliques, était d'autant plus fermement attaché à cette opinion, qu'elle se trouvait battue en brèche par les Jésuites, à l'autorit édoctrinale et scientifique desquels il se faisait un point d'honneur de ne pas céder. L'évêque s'était décidé à une prompte authentication, et la résistance de ses adversaires ne faisait que l'affermir davantage dans sa résolution. Nous possédons une lettre autographe, datée du 29 août 1753, qu'il adressait à l'archidiacre et official Huet, et dans laquelle il disait :

« Le Seigneur, mon cher archidiacre, bénit la droiture de

« nos intentions et confond les mauvais sentiments de ceux
« qui s'opposent à la vérification des reliques du grand saint
« Germain. Je suis aussi content que vous de la scène qui
« s'est passée avant-hier. Je viens d'écrire au Père prieur
« pour lui demander un oui ou un non. » (Il faisait sans
doute allusion à quelque proposition de partage des reliques
entre la cathédrale et l'abbaye.)

Le 2 décembre 1753, il avait rendu une ordonnance pour
charger l'archidiacre « de faire ouvrir le tombeau de pierre où
« avait reposé jadis le corps de saint Germain, ainsi que les
« châsses et reliquaires où avaient été renfermés les osse-
« ments recueillis par les fidèles après la spoliation de
« l'église de l'abbaye, examiner tout ce qui s'y trouverait,
« ainsi que les pièces qui authentiqueraient les reliques, et
« dresser du tout un procès-verbal. » Les moines s'opposèrent sans doute, par appel ou autrement, à cette opération,
qui était le préliminaire indispensable de l'ordonnance de
vérification. Car une chronique intérieure de l'abbaye, que
nous possédons, ne mentionne aucune visite de l'archidiacre.
Et, avant qu'on eût pu vaincre cette résistance, M. de Caylus
mourait, le 4 avril 1754.

Sa mort arrêta tout. Les Jésuites devinrent tout puissants
sous M. de Condorcet, son successeur. Le crédit et l'influence
des Jansénistes furent abattus ; et la condamnation des
Jésuites par le parlement, sous l'épiscopat de M. de Cicé, qui
était leur ami, ne suffit pas à remettre en faveur les adversaires de la bulle *Unigenitus*. La procédure relative aux
reliques en subit le contre-coup. Nonobstant quelques tentatives du chapitre, elle fut mise au carton, d'où elle ne sortit
plus. Cependant Lebeuf n'abandonna pas sa conviction. Et
peu d'années avant sa mort, il avait donné au chapitre les

médailles d'or qu'il avait reçues en prix de diverses sociétés savantes, pour en employer la valeur à la construction d'une nouvelle châsse de saint Germain.

Sauvé pendant la révolution, le coffre des ossements, encore scellé du sceau de M. de Caylus, se trouvait entre les mains de M. Bernard, curé de Saint-Eusèbe, et le dossier de la procédure était parfaitement intact, lorsque Monseigneur l'Archevêque a demandé sur ces graves documents l'avis de notre Société.

Pour compléter cet exposé de faits, il nous reste à vous faire connaître les deux rapports de la sous-commission d'analyse chimique et de MM. les docteurs en médecine, dont votre commission a invoqué les lumières spéciales.

MM. les chimistes n'ont pu retrouver dans les ossements le moindre indice d'un embaumement.

Leur rapport est ainsi conçu :

« Pour nous conformer au désir de la commission, nous
« avons consenti à nous charger de la série d'expériences
« chimiques qu'il y avait à faire pour tâcher de reconnaître
« dans ces ossements la présence des résines et des sels qui
« étaient employés autrefois dans les embaumements.

« Une vertèbre et une portion de côte ont servi à ces
« expériences, que nous ne relaterons pas ici, vu leur résultat
« négatif. Les ossements, pulvérisés au préalable, ont été
« successivement soumis à l'action de divers agents dissol-
« vants, tels que l'eau, l'alcool bouillant, l'éther, etc. Les
« liqueurs ont été essayées par les réactifs, nécessaires, et il
« ne nous a point été possible de reconnaître autre chose
« que les différents matériaux constitutifs des os.

« La forte coloration brune qui a été remarquée sur les os
« déposés chez M. le curé de Saint-Eusèbe, n'est donc en

« aucune manière une preuve que le corps dont ils faisaient
« partie ait été embaumé. La décomposition lente des muscles
« et des parties molles à l'abri de l'humidité, est probable-
« ment la cause de cette coloration.

« Enfin, en supposant que le corps ait été conservé avec
« les aromates, baumes et résines en usage dans les premiers
« temps du christianisme, les agents atmosphériques ont
« dû nécessairement agir pendant cette longue suite de
« siècles et détruire par des transformations successives
« toutes les substances qui ont pu, pendant longtemps, con-
« server les parties musculaires, mais que la nature et le
« mode même d'embaumement usité à cette époque ne pou-
« vaient préserver de la décomposition procédant de l'inté-
« rieur à l'extérieur, jusqu'au jour où la charpente interne
« s'est trouvée complétement isolée.

« En résumé, nous proposons à la commission de faire la
« réponse suivante à la quatrième question qui lui a été
« posée :

« 1° Il n'est pas possible, dans l'état actuel des ossements,
« de découvrir s'ils ont été embaumés ;

« 2° Ils peuvent, toutefois, l'avoir été sans qu'il en reste
« de traces, et cette déclaration n'infirme en rien les diffé-
« rentes preuves qui pourraient être apportées, que ces
« dépouilles sont bien celles de saint Germain. »

Quant à MM. les docteurs en médecine, voici les conclusions de leur rapport :

« 1° D'après l'inspection des os du bassin, ces ossements
« paraissent avoir appartenu à un homme ;

« 2° Ils ont pu appartenir à un seul et même homme ;

« 3° Ils ont appartenu à un adulte dont on ne peut déter-
« miner l'âge plus ou moins avancé, attendu l'absence du

« chef et de la mâchoire inférieure, qui seuls peuvent fournir
« cette indication ;

« 4° Il a été également constaté que trois fragments de
« côtes, sur les cinq mêlés dans la boîte aux autres osse-
« ments, sont entourés d'une bandelette de papiers scellée
« aux armes de Mgr de Caylus, évêque d'Auxerre, et portant
« la signature de l'abbé Lebeuf, et que deux de ces frag-
« ments s'adaptent parfaitement. »

Maintenant, l'exposé que vous avez entendu vous permettra
de donner en pleine connaissance de cause l'avis qui vous
est demandé. Grâce à Dieu, nous sommes loin des passions
qui se sont agitées autour de cette affaire, il y a cent dix ans.
Sans doute, nous avons tous éprouvé le désir que l'authenticité des reliques de saint Germain pût sortir avec évidençe
de notre examen. Mais l'intérêt de la vérité historique doit
seul dominer cet examen, et il serait aussi peu digne de nous
qu'il s'effaçât, soit devant nos sentiments religieux, soit
devant nos émotions patriotiques, que si nous le voyions
étouffer par un scepticisme malveillant et de parti pris, que
nous sommes tous d'accord à réprouver.

La question est aujourd'hui ce qu'elle était il y a cent dix
ans, c'est-à-dire de savoir s'il est prouvé qu'Auxerre possède
encore, dans les ossements produits, les reliques de saint
Germain.

Cette question a été amplement débattue à cette époque par
des arguments, soit canoniques, soit historiques. Les premiers ne sont pas de notre compétence et nous devons les
laisser de côté. Quant aux arguments historiques, voici d'abord
en quoi consistaient ceux des partisans des reliques :

Ils n'avaient pas la prétention de fournir une preuve écrite
et authentique. Mais, même en justice civile, la preuve des

faits peut, dans tous les cas où la preuve écrite n'était pas
possible, être fournie par des présomptions. Les règles du
droit exigent seulement que ces présomptions soient graves,
précises et concordantes. Or, voici la série de celles que pro-
duisaient Lebeuf et ses confrères du chapitre :

« Les reliques de saint Germain avaient disparu en 1567.
« On les croyait détruites. Mais personne ne les avait vu
« détruire par le feu ou autrement. Du moins aucun écrit
« contemporain ne mentionne cette destruction. Leur conser-
« vation par une main pieuse ne heurte aucune possibilité.
« Des fidèles avaient pu s'introduire avec les dévastateurs,
« suivre de l'œil les reliques arrachées à la châsse et jetées
« sur le parvis, remarquer leur place et, sinon les ramasser
« sur-le-champ, du moins revenir la nuit les recueillir et les
« emporter. Cela s'est ainsi fait à Notre-Dame-là-Dehors
« pour quelques-unes des reliques de saint Vigile, selon une
« ordonnance de l'évêque Amyot, datée de 1588, et à Saint-
« Germain même, pour d'autres reliques ramassées, soit
« dans l'église, soit à ses abords, et qui ont été depuis rap-
« portées aux moines, comme le raconte un procès-verbal de
« 1663 ; à la vérité sans pouvoir signaler le reliquaire d'où
» elles étaient sorties, ce qui n'exclut pas pourtant la possi-
« bilité qu'un autre ait été plus heureux pour celles de saint
« Germain.

« Quarante ans après, l'abbé Martin reçoit des ossements
« de gens pieux, qui disent que ce sont ceux de la châsse de
« saint Germain et qu'ils les ont ramassés sur le pavé de
« l'église à l'heure que les huguenots en ruinaient les châsses.
« L'abbé Martin constate par un écrit de sa main le fait de ce
« dépôt. C'est bien son écriture. On l'a vérifiée. Il atteste
« que les déposants sont des personnes pieuses. Homme de

« bien et de piété, il ne peut en avoir imposé. Comme les
« déposants étaient connus de lui pour des gens pieux, ils ne
« peuvent l'avoir voulu tromper. S'ils avaient gardé quarante
« ans ces os en secret et sans en parler à personne, c'est
« peut-être que la conduite mal rangée des moines de Saint-
« Germain, à qui il eût fallu les rendre, leur inspirait peu
« de confiance; et c'est aussi sans doute pour cette raison
« qu'ils ont mieux aimé les confier à l'abbé Martin. Quant à
« lui, il a renfermé ces ossements dans un sac et les a placés
« à côté d'autres reliques dans un coffre fermé. S'il n'en a rien
« dit à personne, son écrit parlait pour lui. Peut-être atten-
« dait-il une occasion favorable pour échanger ces reliques
« contre celles de saint Marien, patron de son abbaye, que
« possédait le monastère de Saint-Germain. Sans savoir que
« c'étaient des reliques de saint Germain, on n'ignorait pas
« dans le couvent qu'il y avait dans ce coffre, selon l'expres-
« sion de Lebeuf, des reliques considérables, et un moine
« octogénaire avait été vu souvent s'agenouillant et faisant
« sa prière devant ce coffre. »

A ces arguments on ajoutait que ces ossements ne pouvaient être que ceux de saint Germain. « L'histoire constate,
« disait-on, que le corps de saint Germain avait été embaumé
« à Ravenne en 448. Puis, en 859, son tombeau, ouvert
« devant le roi Charles-le-Chauve, avait été refermé, après
« avoir été rempli de baumes et d'aromates, *balsami et thy-*
« *miamatis.* Ni les chroniques, ni les chartes, ni aucun
« autre document n'apprennent qu'aucun autre des corps qui
« se trouvaient dans les châsses et reliquaires du diocèse ait
« été embaumé. Or, les ossements représentés ont été em-
« baumés. Quatre médecins le jugent ainsi à la couleur et à
« l'odeur, et ils le déclarent unanimement. Enfin, sur quatre

« médecins, il en est un qui a reconnu une similitude absolue
« d'apparence et de couleur, avec les ossements d'Auxerre,
« dans des fragments d'os honorés depuis plusieurs siècles
« à Chessy, comme étant ceux de saint Germain. »

Les adversaires des reliques, reproduisant d'abord les
arguments qu'on trouve dans le mémoire des Bollandistes,
disaient :

« Si aucun document contemporain ne constate la des-
« truction des reliques de saint Germain, il en existe au moins
« de fortes vraisemblances. D'abord la croyance universelle,
« contre laquelle, pendant cent cinquante ans, personne n'a
« réclamé. Au xviie siècle, nombre d'écrits ont proclamé cette
« destruction. Les moines dans des actes judiciaires, dom
« Viole dans ses récits historiques, et, après lui, Mabillon,
« Tillemont, Baillet, dom Fournier et beaucoup d'autres l'ont
« affirmée. Partout où les calvinistes, dans ces temps néfastes,
« ravagèrent les églises, ils étaient poussés par l'impiété et
« le fanatisme destructeur, autant au moins que par la cupi-
« dité, et, avant de piller, ils brisaient et s'efforçaient
« d'anéantir les choses les plus vénérées des catholiques.
« Partout ils s'acharnaient sur les reliques qui jouissaient
« d'un grand renom. Ainsi, à Pontigny, selon le récit de
« Lebeuf, ils en voulaient d'abord au corps de saint Edme,
« et ne le trouvant pas, parce qu'on l'avait caché d'avance,
« ils démolirent un tombeau qui était dans le chœur, et brû-
« lèrent les ossements de l'abbé, depuis évêque, Hugues de
« Châlon, les prenant pour ceux du saint archevêque de
« Cantorbéry. »

« Ce n'est que quarante ans après le saccagement que
« l'abbé Martin aurait reçu les ossements qu'on lui disait être
« ceux de saint Germain. Mais, quoiqu'il qualifie de gens pieux

« ceux qui les lui apportaient, quelle confiance méritait le ré-
« cit de telles gens, qui, en gardant en cachette un si précieux
« trésor, auraient commis un véritable vol au détriment de
« l'abbaye. D'autres avaient recueilli, sinon dans les églises,
« du moins à leurs portes, des débris échappés des reli-
« quaires, mais, dès que la ville fut rendue aux catholiques,
« ils les avaient rapportés aux églises. Et comment ceux-ci
« auraient-ils gardé quarante ans, sans en rien dire, les
« reliques les plus célèbres et les plus vénérées de tout le
« diocèse ! Le déréglement de quelques moines ne pouvait
« motiver ce silence. La communauté était gouvernée alors
« et le fut jusqu'à la fin du xvi° siècle par un prieur savant,
« zélé et vénéré, dévoué à la prospérité et à la gloire de
« l'abbaye, Pierre de Pesselierres, qui a annoté et continué le
« livre de ses annales, et publié les œuvres d'Héric et de
« Remy. Ce récit, qu'ils auraient ramassé les os sur le pavé
« de l'église, pendant le saccagement, n'est-il pas d'ailleurs
« démenti par les chroniques contemporaines, qui racontent
« qu'avant de saccager, les huguenots chassèrent les catho-
« liques des églises et qu'à l'avance, comme pendant la dévas-
« tation, ils avaient fait garder celle de Saint-Germain par
« une sentinelle qui ne laissait rien sortir?

« Aussi, quel cas l'abbé Martin a-t-il fait de ce récit ? Cette
« découverte, qui eut produit une si grande sensation dans
« toute la contrée, il n'en a pas dressé procès-verbal. Il ne
« l'a fait connaître ni à son évêque, ni à aucune autre per-
« sonne du dehors, ni même aux religieux de sa commu-
« nauté. Ces reliques si précieuses, qu'en a-t-il fait? Il les a
« mises dans un sac et les a placées au fond d'un vieux
« coffre, où se trouvaient déjà des ossements inconnus. Et,
« s'il a mis une note sur le sac, pour indiquer d'où ils lui

« venaient, il n'y a pas même écrit les noms de ces prétendus
« gens pieux. Bien plus, il n'a pas même signé cette note,
« montrant assez par là le peu d'importance qu'il y attachait.
« Il est mort sans en avoir jamais parlé à qui que ce soit. Le
« moine octogénaire qui faisait sa prière devant ce coffre n'a
« jamais su autre chose, si ce n'est qu'il contenait des re-
« liques. Et c'est cent cinquante ans après qu'on voudrait
« transformer cette note informe en un document probant ! »

Nous laissons de côté les objections multipliées que les
adversaires des reliques tiraient alors de la présence, en
nombre de lieux, de quantité d'ossements vénérés depuis des
siècles commes reliques de saint Germain et faisant double
emploi avec ceux de saint Marien, tant parce que Lebeuf y
répondait assez radicalement par le défaut de titres authen-
·tiques, que, parce qu'en ce qui concerne le côté historique, la
question nous paraît devoir être réduite à savoir si les ossements contestés étaient bien ceux qui se trouvaient avant 1567
dans la châsse de l'abbaye de Saint-Germain.

Quant à l'argument tiré de l'embaumement, les auteurs
des lettres critiques étaient assez embarrassés pour y répondre.
Ayant contre eux l'avis unanime de quatre médecins, ils en
étaient réduits à supposer vaguement quelque fraude. Ils
faisaient remarquer que la couleur des os était la même, aux
bouts de ceux qui avaient été engagés dans une articulation,
que dans tout le reste de leur surface, et que cependant
l'action des substances embaumantes n'avait pas dû atteindre
ces extrémités qui se trouvaient alors cachées, Ils ajoutaient
que beaucoup d'embaumements avaient.pu être faits dans la
contrée, quoique l'histoire n'en fasse pas mention.

Ils ne faisaient pas attention que la couleur et l'odeur,
seuls caractères indiqués par le rapport des experts, étaient

choses insuffisantes pour prouver l'embaumement. Cependant une lettre du savant chimiste Rouelle, que Lebeuf avait transcrite dans son mémoire, eût dû les mettre sur la voie. « Tous les os des corps parfaitement embaumés, disait-il, « sont pénétrés de la matière de l'embaumement. Elle est « même parvenue jusqu'à la cavité de la moelle. » La couleur, l'odeur même pouvaient tromper. Mais on devait penser que l'analyse chimique devrait retrouver et mettre en évidence les résines et autres substances qui auraient servi à l'embaumement.

Or, maintenant que cette analyse a été faite par deux chimistes expérimentés, il est avéré qu'il n'existait plus dans les os (si jamais autrefois elle y avait existé), aucune autre substance que celle qui entre dans leur composition normale, et que, par conséquent, toute présomption de leur embaumement manque complétement. Dans l'examen récemment fait de ces os, aucune odeur balsamique ne s'est révélée aux nombreux membres de la commission médicale. A un moment, un d'entre eux avait cru saisir quelque apparence d'odeur résineuse. Après une vérification scrupuleuse, il a été unanimement reconnu qu'il n'y avait d'autre odeur que l'odeur ordinaire des vieux ossements. Il en faut donc conclure, qu'en ce qui concerne l'odeur, les quatre experts de 1751 ont été déçus par l'illusion que la prévention peut facilement produire. Quant à la couleur, le rapport de MM. les chimistes en donne une explication à laquelle aucun des membres de la commission médicale n'a rien trouvé à objecter.

Restait l'argument tiré des fragments d'os de Chessy, qui, rapprochés des ossements d'Auxerre, avaient paru d'abord à un médecin offrir, pour les linéaments et la couleur, une similitude absolue avec les ossements en question. A cela les

Bénédictins opposaient d'abord que, selon dom Viole qui avait vu cette relique à Chessy vers 1650, elle consistait alors dans *un os assez considérable*, ce qui ne ressemblait guère aux trois petits fragments envoyés à Auxerre. Ils ajoutaient, ce dont convenait Lebeuf (Mémoire, p. 86), que deux évêques d'Orléans, M. le cardinal de Coislin et M. Fleuriau, avaient défendu de les exposer, parce qu'ils ne leur inspiraient aucune confiance. Une lettre d'un ecclésiastique d'Orléans en date du 12 mai 1752, que nous avons en notre possession, porte même que du temps de M. Fleuriau, il n'existait *que deux fragments*, et que, n'y voyant rien d'authentique, il avait été d'avis de les enterrer. Puis ils opposaient à Lebeuf que lui-même, dans son mémoire adressé en 1727 aux Bollandistes, avait dit qu'ils n'étaient pas de la même couleur ; et qu'enfin, sur quatre médecins experts, les trois qui n'étaient pas enchaînés dans leur examen par un certificat antérieur, déclaraient ne pouvoir constater aucune ressemblance.

Quelques personnes paraissent avoir cru que Lebeuf aurait avancé que l'un des fragments de Chessy s'adaptait parfaitement à l'un des fragments trouvés à Saint-Marien. C'est une erreur. Lebeuf disait seulement, dans sa déposition du 8 novembre 1851, qu'à l'arrivée à Auxerre des fragments de côtes venus de Chessy, deux médecins, « après avoir dili-« gemment examiné les linéaments hauts et bas qui règnent « au long desdites côtes, ensemble leur couleur, grosseur et « proportions, avaient déclaré et attesté que les uns et les « autres étaient d'un seul et même corps. »

Mais cette opinion fut contredite par le rapport des experts auxquels furent soumis le 5 février 1862, ces fragments en même temps que les ossements de Saint-Marien. Un seul des

quatre experts estima que deux des fragments de Chessy
« étaient semblables en couleur, dans leur intérieur, à trois
« autres parties de côtes, qui étaient dans la caisse (des
« ossements de Saint-Marien), et que l'extérieur desdits
« fragments était semblable à la plus mince des trois autres
« côtes. Les trois autres experts déclarèrent au contraire
« qu'il n'y avait pas assez de ressemblance entre les osse-
« ments de Chessy et les six fragments de côtes venant de
« Saint-Marien, pour décider que les uns et les autres étaient
« du même corps. »

Il est à remarquer que, dans le même procès-verbal, les
quatre experts avaient constaté que sur les trois fragments de
Chessy, deux « étaient d'une même côte, » ce qui ne se pouvait juger que parce que ces deux fragments s'adaptaient l'un
à l'autre. Une observation semblable a été faite par MM. les
docteurs en médecine dans leur rapport du 13 octobre 1863.
Ils ont noté que deux des fragments de côtes s'adaptaient
parfaitement. Seulement, il reste incertain, d'après leur
procès-verbal, si c'étaient des ossements venant de Saint-
Marien et remis par l'abbé Lebeuf, ou des ossements de
Chessy, qui étaient reconnus ainsi s'adapter entre eux. Mais
il n'importe. Cette particularité a pu être offerte, tant par les
ossements que Lebeuf avait obtenus en 1718, puisque ce
n'étaient que des fragments des côtes contenues dans le sac
de l'abbé Martin, que, d'un autre côté, par les ossements de
Chessy, qui étaient des fragments brisés de l'ossement unique qui existait du temps de dom Viole, ou des deux ossements qui avaient été présentés plus tard à l'évêque Fleurian.
Et il est certain qu'elle était apparente pour deux de ces
ossements en 1752. Mais il est en même temps certain
qu'entre les ossements de Chessy et ceux de Saint-Marien, il

n'y a jamais ou d'adaptation possible, puisque, pendant les trente-un ans écoulés depuis 1721 jusqu'en 1752, où ils ont été si souvent rapprochés les uns des autres, personne n'a pu même alléguer cette adaptation.

Ainsi donc les arguments en faveur de la vérification se trouvent aujourd'hui réduits uniquement aux présomptions que l'on peut tirer de la note écrite et non signée par l'abbé Martin en 1607, et il s'agit de savoir s'ils sont de nature à donner une entière conviction de l'identité des ossements existant aujourd'hui avec les reliques qui, avant 1567, se trouvaient dans la châsse de saint Germain.

Ces arguments, votre commission les a mûrement discutés et pesés, ainsi que les objections qui leur ont été opposées, tant avant que pendant la procédure de vérification, et, n'y trouvant de raison suffisantes ni pour nier ni pour affirmer, elle vous propose de répondre à la demande de Monseigneur par la résolution suivante :

1° Il est possible que les ossements soumis à l'examen de la Société proviennent des reliques de saint Germain.

2° Il est impossible d'affirmer historiquement que ces ossements proviennent en réalité des reliques susdites.

Le rapport de la commission ayant été officiellement transmis, avec l'avis conforme de la Société, à Monseigneur l'archevêque par le Président, Sa Grandeur a bien voulu lui répondre le 19 janvier :

« Je regrette sans doute que les conclusions du rapport de la
« Société ne soient pas de nature à dissiper les incertitudes qui
« entourent cette grave question. Ceux qui viendront après nous
« seront peut-être plus heureux.

« Je n'en suis pas moins touché de tout ce que la Société a fait
« dans cette circonstance délicate pour entrer dans mes vues. Je
« vous prie de lui en témoigner ma reconnaissance. »

Ce haut témoignage d'approbation venait de parvenir à la Société,
lorsqu'un écrit, assurément fort étrange, a été publié par un de nos
collègues, pour critiquer avec amertume tout ce qu'elle avait fait
et contredire son avis, que l'auteur juge à propos d'appeler un
jugement.

La commission n'entreprendra pas de répondre en détail à toutes
les imputations de cet écrit. Leur réfutation se trouve déjà pour la
plus grande partie dans le texte du rapport. Elle ajoutera seulement les observations suivantes :

L'auteur allègue :

« 1° Que la lettre de convocation de la séance n'avait pas men-
« tionné l'ordre du jour. »

MM. les secrétaires, auxquels ce reproche s'adresse, le repoussent en rappelant que jamais leurs lettres de convocation ne
mentionnent les lectures et rapports, et que depuis longtemps ils
ont renoncé à cet égard à l'ancien usage.

Il faut ajouter, qu'à défaut de la lettre de convocation, un des
journaux d'Auxerre avait annoncé, le 5 décembre, que la question des reliques de saint Germain serait rapportée dans cette
séance.

« 2° Que le rapport n'a pas été imprimé avant la discussion,
« comme le voulait une délibération de 1860 »

Personne ne s'est souvenu en 1863 de cette énonciation de la
délibération de 1860. La Société a entendu la lecture du rapport et
elle a passé de suite à la discussion de ses conclusions. Aucun
membre n'a demandé, ni l'impression, ni le renvoi à une autre
séance, pas même l'auteur de l'écrit, qui était présent et a pris part
à la discussion.

Au reste, il est au moins douteux que la délibération de 1860
eût été suivie, alors même que quelqu'un l'eût invoquée. On eût

trouvé, sans doute, que la publicité anticipée des arguments des adversaires des reliques serait de nature à gêner la liberté d'action du pouvoir archiépiscopal, à qui seul appartenait le jugement de la question, puisque cette considération a porté la Société, quand elle eu a donné son avis, à retarder la publication du rapport jusqu'à l'époque où Monseigneur aurait rendu sa décision.

« 3° Que les membres de la commission n'avaient pas été una-
« nimes dans leur avis. »

L'auteur a été fort mal renseigné. Les insinuations qu'il avance à ce sujet sont de tout point inexactes.

« 4° Que le rapport n'a point été lu à la commission avant la
« séance. »

Le rapport, qui embrassait tous les détails de la procédure de vérification, avait été présenté de vive voix à la commission. Lorsqu'elle eut formulé sa résolution, il fut convenu que l'auteur de ce rapport en mettrait la substance par écrit et lirait ce résumé à la Société dans la séance du dimanche suivant. C'est ce qui a été fait, et le rapporteur a pris soin de faire connaître à la Société que ses collègues de la commission n'avaient point encore entendu la lecture de sa rédaction. Il a même prié ceux-ci de l'arrêter pendant la lecture qu'il allait faire, si quelque détail leur paraissait inexact ou incomplet. Leur silence a confirmé le rapport dans toutes ses parties.

« 5° Que le rapport a été lu à la fin d'une séance déjà
« chargée. »

C'est tout le contraire. Aucune lecture n'a été faite avant celle-là. Le rapporteur a même demandé et obtenu un tour de faveur, en le motivant sur ce que Messieurs les ecclésiastiques, que leur devoir appelait a l'office de vêpres, devaient désirer que cette lecture vînt la première.

« 6° La pièce adressée à Monseigneur sous le titre de *Délibé-*
« *ration de la Société* ne relate pas les conclusions du rapport dans
« les mêmes termes que le compte-rendu publié dans le journal *La*
« *Constitution.* »

Les conclusions du rapport avaient été formulées par la commission elle-même. Elles ont été lues telles qu'elles avaient été formulées. Le manuscrit a été remis séance tenante à l'un de MM. les secrétaires, qui en a fait faire la copie qui a été officiellement adressée à Monseigneur.

Le compte-rendu de nos séances que publie la *Constitution* n'a aucun caractère officiel. C'est une œuvre individuelle, qui ne lie pas la Société. Dans le cas particulier, si les expressions dont s'est servi le rédacteur n'étaient pas identiques, le sens était le même.

« 7º Qu'à la séance qui a suivi celle où la Société a émis son « avis, elle a refusé une nouvelle ouverture du coffre des ossements, « que désirait l'auteur de l'écrit, pour vérifier le rapatronnement « de deux d'entre eux. »

Quoique les ossements ne soient pas déclarés authentiques, ce que l'on sait de leur origine ne les rend pas moins dignes d'un grand respect. L'ouverture du coffre qui, depuis cent dix ans, était scellé du sceau de M. de Caylus, avait été demandée par la commission à Monseigneur l'archevêque et permise par lui, pour que les ossements fussent soumis à la vérification de MM. les médecins. Après le rapport médical, le coffre a été scellé de nouveau. Il ne peut plus être ouvert qu'en vertu d'une nouvelle permission de Monseigneur. La Société n'a pas cru convenable de la solliciter pour satisfaire une curiosité individuelle. Mais rien n'empêchait ni n'empêche encore l'auteur de s'adresser directement à Monseigneur l'archevêque.

L'auteur annonce dans son écrit que, depuis l'avis émis par la Société, *il a pris connaissance du fond de l'affaire.* On ne sait à quelle source il a pu puiser cette connaissance. L'affaire est tout entière dans la procédure canonique de vérification. Elle n'est que là. S'il avait voulu compulser cette volumineuse procédure, on se serait empressé de la lui communiquer. Mais il ne l'a pas demandée et il n'a jamais vu aucune des pièces dont elle se compose. Il n'a lu aucune des dépositions de témoins, ni aucun des rapports d'experts. La commission, au contraire, a scrupuleusement étudié cette procédure et les documents qui y sont annexés. Chacun de ses membres a eu successivement ces pièces à sa disposition, et c'est sur leur examen consciencieux qu'ils ont pu former leur opinion en pleine connaissance de cause.

Les membres de la commission :

BLIN, CHÉREST, CHALLE, LAUREAU, CH. LEPÈRE, QUANTIN, RIBIÈRE, ROGUIER, A. SAVATIER-LAROCHE.

BULLETIN

DE LA

SOCIÉTÉ DES SCIENCES

HISTORIQUES ET NATURELLES

DE L'YONNE.

DEUXIÈME PARTIE.

SCIENCES PHYSIQUES & NATURELLES.

DIX-SEPTIÈME VOLUME.

1863.

BULLETIN

DE LA

SOCIÉTÉ DES SCIENCES

DE L'YONNE.

Année 1863.

II.

SCIENCES PHYSIQUES & NATURELLES.

ÉTUDES

SUR LES ÉCHINIDES FOSSILES

DU DÉPARTEMENT DE L'YONNE.

I.

TERRAIN CRÉTACÉ. — ÉTAGE NÉOCOMIEN (*Suite*).

Par M. G. COTTEAU.

(Séance du 2 août 1863).

CONSIDÉRATIONS PALÉONTOLOGIQUES.

C'est en 1857 que nous avons commencé la description des Echinides néocomiens du département de l'Yonne. Depuis cette époque, nous avons eu à nous occuper, dans la *Paléon-*

tologie française, de plusieurs de nos espèces. Des matériaux plus complets que ceux que nous connaissions ont passé sous nos yeux, et leur étude nous a fait admettre, dans les caractères et la désignation de quelques espèces, certaines modifications que nous allons indiquer.

CIDARIS HIRSUTA, Marcou (n° 2). En 1836, Rœmer a figuré cette espèce d'une manière très reconnaissable sous le nom de Cidaris muricata. En 1846 seulement, elle a été signalée en France par M. Marcou, qui, la considérant comme nouvelle, la désigna sous le nom de Cidaris hirsuta. Cette dernière dénomination a été adoptée depuis par tous les auteurs ; cependant la figure donnée par Rœmer ne nous paraît différer, en aucune manière, des types les mieux caractérisés du Cidaris hirsuta, et nous n'avons pas hésité à remplacer ce nom par celui plus ancien de muricata.

Voici la synonymie rectifiée du Cidaris muricata :

Cidaris muricata, Rœm.	— Rœmer, *Norddeutschen oolithen, Gebirges,* p. 26, pl. I, fig. 22, 1836.
	— Agassiz, *Prod. d'une Monog. des Radiaires,* Mém. Soc. des Sc. nat. de Neuchâtel, t. I, p. 188, 1836.
Cidaris variabilis (pars), K. et D.	— Kock et Dunker, *Beitrage Nordd. Oolithgebildes,* p. 54, pl. VI, fig. 10, *f. g,* 1837.
Cidaris muricata, Rœm.	— Des Moulins, *Études sur les Éch.,* p. 338, n° 32, 1837.
— —	— Dujardin *in* Lamarck, *Anim. sans vertèbres,* 2ᵉ éd. t. III, p. 389, 1840.
Cidaris hirsuta, Marc.	— Marcou *in* Agassiz et Desor, *Catal.*

	rais. des Éch., Ann. sc. nat., 3ᵉ sér., t. VI, p. 328, 1846.
Cidaris hirsuta, Marc.	— Marcou, *Recherches géol. sur le Jura salinois*, Mém. Soc. géol. de France, 2ᵉ sér., t III, p. 137, 1848.
Cidaris muricata, Rœm.	— Bronn, *Index paléont.*, p. 299, 1848.
Cidaris hirsuta, Marc.	— D'Orbigny, *Prod. de Paléont. strat.* t. II, p. 90, Et. 17, n° 5'0, 1850.
Cidaris Autissiodorensis, Cot.	— Cotteau, *Catal. des Éch. néocomiens*, Bull. Soc, des sc. hist. et nat. de l'Yonne, t. V, p. 282, 1851.
Cidaris hirsuta, Marc.	— Desor, *Synops. des Échin. foss.*, p. 11, pl. V, fig. 6, 1855.
Cidaris muricata, Rœm.	— Desor, *id*, p. 31, pl. V, fig. 5, 1855.
Cidaris hirsuta, Marc.	— Cotteau, *Étud. sur les Éch. foss. du dép. de l'Yonne*, t. II, p. 14, pl. XLVII, fig. 9-12, 1857.
	— Pictet, *Trait. de Paléont.*, t. IV, p. 254, 1857.
Cidaris muricata, Rœm.	— Cotteau, *Paléont. franç.*, t. VI, p. 195, pl. MXLIV, fig. 5-18, 1862.
Cidaris hirsuta, Marc.	— Dujardin et Hupé, *Hist. nat. des Zooph. Échinod*, p. 478, 1862.

Les radioles du Cidaris muricata sont abondants ; le test n'est connu que par quelques plaques isolées, assez difficiles à caractériser. M. Hupé, dans son *Histoire naturelle des Zoophytes Échinodermes*, regarde notre Rhabdocidaris Salviensis comme appartenant à la même espèce que les radioles du Cidaris muricata (hirsuta, Marcou). Il est possible que ce rapprochement soit exact, car les deux espèces se trouvent dans les mêmes couches, et les radioles du Cidaris muricata épais, allongés, munis de fortes épines, rappellent les radioles des Rhabdocidaris. Quant à présent, cependant, nous croyons devoir maintenir le Rhabdocidaris Salviensis comme espèce distincte, jusqu'à ce qu'on ait rencontré un exemplaire qui soit muni de quelques-uns des radioles désignés sous le nom de Cidaris muricata.

Hemicidaris neocomiensis, Cotteau (n° 5). Ainsi que nous le présumions en la décrivant, cette espèce doit disparaître de la méthode ; il est aujourd'hui constant qu'elle fait double emploi avec l'Hemicidaris clunifera, dont on n'a connu pendant longtemps que les radioles. La découverte, dans le terrain néocomien de la Suisse, d'un échantillon qui offre, adhérents aux tubercules de notre Hemicidaris neocomiensis, plusieurs radioles de l'Hemicidaris clunifera, ne peut laisser aucun doute sur l'identité des deux espèces ; le nom de clunifera, beaucoup plus ancien, doit seul être conservé.

Pseudodiadema Picteti, Desor (n° 8). Les petits exemplaires que nous avons décrits et figurés sous le nom de Pseudodiadema Picteti, ne sont, suivant toute probabilité, que des exemplaires très jeunes du Pseudodiadema rotulare. Le véritable Pseudodiadema Picteti se rencontre cependant dans le terrain néocomien de l'Yonne ; il sera décrit dans une des prochaines livraisons de la *Paléontologie française*. C'est une espèce de taille moyenne, faisant partie du groupe des Pseudodiadema à pores bigéminés ; elle se distingue de ses congénères par sa forme déprimée, son ambitus sub-pentagonal, ses tubercules nombreux, serrés, homogènes et accompagnés d'un très petit nombre de granules. Il a existé pendant longtemps, relativement à cette espèce, une grande confusion : d'après la diagnose donnée par M. Desor, en 1846, dans le *Catalogue raisonné des Échinides* (1), et plus tard dans le *Synopsis des Échinides fossiles* (2), on pouvait penser que les pores ambulacraires étaient simples près du sommet : de là l'erreur dans laquelle nous sommes tombé. Tout récemment, M. Perceval de Loriol, dans son bel ouvrage sur le néocomien du Mont-Salève, a décrit et figuré, sous le nom de Pseudodiadema Picteti, un petit Pseudodiadema dont les pores sont visiblement dédoublés près du sommet. Cet exemplaire a été examiné par M. Desor, qui le considère, dit M. de Loriol, comme un bon type du Pseudodiadema Picteti. Nous n'hésitons pas à nous ranger à l'opinion du savant auteur du *Synopsis*, plus compétent que tout autre en pareille matière, puisqu'il a établi l'espèce, et prenant pour type l'exemplaire que nous a communiqué M. de Loriol, nous lui réunissons trois échantillons découverts depuis peu. Les deux premiers ont été recueillis à Marolles et à Auxerre, dans le néocomien supérieur (argiles ostréennes), associés à l'Echinospatagus Ricordeanus, et le troisième, que nous décrivons plus loin, provient de la zône inférieure de l'étage aptien.

PSEUDODIADEMA NEOCOMIENSE, Cotteau (n° 9). C'est par erreur que cette espèce a été placée dans le genre Pseudodiadema. Le texte contenant la description était imprimé lorsque nous nous sommes aperçu que l'exemplaire, type de notre espèce, avait les tubercules ambulacraires et interambulacraires imperforés, et appartenait par conséquent au genre Cyphosoma. Sur la planche L, qui a paru en même

(1) Agassiz et Desor, *Catalogue raisonné des Échinides*, Annales des Sc. nat., t. VI, p. 350.

(2) Desor, *Synopsis des Échinides fossiles*, p. 71.

temps que la description, la rectification a été faite et l'espèce porte le nom de Cyphosoma neocomiense, qu'elle doit conserver.

PSEUDODIADEMA ROBINALDINUM, Cotteau (n° 12). Nous avions séparé cette espèce du Pseudodiadema Autissiodorense, tout en reconnaissant qu'elle était très voisine. Les exemplaires assez nombreux et de provenance différente que nous avons pu étudier et comparer depuis, nous ont démontré que les deux espèces se liaient par des passages insensibles, et que le Pseudodiadema Robinaldinum, n'étant qu'une variété plus tuberculeuse du Pseudodiadema Autissiodorense, devait disparaître de la méthode.

HYPOSALENIA STELLULATA, Desor (n° 19). En étudiant pour la *Paléontologie française* la famille des Salénidées, nous avons été conduit à supprimer de la méthode le genre Hyposalenia, démembré des Peltastes, en 1857, par M. Desor (1). Ayant eu sous les yeux des exemplaires de tous les âges du Peltastes acanthoïdes, type du genre, nous avons reconnu que certaines variétés de petite taille se rapprochaient si étroitement de l'Hyposalenia, qu'il n'était pas possible de maintenir les deux coupes génériques (2), et nous avons rendu à l'espèce qui nous occupe le nom de Peltastes stellulatus, que MM. Agassiz et Desor lui avaient donné dès 1846 (3), longtemps avant la création du genre Hyposalenia:

Aux espèces précédemment décrites, nous devons joindre

---

(1) Desor, *Synopsis des Échinides fossiles*, p. 145.

(2) *Paléont. faançaise, terrain crétacé*, t. VII, p. 100.

(3) Agassiz et Desor, *Catal. raisonné des Échinides*, Annales des Sc. nat., 3e sér., t. VI, p. 342.

le Pyrina inɔisa, rencontré dernièrement dans les couches à
Echinospatagus cordiformis des environs d'Auxerre. Nous ne
possédons de cette espèce qu'un seul exemplaire parfaitement
caractérisé par sa forme allongée, déprimée, arrondie en avant,
très légèrement tronquée en arrière, sa face inférieure un peu
pulvinée, son périprocte supra-marginal et son péristome
oblique. Nous nous bornons, du reste, à mentionner ici cette
espèce, qui sera décrite avec plus de détails dans le supplément.

Voici la liste des Échinides que renferme l'étage néocomien
du département de l'Yonne :

Cidaris Lardyi, Desor.
— muricata, Rœmer.
Rhabdocidaris Salviensis, Cotteau.
Hemicidaris clunifera, Agassiz.
Pseudodiadema rotulare, Desor.
— Bourgueti, Desor.
— Autissiodorense, Cotteau.
— Raulini, Cotteau.
— Picteti, Desor.
Cyphosoma neocomiense, Cotteau.
Acrocidaris Icaunensis, Cotteau.
Hemipedina minima, Cotteau.
Goniopygus peltatus, Agassiz.
Codiopsis Lorini, Cotteau.
Psammechinus fallax, Desor.
Salenia folium-querci, Desor.
Peltastes stellulatus, Agassiz.
Holectypus macropygus, Desor.
Pyrina incisa, d'Orbigny.
Nucleolites Archiaci, Cotteau.

Echinobrissus Olfersi, d'Orbigny.
— Salviensis, Desor.
Phyllobrissus Gresslyi, Cotteau.
— Ebrayi, Cotteau.
Clypeopygus Paultrei, d'Orbigny.
— Robinaldinus, d'Orbigny.
Botriopygus obovatus, d'Orbigny.
— minor, d'Orbigny.
Pygurus Montmollini, Agassiz.
Holaster intermedius, Agassiz.
— conicus, d'Orbigny.
Echinospatagus cordiformis, Breyn.
— neocomiensis, d'Orbigny.
— Ricordeanus, Cotteau.

Avant de nous occuper de la répartition de ces espèces dans les différentes assises, il nous paraît utile d'ajouter quelques renseignements stratigraphiques à ceux que nous avons donnés précédemment, et de rappeler les subdivisions que nous admettons dans le terrain néocomien.

L'étage néocomien, ainsi que cela résulte d'observations faites dans le Jura et en Suisse où il est très largement développé, se divise en trois groupes distincts : le néocomien inférieur ou valangien, le néocomien moyen ou calcaire à Echinospatagus cordiformis, et le néocomien supérieur. Le néocomien inférieur (valangien), si puissant en Suisse, aux environs de Sainte-Croix et de Neuchâtel, paraît manquer presque complètement dans le département de l'Yonne ; il n'est représenté que par une couche très mince, riche en Zoophites, apparente seulement sur quelques points, notamment aux environs de Bernouil, près Tonnerre, et qui paraît

correspondre aux marnes à Bryozoaires, signalées par M.
Pictet, à la partie supérieure du groupe valangien. Il est
probable que la contrée qui nous occupe, à la fin de la
période jurassique, émergeant du fond des eaux, constituait
un vaste continent, qui ne fut envahi par les mers néocomiennes qu'à l'époque où les puissants dépôts du groupe valangien achevaient de se former.

Si le terrain néocomien inférieur fait presqu'entièrement
défaut dans le département de l'Yonne, il n'en est pas de
même du néocomien moyen qui affleure sur un grand nombre
de points, et renferme, malgré son épaisseur relativement
peu considérable, une grande quantité de corps organisés
fossiles, presque partout d'une conservation fort belle.

Le néocomien supérieur comprend les argiles ostréennes et
les argiles et sables bigarrés, et correspond, suivant quelques
auteurs, au groupe urgonien, mais ce synchronisme est loin
d'être établi d'une manière certaine. Dans ces dernières années
les argiles ostréennes ont été, aux environs d'Auxerre, l'objet
d'exploitations importantes. Certains bancs calcaires et compactes, intercalés au milieu des argiles, sont employés avec
avantage pour la fabrication du ciment romain, et les fouilles
auxquelles donne lieu l'extraction de ces calcaires permettent
d'étudier la nature et la disposition des couches, et d'y recueillir de nombreux fossiles. Il y a quelques semaines à peine, sur
les bords du ravin d'Egriselles, près Auxerre, les ouvriers ont
découvert, dans un lit d'argile subordonné aux calcaires
exploités, les débris parfaitement conservés d'un saurien qui
nous a paru appartenir au genre Plesiosaurys. Les argiles
bigarrées surmontent les argiles ostréennes et constituent un
dépôt d'eau douce : les Unio, les Paludines, qui dans la
Haute-Marne ont été rencontrés à ce même horizon, ne lais-

sent aucun doute sur l'origine lacustre de cette couche qui nous paraît terminer l'étage néocomien et le séparer du terrain aptien. Cependant les limites qui divisent les deux étages sont loin d'être nettement tranchées ; sur plusieurs points, et notamment aux environs d'Auxerre et de Monéteau, se développe, au-dessus des argiles bigarrées, une couche rougeâtre, renfermant un grand nombre de fossiles marins dont plusieurs s'étaient déjà montrés, soit dans les assises moyennes à Echinospatagus cordiformis, soit dans les argiles ostréennes. Cette assise, que nous avons considérée pendant longtemps comme appartenant encore à l'étage néocomien, nous paraît former la base de l'étage aptien.

Les trente-quatre espèces d'oursins sont réparties de la manière suivante dans les trois groupes de l'étage néocomien.

Quatre espèces ont été rencontrées dans les calcaires blancs inférieurs : *Cidaris Lardyi* (individu jeune), *Acrocidaris Icaunensis, Salenia folium-querci, Peltastes stellulatus.* Deux seulement sont propres à cet horizon : *Acrocidaris Icaunensis* et *Salenia folium-querci ;* les deux autres se retrouvent dans les calcaires à Echinospatagus cordiformis, qui renferment en outre vingt-neuf autres espèces : *Cidaris muricata, Rhabdocidaris Salviensis, Hemicidaris clunifera, Pseudodiadema rotulare, Bourgueti, Autissiodorense, Raulini, Picteti ; Cyphosoma neocomiense, Hemipedina minima, Goniopygus peltatus, Codiopsis Lorini, Psammechinus fallax, Holectypus macropygus, Pyrina incisa, Nucleolites Archiaci, Echinobrissus Olfersi, Salviensis ; Phyllobrissus Gresslyi, Ebrayi ; Clypeopygus Paultrei, Robinaldinus ; Botriopygus obovatus, minor ; Pygurus Montmollini, Holaster intermedius, conicus ; Echinospa-*

tagus cordiformis, neocomiensis. — Le néocomien supérieur est beaucoup moins riche et ne renferme que trois espèces, une qui lui est propre, *Echinospatagus Ricordeanus*, et deux qui s'étaient déjà montrées dans le néocomien moyen, *Pseudodiadema Picteti* et *rotulare*.

Sur les trente-quatre espèces recueillies dans le département de l'Yonne, aucune n'avait apparu avant le commencement de la période crétacée. Quatre espèces seulement, *Cidaris Lardyi* (radioles), *Holectypus macropygus*, *Pseudodiadema Picteti* (un seul exemplaire) et *Holectypus macropygus*, se retrouvent dans les couches inférieures de l'étage aptien. Trente espèces sur trente-quatre peuvent donc être considérées comme essentiellement caractéristiques de notre étage néocomien.

Parmi les espèces que nous avons décrites, dix appartiennent exclusivement jusqu'ici au département de l'Yonne : *Rhabdocidaris Salviensis, Pseudodiadema Raulini, Cyphosoma neocomiense, Hemipedima minima, Codiopsis Lorini, Nucleolites Archiaci, Echinobrissus Salviensis, Phyllobrissus Ebrayi, Clypeopygus Paultrei* et *Robinaldinus*. Ces espèces étaient inconnues avant nos recherches ; plusieurs d'entre elles, soit au point de vue géologique, soit au point de vue zoologique, ont un intérêt réel et méritent, à ce double titre, de fixer l'attention des naturalistes. Nous citerons le Rhabdocidaris Salviensis, dont les pores ambulacraires sont unis par un sillon et les tubercules dépourvus de crénelures, formant par cela même, dans le genre Rhabdocidaris, un groupe particulier qui sert d'intermédiaire entre ce dernier genre et les véritables Cidaris ; le Cyphosoma neocomiense, espèce fort rare et premier représentant d'un genre qu'on a cru pendant longtemps limité aux couches

moyennes et supérieures de la craie ; l'Hemipedina minima,
oursin microscopique, placé successivement dans les genres
Arbacia et Psammechinus, et que nous avons considéré, malgré
la petitesse de sa taille, en raison de ses tubercules perforés
et dépourvus de crénelures, comme faisant partie du genre
Hemipedina ; le Codiopsis Lorini, plus petit et plus sensiblement costulé que le Codiopsis doma, et chez lequel nous
avons constaté l'existence, à la face supérieure, de tubercules qui se détachent du test au fur et à mesure que l'animal vieillit ; le Phyllobrissus Ebrayi qui nous a servi,
avec le Phyllobrissus Gresslyi, à établir une coupe nouvelle, intermédiaire entre les Echinobrissus, les Clypeopygus et les Catopygus, et enfin le Clypeopygus Paultrei, si
remarquable par sa forme aplatie, son sommet excentrique,
ses ambulacres pétaloïdes et flexueux, son périprocte triangulaire et profond, et qui, sans contredit, est un des oursins
les plus curieux du terrain néocomien. Lorsqu'en 1851, nous
avons fait connaître pour la première fois cette belle et rare
espèce, nous l'avions provisoirement réunie au genre Cly-
peus ; elle est devenue depuis le type du genre Clypeopygus
de d'Orbigny que tous les auteurs ont adopté.

Associées à ces dix espèces exclusivement propres à notre
département, s'en rencontrent vingt-quatre autres déjà signalées sur d'autres points du terrain néocomien. La plupart
d'entre elles, dans toutes les localités où elles ont été observées, se développent dans les mêmes couches et à la même
hauteur stratigraphique ; c'est ainsi que nous voyons les
Pseudodiadema Bourgueti et rotulare, l'Holectypus macropygus, le Phyllobrissus Gresslyi, l'Holaster Lardyi, l'Echinospatagus cordiformis, l'un des oursins les plus abondants du
terrain néocomien, occuper, sur de très grandes étendues, en

France, en Suisse, en Allemagne, un niveau à peu près identique, et caractériser partout les couches moyennes de l'étage
néocomien. Mais il n'en est pas toujours ainsi. A côté de ces
espèces essentiellement caractéristiques, on en rencontre qui
suivent une ligne de propagation toute différente et se montrent dans des localités plus ou moins éloignées, à des hauteurs qui ne sont pas toujours les mêmes. Nous citerons, par
exemple, le Cidaris Lardyi et l'Hemicidaris clunifera. Dans
l'Yonne et les départements voisins, ces espèces apparaissent à la base du terrain néocomien moyen, et s'éteignent
avant d'arriver aux argiles ostréennes, tandis que dans le
Jura, en Suisse et dans le midi de la France, ces mêmes espèces se montrent pour la première fois dans le néocomien
supérieur. Par suite d'une évolution en sens inverse, le
Pseudodiadema Picteti, le Peltastes stellulatus qui, dans le
Jura et en Suisse, paraissent propres au néocomien inférieur ou valangien, existent dans l'Yonne, dans le néocomien moyen et même supérieur. Ces migrations d'espèces
s'accomplissant, du reste, dans de certaines limites, sont
intéressantes à étudier, et peuvent jeter quelque jour sur les
développements successifs de la nature organique.

Si nous considérons les Échinides du terrain néocomien de
l'Yonne au point de vue de la distribution des genres, nous
arriverons à des résultats qui méritent également d'être signalés. Les trente quatre espèces que nous connaissons sont
réparties en vingt-deux genres :

Cidaris, Klein, 2 espèces.	Acrocidaris, Agassiz, 1 espèce.
Rhabdocidaris, Desor, 1.	Hemipedina, Wright, 1.
Hemicidaris, Agassiz, 1.	Goniopygus, Agassiz, 1.
Pseudodiadema, Desor, 5.	Codiopsis, Agassiz, 1.
Cyphosoma, Agassiz, 1.	Psammechinus, Desor, 1.

Salenia, Gray, 1.

Peltastes, Agassiz, 1.

Holectypus, Desor, 1.

Pyrina, Des Moulins, 1.

Nucleolites, Lamarck, 1.

Echinobrissus, Breyn, 2.

Phyllobrissus, Cotteau, 2.

Clypeopygus, d'Orbigny, 2.

Botriopygus, d'Orbigny, 2.

Pygurus, Agassiz, 1.

Holaster, Agassiz, 2.

Echinospatagus, Breyn, 3.

Sur ces vingt-deux genres, dix existaient déjà dans le terrain jurassique :

Cidaris, Klein.

Rhabdocidaris, Desor.

Hemicidaris, Agassiz.

Pseudodiadema, Desor.

Acrocidaris, Agassiz.

Hemipedina, Wright.

Holectypus, Desor.

Echinobrissus, d'Orbigny.

Clypeopygus, d'Orb.

Pygurus, Agassiz.

A l'exception du genre Cidaris qui, de tous les Échinides, est le plus persistant, puisqu'il commence à se développer dans les couches pénéennes, parcourt la série des terrains jurassique et crétacé, et aujourd'hui encore est répandu dans toutes les mers, ces dix genres, étrangers en quelque sorte à la formation crétacée, ne tardent pas à disparaître. Les genres ·Acrocidaris, Hemipedina et Clypeopygus, s'éteignent avec le terrain néocomien, et aucun des autres ne dépasse les couches cénomaniennes.

Restent douze genres qui se montrent pour la première fois, et impriment aux Échinides de cette époque un caractère nettement tranché :

Cyphosoma, Agassiz.

Goniopygus, Agassiz.

Codiopsis, Agassiz.

Psammechinus, Agassiz.

Salenia, Gray.

Peltastes, Agassiz.

Pyrina, Des Moulins.

Nucleolites, Lamark.

Phyllobrissus, Cotteau.

Botriopygus, d'Orb.

Holaster, Agassiz.

Echinospatagus, Breyn.

Parmi les genres qui s'éloignent le plus des types jurassiques, nous citerons les Goniopygus, que distingue la structure de leur appareil apicial, les Codiopsis, dont la face supérieure est garnie de tubercules caduques, les Salenia, les Peltastes, que l'excentricité de leur périprocte rapproche un peu des Acrosalenia du terrain jurassique, mais qui s'en éloignent par tant de caractères importants; nous citerons surtout les Holaster, les Echinospatagus : ces deux genres représentent la grande famille des Spatangidées qui n'a laissé aucune trace de son existence dans la formation jurassique, et qui, depuis l'étage néocomien jusqu'à l'époque actuelle, a multiplié avec tant de profusion ses genres et ses espèces. En raison de leur forme allongée et de leur partie antérieure nettement accusée par un ambulacre différent des autres, les Spatangidées ont toujours été regardés comme les plus perfectionnés des Échinides, et leur première apparition dans les mers du globe est, suivant nous, un des caractères organiques les plus importants qui séparent le terrain crétacé du terrain jurassique. Cette apparition, du reste, a cela de remarquable, qu'elle ne se manifeste pas par quelques rares individus, rencontrés dans des localités isolées. Dès l'origine, nous voyons les Spatangidées acquérir un développement considérable, non seulement dans la contrée qui fait l'objet de ce travail, mais encore partout où le terrain néocomien a été observé.

Si, d'un autre côté, nous examinons les Échinides néocomiens de l'Yonne dans leurs rapports avec les autres étages du terrain crétacé, nous aurons à constater des différences génériques beaucoup moins tranchées que celles qui les éloignent du terrain jurassique : Sur les vingt-deux genres indiqués plus haut, quatre seulement, Acrocidaris, Hemipedina,

Phyllobrissus et Clypeopygus, disparaissent avec les dernières couches du terrain néocomien ; les dix-huit autres
genres persistent plus ou moins longtemps, tout en étant
presque tous limités à la formation crétacée.

En résumé, de nos études sur les Échinides néocomiens
de l'Yonne, nous devons conclure que l'étage néocomien, au
point de vue paléontologique, se sépare nettement du terrain
jurassique. Non seulement aucune espèce n'est commune
entre les deux formations, mais plus de la moitié des genres
sont dissemblables.

Cette conclusion, vraie pour le département de l'Yonne,.
l'est également pour l'ensemble de tous les dépôts néocomiens. Nous connaissons aujourd'hui, dans ce premier étage
de la formation crétacée, environ cent soixante espèces
d'Échinides. Aucune de ces espèces n'existait dans la formation jurassique, et à cet égard, nous pouvons nous prononcer avec une certitude presque absolue. Le test des oursins
n'est pas, comme dans les mollusques, par exemple, une
simple enveloppe. Ainsi qu'on l'a constaté depuis longtemps,
c'est un véritable squelette, intimement uni aux organes les
plus essentiels de l'animal, reproduisant, dans sa structure
externe, les modifications plus ou moins profondes qu'ils
éprouvent, et nous offrant par cela même une série de caractères que la fossilisation conserve, et qui nous permettent
d'établir des déterminations génériques ou spécifiques, presque toujours rigoureuses.

Ces cent soixante espèces d'Échinides sont réparties en
trente-quatre genres : quinze seulement ont existé dans le
terrain jurassique ; restent dix-neuf qui se montrent pour la
première fois, et, comme nous le disions plus haut, impriment
aux Échinides de cette époque une physionomie qui n'est plus
celle que présente l'ensemble des Échinides jurassiques.

ÉTAGE APTIEN.

Au-dessus des sables et des argiles bigarrés qui forment, comme nous l'avons vu, la partie supérieure de l'étage néocomien, se développent d'autres argiles tantôt rougeâtres, tantôt grises, plus ou moins foncées, quelquefois sablonneuses, et qui renferment çà et là des rognons et des plaquettes calcaires. Cet ensemble de couches, dont l'épaisseur paraît être de huit à dix mètres, représente, dans l'Yonne, l'étage aptien, et traverse, comme le terrain néocomien, le département, du sud-ouest au nord-ouest. L'étage aptien est loin d'être apparent dans toute son étendue ; presque partout il est recouvert par les argiles et les sables albiens, si faciles à entraîner, et il n'affleure que dans un petit nombre de localités.

Malgré son peu d'épaisseur, l'étage aptien offre une faune intéressante et variée ; il se divise en deux assises bien distinctes : 1° la couche à Terebratella Astieriana, qui occupe la base ; 2° les argiles à Plicatula placunæa, qui viennent au-dessus.

La couche à Terebratella Astieriana se compose, dans le département de l'Yonne, d'argiles rougeâtres, un peu ferrugineuses, plus ou moins sablonneuses, dans lesquelles se montre une zône calcaréo-argileuse de vingt à trente centimètres d'épaisseur, pétrie de fossiles, et qui contient également des rognons de calcaire compacte. Les espèces les plus abondantes sont, indépendamment de l'Ostrea aquila, les Terebratula sella, Rhynconella lata, Terebratella Astieriana, Trigonia caudata, rudis, Perna Mulleti, Ostrea macroptera,

Pecten interstriatus, Tetracœnia Dupiniana. Cette assise
affleure aux environs d'Auxerre, et notamment sur le plateau
d'Egriselles ; nous ne l'avons pas vue en place, mais les
champs prennent une teinte rougeâtre et renferment une
grande quantité d'huîtres et de térébratules. A droite de la
route de Villefargeau, à trois kilomètres d'Auxerre, dans les
vignes qui s'étendent au-dessus de la ferme de Bonpain, cette
même assise recouvre les sables et argiles bigarrés, si faciles
à reconnaître à leurs couleurs vives et tranchées ; les fossiles
sont plus abondants et mieux conservés que sur le plateau
d'Egriselles ; les Polypiers, les Térébratules, les fragments de
Pernes (Perna Mulleti), jonchent le sol, mêlés à de petites
concrétions ferrugineuses et à des rognons calcaires. C'est
dans cette localité que nous avons recueilli plusieurs des
espèces d'Échinides décrites dans notre travail : Cidaris
Lardyi (radioles), Pseudodiadema Picteti, Peltastes Lardyi.
Une coupe relevée depuis le ru de Baulches, qui coule au
fond de la vallée, sur les roches portlandiennes, jusqu'au
sommet de la montagne, montre assez bien, sur une épaisseur
d'environ cinquante-cinq mètres, la superposition des couches et leur puissance relative.

L'assise à Terebratella Astieriana a été signalée depuis
longtemps à Monéteau et au hameau de Pien, commune de
Gurgy, par M. Ricordeau, qui y a recueilli un grand nombre
de fossiles garnis de leur test et d'une très belle conservation. Quelques travaux exécutés tout dernièrement à Monéteau, dans un petit chemin vicinal qui se dirige à droite, vers
le thureau du Bar, ont mis à découvert, à vingt-cinq ou trente
mètres du chemin de fer, au-dessus des sables et argiles bigarrés, la couche à Terebratella Astieriana, et nous avons pu
étudier sur place la zône fossilifère. Les fossiles, tantôt libres

dans une argile jaunâtre et sablonneuse, le plus souvent empâtés dans des rognons calcaires, forment un banc inégal,
irrégulier, de trente à quarante centimètres d'épaisseur ; les
Pernes (Perna Mulleti), se montrent, sur certains points, en
très grande abondance.

La couche à Terebratella Astieriana se prolonge dans l'Aube
et affleure près du village des Croûtes. Nous y avons recueilli
nous-même, il y a une dizaine d'années, presque tous les
fossiles indiqués par M. Leymerie, et qui sont en grande
partie identiques à ceux que nous trouvons dans l'Yonne au
même horizon, avec cette différence que la couche qui les renferme est d'un gris verdâtre, et n'a point cet aspect rougeâtre
et ferrugineux qu'elle présente dans notre département (1).

(1) M. Leymerie, dans son ouvrage sur la *Statistique géologique
et minéralogique de l'Aube*, donne la description du gisement des
Croûtes :

« Aux Croûtes, les trous creusés pour l'extraction des Exogyres
« qu'on emploie pour l'entretien de la route, présentent la coupe
« suivante : »

« Terre grossière avec fragments de silex (tertiaire). , .	0 ᵐ 8	
« Argile verdâtre grossière	0	3
« Lit de plaquettes et de rognons de sanguine grossière,		
« magma composé d'*Exogyres sinuata* et de fossiles désignés		
« dans notre liste, liés par une marne grossière, transformée		
« par places en un calcaire très-tenace. »	1	4

Total. 2 5

« Les Exogyres appartiennent pour la plupart à la variété sinuata
« (type) (Ostrea aquila) ; elles ont ordinairement leur surface ru-
« gueuse et comme corrodée ; les autres fossiles sont souvent brisés
« et appliqués sur les Exogyres ou fortement cimentés par un calcaire
« très tenace ; ils forment des plaques qui peuvent être considérées
« comme de véritables brèches de fossiles. Les espèces les plus

Les limites stratigraphiques qui séparent l'assise à Terebratella Astieriana du terrain néocomien ne sont pas nettement
tranchées ; ce sont des argiles qui succèdent à des argiles et
la superposition est toujours difficile à saisir. Au point de
vue paléontologique, la différence est encore moins prononcée ; un grand nombre des fossiles qu'on y rencontre s'étaient
déjà montrés dans les mers néocomiennes : Rhynchonella
lata, Ostrea macroptera, Trigonia caudata et rudis, Perna
Mulleti, Serpula antiquata, etc., la présence de ces espèces
néocomiennes nous avait engagé, il y a quelques années, à
réunir cette assise, sous le nom de *couche rouge*, au néocomien supérieur. Nous avons renoncé à cette manière de voir.
Associées à ces espèces néocomiennes, il s'en trouve beaucoup
d'autres qui se montrent pour la première fois : Terebratula
sella, Terebratella Astieriana, Pecten interstriatus, Plicatula
placunæa, Tetracœnia Dupiniana et surtout l'Ostrea aquila, si
remarquable par ses énormes proportions, et qui, en raison
de son abondance et de son extension géographique, peut être
considéré comme un des fossiles les plus caractéristiques de
l'étage aptien. Il nous a paru plus naturel de terminer
l'étage néocomien avec les sables et argiles bigarrés, et de
rattacher, comme l'ont fait d'Orbigny et la plupart des
auteurs, l'assise à Terebratella Astieriana à l'étage aptien.

« communes sont l'Ostrea carinata (Ostrea macroptera), le Pecten
« interstriatus, Serpula antiquata, Terebratella Menardi, (Terebratella
« Astieriana), Terebratulla sella ; elle n'existent pas en général dans
« les argiles tégulaires proprement dites. » Malheureusement les
trous creusés pour l'entretien de la route sont comblés et ont disparu depuis longtemps. Lors de notre dernière excursion aux Croûtes,
il ne nous a pas été possible de constater le gisement et de recueillir
le moindre fossile.

Les argiles à Plicatules recouvrent presque partout la couche à Terebratella Astieriana, et se composent ordinairement d'argiles presque pures, grises ou noirâtres, plus ou moins sablonneuses, pyriteuses et renfermant un grand nombre de fossiles. La localité de Gurgy est devenue classique pour l'étude de cette assise, qui occupe, à une centaine de mètres au-dessous du village, le lit de la rivière de l'Yonne, et se développe sur la berge droite. Ce gisement est souvent visité du paléontologiste. Chaque semaine, pendant l'été, les éclusées renouvellent, en la dégageant un peu, la surface de la couche, et on peut, en quelques heures, faire une ample moisson de fossiles. Les Céphalopodes dominent et sont représentés par de nombreuses espèces : Conotheutis Dupiniana qu'on prendrait, au premier aspect, pour une alvéole de Belemnite, Nautilus Lallierianus et Ricordeanus, Ammonites Dehayesi, Cornuelianus, Nisus, rare-sulcatus, Ricordeanus, Ancyloceras Cornuelianus, Toxoceras Royerianus. Associés à ces espèces se montrent une grande quantité de petits Gastéropodes et d'Acéphales à l'état de moule intérieur, des serpules aux espèces variées, des débris de reptiles et de poissons, des fragments de pattes de crustacés longues et grèles. L'espèce la plus commune est avec, l'Ostrea aquila, le Plicatula placunæa, qui a donné son nom à l'assise, et qu'on rencontre toujours garni de son test. Les oursins sont rares, et une seule espèce, Echinospatagus Collegnii, a pu être déterminée avec quelque certitude. L'abondance des Céphalopodes, si rares dans nos couches néocomiennes, donne à la faune de cette époque un caractère qui lui est propre, et bien qu'on rencontre encore à ce niveau quelques espèces communes aux deux terrains, nous n'avons pas hésité à maintenir l'étage aptien dans la classification des terrains crétacés.

La localité de Gurgy, si intéressante au point de vue paléontologique, ne l'est pas moins sous le rapport stratigraphique. Grâce à l'escarpement de la berge, on peut étudier assez facilement la disposition des couches et suivre leur inclinaison dans le sens du cours de la rivière. Au-dessous de l'embouchure du ru de Baulches, se développent, sur une hauteur de plus de deux mètres, les sables et argiles bigarrés avec rognons de sanguine, abondants surtout vers la base. La couche à Terebratella Astieriana, cachée sans doute par le terrain diluvien, n'est pas apparente, et un peu plus bas commencent à se montrer les argiles à plicatules, remarquables par leur couleur noirâtre et renfermant un grand nombre de fossiles et de petites concrétions ferrugineuses. Ces argiles, dont l'épaisseur est d'environ trois mètres, sont fossilifères surtout vers la base, et occupent bientôt toute l'étendue du lit de la rivière ; à leur partie supérieure, elles présentent une couche haute de douze à quinze centimètres, d'un grès argileux, jaunâtre, solide, ayant l'aspect d'une concrétion sablonneuse, et empâtant des Plicatules, des Limes, des Gastéropodes, et quelquefois des fragments de gros Céphalopodes. Cet ensemble est recouvert au-dessous de Gurgy par des argiles très noires, pyriteuses, qui contiennent des débris d'Ammonites regularis et tarde-furcatus, et appartiennent certainement à l'étage albien.

Les argiles à plicatules existent dans le département sur un grand nombre d'autres points, à Fontenoy à Leugny, à Escamps, à Perrigny, sur la route d'Auxerre à Villefargeau, à Héry, à Méré, à Flogny, etc. Nulle part elles ne contiennent une faune aussi riche qu'aux environs de Gurgy. Le plus souvent ces argiles, exploitées pour la fabrication de la tuile ou de la poterie, renferment seulement l'Ostrea aquila, le Plicatula placunæa et quelques rares Ammonites.

DESCRIPTION DES ESPÈCES.

Nº 1. Cidaris Lardyi, Desor, 1855.

Pl. LXIII, fig. 1-4.

Nous ne reviendrons pas sur la description que nous avons donnée plus haut de cette espèce assez abondamment répandue dans les couches moyennes de l'étage néocomien. Les radioles seulement ont été rencontrés dans l'étage aptien ; ils sont parfaitement reconnaissables à leur tige allongée, sub-cylindrique, presque aussi grosse au sommet qu'aux approches de la collerette, recouverte de granules arrondis, serrés, uniformes, disposés en séries longitudinales régulières, à l'aspect chagriné de la zône qui sépare les séries granuleuses, à leur collerette distincte, oblique, finement striée, à leur bouton épais, muni d'un anneau saillant et d'une facette articulaire non crénelée. Tous leurs caractères les rapprochent des radioles du Cidaris Lardyi de l'étage néocomien, et nous n'hésitons pas à les considérer comme appartenant à la même espèce.

Localités. — Saint-Georges (ferme de Bonpain) (Yonne) ; les Croûtes (Aube). Assez commun. Étage aptien ; zône du Terebratella Astieriana.

Ma collection.

EXPLICATION DES FIGURES.

Pl. LXIII, fig. 1. — Radiole du Cidaris Lardyi.

fig. 2. — Le même, grossi.

fig. 3. — Bouton du radiole.

fig. 4. — Le même, grossi.

N° 2. PSEUDODIADEMA PICTETI (Desor, 1850).

Pl. LXIII, fig. 5-9.

Diadema Picteti, Des.   — Agassiz et Desor, *Catal. rais. des Éch.*, Ann. sc. nat., 3ᵉ série, t. VI, p. 350, 1846.

— Marcou. *Tech. géol. sur le Jura Salinois.*, Mém. Soc. géol. de France, 2ᵉ série, t. III, p. 189, 1848.

— D'Orbigny. *Prod. de Paléont,* strat., t. II, p. 89, n° 493.

— Desor, *Quelques mots sur l'étage inf. du groupe néocomien* (Ét. Valangien), p. 9, Bull. Soc. des Sc. nat. de Neuchâtel, 1854.

— Pictet, *Traité de paléont.*, 2ᵉ éd., t. IV, p. 244, 1857.

Pseudodiadema Picteti, Des.   — Desor, *Synops des Éch. foss.*, p. 71, 1857.

— Dujardin et Hupé, *Hist. nat. des Zooph. Échinod.*, p. 496, 1862.

— Perceval de Loriol, *Descript. des anim. invert. de l'Ét. néoc. du Mont-Salève*, p. 176, pl. XX. fig. 6, 1863

Testâ sub-pentagonali, supernè et infernè depressâ. Tuberculis interambulacrariis numerosis, proeminentibus, approximatis, æqualibus, in quatuor seriebus dispositis; tuberculis secondariis raris, irregularibus, præsertim in margine conspicuis. Granulis inæqualibus, raris, sparsis. Ambulacris præditis duabus seriebus tuberculorum. Poris supernè et infernè duplicatis. Ore superficiali, sub-circulari, deciès inciso.

Hauteur, 11 millimètres ; diamètre, 22 millimètres 1/2.

Espèce de taille moyenne, circulaire, sub-pentagonale, épaisse, élevée et cependant également déprimée en dessus et en dessous. Aires interambulacraires garnies de quatre rangées de tubercules principaux, crénelés, perforés, uniformes, très rapprochés les uns des autres, assez largement développés ; les deux rangées internes, composées chacune de quatorze à quinze tubercules, persistent seules jusqu'au sommet ; les rangées externes s'atténuent, disparaissent à la face supérieure et ne comptent guère que dix à onze tubercules. Tubercules secondaires beaucoup plus petits, crénelés et perforés, inégaux, formant sur le bord des interambulacres, une rangée irrégulière, apparente surtout vers l'ambitus et dans la région infra-marginale, tendant, à la face supérieure et dans la zône miliaire, à se confondre avec les granules qui les accompagnent. Granules intermédiaires peu nombreux, inégaux, relégués çà et là à la base des tubercules, se montrant surtout dans la zône miliaire étroite et sub-sinueuse qui partage les aires interambulacraires. Ambulacres très légèrement renflés, pourvus de deux rangées de tubercules à peu près identiques à ceux des interambulacres vers l'ambitus, mais plus serrés et plus petits à la face supérieure, au nombre de seize à dix-sept par série ; les granules qui les accompagnent sont inégaux, irrégulièrement disposés et forment, au milieu des deux rangées, une ligne sub-sinueuse. Zônes porifères composées de pores visiblement dédoublés à la face supérieure, simples à l'ambitus et se multipliant irrégulièrement près du péristome. Appareil apicial pentagonal, médiocrement développé, à en juger par l'empreinte qu'il a laissée. Péristome sub-circulaire, à fleur du test, marqué d'entailles peu apparentes.

RAPPORTS ET DIFFÉRENCES. — Ce n'est pas sans quelque hésitation que nous réunissons l'exemplaire que nous venons de décrire au Pseudodiadema Picteti, Desor. Nous avons vu plus haut combien était grande la confusion dont cette espèce avait été l'objet. Notre échantillon diffère un peu du type figuré dans la *Paléontologie française* (1), par sa taille plus forte, sa forme plus circulaire, plus épaisse, plus renflée, la zône miliaire plus large et plus granuleuse qui sépare les deux rangées principales de tubercules interambulacraires, son péristome à fleur du test. Le Pseudodiadema Picteti a été considéré jusqu'ici comme spécial au terrain néocomien ; notre exemplaire, malgré la différence de gisement, ne nous paraît pas devoir en être séparé.

LOCALITÉS. — Saint-Georges (ferme de Bonpain). Très rare (exemplaire unique). Zône du Terebratella Astieriana.
Ma collection.

LOCALITÉS AUTRES QUE L'YONNE. — Censeau (Jura) ; Sainte-Croix (Suisse). Néocomien inférieur; La Varappe (Savoie) ; marnes panachées ; Hauterive, canton de Neuchâtel, néocomien moyen.

EXPLICATION DES FIGURES.

Pl. LXIII, fig. 5. — Pseudodiadema Picteti, vu de côté, de ma collection.
      fig. 6. — Le même, vu sur la face sup·
      fig. 7. — Le même, vu sur la face inf.
      fig. 8. — Partie sup. de l'ambulacre, grossi.
      fig. 9. — Aire interambul. grossie.

(1) *Paléont. française*, pl. MCII, fig. 6-10.

No 3. Pseudodiadema Dupini, Cotteau, 1863.

Pl. LXIII, fig. 10-11.

Test inconnu.

Radiolo elongato, aciculato, sub-compresso, prædito costis minimis, approximatis, attenuatis, regularibus, longitudinalè dispositis. Collo distincto, conspicuo lineolâ transversâ, sub-obliquâ. Annulo proeminente. Facie articulari crenulatâ.

Longueur, 15 millimètres; largeur, 2 millimètres.

Radiole de petite taille, grêle, allongé, aciculé, sub-comprimé, lisse en apparence, marqué, sur toute la tige, de côtes ou plutôt de stries longitudinales très délicates, égales, atténuées, régulièrement espacées. L'intervalle qui les sépare est garni de stries longitudinales sub-granuleuses, beaucoup plus fines, visibles seulement au microscope. Collerette distincte, longue, striée, séparée de la tige par une ligne transverse, à peine oblique. Bouton peu développé; anneau très saillant, pourvu de fortes crénelures qui ne se prolongent pas sur le bouton. Facette articulaire crénelée.

Rapports et différences. — C'est par analogie que nous avons cru devoir rapporter à un Pseudodiadema les radioles que nous venons de décrire, car le test auquel ils appartiennent n'est pas encore connu. Ces radioles présentent beaucoup d'analogie avec ceux du Pseudodiadema Roissyi de l'étage cénomanien, et s'en distinguent par leur forme plus comprimée, leur aspect moins brillant, les stries plus nombreuses et plus serrées qui garnissent la tige, leur collerette plus apparente, leur anneau marqué de crénelures qui ne se prolongent pas sur le bouton.

M. Perceval de Loriol, dans son ouvrage sur le néocomien du Mont-Salève, a décrit et figuré, sous le nom de Pseudodiama incertum, un radiole qui diffère de notre espèce par sa forme plus cylindrique et l'absence de collerette (1).

Localité. — Les Croûtes (Aube). Très rare. Zône du Terebratella Astieriana.

Ma collection.

EXPLICATION DES FIGURES.

Pl. LXIII. fig. 10. — Radioles du Pseudodiadema Dupini, de ma collection.

fig. 11. — Le même, grossi.

No 4. SALENIA MAMILLATA, Cotteau, 1861.

Pl. LXIII, fig. 12-16.

Salenia mamillata, Cott.   — Cotteau, Paléont. franc , terr. crétacé, t. VIII, p. 136, pl. MXXXI, fig. 9-17, 1861.

Testâ circulari, supernè sub-inflatâ, infernè planâ. Tuberculis interambulacrariis maximè proeminentibus, circumdatis granulis inequalibus, sparsis. Ambulacris strictis, rectis. Poris simplicibus, ad peristomum duplicatis. Disco apiciali crasso, circulari, sulcato. Ano sub-triangulari, in margine inflato. Ore lato, deciès inciso.

Hauteur, 7 millimètres ; diamètre, 17 millimètres.

Espèce de taille moyenne, circulaire, médiocrement renflée

___
(1) *Description des Animaux invertébrés fossiles* contenus dans l'étage moyen du Mont-Salève, p. 177, pl. xx, fig. 8.

en dessus, presque plane en dessous, arrondie sur les bords. Aires interambulacraires larges, garnies de deux rangées de tubercules gros et très saillants vers l'ambitus, diminuant rapidement de volume en se rapprochant du péristome, au nombre de quatre à cinq par série. Granules intermédiaires peu abondants, mamelonnés, plus développés que ceux qui garnissent les ambulacres, formant, autour des tubercules, des cercles interrompus çà et là. Ambulacres étroits, à peine flexueux, pourvus de deux rangées de granules mamelonnés, homogènes, au nombre de quinze ou seize par série. Les deux rangées de granules sont très rapprochées et laissent seulement la place à quelques verrues éparses et isolées. Zônes porifères presque droites, formées de pores obliques, serrés, séparés par un petit renflement granuliforme, se multipliant un peu près du péristome. Appareil apical assez grand, arrondi au pourtour, marqué d'impressions sub-circulaires et profondes ; la plaque génitale antérieure de droite présente une déchirure spongieuse parfaitement distincte. Anus excentrique en arrière, situé un peu à droite, en dehors de l'axe de l'animal, oblique, triangulaire, entouré d'un léger bourrelet. Péristome largement développé, moins grand cependant que l'appareil apical, circulaire, muni d'entailles apparentes et relevées sur les bords ; les lèvres interambulacraires sont un peu moins larges que celles qui correspondent aux ambulacres.

RAPPORTS ET DIFFÉRENCES. — Le Salenia mamillata est surtout remarquable par ses tubercules interambulacraires fortement saillants vers l'ambitus ; il se rapproche un peu du Salenia folium-querci du néocomien inférieur de Bernouil ; il nous a paru cependant s'en distinguer par sa taille plus forte, sa face supérieure plus déprimée, son appareil moins étendu, marqué d'impressions suturales plus profondes et moins allongées, son péristome plus grand et ses tubercules plus saillants.

LOCALITÉ. — Département de l'Aube. Rare. Étage aptien.

Ma collection.

EXPLICATION DES FIGURES.

Pl. LXIII. fig. 12. — Salenia mamillata, vu de côté, de ma collection.

    fig. 13. — Le même, vu sur la face sup.

    fig. 14. — Le même, vu sur la face inf.

    fig. 15. — Appareil apicial et tubercules de la face sup. grossis.

    fig. 16. — Plaque madréporiforme grossie.

No 5. PELTASTES LARDYI, Cotteau, 1861 (Desor, 1856).
Pl. XLXIV, fig. 1-10.

Hyposalenia Lardyi, Des.	— Desor, *Synops. des Éch. foss*, p. 148, 1856.
Salenia acupicta, Des.	— Desor, id., p. 152.
Hyposalenia Lardyi, Pict. et Ren.	— Pictet et Renevier, *Foss. du terr. aptien de la Perte du Rhône*, p. 161, 1858.
Peltastes Lardyi, Cot.	— Cotteau, *Paléont. franç., ter. crét.*, t. VII, p. 106, pl. 1024, 1861.

Testâ circulari, supernè sub-inflatâ, infernè planâ. Tuberculis interambulacrariis raris, proeminentibus, circumdatis granulis inæqualibus, sparsis. Ambulacris rectis, præditis duabus seriebus granulorum et verruscis minimis intermediis.

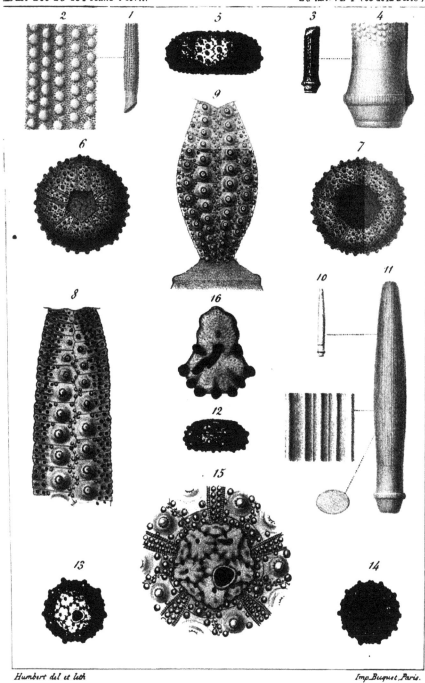

Humbert del et lith   Imp Buquet, Paris.

1 4 Cidaris Lard 'i . Desor   10_11 Pseudodiadema D ini C t A t

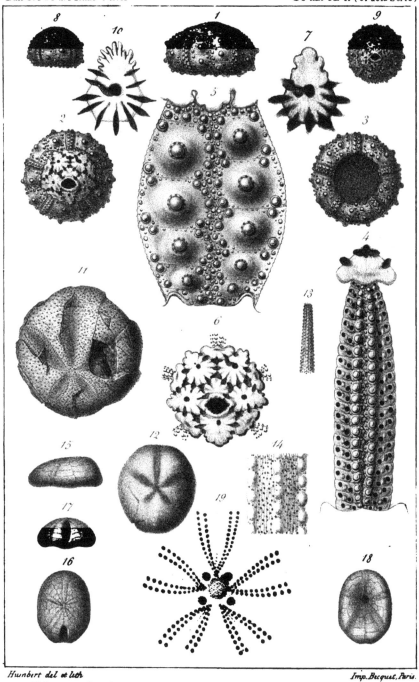

Humbert del et lith.

Imp.Becquet,Paris.

1_10 Peltastes Lard 1.Cotteau.(A tien)   12 Hemiaster osterias.(A tien)

Disco apiciali lato, crasso, sulcato. Ore mediocri, circulari, vix inciso.

Hauteur, 10 millimètres ; diamètre, 17 millimètres.

Var. de grande taille : hauteur, 13 millimètres ; diamètre, 24 millimètres.

Espèce de taille relativement assez grande, circulaire, plus ou moins renflée en dessus, presque plane en dessous. Aires interambulacraires larges, pourvues de deux rangées de tubercules très inégaux, saillants, développés surtout vers l'ambitus, au nombre de cinq ou six par série. Granules intermédiaires inégaux, mamelonnés, épars, formant cependant, autour des plus gros tubercules, des cercles irréguliers et interrompus çà et là. Entre ces granules et notamment sur le milieu des aires interambulacraires, se montrent de petites verrues microscopiques assez abondantes et disposées sans ordre. Ambulacres étroits, garnis de deux rangées de granules mamelonnés, serrés, égaux entre eux, au nombre de dix-huit à vingt dans les exemplaires de grande taille. L'espace qui sépare les deux rangées est relativement assez large et occupé par des verrues fines, éparses, homogènes. Zônes porifères droites, formées de pores ovales, obliquement rangés, séparés par un petit renflement granuliforme et se multipliant un peu, près du péristome. Appareil apical arrondi et légèrement onduleux sur les bords, occupant une grande partie de la face supérieure, marqué à la suture des plaques de sillons plus ou moins apparents ; fissure madréporique visible, mais un peu moins prononcée que dans le Peltastes stellulatus. Péristome excentrique en arrière, transversalement elliptique, un peu en forme de losange, très légèrement renflé sur les bords. Péristome peu enfoncé, sub-

circulaire, marqué de faibles entailles, beaucoup moins grand
que l'appareil apicial.

Nous avons fait figurer une variété provenant du terrain
aptien inférieur de Saint-Georges ; elle est remarquable par
sa forme renflée, sub-conique, son appareil apicial profondément sillonné, ses ambulacres très étroits , surtout à la face
supérieure, et garnis, au-dessous de l'ambitus, de granules un
peu plus développés. Malgré ces différences, nous persistons,
comme nous l'avons déjà fait dans la *Paléontologie française*
(t. VII, p. 107), à réunir cette variété au Peltastes Lardyi.

RAPPORTS ET DIFFÉRENCES. — Le Peltastes Lardyi présente quelque ressemblance avec le Peltastes stellulatus de
l'étage néocomien ; il nous paraît en différer par sa taille plus
forte, sa face supérieure plus renflée, quelquefois sub-conique, ses granules ambulacraires plus nombreux et séparés
par des verrues plus abondantes, son appareil apicial plus
épais et plus saillant. — Dans la *Paléontologie française*,
nous avons décrit, d'après M. Desor, sous le nom de Peltastes
Meyeri (Hyposalenia, Desor), un Peltastes de Morteau (Doubs),
très voisin du Peltastes Lardyi, et qu'on rencontre à peu près
au même horizon ; il s'en distingue par sa face supérieure
plus déprimée, son appareil apicial moins étendu et moins
onduleux sur les bords, ses ambulacres plus étroits et dépourvus de petites verrues intermédiaires, ses tubercules
interambulacraires plus rapprochés du sommet. Ces différences ne sont pas toujours nettement tranchées ; quelquefois elles s'effacent et disparaissent en partie ; cependant les
deux espèces nous ont paru distinctes.

LOCALITÉS. — Saint-Georges (ferme de Bonpain), Yonne ;

Les Croûtes (Aube). Rare. Etage aptien ; zône du Terebratella Astieriana.

Musée d'Auxerre, coll. Dupin, Foucard, ma collection.

LOCALITÉS AUTRES QUE L'YONNE. — Merdasson, La Presta (canton de Neuchâtel), La Russille (canton de Vaud). Étage aptien.

EXPLICATION DES FIGURES.

Pl. LXIV, fig. 1. — Peltastes Lardyi, de ma collection, vu de côté.

fig. 2. — Le même, vu sur la face sup.

fig. 3. — Le même, vu sur la face inf.

fig. 4. — Ambulacres grossis.

fig. 5. — Interambulacre grossi.

fig. 6. — Appareil apicial grossi.

fig. 7. — Plaque madréporiforme grossie.

fig. 8. — Var. sub-conique du Peltastes Lardyi, de ma collection, vue de côté.

fig. 9. — Face sup.

fig. 10. — Plaque madréporiforme grossie.

No 6. ECHINOSPATAGUS COLLEGNII, d'Orbigny (Toxaster Sismonda, 1843).

Pl. LXIV, fig. 11.

Toxaster Collegnii, Sism. — Sismonda, *Mém. Echin. foss. Niza*, p. 21, pl. I, fig 9-11, 1843.

— Agassiz et Desor, *Catal. rais. des Éch.*, Ann. sc. nat., 3ᵉ sér. t.VII, p. 25, 1847.

Toxaster micrasteriformis, Gr. — Al. Gras, *Ours. foss. de l'Isère*, p 60, pl. IV, fig. 5-6, 1840.

Toxaster Collegnii, Sism.   — d'Orbigny, *Prod. de Paléont. strat.*
                                   t. II, p. 181, Ét. 19, n° 306,
                                   1850.

Toxaster micrasteri formis, Gr.   — Al. Gras, *Catal. des corps org.*
                                   foss. de l'Isère, p. 35, 1852.

Echinospatagus Collegnii. d'Orb. — d'Orbigny, *Paléont. franç.*, *ter.*
                                   crétacés, t. VI, p. 169, pl. 846,
                                   1853.

                                   — Leymerie et Cotteau, *Catal. des*
                                   Échin. foss. des Pyrénées. Bull.
                                   Soc. géol. de France, t. XIII, p.
                                   348, 1856.

                                   — Pictet, *Traité élém. de Paléont.*,
                                   t. IV, p. 195, 1857.

Toxaster Collegnii, Sism.   — Desor, *Synops. des Éch. foss.*, p.
                                   354, 1857.

                                   — Lory. *Descript. géol. du Dauphiné*,
                                   p. 314, 1861.

Echinospatagus Collegnii,d'Orb.   — Dujardin et Hupé, *Hist. nat. des*
                                   Zooph. Échinod., p. 594, 1862.

On rencontre assez fréquemment, dans les argiles aptiennes de Gurgy des fragments d'un Echinospatagus que nous croyons devoir rapporter à l'Echinospatagus Collegnii du terrain néocomien de La Clape et de l'Isère ; comme dans cette espèce, le sillon antérieur est large, assez profondément creusé, et l'ambulacre impair formé de pores simples, inégaux, rangés obliquement. Les ambulacres pairs, notamment les antérieurs, sont flexueux et placés dans des dépressions apparentes ; les ambulacres postérieurs sont courts et un peu arrondis à leur extrémité. Malgré ces ressemblances, les échantillons que nous avons sous les yeux sont tellement incomplets que ce n'est qu'avec doute que nous les rapprochons de l'Echinospatagus Collegnii. Dans l'un de nos exemplaires l'appareil apical est conservé et paraît à peu près identique, par la structure et la disposition de ses plaques, à celui de l'Echinospatagus cordiformis.

LOCALITÉS. — Gurgy (Yonne). Rare. — Zône des Ammonites Dehayesi, rare-sulcatus, Nisus, etc.

Musée départemental d'Auxerre, coll. Ricordeau, Foucard, ma collection.

LOCALITÉS AUTRES QUE L'YONNE. — Le Rimet, les Ravix près Grenoble (Isère); Le Theil, près La Motte Chalumon (Drôme); La Clape (Aude); environs de Nice (Alpes-Maritimes). Aptien ou néocomien sup.

EXPLICATION DES FIGURES.

Pl. LXIV, fig. 11. — Fragment d'Echinospatagus Collegnii, vu sur la face sup.

N° 7. HEMIASTER ASTERIAS, Forbes, 1854.

Pl. LXIV, fig. 12,

Hemiaster asterias, Forb.   — Forbes in Morris, *Catal of. Brit. foss.*, 2ᵉ éd., p. 81, 1854.
                                  — Woodward, *Memoirs geol. of Survey. Echinodermata*, Dec. V. expl. de la pl. IX, p. 3. 1856.
                                  — Desor, *Synops. des Éch. foss.*, p. 370, 1857.

Nous avons recueilli dans les argiles à plicatules un Hemiaster qui nous paraît devoir être réuni à l'Hemiaster asterias du Gault de Folkstone (Angleterre). Malheureusement nous ne possédons qu'un exemplaire incomplet et trop fruste pour que nous puissions avoir, sur sa détermination spécifique, une certitude absolue; sa taille est petite, sa forme géné-

rale oblongue, arrondie en avant et probablement verticalement tronquée en arrière ; le sillon antérieur, étroit près
du sommet, s'atténue et disparaît entièrement au-dessus de
l'ambitus ; les ambulacres pairs ont très peu de largeur et
sont à peine excavés, les postérieurs sont beaucoup plus
courts que les autres.

RAPPORTS ET DIFFÉRENCES. — L'Hemiaster asterias rappelle, par sa physionomie générale, l'Hemiaster nasutulus de
la craie blanche, tout en s'en éloignant par sa taille un peu
plus forte, sa forme moins renflée et son sillon antérieur
moins étroit.

LOCALITÉS. — Gurgy. Très rare. Associé à l'espèce précédente et comme elle à l'état de fer sulfuré.
Ma collection.

LOCALITÉS AUTRES QUE L'YONNE. — Folkstone (Angleterre). Etage albien.

EXPLICATION DES FIGURES.

Pl. LXIV, fig. 12. — Hemiaster asterias, vu sur la face
sup., de ma collection.

CONSIDÉRATIONS PALÉONTOLOGIQUES.

L'étage aptien nous a offert sept espèces d'Échinides :
Cidaris Lardyi, Desor.
Pseudodiadema Picteti, Desor.
—   Dupini, Cotteau.
Salenia mamillata, Cotteau.
Peltastes Lardyi, Cotteau.
Echinospatagus Collegnii, d'Orbigny.
Hemiaster asterias, Forbes.

Deux de ces espèces, Cidaris Lardyi et Pseudodiadema
Picteti, s'étaient déjà montrées dans l'étage néocomien. Une
espèce paraît remonter dans l'étage albien d'Angleterre,
Hemiaster asterias. Restent quatre espèces qui, jusqu'ici,
semblent propres au terrain qui nous occupe.

Cinq espèces, appartenant toutes aux Echinides réguliers,
ont été rencontrées dans la couche à Terebratella Astieriana,
Cidaris Lardyi, Pseudodiadema Picteti, P. Dupini, Salenia
mamillata, Peltastes Lardyi. Les deux autres, Echinospatagus
Collegnii et Hemiaster asterias, proviennent des argiles à
plicatules. Sur les sept espèces que nous avons décrites, deux
seulement, Pseudodiadema Dupini, représenté par quelques
radioles isolés, et Salenia mamillata, sont spéciaux à la contrée qui fait l'objet de notre travail.

OBSERVATIONS GÉOLOGIQUES

SUR QUELQUES POINTS DU DÉPARTEMENT DE L'YONNE.

———

Par M. Ed. HÉBERT,

Professeur de Géologie à la faculté des Sciences de Paris.

———

(Séance du 2 août 1863).

———

*A Monsieur Colleau, membre du Comité de la Paléontologie fran-
çaise, correspondant du ministère de l'instruction publique, etc.*

Mon cher Collègue et Ami,

Vous avez désiré que je rende compte à la *Société des
Sciences historiques et naturelles de l'Yonne* des observations que j'ai eu récemment l'occasion de faire entre Tonnerre
et Saint-Florentin. C'est un vrai plaisir pour moi d'accéder
à ce désir si flatteur; tout ce qui me rattache à mon pays
natal m'est précieux, et je serais heureux de pouvoir apporter
ma part, quelque faible qu'elle pût être, à l'étude du sol de
notre département.

Cette étude vient d'être, il est vrai, faite très-conscien-
cieusement par notre confrère, M. Raulin; mais vous le
savez, il n'y a rien de fini en géologie; la nature est inépui-
sable, et si je crois pouvoir ajouter à ce grand travail quelques
traits utiles, c'est uniquement pour faciliter quelque peu les
recherches ultérieures, pour signaler même un certain nombre
de points encore incomplétement connus.

Dans l'excursion que j'ai fait faire, il y a quelques semaines, à une vingtaine de mes auditeurs dans les environs de Tonnerre, nous avons vu rapidement, il est vrai, la partie supérieure de l'Oxford-Clay à Angy, à Saint-Vinnemer et à Commissey. Ces couches, comme vous le savez, sont argileuses ; elles alternent avec des calcaires en lits minces, et nous y avons recueilli, surtout à Commissey, un assez bon nombre de fossiles, notamment l'*Ammonites canaliculatus* et une *Ceromya* voisine du *C. excentrica* Ag., qui atteint à Angy une taille énorme.

Le contact, c'est un point que je cherche toujours à constater entre les calcaires gris et l'Oxford-Clay supérieur et les calcaires blancs crayeux d'Angy, qui forment la base du Coral-rag, se voit au fond de la carrière qui est la plus voisine du hameau. Un petit lit sableux de 0ᵐ 05 sépare les deux masses. Ici le contact de l'Oxford-Clay et du Coral-rag est à 270 mètres d'altitude.

A 4 mètres au-dessus de cette base se trouve un banc rempli de *Pinnigena Saussurei*, de pointes de *Cidaris florigemma*. A mon avis, ce même banc se retrouve au fond de la carrière dite *à la Reine*, à Tonnerre. C'est celui où se trouvent en quantité, avec les fossiles précédents, l'*O. solitaria* Sow., la *Tholadomya paucicosta* Rœm. L'Oxford-Clay serait donc à quelques mètres à peine du fond de la carrière.

Je laisse de côté le détail des couches coralliennes de Tonnerre, que vous connaissez mieux que moi (1), et j'arrive

---

(1) Je ferai remarquer cependant qu'au-dessus de la couche si riche en pointes de *Cidaris florigemma*, on remarque les bancs à gros polypiers, que les calcaires à grosses oolites et à *Diceras arietina* viennent à la partie supérieure, ce qui est parfaitement en harmonie

à la partie supérieure, à la limite entre le Coral-rag et le calcaire à astartes, base des calcaires kimméridiens.

On a voulu quelquefois ranger ces calcaires à astartes dans le Coral-rag comme ayant des fossiles communs à cet étage. Je me suis souvent attaché à réfuter cette opinion que je crois erronée. (*Mers anciennes*, p. 65.)

Cette erreur, commise par des observateurs de grand mérite, s'explique d'ailleurs parfaitement par la grande ressemblance minéralogique des assises lès plus supérieures du Coral-rag et du calcaire à astartes, ce qui semble établir un passage graduel de l'un à l'autre.

La partie supérieure du mont Sara est formée de calcaire à astartes dans lequel nous avons recueilli, entre autres, les fossiles suivants :

Terebratula Leymerii, Cott. (Ter. Corinata Leym.)
— *subsella*, d'Orb.
Pholadomya Protei, Defr.
— *hortulana*, Ag.
Ceromya excentrica, Ag.
Diceras (petite espèce remarquable distincte de celle du Coral-rag).
Nerinœa (trois espèces dont *N. Gosœ*).
Natica hemispherica, d'Orb.
· *Rostellaria vespertilio*, Desl.

M. Letteron, de Tonnerre, qui nous accompagnait, y a trouvé en outre deux oursins, un Nucléolite et un Holectypus.

Ces fossiles, comme je l'ai fait remarquer dans les pages

avec la composition du Coral-rag, telle que je l'ai montrée ailleurs (*Mers anciennes*, 1857, p. 58).

que j'ai précédemment citées, montrent combien la faune des calcaires à astartes est intimement liée à celle du Kimmeridge-Clay ; on les chercherait en vain dans les calcaires à *Diceras arietina*.

Le mont Sara ne nous a pas montré le contact direct des calcaires à astartes et du Coral-rag ; le temps nous a manqué d'ailleurs pour le chercher ; mais nous l'avons bien vu, à la sortie de Tonnerre, sur la route de Flogny, au-dessous d'Epineuil, dans une petite carrière abandonnée.

La partie inférieure de cette carrière, sur une épaisseur de 3 mètres, appartient à un calcaire bien oolitique, dont les oolites sont assez fines et qui renferme le *Diceras arietina* et des Lucines d'assez grande taille. La partie supérieure (2^m) est formée de calcaire marneux compacte, non oolitique, et contenant la *Terebratula Leymerii*. Le contact des deux calcaires, dont l'inférieur dépend du Coral-rag et le supérieur du Kimmeridge-Clay, se fait dans l'intérieur d'un même banc. La base de ce banc a une structure régulièrement oolitique, le haut est un véritable conglomérat contenant des morceaux de Coral-rag oolitique cimentés par une pâte de calcaire marneux avec des grains oolitiques irrégulièrement disséminés, et provenant des éléments pulvérulents que les eaux kimméridiennes ont repris à la surface dénudée du Coral-rag. Dans ce conglomérat, nous avons constaté la présence de la *Ter. Leymerii*; au-dessous, elle n'existe plus. Le conglomérat kimméridien s'est presque soudé à la partie irrégulièrement dénudée du Coral-rag, de manière à ne faire qu'un seul banc ; mais la ligne de démarcation se voit très-nettement. C'est un fait tout à fait semblable à celui de la grande carrière de Bailly, près Auxerre, que j'ai déjà décrit avec détail (*Mers anciennes*, p. 64) d'après une observation faite en 1845.

S'il y a, entre le calcaire à astartes et le Coral-rag une ligne de démarcation bien tranchée, indiquant une interruption dans les phénomènes sédimentaires, l'émersion du Coral-rag déjà déposé, son durcissement, sa dénudation par la mer kimméridienne, il n'existe, au moins jusqu'ici, rien de pareil entre le calcaire à astartes et le Kimmeridge-Clay proprement dit, pas plus qu'entre celui-ci et les calcaires portlandiens. Les faunes de ces trois assises se lient ensemble par des affinités nombreuses et bien marquées. C'est ainsi que nous avons reconnu, en montant au-dessus de Cheney, que l'*Ostrea virgula* s'élevait jusque dans les couches à *Ammonites gigas*; la même chose se voit dans les carrières de Saint-Amatre, à Auxerre; aussi, depuis 1857, me suis-je décidé à rétablir pour cet ensemble, qui termine la série marine de la période jurassique, un nom employé autrefois par M. d'Omalius, *calcaires du Barrois*, nom bien choisi, car le pays d'où il est tiré présente les couches dont nous parlons avec un développement et une richesse des plus remarquables.

Les calcaires du Barrois, tels que je les comprends, sont donc constitués : 1° d'une assise inférieure, le calcaire à astartes ; 2° d'une assise moyenne, le Kimmeridge-Clay ; 3° enfin d'une assise supérieure, les calcaires portlandiens.

Dans les environs de Tonnerre, l'assise moyenne est la plus développée. Les calcaires portlandiens paraissent réduits à leur zône inférieure (à *Amm. gigas*). On y a trouvé, un peu avant le hameau de l'Isle, un exemplaire d'un Hemicidaris (*H. boloniensis ?*)

Le contact des calcaires portlandiens et néocomiens se voit très bien dans le petit ravin qui est immédiatement avant le ruisseau de la Chapelle-Flogny, à 135 mètres d'altitude environ, et c'est un des plus beaux exemples que l'on puisse citer de ce genre de phénomènes géologiques. Le calcaire portlandien, dur et dénudé à sa partie supérieure, y présente une multitude de trous réguliers montrant encore avec la plus grande netteté les stries produites par les coquilles perforantes qui les ont creusés. Ces lithophages étaient de très grande taille, car quelques-uns de ces trous dépassent 5 centimètres de diamètre.

Toutes les couches plongeant régulièrement du S.-E. au N.-O., nous avons ainsi traversé le calcaire à spatangues et les argiles ostréennes, dont l'épaisseur est au moins de 30 mètres, d'après l'examen du côteau au pied duquel est la station de Flogny, car cette station est assise sur la partie supérieure du calcaire à spatangues, à 129 mètres d'altitude, et les argiles ostréennes semblent s'élever jusqu'en haut du côteau (alt. 159). Puis, dans le village même de Flogny, ces dernières couches s'enfoncent sous des sables blancs épais de 5 à 6 mètres, recouverts par les *argiles bigarrées*, réduites ici, au plus, à 1 mètre de puissance.

Les argiles à *Ostrea aquila*, base des argiles à plicatules (Et. aptien., d'Orb.) (1), se montrent à 147 mètres d'altitude en superposition immédiate sur les argiles bigarrées. Encore un contact que l'on voit parfaitement dans une exploitation

---

(1) Conformément à l'ancienne classification, que je préfère à celle de d'Orbigny, je considère les argiles à plicatules, dont la faune a tant de rapports avec celle des calcaires néocomiens, comme représentant le *Néocomien supérieur*. Les argiles ostréennes et le calcaire à spatangues qu'il me paraît impossible de séparer forment mon *Néocomien inférieur ;* et le *Néocomien moyen* ou étage *urgonien,* d'Orb., est représenté dans l'Yonne par les sables blancs et les argiles bigarrées ; dans la Haute-Marne, par la couche rouge à *Heteraster*

d'argile auprès d'une tuilerie à un kilom. de Flogny ; ces argiles, qui s'élèvent à 152 mètres d'altitude au nord de Flogny,
forment, lorsqu'on se dirige sur Beugnon, le sol superficiel
jusqu'à l'Armance. Elles plongent de manière à se trouver à
la *Chaussée*, entre Germigny et les Croûtes, à 112 mètres
d'altitude. M. Raulin donne à ces couches 5 mètres de puissance ; peut-être faudrait-il augmenter un peu ce chiffre.
Dans tous les cas, elles plongent sous l'Armance qui, à partir
des Buissons et de Franchevaut, coule sur le gault dont ce
ruisseau roule les fossiles (*Ammonites mamillaris*) d'après
un renseignement que vous nous avez donné.

C'est surtout sur la constitution du gault de cette région
que vous désireriez avoir mon opinion, je vais vous dire ce
que j'en sais.

Du Gault de Saint-Florentin. — Le gault commence
donc aux Drillons à une altitude d'environ 105 mètres. Les
premières assises qu'il soit possible d'y reconnaître sont les
grès exploités au niveau des prairies. Mais vous avez constaté qu'il y a au-dessous de ces grès un banc d'argile noire

oblongus, les sables et grès d'eau douce, les argiles marbrées et les
grès piquetés.

On a donné le nom d'étage urgonien dans le bassin de Paris à
l'argile ostréenne. C'est une application qui ne saurait plus être
soutenue.

M. Cotteau m'a montré auprès de Monéteau que la base des argiles
à *Ostrea aquila* contenait un véritable banc de *Perna Muletti*. C'est
un fait très-important, en ce qu'il permet de regarder le *Perna-bed*
de l'île de Wight comme représentant la base du Néocomien supérieur
(Et. aptien. d'Orb), et il n'y aurait dans cette région aucun représentant du Néocomien moyen et inférieur.

avec *Nucula pectinata*, *Arca fibrosa*, *Arca carinata* et autres
fossiles du gault. La partie supérieure de cette première
assise atteint aux Drillons environ 112 mètres d'altitude. La
proximité de ce point de celui où les argiles à *O. aquila*
viennent disparaître de l'autre côté de l'Armance, ne permet
pas de lui donner plus de 5 à 6 mètres de puissance.
C'est d'ailleurs ce qu'il serait important d'élucider.

Les grès fossilifères, si riches en fossiles, recouvrent
directement cette première assise; ils m'ont donné la succession suivante de bas en haut :

1° Grès en plaques minces, à gros grains de quartz, peu
fossilifères................................ 0ᵐ 40

2° Sable glauconieux.................... 3 »»

3° Couches de nodules noirs de chaux phosphatée avec nombre de fossiles (*Amm. Deci*,
mamillaris), etc............................ 0 10

4° Grès glauconieux en plaquettes alternant avec
des sables.................................... 1 50

5° Sables glauconieux.................... 2 »»

6° Grès terreux ou sables argileux avec grains
de quartz et nombreux fossiles (c'est là le gisement
le plus riche) ; on y a recueilli *Bel. minimus*.... 3

$$\text{Total.......} \quad 10ᵐ \text{ »»}$$

Ce système de grès est recouvert par des argiles noires ou
gris-bleuâtre de 6 à 8 mètres au moins d'épaisseur. Le sommet du petit monticule des Drillons, qui s'élève à 132 mètres
d'altitude, en est composé.

Les couches plongeant de l'est à l'ouest s'enfoncent sous
les massifs de la craie à *Ammonites varians*, mais un assez
grand intervalle se présente ici dans les observations, car ce

n'est qu'à une altitude de 158 mètres qu'on rencontre les premières couches de la craie glauconieuse qui comprennent de bas en haut :

1° Un banc de marne compacte grise, légèrement marbrée de bleu, avec fossiles très-rares, où nous avons recueilli cependant quelques exemplaires de la petite *Ostrea vesiculosa*, Sow., si caractéristique partout, de la base de la craie glauconieuse ; épaisseur, 6 mètres ;

2o Même marne, plus argileuse, plus marbrée, plus fossilifère ; elle renferme :

Ostrea vesiculosa, Sow.
Pecten orbicularis, Sow.
     — *elongatus*, Lamk.
Cerithium, Sp. ined.
Cardita Cottaldina ? d'Orb.
Venus ?
Ammonites, Ind.

Tous ces fossiles sont de très-petite taille ; épaisseur, 4 mètres ;

3° Argiles crayeuses et glauconieuses avec :

Serpula antiquata, Sow.
Ostrea canaliculata, d'Orb.
Ostrea Lesueurii, d'Orb.
     — *carinata*, Lamk.

Epaisseur, 10 mètres ;

4o Craie grise à silex bleuâtre avec *Amm. varians*, *Mantelli*, *Turrilites tuberculatus*, *Scaphites æqualis* (1), etc.

_____

(1) Ce fossile a été recueilli à Saint-Florentin même et à Neuvy-Sautour : M. Guéranger (Bull. Soc. des Sc. hist. et nat. de l'Yonne.

Les couches précédentes affleurent dans le chemin creux qui part de la route de Neuvy-Sautour à Saint-Florentin, au hameau de Montléhu, et se dirige au nord vers Turny. C'est en gravissant le côteau crayeux qu'on les rencontre.

Nous avons dit qu'il y avait un intervalle occupé par des couches invisibles dans le trajet que nous venons de parcourir. L'épaisseur de ces couches est certainement supérieure à la différence des altitudes de leurs limites, puisqu'elles plongent dans la direction que nous suivons à l'est et à l'ouest, supérieure, par conséquent, à 26 mètres. Ces couches constituent précisément l'assiette de la ville de Saint-Florentin et affleurent tant dans cette ville que le long de la rive droite de l'Armance, sur le canal de Bourgogne.

Elles sont composées, par conséquent, en grande partie par les sables et grès bien connus de Duchy et de Frécambault à *Inoceramus Salomonis*, d'Orb. (1). Cette assise est plus puissante que ne l'indique M. Raulin, car un banc qui en dépend, et qui en est probablement la partie inférieure, affleure à la gare de Saint-Florentin, où il abonde en *Ostrea arduennensis*, d'Orb., à 110 mètres d'altitude. A Saint-Florentin même, les grès s'élèvent jusqu'à 135 m. d'altitude ; ils atteignent la même altitude à Duchy, bien que le plongement à l'ouest soit assez fort. Il n'est donc pas possible de donner à la masse dès sables et grès de Saint-Florentin une puissance moindre que 25 à 30 m.

1858, a pensé à tort qu'il caractérisait un horizon spécial qui manquait · dans l'Yonne.

(1) Il faut ajouter à la faune de ce grès la *Plicatula radiola* qui, ne se trouve pas dans la liste donnée par M. Raulin, et que j'y ai recueillie.

On remarquera, pour se convaincre du fort prolongement à l'ouest de toutes ces couches ou de leur relèvement à l'est, qu'aux Drillons, les argiles noires inférieures aux grès, dont nous parlons, atteignent 132 m. d'altitude.

A Frécambault, à 125 m. d'altitude, les assises supérieures de ces grès sont dures et épaisses ; elles renferment en abondance l'*Inoceramus concentricus*. A la sortie de Saint-Florentin, sur le chemin de la Maladrerie, à 129 m. d'altitude, ce sont des sables ferrugineux, épais de 14 à 15 m., formés de bancs distincts, séparés par de très minces lits argileux, horizontaux, contrastant avec la disposition inclinée des strastes élémentaires qui constituent chaque banc.

A Saint-Florentin même, sur les promenades qui sont à l'ouest de la ville, à 135 m. d'altitude, c'est-à-dire dans une position presque immédiatement supérieure aux sables de la Maladrerie, on exploite en ce moment une argile bleuâtre remplie de fossiles dans laquelle, à l'aide des élèves qui m'accompagnaient, nous avons, en peu d'instants, recueilli les espèces suivantes :

Ammonites Deluci, d'Orb.

Hamites, id,

Pleurotomaria, id.

Rostellaria Parkinsoni, Mantell.

Nucula pectinata, Sow.

Plicatula radiola, Lam.

Ostrea canaliculata, d'Orb.

Inoceramus concentricus, Desor.

Hemiaster minimus, Desor.

Epiacter Ricordeanus (d'Orb. sp.), Cotteau.

Les trois dernières espèces sont extrêmement abondantes. Cette argile forme la partie la plus élevée du petit plateau qui porte Saint-Florentin. Entamée ici sur quelques mètres seulement au-dessus de sa base, elle forme évidemment le sol de la plaine qui traverse la route d'Avrolles à 140 ou 145 mètres d'altitude, et elle vient ainsi passer sous la base (alt. 158 m.) de la craie glauconieuse du chemin de Montléhu à Turny.

Le contact entre la craie glauconnieuse et le gault se trouve donc de cette façon resserré à Saint-Florentin, entre des limites fort étroites, mais il serait intéressant de pouvoir l'observer directement.

D'après cela, il résulte que nous pensons que M. Raulin, dont les observations sont en général si exactes, a un peu trop étendu la craie vers Saint-Florentin sur sa carte, et que les marnes dont il parle (p. 482), n'appartiennent pas à la base de la craie, mais au gault. Du reste, la coupe qu'il donne, pl. IV, fig. 2, est en ce point plus exacte (1).

Il est à remarquer que l'argile supérieure du gault de Saint-Florentin présente des caractères minéralogiques qui ne permettent pas de la confondre avec aucune des autres assises argileuses de l'étage. C'est exactement la même argile que celle de Savigny, dans le pays de Bray, que celle qu'on a rencontrée sous la craie glauconieuse dans les puits de Grenelle et de Passy. Immédiatement sous cet argile existent, auprès de Beauvais comme à Paris, des sables verts que nous n'avons point rencontrés autour de Saint-Florentin, et qu'il serait bon de rechercher.

Récapitulons actuellement les diverses couches que nous

(1) Cette coupe aussi bien que le texte, p. 482, place à la partie supérieure de la crête qui domine la ville au N.-O., un peu de craie moyenne, tandis que la carte n'y met que de la craie inférieure.

avons reconnues dans le gault de Saint-Florentin, de bas en haut, ce sont :

1° Argile noire inférieure des Drillons (signalée par M. Cotteau), épaisseur probable...............   5 m.

2° Sables et grès glauconieux avec nodules de chaux phosphatée et nombreux fossiles....   10

3° Argile noire supérieure des Drillons.....   8

4° Grès à *Ostrea arduennensis*.......... ⎫

5° Grès et sables jaunes à *Inoceramus* ⎬   30

Salomonis........................... ⎭

6° Argile bleuâtre à *Epiaster Ricordeanus*.   12

                     ————

          Total.......   65

Cette argile (n° 6) est la partie supérieure du gault. La craie glauconieuse commence par des marnes terreuses, d'abord assez compactes et avec *Ostrea vesiculosa*, puis argileuses d'une épaisseur de plus de 20 m.; elle se termine par la craie à *Ammonites varians*, dont l'épaisseur, au-dessus de Saint-Florentin, ne dépasse guère 15 m.

Il est bien entendu que ces données ne sont qu'approximatives, relativement aux épaisseurs assignées, qui doivent être considérées comme trop faibles, et qu'en outre il peut y avoir plusieurs termes qui nous ont échappé faute d'affleurements.

M. Raulin (p. 453), a distingué mes assises n°ˢ 2, 3, 4 et 5; de plus, il a signalé à la montée de Saint-Florentin, à Lordonnois, trois couches épaisses d'argile grise qui semblent intercalées dans mon n° 5. L'argile supérieure à *Epiaster Ricordeanus* n'est pas mentionnée.

Il en est de même pour M. Ebray qui, dans un récent tra-

vail (1), s'est occupé d'une manière spéciale du gault du
département de l'Yonne. En rectifiant l'erreur de M. Raulin,
qui rapportait au niveau fossilifère inférieur les fossiles
recueillis par M. Ricordeau à la surface des sables ferrugineux (n° 5), de Seignelay, il n'a pas reconnu l'argile supérieure qui cependant y existe (2), et il a introduit entre la
craie glauconieuse et le gravier fossilifère du gault supérieur
une assise *d'argiles et marnes bleues sans fossiles* qu'il
m'est impossible de comprendre, et dans lesquelles je crains
bien qu'il n'ait amalgamé les véritables *argiles tégulines* qui
constituent la partie la plus supérieure du gault et dont nous
venons de constater la présence à Saint-Florentin, avec les
marnes glauconieuses ou terreuses à *Ostrea vesiculosa*, qui
sont d'une toute autre nature et appartiennent à la craie glauconieuse. Cette confusion et l'omission dans la constitution
du gault de l'argile bleue supérieure, amènent dans ce travail
une série de rapprochements qui nous paraissent tout-à-fait
contestables. Tandis que les précédentes études de l'auteur
sur le gault avaient jeté de la lumière sur cette question,
celles-ci l'obscurcissent certainement.

C'est ainsi qu'à la page 213, on voit qu'à Soumaintrain
M. Ebray a constaté, au-dessus des sables ferrugineux recouvrant les argiles inférieures du gault, des grès et graviers
(1 m.), avec *Opis Hugardiana* et *Amm. splendens* qui représentent bien le gault supérieur de Cosne. Il ajoute que cette
petite couche occupe, à Soumaintrain, la partie moyenne de
l'étage ; mais il oublie complétement de montrer pourquoi,

---

(1) *Bull. Soc. géol. de France.* 2ᵉ série, t 20, p. 209.

(2) Un de mes élèves m'en a montré des échantillons renfermant
les mêmes Echinodermes qu'à Saint-Florentin.

car il ne donne, au-dessus de cette petite couche, que l'assise des argiles et marnes bleues sans fossiles (*base de la craie chloritée*, p. 211, ligne dernière, et p. 213, ligne 1).

En communiquant les remarques et les observations qui précèdent à la *Société des Sciences historiques et naturelles de l'Yonne*, je suis loin d'avoir la prétention de dire le dernier mot sur la question, je désire au contraire appeler l'attention des nombreux observateurs que cette Société renferme, sur les diverses lacunes que je me suis efforcé de signaler en même temps que j'ai cherché à compléter les différents termes connus de la série.

Ces lacunes à combler consisteraient :

1° A constater le contact immédiat du gault avec les argiles à *Ostrea aquila*.

2° A donner la succession détaillée des couches comprises entre les argiles noires des Drillons (n° 3) et les argiles supérieures à *Epiaster Ricordeanus*, et à y reconnaître la place exacte du gravier à *Opis Hugardiana*.

3° A donner l'épaisseur de l'argile supérieure du gault en constatant son contact avec les marnes de la craie glauconieuse.

Les régions qui s'étendent d'Avrolles à Ervy et de Seignelay à Pontigny, me paraissent pouvoir fournir la réponse à ces questions, et je serais personnellement très reconnaissant des documents que l'on voudra bien me communiquer. Il y a là un grand intérêt au point de vue de la connaissance des nappes artésiennes. Le puits de Passy en a rencontré deux, et il est probable qu'il n'a pas atteint les argiles des Drillons. La certitude qu'il en est ainsi serait d'un grand intérêt, et cette certitude semble dépendre plus spécialement du département de l'Yonne, où le gault présente un caractère mixte plus en rapport avec ce que les sondages parisiens nous ont jusqu'ici appris de la nature souterraine de cet étage.

Permettez-moi, en terminant, d'appeler votre attention et celle de tous nos confrères de la Société, sur un sujet qui a maintenant le privilége de fixer fortement l'attention de ceux qui s'intéressent à la géologie.

Je veux parler du *diluvium*. Dans une des brochures que je vous adresse, j'ai exposé ma manière de voir à ce sujet ; j'ai établi notamment la distinction dans le bassin de Paris du terrain quaternaire en trois éléments d'époque différente : 1° le *diluvium gris* à ossements d'*Elephas primigenius* ; 2° le *loesse* ou limon calcarifère gris-jaunâtre ; 3° le *diluvium rouge* à silex brisés.

Il y a tout lieu de croire que cette distinction se maintient à de grandes distances, et il serait très utile de faire à ce sujet des recherches nombreuses. D'après le peu que j'ai pu voir, le département de l'Yonne en renferme des exemples. Ainsi, au-dessus des grès de Frécambault et de Duchy, on voit dans une carrière, à 125 m. d'altitude, une couche de 0 m. 30 de diluvium à petits cailloux roulés (diluvium gris), recouverte par 1 m. de *Loess* identique à celui de Paris et du Rhin, et une couche de terre végétale épaisse de 1 m. repose sur ce dernier.

A peu de distance, le diluvium gris est réduit à une série de poches allongées, horizontales, de 0 m. 20 de hauteur ; il a été enlevé par dénudation, et par dessus on trouve une argile brune compacte avec un lit mince de petits silex brisés à la base, le tout épais de 0 m. 60, et recouvert par la terre végétale. Ce dernier dépôt a tous les caractères de notre diluvium rouge.

Les éléments du diluvium gris viennent du Morvan ou du sud, ceux du diluvium rouge, à mon avis, viennent du nord. Il est probable que dans le sud du département de l'Yonne les silex du diluvium rouge viennent de la craie. Si cela était vérifié par de nombreuses observations, vous comprenez qu'il faudrait bien admettre une origine différente pour les eaux venant du plateau central et pour celles qui auraient amené les silex de la craie du nord du département.

Enfin ces dépôts n'occupent jamais le fond des vallées, qui est rempli par un autre dépôt plus moderne, quoique peut-être encore en partie quaternaire. C'est sur les côteaux élevés de 25 à 40 m. au-dessus de la vallée qu'on le trouve généralement, et dans cette position, ils recouvrent en couches presque horizontales les assises du terrain secondaire (Yonne) ou tertiaire (Seine), et sont coupés, comme ces dernières, par les talus des côteaux. Il est donc impossible de nier que les vallées actuelles n'aient été creusées de nouveau après le dépôt des trois éléments quaternaires ci-dessus mentionnés.

J'appelle l'attention de tous nos confrères sur ce nouvel ordre d'observations. Il n'y a pas un fait bien observé qui ne doive ici être pour la science d'une grande utilité.

RAPPORT

SUR UN TRAVAIL RELATIF AUX *INSECTES NUISIBLES* INSÉRÉ DANS LE
BULLETIN DE LA SOCIÉTÉ DES SCIENCES HISTORIQUES ET NATURELLES DE
L'YONNE, T. XV, PAR M. ÉMILE BLANCHARD, MEMBRE DE L'INSTITUT.

———

(Extrait par M. MONCEAUX, secrétaire.)

———

Dans sa séance du 7 août 1863, le Comité scientifique
des Sociétés savantes de France, présidé par M. Duruy, ministre de l'Instruction publique, a entendu le rapport suivant
qui, honorant tout à la fois l'auteur de l'ouvrage analysé et
la Société qui l'a patroné, nous a paru devoir être reproduit
dans son entier, avec les réflexions auxquelles il a donné
lieu.

M. Emile Blanchard est membre de l'Académie des Sciences, professeur d'entomologie au Muséum et chef de la section
d'entomologie à ce grand établissement. Il est donc le représentant officiel de l'entomologie française, et le jugement
qu'il a porté sur l'ouvrage du colonel Goureau ne pouvait
être passé sous silence, au moment surtout où nous publions
un supplément à ce remarquable travail. La faveur marquée
avec laquelle S. Exc. le Ministre de l'Instruction publique a
bien voulu accueillir le *Traité des Insectes nuisibles* doit

être pour les membres de notre Compagnie un puissant encouragement.

La précieuse adhésion de savants tels que MM. Milne Edwards et Blanchard sera pour l'auteur de ces longues recherches, de ces patientes observations, comme le couronnement de son œuvre et nous sommes heureux pour notre compte d'avoir a enregistrer de pareils témoignages d'estime et de sympathie.

Voici le rapport de M. Blanchard :

« Le dernier volume publié par la Société de l'Yonne est en grande partie consacré à la zoologie. Il renferme un travail très considérable de M. le colonel Goureau intitulé : *les Insectes nuisibles aux arbres fruitiers, aux plantes potagères, aux céréales et aux plantes fourragères.*

« C'est un ouvrage qui captive de suite l'attention par le nombre des observations curieuses et pleines d'intérêt qui s'y trouvent consignées et par l'excellente méthode que l'auteur a apportée dans son exposition. M. Goureau, colonel du génie, aujourd'hui en retraite, s'est fait connaître depuis longtemps par des études sur les mœurs des insectes, poursuivies avec une rare sagacité. Il s'est toujours montré dans ses recherches, souvent fort ingénieuses, un digne continuateur de notre célèbre Réaumur.

« Le travail dont j'ai à rendre compte est divisé en quatre chapitres, correspondant aux différentes sortes de culture : les arbres fruitiers, les plantes potagères, les céréales et les plantes fourragères. M. Goureau, considérant successivement dans ces quatre divisions agronomiques chaque espèce végétale, signale les insectes qui lui sont préjudiciables, en décrivant avec le plus grand soin leur genre de vie sous leurs

divers états, les conditions de leur existence et de leur développement, la nature des ravages qu'ils exercent sur la plante,
l'étendue des dommages qu'on est en droit de leur imputer.
Les détails précis et instructifs abondent à tel point, dans
l'œuvre du savant entomologiste, qu'on serait entraîné bien
facilement au-delà des limites d'un rapport si l'on voulait
mentionner seulement quelques-uns des faits les plus intéressants.

« L'auteur est sans doute très désireux de contribuer à
perfectionner nos connaissances touchant l'histoire des insectes, mais il n'oublie pas qu'il doit surtout éclairer les
cultivateurs, les instruire à distinguer les espèces nuisibles
des espèces utiles, et leur fournir les moyens d'arrêter ou au
moins de diminuer beaucoup les ravages occasionnés par les
espèces phytophages. Aussi est-ce avec une précision vraiment scientifique qu'il décrit chaque insecte, étudié sous ses
états de larve, de nymphe ou d'adulte, sans omettre le plus
connu. M. Goureau, familiarisé au plus haut degré avec les
habitudes des êtres qui ont été l'objet de ses recherches,
indique, en s'appuyant des plus justes considérations, par
quels procédés, dans quelles conditions et à quel moment
de l'année on réussira le mieux à les détruire.

« L'extension prodigieuse donnée à la culture de certains
végétaux a assuré les conditions les plus favorables au développement des espèces qui s'en nourrissent. Pour atténuer ce
fâcheux résultat, il est indispensable de constater rigoureu-
sement toutes les particularités de la vie des espèces nuisibles, afin de déterminer le meilleur moyen de s'en préserver
sans que la main-d'œuvre nécessaire pour arriver à ce but
devienne trop considérable, et par suite trop onéreuse. A la
vérité, la nature ne permet pas que la destruction de certains

végétaux puisse se continuer pendant beaucoup d'années
consécutives. Les insectes nuisibles sont attaqués par des
espèces parasites qui, venant à leur tour se multiplier prodi-
gieusement, en diminuent le nombre : de là, la cause principale de ces alternances dans les apparitions et les disparitions
des insectes qui portent de graves préjudices aux céréales et
aux arbres fruitiers, et en général à toutes les plantes cultivées sur de grandes surfaces.

« Dans l'ouvrage de M. Goureau, une partie qui mérite surtout d'être louée est celle qui concerne les parasites de chaque
insecte nuisible, ces puissants auxiliaires des agriculteurs.

« A cet égard, l'habile entomologiste a enregistré une foule
d'observations neuves, signalé de nombreux détails qui avaient
échappé à ses devanciers.

« Quand on songe à ce qu'il a fallu de temps, de patience, de
sagacité, de soins minutieux, pour suivre les mœurs d'une
longue suite d'animaux d'autant plus difficiles à observer que
leur taille est des plus exiguës et accomplir le travail publié
par la Société des Sciences historiques et naturelles de
l'Yonne, il est impossible de ne pas accorder de très grands
éloges à son auteur. Dans le domaine de l'observation patiente
et consciencieuse, c'est une œuvre comme il s'en produit
rarement.

« Les recherches de M. Goureau ajoutent à l'histoire naturelle des insectes une réunion précieuse de faits intéressants
et fournissent des renseignements des plus utiles qui, s'ils
étaient mis à profit, conduiraient à sauver une partie des récoltes qui, chaque année, se trouve perdue par suite de
l'ignorance et de l'incurie.

Après la lecture de ce rapport, M. le Ministre a pris la
parole :

« J'ai suivi avec grande attention, a-t-il dit, le compte-
rendu qui vient d'être fait de l'ouvrage de M. Goureau. Les
études dont il est question dans ce travail me paraissent
tendre vers un but d'une importance considérable. Aussi, j'estime qu'il importe de songer sérieusement à propager parmi
les populations de nos campagnes ces connaissances qui
tourneraient bientôt à l'avantage des cultivateurs et au profit
de l'agriculture. Pour arriver dans cette voie à un heureux
résultat, nous avons un moyen négligé jusqu'à présent, dont
on pourrait tirer un excellent parti. Il y a en France trente-
cinq mille instituteurs placés pour rendre encore de ce côté
de grands services en répandant les notions au moins les
plus nécessaires relativement aux animaux utiles et nuisibles.
S'il était possible de procurer à ces fonctionnaires un ouvrage
où ils trouveraient les faits présentés d'une manière claire et
simple, on obtiendrait certainement de leur part un concours
dont on aurait tort de se priver plus longtemps. »

M. E. Blanchard a répondu :

« M. le Ministre vient d'émettre une idée vraiment excellente, qui pourra être féconde, car les instituteurs sont dans
la meilleure situation possible pour agir sur ceux qui sont le
plus intéressés dans la question. Dans notre état de civilisation, la culture de certains végétaux ayant été étendue sur
des espaces immenses, l'équilibre qui existe naturellement
entre les diverses plantes se trouve ainsi complétement rompu.
Les insectes aujourd'hui le plus préjudiciables à nos récoltes
ont dû être rares à une époque ancienne; mais lorsque des
champs entiers se trouvent couverts de la plante qui leur convient, la nourriture ne vient guère à leur manquer, et alors

peu d'individus meurent avant d'avoir accompli toutes les
transformations. Les femelles rencontrent sans peine l'endroit
propice pour effectuer le dépôt de leurs œufs, au contraire de
ce qui se produit dans les lieux où croit seulement la végétation sauvage, où la dispersion des plantes crée une difficulté
considérable aux insectes quand il s'agit de rencontrer les
conditions favorables à l'existence de leur postérité. »

« Les causes qui ont amené la multiplication des espèces
phytophages produisent à la vérité une multiplication des
espèces parasites et carnassières capable souvent d'arrêter le
mal, mais encore ne doit-on pas s'en remettre à ces précieux
auxiliaires du soin de nous débarrasser des insectes nuisibles, car il est très ordinaire qu'ils ne suffisent pas à la tâche
pendant des suites d'années. Le cultivateur ne peut donc
manquer d'avoir grand profit à connaître les moyens les plus
efficaces pour détruire les êtres qui anéantissent les récoltes
et à savoir épargner au contraire ceux qui lui viennent en
aide. Il y a des espèces insaisissables pendant telle phase de
leur existence qu'on peut atteindre facilement dans telle autre
condition de leur vie. Ce sont les connaissances que les naturalistes doivent s'efforcer de répandre dans les campagnes ;
M. le Ministre vient de leur en offrir le moyen. Lorsque M. le
Ministre témoigne le désir de voir un ouvrage complet sur la
matière, on aimerait à pouvoir concourir à la réalisation d'une
aussi excellente pensée : malheureusement un ouvrage de
cette nature aurait une si grande étendue qu'on est amené à
s'en effrayer. Les végétaux cultivés sont fort nombreux et
chaque espèce végétale est attaquée souvent par beaucoup
d'espèces d'insectes. Néanmoins on parviendrait sans doute
au but que propose M. le Ministre par des articles détachés,
qui seraient publiés suivant les circonstances ; par exemple,

quand l'attention aurait été attirée plus particulièrement sur les ravages occasionnés par certains insectes dans une région plus ou moins étendue de la France. »

Après quelques observations de M. Milne Edwards portant également sur les moyens les plus propres à propager les connaissances entomologiques, M. le Ministre charge MM. Milne Edwards et M. E. Blanchard d'étudier la question d'une large publication et de se concerter relativement à la suite qu'il y aurait à donner à l'objet dont le Comité vien de s'occuper.

LES INSECTES NUISIBLES·

AUX ARBRES FRUITIERS, AUX PLANTES POTAGÈRES

AUX CÉRÉALES

ET AUX PLANTES FOURRAGÈRES

Par M. le colonel GOUREAU.

SUPPLÉMENT.

Le traité sur les *Insectes nuisibles aux arbres fruitiers, aux plantes potagères, aux céréales et aux plantes
fourragères* a été publié au commencement de 1862 dans le
Bulletin de la Société des Sciences historiques et naturelles de
l'Yonne. Depuis cette époque, j'ai eu l'occasion de faire quelques observations sur de nouveaux insectes dangereux et sur
leurs parasites, et j'ai reçu de plusieurs de mes amis des
remarques qui intéressent l'entomologie appliquée. Ces deux
circonstances m'engagent à soumettre à la Société de l'Yonne
un supplément au travail cité plus haut, dans le but de le
rendre moins incomplet et d'augmenter les connaissances
des personnes qui se livrent à l'étude de l'entomologie pratique.

4.

Un traité complet sur cette matière exigerait un très long travail et demanderait le concours de plusieurs observateurs éclairés répartis sur les différents points de la France, offrant de la diversité dans la nature du sol, dans le climat et les cultures. Leurs observations, prolongées pendant plusieurs années et réunies dans un seul ouvrage, pourraient former ce traité. Le travail d'un seul homme, sa vie fut-elle très longue, est insuffisant pour remplir une telle tâche, et ce qu'il peut faire, c'est de laisser aux autres le résultat de ses recherches. En ajoutant successivement de nouvelles observations aux faits acquis antérieurement, on finira par arriver au but.

La partie faible de tout traité sur les insectes nuisibles sera toujours celle qui indiquera les moyens de les détruire. Elle ne pourra s'améliorer que par la connaissance des procédés employés avec succès par les hommes pratiques qui sont priés de les divulguer en les publiant.

On suivra dans ce supplément le même ordre méthodique qui est employé dans l'ouvrage primitif, c'est-à-dire que les insectes y seront rangés d'après la méthode de Latreille ; et on profitera de cette occasion pour indiquer les corrections importantes à faire dans cet ouvrage afin d'en améliorer la partie scientifique ; quant aux fautes typographiques peu importantes que le lecteur peut corriger lui-même, on n'en parlera pas.

Avant d'entrer en matière, il est bon de prévenir les horticulteurs que les poiriers sont sujets à une maladie qui envahit leurs feuilles et leurs branches et dont on serait tenté d'attribuer la cause aux insectes. On voit assez fréquemment les feuilles de ces arbres prendre une teinte rougeâtre au

printemps ou en été, devenir épaisses, chargées de petits
tubercules rassemblés les uns contre les autres, en un mot,
atteintes d'une sorte de galle. Les jeunes branches sont
aussi exposées à cette maladie, mais elle y affecte une
forme différente : il s'y produit des nodosités irrégulières
composées de tubercules réunis, pressés en masse les uns
contre les autres. Les personnes qui possèdent quelques
connaissances entomologiques savent que certains insectes
produisent sur les végétaux des excroissances appelées
galles, en y pondant leurs œufs ; que les tubercules, allongés, isolés ou agglomérés, qu'on voit sur les feuilles du
saule et de l'osier, sont dus à un insecte ; que les nombreuses
excroissances de formes très variées qu'on remarque sur les
feuilles et les rameaux des chênes, sur les feuilles des hêtres,
sont également produites par des insectes ; que les tubérosités irrégulières, semblables à celles des branches du poirier, dont on vient de parler, que l'on voit quelquefois sur les
tiges des framboisiers et sur celles de la ronce des champs
proviennent aussi d'un insecte ; en sorte que l'on peut croire
que les galles du poirier sont produites par un animal de
cette classe et que l'on peut demander à un entomologiste le
nom de l'animal qui cause une telle maladie.

Cependant cette altération est purement végétale et n'est
due au concours d'aucun insecte ; elle résulte de la présence
d'un petit champignon microscopique qui croît sur les feuilles
ou les jeunes branches des poiriers, lequel a reçu des botanistes le nom d'*Æcidium cancellatum*. Si l'on ouvre dans sa
jeunesse un des petits tubercules dont la réunion forme la
galle, on trouve que son intérieur est plein d'une substance
blanche, charnue et compacte comme celle qui remplit une
jeune vesseloup : mais si on l'ouvre plus tard, on le voit

plein d'une poussière noirâtre comme dans les vieilles vesse-
loups. C'est cette poussière qui se répand dans l'air à l'époque
de la maturité et qui va semer le champignon sur les poiriers des environs.

On empêche la propagation de cette maladie en enlevant
toutes les feuilles et les branches attaquées aussitôt qu'on
s'aperçoit de son apparition et en les brûlant. Cette opération doit être faite avant la maturité du champignon sans
quoi elle serait inutile.

Il est vraisemblable que cette maladie n'affecte que les poiriers languissants.

GOUREAU.

Paris. février 1863.

INSECTES NUISIBLES AUX ARBRES FRUITIERS.

———

1. — LES CHARANÇONS ARGENTÉS.

(*Polydrosus sericeus*, Schœn.; — *micans*, Schœn. — *Phyllobius pyri*, Schœn.; — *argentatus*, Schœn.; — *betulæ*, Schœn., etc.).

On voit communément pendant le mois de mai et celui de juin, sur les feuilles des arbres fruitiers, particulièrement sur les poiriers, un assez grand nombre de jolis insectes, d'une petite taille, d'une belle couleur verte, dorée ou argentée, qui rongent les feuilles et les percent de petits trous. Ils en mangent le parenchyme pour se nourrir et y produisent un notable désordre lorsqu'ils s'y trouvent en grand nombre. Le mal devient très grave si leur apparition coïncide avec le moment de l'épanouissement des bourgeons, ce qui arrive avec les jeunes greffes, car alors ils rongent les boutons et détruisent les feuilles. Mais si ces insectes se montrent en petit nombre, s'ils se contentent de ronger et de percer quelques feuilles bien développées, ils ne produisent pas un mal sensible et l'on n'a pas à s'en préoccuper. L'apparition de ces

insectes dure assez longtemps et l'on peut remarquer qu'il y en a
de différentes tailles, de diverses nuances dans la couleur des
pattes, des antennes et des petites écailles ou squamules colorées
qui recouvrent leur corps, ce qui constitue des espèces distinctes
dont il est bon de savoir les noms. Ils ont tous la tête prolongée
en un rostre court, épais, sur lequel sont insérées des antennes
coudées, menues, assez longues, terminées en massue. Le corselet est
presque cylindrique, court, de la longueur de la tête. Les élytres
sont oblongues, trois ou quatre fois aussi longues que le corselet,
arrondies en arrière. Les pattes sont de dimension moyenne avec
les cuisses postérieures munies d'une dent en dessous dans un
grand nombre d'espèces.

Ils font partie de l'ordre des Coléoptères, de la famille de Porte-
bec ou Rhynchophores, de la tribu des Brachyrhynchites ; les uns
appartiennent au genre *Polydrosus* et les autres au genre *Phyllobius*.

On ne connait les larves d'aucuns de ces insectes ; on ne sait
où elles se tiennent, ni de quoi elles se nourrissent. Les espèces
les plus importantes à signaler sont les suivantes.

1. *Polydrosus sericeus*, Schœn. — Longueur, 5-7 mill. Il est noir,
couvert d'écailles d'un vert tendre. Les antennes sont menues, d'un
jaune testacé ; le 1er article ou scape est terminé en massue ; les
deux articles suivants sont plus longs que les autres ; la massue
est ovale, allongée ; le rostre est court, épais ; le scrobe ou sillon
qui reçoit le scape est courbe, brusquement fléchi sous les yeux ;
le corps est oblong, ailé ; le corselet est petit, court, coupé droit
à la base et au sommet, un peu arrondi sur les côtés, ayant une
légère impression transversale près du sommet ; l'écusson est petit,
triangulaire ; les élytres sont ovales, oblongues, quatre fois aussi
longues que le corselet, convexes, surtout en arrière, à angles
huméraux très sensibles, marquées chacune de dix stries ponctuées : les pattes sont presque égales, d'un jaune testacé et les
cuisses mutiques.

2. *Polydrosus micans*, Schœn. — Longueur, 8-9 mill. Il est noir, couvert de petites écailles, couleur feu-doré. Les antennes sont relativement courtes, grêles, rousses, avec le scape terminé en massue et l'extrémité formant une massue ovale, allongée. Le rostre est court, épais ; le scrobe courbe, brusquement infléchi sous les yeux qui sont noirs, ronds, saillants ; le corselet est court, un peu arrondi sur les côtés ; l'écusson est petit, triangulaire ; les élytres sont ovales, quatre fois aussi longues que le corselet, gibbeuses et arrondies en arrière, marquées de dix stries chacune ; les pattes sont menues et rousses et les cuisses munies d'une petite dent en dessous.

On ne connaît aucun moyen de se débarrasser de ces deux insectes, si ce n'est de les prendre sur les feuilles des arbres fruitiers et surtout sur les greffes de l'année auxquelles ils font beaucoup de tort.

Parmi les espèces du genre *Phyllobius* on doit mentionner les suivantes :

3. *Phyllobius pyri*, Schœn. — Longueur, 6 mill. Il est noir, couvert d'écailles d'un vert tendre, soyeux, passant quelquefois au verdâtre. Les antennes sont longues, minces, d'un roux ferrugineux ; le scape est un peu renflé à l'extrémité et atteint le corselet ; les deux articles suivants sont plus longs que les autres ; la massue est ovale, allongée, pointue. Le rostre est court, épais, presque cylindrique ; le scrobe, apical, court ; le corps est allongé, mou, écailleux, ailé : le corselet est petit, court, un peu arrondi sur les côtés, rétréci en devant, transversalement convexe en dessus ; les élytres sont oblongues, presque ovales ; les épaules sont effacées ; elles sont arrondies en arrière, plus de trois fois aussi longues que le corselet, striées ; les pattes sont longues, d'un roux ferrugineux ; les cuisses postérieures sont dentées.

Le nom vulgaire de cette espèce est *charançon argenté du poirier.*

4. *Phyllobius argentatus*, Schœn. — Longueur, 5 mill. Il est noir

couvert de squamules d'un vert argenté brillant ou d'un bleu verdâtre argenté ; les antennes sont un peu épaisses, jaunâtres ; le scape
atteint le corselet; les deux premiers articles de la tige sont plus
longs que les autres ; la massue est allongée, ovale, pointue ; le scrobe
est apical, court ; le rostre est court, épais, presque cylindrique ;
le corselet est petit, rétréci en devant, arrondi sur les côtés,
transversalement convexe en dessus ; l'écusson est petit, triangulaire ; les élytres sont oblongues, beaucoup plus longues que le
corselet, arrondies à l'extrémité, striées, avec des poils droits
rangés en lignes longitudinales, plus fournis vers l'extrémité ; les
jambes et les tarses son jaunâtres et les cuisses postérieures,
dentées.

Cette espèce a une forme allongée, étroite, qui la fait reconnaître. Son nom vulgaire est *charançon argenté*. Elle se rencontre
fréquemment sur les poiriers, les pommiers et sur d'autres arbres
en compagnie de la première.

5. *Phyllobius betulæ*, Schœn. — Longueur, 5-6 mill. Il est noir,
couvert d'écailles d'un vert doré luisant; les antennes sont roussâtres,
composées comme dans les espèces précédentes ; le rostre est
court, épais, presque cylindrique ; le corselet est petit, rétréci en
devant, arrondi sur les côtés, transversalement convexe en dessus;
l'écusson est triangulaire ; les élytres sont oblongues, beaucoup
plus longues que le corselet, arrondies à l'extrémité, striées, par-
semées de poils raides qui les font paraître velues ; les pattes sont
roussâtres, avec les cuisses noires, renflées en massue et dentées
en dessous.

Cette espèce est commune sur les poiriers dans certaines localités. On la trouve aussi sur le coudrier et le bouleau.

6. *Phyllobius oblongus*, Schœn.—Longueur, 6 mill. Il est allongé,
étroit, noir, couvert d'un duvet grisâtre ; les antennes sont fauves,
composées comme celles des précédents ; le rostre est court et
noir ; les yeux sont ronds, noirs, saillants ; le corselet est noir,
arrondi, beaucoup plus étroit que les élytres ; l'écusson est petit,

triangulaire et noir ; les élytres sont oblongues, testacées, avec des stries formées de points enfoncés ; le dessous du corps est noir ; les pattes sont fauves et les cuisses dentées.

Il se trouve communément, quelquefois en grand nombre, sur les poiriers, pommiers, cerisiers et sur d'autres arbres dont il dévore les feuilles dans les mois de mai et de juin. Il est fort dangereux pour les greffes de l'année.

On ne possède aucun moyen de se délivrer de ces petits insectes qu'on ne doit pas manquer d'écraser lorsqu'on les aperçoit sur les arbres fruitiers. On ne connait ni leurs ennemis naturels, ni leurs parasites.

---

2. — LE CHARANÇON MÉRIDIONAL (1).

(*Othiorhynchus meridionalis*, Schœn.)

M. Boyer de Fonscolombe a observé cet insecte avec soin et en dit ce qui suit. « Le charançon méridional produit beaucoup de dégâts sur les oliviers dont il dévore les feuilles et les jeunes pousses ; ces arbres en souffrent considérablement et les agriculteurs du département du Var le regardent comme l'un des plus grands fléaux de ces arbres précieux. C'est pendant la nuit qu'il monte dessus et qu'il assouvit sa voracité ; il se cache pendant le jour dans la terre qui environne les racines. C'est là qu'il est facile de le trouver, surtout là où les sinuosités, les irrégularités du bas du tronc lui offrent des retraites plus commodes. La hauteur des arbres dans la plupart des campagnes du Var, rend difficile de le saisir la nuit sur les branches. On pourrait, sur des oliviers de grandeur médiocre, en prendre beaucoup à la lueur d'une lanterne; ils sont de la grosseur d'un pois et très visibles ; mais il vaut mieux fouiller au pied de l'arbre à plusieurs reprises

---

(1) Boyer de Fonscolombe. Ann. Soc. Ent. 1840.

Sc. nat.

et à plusieurs époques, pendant le jour, et jeter au feu tous ceux
qu'on trouvera de cette manière. Nos cultivateurs des Bouches-
du-Rhône ne s'en plaignent pas autant ; sans doute il ne s'y montre
pas en aussi grand nombre. Je l'ai cependant trouvé très fréquemment à Aix et dans les pays environnants, en cherchant au pied
des oliviers. Les dégâts qu'il produit sont appelés *Chapelun* dans
le pays. »

Cet insecte fait partie de la famille des Porte-bec, de la tribu
des Brachyrhynchites et du genre *Othiorhynchus*. Son nom entomologique est *Othiorhynchus meridionalis*, Schœn., et son nom
vulgaire *Charançon méridional*.

1. *Othiorhynchus meridionalis*, Schœn. — Longueur, 8 mill. Il
est noir foncé et parsemé de petits poils très courts, un peu roux,
qui lui donnent, surtout sur les élytres, un léger reflet de cette
couleur ; la tête est ponctuée, sa partie supérieure est un peu
arrondie et élevée ; le rostre est aussi long que le reste de la tête ;
il s'élargit assez brusquement en avant et est séparé de la partie
postérieure par un étranglement ; son extrémité est inégale et
présente trois dents ou proéminences horizontales ; cette extrémité
est hérissée de quelques poils raides assez longs ; les mandibules
et les palpes sont cachés ; le dessus du rostre présente trois lignes
longitudinales élevées, dont l'intermédiaire est bifurquée en avant ;
il est en outre raboteux ; le corselet est ovale, presque globuleux,
un peu plus large que la tête, plus étroit en avant qu'en arrière,
arrondi sur les côtés, élevé insensiblement en bosse en dessus,
tout couvert de gros points élevés ; l'écusson est triangulaire,
très petit. Les élytres sont ovales, assez élevées en bosse. soudées,
sans ailes en dessous, très raboteuses ; elles ont chacune 10 stries
profondes, marquées de gros points enfoncés, les intervalles assez
relevés et très ponctués de points plus petits, de beaucoup plus
larges que le corselet à leur base, les angles de cette base très
arrondis, carénés et fortement rebordés en dessous, le replis
recouvrant des deux côtés le tiers du ventre ; elles se terminent
par une courbure insensible en pointe obtuse à l'extrémité.

Les antennes sont plus longues que la tête et le corselet ensemble, coudées après le 1er article qui est noir et lisse, au moins
aussi long que la tête, les suivants sont très distinctement moniliformes et hérissés, ceux de la massue qui les termine sont peu
distincts ; les cuisses sont très renflées, surtout la première paire,
sans épines, mais fort échancrées en dessous avant leur extrémité;
les jambes et les tarses sont hérissés de poils qui les font paraître grises ; le pénultième article est bilobé.

Cet insecte ne s'adresse pas seulement à l'olivier, car on le
trouve dans des localités éloignées de ces arbres. On l'a surpris
rongeant les feuilles de l'oranger. Sa larve n'est pas connue ; on
conjecture qu'elle vit et se développe dans la terre, où elle subit
ses métamorphoses.

—

3. — LE CHARANÇON RAUQUE.

(*Othiorhynchus raucus*, Schœn.)

On ne possède sur cet insecte que des renseignements très
incomplets, contenus dans les *Annales de la Société Entomologique
de France*, année 1852. On lit dans ce recueil que M. Rouzet,
l'un de ses membres, a fait passer sous les yeux de ses collègues
des feuilles de poirier entièrement rongées par une espèce de
charançon, l'*Othiorhynchus raucus*, Schœn., feuilles qui ont été
envoyées, avec cet insecte, à M. Carrière, jardinier-chef au
Muséum, comme causant beaucoup de dégats dans les environs
de Melun.

Ce même insecte dévore aussi les jeunes bourgeons de la vigne
dans les environs de Paris et les mange jusqu'à leur insertion. Il
commence ses ravages dès le 15 avril, si la saison est avancée,
comme en 1862, et cause beaucoup de tort aux vignes. On ne
connait pas la larve qui le produit, ni le lieu qu'elle habite, ni les
aliments dont elle se nourrit.

1.*Othiorhynchus raucus*, Schœn. —Longueur, 12 mill. Le corps
est ovale et noir ; le rostre est court, renflé et dilaté à l'extrémité ;
les antennes sont d'un roux brun, longues, assez grèles, à premier
article dépassant les yeux, terminées par une massue ovale, pointue ; la tête est glabre, noire ; le corselet convexe en dessus, arrondi
sur les côtés, rugueux, noir, sans taches, plus étroit en avant
qu'en arrière ; l'écusson est petit, triangulaire, noir ; les élytres
sont ovalaires, oblongues, soudées, brunes, striées, avec plusieurs
points d'un gris-cendré, épars, formés par un court duvet ; les
pattes sont assez fortes, d'un roux brun, à cuisses renflées ; les
tarses sont spongieux en dessous et composés de quatre articles
dont les deux premiers trigones, le troisième élargi et bilobé.

2. Le même recueil pour l'année 1837 renferme une communication sur un autre insecte du même genre. On y lit que M. Fal-
dermann a présenté à l'académie de Saint-Pétersbourg une note
sur les habitudes d'un insecte nouveau qui appartient à la tribu
des Charançons. Cet insecte, qu'il appelle *Othiorhynchus Macquardti*, du nom de M. Macquardt, jardinier de Tsarkoié-Sélo, qui
le lui a fait connaître, a été trouvé en très grand nombre dans les
serres des arbres à fruits du jardin impérial de l'endroit déjà cité,
sur les pêchers dont il rongeait l'écorce jusqu'à l'aubier, de manière à causer le desséchement des branches. Il se cache pendant
le jour et ce n'est que pendant la nuit qu'on peut se le procurer.
Sa larve vit dans la terre, sans qu'on ait encore remarqué qu'elle
cause aucun dommage.

La description de cet insecte n'est pas donnée et on ne sait s'il
se trouve en France.

Il résulte de ces communications que les *Othiorhynchus raucus*
et *Macquardti* produisent des dégâts sur les arbres fruitiers en
rongeant les feuilles et quelquefois l'écorce lorsque les feuilles
manquent ; qu'ils deviennent dangereux dans les années où ils
sont très nombreux. Le second est nocturne comme celui qui vit
sur l'olivier et ne mange que pendant la nuit. Ses habitudes

nocturnes rendent presque inutiles les chasses aux lanternes qu'il faudrait faire pour les prendre et les tuer. On ne connait pas leurs larves qui se cachent dans la terre où elles se tiennent constamment et où elles se nourrissent probablement des racines des arbres ou des plantes, et on ne connait aucun moyen de les détruire. Il est vraisemblable que les taupes en mangeraient un grand nombre si on leur permettait de fouiller la terre autour des arbres qui sont attaqués.

—

4. — LES CHARANÇONS DU POIRIER ET DU CERISIER.

(Anthonomus pyri, Schœn.; — *druparum*, Schœn.)

Le Poirier nourrit un charançon qui ressemble beaucoup à celui du pommier, dont l'histoire est donnée dans le traité des *Insectes nuisibles*. Sa larve vit et se développe dans les boutons à fleur qu'elle empêche de s'épanouir. Je n'ai pas eu l'occasion d'observer moi-même ce petit insecte, mais j'ai vu des boutons à fleur de poirier d'où il était sorti. Ces boutons sont plus ou moins allongés, ovalaires ou coniques, renflés à la base, de couleur ferrugineuse et percés d'un trou sur le côté pour la sortie du Curculionite. En les examinant on reconnait que la larve a vécu dans l'intérieur du bouton en en rongeant le cœur, ce qui a empêché la fleur de s'ouvrir, et qu'elle s'est ménagée une loge dans laquelle elle a pris tout son accroissement à l'abri de la lumière, de l'air et de la pluie. Elle s'y est changée en chrysalide, puis ensuite en insecte parfait qui s'est mis en liberté à la fin du mois de mai. Il est vraisemblable que le développement de cet insecte est très rapide et que la femelle introduit ses œufs un à un dans les boutons à fleur dès qu'ils commencent à se montrer. Le nom entomologique de cette espèce est *Anthonomus pyri*, Schœn., et son nom vulgaire *Charançon du poirier*.

1. *Anthonomus pyri*, Schœn. — Il a 4 mill. de long sans le

rostre et 6 mill. rostre compris. Il est d'un brun-ferrugineux foncé
et noirâtre, le rostre est plus long que la tête et le corselet,
noir, cylindrique, arqué ; les antennes sont noirâtres ; les yeux et
la tête noirs ; celle-ci est couverte en dessus d'un duvet blanc qui
se prolonge en une ligne dorsale sur le corselet et l'écusson ; le
corselet est ferrugineux, convexe, bombé, plus étroit en devant
qu'en arrière, arrondi sur les côtés ; les élytres sont ovalaires,
un peu plus larges que le corselet, arrondies en arrière, deux
fois au moins aussi longues que ce dernier, d'un ferrugineux noirâtre ; avec la suture, les épaules et l'extrémité plus claires , elles
sont traversées aux 2/3 de leur longueur par une large bande de
duvet blanc bordée de noir, leur extrémité est aussi garnie de
duvet blanc ; elles sont striées ; les pattes sont d'un ferrugineux
noirâtre foncé à l'exception de la base des cuisses qui est ferrugineuse ; la poitrine est de cette dernière couleur et le ventre est
jaunâtre ; tout l'insecte est couvert d'une légère pubescence
blanche.

Les cerisiers et les merisiers nourrissent dans leurs fleurs une
autre espèce de charançon, qui s'y comporte comme on l'a dit
pour les pommiers et les poiriers. La femelle introduit un œuf
dans le bouton à fleur dès qu'il se montre et la larve qui sort de
cet œuf ronge les organes de la fructification, empêche la fleur de
s'épanouir et lui fait prendre une couleur ferrugineuse. Elle se
change en chrysalide dans son berceau et ensuite en insecte parfait,
qui perce un trou dans la fleur pour se mettre en liberté. Le
nom entomologique de cette espèce est *Anthonomus druparum*,
Schœn., connu depuis longtemps sous le nom de *Charançon des
baies*, Lin., *Charançon damier*, Geof.

2. *Anthonomus druparum*, Schœn.—Longueur, 5 mill. Le rostre
est brun, ferrugineux, assez mince, un peu plus long que le corselet ; les antennes sont d'un brun fauve avec la massue noire ; la
tête est ferrugineuse, arrondie, et les yeux sont noirs, un peu
saillants ; tout le corps est brun fauve, couvert de poils courts

légèrement roussâtres, ce qui le fait paraître plus ou moins
nébuleux ; l'écusson est petit, arrondi, grisâtre ; les élytres ont
quelquefois une bande plus claire, peu marquées ; les pattes sont
d'un brun ferrugineux et les cuisses dentées.

Les élytres présentent ordinairement deux taches dénudées de
poils et dentées. Je n'ai pas observé moi-même ce charançon et
ne connais pas les ennemis qui lui font la guerre.

On n'a signalé aucun moyen de se garantir des dégâts que
ces deux petits Curculionites produisent sur les poiriers et les
cerisiers.

5. — LE RONGEUR DE L'AMANDIER (1).

(Scolytus amygdali, Guér.)

On ne possède que des notions très incomplètes sur ce petit
Coléoptère qui n'a été observé qu'à l'état de mort par M. Guérin-
Meneville. Ce savant l'a trouvé dans le midi de la France pendant
l'un de ses voyages ; il a aussi remarqué des amandiers morts
probablement par suite des attaques d'un Scolyte qu'il regarde
comme formant une espèce nouvelle. Ces arbres étaient morts
depuis plusieurs années et il n'a pu trouver dans leurs écorces que
deux Scolytes secs, engagés dans leurs trous de sortie. Ces deux
individus lui ont paru des femelles. Les galeries creusées sous
l'écorce par cet insecte sont très différentes de celles du Scolyte
de l'orme ; elles n'ont pas de disposition particulière, distincte ;
elles sont sinueuses et entre-croisées pêle-mêle dans tous les
sens. Cette forme de galeries jointe aux caractères tirés de l'insecte
parfait, ont déterminé cet entomologiste à regarder l'espèce comme
nouvelle et à lui donner le nom de *Scolytus amygdali.*

1. *Scolytus amygdali,* Guér. — Longueur, 3 mill. Il est brun,

(1) Guérin-Meneville. Ann. Soc. Ent. 1848.

comme tous les Scolytes, avec l'extrémité des élytres, les bords
du corselet, les antennes et les pattes fauves; le corselet est
fortement ponctué ; les élytres ont aussi des points assez forts,
arrangés en stries irrégulières ; mais ce qui le distingue surtout,
c'est son abdomen sans tubercule, ni épine, terminé par une
faible échancrure velue et ce sont ses élytres fortement denticulées
à l'extrémité.

Cette espèce est à peu près semblable pour la forme et la taille
au *Scolytus intricatus* qui vit sous les écorces du chêne (*Scolytus
pygmæus*, Gyll.)

Les observations de M. Guérin-Meneville sont incomplètes et
ne donnent pas une histoire suffisamment détaillée de cet insecte ;
il est nécessaire qu'un entomologiste habitant le pays des amandiers s'occupe de ce sujet et suive le Scolyte dans toutes les
phases de sa vie, pour nous en retracer les mœurs et nous faire
connaître les dégâts qu'il cause à cet arbre précieux, et nous dire
si réellement il forme une espèce distincte, spéciale à l'amandier.

6. — LE RONGEUR DU FIGUIER.

(*Hypoborus ficus*, Erich.)

Depuis la publication du traité des *Insectes nuisibles*, j'ai eu
entre les mains des petites branches sèches de figuier, rongées
par l'*Hypoborus ficus*, qui m'ont permis d'acquérir des connaissances un peu plus étendues, quoique encore incomplètes, sur
les mœurs de cet insecte, et de mieux apprécier les dégâts qu'il
cause. Ces branches, dans lesquelles il était encore vivant, présentent à la surface un grand nombre de petits trous ronds qui
traversent l'écorce, par lesquels tamise une fine poussière de
bois. Si on enlève l'écorce on voit le travail exécuté à la surface
du bois par l'insecte, travail très considérable qui en laboure
toute la surface, mais dont on saisit l'ensemble assez facilement.

On distingue d'abord des galeries horizontales qui s'étendent sur
une partie de la circonférence, comme le tiers ou la moitié, selon
la grosseur de la branche, dont le diamètre varie de 5 à 10 mill.
et plus. Ces galeries, imprimées dans le bois, ont 1 mill. 1/2 de
large et sont irrégulièrement espacées. Outre ces galeries on en
distingue d'autres qui sont verticales, c'est-à-dire, dans la direction des fibres, lesquelles sont parallèles, très légèrement onduleuses et sensiblement de même diamètre partout. Elles ont été
creusées par les insectes parfaits qu'on y voyait encore dans ce
moment occupés à les prolonger, à ronger le bois et à produire
cette poussière fine qui sort par les trous de l'écorce, laquelle est
formée de leurs excréments et d'atômes de bois. Ils rongent ainsi
pour se nourrir et se conserver. Les branches de figuier qui m'ont
été remises au commencement de décembre, avaient laissé sortir,
au printemps précédent, la génération d'insectes qui leur avait été
confiée et cependant elles en renfermaient encore un grand nombre
qui y ont passé l'hiver et le printemps suivant; mais il n'y avait
aucune larve, parce que ces dernières ne peuvent vivre que dans
les branches vertes, mais un peu malades. Ces petits rongeurs
ne se contentent pas de labourer la surface du bois qu'ils détachent de l'écorce, mais encore ils pénètrent dans le canal médu-
laire où ils creusent des galeries longitudinales.

On peut, d'après ces observations, se faire une idée de l'industrie
de l'insecte. La femelle, après avoir été fécondée, se porte sur
une branche qui lui convient; elle perce l'écorce, s'introduit
dessous et creuse une galerie perpendiculaire aux fibres d'une
longueur suffisante, pond ses œufs le long de cette galerie et les
abandonne à la chaleur de l'atmosphère qui les fait éclore. Les
petites larves rongent devant elles pour se nourrir et marchent
sous l'écorce en y traçant des galeries parallèles à la direction des
fibres. Elles vivent des déblais qu'elles font et arrivent au terme
de leur croissance au bout d'un certain temps; alors elles se changent en chrysalides et ensuite en insectes parfaits, qui percent
l'écorce et prennent leur essor pour s'accoupler et recommencer

le cercle de leur existence. Ces insectes rentrent bientôt dans les branches des figuiers pour ronger le bois qui les nourrit et pour passer l'hiver dans les galeries qu'ils y creusent.

Il est probable qu'ils se portent de préférence sur les arbres malades, ou sur les branches languissantes de ceux qui paraissent en bonne santé pour hâter leur mort et leur dessication.

Cet insecte fait partie de la famille des Xylophages, de la tribu des Scolytes et du genre *Hypoborus*. Son nom entomologique est *Hypoborus ficus* et son nom vulgaire *Rongeur du figuier*.

1. *Hypoborus ficus*, Erich. — Longueur, 1 mill. 1/2. Il est ovalaire et noir; les antennes sont roussâtres, terminées en massue solide, avec le premier article long et renflé à l'extrémité; la tête est noire, couverte de poils grisâtres; le corselet est plus court que large, étroit en devant, arrondi sur les côtés, presque tronqué antérieurement et un peu convexe en dessus, noir et revêtu de poils gris très serrés; les élytres sont d'un roux brunâtre, avec des poils grisâtres, striées et ponctuées; les pattes sont noirâtres; il y a des ailes sous les élytres.

On combat cet insecte en enlevant toutes les branches sèches des figuiers, ainsi que celles qui paraissent malades et qui décèlent sa présence, et en les brûlant scrupuleusement. Mais un soin qu'on ne doit pas négliger et qu'on doit même employer sur-le-champ, c'est d'augmenter la vigueur de la végétation des arbres atteints par des amendements, des binages, des arrosements, enfin par tous les moyens dont on s'avisera et que l'on croira propres à atteindre ce but. En rendant à l'arbre une pleine santé, on en éloignera les insectes.

L'*Hypoborus ficus* a un ennemi naturel, qui habite, comme lui, les branches des figuiers et qui lui fait la guerre sous la forme de larve et sous celle d'insecte parfait, c'est-à-dire, que la larve de cet ennemi et lui-même mangent les larves de ce rongeur en les saisissant dans leurs galeries où ils s'introduisent. La larve carnassière détruit un grand nombre de larves d'*Hypoborus* avant sa   .

transformation en chrysalide, changement qui s'opère dans les galeries mêmes. Je n'ai vu ni la larve du rongeur, ni celle qui lui fait la guerre, mais j'ai trouvé l'insecte parfait dans les branches sèches de figuier en compagnie de l'*Hypoborus ficus*.

Ce petit coléoptère entre dans la famille des Platysomes, dans la tribu des Cucujites et dans le genre *Læmophlœus*; son nom entomologique est *Læmophlœus hypobori*, Perr.

I. *Læmophlœus hypobori*, Perr. — Longueur, 2 mill. 1/3. Il est allongé, plan, linéaire, d'un testacé ferrugineux, à peine pubescent, cendré; la tête est un peu convexe, à ponctuation subtile et dense; le prothorax est subconvexe, moins subtilement ponctué, de la largeur de la tête en devant, plus étroit de 1/3 en arrière, uni-strié de chaque côté, les angles antérieurs droits, non acuminés, à peine arrondi latéralement; l'écusson est transverse, semi-elliptique; les élytres, autour de l'écusson, sont d'un brun nébuleux; elles sont parallèles, tronquées à la base, à angles obtus, arrondies à l'extrémité, à stries ponctuées presque imperceptibles; les intervalles des stries sont lisses, avec une côte très grêle alternante; les antennes sont insérées devant les yeux; elles sont presque aussi longues que le corps, filiformes, composées de onze articles, le premier plus gros que les autres qui sont égaux et le dernier ovalaire; les pattes sont courtes et les cuisses en massue.

7. — L'ALTISE DE LA VIGNE.

(*Altica ampelophaga*, Guér.)

Les Altises sont des petits Coléoptères qui ont les cuisses postérieures très grosses et la faculté de sauter et de s'élancer fort loin. Les jardiniers leurs donnent le nom de *Puces* ou de *Tiquets*. Il en est question fort au long dans la section qui traite des *Insectes nuisibles aux plantes potagères* (1). Dans ce moment on se contentera de dire un mot d'une espèce qui attaque la vigne et y produit de notables dégâts dans certaines années. C'est à M. Guérin-Meneville que l'on doit les connaissances que l'on possède sur cet insecte (2).

Dans le département de l'Aude, dans ceux des Pyrénées-Orientales, du Gard, de l'Hérault, etc., les vignes sont quelquefois ravagées par la larve d'une Altise verte, que l'on a rapportée à l'*Altica oleracea*, Fab., mais qui paraît en différer malgré la ressemblance et devoir faire une espèce distincte.

Cette Altise se montre à l'état parfait au commencement du printemps, au moment où les vignes poussent. Elle dépose ses œufs sur les jeunes feuilles; ceux-ci éclosent et les larves, alors très petites, vivent du parenchyme des feuilles, grossissent proportionnellement aux développement de celles-ci, et sont arrivées à toute leur croissance de la fin de juin au 15 juillet. A cette époque les vignes attaquées semblent avoir subi l'action du feu; leurs feuilles sont entièrement rongées et desséchées, les grappes de raisin n'ont plus un seul grain intact, enfin la récolte est anéantie.

Les larves disparaissent lorsque leur œuvre de destruction est accomplie. Les habitants du pays pensent qu'elles meurent; mais M. Guérin-Meneville a reconnu et leur a montré qu'elles se retirent à quelques centimètres sous la terre, au pied même des vignes, et qu'elles devaient y passer l'hiver sans se métamorphoser pour se changer en chrysalides au printemps.

Cet insecte se rapporte à la famille des Cycliques, de l'ordre des Coléoptères, à la tribu des Galérucites et au genre *Altica*, Lat., qui a été divisé en plusieurs autres. Son nom entomologique est *Altica ampelophaga*, Guér.

1. *Altica (Graptodera) ampelophaga*, Guér. — Longueur, 1 mill.,

(1) Les Insectes nuisibles aux arbres fruitiers, aux plantes potagères, etc.

(2) Ann. Soc. Ent. 1845.

largeur, 2 1/2-3 mill. Elle est ovée, verte, brillante, peu convexe ;
la tête est petite, triangulaire ; le vertex est lisse et les antennes,
filiformes, ont la moitié de la longueur du corps ; le corselet est
court, transversal, à côtés arrondis ; le bord latéral forme un petit
bourrelet qui fait saillie au sommet des angles extérieurs ; le
disque est ponctué, il présente en arrière un sillon transverse
assez profond qui s'incline à ses deux bouts et se termine à deux
larges impressions ; les élytres sont plus larges que le corselet,
peu convexes, oblongues, arrondies en arrière, à surface unie ; le
dessous est vert foncé, à pubescence grisâtre, courte et écartée,
pointillé ; les pattes sont d'un vert foncé et les cuisses postérieures
sont renflées.

On ne connait aucun moyen efficace pour combattre cet insecte
nuisible. On a essayé de faire arracher les feuilles chargées d'un
grand nombre de larves et de les écraser, et l'on a cru s'apercevoir que ce procédé était avantageux.

Je n'ai pas rencontré l'*Altica ampelophaga* dans les vignes de
Santigny.

8. — LE TIGRE.

(*Tingis pyri*, Fab)

L'insecte appelé Tigre par les jardiniers, quoiqu'il soit d'une
très petite taille, cause beaucoup de tort aux poiriers lorsqu'il s'y
trouve en grand nombre. Il s'attache aux feuilles sur le revers
desquelles il se tient, et s'adresse de préférence aux arbres les
plus exposés aux rayons du soleil et étendus en espaliers. On le
trouve aussi sur les pêchers et quelquefois sur les pommiers,
mais il ne cause pas autant de dommage à ces arbres qu'aux
poiriers.

Dès les premiers jours de juillet on commence à voir, sur les
feuilles des poiriers, des insectes parfaits en petit nombre, en

compagnie de larves et de nymphes, ce qui indique que les œufs
ont été pondus beaucoup plus tôt et qu'ils ont dû éclore à la fin
de mai ou au commencement de juin. Cet insecte, sous ses trois
formes, enfonce son petit bec dans la feuille et pompe la sève
qu'elle contient; dès qu'il a absorbé celle qui correspond à la
piqûre il retire son bec et l'enfonce à côté, ainsi de suite, faisant
une multitude de blessures qui occasionnent une déperdition de
suc végétal, outre la quantité qu'il en absorbe pour sa nourriture :
il en résulte la dessication de la feuille et des tâches noirâtres qui
varient sa surface. Les feuilles blessées ne pouvant plus remplir
leurs fonctions respiratoires, l'arbre en est affaibli et les fruits ne
parviennent pas à leur entier développement.

Cet insecte fait partie de l'ordre des Hémiptères, de la section
des Hétéroptères, de la famille des Géocorises, de la tribu des
Aradiens et du genre *Tingis*. Son nom entomologique est *Tingis
pyri*, Fab., en français *Tingis du poirier*, et son nom vulgaire *le
Tigre*.

1. *Tingis pyri*, Fab. — Longueur, 2 mill. Le corps est noir,
fortement aplati ; les antennes sont formées de quatre articles
dont le troisième est beaucoup plus long que les autres et le
dernier, en bouton ; elles sont blanchâtres; le bec naît de la tête
et est appliqué contre la poitrine dans le repos; le corselet est
blanchâtre, son bord antérieur forme une espèce de capuchon
au-dessus de la tête et son bord postérieur couvre l'écusson, les
côtés en sont dilatés et réticulés de brun ; les élytres sont blanchâtres, plus grandes que l'abdomen qu'elles recouvrent entièrement, réticulées de brun et marquées de taches brunes formant
assez souvent une sorte de croix; l'abdomen est noir et les pattes
sont blanchâtres.

Cet insecte est pourvu d'ailes sous ses hémélytes et s'envole
lorsqu'on veut le prendre.

La larve est fort différente de l'insecte parfait; elle est blanche
à l'exception du premier et du quatrième article des antennes et
des tarses qui sont bruns, plus ou moins foncés ; la tête présente

trois pointes aiguës, allongées, dirigées horizontalement en avant ; les expansions latérales du corselet sont blanches ; l'abdomen est cordiforme, deux fois aussi long que la tête et le corselet, avec deux taches noirâtres aux angles huméraux et une troisième au-delà du milieu ; les bords latéraux et postérieurs sont hérissés de longues épines horizontales ; le dessous du corps est blanc, avec des taches brunes sur les côtés de l'abdomen et de la poitrine et armé d'épines verticales ; les pattes sont longues et grêles.

Cette larve change plusieurs fois de peau ; après la deuxième ou la troisième mue le dos du corselet s'élève et se bombe et les rudiments des ailes paraissent ; elle est alors passée à l'état de nymphe.

Pendant les mois d'août et de septembre, le nombre des Tigres placés sous les feuilles devient très considérable, et ces feuilles sont bientôt desséchées. A l'approche de l'hiver les insectes cherchent un abri pour se réfugier et, comme leur corps est plat, ils trouvent facilement une cachette sous les écorces soulevées, dans les fissures, où ils passent la mauvaise saison. Les chaleurs du printemps les ranimant, ils sortent alors de leurs retraites et se répandent sur les poiriers pour pondre sur le revers des feuilles et propager leur espèce.

Il y a des années où le *Tingis pyri* est excessivement nombreux et où il cause beaucoup de dommage aux poiriers. On ne connait aucun moyen efficace de le combattre. On peut essayer contre lui les fumigations de tabac ou de soufre en ayant soin de couvrir d'une toile l'arbre malade afin que la vapeur ne se répande pas instantanément et qu'elle ait le temps de tuer les insectes. On doit faire cette opération dans le temps où ils sont encore à l'état de larves et de nymphes parce qu'alors ils sont peu agiles, et attendre le soir, le moment de leur repos et de leur sommeil.

On fera bien de donner aux arbres attaqués des soins spéciaux pour augmenter leur vigueur et accroître la force de leur végétation.

Je n'ai pas remarqué le Tigre à Santigny et je n'ai pas entendu les propriétaires de jardins, dans les environs, se plaindre de ses ravages, mais il est commun à Paris et dans la banlieue de cette ville, ainsi que dans beaucoup d'autres localités où il fait le déses: poir des jardiniers.

9. — LA PSYLLE DE L'OLIVIER (1).

(*Psylla oleæ*, Fons.)

La larve de cet insecte produit le coton qui entoure quelque fois les fleurs de l'olivier, et elle se cache sous cette enveloppe qui est une secrétion de l'animal. L'insecte parfait parait en juillet et fréquente alors les oliviers, soit pour se nourrir de leur suc, soit pour y pondre ses œufs tandis que sa larve et son nid paraissent en même temps que les boutons à fleur commencent à se développer. Le nom entomologique de cet insecte est *Psylla oleæ* et son nom vulgaire *Psylle de l'olivier*.

1. *Psylla oleæ*, Fons. — Elle a 2 mill. de long au plus. Son corps est d'un vert jaunâtre, son front ou le devant de sa tête est aplati, avancé, grand, de la forme d'un bouclier, insensiblement plus étroit en avant où il s'arrondit, quoique légèrement fendu à son extrémité ; les antennes, plus courtes que dans les autres espèces congénères, sont cependant plus longues que la tête; les deux articles de leur base sont très gros en comparaison du reste de l'antenne qui est filiforme; le corselet est transverse et fort étroit; entre le corselet et les élytres se voit l'écusson qui est beaucoup plus grand que le corselet, triangulaire, très bombé; les élytres sont en toit, presque carrées, très dilatées au côté extérieur de leur base, arrondies presqu'en ovale à l'extrémité, le côté interne étant un peu courbe; elles sont blanchâtres, d'une transparence louche,

(1) Fonscombe. Ann. Soc. Ent. 1840.

marbrées de taches roussâtres, plus grandes et plus foncées au
côté extérieur et à l'extrémité ; il y a un ou deux points très
petits au milieu du côté interne ; les ailes cachées sous les élytres
sont blanches et transparentes ; l'abdomen est conique et l'anus de
la femelle paraît armé de deux grandes lames triangulaires réunies
qui doivent servir à pondre et à conduire les œufs ou à les fixer ;
la trompe est couchée le long de la poitrine ; les pattes sont assez
épaisses, les cuisses, dilatées en massue, lui servent à sauter.

La larve et la nymphe ressemblent, sauf les ailes, à l'insecte
parfait ; elles sont d'un vert plus pâle.

Il est bien difficile d'indiquer le moyen de détruire ou d'écarter un insecte qui s'attache aux fleurs mêmes, les flétrit et fait
avorter le fruit. Les lessives indiquées contre les pucerons : la
chaux, les cendres, les infusions de tabac, l'emploi du soufflet
qui dirige une fumée âcre sur les pucerons, peuvent être utiles,
mais il faut prendre garde que ces lavages ne nuisent à la fleur
même, qui est si délicate, et que le remède ne soit pire que le
mal. Il y a donc des essais à faire, des expériences à tenter, qui ne
peuvent être entrepris que par les propriétaires d'oliviers.

---

10. — LES GALLINSECTES DU PÊCHER, DE LA VIGNE ET DU NOISETIER.

(*Lecanium persicæ*, III, — *vitis*, III, — *coryli*, III.)

Il convient d'ajouter quelques mots à l'histoire de ces insectes,
telle qu'elle est présentée dans l'ouvrage auquel on destine ce
supplément.

1. *Gallinsecte du pêcher.* — A Montreuil-sous-Bois, pays renommé
pour la culture du pêcher, on se défait de la Gallinsecte ou Cochenille de cet arbre, qu'on appelle Punaise, vers la fin de l'hiver, à
l'aide d'une brosse de chiendent : On *brosse la Punaise*, selon

Sc. nat. 6

l'expression consacrée. Dans beaucoup de localités on prépare
une bouillie claire avec de la chaux et du savon noir, on enduit
les branches et les rameaux attaqués en se servant d'un pinceau,
et les Gallinsectes emprisonnées sous cette espèce de colle meurent
asphyxiées.

Ces moyens ne dispensent pas des soins que l'on doit prendre
pour augmenter la vigueur de l'arbre et accélérer sa végétation ;
car c'est parce que cet arbre souffre et languit que les Gallinsectes
s'y établissent et s'y multiplient.

   2. *Gallinsecte de la Vigne.* — On a fait connaître un parasite
de cette Gallinsecte, appelé *Encyrtus Swederi*, N. D. E. Depuis la
publication de l'ouvrage désigné ci-dessus, on a eu l'occasion d'en
observer deux autres dont on va parler.

Le premier est un Chalcidite, d'une taille un peu inférieure à
celle de l'*Encyrtus*, qui vit en société dans le corps de la Cochenille femelle. La femelle de ce parasite pond ses œufs dans le
corps de la Gallinsecte qu'elle perce avec sa tarière et en dépose
ordinairement cinq. Les larves sorties de ces œufs se nourrissent
en rongeant les entrailles de leur proie, se changent en chrysalides
dans son corps, et lorsque les insectes ont pris leurs forme parfaite l'un d'eux perce un trou dans la peau du dos par lequel il
s'échappe suivi de tous les autres ; ce qui arrive vers le 7 juin.

Ce petit Chalcidite entre dans le genre *Eulophus*, N. D. E., qui
a été partagé en plusieurs autres par les auteurs modernes, lesquels
l'ont placé dans celui de *Coccophagus*, Westw., signifiant mangeur
de Cochenilles, qui lui convient très bien. L'espèce se rapporte à
l'*Eulophus scutellaris*, N. D. E.

   II. *Coccophagus scutellaris*, Westw. — Longueur, 1 mill. Il est
entièrement noir et lisse, à l'exception de l'écusson et des pattes,
qui sont jaunes ; les antennes sont filiformes, composées de huit
articles et insérées au bas de la face ; la tête est grosse, le corps
épais et trapu ; le corselet est de la largeur de la tête ; l'écusson
est noir à son extrémité et terminé par deux soies très courtes ;

l'abdomen est subsessile, de la largeur et de la longueur du
thorax, ovalaire, arrondi au bout; les cuisses de quelques-uns
sont jaunes, chez d'autres les postérieures sont noires; les tibias
sont terminés par une épine assez forte; les ailes sont hyalines et
dépassent un peu l'abdomen.

Enfin la Gallinsecte de la vigne est attaquée par un troisième
parasite qui en diminue considérablement le nombre. Ce parasite
est un petit Diptère, dont la femelle parvient à pondre ses œufs au
nombre de six à huit sous le corps de la Cochenille. Cette femelle
n'ayant pas l'extrémité de son abdomen armée d'une tarière pour
percer, mais étant simplement pourvue d'un oviducte mince,
membraneux, caché dans son corps, on doit supposer qu'elle
insinue ses œufs dans le bourrelet cotonneux qui entoure la Cochenille. Les larves qui en sortent mangent les œufs de cette dernière,
après quoi elles se changent en pupes au milieu du coton et sous
la peau de la Gallinsecte. On les y trouve vers le 14 juin, ce qui
semble établir que les œufs ont été pondus au mois de mai. Les
petites mouches commencent à prendre leur essor le 22 juin. Il
en est sorti douze ou treize de deux Cochenilles blessées.

Ce Diptère se classe dans la tribu des Muscides, dans la sous-
tribu des Hétéromyzides et dans le genre *Leucopis*; son nom entomologique est *Leucopis annulipes*, Zett.

III. *Leucopis annulipes*, Zett.—Longueur, 2 mill. 1/2. Il est d'un
gris blanc, court et épais; la tête est grosse, de la largeur du
corselet; les antennes sont noires, assez courtes, à troisième article
presque orbiculaire, surmonté d'un style renflé jusqu'au milieu;
les yeux sont d'un brun rouge, largement séparés; la bande
frontale est d'un gris moins blanc que l'orbite des yeux; le derrière de la tête est échancré; le corselet, d'un gris blanc, est marqué
de quatre raies brunes dont les deux moyennes linéaires; l'écusson
est arrondi et porte quatre soies; l'abdomen, de la même couleur
que le corselet, est formé de cinq segments; il est de la longueur
du thorax, arrondi à l'extrémité et marqué de deux points noirs
sur le troisième segment; la base en est noirâtre; les cuisses sont

grises, à extrémité testacée ; les tibias sont testacés, marqués d'un
anneau gris au milieu, peu sensible ; les tarses sont testacés ; les
ailes sont hyalines et dépassent l'abdomen ; la nervure médiastine
est double ; les transversales sont médiocrement éloignées ; enfin
les balanciers sont blancs.

3. *Gallinsecte du noisetier.* Cette Gallinsecte est exposée aux attaques d'un parasite de la tribu des Chalcidites et du genre *Encyrtus*,
lequel est décrit par Nées d'Esenbeck, sous le nom d'*Encyrtus
scutellaris*, qu'il ne faut pas confondre avec l'*Eulopus* (*coccophagus*)
scutellaris du même auteur. La femelle pond ses œufs dans le
corps de la Gallinsecte et, si l'on a égard à la grandeur de ce
parasite, on peut supposer qu'elle n'y dépose qu'un ou deux œufs
au plus, car ce nombre est suffisant pour que les larves qui en
sortent consomment toute la substance du corps de la Gallinsecte.
Nées d'Esenbeck n'indique pas l'époque de l'apparition de ce
Chalcidite.

IV. *Encyrtus scutellaris*, N. D. E. — Longueur, 3-4 mill. Il est
noir ; l'écusson est marqué d'une tache jaune et terminé par un
faisceau de poils noirs ; le premier article des antennes et les
pattes sont d'un testacé fauve et les ailes sont tachées de brun ;
les antennes sont formées de onze articles ; leur tige est noire,
pubescente ; le huitième article est tronqué et concave pour recevoir le neuvième et dernier qu'il cache ; la tête est profondément
ponctuée et très excavée en arrière ; l'écusson est très élevé ; les
tibias sont pubescents, plus ou moins rembrunis en arrière ; les
ailes sont hyalines à la base, avec une petite tache brune ; elles
sont brunes en arrière de la côte avec une petite lunule sous-
costale et une ligne longitudinale au milieu blanches.

La femelle a la tête et la poitrine noires sans taches. Elle présente plusieurs variétés tachées sur la tête ou sur l'écusson.

Je suppose qu'une autre espèce de parasite se développe encore
dans le corps de la Cochenille du noisetier ; car, le 31 mai, j'ai
remarqué l'un de ces insectes percé de sept trous sur le dos pour

la sortie des parasites qu'il avait nourris; ils s'étaient mis en liberté depuis un ou deux jours au plus et s'étaient ouvert chacun une issue pour sa sortie.

—

11. — LA MOUCHE-A-SCIE DU POIRIER.

(Lyda pyri, Schr.)

L'histoire de la mouche à scie du poirier est exposée dans l'ouvrage sur les *Insectes nuisibles*, etc.; mais elle y est incomplète en ce qu'il n'y est pas fait mention de ses parasites. C'est pour la compléter qu'on va parler d'une mouche de la tribu des Tachinaires qui pond ses œufs sur les larves de cette Tenthrédine et lui fait une guerre dont nous profitons. La femelle de la Tachinaire ne confie qu'un œuf à la fausse chenille, qu'elle veut attaquer et pond les autres un à un sur les autres fausses chenilles de la même nichée. Le ver éclos de cet œuf ronge les entrailles de sa nourrice, et lorsqu'il l'a réduite à sa simple peau, il se change en pupe, puis ensuite en insecte parfait qui prend son essor vers le 14 août.

Cette mouche se classe dans la tribu des Tachinaires et dans le genre *Doria*. L'espèce se rapporte à la *Doria stupida*, Meig.

V. *Doria stupida*, Meig. — Longueur, 7 mill. Elle est noire; les antennes sont noires et descendent jusqu'à l'épistôme; leur troisième article est quadruple du deuxième; le style est renflé de la base au milieu; la face et le front sont blancs; ce dernier est très saillant et la première est très oblique en arrière, en sorte que la tête, vue de profil, paraît conique; la face est bordée de soies à sa base; la bande frontale est noire; la trompe et les palpes sont testacés et les yeux d'un rouge-brun; le corselet est de la largeur de la tête, d'un cendré blanchâtre, marqué de quatre raies noires; l'écusson est cendré à base noire; l'abdomen est de la largeur du thorax, de la longueur de celui-ci et de la tête, rétréci à la base, ové-conique, arrondi au bout, d'un cendré blanchâtre, avec le

premier segment, le bord postérieur des autres et une ligne dorsale
noirs; les ailes sont divergentes, hyalines, un peu grisâtres; la
première cellule postérieure atteint le bord près de l'extrémité ;
sa nervure extérieure est droite et le coude est arrondi; la deuxième nervure transversale est sinueuse et tombe aux deux tiers de
la longueur de la première cellule postérieure; les cuillerons sont
d'un blanc sale ; les pattes sont noires et ciliées.

—

12. — LA GUÊPE VULGAIRE.

(*Vespa vulgaris*, Lin.)

Un excellent moyen de détruire la guêpe vulgaire et toutes celles
qui nichent dans la terre, comme elle, consiste dans l'emploi de
l'essence de térébenthine. On met dans un bocal 5/6 d'eau et 1/6
d'essence de térébenthine, de manière qu'il ne soit pas entièrement rempli. On se transporte le soir auprès du guêpier, dans
l'entrée duquel on verse une assez grande quantité d'eau pour que
les parois en soient imbibés et saturés; puis on agite le bocal,
comme si l'on voulait faire une émulsion, et lorsque les liquides
sont mêlés, on les verse dans l'ouverture du guêpier en laissant le
bocal renversé sur le trou pour le fermer. Le lendemain matin
toutes les guêpes sont mortes et on peut extraire le nid de la terre
sans aucun danger.

C'est en employant ce procédé que l'on a trouvé dans les guêpiers
le Coléoptère de la section des Hétéromères, dont il est fait mention dans le traité des *Insectes nuisibles aux arbres fruitiers*, etc.
On ne connaît pas encore très bien les mœurs de cet insecte; on
sait que sa larve vit dans le nid de la guêpe commune et dans
celui de la guêpe germanique qui ressemble extrêmement à la première, qu'elle dévore les larves de ces Hyménoptères, dont elle
fait une grande destruction; on conjecture que la femelle s'introduit dans le nid par l'entrée ordinaire et qu'elle pond ses œufs sur

les gâteaux construits par les guêpes, qui n'y mettent pas d'opposition ; elles y subissent leurs métamorphoses et l'insecte parfait
ne se montre au dehors que pendant peu de temps. Il fait partie de
la famille des Trachélides, de la tribu des Mordellones et du genre
Ripiphorus. Son nom entomologique est *Ripiphorus paradoxus*,
Fab.

VI. *Ripiphorus paradoxus*, Fab. — Longueur. 10 mill. ; largeur,
2 mill. 1/2. Il est noir ; les antennes sont noires, pectinées des
deux côtés chez les mâles, en scie chez les femelles, composées de
onze articles ; la tête est ovalaire, noire, à front droit, pas plus
élevé que le bord antérieur du corselet ; celui-ci est noir, arqué, à
côtes jaunes, angles postérieurs pointus et un sillon profond au
milieu du dos ; l'écusson n'est pas visible ; les élytres sont un peu
moins longues que l'abdomen, allant en pointe, s'écartant l'une
de l'autre et laissant vers leur partie postérieure un espace libre
sur le dos, d'un jaune roux, avec l'extrémité noire ; les pattes sont
noires, assez longues, à cuisses un peu dilatées ; les ailes sont
grandes et longues.

On trouve une variété femelle dont les élytres et le corselet sont
presque entièrement noirs.

Le nom le plus moderne de cet insecte est *Metæcus paradoxus*.

—

13. — LE PETIT PAON DE NUIT.

(*Saturnia carpini*, Dup.)

La chenille du petit Paon de nuit est atteinte par plusieurs parasites de l'ordre des Diptères, signalés par Robineau-Desvoidy dans
son ouvrage sur les *Diptères des environs de Paris*. Elle est en
outre la proie de la larve d'un grand Ichneumonien qui la cherche
pour introduire dans son corps un de ses œufs à l'aide d'une
tarière très courte, non apparente dans le repos, dont son abdomen est armé. La larve, sortie de l'œuf, se nourrit de la matière

grasse contenue dans la chenille sans paraître nuire à cette dernière qui grandit, parvient à toute sa taille, file son cocon et se
change en chrysalide, comme si elle était saine. Mais au printemps
de l'année suivante, au lieu du papillon qu'on attendait, on voit
sortir du cocon un grand Ichneumonien qui s'est ouvert un passage
en perçant un trou rond dans la chrysalide qui le renfermait.
C'est dans le mois de juin que paraît cet insecte, qui se classe
dans le genre *Peltastes*, Lat., ou dans le genre *Metopius*, Grav.
L'espèce est le *Metopius micratorius*, Grav.

VII. *Metopius micratorius*, Grav.— Longueur, 12 mill. Il est noir ;
les antennes ont presque la longueur du corps ; elles sont épaisses,
droites, atténuées vers l'extrémité, noires en dessus, de couleur
d'ocre en dessous, avec les deux premiers articles jaunes en dessous ; la tête est noire avec la face jaune ainsi que la bouche ; les
mandibules sont noires à l'extrémité ; le thorax est noir, ponctué,
marqué d'une ligne en avant des ailes, d'une tache ovale et d'un
point au-dessous de couleur jaune ; l'écusson est carré, avec une
ligne jaune au bord postérieur ; l'abdomen est trois fois aussi long
que le corselet, déprimé, rugueux ; le premier segment est un peu
rétréci ; les premier, troisième, quatrième, cinquième, sixième
segments sont bordés de jaune ; le deuxième porte un point jaune
de chaque côté ; les pattes sont jaunes, avec le dessus des cuisses
antérieures et moyennes noir, ainsi que les hanches postérieures et
la moitié inférieure des cuisses de la même paire ; les ailes sont
transparentes, lavées de jaune, un peu moins longues que l'abdomen, à nervures et côtes rousses et écaille alaire noire.

———

14. — LA NOCTUELLE GRÊLE.

(*Orthosia gracilis*, Dup.)

La chenille de cette Noctuelle vit sur les pommiers et s'y rencontre à la fin du mois de mai. Ell s'établit à l'extrémité d'une

jeune pousse, entre les feuilles qui la garnissent, et ronge cette extrémité qui est tendre et herbacée, ce qui oblige les feuilles à se replier, à pendre et empêche le bourgeon de s'allonger. A cette époque, elle a environ 25 mill. de longueur. Elle est un peu fusiforme, c'est-à-dire un peu atténuée aux deux extrémités ; la tête est verdâtre, piquetée de brun ; les antennes sont vertes, à dernier article noir ; les mandibules et le labre sont verdâtres. On voit de chaque côté de la tête quatre points noirs, brillants, disposés en arc, qui sont les yeux ; le dessus du corps est vert, marqué d'une ligne dorsale blanche et de chaque côté de celle-ci d'une ligne plus fine de la même couleur ; puis ensuite d'une bande verte foncée, parallèle à ces lignes, et enfin d'une bande jaune dans laquelle s'ouvrent les stigmates ; les seize pattes sont d'un vert blanchâtre. Cette chenille se nourrit très bien des feuilles de pommier qu'on lui sert.

Vers le 6 juin, elle change de peau et ses couleurs sont un peu modifiées. La tête devient d'un fauve testacé ; elle est marquée en devant d'une tache brune en forme de V ; le labre est grisâtre ; le dessus du corps est brun, pointillé de blanc, avec trois lignes longitudinales blanches et un point blanc sur chaque segment, situé entre la dorsale et la costale. La bande placée au-dessus des stigmates est d'un brun plus foncé que le dos et se fond insensiblement avec ce dernier ; elle est bordée d'une ligne blanche contiguë à la bande stigmatale jaune ; le ventre est verdâtre.

Parvenue à toute sa taille vers le 18 juin, elle descend de l'arbre qui l'a nourrie et entre dans la terre où elle se change en chrysalide ovée-conique, ferrugineuse, lisse, luisante, longue de 15 mill. Le papillon n'éclot que dans les premiers jours du printemps suivant.

Il se classe dans la tribu des Noctuélites et dans le genre *Orthosia* ; son nom entomologique est *Orthosia gracilis* et son nom vulgaire *Noctuelle grêle*.

1. *Orthosia gracilis*, Dup. — Longueur, 18 mill. Les ailes, pliées dans leur position naturelle, forment un toit terminé par une

arrête au-dessus du dos; les antennes sont jaunâtres, ciliées chez les mâles, les cils diminuant de longueur vers l'extrémité où ils finissent par disparaître, et filiformes chez les femelles, notablement longues. Les yeux sont brun-rougeâtre; le troisième article des palpes est cylindrique, blanchâtre et dépasse un peu le front; les deux autres sont velus, d'un gris noirâtre; la trompe est cornée; la tête et le corselet sont d'un gris de souris; ce dernier est revêtu de longs poils qui recouvrent la base des ailes; les supérieures sont d'un gris-cendré uniforme; la tache ronde et la tache réniforme sont bien marquées d'un gris plus foncé et entourées d'une ligne blanchâtre; entre la tache réniforme et l'extrémité de l'aile se trouve une ligne courbe formée de points noirs isolés, et ensuite une ligne blanchâtre à peu près parallèle au bord postérieur; la frange tire sur le marron; les ailes inférieures sont noirâtres à l'extrémité et d'un blanc jaunâtre à la base; elles sont piquetées de noirâtre et marquées d'un point central noir; l'abdomen des femelles est terminé en cône obtus et celui des mâles finit carrément.

On ne connaît aucun moyen d'éviter les dégâts que peut causer cette chenille, qui n'est pas dangereuse lorsqu'elle se contente de ronger les feuilles, mais qui est nuisible aux jeunes arbres lorsqu'elle mange les premiers bourgeons et empêche la croissance des jeunes branches. On devra la chercher à l'extrémité des pousses de mai des pommiers plantés depuis deux, trois ou quatre ans et l'écraser. On ne négligera pas de ramasser ses chrysalides lorsqu'on les trouvera en labourant le jardin.

15. — LES TORDEUSES DES ARBRES FRUITIERS.

(*Argyrotoza holmiana*, Dup.)

On doit ajouter une nouvelle Tordeuse à celles qui sont décrites dans le petit traité des *Insectes nuisibles aux arbres fruitiers*, etc., c'est l'*Argyrotoza holmiana*, Dup., qu'on trouve assez communément dans les jardins et les vergers. La chenille de ce petit Lépidoptère plie en deux les feuilles des pommiers et des poiriers et se nourrit du parenchyme de l'intérieur de son logement sans mettre ce dernier à jour. Parvenue à toute sa taille, dans la seconde quinzaine de mai, elle tapisse d'une fine toile de soie blanche sa demeure et se change en chrysalide d'un brun jaunâtre avec des spinules sur le dos de l'abdomen. Le papillon éclot vers le 18 juin. Il se classe dans la tribu des Tordeuses et dans le genre *Argyrotoza*. Son nom entomologique est *Argyrotoza holmiana*, Dup., et son nom vulgaire *Tordeuse holminne*.

1. *Argyrotoza holmiana*, Dup. — Longueur, 8 mill. (ailes pliées). Les antennes sont ferrugineuses à la base, brunes à l'extrémité, filiformes, de la moitié de la longueur du corps ; la tête et les palpes sont fauves ; ces derniers sont portés en avant ; le deuxième article est velu, plus épais à l'extrémité qu'à la base ; le troisième est nu, à peine saillant ; ses yeux sont verdâtres ; les ailes supérieures sont larges, arquées à la côte, sinuées à l'extrémité, de couleur ferrugineuse, avec une tache jaune à la base en forme de bande qui atteint le bord interne ; le bord postérieur est de la même couleur ; la partie moyenne, ferrugineuse, est glacée de nuages argentés formant trois bandes irrégulières, incomplètes et présente à la côte une tache blanche triangulaire, notablement grande ; la frange est d'un jaune pâle ; les inférieures sont noirâtres ; l'abdomen est testacé en dessus, blanchâtre en dessous, ainsi que les pattes.

On ne connait pas d'autre moyen de se débarrasser de cet insecte que d'écraser sa chenille dans la feuille pliée qu'elle habite, ce que l'on fait en la pressant entre deux doigts.

Ses parasites n'ont pas encore été observés.

16. — LA PYRALE ROSERANE.

(Cochylis roserana, Dup.)

Il n'est pas rare de voir les vignes des côteaux et les ceps qui
ornent les façades des maisons ainsi que les treilles des jardins
endommagés par une petite chenille, qui se montre au moment
de la floraison du raisin et qui produit quelquefois autant de
dégâts que la Pyrale de la vigne (*Œnophthira pilleriana*). Cette
petite chenille lie ensemble, avec des fils de soie, les grains
voisins d'un grapillon au moment de la fleur; elle se tient au
milieu d'eux et les ronge pour se nourrir. Elle s'avance ensuite,
lie de nouveaux grains et les mange comme les premiers, se
tenant toujours à couvert au milieu des débris qu'elle a produits.
Elle continue à dévorer le raisin en fleur jusqu'à ce qu'elle
soit rassasiée et qu'elle ait pris toute sa croissance, ce qui a lieu
du 25 au 30 juin. Alors elle quitte son habitation et va se réfugier
dans une fissure de l'échalas, ou sous l'écorce soulevée du cep
où elle ne tarde pas à se changer en chrysalide. Il y en a cependant un certain nombre qui transportent le petit paquet de débris
dans lequel elles ont vécu dans un lieu voisin et retiré, qui l'y
fixent avec un tissu de soie et s'y renferment comme dans un
fourreau assez fortement tissu pour braver la pluie; elles s'y
changent en chrysalides, mais ces dernières ne se transforment
pas en papillons en même temps que les premières. Il y a quelquefois deux, trois, quatre chenilles dans le même raisin, qui
le dévorent presqu'en entier.

Parvenue à toute sa taille, la chenille à 8 à 10 mill. de long.
Elle est d'un brun rougeâtre; la tête est de la même couleur, mais
plus foncée que le corps; le premier segment est noir, luisant en
dessus et le dernier est noirâtre aussi en dessus; les autres
segments portent des points verruqueux, larges, plats et bruns,
surmontés d'un poil; les pattes sont au nombre de seize dont les

six écailleuses ou pectorales sont noires, et les dix autres de la couleur du corps.

Le papillon s'envole vers le 16 juillet; mais les chenilles qui sont restées dans leurs fourreaux ne se métamorphosent pas sitôt; elles attendent le printemps suivant, à ce que je suppose, et forment une réserve qui assure la conservation de l'espèce. Il éclot le soir et se tient caché, pendant le jour, sous une feuille ou contre une branche du cep, évitant la lumière et attendant que le soleil soit près de l'horizon pour prendre son essor et se livrer à ses ébats. Il est classé dans la famille des Nocturnes, dans la tribu des Tordeuses et dans le genre *Cochylis*. Son nom entomologique est *Cochylis roserana* et son nom vulgaire *Pyrale roserane*.

1. *Cochylis roserana*, Dup. — Longueur, 6 mill. les ailes pliées. La couleur générale est jaune d'ocre pâle marbré de plus clair et de plus foncé; les antennes sont filiformes, moins longues que le corps, jaunâtres à la base, brunissant vers l'extrémité; les palpes sont jaunâtres, notablement avancés; le deuxième article est triangulaire, écailleux; le troisième est petit et nu; le corselet est crêté; les ailes sont placées sur le corps en toit arrondi au sommet, serrées sur les côtés contre l'abdomen et relevées en queue de coq à l'extrémité; les supérieures sont traversées au milieu par une large bande, plus étroite au bord interne qu'à la côte, d'un noir bleuâtre, marbrée de noir, et bordées d'une frange blonde à l'extrémité, les inférieures sont noirâtres et bordées d'une frange blonde comme les supérieures; le dessus de l'abdomen est noirâtre; mais l'extrémité, le dessous et les pattes sont jaunâtres.

Ce petit Lépidoptère ne se montre pas tous les ans en notable quantité dans les vignobles d'une même contrée; dans certaines années on ne l'y remarque pas, dans d'autres il y est abondant. Il a été assez commun, cette année 1863, dans les vignes de Santigny, pour y causer un peu de dommage.

On ne connait aucun moyen de le détruire. On peut, si on a le temps, parcourir la vigne que l'on veut purger de cette vermine

au moment où elle se montre, examiner les raisins en fleur, porter
son attention sur ceux dont les fleurs sont liées en paquets et
écraser, avec les doigts ou avec une petite pince, dite bruxelle,
les chenilles cachées dans ces paquets. On n'a pas observé les
parasites qui lui font la guerre pour se nourrir de ses chenilles,
ni les autres ennemis naturels qu'il peut avoir. Il n'a paru aucun
parasite dans les boîtes où j'ai élevé des chenilles de cette pyrale
cette année, ce qui me fait conjecturer qu'elle sera plus commune
à Santigny en 1864 qu'elle ne l'a été en 1863.

Les vignerons ont remarqué depuis longtemps que dans certaines années les vers se mettent dans les fleurs de la vigne et
causent du dommage au raisin en proportion de leur nombre. Ils
pensent que si dans le moment où ce ver parait il tombe une forte
pluie, l'eau lave la vigne, nettoye la grappe et fait périr le ver.
Cette observation, qui est exacte en partie, pèche en un point
important; c'est que la pluie ne tue pas le ver. Ce dernier ne
quitte les grappes que pour se réfugier dans un lieu secret, propice
à ses métamorphoses, et comme l'accroissement de tous les vers
d'une nichée exige le même temps, leur disparition des grappes
se fait le même jour ou au plus en deux jours, et si à ce moment
il tombe par hasard de la pluie qui nettoye le raisin, on aura conclu
à tort qu'elle a fait périr les vers.

—

17. — LA MINEUSE DES FEUILLES DU POMMIER.

(*Cemiostoma scitella*, Stain.)

Vers le milieu du mois de juin on remarque des feuilles de pommier qui portent des taches noirâtres sur leur surface supérieure.
Quelquefois il n'y a qu'une tache sur une même feuille, d'autres
fois il y en a deux ou trois. Si on les examine de près, on voit
d'abord qu'elles sont rondes, sensiblement circulaires, de 5 à 6
mill. de diamètre et formées de cercles concentriques qui se tou-

chent et que le dernier de ces cercles, le plus grand, est blanchâtre. On en trouve aussi qui sont ovales, d'un diamètre plus
considérable; mais aucune n'est apparente sur la surface inférieure
de la feuille. L'épiderme supérieur est libre sur toute l'étendue de
la tache et recouvre une quantité considérable de très petits grains
noirs qui sont les excréments rendus par une très petite chenille
qni a fait l'ouvrage que l'on vient de décrire. Cette chenille sort
d'un œuf pondu sur la feuille; dès sa naissance, elle s'introduit
sous la membrane supérieure et ronge circulairement autour d'elle
pour se nourrir et agrandit son cercle à mesure qu'elle prend de
la croissance. Elle ne ronge pas le parenchyme compris entre les
deux épidermes dans toute son épaisseur, elle n'en mange que la
moitié supérieure; elle laisse ses excréments dans sa galerie et ce
sont les petits grains noirs qu'elle rend qui donnent la couleur noirâtre à la tache et comme elle n'en dépose point sur le cercle extérieur où se trouve sa tête, il reste blanchâtre.

Lorsqu'elle a atteint toute sa taille, du 15 au 20 juin, elle a 3
à 4 mill. de longueur; sa tête est noire avec une petite tache jaune
de chaque côté; son corps est d'un blanc légèrement verdâtre; les
segments sont bien séparés, le premier est noir; les pattes thora-
ciques sont noires; les abdominales, si elles existent, sont si
petites qu'on ne les distingue pas; la tête et le corps sont déprimés
comme il convient à une chenille qui doit se tenir entre les deux
membranes d'une feuille sans augmenter l'épaisseur de cette dernière.

N'ayant plus besoin de prendre de la nourriture, elle sort de son
habitation et se réfugie sous une feuille ou contre une branche de
l'arbre qui l'a nourrie et s'y file un cocon de soie blanche ayant la
forme d'une faîne, c'est-à-dire ovalaire, terminé en pointe aux deux
extrémités, ayant une arrête élevée, longitudinale en dessus; il est
formé de trois plans, comme un prisme triangulaire. Le petit papillon en sort le 20 juillet. C'est une petite merveille pour la beauté
et il ne lui manque que la taille pour exciter notre admiration. Il
fait partie de la famille des Nocturnes, de la tribu des Tinéites et du

genre *Cemiostoma*. Son nom entomologique est *Cemiostoma scitella*,
Stain. Duponchel le place dans son genre *Opostega* et l'appelle
Opostega scitella.

1. *Cemiostoma scitella*, Stain. — Longueur, 2 mill. 1/2, ailes
pliées. Les antennes sont filiformes, grisâtres, de la longueur du
corps; les ailes supérieures sont placées en toit arrondi au sommet
et serrées contre les côtés du corps qu'elles dépassent ; elles sont
d'un blanc argenté brillant, et portent sur la région qui s'étend du
milieu à la frange une raie d'or en zig-zag, accompagnée extérieurement d'une tache noire veloutée, coupée en deux par une petite
tache violette argentée, elles sont bordées d'une longue frange
blanchâtre au bord interne et d'une pareille frange au bord postérieur, entrecoupée de poils noirs formant deux pinceaux diver-
gents; les inférieures sont d'un blanc grisâtre ; le corps, la tête et
les pattes sont d'un blanc de plomb brillant; les tibias sont terminés par un fort éperon. On ne distingue ni la trompe ni les palpes.

La chenille de ce petit Lépidoptère produit peu de dommage sur
les pommiers, dont elle mine quelques feuilles et ne mérite guère
qu'on s'en préoccupe, si ce n'est sous le rapport de la curiosité.
On peut s'en délivrer en enlevant les feuilles tachées qu'elle habite
et les livrant au feu. On doit faire cette opération avant le 20
juin.

—

18. — LA TEIGNE A FOURREAU DU POIRIER.

(*Coleophora hemerobiella*, Zell.)

On voit fréquemment sur les poiriers, dans les jardins, des
feuilles qui portent des petites taches noirâtres parfaitement rondes
ayant environ 2 mill. de diamètre et un petit trou au centre de
ce cercle; il y a quelquefois trois ou quatre de ces taches sur la
même feuille; la pellicule est détachée sur l'étendue de la tache ;
elle est sèche et privée de vie. Ces macules persistent jusqu'à la

chute et la destruction des feuilles. Pour en connaître la cause il faut observer les poiriers avec beaucoup d'attention du 15 au 25 mai; plus tard on ne la découvrirait pas. On remarque alors des tuyaux noirs dressés perpendiculairement sur les feuilles ou à peu près perpendiculairement, qui paraissent immobiles et qui y adhèrent assez solidement. Ils ont 9 mill. de long sur 2 mill. de diamètre. Si on en arrache un et qu'on le place couché sur une feuille on en voit bientôt sortir la tête, puis les deux premiers segments d'une très petite chenille qu'il renferme; on le voit se redresser et on remarque que cette chenille perce l'épiderme avec ses dents, introduit sa tête en dessous et que son fourreau est en peu de temps aussi solidement planté qu'auparavant. C'est donc une petite chenille renfermée dans un fourreau qui a fait toutes les taches noires circulaires que l'on voit sur les feuilles. Dès qu'elle a introduit sa tête sous la membrane elle ronge tout autour du trou d'entrée, puis elle fait sortir son premier segment et ses deux pattes antérieures, ce qui lui permet d'aller plus loin et d'agrandir son cercle; elle met dehors de son fourreau le deuxième segment, et après le deuxième, le troisième, et poursuit ainsi son excursion aussi loin que possible, car elle doit toujours rester dans son tuyau avec la faculté d'y rentrer à volonté, ce qui l'oblige à ne mettre dehors au plus que la tête et les trois premiers segments. Dès qu'elle ne peut plus atteindre de nourriture, ce qui arrive lorsque sa mine a acquis deux à trois mill. de diamètre, elle change de place et va s'établir sur un autre point de la feuille.

Le fourreau est cylindrique, noir, revêtu de quelques poils couchés, ressemblant au duvet des feuilles du poirier. De chaque côté, tout le long, règne une sorte de couture; il semble que les bords réunis forment une légère saillie sur quelques points. L'extrémité fixée à la feuille est formée de trois petites collerettes peu saillantes et l'ouverture se trouve dans un plan oblique. L'extrémité opposée est formée de trois plans qui se touchent, mais qui peuvent s'écarter et qui présentent alors une ouverture triangulaire. Lorsque la chenille veut rendre ses excréments elle recule dans son tuyau, fait sortir son derrière par l'ouverture, puis elle se vide; après quoi elle rentre, et la porte se referme. Lorsque la chenille s'arrête sur un point pour manger elle a soin de fixer son tuyau à la feuille avec des fils de soie qu'elle attache tout autour de l'entrée et c'est par ce moyen qu'elle lui donne de la stabilité. Elle a l'instinct de construire ce tuyau, de l'abandonner lorsqu'il devient trop étroit et trop court et d'en fabriquer un autre d'une dimension convenable. C'est avec l'épiderme de la feuille qu'elle le construit, employant un art aussi simple; qu'admirable. Pour s'en faire une idée, il faut lire le mémoire de Réaumur sur *les Teignes qui se font des fourreaux avec des membranes de feuilles* (T. 3, p. 97.)

Lorsque la chenille a pris tout son accroissement elle quitte la feuille sur laquelle elle a vécu et se transporte sur' une branche ou un autre corps solide contre lequel elle fixe solidement son tuyau, puis elle se retourne et se change en chrysalide, et le petit papillon sort par le bout opposé vers le 21 mai.

Ce Lépidoptère est allongé, menu; il porte ses antennes horizon-talement réunies, droites en avant; elles sont simples et n'ont pas de pinceau de poils au premier article; les palpes sont courts, relevés en arc contre le front qu'ils ne dépassent guère; les ailes sont allongées, placées en toit arrondi sur le corps et dépassent l'abdomen; les supérieures sont frangées aux bords interne et postérieur; les inférieures sont lancéolées, étroites et frangées tout autour; ces caractères placent ce papillon dans la famille des Tinéites et dans le genre *Coleophora*; son nom entomologique est *Coleophora hemerobiella*, Zell, et son nom vulgaire *Teigne à fourreau du poirier*.

1. *Coleophora hemerobiella*, Zell. — Longueur, 7 mill., ailes pliées. Les antennes sont filiformes, simples, blanches, annelées de gris; la tête et le corselet sont blancs, les yeux noirs et les palpes noirâtres; les ailes supérieures sont blanches, couvertes de petits traits et de points très fins noirâtres, ce qui les rend grises;

on y voit un point noir plus gros sur chacune aux 2/3 à partir de la base ; la frange est blanchâtre ; les inférieures sont très étroites, lancéolées, noires, frangées des deux côtés ; l'abdomen est d'un blanc légèrement gris ; les pattes sont grises et les tarses annelés de blanc et de gris.

Ce petit papillon est peu nuisible. Il intéresse plutôt la curiosité des entomologistes qu'il n'excite la crainte des jardiniers, et si j'en ai parlé, c'est pour faire connaître la cause des taches noires, circulaires, percées au centre, que l'on voit fort souvent sur les feuilles des poiriers. Si l'on tenait à détruire la petite chenille qui les produit, il faudrait rechercher avec soin les tuyaux noirs dans lesquels elle se tient, les enlever de dessus les feuilles et les brûler. Cette recherche doit être faite pendant le mois de mai.

—

19. — LA CÉCYDOMYIE DU FRAMBOISIER.

(*Lasioptera obfuscata*, Macq.).

Les framboisiers présentent quelquefois une altération remarquable. Leurs tiges se couvrent de tubérosités ou de bosses irrégulières, arrondies ou oblongues, de la grosseur d'une noisette ou d'une noix, occupant un des côtés seulement, environ la moitié du contour de la tige. Certaines tiges ne portent qu'une galle, d'autres en portent deux ou trois, mais quel qu'en soit le nombre, elles s'élèvent toutes sur l'emplacement d'un bourgeon qu'elles ont empêché de se développer. Si on ouvre une de ces galles on voit qu'elle est formée par l'expansion de la matière ligneuse qui s'est introduite entre les fibres du bois et les a fait écarter ; elle est une véritable varice végétale. La moëlle centrale et le bois contigu sont réduits en poussière noirâtre et présentent une masse désorganisée dans laquelle se trouvent des petites cavités irrégulières, et dans ces cavités vivent des petites larves rouges, auteurs de

tout ce désordre. Outre ces vers rouges on en remarque d'autres
qui sont blancs et qui se tiennent au milieu d'eux, les mangeant
à leur aise Ces larves blanches, après avoir dévoré les larves
rouges contenues dans une cellule, passent dans la cellule voisine
pour en manger les habitants et continuent ainsi jusqu'à ce qu'elles
aient pris leur entière croissance. Les larves rouges qui ont
échappé à la dent de leurs ennemis s'enveloppent dans une toile
de soie blanche très fine et très mince, dans laquelle elles se changent en chrysalides et ensuite en insectes parfaits qui s'échappent
de leur nid dans les premiers jours de mai.

Cette larve, parvenue à toute sa taille, a 2 mill. de long. Elle est
étroite, ovalaire, allongée, déprimée; sa tête est petite, conique,
molle, dépourvue de mâchoires et de crochets; mais le dessous
du premier segment porte une petite lame pectorale servant à
broyer les aliments. Le corps est formé de onze segments dont le
dernier est simple et arrondi ; elle est privée de pattes.

L'insecte parfait est de l'ordre des Diptères, de la famille des
Némocères, de la tribu des Gallitipulaires et du genre *Lasioptera*.
Son nom entomologique est *Lasioptera obfuscata*, Meig., et son
nom vulgaire *Cécydomyie du framboisier*.

1. *Lasioptera obfuscata*, Meig. — Longueur, 2 millim. Les
antennes sont noires et atteignent le milieu du corselet; elles
sont composées de quatorze articles diminuant de grosseur de la
base à la pointe; la tête et le thorax sont noirs, velus, avec des
poils blancs à l'extrémité de ce dernier; l'écusson est rougeâtre ;
l'abdomen est de la longueur et de la largeur du corselet, velu,
noir, ayant ses segments bordés d'une large bande de poils blancs;
les cuisses et les tibias antérieurs et moyens sont couverts de
poils blancs, fins et courts; les postérieurs sont noirs; les tarses
antérieurs et moyens sont noirâtres; les postérieurs sont blancs,
à premier article très long; les ailes sont blanchâtres, couchées
sur le dos et dépassent l'abdomen; leur côte est noire, marquée
d'un point blanc.

Aussitôt après sa naissance, cette Tipulaire s'accouple, et la femelle va pondre sur les framboisiers. Elle dépose ses œufs sous les écailles qui couvrent les yeux d'où les bourgeons doivent naître. Les petites larves, en rongeant les bourgeons naissants, les empêchent de se développer et occasionnent les excroissances variqueuses dont on vient de parler.

La larve dont il a été question plus haut, qui mange celle de la Tipulaire, acquiert 3 mill. de long; elle est blanche, ovoïde, allongée, molle, apode et formée de treize segments, sans compter la tête qui est petite, ronde et en partie rentrée dans le premier; le dernier segment est un petit bouton qu'on pourrait regarder comme un appendice du douzième, qui serait le dernier; il n'y aurait alors que douze segments; le corps est garni de poils isolés, mais ceux du dessous sont plus gros, plus raides que ceux du dos, ce sont des espèces de soies; elle se transforme en chrysalide dans son berceau et l'insecte parfait se montre vers le 10 juin.

Il se rapporte au genre *Callimone*, démembrement de celui de *Torimus*, N. D. E., de la tribu des Chalcidites. Son nom entomologique est *Callimone muscarum* (*Torymus muscarum*, N. D. E.)

VIII. *Callimone muscarum*, Spin. — ♀. — Longueur, 3 mill. (sans la tarière). Elle est d'un vert doré brillant; les antennes sont noires, à premier article jaune en dessous; la tête est verte, dorée; les yeux sont d'un rouge brun; le thorax est ponctué, vert doré; l'abdomen est subpédiculé, ovalaire, de la longueur du thorax, lisse, luisant, vert doré; les pattes sont jaunâtres, avec les hanches vertes, le milieu des cuisses postérieures verdâtre et le milieu des tibias postérieurs brun; les ailes sont hyalines, dépassant l'abdomen, à nervure testacée; la tarière est de la longueur de l'insecte.

♂. Longueur, 2 mill 1/2. Il ressemble à la femelle, sauf que le premier article des antennes est vert; que les cuisses postérieures sont vertes avec la base et l'extrémité jaunes; que le milieu des tibias postérieurs et le milieu des cuisses moyennes sont noirâtres.

Ce parasite n'est pas le seul qui attaque les larves de la Cécydomyie du framboisier et qui contribue à nous en délivrer ; il en
existe encore deux autres dont l'un est un très petit Hyménoptère
pupivore de la tribu des Oxyuriens et du genre *Platygaster*, dont
la femelle a l'adresse de pondre ses œufs dans le corps des larves
de la Tipulaire. La larve parasite dévore les entrailles de sa nourrice et se transforme en chrysalide dans sa peau, qui lui sert de
coque. L'insecte parfait se montre du 43 mai au 22 juin. L'espèce
me paraît se rapporter au *Platygaster niger*, N. D. E. Je n'en suis
cependant pas très sûr.

IX. *Platygaster niger*, N. D. E. — Longueur, 2 mill. Il est noir,
un peu luisant ; les antennes sont noires et atteignent le prothorax ;
elles sont insérées au bas de la face, et composées de dix articles ;
le premier long, courbé, renflé au milieu ; les six derniers ovalaires, bien séparés ; la tête est ronde et noire ; le thorax est noir,
ovalaire, plus large que la tête ; l'écusson est arrondi, relevé à
l'extrémité et mutique ; l'abdomen est noir, lisse, luisant, ovalaire,
à pédicule épais, sensiblement long, courbé en dessous à l'extrémité ; les pattes sont noires, avec les cuisses renflées au milieu et
les tibias en massue à l'extrémité ; les ailes sont de la longueur
de l'abdomen, légèrement obscures, sans aucune nervure.

Le deuxième parasite, dont je n'ai pas vu la larve, a paru le
22 juin. C'est un Chalcidite du genre *Eulophus*, N. D. E., que
les entomologistes modernes placent dans le genre *Cirrospilus* qui
en est un démembrement. Je lui ai donné provisoirement le nom
de la plante dans laquelle il se développe, c'est-à-dire, celui du
Rubus idæus.

X. *Cirrospilus rubi-idæi*, G. — ♀ Longueur, 3 mill. Il est noir,
luisant ; les antennes sont filiformes, de la longueur du thorax,
formées de huit articles, le premier long et jaune, les autres noirs,
un peu allongés, resserrés au milieu, les deux derniers sont soudés
ensemble ; tous ceux de la tige sont un peu velus ; la tête est noire,
transverse ; les yeux sont rouges (vivant) ; le thorax est ovalaire,

noir, luisant, un peu moins large que la tête; l'écusson est
arrondi ; l'abdomen est subsessile, ové-conique, prolongé en pointe,
deux fois aussi long que la tête et le thorax, noir, lisse, luisant ;
les pattes sont grêles ; elles sont, ainsi que les hanches, de couleur jaune ; les ailes sont hyalines et atteignent l'extrémité de
l'abdomen.

Je n'ai pas vu le mâle de cette espèce dont la femelle vient d'être
décrite. Pour s'opposer à la multiplication de la Cécydomyie du
framboisier, on doit couper les tiges chargées de galles dès qu'on
s'aperçoit de leur croissance et les brûler. Si les parasites que
l'on vient de faire connaître existent en même temps que cette
Cécydomyie, on peut s'en-rapporter à eux pour sa destruction.

—

20. — LA MOUCHE DE L'ÉPINE-VINETTE.

(*Tephritis Meigeni*, Lœw.)

Les fruits de l'Epine-Vinette, appelée aussi Vinetier, Berberis,
arrivent à leur maturité vers le 20 septembre et c'est à cette
époque qu'on les récolte pour en faire des confitures d'une excellente qualité. Lorsqu'on cueille ces fruits, disposés en grappes
rouges à grains ovales, allongés, on doit avoir le soin de les
examiner avec attention pour reconnaître s'ils sont sains et s'ils
ne renferment pas des vers qui en rongent la pulpe, car ils sont
sujets à cet inconvénient. Les grains qui présentent une tache
noire, une petite cicatrice, un trou, ceux qui sont flétris, qui sont
mollets et qui cèdent facilement à la pression du doigt sont ordinairement véreux et renferment une larve blanche qui les ronge ;
ils doivent être rejetés. Il n'y a ordinairement qu'une seule larve
dans un grain, mais quelquefois on observe deux trous sur ce
dernier, ce qui indique qu'il a nourri deux larves. A l'époque du
20 septembre les larves ont consommé toute la pulpe du fruit, qui
tombe spontanément de l'arbuste, ce qui permet aux larves, qui

ont acquis toute leur croissance, d'en sortir sans accident, de s'en-
foncer un peu dans la terre et de s'y changer en pupes.

Cette larve, au moment de sa sortie, a 5 mill. de longueur. Elle
est blanche, molle, glabre, apode, de forme ovalaire allongée,
atténuée en pointe au bout antérieur ; la tête est conique, mem-
braneuse, rétractile, armée d'un double crochet noir renfermé
dans la bouche ; le corps est formé de onze segments ; les stigmates
antérieurs sont saillants et placés au bord postérieur du premier ;
ils sont jaunâtres et ressemblent à une petite coupe à bords fes·
tonnés ; les stigmates postérieurs sont jaunâtres, saillants, de forme
cylindrique et leur extrémité est divisée en trois lobes.

La pupe est jaunâtre, longue de 3 mill., cylindrique, arrondie
aux deux extrémités, avec deux petites pointes au bout postérieur
et deux autres pointes peu sensibles à l'extrémité opposée. Elle
reste dans la terre pendant l'hiver et le printemps et se transforme
en diptère vers le 4 juin. Ce dernier entre dans la famille des
Athéricères, dans la tribu des Muscides, la sous-tribu des Téphri-
tides et le genre *Tephritis*. Son nom entomologique est *Tephritis
Meigeni*, Lœw., et son nom vulgaire *Mouche de l'Epine-Vinette*.

1. *Tephritis Meigeni*, Lœw. — Longueur, 3 mill. La couleur
générale est jaune d'ocre ; la face est jaune et les joues blanchâtres'; le front et les antennes sont jaune d'ocre ; on voit
quelques poils noirs sur la tête ; ceux du front sont courts et
couchés en devant ; ceux du derrière sont couchés en arrière ; le
thorax est jaune d'ocre avec une bande jaune en avant des ailes ;
l'écusson est jaune et le sous-écusson noir ; l'abdomen est jaune
d'ocre, brunissant un peu vers le quatrième segment ; les pattes
sont jaunes d'ocre avec le dernier article des tarses brunâtre ; les
ailes sont hyalines, traversées par trois bandes noirâtres ; la première, depuis la côte jusqu'au bord interne ; la deuxième très
courte au bord extérieur ; la troisième commençant à la deuxième
nervure transversale, la couvrant et atteignant le bord interne ; la
tarière de la femelle est noire.

Dès que cette mouche est éclose, elle s'accouple, et la femelle fécondée va pondre ses œufs sur les grains d'Epine-Vinette, qui commencent à nouer ; elle n'en confie ordinairement qu'un à chaque grain.

Les larves de cette mouche sont attaquées par un parasite dont la femelle pond ses œufs, un à un, dans leur corps. La larve sortie de l'œuf du parasite se développe dans les entrailles de sa nourrice sans l'empêcher de croître et de se changer en pupe ; mais au lieu de voir un diptère sortir de cette pupe on en voit sortir un petit Ichneumonien qui prend son essor le 21 juin et les jours suivants. Ce petit Ichneumonien se range dans la sous-tribu des Braconites et dans le genre *Alysia*. Ne l'ayant pas reconnu parmi les espèces décrites par Nées d'Esembeck, je lui ai donné le nom provisoire de *Ferrugator*.

XI. *Alysia ferrugator*, G. — ♂. Longueur, 2 mill. Il est noir, luisant ; les antennes sont filiformes, noires, de la longueur du corps, composées d'environ trente articles dont la base des deux premiers est fauve ; la face et le bord des yeux sont ferrugineux ; les palpes et la bouche sont fauves ; le vertex est noir ; le thorax est noir, lisse, luisant, ovalaire, avec un sillon au milieu du dos ; l'abdomen est ovalaire, de la largeur du thorax, un peu plus long que lui ; le premier segment est atténué en pédicule très court, rugueux en dessus, noir ; le deuxième est noir ou fauve ; le troisième noir, ayant quelquefois le bord antérieur fauve ; les autres sont noirs ; les hanches et les pattes sont fauves ; les ailes sont hyalines à stigma épais et noir, les nervures noires ; la première cellule cubitale est grande, carrée ; la deuxième allongée, rétrécie à l'extrémité ; la nervure récurrente est interstitiale.

♀. Longueur, 4 mill. — Elle est courte, épaisse, ferrugineuse ; les antennes ressemblent à celles du mâle ; la tête est ferrugineuse, lisse, luisante ; le thorax est ferrugineux en dessus, avec une impression longitudinale au milieu, noir en dessous ; l'écusson est ferrugineux ; l'abdomen est ovale, de la longueur du thorax, un peu plus large ; le premier segment est noir, rugueux ; les deuxième et troisième sont ferrugineux ; les autres noirâtres, avec une nuance ferrugineuse ; les ailes sont légèrement noirâtres, avec une petite ligne hyaline à la base de la cellule radiale ; le tarière est de la longueur des deux derniers segments de l'abdomen.

C'est avec doute que j'ai placé cet Ichneumonien dans le genre *Alysia* ; il vaudrait peut-être mieux le mettre dans le genre Bracon ; mais, en réalité, par ses caractères il ne se rapporte correctement ni à l'un, ni à l'autre.

Ce parasite fait quelquefois une immence destruction de la *Tephritis Meigeni* et en délivre pour quelque temps les Berberis qu'elle a envahis.

21. — LA SCOLOPENDRE CARPOPHAGE.

(Geophilus carpophagus, Leach.).

Lorsque les abricots sont mûrs et sont encore sur l'arbre on en remarque assez fréquemment quelques-uns qui sont blessés, qui portent un trou plus ou moins profond dans lequel se trouve un animal très long, filiforme, pourvu d'un très grand nombre de pattes, lequel est établi dans ce gîte pour y vivre à son aise et se nourrir de la pulpe du fruit. Il se tient dans un trou commencé par une guêpe ou bien il le pratique lui-même avec ses mandibules. On le trouve quelquefois dans les autres fruits mûrs, mais plus rarement que dans l'abricot qu'il préfère. Il ne subit pas de métamorphoses, mais de simples mues ou changements de peau pendant sa croissance. Il se cache dans la terre où il dépose ses œufs et se tient aussi sous les feuilles tombées ou sous les écorces soulevées, recouvrant de l'humidité.

Cet insecte fait partie de l'ordre des Myriapodes (mille-pieds), de la famille des Chilopodes (cent-pieds), de la tribu des Scolopendrites, et du genre *Geophilus*. Son nom entomologique est *Geophilus carpophagus*, et son nom vulgaire *Scolopendre carpophage* ou *Scolopendre des fruits*.

1. *Geophilus carpophagus*, Leach. — Longueur, 66 mill. Il est linéaire, un peu déprimé, très étroit relativement à sa longueur ; les antennes sont moniliformes, fauves, trois fois aussi longues que la tête ; celle-ci est ovale, un peu plus longue que large, fauve, privée d'yeux ; le corps est marqué sur le dos d'une ligne d'un brun violet bordée de jaunâtre ; les segments sont très nombreux!; chacun d'eux est formé de deux pièces en dessus et d'une seule en dessous et paraît composé de deux anneaux ; tous les segments, excepté le premier et le dernier, portent deux paires de pattes d'un jaune pâle, c'est-à-dire autant de paires que le dos présente de segments ; le dernier est de couleur fauve.

Lorsqu'elle est adulte, cette Scolopendre répand dans l'obscurité une lumière phosphorique comme celle du ver-luisant (*Lampyris noctiluca*), mais un peu moins vive.

On ne connait aucun moyen de détruire cet insecte qui ne produit pas un grand dégât. On ne doit cependant pas l'épargner lorsqu'on le surprend dans un fruit.

INSECTES NUISIBLES AUX PLANTES POTAGÈRES.

22. — LA BRUCHE DU POIS CHICHE.

(*Bruchus tristis*, Schœn.)

Le pois Chiche ou Garvance, appelé Garbanços par les Espagnols, est cultivé dans le midi de la France où il est très estimé pour les purées. Il réussit en Bourgogne et y mûrit fort bien lorsque les étés ne sont pas humides et froids, car j'en récolte à Santigny depuis sept ou huit années consécutives. Il est sujet aux atteintes d'une espèce particulière de Bruche dans les départements méridionaux, que je n'ai pas observée dans mon jardin parce qu'elle n'y a pas été transportée avec les semences. Il est extrêmement probable que cette Bruche a les mêmes habitudes que celles du pois, de la fève et de la lentille qui ont été exposées dans le petit traité sur les *Insectes nuisibles aux arbres fruitiers, aux plantes potagères*, etc., et qu'elle agit sur les pois Chiches comme ces dernières agissent sur les graines qu'elles rongent; c'est pourquoi je ne répéterai pas ici ce qu'on pourra lire dans l'ouvrage cité et je me contenterai de donner la description de l'insecte parfait dont le nom entomologique est *Bruchus tristis*, Schœn., et le nom vulgaire *Bruche du pois chiche*.

1. *Bruchus tristis*, Schœn. — Il est ovale, noir, parsemé d'une

pubescence grise ; les antennes sont noires, avec la base d'un
rouge testacé ; elles vont un peu en grossissant de la base à l'extrémité ; la tête est petite, avancée en museau court ; le corselet
est transversal, convexe, plus étroit en devant qu'en arrière,
bisinué à la base, marqué de points écartés sur le dos ; l'écusson
est couvert de poils blancs ; les élytres sont plus larges que le
corselet, deux fois aussi longues, presque carrées avec les angles
arrondis, à stries ponctuées, ayant les intervalles des stries poin-
tillés ; elles laissent le pygidium à découvert ; les pattes antérieures,
les genoux et les tibias intermédiaires sont d'un roux testacé ; le
reste des pattes est noir.

Il est fort important de ne pas semer des pois chiches, des
pois ordinaires, des fèves, des lentilles et des vesces renfermant
des Bruches, parce que ces insectes sortent de ces graines, bien
qu'elles soient enterrées par la charrue et viennent pondre sur les
plantes au moment où elles commencent à défleurir, dans le but de
propager leur espèce. On recommande pour obvier à cet inconvénient de placer, dès le mois de février, les pois, les lentilles, etc.,
destinés à la semence dans une chambre chauffée par un poêle. Les
Bruches, dégourdies par une chaleur élevée, sortiront des graines,
et il n'y aura plus qu'à les écraser. On sera certain après cette
opération de ne semer que des graines purgées d'insectes destructeurs.

—

23. — LE CHARANÇON DU NAVET.

(*Ceutorhynchus napi*, Schœn.)

Ce petit charançon produit d'assez grands dégâts dans les choux
de printemps et dans les colzas dont il dévore le cœur. On ne
s'est aperçu de sa présence que depuis quelques années seulement. Il était fort rare dans les environs de Paris, il n'y a pas plus
de quatre à cinq ans, c'est-à-dire vers 1858, et maintenant il y est

commun. Il nous est venu du Nord de proche en proche avec les colzas dont la culture, limitée longtemps au département du Nord, s'est répandue jusqu'aux environs de la capitale. On le trouve aussi dans les jardins dont il ravage les choux. Ses larves habitent en grand nombre les tiges de cette plante dont elles rongent le centre qui en est la partie la plus tendre. Elles commencent vers le collet de la racine, à ce que je suppose, et vont en montant; elles s'introduisent dans les rameaux qu'elles creusent jusque vers l'extrémité; elle mangent toute la moëlle centrale sans entamer le contour sous-ligneux qui n'est pas de leur goût. Elles creusent ainsi la tige et les branches, et laissent leurs excréments dans leurs galeries sous la forme de grains d'un brun jaunâtre. Elles n'occasionnent aucune déformation dans la plante, qui cependant est malade, rabougrie, n'ayant que des feuilles flétries et avortées et qui finit par périr. C'est au commencement du mois de mai qu'on s'aperçoit de la maladie des choux, qu'on juge qu'elle est déjà parvenue à un degré incurable et que la récolte est perdue.

La larve, à cette époque, est à peu près arrivée à toute sa croissance; elle a 5 à 6 mill. de long; elle est cylindrique, un peu atténuée aux deux extrémités, blanche, molle, glabre, apode; la tête est ronde et fauve, avec les mandibules et le labre d'un fauve brun; son corps est formé de douze segments indiqués par des plis qui se contrarient et qui sont assez difficiles à compter ; elle se tient assez souvent courbée en arc.

Dès qu'elle a pris toute sa croissance elle sort du chou, s'enfonce dans la terre à une petite profondeur et se construit une coque avec des parcelles de terre très fines qu'elle agglutine et lie faiblement. Cette coque est sphérique, de la grosseur d'un pois, brute à l'extérieur mais lisse en dedans. Elle s'y tient au repos, s'y change en chrysalide et ensuite en insecte parfait qui sort de terre dans les premiers jours de juillet pour s'accoupler et se répandre sur les choux et les navets.

Ce petit Curculionite appartient au genre *Ceutorhynchus*, comme celui qui produit des galles sur les racines du chou, et porte le nom entomologique de *Ceutorhynchus napi*, Schœn., et le nom vulgaire de *charançon du navet*.

1. *Ceutorhynchus napi*, Schœn. — Longueur, 3 mill. Il est noirâtre, couvert partout de squamules d'un gris légèrement jaunâtre; les antennes sont noires, terminées en massue ovale, acuminée; le rostre est long, filiforme, appliqué contre la poitrine dans le repos; le corselet est assez court, canaliculé sur le dos, très réfléchi en devant pour emboîter la partie postérieure de la tête, arrondi et élargi sur les côtés qui sont à peine tuberculés, profondément échancré sous la gorge; les élytres sont plus larges que le corselet à la base, deux fois 1/2 aussi longues, presqu'ovales, avec les épaules obtusément anguleuses, un peu plus courtes que l'abdomen, étroitement striées, les intervalles des stries ponctués, arrondies au bout; les pattes sont courtes et obtusément dentées.

Il est vraisemblable qu'une partie de la génération passe l'hiver dans la terre et n'éclot qu'au printemps pour se porter sur les colzas et les ronger. Elle s'accouple alors et les femelles pondent leurs œufs dans les tiges des choux et probablement dans celles des colzas, où leurs larves doivent se développer.

On ne connaît aucun moyen de s'opposer aux dégâts produits par ce Curculionite sous ces deux états de larve et d'insecte parfait. Ses parasites n'ont pas encore été observés.

———

24. — LES CHARANÇONS DES TIGES DU CHOU.

(*Baris picinus*, Ger.; *Baris cuprirostris*, Ger.)

Le chou cultivé dans nos jardins est rongé par un assez grand nombre d'insectes dont les uns se nourrissent des feuilles, les autres de la substance interne de la tige ou des racines et nous causent un notable préjudice lorsqu'ils se montrent en grand nombre. M. L. Dufour a signalé deux petits Curculionites nuisibles à cette plante potagère dont l'un se développe dans le collet et l'autre dans la partie inférieure de la tige. Ce sont les *Baris pici-nus*, Ger., et *Baris cuprirostris*, Ger. (1) je n'ai pas observé moi-même ces petits animaux et je me contente de rapporter ce qu'en dit ce célèbre entomologiste (2).

Les larves de ces deux petits Curculionites vivent dans la partie inférieure et le collet des vieilles tiges des choux de nos jardins. Je les y ai trouvées abondamment en septembre et octobre 1845, et c'est dans ce dernier mois qu'ayant apporté dans mon labora-toire plusieurs de ces tiges habitées, j'en ai obtenu les insectes parfaits.

Ces larves, apodes comme celles de tous les Curculionites, sont oblongues, cylindroïdes, courbées sur elles-mêmes, blanchâtres, avec la tête d'un roux pâle et les mandibules noires; à l'œil nu on les croirait glabres, mais avec le secours du microscope on aperçoit un poil isolé de chaque côté des segments fondamentaux du corps; ceux-ci sont fort difficiles à compter à cause des nom-breuses et variables plissures transversales du tégument; le nombre et la position des stigmates, ainsi que les poils dont j'ai parlé, mettront sur la voie pour les découvrir; quoique sans pattes elles ont au thorax six mamelons ambulatoires inarticulés dont la saillie est plus ou moins prononcée et qui constituent des pseudopodes; le bout du corps est dépourvu de tout appendice et est entier.

La larve se creuse dans la portion que nous venons d'indiquer de la tige du chou une galerie ovale, en se nourrissant de ses déblais. Il y a jusqu'à sept ou huit larves dans la même tige. Elles se redressent pour se transformer en nymphes. Celle-ci est nue, emmaillottée, d'un blanc subcristallin uniforme. Une bonne loupe constate à la région dorsale de la tête et du corselet des spinules pâles à base bulbeuse. Les segments dorsaux de l'ab-

(1) Selon M. le Dr Aubé, c'est le *B. chlorizans*. Schœn. et non le *B. cuprirostris* qui se développe dans les tiges du chou, près du collet.

(2) Ann. Soc. Ent. 1846.

domen offrent chacun quatre spinules semblables, deux latérales
et deux sur les côtés de la ligne médiane. Le dernier segment
présente, en outre, des piquants conoïdes un peu bruns. Les pattes
ne dépassent pas les élytres rabattues. Celles-ci ont des vestiges de
stries ou plissures longitudinales.

Cette description est relative au *Baris picinus*, Germ., qui
abonde dans ces tiges. Quant au *Baris cuprirostris*, Fab., provenu
aussi de ces dernières, il est plus rare et je n'ai point étudié ses
larves.

Mon observation directe m'a donné la certitude que le *Baris
picinus* (et sans doute aussi le *Baris cuprirostris*) se nourrit, à l'état
d'insecte parfait, de la substance même de la tige du chou.

Après avoir rapporté en entier le mémoire de M. L. Dufour,
sur ces deux Curculionites, il ne me reste plus qu'à en donner des
descriptions, en faisant observer que le genre *Baris* est compris
dans la tribu des Rhynchènites qui elle-même fait partie de la
famille des Porte-Bec.

1. *Baris picinus*, Germ. — Longueur, 3 mill. 1/2. Il est d'un
noir de poix luisant; les antennes sont courtes, épaisses, terminées
en massue ovale, obtuse; les yeux sont grands, écartés, noirs;
le corselet est rétréci en devant, arrondi sur les côtés, convexe
en dessus, noir, ponctué; les élytres sont de la largeur du corselet
à la base, presque deux fois aussi longues que ce dernier, ovales,
arrondies en arrière, d'un noir luisant couleur de poix, à stries
fines, dont les intervalles sont lisses; les pattes sont noires; le
rostre est allongé, presque cylindrique, arqué et noir.

La larve du *Baris cuprirostris* n'a pas été directement observée,
comme il est dit plus haut, mais l'insecte parfait se trouvant dans
les tiges de chou, suivant M. L. Dufour, en même temps que le
précédent, on peut admettre qu'elle y vit et qu'elle ressemble à
celle du *Baris picinus*.

Voici la description de cet insecte :

2. *Baris cuprirostris*, Germ. — Longueur, 4 mill. Le corps est

oblong, glabre en dessus, d'un vert doré brillant; le rostre est
cylindrique, courbé, d'un bronzé cuivreux; les antennes sont
noires, courtes, épaisses, terminées en massue ovale; le corselet
est vert doré, de la couleur de la tête, rétréci en devant, arrondi
sur les côtés, finement ponctué; les élytres sont ovales, de la largeur
du corselet, deux fois aussi longues, d'un vert doré brillant, à
stries fines dont les intervalles sont plats et lisses; les pattes sont
d'un bronzé noirâtre; le dessous du corps est de la même couleur
que le dessus: le dernier segment de l'abdomen dépasse un peu
les élytres.

M. le docteur Aubé, dont les connaissances entomologiques
sont si étendues et si sûres, m'a dit que ce n'est pas la larve du
Baris cuprirostris qui vit et se développe dans les tiges du chou,
au-dessus du collet de la racine, mais celle du *Baris chlorizans*,
Schœn. Je n'ai pas eu l'occasion d'observer cette larve et je ne
peux donner aucun détail sur sa forme, ni sur le travail qu'elle
fait dans les tiges du chou; je me contente de donner la description de l'insecte parfait.

3. *Baris chlorizans*, Schœn. — Longueur, 1 mill. Il est ovale,
d'un vert noirâtre, luisant et glabre; le rostre est cylindrique,
très arqué et noir; les antennes sont noires, courtes, épaisses,
terminées en massue ovale; le corselet est d'un vert noirâtre,
rétréci en devant, arrondi sur les côtés, convexe en dessus, finement ponctué; les élytres sont ovales, de la largeur du corselet
à la base, deux fois aussi longues, d'un vert un peu moins noir
que le corselet, arrondies au bout, à stries fines dont les intervalles
sont plans et lisses; les pattes sont presque noires.

Il est probable que ces insectes pondent leurs œufs dans la
partie inférieure des tiges des choux, soit au-dessus du collet,
soit sur le collet même, soit au-dessous, en y perçant un petit
trou avec leur rostre dans lequel ils introduisent un œuf, répétant
cette opération autant de fois qu'ils ont d'œufs à pondre. Les larves
sorties de ces œufs trouvent autour d'elles la nourriture qui leur

convient et prennent leur accroissement sans produire de déformation dans la tige de la plante.

Si on arrachait les tiges des choux immédiatement après en avoir récolté les feuilles ou la tête, au lieu de les laisser sur place pendant l'hiver et si on les brûlait aussitôt, il est probable qu'on détruirait beaucoup de ces petits animaux.

Je n'ai remarqué aucun des trois charançons décrits ci-dessus dans mon jardin, à Santigny, et je ne les ai pas trouvés dans les environs.

—

25 — LA CHRYSOMÈLE DE L'OSEILLE.

(Gastrophysa raphani.)

Dans certaines années dont la température est sèche, l'oseille (*Acetosa pratensis*), que l'on cultive dans les jardins pour la cuisine, ne végète pas avec une grande vigueur comme elle le fait dans celles où le temps est un peu humide, et alors on remarque quelquefois que ses feuilles sont rongées par un grand nombre de larves qui y causent un dégât très sensible. C'est pendant les mois de mai et de juin qu'on les voit occupées à dévorer cette plante.

Je n'ai pas eu l'occasion d'observer moi-même cet insecte qui ne s'est pas montré à Santigny depuis que j'habite ce pays; mais il est assez commun dans les environs de Paris, et M. le docteur Aubé m'a dit qu'il a souvent à s'en plaindre au Parc-aux-Dames, près de Crépy-en-Valois, et que ses plates-bandes d'oseille y sont fort maltraitées par cette petite larve. Je ne peux donc entrer dans aucun détail sur la forme et la couleur de celle-ci, sur le temps qu'elle met à prendre son entière croissance, sur le lieu qu'elle choisit pour se changer en chrysalide et sur le nombre de jours qu'elle passe sous cette forme. Il est vraisemblable qu'elle ressemble, quant à son organisation, aux larves connues des Chryso-

mêles et qu'elle subit ses métamorphoses d'une manière analogue
à ces dernières ; mais des conjectures ne sont pas suffisantes et
il faut des observations directes pour fixer ces différents points.

L'insecte parfait se montre de très bonne heure, car M. Aubé
l'a récolté sur l'oseille le 15 avril. On peut conjecturer qu'il
s'accouple et pond ses œufs à la fin de ce mois ou au commencement de mai, et que les larves croissent pendant le mois de juin
et peut-être celui de juillet. Il est vraisemblable qu'il éclot à la
fin de ce dernier mois et qu'il passe l'hiver dans un abri pour
reparaître au mois d'avril ; comme je viens de le dire, l'observation
seule peut établir ces faits d'une manière certaine.

Ce coléoptère fait partie de la famille des Cycliques, de la tribu
des Chrysomélines et du genre *Gastrophysa*. Son nom entomologique est *Gastrophysa raphani* et son nom vulgaire *Chrysomèle
de l'oseille*.

1. *Gastrophysa raphani* ; *Chrysomela raphani*, Fab. — Longueur, 5 mill. Elle est d'un vert un peu doré ; le corps est ovale ;
la tête est verte, ponctuée, un peu dorée ; les mandibules et les
palpes sont noirs ; les antennes sont filiformes, composées de onze
articles, dont le premier est un peu plus gros que les autres, dont
les quatre suivants sont verts et les autres noirs ; les yeux sont
noirâtres ; le corselet est plus large que long, arrondi sur les
côtés et en arrière, emboîtant le derrière de la tête, vert, brillant,
ponctué ; l'écusson est de la même couleur ; les élytres sont un
peu plus larges que le corselet, une fois et demie aussi longues
que larges, arrondies en arrière, avec les épaules un peu saillantes ; elles sont d'un vert doré brillant, à ponctuation forte et
irrégulière, comme chagrinées ; les pattes et le dessous du corps
sont verts.

L'abdomen de la femelle se gonfle considérablement lorsqu'elle
est près du moment de sa ponte, et c'est de cette tuméfaction que
le nom de *Gastrophysa* est tiré.

On doit récolter et tuer les larves et les insectes parfaits que

26. — LE PUCERON DU CHOU.

(*Aphis brassicæ*, Lin.)

On a parlé du puceron du chou (*Aphis brassicæ*, Lin.) dans le petit traité des *Insectes nuisibles aux arbres fruitiers, aux plantes potagères*, etc. Ce petit insecte se multiplie quelquefois d'une manière prodigieuse dans les années de sécheresse prolongée, alors que les choux souffrent et sont languisauts. On le rencontre sur d'autres plantes crucifères telle que la navette cultivée dans la Bourgogne comme plante oléagineuse, à laquelle il fait quelquefois beaucoup de tort.

Les jardiniers emploient un moyen très simple pour en délivrer leurs choux. Ils font dissoudre une poignée de sel gris dans un litre d'eau ; ils plongent un tampon de ouate dans ce liquide qu'ils pressent avec la main pour en exprimer une partie de l'eau, puis ils frottent les parties des feuilles attaquées avec l'éponge humide ; ce qui fait périr les pucerons sans altérer la plante.

—

27. — LA NOCTUELLE DU CHOU.

(*Hadena brassicæ*, Dup.)

L'histoire de ce Lépidoptère est donnée dans l'ouvrage plusieurs fois cité précédemment, ainsi que celle de l'un de ses parasites, qui est une mouche du genre *Tachina*, désignée sous le nom de *Tachina hadenæ*, G.

La chenille de la Noctuelle du chou, l'une des plus nuisibles

dans les potagers, est exposée aux atteintes d'autres parasites qui
en font périr un grand nombre et empêchent le papillon de se
multiplier de manière à nous priver de ce légume. Je pense qu'il
est convenable de faire connaître ces utiles auxiliaires, afin qu'on
les épargne si l'on vient à les rencontrer.

Le premier est un grand Ichneumonien dont la femelle pond un
œuf dans le corps de la chenille ; il sort de cet œuf une larve qui
se nourrit de la matière graisseuse qu'il renferme, ce qui n'empêche
pas la chenille de croître, comme si elle était saine, et de se changer
en chrysalide à l'époque accoutumée ; mais au lieu d'un papillon
on voit sortir de la chrysalide un Ichneumonien qui prend son
essor vers le 14 juin pour s'accoupler et aller pondre sur d'autres
chenilles de l'*Hadena brassicæ*. Cet Ichneumonien se classe dans
le genre *Exetastes*, Grav., et se rapporte à l'espèce appelée *Exetastes osculatorius*, Grav.

XII. *Exetastes osculatorius*, Grav. — Longueur, 11 mill. Les
antennes sont noires, de la longueur du corps, courbées à l'extrémité ; la tête est noire, la face jaune avec une ligne jaune à la
base du chaperon ; les mandibules sont jaunes, à pointe noire ; les
palpes blanchâtres ; le thorax est noir ; on y voit une ligne jaune
en avant des ailes et un point de la même couleur à la base des
premières ; l'écusson est noir avec l'extrémité jaune ; l'abdomen
est noir, luisant ; le premier segment est rétréci en pédicule non
filiforme ; le dos du deuxième est taché de fauve ; le dessus du
troisième et la base du quatrième sont fauves ; l'abdomen est un
peu comprimé, un peu plus long que la tête et le thorax ; les pattes
sont fauves, les hanches et les trochanters des premières sont
blanchâtres et tachés de noir ; les hanches et les trochanters des
deuxièmes, noirs, tachés de blanc ; ceux des dernières sont noirs ;
les tibias postérieurs sont bruns à l'extrémité ; les tarses attenants
ont les premier et cinquième articles fauves et les autres blancs ;
les ailes sont hyalines, plus courtes que l'abdomen, à nervures
noires et stigma testacé ; l'aréole est triangulaire à base brisée.

Cet Ichneumonien est un mâle qui répand une odeur de rose lorsqu'on le saisit avec les doigts.

Outre ces parasites, on en peut signaler deux et peut-être trois autres que j'ai vus sortir d'une chenille d'*Hadena brassicæ* blessée. Le premier est une larve d'Ichneumonien issue de cette chenille le 10 août. Elle avait pris son entier accroissement et s'est mis aussitôt à filer un cocon de soie blanche, d'un tissu très fin. Mais placée dans une boîte dans laquelle elle devait attendre pendant onze mois sa transformation en insecte parfait, elle est morte et je n'ai pu savoir si le parasite qu'elle aurait donné est de la même espèce que l'*Exetastes osculatorius*, ou s'il se rapporte à une autre espèce d'Ichneumonien.

Le second est un petit Chalcidite du genre *Eulophus*, dont les larves, au nombre de quinze ou seize, vivent et croissent dans le corps de la chenille. Dès qu'elles ont pris leur taille elles en sortent en perçant la peau de cette dernière. Elles se placent les unes à côté des autres de manière à former à peu près un cercle, dont le centre est vide et dont chacune occupe l'extrémité d'un rayon. Ainsi disposées elles se couchent sur le dos et se transforment en chrysalides sans changer de peau. Leur sortie a lieu vers le 10 août et leur métamorphose le 15 ; elles sont collées au plan de position et l'on voit à leur derrière des grains bruns qui sont les excréments dont les larves se sont débarrassées. Ces larves sont vermiformes, blanches, ovoïdes, apodes et glabres, longues de 2 à 3 mill. Les chrysalides sont déprimées, d'un beau noir, et sont remarquables par leur extrémité antérieure échancrée qui donne à leur tête l'apparence cornue; elles ont 3 mil. de long. Les insectes parfaits en sortent vers le 28 août.

Ce petit Chalcidite me paraît se rapporter à l'*Eulophus ramicornis*, N. D. E.

XIII. *Eulophus ramicornis*, N. D. E. — ♂. Longueur, 2 mill. Les antennes sont testacées, branchues, formées de sept articles; le premier ou scape est long et jaune; les troisième, quatrième, cinquième portent chacun un rameau filiforme, velu, inséré à leur base; la tête et le thorax sont d'un beau vert doré et ponctués; les yeux sont bruns (mort); l'écusson est d'un rouge cuivreux ; l'abdomen est plus étroit que le thorax, un peu moins long que ce dernier, subsessile, plus large à l'extrémité qu'à la base, d'un noir violacé, marqué d'une tache ronde, jaune à la base ; les pattes sont d'un blanc jaunâtre, ainsi que les hanches; les ailes sont hyalines.

♀. Elle est semblable au mâle; mais les antennes sont simples, terminées en massue, de couleur brunâtre, avec le premier article jaune. L'abdomen est plus large, arrondi à l'extrémité, marqué d'une tache jaune transparente plus grande que chez le mâle.

Le troisième parasite est une mouche de la sous-tribu des Tachinaires qui pond deux œufs, ou, peut-être, un plus grand nombre, sur la chenille. Les larves sorties de ces œufs s'introduisent dans le corps de cette dernière en perçant sa peau et se nourrissent de sa substance. Dès qu'elles ont pris tout leur accroissement, elles en sortent et se changent immédiatement en pupes. Cette sortie a lieu entre le 7 et le 10 août, mais la mouche ne se montre que vers le 12 juin de l'année suivante pour aller pondre sur les chenilles de l'*Hadena brassicæ* qu'elle rencontre.

Elle se classe dans la tribu des Muscides, la sous-tribu des Tachinaires et dans le genre *Siphona*. L'espèce est la *Siphona geniculata*, Macq.

XIV. *Siphona geniculata*, Macq. — Longueur, 4 mill. La tête est un peu plus large que le thorax; la face est blanche, nue, large, carénée au milieu, un peu inclinée en arrière; le front est jaunâtre; les antennes sont longues et descendent jusqu'à l'épistôme, ayant les deux premiers articles bruns et le troisième noir; le dernier est triple du deuxième; la trompe est longue, pâle, coudée, dirigée d'abord en avant, puis ensuite repliée en arrière, dépassant la tête des deux côtés. menue; le bord postérieur des yeux est

blanchâtre; le corselet et l'écusson sont d'un gris verdâtre; la
poitrine est cendrée; l'abdomen est ové-conique, de la longueur
du thorax, formé de quatre segments, de couleur testacée, dont
les troisième et quatrième sont bordés de soies; les pattes sont
testacées, ciliées et les tarses noirâtres; les ailes sont divergentes
et atteignent l'extrémité de l'abdomen; elles sont hyalines, à nervures noires; la première cellule postérieure est fermée à l'extrémité de l'aile.

Il est à remarquer que les larves de ces trois derniers parasites
peuvent vivre simultanément dans le corps de la même chenille et
s'y développer sans se nuire; mais il est probable que ce cas est
accidentel et rare.

28. — LA MOUCHE DU PANAIS.

(*Tephritis onopordinis*, Fab.)

On voit dans le petit traité sur les *Insectes nuisibles aux arbres
fruitiers*, etc., que la Mouche du panais (*Tephritis onopordinis*,
Fab.), est atteinte par deux parasites dont les noms sont *Opius
pallipes*, Wesm. et *Entedon andronicus*, G., mais dont les descriptions ne sont pas données. Pour remédier à cette omission on
va les produire ici.

XV. *Opius pallipes*, Wesm.— Longueur, 3 mill. 1/2. Il est noir;
les antennes sont filiformes, plus longues que le corps, noires,
avec le dessous du premier et du deuxième article de couleur
brunâtre; la tête est noire, arrondie et velue; les palpes sont
testacés; le thorax est noir, assez gros, plus élevé que la tête;
l'abdomen est noir, luisant, de la longueur du thorax, à premier
segment rétréci à la base, rugueux, à dernier segment arrondi à
l'extrémité; les pattes sont d'un testacé pâle à dernier article des tarses noirâtre; les ailes sont hyalines, couchées horizontalement sur le

corps qu'elles dépassent; leurs nervures sont noires et leur stigma
noirâtre; elles présentent une grande cellule radiale atteignant
l'extrémité de l'aile et trois cellules cubitales : la première presque
carrée, la deuxième en carré long, la troisième atteignant le bout
de l'aile; la nervure récurrente est interstitiale.

XVI. *Entedon andronicus*, G. — Longueur, 1 mill. 1/2. Il est
vert, bleuâtre, brillant; les antennes sont noires, composées de
sept articles, allant un peu en grossissant à partir du deuxième
article jusqu'à l'extrémité, les trois derniers formant une massue
terminée en pointe; la tête est verte, un peu dorée et transverse;
les yeux sont rougeâtres (vivant); le thorax est d'un vert bleuâtre,
un peu doré, brillant, ponctué; l'abdomen ovalaire, vert bleuâtre,
un peu doré, lisse, luisant; les cuisses sont vertes à extrémité
pâle, les tibias antérieurs et moyens sont d'un vert pâle; les
postérieurs verts avec l'extrémité pâle; les tarses sont pâles, sauf
le derniers article et les crochets qui sont noirs; les ailes sont
hyalines, dépassant l'abdomen et ciliées à la côte.

—

29. — L'IULE A GOUTTELETTES.

(*Blaniulus guttulatus*, Gerv.)

Les fraises sont quelquefois attaquées et rongées dans les jardins
par un petit animal allongé, filiforme, cylindrique, pourvu d'un
très grand nombre de pattes, qui se nourrit de leur substance, les
entame et y creuse une échancrure ou un trou plus ou moins
profond. Il atteint particulièrement celles qui touchent le sol dans
lequel il se cache et auquel il confie les œufs qui doivent reproduire son espèce. Il marche très lentement et se roule en spirale
lorsqu'il se repose. Il ne subit pas de métamorphoses, comme les
autres insectes, mais il change de peau en grandissant et acquiert
de nouveaux segments et de nouvelles pattes dans ces opérations.

Il fait partie de l'ordre des Myriapodes, de la famille des Chilo-
gnates, de la tribu des Iulites et du genre *Blaniulus*. Son nom
entomologique est *Blaniulus guttulatus*, et son nom vulgaire *Iule
à gouttelettes* ou *Iule des fraises.*

1. *Blaniulus guttulatus*, Gerv. — Longueur, 14 mill. Il est
d'un blanc jaunâtre pâle ; les antennes sont courtes, filiformes,
composées de sept articles ; la tête est arrondie, de la couleur du
corps, privée d'yeux ; le corps est cylindrique, formé de vingt-un
segments, dont chacun, excepté le premier et le dernier, porte un
point rouge de chaque côté ; les pattes sont au nombre de trente-
sept paires ; c'est à partir du sixième segment que chaque anneau
porte deux paires de pattes.

On ne connaît aucun moyen de garantir les fraises des atteintes
de ce petit insecte qui se cache dans la terre pendant le jour et
vient les ronger pendant la nuit. Il attaque aussi les fruits tombés
à terre tels que les poires et les pommes et même les carottes. On
s'est aperçu qu'il perfore les cotylédons ou premières feuilles des
haricots au moment où elles sortent de terre et fait périr la
plante ; il est donc assez nuisible et on ne doit pas l'épargner
lorsqu'on le rencontre.

—

Insectes nuisibles aux Céréales et aux Plantes fourragères.

———

30. — L'APION DE LA VESCE.

(*Apion craccæ*, Schœn.)

La Bruche de la Vesce, dont on a parlé dans l'ouvrage déjà plusieurs fois cité, n'est pas le seul Coléoptère dont la larve ronge les graines de cette plante; elles sont encore dévorées par une petite larve blanche, à tête ronde et jaunâtre, armée de mâchoires, à corps cylindrique, mou, glabre, apode, divisé en segments nombreux, difficiles à compter. On la trouve dans les gousses au commencement du mois de juillet, époque à laquelle elle a atteint toute sa croissance, et comme on ne voit pas l'ouverture qui lui a permis d'y entrer, on doit supposer qu'elle y est depuis sa naissance et que l'œuf d'où elle est sortie y a été introduit par la mère qui l'a pondu dès la formation de la gousse; cette larve mange presque toute la substance farineuse des graines et se transforme en chrysalide dans la cavité qu'elle a creusée dans l'une d'elles. L'insecte parfait sort de son berceau vers le 25 juillet pour prendre son essor et s'accoupler. Il est probable que plusieurs individus restent dans les graines à l'état de chrysalide ou d'insecte parfait et y passent l'automne et l'hiver et ne se montrent qu'au printemps suivant pour assurer la propagation de l'espèce. Il est pourvu d'un rostre long, menu et effilé au bout, avec lequel il perce les jeunes gousses de vesce pour y introduire ses œufs. Les blessures qu'il fait alors sont bientôt fermées par la végétation et on ne s'aperçoit pas à l'extérieur que la gousse est habitée par des larves rongeuses.

Ce petit coléoptère se classe dans la famille des Porte-bec, dans la tribu des Attelabites et dans le genre *Apion*. Son nom entomogique est *Apion craccæ*, Schœn., et son nom vulgaire *Apion de la vesce*.

1. *Apion craccæ*, Schœn.— Il est long de 4 mill. (rostre compris), noir, couvert d'une fine pubescence blanche; les antennes sont noires, à premier article long, roussâtre à la base, insérées au milieu du rostre, de la longueur de ce dernier, terminées en massue turbinée; le rostre est arqué, subulé, noir, ponctué, excepté à la pointe qui est lisse, luisante; sa tête est noire, ponctuée; les yeux sont ronds, saillants; le corselet est noir, cylindrique, ponctué, bisinué en arrière, à côtés un peu arrondis, marqué d'un court sillon sur le dos à la partie postérieure; les élytres sont noires, ovales, à stries ponctuées, comprenant des intervalles plans; il y a des ailes sous les élytres; les pattes sont noires et les cuisses simples, un peu renflées au milieu.

La larve de cet Apion est atteinte dans son berceau par un petit parasite qui en détruit un assez grand nombre dans certaines années. Ce parasite est le même que celui qui attaque les larves des Bruches de la vesce et de la lentille et que l'on a vu être le *Pteromalus varians*, N. D. E. (1).

---

(1) *Insectes nuisibles aux Arbres fruitiers, aux Plantes potagères,* etc.

31. — LE CHARANÇON DU BLÉ.

(Sitophilus granarius, Schœn.)

Ce serait sans doute une précieuse découverte que celle qui nous apprendrait à défendre l'entrée des greniers et des granges au charançon du blé ou qui nous donnerait le moyen de le faire périr lorsqu'il les a envahis. Beaucoup de procédés ont été publiés et prônés, qui dans la pratique n'ont pas répondu aux espérances qu'ils avaient fait naître, ce qui ne doit pas empêcher d'en chercher d'autres. En voici un qui a été employé par un fermier et qui a réussi à éloigner ces insectes de la grange où il *entissait* ses gerbes.

On se sert pour l'opération d'essence de térébenthine, qu'on emploie de la manière suivante. A l'aide d'un pinceau trempé dans cette liqueur, on trace une large ligne au pied des murs sur tout l'emplacement que doit occuper la tisse ; puis on étend sur le sol le premier lit de blé. On trace une nouvelle ligne d'essence à la hauteur de cette couche tout autour des murs, et on étend une seconde couche de blé. On continue ainsi jusqu'au sommet de la tisse. Si l'on rencontre des pièces de charpentes qui doivent être renfermées dans le blé, ou seulement le toucher, on y passe aussi le pinceau à chaque couche de la tisse.

Ce procédé est rationel, car l'essence de térébenthine et ses vapeurs asphixient et font périr tous les insectes. La benzine et ses vapeurs tuent également tous les insectes, et on pourrait essayer son emploi.

Si le blé rentré dans le grenier est attaqué par le charançon on peut le passer à un tarare inventé par M. le docteur Herpin, appelé *Tarare brise-insecte*. Il est poussé par le jeu de la machine avec une telle violence contre une surface résistante que toutes les larves et les insectes renfermés dans les grains sont tués par le choc. Cette machine sert non seulement pour le blé charançonné, mais encore et principalement pour celui qui est atteint par l'Alucite (*Butalis cerealella*, Dup.). Toutes les chenilles de ce petit papillon renfermées dans les grains sont infailliblement tuées par le choc et on ne craint plus de semer du blé *alucité*, qui propagerait dans les champs cet insecte pernicieux.

32. — L'ALTISE DU CHANVRE.

(*Altica attenuata*, Ill.)

Le chanvre n'est ni une plante potagère, ni une céréale, ni une plante fourragère et sous ce rapport on ne devrait pas mentionner ici les insectes qui vivent à ses dépens et peuvent lui faire du tort. Cependant comme il entre dans la petite culture, qu'on en voit des pièces dans les meilleures terres contiguës aux villages de la Bourgogne, que les habitants des campagnes en tirent la filasse dont ils font leur linge et l'huile qui sert à les éclairer pendant l'hiver, il me parait convenable de dire quelques mots sur les insectes qui lui portent préjudice.

Si l'on examine une chènevière vers le 10 mai, dans le temps que le chanvre commence à pousser et qu'il a atteint de 5 à 10 centimètre de hauteur, on remarque assez souvent que les jeunes feuilles sont criblées de petits trous ronds qui annoncent qu'elles sont rongées par un insecte. On ne tarde pas à voir ce petit insecte, qui brille d'un éclat doré au soleil et qui s'échappe en sautant lorsqu'on veut le prendre. Il y est très nombreux et si l'on passe la main sur le chanvre on en voit jaillir une multitude qu'on n'avait pas aperçus d'abord. Ce sont ces petits coléoptères sauteurs qui rongent les feuilles et les percent pour se nourrir. Si la plante a acquis une certaine force elle ne souffre pas sensiblement de l'atteinte de ce petit ennemi, mais si elle est très jeune et très faible, si elle commence à lever au moment où parait l'insecte elle risque d'être détruite comme on voit périr des semis de choux, de navets par la dent d'un autre petit insecte du même genre, qui désole les jardiniers.

On ne connait pas la larve de cet ennemi du chanvre ; on ne sait où elle se tient ni de quoi elle se nourrit ; mais quant à l'insecte adulte, il est parfaitement connu ; c'est un Coléoptère de la famille des Cycliques, de la tribu des Galérucites et du genre *Altica*. Son nom entomologique est *Altica attenuata*, Ill. Le genre *Altica* étant très nombreux en espèces, a été partagé en plusieurs autres et cette espèce est rentrée dans celui de *Psyliodes*.

1. *Altica (Psyliodes) attenuata*, Ill. — Longueur, 2 mill. 1/2. Elle est ovale, allongée, également atténuée aux deux extrémités, d'un bronzé brillant ; les antennes sont filiformes, de la moitié de la longueur du corps, ayant les trois premiers articles jaunâtres ; les autres d'un brun un peu fauve ; la tête est bronzée ; les yeux sont noirs ; le corselet est bronzé, ponctué, plus étroit en devant qu'en arrière, arrondi sur les côtés ; les élytres sont bronzées, à stries ponctuées, un peu plus larges que le corselet à la base, quatre fois aussi longues, arrondies en arrière, présentant une nuance testacée rougeâtre à la partie postérieure ; les pattes sont d'un fauve brun avec les cuisses postérieures très renflées, couleur de poix ; le premier article des tarses postérieurs est long et replié contre le tibia ; le dessous du corps est noir.

On trouve cette altise sur le chanvre lorsqu'il est grand jusqu'au moment de la récolte, mais alors elle ne lui porte aucun préjudice ; elle y est d'ailleurs beaucoup moins nombreuse qn'au mois de mai.

On n'a indiqué jusqu'à présent aucun moyen de destruction contre cette Altise. On pourrait employer ceux qui sont indiqués pour éloigner les Altises des jardins.

33. — LE PUCERON DU SAINFOIN.

(*Aphis onobrychidis*, G.)

Le sainfoin, qui est cultivé en grand pour la nourriture des bestiaux et qui réussit fort bien dans les terrains calcaires et montueux de la Bourgogne, est peu susceptible d'être attaqué par les insectes. Dans les environs de Santigny, où il est fort commun, je n'y ai jamais remarqué de larve ou de chenille, soit sur les feuilles, soit sur la tige, ni aucun indice d'un dégât quelconque. Il nourrit cependant un puceron que l'on voit sur ses rameaux, à l'enfourchure des branches ou au-dessous de l'épi, au commencement du mois de mai, à l'époque où se montre la fleur. Certaines plantes en sont tellement garnies, qu'elles en paraissent noires, et cependant elles ne semblent pas en souffrir sensiblement, car elles ne sont ni moins fraîches, ni plus faibles, ni plus chétives que les plantes exemptes de cette vermine. Lorsque la plante est coupée et qu'elle commence à sécher, les Pucerons n'y trouvant plus de sève pour se nourrir, l'abandonnent et se portent ailleurs dans le but de chercher leur nourriture, ou ils périssent faute d'aliments. Il est vraisemblable que les bestiaux, broutant la prairie artificielle, dédaignent les tiges chargées de pucerons et les foulent aux pieds, ce qui est une perte réelle. Mais le sainfoin, rentré sec pour la nourriture d'hiver, n'en contient plus et ne paraît pas différer de celui qui est exempt de ce petit Homoptère.

Vers l'époque du 12 mai on voit de nombreuses familles de ce puceron sur le sainfoin, dans lesquelles on remarque des individus aptères de toutes les tailles, depuis les plus jeunes qui viennent de naître jusqu'à ceux qui sont adultes ; des individus aptères qui prendront des ailes plus tard, qui sont à l'état de larve ou à l'état de nymphe ; enfin des individus pourvus d'ailes qui sont des femelles adultes.

On peut désigner cette espèce sous le nom de la plante qui lui

Sc. nat.   9

sert d'habitation et de nourriture et l'appeler *Aphis onobrychidis.*
Je n'oserais cependant pas affirmer qu'elle vit exclusivement sur
le sainfoin et qu'elle n'a pas reçu le nom d'une autre plante sur
laquelle on la trouve également.

1. *Aphis onobrychidis,* G. — *Aptère.* Longueur, 1 mill. 1/2. Il
est d'un noir luisant, pyriforme, c'est-à-dire, plus étroit du côté
de la tête qu'au bout opposé; la tête est petite; les antennes sont
sétacées, un peu moins longues que le corps, formées de sept
articles, les deux premiers courts et noirs; les suivants, composant
la tige, blanchâtres à la base, allant en diminuant d'épaisseur
jusqu'à l'extrémité qui est noire; le bec est blanchâtre à la base,
noir à la pointe qui atteint les hanches intermédiaires; le corselet,
non distinct, forme avec l'abdomen un corps pyriforme arrondi
au bout et terminé par une petite queue; les cornicules sont
noires, assez longues; les pattes sont blanchâtres, avec la moitié
inférieure des cuisses, l'extrémité des tibias et les tarses noirs.

Ailé. Il est semblable pour la couleur à l'espèce aptère; mais
le corps est ovale, le corselet distinct, et l'abdomen est un peu
étranglé à la base; les ailes sont blanches, deux fois aussi longues
que l'abdomen, avec le stigma d'un gris faible; la nervure cubitale
émet deux rameaux; les antennes, le bec, les cornicules et les
pattes sont comme dans le précédent.

On ne connaît aucun moyen de destruction contre ce Puceron,
qui vraisemblablement ne se multiplie extraordinairement et ne
devient nuisible que dans les sainfoins qui manquent de vigueur
et dans les années défavorables à cette plante.

—

34. — LA TEIGNE DU CHANVRE.

(*Psyche canabinella,* Doum.)

Quoique le chanvre ne soit, comme je l'ai dit, ni une céréale, ni
une plante fourragère, j'ai cru devoir parler des insectes qui lui

portent préjudice et signaler une petite chenille qui vit dans ses fleurs et se nourrit de ses graines. Ce petit insecte a été observé par M. le docteur Doumerc (1).

Le chanvre est une plante dioïque, c'est-à-dire que les fleurs mâles sont sur un pied et les fleurs femelles, celles qui se changent en graines, sur un autre pied. Sur quoi on doit observer que dans nos villages de la Bourgogne on appelle *femelle* le pied qui ne porte pas de graine, probablement parce qu'il est plus élancé, plus mince que l'autre, que son écorce est plus fine et donne une plus belle filasse ; et *mâle* le pied qui produit la graine, lequel est plus trapu, plus gros, plus robuste et donne une filasse plus grossière, ce qui est le contraire des dénominations qui devraient être employées, parce que ce sont les femelles qui portent les semences et les mâles qui les fécondent

Dès la première semaine de juillet on remarque dans certaines années que les fleurs femelles du chanvre sont envahies par une très petite chenille qui se loge dans le périanthe et ronge la graine tendre et verte qui n'est pas encore devenue chénevis. On sait que les fleurs du chanvre sont agglomérées par un pédicelle très court sur un pédoncule commun et composées d'un périanthe de cinq folioles dans les mâles et monophylle dans les femelles. La petite chenille après avoir rongé les semences tendres qui sont à sa portée et pris toute sa croissance, lie avec des fils de soie les fleurs dont elle a mangé les graines et s'en forme une petite coque dans laquelle elle se transforme en chrysalide Elle fabrique son cocon vers le 12 juillet.

Cette chenille est extrêmement petite, puisqu'elle n'atteint pas 4 mill. de longueur lorsqu'elle est parvenue à toute sa taille. Elle est tout hérissée de poils courts, raides, bruns ; sa tête et ses pattes antérieures sont seules lisses et noires.

Le papillon s'envole vers le 25 juillet. M. le docteur Doumerc le place dans le genre *Psyche* qui fait partie de la famille des

(1) Doumerc. Ann. Soc. Ent.

Nocturnes et de la tribu des faux-bombyx et lui a donné le nom
de *Psyche canabinella*. On peut le désigner sous le nom vulgaire
de *Teigne du chanvre*.

1. *Psyche canabinella*, Doum. — Longueur, 5 mill. Les ailes
supérieures sont d'un gris chatoyant, marquées de petites taches
linéaires, brunes, irrégulières et bordées postérieurement par une
frange de même couleur; les ailes inférieures sont entièrement
d'un blanc de lait grisâtre, mais bordées d'une frange plus longue
que celle des supérieures et d'un blanc argenté soyeux très
brillant; l'abdomen, le dessous du corps et les pattes sont blanchâtres, ces dernières munies de fortes épines aux postérieures;
les antennes, du moins celles du mâle, égalent en longueur presque
le tiers du corps et sont fortement pectinées en forme de tyrse;
leurs dernières radioles allant en décroissant brusquement vers
leur extrémité, qui est d'un brun foncé.

Je n'ai pas eu l'occasion d'observer ce petit Lépidoptère, ni sa
chenille, je ne les ai pas rencontrés dans les chènevières de
Santigny, où je les ai cherchés pendant plusieurs années; je me
contente de rapporter ce qu'en dit M. le docteur Doumerc, sans
garantir la classification de l'insecte.

———

35. — L'AGROMYZE PIED-NOIR.

(*Agromyza nigripes*, Meig.)

L'histoire de l'Agromyze pied-noir est donnée dans l'ouvrage
sur *les Insectes nuisibles aux arbres fruitiers*, etc. On ne connaissait pas, à l'époque de sa rédaction, le parasite qui lui fait la
guerre; on a eu l'occasion de l'observer depuis et on va en dire
quelques mots.

La larve de cette mouche est atteinte dans son gîte par un
petit Ichneumonien qui sait la découvrir dans la feuille de luzerne,
qu'elle mine, et qui pond un œuf dans son corps. Il sort de cet œuf

une larve qui ronge les entrailles de la larve de la mouche et qui ensuite se transforme en un petit Ichneumonien de la sous-tribu des Braconites et du genre *Alysia*, N. D. E., lequel me paraît se rapporter à l'*Alysia tristis*. Ce genre ayant été partagé en plusieurs autres, ce parasite fait maintenant partie de celui de *Dacnusa*, Halid.

1. *Dacnusa tristis*, Halid. — Longueur, 2 millim. Il est noir, luisant ; les antennes sont noires, filiformes, un peu plus longues que le corps ; la tête et le thorax sont noirs, de même largeur ; l'abdomen est noir, de la longueur et de la largeur du thorax, aminci en pédicule à la base, arrondi à l'extrémité ; les pattes sont noirâtres avec les tibias antérieurs et moyens, ainsi que leurs tarses et la base des tibias postérieurs bruns ; les ailes son hyalines, à nervures et stigma noirs ; elles sont couchées sur le dos et dépassent l'abdomen ; les supérieures ont deux cellules cubitales dont la première est petite et carrée; la nervure récurrente est interstitiale et le stigma est très long et linéaire.

ARTICLES A AJOUTER

A L'EXPLICATION DES TERMES ENTOMOLOGIQUES

Imprimés à la fin de l'Ouvrage.

___

BANDE. Tache allongée plus large que la raie.

BANDE FRONTALE. Bande située sur le sommet de la tête, entre les yeux et la tête.

BIFIDE. Qui est divisé en deux branches ou feuilles étroites.

COUDE On donne ce nom au sommet de l'angle formé par le premier article des antennes brisées et la tige, et à celui de la première cellule postérieure des diptères, formé par la troisième nervure longitudinale et la nervure transversale de l'extrémité.

ENFUMÉ. Corps transparent rendu légèrement obscur par une teinte noirâtre.

FRONTAUX. On nomme ainsi les espaces compris entre les yeux et la bande frontale.

INTERSTITIALE (nervure). Celle qui tombe sur la nervure de séparation des deux cellules.

MONOPHYLLE. Qui n'a qu'un foliole.

PÉRIANTHE. Enveloppe des étamines et du pistil chez les fleurs qui n'ont pas de corolle.

SPINULE. Très petite épine.

SPONGIEUX. Qui ressemble à un morceau d'éponge.

STYLET. On donne aussi ce nom à la pointe qui termine l'abdomen des hannetons.

TÉGULE. (Voyez : Écaille alaire).

TRIGONE. Qui a trois côtés.

SUBSESSILE. Qui est presque sessile.

SUBULÉ. Terminé en pointe, en alène.

TABLE

DES INSECTES DESTRUCTEURS ET PROTECTEURS

Mentionnés dans le Supplément.

---

§ 1er. — ARBRES ET ARBUSTES.

Abricotiers.

INSECTES DESTRUCTEURS.	INSECTES PROTECTEURS
LA SCOLOPENDIE CARPOPHAGE. — Geophilus carpophagus, Leach.	•

Amandier.

SCOLYTUS AMYGDALI, Guér

Arbres fruitiers, en général.

CHARANÇONS ARGENTÉS.
POLYDROSUS SERICEUS, Schœn.
— MICANS, Schœn.
PHYLLOBIUS PYRI, id.
— ARGENTATUS, id.
— BETULÆ. id.
— OBLONGUS, id.
OTHIORHYNCUS RAUCUS, Schœn.
— MACQUARDTI, Fab.

LE TIGRE. — Tingis pyri, Fab.	
GUÊPE. — Vespa vulgaris, L.	Ripiphorus paradoxus, Fab.
LE PETIT PAON DE NUIT. — Saturnia carpini, Dup.	Metopius micratorius, Grav.
LA TORDEUSE HOLMIENNE. — Argyrotoza holmiana, Dup.	

Cerisiers et Merisiers.

CHARANÇON DES BAIES. — Lin.
CHARANÇON DAMIER, Geoff.
ANTHONOMUS DRUPARUM, Schœn.
LE TIGRE. — Tingis pyri, Fab.

Epine vinette.

LA MOUCHE DE L'ÉPINE VINETTE. — Te- } Alisia ferrugator, G.
phritis Meigeni, Lœw.

Figuiers.

HYPOBORUS FICUS, Erich. } Læmoplæus hypobori, Perr.

Framboisiers.

LA CÉCIDOMYE DU FRAMBOISIER. — } Callimone muscarum, Spin.
Lasioptera obfuscata, Macq. } Platygaster niger, N. D. E.
} Cirrospilus rubi-idœi, Gour.

Noisetiers.

GALLINSECTE DU NOISETIER. — Leca- } Encyrtus scutellaris, N. de F.
nium Coryli, ıll.

Oliviers.

CHARANÇON MÉRIDIONAL. — Othiorhynchus meridionalis, Schœn.

PSYLLA OLEÆ, Fons.

Pêchers.

GALLINSECTE DU PÊCHER. — Lecanium
persicæ, Ill.

Poiriers.

CHARANÇONS ARGENTÉS.

POLYDROSUS SERICEUS, Schœn.

—   MICANS,   id.

PHYLLOBIUS PYRI,   id.

—   ARGENTATUS, id.

—   BETULÆ,   id.

—   OBLONGUS,   id.

OTHIORHYNCUS RAUCUS, | id.

ANTHONOMUS PYRI,   id.

LE TIGRE. — Tingis pyri, Fab.

LA MOUCHE A SCIE DU POIRIER. — } Doria stupida, Meig.
Lyda pyri, Schr.

LE PETIT PAON DE NUIT. — Saturnia } Metopius micratorius, Grav.
carpini, Dup.

LA TORDEUSE ÍHOLMIENNE. — Argyrotoza holmiana, Dup.

LA TEIGNE A FOURREAU DU POIRIER.
— Coleophora hemerobiella, Zell.

Pommiers.

LE TIGRE. — Tingis pyri, Fab.

LE PETIT PAON DE NUIT. — Saturnia carpini, Dup. } Metopius micratorius, Grav.

LA NOCTUELLE GRÊLE. — Orthosia gracilis, Dup.

LA TORDEUSE HOLMIENNE, — Argyrotoza holmiana, Dup.

LA MINEUSE DES FEUILLES DU POMMIER. — Cemiostomas citella, Stain.

Vigne.

CHARANÇON RAUQUE. — Othiorhyncus raucus, Schœnn.

ALTISE DE LA VIGNE. — Altica ampelophaga, Guér.

GALLINSECTE DE LA VIGNE. — Lecanium vitis, Ill. } Coccophagus scutellaris, Wester.
Leucopis annulipes, Zett.

LA PYRALE ROSERANE. — Cochylis roserana. Dup.

———

§ 2. PLANTES POTAGÈRES.

—

Choux.

CHARANÇONS DES TIGES DU CHOU.

BARIS PICINUS, Ger.

  — CUPRIROSTRIS, Ger.

  — CHLORIZANS, Schœn.

PUCERON DU CHOU, — Aphis brassicæ, Lin.

NOCTUELLE DU CHOU. — Hadena brassicæ, Dup. } Exetastes osculatorius, Grav.
Eulophus ramicornis, N. D. E.
Siphona geniculata, Macq.

Fraises.

IULE A GOUTTELETTES, Blaniulus guttulatus, Gerv.

Navets.

CHARANÇON DU NAVET. — Ceutorhynchus napi, Schœnn.

Oseille.

CHRYSOMÈLE DE L'OSEILLE. — Gastro-
phyza raphani, Fab.

Panais.

MOUCHE DU PANAIS. — Tephritis ono- } Opius pallipes, Wesm.
pordinis, Fab.   } Entedon andronicus, G.

Pois-chiche.

LA BRUCHE DU POIS-CHICHE. — Bruchus tristis, Schœn.

---

§ 3. CÉRÉALES ET PLANTES FOURRAGÈRES.

Blé.

CHARANÇON DU BLÉ. — Sitophilus
granarius, Schœnn.

Chanvre.

ALTISE DU CHANVRE. — Altica attenuata, Ill.

TEIGNE DU CHANVRE. — Psyche canabinella, Doum.

Luzerne.

AGROMYZE PIED NOIR. — Agromyza } Dacnusa tristis, Halid
nigripes, Macq.

Sainfoin.

PUCERON DU SAINFOIN. — Aphis onobrychidis, G.

Vesces.

APION DE LA VESCE. — Apion craccæ,
Schœnn.

TABLE DES MATIÈRES

CONTENUES DANS LE SUPPLÉMENT.

————

Préface 57
Fautes à corriger dans l'ouvrage sur les Insectes nuisibles aux arbres
    fruitiers, aux plantes potagères, etc. 141
ALTISE DE LA VIGNE. — Altica ampelophaga, Guér.. 75
   — DU CHANVRE. — Altica attenuata, Ill.. 127
AGROMYZE PIED-NOIR. — Agromyza nigripes, Meig. 132
Alysia ferrugator, G.. 105
APION DE LA VESCE. — Apion Craccæ, Schœn. 124
BRUCHE DU POIS CHICHE. — Bruchus tristis, Schœn. 106
Callimone muscarum, N. de E 101
CÉCYDOMYE DU FRAMBOISIER. — Lasioptera obfuscata, Macq. . . . 99
Cemiostoma scitella, Stain.. 96
CHARANÇON ARGENTÉ. — Phyllobius argentatus, Schœn 63
   — ARGENTÉ DU POIRIER. — Phyllobius Pyri, Schœn . . . 63
   — DU BLÉ. — Sitophylus granarius (moyen de le détruire ou
      de l'éloigner 126
   — DU BOULEAU. — Phyllobius Betulæ, Schœn. 64
   — BRILLANT. — Polydrosus micans, Schœn. 63
   — DU CERISIER. — Anthonomus Druparum, Schœn. , . . 70
   — MÉRIDIONAL. — Otiorhyncus meridionalis, Schœn. . . . 65
   — DU NAVET. — Ceutorhyncus Napi, Schœn. 109
   — OBLONG — Phyllobius oblongus, Schœn. 64
   — DU POIRIER. — Anthonomus Pyri, Schœn.. 69
   — RAUQUE. — Otiorhyncus raucus, Schœn. 67
   — SOYEUX. — Polydrosus sericeus, Schœn. . , ... 62
   — DES TIGES DU CHOU. — Baris picinus, — cuprirostris, —
      chlorizans, Schœn 111
CHRYSOMÈLE DE L'OSEILLE. — Gastrophysa raphani, Fab. 115
Cirrospilus Rubi-Idœi, G.. 102
Coccophagus scutellaris, Westw. 82
Dacnusa tristis, Halid. 133
Doria stupida, Meig. 85

Encyrtus scutellaris, N. de E. 84
Entedon andronicus, G. . . . . , . . . 122
Eulophus ramicornis, N. de E. 119
Exetastes osculatorius, Grav. 118
GALLINSECTE DU PÊCHER. — Lecanium persicæ, Ill. (Moyen de la dé-
  truire. 81
GALLINSECTE DE LA VIGNE. — Lecanium vitis, Ill. 82
GALLINSECTE du NOISETIER. — Lecanium coryli, Ill. 84
GUÊPES SOUTERRAINES (Moyen de les détruire). 84
IULE A GOUTELETTES. — Blanniulus guttulatus, Gerv. 122
Lasioptera obfuscata, Meig. 100
Leucopis annulipes, Zett. 83
Lœmophlæus Hypobori, Perr. 75
Metopius micratorius, Grav. 88
MINEUSE DES FEUILLES DE POMMIER. — Cemiostoma scitella, Stain. . 94
MOUCHE DU PANAIS. — Tephritis onopordinis Fab. 121
MOUCHE A SCIE DU POIRIER. — Lyda pyri, Schr. 85
MOUCHE DE L'EPINE VINETTE. — Tephritis Meigeni, Law. 103
NOCTUELLE DU CHOU. — Hadena brassicæ, Dup. 117
NOCTUELLE GRÊLE. — Orthosia gracilis, Dup. 89
Opius pallipes, Wesm. 121
Platygaster niger, V de E. 102
PETIT PAON DE NUIT. — Saturnia carpini, Dup. 87
PSYLLE DE L'OLIVIER. — Psylla oleæ, Fom. 80
PUCERON DU CHOU. — Aphis Brassicæ, Lin. (Moyen de le détruire. 117
  —   DU SAINFOIN. — Aphis Onobrychidis, G. 129
PYRALE ROSERANE. — Cochylis roserana, Dup. 92
Ripiphorus paradoxus, Fab. 87
RONGEUR DE L'AMANDIER. — Scolytus Amygdali, Guér. 71
  —   DU FIGUIER. — Hypoborus ficus, Erich. 72
SCOLOPENDRE CARPOPHAGE. — Geophilus carpophagus, Leach. . . . 106
Siphona geniculata, Macq. 120
TEIGNE A FOURREAU DU POIRIER. — Coleophora hemerobiella, Ill. . 96
  —   DU CHANVRE. — Psyche canabinella, Dour. 130
TORDEUSE DES ARBRES FRUITIERS. — Argyrotoza holmiana, Dup. . . 90
TIGRE. Tingis Pyri, Fab. 77

FAUTES A CORRIGER

*dans le Traité des Insectes nuisibles aux Arbres fruitiers,
aux Plantes potagères, aux Céréales et aux Plantes
fourragères.*

Pages :	Lignes :	Au lieu de :	Lisez :
8,	11,	laquelle,	lequel
21,	4,	beaucoup plus longues,	de même largeur.
47,	18,	intime,	interne.
48,	18,	possalaceus,	possalæcus.
69,	»»	L'Hylotome sans nœud, ou la Mouche à Scie bleue (Hylotoma enodis, Fab.	La Mouche à Scie du Vinetier (Hylotoma berberidis, Klay). — Faites le même changement de nom dansl'article.
69,	24,	son nom vient de ce que la tige de son antenne est inarticulé,	l'abdomen de la femelle est terminé par deux appendices, en forme de pince.
105,	9	Xylostrana,	Xylosteana.
121,	17,	une espèce distincte,	deux espèces distinctes.
153.	1,	à base,	à la base.
159,	2,	vigne,	luzerne.
162,	20,	betterave à sucre,	colza.
253,	5,	antennes noires,	à premier article vert.
253,	6,	blanchâtres,	bleues, avec les genoux et les tarses blanchâtres.
316,	39,	ce dernier,	cette dernière.
315,	28,	creusé en gouttière,	relevé en dos d'âne et terminé par une ligne tranchante comme la carène d'un vaisseau.
318,	39,	cuniforme,	cunéiforme.
320,	17,	entièrement enfoncée,	entièrement rentrée.
323,	7,	hyaline,	hyalin.
325,	16,	(organe de),	(organes de la)
325,	21,	au bord,	au bord.
328,	32,	larve,	lame.
326,	9,	venteuses,	ventouses.

VISITE D'EXPLORATION

A LA MINE DE LIGNITE DE L'ENFOURCHURE,

Par M. Dupuis-Delcourt.

———

(Séance du 4 décembre 1862).

———

Chargé d'aller reconnaître sommairement dans le département de l'Yonne la nature et l'état d'une mine de lignite, je me suis rendu à Joigny, et successivement à Villeneuve et Auxerre, dans le courant du mois d'avril 1849.

On ne voulait qu'un examen rapide ; je devais me borner à constater l'exactitude de faits avancés. Néanmoins, je m'étais muni d'un léger appareil de sonde, propre à pousser des reconnaissances en terre, au moyen de forages, jusqu'à la profondeur de 8 ou 10 mètres.

Mon travail se trouve résumé dans l'exposé suivant, divisé en trois points principaux. L'historique de la mine ; son état actuel et celui des travaux ; enfin je termine en jetant un coup-d'œil sur l'avenir de l'exploitation.

HISTORIQUE.

La mine est située au lieu dit *la Fontaine aux Brins*, près le village de Dixmont, canton de Joigny ; elle appartenait alors à M. Grand Imbert, cultivateur, propriétaire de l'ancien prieuré de l'Enfourchure, monument gothique dont la fondation remonte à l'année 1260. L'église, les chapelles qui en dépendaient, et quelques grandes salles absolument en ruines, ont été transformées depuis peu en bâtiments d'exploitation de ferme.

A cinq cents pas environ, à l'est de l'habitation, dans le flanc de l'un des nombreux monticules ou élévations peu considérables de terre, pour la plupart couronnées de bois, qui ont fourni son nom au village de *Dixmont*, se trouve la tranchée à plein-ciel donnant ouverture à la mine. Cette tranchée remonte à 1792 ou 1793 ; elle constitue les premiers travaux sur les traces desquels on suit actuellement. Ils ont conduit au lignite.

Quand vint la révolution de 1789, les religieux qui occupaient le prieuré de l'Enfourchure disparurent dans la tourmente politique. Leurs biens furent confisqués, vendus ; des juifs, dit-on, qui devinrent propriétaires du prieuré, bouleversèrent tout, église, château, souterrains. Ils firent aussi ouvrir la montagne. Ils cherchaient, prétend-on, dans les décombres des bâtiments des trésors, dans la montagne de l'eau. On peut supposer qu'ils cherchaient partout de l'or, car ils se sont arrêtés là précisément ou commence le lignite, le bois fossile, le quasi-charbon qu'ils avaient mis à nu. Le lieu où est située la tranchée se nomme la *Fontaine des Brins* ; le pays manque d'eau, et les plus anciens habitants disent que du temps de leurs pères, il y avait à cette place une source abondante. Cela paraît certain. On trouve encore au pied de la montagne un canal, profond d'un mètre environ, dont les feuilles cadastrales ont conservé le tracé et le nom (canal Saint-Ange), et qui servait au flottage des bois.

Or, si les premiers acquéreurs de l'Enfourchure avaient recherché de l'eau, ils ne se seraient pas arrêtés, non plus, après l'avoir seulement entrevue. De l'intérieur de la mine, en effet, on voit sourdre de divers points des filets d'eau, qui, étant réunis, constituent dans la tranchée extérieure un ruisseau qu'on pourrait à peu de frais rendre abondant. Plus tard, quand on eut fouillé plus avant dans la montagne et creusé le puits d'extraction dont nous parlerons plus loin, on vit en effet s'augmenter notablement la masse d'eau courante. Les juifs étaient donc dans la bonne voie quand ils ont abandonné les travaux. Ils ne cherchaient pas l'eau. et ils faisaient aussi peu de cas du lignite, puisque rien n'indique qu'ils aient voulu en tirer le moindre parti.

Les choses restèrent longtemps dans cet état. Il y a vingt ans environ, un cultivateur, M. Grand Imbert, fixé depuis longtemps lui-même dans le canton, achète ces terres bouleversées, ces ruines d'abbaye perdues dans le fond d'un vallon presque inabordable alors, faute de bons moyens de communication, qui lui manquent encore aujourd'hui (1). Il revend et morcelle; cultive de son mieux, met en valeur ses terres; puis, imbu des vieilles traditions que nous venons de rapporter, il fait bientôt de nouveaux efforts pour arriver à la découverte de l'eau, d'abord, puis du charbon de terre. Mais il ne trouve que du bois fossile, du lignite, à l'état pulvérulent pour la majeure partie, et dont il ne sait que faire.

Alors se présentent, dans l'ordre chronologique, les deux sociétés qui ont travaillé successivement en vue d'une exploitation régulière de la mine.

La plus ancienne société de la mine remonte aux pre-

(1) Ceci était écrit en 1849. L'état des choses a depuis considérablement changé.

mières années de la possession de M. Grand Imbert. Son chef
était M. Lesire, dont M. Grand Imbert paraît avoir gardé
le meilleur souvenir. Quelques milliers de francs ont été alors
dépensés à la recherche de l'eau et du charbon.

La deuxième société s'est formée vers 1840. Celle-ci
était plus sérieuse. On lui doit les travaux actuellement
existants. Cette société se composait de huit personnes
dont on a les noms, résidant pour la plupart dans le département de l'Yonne, et parmi lesquelles figuraient un ancien
notaire, un sous-intendant militaire en retraite, etc. Un fonds
de 10,000 fr. avait été fourni en commun ; un jeune homme
dirigeait les travaux. C'est alors qu'on a fait ouvrir les galeries qui existent, commencer des sondages et creuser le puits
qui devait sans doute servir à l'extraction. Cependant, au
bout d'un certain temps, les sociétaires ne s'entendirent
plus ; les travaux furent interrompus ; les premiers fonds
réunis étaient épuisés ; tout indique, d'ailleurs, qu'on croyait
trouver du charbon et qu'on ne connaissait pas, ou qu'on ne
s'était pas suffisamment rendu compte de l'emploi et de la
valeur du lignite. Quoiqu'il en soit, les travaux furent interrompus et le propriétaire de l'Enfourchure, M. Grand Imbert,
après avoir laissé s'écouler un certain temps, intenta un
procès pour redevenir libre et pouvoir disposer de nouveau
de sa mine. Les délais prévus par l'acte fait avec M. Grand
Imbert, et pendant lesquels la société devait mettre la mine
en exploitation et en *rapport* étaient passés ; il y eut une
longue instance ; finalement la société fut rompue et les
sociétaires expulsés judiciairement.

ÉTAT DE LA MINE, TRAVAUX DÉJA EXÉCUTÉS.

La mine, proprement dite, se présente extérieurement et

intérieurement comme un amas confus, un agglomérat considérable, mélange de bois fossile, de houille, ou demi-char-
bon de terre en formation, et de lignites à l'état pulvérulent
ou susceptible de passer à cet état par sa simple dessication
à l'air.

La tranchée à plein-ciel, faite anciennement dans la montagne, mesure environ 200 mètres de longueur à partir de
l'ancien canal Saint-Ange, formant aujourd'hui chemin creux,
jusqu'à l'entrée de la mine. Cette tranchée n'est pas tracée en
ligne droite ; elle forme un léger coude allant du N.-O. à l'E.
Arrivé à son extrémité, on se trouve en présence de la masse
imposante de lignite que les travaux ont mis à découvert.
La hauteur verticale de la tranchée en cet endroit, prise à
partir du sol de l'entrée des galeries, est d'environ dix mètres.
En ôtant trois mètres pour l'épaisseur du sable marneux et
des terres formant le sol supérieur, le dépôt carbonifère présente à l'œil une découverte de six à sept mètres d'épaisseur
sur un développement en largeur de douze à quatorze mètres.
Là, déjà, on voit une immense quantité de troncs d'arbres,
dont la plupart sont très bien conservés et offrent encore
l'apparence d'une partie ligneuse résistante. C'est un mélange
de diverses essences de bois : quelques fougères arbores-
centes sans doute, des rosacées, des conifères, de puissantes
plantes de la famille des palmiers, sont là entassées pêle-
mêle dans une position rarement verticale, et souvent
inclinés en sens contraire les uns des autres ; c'est une sorte
de tohu-bohu général. On dirait qu'un immense courant a
charrié et jeté contre un obstacle qui les aurait arrêtés jusqu'au complet écoulement des eaux, ces débris accumulés
des forêts anté-diluviennes.

Nous avons pénétré avec des flambeaux dans la mine, et

reconnu les galeries et le puits déjà creusés par la société
précédente. Deux galeries principales, et deux galeries
accessoires communiquant l'une dans l'autre à leur naissance ; plus un puits carré, de deux mètres de côté et de vingt
à vingt-cinq mètres de profondeur, situé à droite et au tiers
environ de la longueur de la grande galerie, forment l'ensemble assez important de ces travaux. Les deux galeries
principales ont près de trente mètres de longueur chacune ;
les deux autres n'ont que huit à dix mètres d'étendue. Elles
sont toutes praticables, et assez régulières. Leur hauteur est
de 1 m. 40 à 1 m. 60 sur un mètre de large ; elles ne sont
pas blindées. Le sol, les côtés, le plafond offrent partout du
bois, du lignite ; à mesure qu'on pénètre plus avant, il semble
à la première vue que la carbonisation soit plus avancée ; on
trouve même des filons ou plutôt des couches minces, offrant
l'apparence d'une cristallisation noire et brillante quoique
confuse : on sent partout que la nature a été prise sur le fait,
qu'on est venu trop tôt interrompre son travail. Quelques
milliers de siècles encore, et on aurait eu là, vraisemblablement, du charbon de terre complet.

Nous avons mesuré dans les galeries des troncs d'arbres
qui ont près d'un mètre de diamètre.

Le puits est complétement immergé ; c'est de son ouverture que s'écoule, comme d'un trop plein, la majeure partie
de l'eau parfaitement claire et douce qui forme en dehors le
ruisseau dont nous avons parlé. Dans certaines parties des
galeries, on voit aussi s'échapper de petits filets d'une eau
également pure et claire.

Indépendamment du puits que je nommerai d'*extraction*,
établi à l'entrée des galeries, lequel aurait, m'a-t-on affirmé,
vingt à vingt-cinq mètres de profondeur et dont les parois et

le fond, partout composés de lignites, attesteraient la puissance de ce dépôt carbonifère, l'ancienne société avait fait pratiquer en dehors à gauche de l'ouverture de la mine, sur la déclivité de la montagne, à environ quinze mètres de la tranchée et en divers endroits, des trous de sonde qui ont dans ces divers lieux révélé le lignite à une faible profondeur.

Nous-même, avec le peu de temps qui nous était donné, et le trop léger équipage de sonde dont nous étions muni, et qui ne nous permettait pas d'atteindre à plus de dix mètres de profondeur, nous avons voulu reconnaître si dans la tranchée même, en revenant vers l'entrée donnant sur l'ancien canal Saint-Ange, le lignite se faisait sentir.

A quarante mètres de l'entrée des galeries, un trou carré de deux mètres de côté et de deux mètres de profondeur, pratiqué par mes terrassiers et dans lequel on s'apprêtait à mettre la sonde, nous a montré le lignite à nu, dans toute sa puissance, sans qu'il soit utile de forer.

Deux trous de sonde pratiqués par moi dans les mêmes conditions, et à huit ou dix mètres chacun de distance de cette première ouverture, nous ont fait reconnaître le lignite à quatre mètres, puis à neuf mètres de profondeur. Cet abaissement progressif serait-il un témoignage de la continuité et de l'inclinaison de la couche fossile dans cette direction ?

Un ou deux autres trous de sonde, pratiqués beaucoup plus bas, ont été moins heureux. L'un d'eux a été arrêté par la rencontre d'un corps dur que nous n'avons pas pris le temps de briser. Les habitants nous ont parlé d'une conduite en pierre amenant ou conduisant autrefois l'eau de la *Fontaine des Brins*, et sur lequel nous étions peut-être tombé. Un autre trou poussé jusqu'à dix mètres de profondeur, terme

de nos moyens d'action (12 mètres, y compris la cuvette
creusée par les terrassiers), ne nous a donné que du sable
d'abord, puis de la marne grasse, puis du grès pulvérisé, puis
de l'eau bourbeuse et jaunâtre : il aurait fallu tuber et nous
n'en avions ni le temps ni les moyens.

Nous avons cru voir, disons-nous, par nos quelques trous
de sonde, que la masse carbonifère s'inclinait profondément
et assez rapidement sous le sol en courant de l'ouverture de
la tranchée actuelle vers le N.-O. C'est peut-être ce même
sentiment qui aura engagé l'ancienne compagnie à faire
opérer dans le temps, à plus de deux cents mètres de distance de la tranchée, dans une pièce de terre appartenant à
M. Grand Imbert, située derrière les bâtiments de l'Enfourchure et presque aux confins du périmètre de la concession
alors déjà demandée, un sondage dont nous avons vu la trace,
qui a été fait par l'un des grands entrepreneurs de sondage
de Paris, et qu'on a poussé jusqu'à cent mètres de profondeur, résolument. Ce travail n'a rien produit, ni eau, ni
lignite.

Maintenant, quelle peut être l'étendue et l'épaisseur du
gîte carbonifère, dans la direction opposée à celle-ci, c'est-
à-dire du côté du village de Dixmont? C'est ce qu'il est
absolument impossible de déterminer quant à présent. Des
travaux plus complets, des recherches, des sondages bien
autrement puissants et bien autrement prolongés que ceux
auxquels ils nous a été possible de nous livrer, pourront
seuls fournir à ce sujet des renseignements suffisants.

Il est probable que la masse fossile carbonifère *est considérable.*

Il est d'ailleurs à observer qu'en plusieurs endroits du
même canton, des *affleure m ents* d'un lignite pulvérulent plus

ou moins pur, plus ou moins mélangé de terres, de sables
ou de grès, se montrent soit à la surface même du sol, soit
à diverses profondeurs. Ces *traces*, ces affleurements sont-ils
des dépôts isolés ou se relient-ils à la masse principale dont
le siége paraît bien être à l'Enfourchure? Il aurait fallu, même
pour hasarder des conjectures à cet égard, avoir plus de
temps à donner à ces recherches qu'il ne m'a été possible de
le faire.

RÉSUMÉ, COUP-D'ŒIL SUR L'EXPLOITATION.

Les religieux de l'abbaye de l'Enfourchure ont bien probablement ignoré l'existence d'une mine sur leurs terres.

Les juifs qui ont succédé aux anciens propriétaires, selon
la tradition, cherchaient toute autre chose que de l'eau ou du
charbon.

Les deux sociétés qui ont fait alliance avec Grand Imbert
et qui se sont succédé à l'Enfourchure depuis vingt ans,
cherchaient principalement et avaient espéré trouver du
charbon de terre. Elles voulaient un combustible complet,
connu, une marchandise courante. Aucun des associés ne
paraît avoir rien compris au lignite, ni au parti qu'on en
pouvait tirer, ni à l'emploi qu'on en pouvait faire.

Aujourd'hui, on semble voir et juger la question sous
une face toute nouvelle Le combustible, bois fossile ou
charbon inquiète peu, il s'agit principalement du *lignite à
l'état pulvérulent*, c'est-à-dire de la partie des produits de la
mine la moins utile en apparence ; de celle dont les précédents exploitants ne songeaient point à tirer parti. Ce lignite
pulvérulent, on veut le transformer en *engrais* par des procédés bien connus. Ce côté de la question n'est pas le plus

mauvais sans doute ; mais il y a mieux à faire et dans tous les cas, selon nous, autre chose à faire encore.

On ne peut rien opposer aux différentes analyses faites jusqu'ici des produits de la mine, si ce n'est leur insuffisance ; chimiquement parlant elles paraissent devoir être exactes. Sous le rapport de l'emploi commercial et des diverses applications industrielles dont sont susceptibles ces produits, ces analyses pourraient être considérées comme incomplètes.

De nouvelles recherches, la distillation en vases clos de certains produits extraits avec soin de la mine, semblent faire espérer de nouveaux moyens d'exploitation qui, loin de nuire à ceux auxquels on veut se livrer, les compléteraient et donneraient de beaucoup plus grandes proportions à l'entreprise. Pourquoi ne pas étendre le cercle des opérations et en créer de nouvelles, quand elles paraissent résulter de la nature des choses, et que tout semble vouloir les favoriser ?

En définitive, la mine de lignite de l'Enfourchure peut devenir la base, le point de départ d'une belle exploitation. Seulement, il faudra s'en occuper avec des vues larges, étendues ; il y aura nécessairement à dépenser à l'Enfourchure de l'intelligence et de l'argent. Mais, quel est le champ qui peut rapporter sans avoir été ensemencé ?

Quand il y a douze ans j'écrivais ce rapport, je croyais voir se développer alors rapidement l'œuvre à laquelle je comptais me sacrifier tout entier.

Malheureusement il n'en fut point ainsi. Les circonstances politiques de l'époque eurent une influence marquée sur les intéressés, on ne put s'entendre sur les conditions d'achat de la propriété ; à mon grand regret l'affaire fut abandonnée.

Depuis, l'Enfourchure a été mise en vente, et ici on pourrait reconnaître la puissances de ces voies providentielles qui mènent l'humanité au but caché qu'elle doit fatalement atteindre. Le doigt de Dieu semble s'être appesanti sur cette ancienne abbaye d'où partirent et montèrent vers le ciel tant de voix monastiques exhalant pendant des siècles la prière chrétienne. L'Enfourchure est devenue la propriété d'un israélite, homme distingué et généralement estimé, tout à la fois homme de finance et de goût ; aimant l'étude, les bons livres, et dont la bibliothèque renferme des trésors littéraires souvent enviés par les amateurs.

Bien que n'ayant pas l'honneur d'être personnellement connu de M. d'Eichtal, espérant l'intéresser à ma position, à mes travaux antérieurs, je pris la liberté de lui écrire il y a deux ans et de lui faire parvenir mon étude sur la mine dont il est aujourd'hui propriétaire. Ma communication, dont j'attendais un résultat heureux, dut être bien mal accueillie, puisque mon manuscrit me fut renvoyé avec un refus motivé en trois lignes froidement polies. Le regret que j'en éprouvai fut tel que je ne puis me dispenser de l'exprimer, et de penser encore que M. d'Eichtal, mieux informé, pourra revenir sur sa détermination première. Cela serait à désirer, car l'exploitation de la mine de lignite de l'Enfourchure de Dixmont offre un grand intérêt sous le rapport chimique et présente en outre, industriellement parlant, d'immenses ressources. Les sciences naturelles, et en particulier l'histoire géologique du département de l'Yonne, y trouveraient également leur compte.

EXPLICATIONS

SUR LA STRATIGRAPHIE DE L'ÉTAGE ALBIEN

DANS L'YONNE, L'AUBE, LA HAUTE-MARNE, LA MEUSE
ET LES ARDENNES,

Par M. Théophile EBRAY.

Dans le compte-rendu d'une Excursion géologique faite avec ses élèves, M. Hébert émet quelques réflexions au sujet de mon travail sur la *Stratigraphie de l'étage albien,* en disant au commencement de la page 16 : « *En rectifiant l'erreur de M. Raulin, qui rapportait au niveau fossilifère inférieur les fossiles recueillis par M. Ricordeau à la surface des sables ferrugineux de Seignelay, il n'a pas reconnu l'argile supérieure qui cependant y existe* (1) ; » tandis qu'à la fin de cette même page, le professeur de la Sorbonne reproduit mon énoncé qui montre évidemment que cette couche ne m'a pas échappé, puisque j'affirme *que la couche du Gault supérieur occupe à Soumaintrain, c'est-à-dire à quelques kilomètres au nord de Saint-Florentin, la partie*

----

(1) Cette argile supérieure repose, suivant mes travaux et l'excursion que M. Hébert a faite avec ses élèves, directement sur les sables et les grès du gault supérieur.

moyenne de l'étage et qu'elle supporte, sans autre intermédiaire, des argiles et des marnes bleues.

L'assertion de M. Hébert se trouvant donc réduite à sa juste valeur par la citation précitée, il me reste à lui donner quelques explications sur mon travail et sur les observations qui m'ont porté à considérer la couche fossilifère du Gault supérieur de Cosne comme occupant la partie moyenne de cet étage à Soumaintrain, et à classer dans ce même étage une partie des·argiles et des marnes bleues sur lesquelles repose la Craie chloritée (étage cénomanien).

Le pourquoi demandé par M. Hébert et qui domine tout mon travail sur l'étage albien n'a pas été reproduit dans la Note publiée dans le Bulletin de la Société géologique, parce que je m'étais suffisamment expliqué sur ma manière de procéder en géologie, d'ailleurs, peu conforme à celle de l'auteur *Des anciennes mers et de leurs rivages*, dans les travaux suivants : *Considérations sur quelques questions de géologie*, 1861, J.-B. Baillière, Paris ; *Sur la ligne de propagation de quelques fossiles* (1862), chez le même ; *Stratigraphie de la Craie moyenne comprise entre la Loire et le Cher* (Bull. Soc. géol. de France, 2e série, t. xviii, p. 357) ; *Les Affleurements des étages ne représentent pas les limites des anciennes Mers* (Bull. Soc. géol. de France, 1859).

On verra, en parcourant ces divers travaux, que je m'occupe plutôt à rechercher pas à pas les modifications qu'éprouvent les masses minérales d'un système qui, comme celui de la craie, n'a pas été soumis à des cataclysmes violents et à saisir les lignes de propagation des espèces animales qui se sont succédé dans le temps.

On verra aussi que, loin de resserrer la nature dans des limites étroites et factices, je me laisse guider par tous les caprices apparents des phénomènes qui, considérés avec philosophie, ne sont que les effets d'une force majestueuse, impossible à disposer dans des cadres rectilignes.

Cependant, si ce pourquoi, sur lequel j'insiste, a échappé à notre honoré confrère de la Société géologique, nous savons qu'il n'a pas échappé à d'autres savants, car il a été développé avec autant de profondeur que de connaissance de cause par M. de Ferry, dans sa *Note sur les limites des étages géologiques* (Caen, chez Hardel, 1863).

Ceci posé, je me permets d'entrer dans quelques détails.

La nature des dépôts et les êtres qui peuplent les mers sont des fonctions de plusieurs variables.

La température du globe au point considéré, la profondeur de la mer, l'état dynamique et chimique des eaux, la disposition des rivages sont autant de données dont il faut tenir compte en stratigraphie et en paléontologie.

La loi suivant laquelle ces données varient est-elle la même pour une série de points? Evidemment non.

L'existence de lignes isothermes variables, l'absence de régularité dans les exhaussements et affaissements qui règlent les niveaux lithophagiques, la conformation des rivages, la direction des courants sous-marins (1), le cantonnement et la propagation des êtres sont autant de circonstances qui nous empêchent et qui nous empêcheront peut-être toujours de trouver des lignes synchroniques au milieu de dépôts dont les variations lithologiques et paléontologiques ne proviennent que des causes précitées.

Les lignes synchroniques véritables ne nous sont données

---

(1) Quoique cette direction soit influencée par la disposition des rivages, elle résulte cependant encore d'autres causes plus complexes, variables aussi pendant une même période géologique.

de loin en loin que par les cataclysmes violents et nous croyons que ces cataclysmes n'ont pas embrassé la terre dans son entier.

Si maintenant nous appliquons ces principes à l'étage albien du centre et du nord de la France, nous verrons qu'il n'est réellement pas possible de tracer une ligne positive de démarcation d'une certaine étendue entre cet étage et l'étage cénomanien.

Avant mes travaux sur le département de la Nièvre on ne connaissait de l'étage albien que les grès et les argiles inférieurs ; aujourd'hui, il est démontré que les sables ferrugineux de la Puisaye sont inférieurs à une couche fossilifère qui contient un certain nombre de fossiles appartenant à cet étage.

J'ai voulu me rendre compte, en suivant les affleurements jusque dans les Ardennes, comment les différents termes du Gault se comportent sur de grandes distances et j'ai été conduit à faire connaître les résultats de cette étude dans ma dernière note sur l'étage albien où je crois avoir établi :

En ce qui concerne la stratigraphie :

1º Que la couche fossilifère du Gault supérieur n'indique pas une couche synchronique ; qu'à Cosne elle occupe la partie la plus supérieure de l'étage ; mais que, par suite de la diminution progressive des sables ferrugineux, elle devient à Soumaintrain du gault moyen et à Pinay du gault inférieur ;

2º Que la faible épaisseur d'argile chloritée qui supporte directement dans la Nièvre la craie à Am. Mantelli, et à Am. varians, refoulant pour ainsi dire le Gault supérieur dans la profondeur, augmente à mesure que les sables ferrugineux diminuent ; que vers le bas elle perd son silicate de fer et devient une argile marneuse de couleur bleuâtre ;

3o Que plus loin, vers le nord, ces marnes et argiles perdent, à partir de leur sommet, les éléments ferro-bitumineux qui leur donnent la couleur caractéristique et se chargent d'éléments silico-calcaires qui les conduisent insensiblement à la Gaize de la Meuse;

4° Que les termes les plus constants et les moins altérables du Gault sont les argiles inférieures et les grès verts de la base;

5° Que le sytème argilo-marneux supérieur, qui vers Pinay correspond à la couche fossilifère du Gault supérieur aux sables ferrugineux de la Puisaye et aux argiles chloritées de la base de l'étage cénomanien, ne peut pas être subdivisé d'une manière stable, et que l'étage cénomanien est tellement soudé à l'étage albien qu'il est inutile de chercher dans cet ensemble marneux une ligne de séparation de quelque valeur;

6° Que les argiles marneuses supérieures se distinguent par les tuiliers eux-mêmes des argiles inférieures, parce que les premières donnent des briques médiocres, tandis que les secondes sont les argiles tégulines proprement dites.

En ce qui concerne la paléontologie :

1o La couche fossilifère du Gault supérieur contient presqu'autant d'espèces cénomaniennes que d'espèces albiennes. C'est une couche transitoire;

2o A mesure que cette couche descend dans la série des terrains, elle se charge de plus en plus de fossiles qui caractérisent le Gault inférieur;

3° L'argile bleue (1) qui remplace la couche du Gault

(1) L'importance du système marneux supérieur ne peut être com-

supérieur et les sables ferrugineux en tout ou en partie, contient, comme cela est indiqué dans le diagramme, page 220 de mon travail sur l'étage albien, des fossiles qui caractérisent la partie supérieure et la partie moyenne de cet étage.

Si maintenant M. Hébert, à l'aide de ses élèves, a rencontré des fossiles albiens au-dessus de la couche fossilifère et grèsique des sables ferrugineux qui occupe, comme je l'ai dit, la partie moyenne de l'étage à Saint-Florentin, nous aurons une preuve de plus de l'exactitude de mon travail.

Enfin, on remarque que d'une part je ne parle pas dans ma Note des environs de Saint-Florentin, et que d'autre part M. Hébert reconnaît ne pas avoir rencontré dans cette localité les grès verts inférieurs qui occupent depuis Cosne jusque dans les Ardennes un horizon si constant.

En effet, j'ai cru observer qu'aux environs de Saint-Florentin la distinction entre les grès verts inférieurs et les grès ferrugineux devenait exceptionnellement fort difficile, parce que ceux-là paraissent avoir pris des teintes rubigineuses par la transformation des combinaisons ferreuses en peroxide (1), phénomène qui constitue une rubéfaction analogue à ce qui s'observe si souvent dans les grès plus anciens.

Il est donc possible que M. Hébert ait confondu en quelque point les grès verts inférieurs avec les grès ferrugineux supérieurs, et si je ne me suis pas étendu sur la station de

prise qu'après avoir suivi le zône que j'ai décrite ; d'une puissance d'au moins 150ᵐ dans la Meuse, il supporte la craie chloritée à Am. Mantelli et à Am., varians, et repose directement sur le gault inférieur.

(1) Je ne désire pas expliquer ici un phénomène que j'ai seulement entrevu et sur lequel je reviendrai ; les grès inférieurs contenant beaucoup de sulfures, la rubéfaction ne serait pas non plus étrangère à la transformation de ceux-ci.

Saint-Florentin, qui forme un point bien petit en présence du long affleurement dont j'avais à rendre compte, c'est que j'ai pensé que la succession des couches du Gault inférieur ne s'y présentait pas avec assez de clarté.

J'espère cependant que je pourrai prochainement revoir cette localité et spécifier d'une manière précise la position des grès verts inférieurs qui n'y doivent pas faire défaut.

Quant à l'application de la succession de Saint-Florentin aux forages des puits artésiens de Paris, je conseille au savant professeur de la Sorbonne de procéder avec beaucoup de prudence, car les grès inférieurs du Gault pourraient bien être représentés par des argiles et *vice versa* dans ces contrées lointaines, encore plus éloignées des anciennes côtes que les environs de Saint-Florentin.

Il est, d'ailleurs, pour moi, évident qu'aussi longtemps que M. Hébert admettra la possibilité d'établir des lignes de séparation exactes, continues et synchroniques (1) entre des systèmes de couches qui ne sont séparés entre eux que par des oscillations du sol ; qu'aussi longtemps qu'il cherchera les amas de galets qui ont été déposés par les mers jurassiques ; qu'il croira au cantonnement synchronique des espèces sans admettre ni lignes de propagation, ni récurrences, ni migrations ; qu'il verra une suppression d'étage là où un système est sablonneux au lieu d'être calcaire, il combattra les pourquoi que je mets en avant depuis plusieurs années.

---

(1) Il est vrai que le professeur de la Sorbonne n'attribue pas à toutes les lignes lithophagiques la propriété de diviser les étages. (*Note sur la craie blanche et la craie marneuse*, par M. Hébert, Bull. Soc. géol., 1863) ; mais il ne nous donne pas d'explications positives à ce sujet et jusqu'à nouvelle information nons ne croyons pas à la possibilité de distinguer la présence de lignes lithophagiques spéciales séparant les divers étages.

Espérons que l'armée des travailleurs sans parti pris, répandue sur toute la France, aidant, le savant professeur reviendra à la saine appréciation des phénomènes géologiques qui, nous le croyons, ne se manifestent pas avec la régularité des classifications actuelles.

NOTE ADDITIONNELLE.

On lit, page 12 de la note de M. Hébert, qui fait le sujet du présent travail : « *L'épaisseur des couches est certainement supérieure à la différence des altitudes de leurs limites, puisqu'elles plongent dans la direction que nous suivions de l'Est à l'Ouest.* »

Cette assertion pourrait faire croire que, toutes les fois que l'on rencontre des couches dans ces conditions, leur épaisseur est supérieure à la différence d'altitude ; ce qui n'est pas, et comme beaucoup de géologues ne se soucieraient pas de traiter la question géométriquement, seul moyen d'arriver à la connaissance de la vérité, nous croyons qu'il est utile d'examiner le problème d'une manière plus sérieuse.

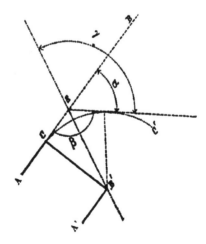

Soit AB, A'B' deux limites de couche qui s'enfoncent sous un angle α; l'épaisseur sera B'C. Du point B comme centre, décrivons avec B'C un arc de cercle CC' auquel nous menons une tangente horizontale qui vient couper AB en S, il suffira que le terrain suive la ligne B'S pour que la différence d'altitude devienne égale à l'épaisseur des couches. Soit α l'inclinaison, on aura $\beta = 180° - \alpha$ et l'angle γ, c'est-à-dire l'angle que fait le terrain avec l'horizontale sera donné par l'expression :

$$\gamma\ 180° - \frac{180° - \alpha}{2} = 90° + \frac{\alpha}{2}$$

Pour $\alpha = 0$, on a $\gamma = 90°$, c'est-à-dire que, quand les couches sont horizontales, le terrain devient un escarpement.

Mais, à mesure que l'inclinaison augmente, l'angle augmente aussi et pour $\alpha = 90°$ on a $\gamma = 135°$.

Entre ces deux cas extrêmes, il existe, dans les contrées montagneuses et dans des positions fort accessibles, une infinité de points où, malgré l'enfoncement des couches, les différences d'altitude sont égales et même supérieures à la puissance.

SUR LES ECHINIDES FOSSILES

DU DÉPARTEMENT DE L'YONNE

Par M. G. COTTEAU.

TERRAIN CRÉTACÉ. — ÉTAGE ALBIEN.

Les argiles aptiennes que caractérisent l'Ostrea aquila et le Plicatula placunœa, sont recouvertes par les couches de l'étage albien. Cet étage, très largement développé dans notre département, est formé d'argiles, de grès et de sables, et renferme, sur certains points, un grand nombre de corps organisés fossiles. Les différentes assises dont il se compose éprouvent, à des distances souvent très rapprochées, dans leur stratification, dans leur texture minéralogique et dans leur faune, des modifications profondes, et qui rendent difficile l'étude détaillée de ce terrain. Les sables puissants et si faciles à désagréger qui constituent presque exclusivement quelques-unes de ces assises, viennent ajouter de nouvelles difficultés, en cachant par des éboulements les points de contact, et ne permettent pas de suivre, sur de longues étendues, la superposition des couches. De là le désaccord qui existe parmi les auteurs qui se sont occupés de la stratigraphie de l'étage albien de notre département. Dans un travail de la nature de celui-ci, qui n'est en quelque sorte que l'accessoire d'une étude essentiellement paléontologique, nous ne pouvons, sans sortir du cadre que nous nous sommes tracé, passer en revue et discuter les opinions émises à ce sujet. Nous devons reconnaître du reste que, malgré les documents

pleins d'intérêt déjà publiés, malgré les observations nombreuses que nous avons faites par nous-même, plusieurs difficultés restent encore à éclaircir, et nous obligent à ajourner
l'étude complète et détaillée de ce terrain. Bornons-nous donc
à indiquer rapidement, et sur quelques points donnés, les
caractères généraux qu'il présente.

L'étage albien, comme les autres étages du terrain crétacé
inférieur, forme une bande plus ou moins large qui traverse
le département du nord-est au sud-ouest. Occupons-nous
d'abord des environs de Saint-Florentin. L'étage albien s'y
montre avec un ensemble de caractères qui permet de préciser plus facilement que partout ailleurs l'épaisseur et la
disposition de ses assises. M. Hébert, dans un mémoire que
vient de publier le Bulletin de la Société des sciences historiques et naturelles de l'Yonne (1), a donné la succession de
ces couches ; nous accompagnions le savant professeur de
la Sorbonne dans une des excursions qu'il a faite à Saint-
Florentin, et nous avons pu nous convaincre de l'exactitude
de ses observations, qui du reste venaient confirmer pleinement celles que nous avions faites précédemment nous-
même.

Au hameau des Drillons, l'étage albien offre à la base une
couche argileuse, noirâtre, que caractérisent l'Arca carinata,
le Nucula ovata et surtout le Nucula pectinata, souvent à l'état
de moule intérieur pyriteux. Cette assise n'affleure nulle part,
et M. Hébert ne l'a point vue, mais, en 1852, nous l'avons
parfaitement observée dans un puits qu'on creusait au pied
du coteau des Drillons, et qui, d'après les notes que nous

(1) Hébert, *Observat. géol. sur quelques points du dép. de l'Yonne*,
Bull. Soc. des sc. hist. et nat., t. XVII, p. 46, 1863.

avons prises à cette époque, traversait les argiles inférieures
sur une épaisseur de douze à quinze mètres (1). Les sables
glauconieux et les grès fossilifères inférieurs viennent au-
dessus ; leur épaisseur, suivant la coupe relevée par M. Hébert (loc. cit.), est de 10 mètres. Il y a quelques années les
grès étaient exploités au milieu même du hameau, et dans
quelques-uns de leurs bancs plus terreux et moins solidement
agrégés que les autres, on a recueilli un nombre considérable
de fossiles d'une admirable conservation et presque toujours
garnis de leur test. Parmi les plus abondants et les plus
caractéristiques, nous citerons les Ammonites interruptus
(Deluci), mamillatus (monile), Lyelli, Beudanti, le Nautilus
Clementinus, le Scalaria Dupiniana, l'Avellana lacryma, le
Cerithium Lallierianum, les Natica Clementina, excavata,
Gaultina, le Dentalium decussatum, les Arca fibrosa et carinata, le Cyprina cordiformis, les Nucula pectinata et ovata,
l'Inoceramus concentricus, etc., etc. Malheureusement la carrière, où cette couche était mise à découvert pour l'exploitation du grès, a été abandonnée depuis plusieurs années et se
trouve aujourd'hui complétement remplie par des éboulis
successifs. Ces sables et ces grès sont recouverts par des argiles noirâtres, plus ou moins sablonneuses, d'une épaisseur
variable, qui occupent le sommet des Drillons et terminent le
système inférieur de l'étage albien. D'autres couches, évidemment supérieures aux argiles des Drillons, se développent
dans la ville même de Saint-Florentin : ce sont des sables
d'un vert jaunâtre, argileux, alternant avec de petits bancs de
grès et renfermant çà et là des géodes ferrugineuses. Ces

(1) Ce puits a été creusé par un sieur Malaisé et se trouve au devant de la maison habitée par ce dernier.

sables et ces grès se prolongent à droite de la vallée de l'Armançon, sur les collines qui longent le canal de Bourgogne, et offrent à Frécambault des bancs de grès assez puissants, durs, quartzeux, depuis longtemps exploités et que caractérisent l'Ammonites Cleon, l'Ostrea Arduennensis, l'Inoceramus Salomoni et quelques autres espèces dont nous trouvons la liste dans l'ouvrage de MM. Leymerie et Raulin (1).

Dans la gare de Saint-Florentin se montrent plusieurs bancs d'un grès grossier, quartzeux, facile à désagréger, renfermant une quantité considérable d'Ostrea Arduennensis, et qui se relie, sans aucun doute, aux grès et sables dont nous venons de parler.

Au-dessus de cet ensemble de couches, M. Hébert signale à Saint-Florentin même, sur les promenades qui sont à l'ouest de la ville, une argile bleuâtre que caractérisent l'Ammonites interruptus (Deluci), le Nucula pectinata, l'Inoceramus concentricus, l'Epiaster Ricordeanus, etc; cette assise albienne, dont l'épaisseur, suivant M. Hébert, est d'environ 12 mètres, n'avait pas encore été mentionnée à Saint-Florentin.

La localité de Seignelay, explorée avec tant de soin par M. Ricordeau, mérite d'être étudiée en détail ; nous y retrouvons les différentes couches de l'étage albien, mais déjà elles ont éprouvé, dans leurs caractères minéralogiques et paléontologiques, certaines modifications, et leur concordance avec celle de Saint-Florentin n'est pas toujours facile à établir ; l'assise la plus inférieure se montre à Gurgy, et forme, immédiatement au-dessous du village, sur une étendue d'environ

(1) Leymerie et Raulin, *Statistique géol. du dép. de l'Yonne,* p. 453.

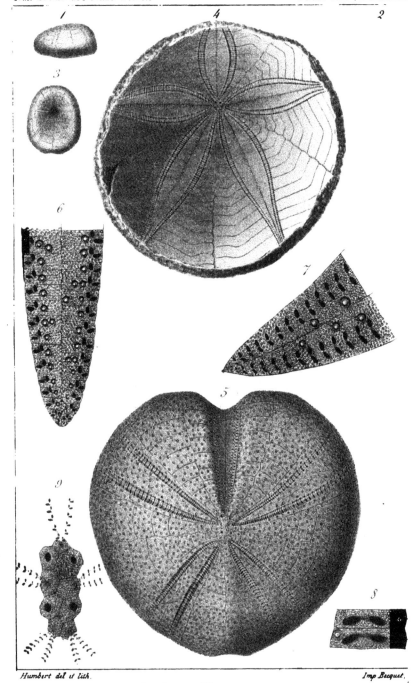

Humbert del et lith.   Imp Becquet.

1 _ 3. Nucleolites Ebrayi, Cotteau. (Alb en)

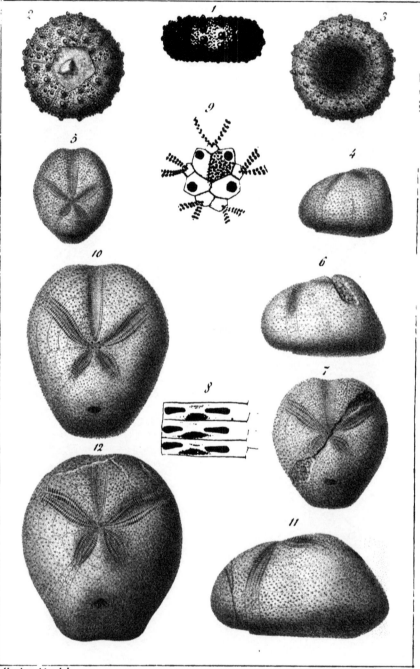

200 mètres, la berge droite de la rivière de l'Yonne ; ce sont des argiles noires, plus ou moins sableuses, renfermant à leur partie supérieure des rognons pyriteux qui empâtent un certain nombre de fossiles difficiles à déterminer, et parmi lesquels dominent les Ammonites regularis et tarde furcatus, presque toujours à l'état de fragments pyriteux ; cette assise, parfaitement indiquée par MM. Leymerie et Raulin (1), repose sur les argiles aptiennes à Ostrea aquila, et paraît correspondre aux argiles noires que nous avons signalées à la base des grès verts inférieurs des Drillons.

A Raveuse existent, dans le lit même de la rivière de l'Yonne, des argiles grisâtres supérieures à celles de Gurgy. Les fossiles qu'on y rencontre sont assez abondants, mais presque tous à l'état de moule intérieur. Nous citerons l'Ammonites mamillatus, remarquable par ses énormes tubercules, les Ammonites Dutempleanus, querci-folius, Beudanti, une autre espèce de grande taille, à dos large et carré, à côtes atténuées, recueillie par M. Ricordeau, et à laquelle nous avons donné, en 1853, le nom d'Ammonites Icaunensis (2), le Thetis minor, le Cardium Constantii, etc. Certains bancs sont rougeâtres, légèrement sablonneux ; l'un d'eux est pétri d'Arca carinata à l'état de moule intérieur, et qui, néanmoins, ont laissé sur la roche durcie, des empreintes très délicates. Près d'Hauterive la même assise, renfermant des fossiles à peu près identiques, est exploitée pour une tuilerie.

Les grès qui surmontent ces argiles, et qu'on extrait aux

(1) *Loc. cit.*, p. 459.
(2) Cotteau, *Etudes sur les Mollusques foss. du dép. de l'Yonne*, p. 14, extr. Bull. Soc. des sc. hist. et nat. de l'Yonne, 1853.

environs de Beaumont et d'Hauterive, paraissent, ainsi que
les sables qui leur sont subordonnés, correspondre au système
supérieur de l'étage albien qui atteindrait alors, sur certains
points, aux environs de Seignelay, une puissance beaucoup
plus considérable qu'à Saint-Florentin et se développerait au
détriment des couches inférieures. A Beaumont les grès exploités pour les constructions du pays, sont blancs, grisâtres,
quartzeux, et disposés en bancs assez épais; au milieu des
sables qui les accompagnent, se trouvent intercalés des rognons
de grès très durs, noirâtres, renfermant une grande quantité
de fossiles, des Ammonites, des Acéphales aux espèces variées, de précieux Gastéropodes empâtés dans la roche où ils
ont laissé leur empreinte. M. Ricordeau a dégagé ces empreintes avec un soin et une persévérance dont nous ne
saurions trop le féliciter, et en examinant dans sa collection
la belle et nombreuse série qu'il a recueillie, on peut se convaincre de la richesse que présente cette partie de l'étage
albien. Au nombre des fossiles les plus communs se trouvent
l'Inoceramus Salomoni, que nous avons vu à Saint-Florentin
caractériser les grès de Frécambault, le Janira Albensis, le
Thetis major, l'Ostrea Arduennensis, etc. L'assise affleure
dans le lit même du Serein, et M. Ricordeau y a rencontré
l'Epiaster Ricordeanus et de magnifiques exemplaires de
l'Holaster latissimus. Près d'Hauterive on exploite, au hameau
des Boulmiers, à cinquante mètres environ de la rivière du
Serein, un grès très dur, grisâtre, pétri de grains quartzeux
et verdâtres, et qui paraît correspondre à celui de Beaumont;
il renferme des huîtres, des Inocerames (Inoceramus Salomoni), et un grand nombre d'autres fossiles empâtés dans la
roche et qu'on ne peut se procurer qu'avec beaucoup de difficultés.

Les couches supérieures de l'étage albien forment, au-dessus de Seignelay, un puissant massif composé de sables verdâtres qui deviennent jaunes et ferrugineux au fur et à mesure
qu'on s'élève, et montrent, sur quelques points, des bancs de
grès de 10 à 15 centimètres d'épaisseur, tantôt blanc, tantôt
ferrugineux, et une couche d'argile grisâtre qui sert à ali-
menter des tuileries. Vers le sommet du plateau, du côté de
la tuilerie du pont Galop, on rencontre, au milieu des sables,
des rognons de grès roulés et blanchis à la surface, renfermant des fossiles usés et à l'état de moule intérieur. M. Raulin
en a publié la liste d'après M. Ricordeau. Nous remarquons
parmi les plus abondants, les Ammonites interruptus et splendens, les Natica Clementina et Gaultina, Opis Hugardiana,
Arca fibrosa, Cyprina Ervyensis, Trigonia aliformis, Ostrea
Arduennensis; il n'est pas rare de trouver à ce niveau des
fragments de bois roulés par les eaux et perforés de lithophages. M. Raulin présume que tous ces fossiles appartiennent à des couches-plus inférieures, et ont été apportés sur ce
point, lors des dénudations diluviennes (1). Depuis les recherches de M. Ebray cette opinion n'est plus admissible (2). Les
fossiles que nous venons d'indiquer sont bien à la place où
ils ont vécu, et correspondent certainement à ceux que
M. Ebray a signalés, au même horizon stratigraphique, à
Sancerre et à Cosne, et que nous avons nous-même constatés
dans les sables ferrugineux de Saint-Georges (3).

(1) Leymerie et Raulin, *loc. cit.*, p. 457.

(2) Ebray, *Examen de l'étage albien des env. de Sancerre*, Bull.
Soc. géol. de France, 2ᵉ sér., t. XIV, p. 804, 1857. — *Etudes géol.
sur le dép. de la Nièvre*, p. 17 et 197, 1862. — *Stat. de l'étage albien du dép. de l'Yonne, de l'Aube*, etc. Bull., Soc. géol. de France,
2ᵉ sér., t. XX, p. 209, 1863.

(1) Cotteau, *Note sur des foss. du grès vert* rencontrés par M. Fou-

Cette petite assise fossilifère, formée d'un grès grisâtre,
grossier et friable, se fait remarquer, partout où elle a été observée, par la nature de ses fossiles et la constance de ses
caractères minéralogiques. Elle occupe à Seignelay, ainsi que
les sables qui lui sont subordonnés, un niveau relativement
très élevé, surtout si on le compare à la position de la craie
cénomanienne, qui, géologiquement, doit être superposée aux
sables albiens, et qui cependant, près de Seignelay, se trouve
topographiquement placée beaucoup plus bas. M. Raulin
cherche à expliquer ce fait anormal en supposant que les
sables albiens, à l'époque où ils ont été recouverts par la
craie présentaient une surface accidentée, ondulée, correspondant à des épaisseurs très inégales. M. Ebray, de son côté,
attribue cette différence énorme de niveau à une faille qui
aurait abaissé la craie cénomanienne au-dessous des couches
supérieures de l'étage albien. Nous nous bornons à signaler
ici la difficulté sans chercher à la résoudre.

Seignelay est le dernier point où les couches inférieures de
l'étage albien se montrent avec quelque développement. Aux
environs d'Auxerre et surtout sur la rive gauche de l'Yonne,
dans la Puisaye, les sables constituent à eux seuls l'étage
presque tout entier, et c'est à peine si les marnes du système
inférieur, caractérisées par les Ammonites mamillatus et
interruptus, et représentant le gault proprement dit, ont été
découvertes sous les sables, dans quelques localités isolées (1).

card, Bull. Soc. des sc. hist. et nat. de l'Yonne, t. X, p. 234, 1856.
(1) Robineau Desvoldy, *Mémoire sur les sables ferr. de la Puisaye*,
Bull. Soc. des sc. hist. et nat. de l'Yonne, t. V, p. 409, 1851. Lorsque
parut le mémoire de Robineau-Desvoldy, les sables ferrugineux de

Dans toute cette zône les sables sont remarquables par leur couleur ferrugineuse; ils alternent avec des bancs plus ou moins épais d'un grès brun, rougeâtre, micacé, quelque fois fort dur, et renfermant çà et là des lits d'argile sableuse de couleur blanche et jaunâtre. Les seuls fossiles rencontrés dans cette puissante assise sont quelques rares végétaux qui ont laissé, dans les grès ferrugineux, une empreinte le plus souvent indéterminable. La petite couche fossilifère à Ammonites interruptus, à Trigonies, et à bois fossiles perforés par les lithophages, qui apparaît dans les sables de Saint-Georges, n'a point été retrouvée dans la Puisaye. Peut-être elle n'y existe pas, peut-être, en raison de son peu d'épaisseur et des éboulis de sables, a-t-elle jusqu'ici échappé aux recherches. M. Ebray indique à Pourrain, sous la couche ocreuse, à la partie supérieure des sables, des graviers à Ostrea canaliculata qui, suivant lui, représentent cette petite assise (1).

la Puisaye étaient considérés généralement comme inférieurs au gault et appartenant à l'étage néocomien. Robineau signala l'erreur stratigraphique dans laquelle on était tombé, et, à l'aide des fossiles qu'il avait recueillis à Saint-Sauveur, il établit que les sables étaient supérieurs au gault, mais il méconnut les rapports qui existaient entre ʻce puissant massif ferrugineux et les grès verts de la rive droite de l'Yonne, lorsqu'il crut devoir en faire, sous le nom de *grès salviens*, un étage particulier, indépendant, intermédiaire entre le gault sur lequel il repose et la craie chloritée qui le recouvre. C'est à M. Raulin que revient le mérite d'avoir, dans le Bulletin de la Société géologique de France, à peu près vers la même époque, reconnu les véritables caractères des sables ferrugineux, et démontré qu'ils correspondaient, d'une manière incontestable, au gault supérieur. Raulin, *Terrain crétacé moyen du départ. de l'Yonne*, Bull. Soc. géol., t. IX, p. 39, 1851.

(1) Ebray, *Strat. de l'étage albien des dép. de l'Yonne, de l'Aube*, etc., Bull. Soc. géol., t. XX, p. 212.

M. Raulin évalue à 80 mètres l'épaisseur moyenne de l'étage albien, dans le département de l'Yonne. Malgré cette puissance relativement considérable, cet étage ne renferme qu'un petit nombre d'Echinides recueillis tous aux environs de Seignelay et de Saint-Florentin.

DESCRIPTION DES ESPÈCES.
N° 1. CIDARIS
Pl. LXIV, fig. 13-14.

Radiole allongé, aciculé, subcylindrique, garni de granules inégaux, arrondis, disposés en séries longitudinales régulières, plus fines et plus serrées sur un des côtés du radiole que sur l'autre. L'espace qui sépare les séries de granules est couvert de stries linéaires sub-chagrinées, très fines, visibles seulement à la loupe.

Nous ne connaissons de cette espèce qu'un fragment de radiole; il nous a paru nouveau, cependant il est trop incomplet pour qu'il soit possible de le déterminer d'une manière précise.

LOCALITÉ. — Géraudot (Aube). Très rare. Etage albien.

Musée de Paris (coll. d'Orbigny).

EXPLICATION DES FIGURES.

Pl. LXIV, fig. 13. — Radiole de Cidaris, du Musée de Paris.

fig. 14. — Le même, grossi.

N° 2. PSEUDODIADEMA RHODANI, Desor, 1855, (Diadema, Agassiz, 1840).

Pl. LXVI, fig. 1-3.

Diadema Rhodani, Ag.	— Agassiz, *Catal. syst. Eclyp.*, *foss.*, suppl., 1840.
Diadema Lucæ, Ag.	— Agassiz, *id.*, p. 8.
Diadema Rhodani, Ag.	— Agassiz, *Descript. des Échin. foss. de la Suisse*, t. II, p. 9, pl. XVI, fig. 16-18, 1840.
Diadema Lucæ, Ag.	— Agassiz, *id.*, p. 8, pl. XVI, fig. 11-15, 1840.
	— Agassiz et Desor, *Catal. rais. des Ech.*, *Ann. sc. nat.*, 3e série, t. VI, p. 346, 1846.
Diadema Rhodani, Ag.	— Agassiz et Desor, *id.*
Diadema Lucæ, Ag.	— Bronn, *Index Paleont.*, p. 410, 1848.
Diadema Rhodani, Ag.	— Bronn, *id.*, p. 419.
Diadema Lucæ, Ag.	— A. Gras, *Ours. foss. de l'Isère*, p. 33, 1848.
— —	— D'Orbigny, *Prod. de Paléont. strat.*, t. II, p. 142, Et. 19, n° 329, 1850.
Diadema Rhodani, Ag.	— D'Orbigny, *id.*, n° 330.
— —	— Renevier, *Mém. géol. sur la Perte du Rhône*, p. 49, 1853.
— —	— Morris, *Catal. of Brit. foss.*, 2e éd., p. 77, 1854.
Pseudodiadema Lucæ, Des.	— Desor, *Synops. des Éch. foss.*, p. 71, 1855.
Pseudodiadema Rhodani, Des.	— Desor, *id.*
Diadema Rhodani, Ag.	— Pictet, *Traité de Paléont.*, 2e éd. t. IV, p. 244, 1857.
Pseudodiadema Lucæ, Des.	— Dujardin et Hupé, *Hist. nat. des Zooph. Échinod.*, p. 498, 1862.
Pseudodiadema Rhodani, Des.	— Dujardin et Hupé, *id.*
— —	— Cotteau, *Paléont. franç.*, *terr. crétacé*, t. VII, p. 460, pl. MCX, 1863.

S. 79 ; S. 80. (*Ps. Rhodani*) ; X. 27. (*Pseud. Lucæ*).

Testâ sub-circulari, supernè sub-inflatâ, infernè depressâ.
Tuberculis interambulacrariis proeminentibus, in ambitu
majoribus, in duabus seriebus dispositis. Tuberculis secun-
dariis supernè nullis, infernè multis et conspicuis. Granulis
numerosis, sparsis, æqualibus. Poris simplicibus. Ambulacris præditis duabus seriebus tuberculorum. Ore profondè
depresso, sub-circulari, deciès inciso.

Hauteur, 12 millimètres ; diamètre, 25 millimètres.

Espèce de taille moyenne, sub-circulaire, plus ou moins
renflée en-dessus, déprimée en-dessous. Aires interambulacraires garnies de deux rangées de tubercules principaux crénelés, perforés, espacés, saillants et assez gros,
serrés et diminuant rapidement de volume à la face inférieure,
au nombre de treize à quatorze par série. Tubercules secondaires nuls au-dessus de l'ambitus, très abondants dans
la région infrà-marginale, formant quatre rangées inégales et
irrégulières, une sur chacun des côtés externes des tubercules principaux, et deux au milieu de la zône miliaire ; à la
face supérieure, ces tubercules sont remplacés par une granulation fine, abondante, homogène. La zône miliaire est
large, sub-déprimée et un peu nue aux approches du sommet.
Ambulacres très légèrement renflés, pourvus de deux rangées
de tubercules à peu près identiques à ceux qui occupent les
interambulacres, mais relativement plus petits à la face supérieure. Dans la région infra-marginale se montrent quelques
petits tubercules secondaires inégaux, placés sur le bord des
zônes porifères ou au milieu de deux rangées de tubercules,
et remplacés, au-dessus de l'ambitus, comme dans les interambulacres, par une granulation fine et abondante. Zônes
porifères un peu onduleuses, composées de pores simples,

arrondis, largement ouverts, rapprochés les uns des autres, se multipliant à peine près du péristome. Appareil apical pentagonal, très développé à en juger par son empreinte. Péristome petit, sub-circulaire, marqué d'entailles assez prononcées, situé dans une dépression profonde de la face inférieure.

. RAPPORTS ET DIFFÉRENCES. — Cette espèce, l'une des plus caractéristique de l'étage albien, sera toujours parfaitement reconnaissable à ses tubercules très gros et espacés à la face supérieure, plus petits et plus serrés aux approches du péristome, à ses tubercules très abondants dans la région infra-marginale et remplacés, au-dessus de l'ambitus, par une granulation fine et homogène, à ses zônes porifères simples et sub-onduleuses, à son péristome étroit et profondément déprimé. Nous lui réunissons le Pseudodiadema Lucæ, Desor, que nous ne connaissons que par les figures données par Agassiz dans les Échinodermes de la Suisse, et qui n'est que le jeune âge du Pseudodiadema Rhodani.

LOCALITÉS. — Géraudot (Aube). Très rare. Etage albien. C'est la première fois que cette espèce, assez abondamment répandue dans l'étage albien de la Perte du Rhône, est signalée dans la région qui nous occupe. Le seul échantillon que nous connaissons nous a été communiqué par M. Dupin d'Ervy, et appartient aujourd'hui à la collection de l'Ecole des Mines.

LOCALITÉS AUTRES QUE L'YONNE ET L'AUBE. — Clars, près Escargnoles (Var) ; Perte-du-Rhône (Ain). Assez abondant. Etage albien.

Pl. LXVI, fig. 1. — Pseudodiadema Rhodani, de la collection de l'Ecole des Mines, vu de coté et restauré.

fig. 2. — Le même, vu sur la face sup.

fig. 3. — Le même, vu sur la face inf.

N° 3. NUCLEOLITES RICORDEANUS, Desor, 1856.

(Trematopygus, d'Orb., 1855).

Pl. LXIV, fig. 12-19.

Trematopygus Ricordeanus, — D'Orbigny, *Paléont. française,*
(d'Orb).   *terr. crétacé,* t. VI, p. 382, pl. DCDLI, fig. 6-10, 1853.

Nucleolites Ricordeanus, Des. — Desor, *Synops. des Éch. foss.,* p. 252, 1856.

Trematopygus Ricordeanus, — Dujardin et Hupé, *Hist. nat. des*
(d'Orb).   *Zooph. Échinod,* p. 579, 1862.

Testâ oblongâ, supernè inflatâ, posticè sub-gibbosâ, anticè obliquâ, infernè depressâ, concavâ. Ambitu anticè rotundato, posticè sub-dilato, rostrato. Vertice sud-centrali. Ambulacris sub-pentaloïdeis, strictis, gracilibus. Poris simplicibus. Sulco anali supero, sub-acuto. Ore antico, pentagonali.

Hauteur, 6 millimètres 1/2; diamètre antéro-postérieur, 18 millimètres; diamètre transversal, 15 millimètres.

Espèce de petite taille, oblongue, allongée, arrondie en avant, sub-rostrée et un peu échancrée en arrière; face supérieure obliquement déprimée dans la région antérieure, renflée et sub-gibbeuse au-dessus du péristome. Sommet à peu près central. Ambulacres sub-pétaloïdes, étroits et grêles, convergeant en ligne presque droite jusqu'à la bouche. Zônes porifères composées de pores oblongs, rapprochés les uns des autres, non conjugués par un sillon, presque égaux ; les externes cependant paraissent un peu plus allongés, mais la différence est à peine sensible. Appareil apicial médiocrement développé, compacte, de forme carrée ; quatre pores génitaux. Périprocte ovale, sub-vertical, situé à peu près à la moitié de l'espace compris entre le sommet et l'ambitus postérieur, à la naissance d'un sillon étroit, profond, qui s'étend jusqu'au bord, sans s'élargir. Péristome excentrique en avant, sub-pentagonal, étoilé, s'ouvrant dans une dépression très prononcée de la face inférieure.

RAPPORTS ET DIFFÉRENCES. — Décrite et figurée pour la première fois par d'Orbigny, cette jolie espèce se distingue nettement de ses congénères par sa forme oblongue et comprimée, sa face supérieure renflée en arrière, et son sillon anal plus rapproché du sommet que dans les autres Nucleolites. Cette espèce n'appartient pas, comme l'a pensé d'Orbigny, au groupe des Trematopygus ; nous nous sommes assuré que le péristome était non pas oblique, mais régulièrement pentagonal.

LOCALITÉS. — Hauterive, près Seignelay, Les Drillons, près Saint-Florentin. Très rare. Etage albien.

Coll. Rathier, Ricordeau, de Vaujoly. Musée de la ville d'Auxerre (coll. Descourtives.)

EXPLICATION DES FIGURES.

Pl. LXIV. fig. 15. — Nucleolites Ricordeanus, de la collection de M. Ricordeau, vu de côté.

fig. 16. — Le même, vu sur la face sup.

fig. 17. — Le même, vu sur la région anale.

fig. 18. — Le même, vu sur la face inf.

fig. 19. — Ambulacres et sommet grossis.

No 4. NUCLEOLITES EBRAYI, Cotteau, 1864.

Pl. LXV, fig. 1-3.

Testâ sub-oblongâ, supernè inflatâ, anticè obliquâ, rotundatâ, posticè dilatatâ, truncatâ, infernè depressâ, concavâ.
Vertice sub-centrali. Ambulacris sub-petaloïdeis, strictis,
gracilibus. Poris simplicibus. Sulco anali postico, sub-acuto.
Ore antico, pentagonali.

Hauteur, 8 millimètres ; diamètre] antero-postérieur, 17
millimètres ; diamètre transversal, 14 millimètres.

Espèce de petite taille, un peu plus longue que large, arrondie en avant, légèrement dilatée et sub-rostrée en arrière.
Face supérieure obliquement déprimée dans la région antérieure, ayant sa plus grande hauteur en arrière, au-dessus
du périprocte ; face postérieure sub-tronquée ; face inférieure
déprimée, concave surtout autour du péristome. Sommet à
peu près central. Ambulacres sub-pétaloïdes, étroits et grêles,
convergeant en ligne presque droite jusqu'à la bouche. Zônes
porifères composées de pores très petits, arrondis, égaux,
non conjugés par un sillon, séparés par un petit renflement
granuliforme. Périprocte ovale, situé à la face postérieure, à
la naissance d'un sillon plus ou moins aigu au sommet, étroit,
profond, qui s'étend jusqu'au bord sans s'élargir, et entame
légèrement l'ambitus. Péristome excentrique en avant, sub-
pentagonal, s'ouvrant dans une dépression de la face inférieure.

RAPPORTS ET DIFFÉRENCES. — Cette petite espèce se rapproche beaucoup de la précédente ; cependant elle nous a paru devoir en être séparée par sa forme moins oblongue, plus dilatée et plus sensiblement tronquée en arrière, ses pores ambulacráires plus petits et plus égaux, son sillon anal moins rapproché de l'appareil apicial et s'ouvrant au sommet de la face postérieure. Sa taille la rapproche également du Nucleolites Roberti, du terrain néocomien supérieur de l'Isère, elle s'en distingue cependant d'une manière très nette par sa forme moins allongée, son sommet apicial plus central, ses tubercules plus fins, son sillon anal plus postérieur et plus apparent vers l'ambitus, sa face inférieure plus déprimée.

LOCALITÉ. — M. Ebray a recueilli cette espèce dans l'étage albien de la Nièvre, associée à l'Ammonites Milletianus et au Rhynchonella sulcata ; tous les exemplaires sont à l'état de fer hydraté et paraissent abondants. C'est avec le plus grand plaisir que nous dédions ce Nucléolite à M. Ebray, qui a bien voulu nous le communiquer.

Coll. Ebray, ma collection.

EXPLICATION DES FIGURES.

Pl. LXV. fig. 1. — Nucleolites Ebrayi, de ma collection, vu de côté.
　fig. 2. — Le même, vu sur la face sup.
　fig. 3. — Le même, vu sur la face inf.

Nº 5. PYGURUS RICORDEANUS, d'Orbigny, 1855.

Pl. LXV, fig. 4.

Pygurus Ricordeanus, d'Orb. — D'Orbigny, *Paléont. franç., terr.*

cr *tacés*, t. VI, page 511, pl.
DCDXXI, fig. 1, 1855.
— Desor, *Synops. des Ech. foss.*,
p. 312, 1857.
— Raulin et Leymerie, *Stat. géol.*
du dép. de l'Yonne, p. 623,
1858.

Nous ne connaissons de cette espèce qu'un exemplaire fort incomplet, celui-là même qui a été nommé et décrit par d'Orbigny; l'intérieur de la face supérieure est seul visible. C'est une espèce de grande taille, probablement sub-circurlaire, médiocrement renflée et assez régulièrement convexe en dessus. Le sommet paraît excentrique en avant, les ambulacres sont pétaloïdes, lancéolés; ils se rétrécissent et s'effilent bien au-dessus de l'ambitus; les ambulacres postérieurs semblent un peu moins larges et plus longs que les autres (1). Les zônes porifères sont étroites et composées, comme toujours, de pores inégaux et conjugués par un sillon.

RAPPORTS ET DIFFÉRENCES. — Le Pygurus Ricordeanus rappelle par sa taille le Pygurus Montmolini du terrain néocomien; il s'en éloigne par sa forme moins renflée, ses pétales

(1) D'Orbigny, dans la figure qu'il a donnée (*Paléont. franç.*, t. VI, pl. 921, fig. I), ne nous paraît pas avoir orienté cette espèce d'une manière naturelle. L'ambulacre qu'il a placé en avant comme ambulacre impair et antérieur est, suivant nous, l'ambulacre postérieur pair de gauche. Le véritable ambulacre impair est celui qui, dans la figure de d'Orbigny, se trouve à droite, en arrière. De cette erreur dans l'orientation il résulte, d'après d'Orbigny, que l'ambulacre le plus allongé est en avant, et que le sommet apical est un peu excentrique en arrière, tandis qu'en réalité c'est le contraire qui a lieu.

ambulacraires plus lancéolés, plus effilés à leur extrémité, ses zônes porifères moins larges; c'est une espèce qui nous paraît, comme à d'Orbigny, bien distincte.

LOCALITÉ. — Beaumont, près Seignelay. Très rare (exempl. unique). Étage albien.

Musée de Paris (coll. d'Orbigny).

· EXPLICATION DES FIGURES.

Pl. LVX. fig. 4. — Pygurus Ricordeanus, du Musée de Paris, face supérieure vue à l'intérieur.

N° 6. HOLASTER LATISSIMUS, Agassiz, 1840.

Pl. LXV, fig. 5-9.

Hola.ter latissimus, Ag.	— Agassiz, *Catal. syst. Ectyp. fos.*, p. 2, 1840.
	— Agassiz et Desor, *Catal. rais. des Éch.*, *Ann. sc. nat.*, 3° sér., t. VIII, p. 27, 1847.
	— Bronn, *Index paléont.*, p. 593, 1848.
	— D'Orbigny, *Prod. de Pal. strat.*, t. II, p. 177, Ét. 20, n° 650, 1850.
	— D'Orbigny, *Paléont. franç.*, ter. crétacé, t. VI, p. 92, pl. 837 et 838, 1853.
Holaster amplus, d'Orb.	— D'Orbigny, *id.*, p. 90, pl. 836.
Holaster latissimus. Ag.	— Pictet, *Traité de paléont.*, 2° éd., p. 192, 1357.
Holaster amplus. d'Orb.	— Pictet. *id.*

Holaster latissimus, Ag.　　　— Desor, *Synops. des Éch. foss.*,
　　　　　　　　　　　　　　　p. 337, 1858.
　　　　　　　　　　　　　— Raulin et Leymerie, ;*Stat. géol.*
　　　　　　　　　　　　　　　du dép. de l'Yonne, p. 623,
　　　　　　　　　　　　　　　1858.
　　　　　　　　　　　　　— Dujardin et Hupé, *Hist. nat. des*
　　　　　　　　　　　　　　　Zooph. Échinod., p. 592,
　　　　　　　　　　　　　　　1862.
28 (Type du Hâvre).

Testâ maximâ, latâ, cordiformi, anticè rotundatâ et emarginatâ, posticè acuminatâ et truncatâ, supernè sub-inflatâ,
convexâ. Vertice centrali.Sulco anteriore conspicuo, profondo.
Poris inæqualibus, anticè minimis. Ano postico, ovali. Ore
transverso, sub-circulari, antico.

Hauteur, 27 millimètres ; diamètre transversal, 69 millimètres ; diamètre antéro-postérieur, 96 millimètres.

Espèce de grande taille, plus large que longue, cordiforme,
arrondie et échancrée en avant, rétrécie et sub-acuminée en
arrière ; face supérieure médiocrement renflée, assez régulièrement convexe, ayant sa plus grande hauteur à peu près au
point qui correspond au sommet ambulacraire, marquée, de
l'appareil apical au périprocte, d'une carène très atténuée ;
face inférieure aplatie sur les bords, fortement déprimée
autour du péristome, légèrement renflée en arrière au milieu
de l'interambulacre impair sur lequel existent quelques nodosités alternes ; face postérieure étroite, rentrante, sub-cana-
liculée au-dessous du périprocte. Sommet ambulacraire
presque central. Sillon antérieur large, s'étendant du sommet
au péristome, anguleux vers l'ambitus qu'il échancre fortement. Ambulacre impair composé de pores très petits,
virgulaires, disposés obliquement, séparés par un renflement

granuliforme, et s'ouvrant au milieu d'une dépression lisse et oblongue. La zône interporifère est garnie d'une double rangée de petits tubercules crénelés, perforés, sub-scrobiculés, et placés à côté de chacune des paires de pores ; l'espace intermédiaire fort large est couvert d'une granulation fine, abondante, serrée, homogène, au milieu de laquelle se montrent, près du sommet, quelques petits tubercules atténués. Ambulacres pairs droits, apétaloïdes, à fleur du test. Zônes porifères inégales, les postérieures un peu plus larges que les autres, surtout dans les ambulacres antérieurs, formées de pores étroits, allongés, disposés presque horizontalement. Les paires de pores, serrées à la face supérieure, s'espacent en se rapprochant de l'ambitus ; dans la région marginale et infra-marginale, elles sont très éloignées les unes des autres et composées de pores beaucoup plus petits ; près de la bouche elles se resserrent, forment deux rangées assez irrégulières et s'ouvrent à la base de renflements très saillants. Tubercules crénelés, perforés, scrobiculés, petits à la face supérieure, un peu plus gros en dessous. Granules intermédiaires fins, serrés, homogènes, partout très abondants, si ce n'est aux approches du péristome et dans les ambulacres de la face inférieure. Appareil apicial allongé, granuleux. Périprocte ovale, acuminé surtout à son extrémité inférieure, s'ouvrant au sommet de la face postérieure, dans une aréa oblongue et vaguement circonscrite. Péristome transversal, assez rapproché du bord antérieur, situé dans une dépression très prononcée.

RAPPORTS ET DIFFÉRENCES. — L'Holaster latissimus constitue un type parfaitement caractérisé par sa grande taille, son ensemble très large, dilaté, sub-cordiforme, sa face supérieure médiocrement renflée, sa face postérieure étroite et rentrante, son sillon antérieur échancrant profondément l'ambitus, son péristome fortement déprimé. L'Holaster amplus, d'Orbigny, qu'on rencontre au Hâvre, nous paraît devoir être réuni à l'Holaster latissimus dont il ne diffère que par sa forme un peu plus arrondie, sa face inférieure plus plane, et les zônes porifères de ses ambulacres pairs moins inégales.

LOCALITÉ. — Beaumont, près Seignelay. Assez rare. Etage albien.

Musée d'Auxerre (coll. Descourtives). Coll. Ricordeau, Foucard, ma collection.

LOCALITÉS AUTRES QUE L'YONNE. — Le Hâvre (Seine-Inférieure) ; Grandpré (Ardennes) ; Connaux (Gard). Etage albien. M. Desor signale cette espèce dans le grès-vert de l'île de Wight, mais le Catalogue de Morris de 1854 n'en fait pas mention.

EXPLICATION DES FIGURES.

Pl. LXV. fig. 5. — Holaster latissimus, de ma collection, vu sur la face sup.

fig. 6. — Ambulacre antérieur grossi.

fig. 7. — Ambulacre latéro-antérieur grossi.

fig. 8. — Plaques ambulacraires grossies.

fig. 9. — Appareil apicial grossi.

N° 7. HEMIASTER MINIMUS, Desor, 1857.

(Micr. Ag. 1840).

Pl. LXVI, fig. 4-5.

Micraster minimus, Ag. — Agassiz, *Échinod. foss. de la Suisse*, I, pl. 26, pl. III, fig. 16-18, 1839.

— Agassiz et Desor, *Catal. syst., Ectyp. foss.*, p. 2, 1840.

Hemiaster minimus, Des. — Agassiz et Desor, *Catal. rais. des Éch.*, Ann. sc. nat., 3e sér., t. VIII, p. 16, 1847.

Hemiaster phrynus, Des. — Agassiz et Desor, id.

Micraster minimus, Ag. — Bronn, *Index Paleont.*, p. 724, 1848.

Hemiaster minimus, Des. — A. Gras, *Ours. foss. de l'Isère*, p. 155, 1848.

— D'Orbigny, *Prod. de Pal. strat.*, t. II, p. 141, Et. 19, n° 313, 1850.

Hemiaster phrynus, Des. — D'Orbigny, *id.*, n° 314.

Hemiaster minimus, Des. — A. Gras, *Catal. des corps organ. de l'Isère*, p. 40, 1852.

Hemiaster phrynus, Des. — Renevier, *Mém. géol. sur la Perte du Rhône*, p. 32, 1853.

Hemiaster minimus, Des. — Renevier, *id.* p. 49.

— — — Morris, *Catal. of Brit. Foss.*, 2e éd., p. 81, 1854.

— D'Orbigny, *Paléont. franç., ter. crétacés*, t. VI, p. 225, pl. 872, 1854.

— Pictet, *Traité de Paléont.*, 2e éd., t. IV, p. 197, 1857.

Hemiaster phrynus, Des. — Desor, *Synops. des Échin. foss.*, p. 368, pl. XLII, fig. 1-4, 1858.

Hemiaster minimus, Des. — Desor, *id.*, p. 368.

— — — Raulin et Leymerie, *Stat. géol. du dép. de l'Yonne*, p. 623, 1858.

— Cotteau, *Echin. des Pyrénées*,

	p. 60. Extrait du Congrès sc. de Bordeaux, t. III, 1865.
Hemiaster minimus, Des,	— Hébert, *Observ. géol. sur quelques points du dép. de l'Yonne*, p. 13. Extrait du Bull. Soc. des sc. hist. et nat de l'Yonne, 1863.

4. 5. Type de l'espèce.

Testâ parvâ, oblongâ, sub-cordiformi, anticè rotundatâ et emarginatâ, posticè truncatâ, supernè inflatâ, obliquâ. Vertice excentrico. Sulco suprâ conspicuo, ad ambitum attenuato. Ambulacris inæqualibus, anticis sub-elongatis, posticis minoribus.

Hauteur, 16 millimètres; diamètre transversal, 21 millimètres; diamètre antéro-postérieur, 22 millimètres.

Espèce de petite taille, presque aussi large que longue, sub-cordiforme, arrondie et légèrement échancrée en avant, tronquée et sub-acuminée en arrière ; face supérieure haute et renflée dans la région postérieure, assez rapidement déclive en avant ; face inférieure presque plane, sub-déprimée autour du péristome, présentant, au milieu de l'interambulacre impair, un renflement assez prononcé ; face postérieure étroite, tronquée sub-verticalement. Sommet excentrique en arrière. Sillon antérieur apparent à la face supérieure, s'atténuant vers l'ambitus qu'il échancre cependant d'une manière sensible. Ambulacres pairs médiocrement creusés, très inégaux, les antérieurs beaucoup plus longs que les autres. Zônes porifères aussi larges que l'intervalle qui les sépare. Tubercules petits, saillants, épars. Granulation intermédiaire très fine, abondante, serrée. Appareil apicial sub-compacte, presque carré, granuleux ; quatre pores génitaux. Périprocte ovale, s'ouvrant à la face postérieure. Péristome excentrique en avant, placé environ au tiers antérieur.

RAPPORTS ET DIFFÉRENCES. — L'Hemiaster minimus se rapproche un peu de l'Hemiaster bufo de l'étage cénomanien ; il en diffère par sa taille plus petite et moins renflée, sa forme moins arrondie et plus allongée, son sommet plus excentrique en arrière, ses ambulacres pairs plus superficiels et ses zônes porifères moins larges. L'exemplaire que nous avons fait figurer et que nous rapportons à l'Hemiaster minimus s'éloigne un peu du type ; sa forme est plus allongée et plus sinueuse en avant, moins plane en-dessus, plus étroite et plus acuminée en arrière; néanmoins il ne nous a pas paru devoir en être séparé.

HISTOIRE. — L'Hemiaster minimus a été décrit et figuré pour la première fois par Agassiz, dans ses *Echinodermes de la Suisse,* sous le nom de Micraster minimus. En 1847 M. Desor l'a placé dans le genre Hemiaster où il est resté depuis. D'Orbigny, dans la *Paléontologie française,* lui a réuni l'Hemiaster phrynus qu'on rencontre au même horizon et qui paraît effectivement n'être qu'une variété déprimée et à face horizontale non déclive de l'Hemiaster minimus. Dans le *Synopsis des Echinides fossiles,* M. Desor a maintenu de nouveau les deux espèces, sans attacher cependant une grande importance à cette distinction, car il ajoute qu'il se pourrait que l'Hemiaster phrynus ne fût en définitive qu'une variété de l'Hemiaster minimus. M. Desor paraît disposé à réunir à son Hemiaster phrynus et par conséquent à l'Hemiaster minimus, l'Hemiaster Ricordeanus de d'Orbigny. Ce rapprochement ne nous semble pas possible : l'Hemiaster Ricordeanus, comme nous le verrons plus loin, se distingue très nettement et par plusieurs caractères essentiels de l'Hemiaster minimus.

LOCALITÉS. — Environs de Seignelay (Yonne); Géraudot (Aube). Rare. Etage albien.

(Coll. Dupin). Coll. Ricordeau. Ecole des Mines.

LOCALITÉS AUTRES QUE L'YONNE. — Le Rimet et les Prés, près Rancurel (Isère); Vouvray, Perte du Rhône (Ain); Le Theil (Ardèche); Environs de Cluse et Montagne des Fis (Haute-Savoie); Clar, prés d'Escragnolles (Var). Sainte-Croix (Suisse). Etage albien.

EXPLICATION DES FIGURES.

Pl. LXVI. fig. 4. — Hemiaster minimus, de la coll. de M. Dupin, vu de côté.

fig. 5. — Le même, vu sur la face sup.

N° 8. EPIASTER RICORDEANUS, Cotteau, 1863.

Pl. LXVI, fig. 6-12.

Hemiaster Ricordeanus, d'Orb.—	D'Orbigny, *Paléont. franç., ter. crétacé*, t. VI, p. 223, pl. 871, 1855.
	— Pictet, *Traité de Paléont.*, 2° éd. t. IV, p. 197, 1857.
Hemiaster phrynus (pro parte) —	Desor; *Synops. des Éch. foss.*, p. 368, 1858.
Hemiaster Ricordeanus, d'Orb —	Raulin et Leymerie, *Stat. géol. du dép. de l'Yonne*, p. 623, 1858.
Epiaster Ricordeanus, Cot.	— Hébert, *Obs. géol. sur quelques points du dép. de l'Yonne*,

p. 15. Extrait du Bull. Soc. des
sc. hist. et nat. de l'Yonne,
1863.

Testâ oblongâ, cordiformi, anticè rotundatâ et emarginatâ, posticè obliquè truncatâ, supernè inflatâ, obliquâ. Vertice sub-centrali. Sulco lato, conspicuo. Ambulacris paribus, sub-flexuosis, inæqualibus, anticis sub-elongatis, posticis minoribus.

Hauteur, 20 millimètres ; diamètre transversal, 30 millimètres ; diamètre antero-postérienr, 32 millimètres.

Test de taille moyenne, un peu plus long que large, sub cordiforme, sinueux et un peu échancré en avant, étroit et sub-acuminé en arrière; face supérieure renflée, ayant sa plus grande hauteur au-dessus du périprocte, assez rapidement déclive dans la région antérieure ; face inférieure presque plate, un peu bombée au milieu de l'interambulacre impair; face postérieure très obliquement tronquée. Sommet sub-central. Sillon antérieur large, peu profond, se prolongeant jusqu'à l'ambitus qu'il échancre d'une manière apparente. Ambulacre impair composé de pores très petits, arrondis ou ovales, disposés obliquement et séparés par un renflement granuliforme très saillant. La zône interporifère est garnie de petits tubercules épars et d'une granulation intermédiaire fine, inégale, espacée. Ambulacres pairs médiocrement creusés, très inégaux, les antérieurs sub-flexueux et allongés, les postérieurs beaucoup plus courts. Zônes porifères presque égales, de même largeur que l'intervalle qui les sépare, composées de pores étroits, oblongs, transverses, bordés d'un bourrelet sub-flexueux, à peine apparent et qui détermine cependant, entre chaque paire de pores, une légère

cavité allongée. Tubercules inégaux et épars, les plus gros
en dessous. Périprocte ovale, acuminé surtout à son extrémité
supérieure, s'ouvrant au sommet de la face postérieure. Péristome placé environ au tiers antérieur.

Nous réunissons à l'Epiaster Ricordeanus certains exemplaires recueillis dans le gault d'Hauterive et de Géraudot ; ils
diffèrent du type que nous venons de décrire par leur taille
beaucoup plus forte, leur face supérieure plus renflée, leur
face postérieure plus large et plus obliquement tronquée.
Quelques-uns d'entre eux ont 25 à 30 millimètres de hauteur,
40 millimètres de largeur et 44 de longueur. Malheureusement ces exemplaires sont presque toujours écrasés,
déformés, et il est difficile, au premier aspect, d'en préciser
·les caractères, cependant, après un examen attentif, nous
n'hésitons pas à les considérer comme appartenant à l'Epiaster Ricordeanus. D'Orbigny, dans la *Paléontologie française*, cite à Géraudot la présence de l'Epiaster trigonalis (1) ;
l'échantillon qu'il rapporte à cette espèce fait partie de sa collection : M. Archiac a bien voulu nous le communiquer, et
nous avons reconnu que ce prétendu Epiaster trigonalis
n'était autre qu'un exemplaire de grande taille et très déformé
de l'Epiaster Ricordeanus.

RAPPORTS ET DIFFÉRENCES. — L'Epiaster Ricordeanus sera
toujours reconnaissable à sa taille assez forte, oblongue, cordiforme, à son sommet central, à son sillon antérieur large et
peu profond, à la structure de ses pores ambulacraires et
surtout à sa face postérieure très obliquement et carrément
tronquée. D'Orbigny, et aussi M. Desor rapprochent l'Epiaster

(1) *Paléont. franç., ter. crét.*, t. VI, p. 190.

Ricordeanus (Hemiaster) de l'Hem. minimus ; il nous paraît s'en distinguer d'une manière positive par sa taille plus forte, sa face postérieure oblique, son sommet central, son sillon antérieur plus large et plus prononcé vers l'ambitus, ses pores ambulacraires entourés d'un petit bourrelet sub-flexueux. Dans plusieurs collections les individus de grande taille de Géraudot sont désignés sous le nom d'Epiaster polygonus. Ces deux espèces ne doivent pas être confondues : l'Epiaster poly-gonus, parfaitement figuré par d'Orbigny (1), et plus tar dpar MM. Pictet et Renevier (2), se sépare très nettement de l'Epiaster Ricordeanus par son ambitus sinueux, un peu po-lygone, sa face supérieure déprimée, ses ambulacres assez profondément creusés, sa face postérieure obtuse et non tronquée obliquement. Ce sont deux types parfáitement dis-tincts.

HISTOIRE. — L'Epiaster Ricordeanus décrit et figuré, pour la première fois, par d'Orbigny, en 1853, sous le nom d'He-miaster Ricordeanus, dans la *Paléontologie française*, a été réuni par M. Desor à l'Hemiaster phrynus (Hem. minimus). Nous venons d'indiquer les motifs qui nous empêchent d'adopter ce rapprochement, et nous engagent à considérer les deux espèces comme tout-à-fait indépendantes l'une de l'autre. En examinant avec soin cette espèce, nous avons reconnu qu'elle ne présentait aucune trace du fasciole péri-pétale qui caractérise les Hemiaster, et nous avons cru devoir la reporter parmi les Epiaster.

LOCALITÉS. — Hauterive, près Seignelay ; Saint-Florentin

(1) *Paléont. franç., terr. cretacé*, t. VI, p. 188, pl. 854.
(2) *Paléont. suisse, Foss. du terr. aptien*, p.153, pl. XXI, fig. 7.

(Yonne) ; Géraudot (Aube). Assez rare. Etage albien (couches supérieures).

Musée de Paris (coll. d'Orbigny) ; coll. Ricordeau, Hébert, Rathier, Berthelin, ma collection.

LOCALITÉS AUTRES QUE L'YONNE. — Clar, près Escragnolles (Var). Etage albien.

EXPLICATION DES FIGURES.

Pl. XLXI. fig. 6. — Epiaster Ricordeanus, de la collect. d'Orbigny, vu de côté, type de l'espèce.

fig. 7. — Le même, vu sur la face sup.

fig. 8. — Plaques ambulacraires grossies.

fig. 9. — Appareil apicial grossi.

fig. 10. — Indiv. de grande taille, du gault de Seignelay, de la collection de M. Ricordeau.

fig. 11. — Autres exemplaires, du gault de Géraudot, de la coll. de M. Berthelin, vus de côté.

fig. 12. — Le même, vu sur la face sup.

CONSIDÉRATIONS PALÉONTOLOGIQUES.

Nous avons décrit huit espèces d'Échinides, provenant de l'étage albien :

Cidaris.

Pseudodiadema Rhodani, Desor.

Nucleolites Ricordeanus, Desor.

Nucleolites Ebrayi, Cotteau.

Pygurus Ricordeanus, d'Orbigny.
Holaster latissimus, Agassiz.
Hemiaster minimus, Desor.
Epiaster Ricordeanus, Cotteau.

Ces huit espèces sont caractéristiques de l'étage dans lequel on les rencontre.

Quatre de ces échinides paraissent jusqu'ici spéciaux à la région qui nous occupe : Cidaris (indéterminable), Nucleolites Ricordeanus, N. Ebrayi, Pygurus Ricordeanus. Les quatre autres espèces ont été recueillies, en même temps, dans d'autres localités plus ou moins éloignées.

OBSERVATIONS MÉTÉOROLOGIQUES

FAITES A L'ÉCOLE NORMALE D'AUXERRE PENDANT L'ANNÉE 1865

Par M. ROBIN.

———

TABLEAUX MENSUELS.

JOURS du mois.	OBSERVATIONS BAROMÉTRIQUES À 0 DE TEMPÉRATURE.				Minima.	Maxima.	
	à 9 heures du matin.	à midi.	à 3 heures du soir.	à 9 heures du soir.			
1	764ᵐᵐ26	760ᵐᵐ89	760ᵐᵐ20	760ᵐᵐ06	— 2 0	1 5	— 0 2
2	753 72			750 88	— 1 4	6 9	2 7
3		749 88	749 79	749 85	— 0 5	6 8	3 1
4	744 96	746 08	745 68	745 16	1 0	7 5	4 2
5	739 24	739 34	739 14	738 54	1 0	11 4	6 2
6	738 20	735 59	730 81	732 48	5 0	10 0	7 5
7	733 55	733 75	737 78	739 07	4 2	5 1	4 6
8	742 49	742 87	743 81	745 66	— 1 2	4 0	1 1
9	748 33	747 48	746 45		— 0 8	5 0	2 1
10	745 21	742 16	743 36	745 09	0 5	6 4	3 4
11	746 52	748 47	755 38	755 49	0 0	4 4	2 2
12		758 04	759 30	759 46	2 4	5 0	3 7
13	757 19	755 27	754 83	754 71	— 0 6	6 5	2 9
14	755 61		754 47	755 11	1 9	5 7	3 8
15	755 83	756 02	757 33	757 06	1 0	3 6	2 3
16	754 30	754 40	754 30	754 37	1 3	2 0	1 6
17	754 83	755 00	754 00	754 12	1 0	3 6	2 3
18	748 09	749 19	741 40	741 66	0 4	6 2	3
19	740 93	748 44	748 85	746 90	1 3	9 1	5
20	743 22	739 44	741 58	746 39	6 0	9 7	7
21	748 42	748 99	749 66	752 98	3 5	7 0	5
22	754 31	755 57	755 07	755 26	4 0	7 8	5
23	752 52	752 58	752 54	754 40	1 5	12 6	7
24	754 17	754 37	754 37	755 90	4 0	9 7	6
25	761 53	761 93	763 61	765 61	2 3	7 9	5
26	764 57	764 71	764 67	765 97	— 0 4	7 2	5
27	761 01	761 75	761 84	763 85	0 8	7 5	4
28	765 62	766 17	765 47	765 17	— 2 5	2 0	— 0
29	755 65	755 80	757 36	756 96	— 3 1	4 5	0
30			748 79	749 20	— 2 9	10 8	5
31	747 40	747 79	747 13	750 23	1 3	9 9	5
moyennes du mois.	750 97	751 21	754 49	752 12			

Maximum 766,17 le 28, à midi.

Minimum 730,81, le 6, à 3 h. du soir.

RÉCAPITULATION.

Maxim. extr. + 12,6 le
Minimum extrême — 3,1
Différence des extrêmes
Moyenne du mois : + 3,
Moyenne de la variabili lière : 5,75.

JANVIER.

VENTS		ÉTAT DU CIEL		Observations pluviométriques		OBSE cén
avant midi.	après midi.	avant midi.	après midi.			
N.-E.	S.-E.	brouil. épais	clair	0mm	»	
S.-O.	S.-S.-O.	brouil. léger	pluie	2	»	
S.-S.-O.	S.	id.	quelq. nuag.	»	»	
S.	S.-S.-O.	nuageux	serein	»	»	
S.	S.	brumes léger.	couv. pluie	»	»	
S.	S.-O.	pluie	pluie	12	»	
S.-O.	S.	id.	nuageux	»	»	
S.	S.	brouillard	id.	»	»	
S.-E.	S.-S.-E.	id.	id.	»	»	
S.-S.-E.	S.-S.-E.	pluie	id.	3	90	
S.-S.-E.	S.-O.	brouillard	pluie	»	»	
S.-S.-O.	S.	nuageux	serein	»	»	
S.-S.-E.	S.-S.-E.	brouillard	pluie	2	»	
S.-S.-E.	N.-N.-E.	id.	id.	8	90	
N.-N.-E.	N.-E.	couvert	couvert	4	45	Vent f
N.	N.	id.	id.	»	5	
N.	N.	brouillard	id.	»	»	
S.-O.	S.-O.	couvert	nuag. noirs	»	»	qq. flo
O.	O.	id.	pl fine	5	95	Vent f
S.-O.	O.	id.	pluie	»	»	Vent f
S.-O.	S.-O.	id.	couvert	7	80	id.
S.-O.	S.-O.	brouillard	nuageux	»	»	
S.	S.-S.-O.	id.	serein	»	»	
S.-O.	S.-O.	couvert	couv. pluie	»	»	
S.	S.	n. blancs	serein	»	»	
S.-S.-E.	S.	brouil. épais	id.	2	»	
S.-O.	S.-O.	nuag. blancs	couv. pluie	»	»	
S.	S.-E.	br. épais	br. épais	»	»	
S.	S.	nuageux	qq. nuages	»	»	
S.	S.	id.	nuageux	1	95	
S.-O.	S.	couvert	couv. pluie	»	»	Vent f

Nombre de jours { de beau temps 9.
de brouillard 13.
de pluie 13.
de gelée 10.

50 95

Jours du mois.	OBSERVATIONS BAROMÉTRIQUES À 0 DE TEMPÉRATURE				Minima.		Maxima.			
	à 9 heures du matin.	à midi.	à 3 heures du soir.	à 9 heures du soir.						
1	755ᵐᵐ08	755ᵐᵐ38	755ᵐᵐ40	755ᵐᵐ41	— 0	8	8	7	3	9
2	759 53	760 03	759 62	758 87	0	5	7	3	3	9
3	755 02	755 50	754 20	755 02	2	5	10	0	6	2
4	761 97	763 39	763 44	763 71	1	6	6	9	4	2
5	760 92	761 48	760 56	763 15	0	7	8	5	4	6
6	762 95	763 31	763 41	763 62	5	0	8	5	6	7
7	761 38	761 95	759 95	759 05	5	1	6	5	5	8
8	754 92	754 32	752 02	752 99	3	0	5	4	4	2
9	757 03	757 71	757 80	758 97	1	0	5	5	3	2
10	759 85	760 82	761 44	761 75	— 4	2	5	0	0	4
11	760 49	760 92	759 64	759 75	— 4	9	6	1	0	6
12	759 96	759 39	762 47	763 21	— 3	5	9	0	2	7
13	763 88	764 45	764 25	764 36	— 3	0	7	0	2	
14	763 76	763 77	761 89	765 01	— 1	8	8	5	3	3
15	761 77	761 77	762 89	763 01	— 2	4	7	0	2	3
16	763 88	764 76	765 01	766 00	— 4	9	7	2	1	1
17	766 00	765 86	765 21	763 38	— 4	5	6	9	1	2
18	765 26	764 88	764 01	764 01	— 3	3	7	9	2	3
19	765 26		761 27	761 89	— 6	0	8	3	1	1
20	760 89	761 27	760 38	761 01	— 5	2	8	2	1	5
21	760 39	760 59	760 89	761 01	— 6	0	7	6	0	8
22	759 89	760 89		761 14	— 5	0	9	5	2	1
23	759 88	760 77	759 88	760 01	- 2	5	8	0	2	7
24		758 02	758 02	760 01	3	0	6	0	4	5
25	762 38	762 01	762 01	763 14	— 4	0	6	0	1	0
26	766 17	763 88	763 01	764 01	— 4	3	8	0	1	8
27	760 89	761 77	760 89	761 01	— 5	0	9	0	2	0
28	758 89	759 77	758 02	758 02	— 5	0	8	0	1	5
Moyennes du mois.	761 05	761 07	760 71	761 16						

Maximum 766,17 le 26, à 9 h. du m.
Minimum 752,02 le 8, à 3 h. du soir.

RÉCAPITULATION.
Maxim. extr. + 10, le 3.
Minimum extr. — 6, le 19
Différence des extrêmes 1
Moyenne du mois + 2,80
Moyenne de la variabili lière 9,43.

FÉVRIER.

VENTS		ÉTAT DU CIEL			OBSERVA
avant midi.	après midi.	avant midi.	après midi.		GÉNÉRA
S.	S.	brouillard	pluie fine		
S.	S.	id.	nuag. blancs		
S.	S.	lég. brouil.	couvert		
N.-O.	N.-O.	serein	serein		
S.	S.	couvert	couvert		
S.-S.-O.	S.-S.-O.	léger brouil.	id.		
S.-S.-O.	S.	id.	br. épais.		
S.	S.-O.	id.	pluie fine		
S.-O.	S.	nuag. blancs	qques nuag.		
S.	S.	serein	serein.		
S.-S.-E.	S.	brouil. épais	id.		
. S.	S.	lég. brouil.	id.		
S,-S.-E.	N.	brouil. épais	id.		
N.	N.	serein	id.		
N.	N.	id.	id.		
N.	N.-N.-E.	id.	id.		
N.-E.	N.	id.	id.		
N.-O.	N.	lég. brouil.	id.		
E.	E.	id.	id.		
E.	E.	id.	id		
E.	E.	id.	id.		
E.	N.-O.	id.	nuageux		
N.-O.	N.-O.	nuag. blancs	id.		
S.	S.-E.	br. et pluie	id.		
E.	E.	brouil. épais	serein		
E.	E.	id.	id.		
E.	N.-E.	br léger.	id.		
N.-N.-E.	N.-N.-E.	id.	id,		

Nombre de jours

de beau temps 9.
de brouillard 19.
de pluie 3.
de gelée, 19.

OBSERVATIONS THERMOMÉTRIQUES

		à midi.		à 3 heures du soir.		à 9 heures du soir.		Minima.		Maxima.		Moyennes.		Différence des extrêmes.	
56	10	756	77	755	40	756	02	— 4	3	12	2	3	95	16	5
								— 2	0	14	4	6	20	16	4
51	78					748	79	— 2	0	15	3	6	65	17	3
50	91	756	53			746	31	0	9	14	3	7	60	13	4
46	79	744	55	745	55	744	80	2	0	15	6	8	80	13	6
50	66	751	54	750	54	745	55	4	7	16	0	10	35	11	3
46	67	743	79	741	68	740	68	4	3	11	0	7	63	6	7
45	79			745	97	746	79	5	0	9	0	7	00	4	0
42	04	740	92	737	80	738	92	— 2	0	7	3	2	65	9	3
38	04	737	04	738	04	738	04	— 0	4	6	7	3	15	7	1
40	16	740	92	741	92	743	04	— 0	8	7	0	3	10	7	8
43	04	740	92	737	93	738	04	1	0	9	0	5	00	8	0
39	04	736	93	736	93	737	93	2	0	8	0	5	00	6	0
59	04	739	80	738	80	737	93	2	5	10	0	6	25	7	5
38	04	733	05	753	05	733	05	2	2	6	4	4	30	4	2
39	04	741	92	743	03	746	03	3	0	7	5	5	25	4	5
48	23	750	13	752	33	752	15	3	0	4	9	3	95	1	9
52	37	752	03	756	06	750	29	— 1	0	5	8	2	40	6	8
54	52	752	12	752	55	752	35	— 0	5	6	0	2	75	6	5
55	30	754	34	753	48	753	11	— 0	2	8	0	3	90	8	2
53	49	752	06	753	38	753	08	1	5	8	0	4	75	6	5
55	02	757	40	758	94	760	95	5	0	11	0	8	00	6	0
61	51	760	71			760	80	0	4	12	0	6	20	11	6
62	23	761	44	760	84	762	54	— 0	5	13	5	6	50	14	0
62	21	761	64	760	34	761	72	1	8	14	5	8	15	12	7
		760	50	759	46	759	87	1	3	15	7	8	50	14	4
60	39	760	39	759	12	760	00	3	8	12	0	7	90	8	2
57	51	756	04	754	89			1	5	9	4	5	45	7	9
51	66			750	70	751	13	3	8	12	2	8	00	8	4
52	17	752	50	752	79	753	24	7	5	13	5	10	50	6	0
53	57	753	35	753	98	754	26	6	0	11	1	8	55	5	1
		749	99	749	09	749	22								

RÉCAPITULATION.

Maxim. extrême + 16, le 6.
Minimum extr. — ,3, le 1er.
Différence des extrêmes 20, 3.
Moyenne du mois + 6,08.
Moyenne de la variabilité journalière 9.

VENTS		ÉTAT DU CIEL		Observations pluviométriques.	OBSERV GÉNÉ
avant midi.	après midi.	avant midi.	après midi.		
				mm	
E.	S.-E	léger brouil.	serein	» »	
S.	S.	id.	id.	» »	
S.	S.	serein	id.	» »	
S.	S.-S.-E.	id.	qques nuages	» »	
S.-S.-E.	S.	id.	id.	» »	
S.	S.	qques nuages	pluie	» »	Tonnerr
S.-O.	S.-O.	nuageux	id.	2 00	du
S.-O.	S.-S.-O.	id.	pluie et grêle	7 30	
S.-S.-E.	S.-O.	brouillard	pluie	» »	
S-O.	S.-O.	neige fondue	id.	13 60	
O.	S.-O.	couvert	nuag. blancs	» »	
S.	S.	brouillard	pluie	» »	
S.	N.-O.	nuageux	id.	» »	
N.-O	S.-O	couvert	id.	17 60	
S.-O.	O.	id.	pluie	3 03	
N.-O.	N.-O.	id.	couvert	12 00	Vent fort
N.-N.-O.	N.-N.-O.	pluie	id.	» »	id.
N.-O.	N.-O.	n. blancs	nuageux	2 30	
N.-O.	N.-O.	id.	pluie et grêle	» »	
S.	S.-O.	brouil. épais	pluie	» »	
O.	N. O.	couvert	nuageux	1 20	
N.	N.	nuageux	serein	1 60	
N.	N.	brouil. épais.	id.	» »	
N.	N.	id	id	» »	
N.	N.	serein	id.	» »	
N.	S.	id.	id.	» »	Vent fort
N.-O.	N.-O.	couvert	nuageux	» »	
N.-O.	N.-O.	id.	pluie fine	» »	
N.-O.	N.-O.	id.	qques n.	» »	
N.-O.	N.-N.-O.	qques n.	nuag. blancs	» »	
N.-E.	N.	id.	serein	» »	
				mm	

Nombre de jours {
de beau temps 14.
de brouillard 7.
de pluie 13.
de neige 1.
de grêle 2
de gelée 10.
}

60 65

OBSERVATIONS THERMOMÉTRIQUES

	à midi.		à 3 heures du soir.		à 9 heures du soir.		Minima.		Maxima.		Moyennes.		différence des extrêmes.	
6	753mm43		752mm96		752mm56		— 0	8	13	7	6	45	14	5
6	752	8 0	752	74	753	60	3	9	18	0	10	95	14	1
7	754	4 3	754	97			3	0	13	7	9	35	12	7
							0	2	13	7	6	95	13	5
9	753	35	751	42	731	06	1	6	15	3	8	45	13	7
							0	5	19	9	10	20	19	4
							1	2	13	0	6	60	10	8
							4	0	14	3	9	15	10	3
							4	7	19	5	12	10	14	8
							9	7	21	4	15	55	11	7
							10	6	13	8	12	20	3	2
							9	9	16	5	13	20	6	6
							7	5	16	5	11	90	9	2
4	750	61	750	67	751	30	6	2	17	4	11	80	11	2
5	752	23	752	30	730	34	—0	5	13	5	11	90	3	2
3	746	97	747	34	749	38	6	0	15	0	10	50	9	0
5	754	02	755	63	754	58	4	9	17	0	11	20	12	6
9	754	76	755	58	755	22	7	0	16	2	11	60	9	2
9	755	04	754	17	753	29	5	2	15	0	11	60	12	8
9	751	05	750	05	750	18	3	8	22	5	13	15	18	7
8	750	95	751	93	752	17	7	8	18	6	13	20	10	8
7	752	95	753	05	752	17	6	2	17	0	11	60	10	8
7	754	05	754	92	756	16	3	5	15	0	9	25	11	5
8	760	03	760	15	760	28	2	9	13	9	8	40	11	0
8	760	15	759	15	760	28	2	5	19	0	10	75	16	5
6	759	03	759	03	758	16	4	0	21	0	12	50	17	0
6	755	92	755	92	755	70	3	8	22	0	12	90	18	2
7	752	03	751	18	751	17	4	8	15	3	10	05	10	5
8							5	0	12	3	8	65	7	3
4	750	71	752	35	752	43	0	5	11	5	6	00	11	0
	753	72	753	57	753	68								

, à 9 h. du mat.

8, à 9 h. du mat.

RÉCAPITULATION.

Maxim. extr. + 22,5 le 20.
Minimum extrême — 0,8 le 1er.
Différence des extrêmes 23,3.
Moyenne du mois : + 10,60.
Moyenne de la variabilité journalière : 11,86

AVRIL.

VENTS		ÉTAT DU CIEL		Observations pluviométriques	OBSERV
avant midi.	après midi.	avant midi.	après midi.		GÉNÉS
S.-E.	S.-S.-E.	nuag. blancs	nuages bl.	0^{mm} »	
S.-O.	S.-E.	serein	serein	» »	
S -E.	N.-E.	id.	id.	» »	
E.	S.-E.	n. blancs	id.	» »	
S.	S.	serein	id.	» »	
S.-E.	S.-O.	id.	qq. nuages	» »	
O.	O.	pluie	nuageux	» »	Vent for
O.	O.	nuageux	pluie	15 40	
O.	S.-O.	couvert	nuageux	» »	
S.	S.-S.-O.	nuageux	id.	» »	
O.	O.	couv., pluie	couvert	2 »	
O.	S.-O.	nuageux	nuageux	» »	
N.-O.	O.	nuageux	couv. pluie	» »	Tonnerr
S.-O.	S.-O.	n. gris	nuageux	» »	
O.	S.-O.	couvert pluie	couv. pluie	11 »	
N.-N.-O.	N.-N.-O.	nuageux	nuageux	2 60	
N.	N.-N.-O.	brouillard	id.	» »	
N.-O.	N.	quelq. nuag.	id.	» »	
N -E.	N.	serein	serein	» »	
N.-E.	N.	id.	id.	» »	
N.-N.-O.	N.-O.	id.	id.	» »	
O.	N.-O.	n. blancs	nuageux	» »	
O.	N.-O.	couv. pluie	id.	4 75	
N.	N.	nuag. blancs	serein	» »	
O.	O.	serein	id.	» »	
N.-O.	N.-N.-O.	id.	id.	» »	
N.	N.-N.-O.	id.	id.	» »	
N.-O.	N.-O.	nuag. bl.	pluie	2 70	
N.-O.	N.-N.-O.	nuageux	qq. nuages	» »	
N.	N.	id.	id.	» »	

Nombre de jours

de beau temps 22.
de brouillard 1.
de pluie 7.

33 45

C

OBSERVATIONS

OBSERVATIONS BAROMÉTRIQUES
A 0 DE TEMPÉRATURE

Jours du mois.	à 9 heures du matin.		à midi.		à 3 heures du soir.		à 9 heures du soir.		Minima.		Maxima.			
1	752mm61		752mm54		750mm54		749mm57		4	5	10	5	7	5
2	747	61	747	52	747	49	747	51	7	0	15	7	11	3
3	747	62	747	47	746	45	747	43	8	0	17	0	12	5
4	747	46	748	18	747	25	749	31	8	6	22	0	15	3
5	750	40	751	25	751	27	752	29	7	3	19	4	13	3
6	750	36	753	13	753	13	753	19	7	0	21	0	14	0
7	754	24					756	11	8	1	19	5	13	8
8	756	16	755	92	754	00	754	05	7	0	20	5	13	7
9	752	05	750	85	749	90	749	96	8	5	25	2	16	8
10	749	96	750	73	749	84	749	89	8	5	21	5	15	0
11	753	17	753	80	753	85	753	92	.7	0	19	2	15	1
12	754	02	752	80	751	86	750	93	5	1	21	7	13	4
13	750	06	751	02	749	96	750	99	11	5	18	8	15	1
14	753	08	753	97	753	98	754	02	9	0	18	7	13	8
15	754	02	753	83	752	85	752	93	7	3	21	7	14	5
16	753	98	753	99	751	87	751	93	8	3	24	5	16	4
17	749	98	749	21	749	06	748	88	11	0	21	4	16	2
18	746	91	745	85	744	85	745	88	13	5	22	0	17	7
19	742	89	743	81	742	86	745	88	12	8	20	0	16	4
20	751	08	751	83	752	87	752	95	10	0	21	3	15	
21	753	00	752	80	751	58	752	95	6	9	20	5	13	7
22	750	40	747	96	745	99	745	04	7	4	17	0	12	0
23	743	10	743	09	743	04	744	07	10	0	17	1	13	5
24	745	12	744	98	745	01	747	09	9	2	17	5	15	3
25	747	25	747	21	746	19	748	23	3	5	15	3	9	4
26	750	32	751	24	752	27	753	31	6	0	14	7	10	3
27	757	23	757	20	757	12	758	16	6	0	21	0	13	5
28	758	18	757	95	756	99	757	07	6	0	22	9	11	4
29	757	18	756	96	756	88	756	98	7	0	24	2	15	6
30	757	00	755	76	754	70	755	76	9	0	26	5	17	7
31	754	80	754	70	753	70	754	76	10	5	23	3	15	9
Moyennes du mois.	751	29	751	25	750	58	751	33						

Maximum 758,18 le 28, à 9 h. du m.
Minimum 742,86 le 19, à 3 h. du soir.

RÉCAPITULATION.
Maxim. extr. + 26,5 le 3
Minimum extr. + 3,5 le
Différence des extrêmes 2
Moyenne du mois + 14,0
Moyenne de la variabilit
lière 11,95.

VENTS		ÉTAT DU CIEL		Observations pluviométriques.	OBSER
avant midi.	après midi.	avant midi.	après midi.		efut
N.-N.-E.	N.	couvert	nuageux		
N.	N.-O.	couv. pluie	couvert		
S.	S.-O.	couvert	nuageux		
O.	N.-O.	nuag. blancs	serein		
S.-O.	N.-N.-O.	nuageux	nuag. bl.		
N.-E.	N.-N.-O.	nuag. blancs	serein		
N.-N.-O.	N.	id.	nuag. blancs		
N.	N.	serein	serein		
N.	N.-N.-O.	id.	id.		
N.-O.	N.	id.	id.		
N.	N.	id.	id.		
N.	O.	id.	nuag. noirs		
S.	S.	couv., pluie	nuageux		
S.-O.	S.-O.	n. bl.	id.		
S.-S.-O.	S.-S.-O.	serein	qques nuag.		
N.-N.-O.	S.-O.	nuageux	id.		
S.-O.	S.-S.-O.	couv., pluie	couvert		
O.	N.-N.-O.	id.	nuageux		Éclairs
E.	S.-O.	id.	couv. pluie		Tonner
S.-S.-O.	N.-O.	nuageux	serein		
N.	N.	serein	qques nuag.		
N.	N.	couvert	couv. pluie		
N.	N.-N.-O.	n. bl.	nuages bl.		
N.	N.	qq. nuages.	serein		Vent fo
N.-N.-O.	N.	id.	pluie et grêle		
N.	N.	id.	qq. nuag.		
N.	N.	id,	serein		
N.	N.	serein.	id.		
N.	N.	id.	id.		
N.	N.	id.	id.		
N.	N.	id.	qques nuag.	»	

Nombre de jours — de beau temps 24.
de pluie 7.
de grêle, 1.

OBSERVATIONS

Jours du mois.	OBSERVATIONS BAROMÉTRIQUES A 0 DE TEMPÉRATURE.										
	à 9 heures du matin.		à midi.		à 3 heures du soir.		à 9 heures du soir.		Minima.	Maxima.	
1	753	90	754	85	753	83	753	90	8 3	22 2	15 2
2	753	92	752	80	752	72	751	83	7 0	25 4	16 2
3	753	89	753	73	752	65	752	68	6 5	29 0	17 7
4	752	83	753	74	752	80	752	82	10 5	20 4	15 4
5	754	92	754	80	752	78	754	20	10 6	22 0	16 3
6	746	98	744	85	744	58	744	95	9 0	20 2	14 6
7	746	07	745	92	744	91	747	00	11 0	19 4	15 2
8	746	04	746	97	747	94	748	96	11 9	20 7	16 3
9	751	04	751	01	749	93	747	99	8 0	23 3	15 6
10	744	98	744	89	744	86	746	98	13 5	20 9	17 2
11	749	08							9 3	22 4	15 8
12	757	16	757	10	745	16	747	22	9 4	20 3	14 8
13	750	25	750	18	750	14	752	15	8 0	21 3	14 6
14	754	12	754	00	754	92	755	02	8 0	20 8	14 4
15	754	92	754	87	755	80	753	92	13 4	24 8	19 1
16	751	93	751	93	751	81	752	80	9 7	27 4	18 5
17	751	93	752	68	751	69	751	68	12 0	26 0	19
18	749	69	747	58	746	46	744	59	14 8	27 7	21 2
19	746	60	746	60	746	60	747	94	12 8	21 2	17 0
20	745	95	746	94	746	94	749	81	10 5	18 4	14 4
21	752	93	754	92	755	92	756	92	12 0	23 4	17 7
22	756	92	756	67	755	67	755	67	10 3	26 7	18
23	755	80	755	55	755	55	755	55	12 0	31 0	21 5
24	757	30							13 6	35 3	24 4
25	754	31	754	94	756	18	756	18	15 7	30 0	22 8
26	757	30	756	30	755	18	756	30	16 0	27 0	21 5
27	755	43	754	31	753	19	754	31	14 8	29 0	21 9
28	756	43	751	44	750	32	750	45	12 7	27 8	20 2
29	751	56			751	56	754	55	15 0	18 0	16 5
30	757	54	758	54	758	57	759	54	10 1	22 8	16 4
Moyennes du mois.	752	39	752	15	751	38	751	88			

Maximum 759,54 le 30, à 9 h. du soir.
Minimum 744,58, le 6, à 3 h. du soir.

RÉCAPITULATION.

Maxim. extrême + 35,3
Minimum extr. + 7,0, le
Différence des extrêmes 2
Moyenne du mois + 17,6
Moyenne de la variabilité lière 12.95.

UIN.

VENTS		ÉTAT DU CIEL		Observations pluviométriques.	OBSERVAT
avant midi.	après midi.	avant midi.	après midi.		GÉNÉRAL
				mm	
N.	N. E.	n. blancs	couvert	» »	Vent fort.
E.	N.-E.	serein	id.	» »	id.
N.-N.-E.	N.	id.	id.	» »	
S.-O.	O.	couvert	couv. pluie	» »	
O.	O.	nuag. blancs	qques nuages	1 45	
S.-O.	S.-S.-O.	id	couv. pluie	» »	Grand ven
S.	S.-S. O.	id.	id	9 00	
O.	S.	id.	id.	» »	
S.	S.	id.	qques nuages	10 50	
S.	S.	couv. pluie	couvert	» »	
S- O.	S.	qques nuages	qq. nuag.	» »	
S.	S.-O.	nuageux	couv. pluie	» »	Grand ven
S.-O.	N.-N.-O	id.	serein	» »	id.
N.-N.-O.	N.-O	serein	nuageux	» »	
N.-N.-O.	N.-O.	qques n.	serein	» »	
S.	S.-O	nuag. blancs	qq. nuag.	» »	
O.	S.	id.	id.	» »	
S.	E·	id.	couv. pluie	» »	Orage à 7 h
S.-O.	S.-O.	nuageux	id.	14 40	
O.	S.-O.	id.	id.	5 10	Tonnerre.
S.-S.-O.	S.	couvert	nuageux	» »	
S.	S.	nuageux	serein	12 90	
S.	N.	serein	id.	» »	
N.	N.	id.	id.	» »	
S.-O.	O.	id.	qq. nuag.	» »	Éclairs à l'
O.	N.-O.	couv. pluie	serein	26 40	Orage.
N.	N.	serein	id.	» »	
S. E.	N.-O.	qques n.	couv. pluie	» »	Tonnerre.
N.	N.-O.	couvert	id.	15 00	id.
N.-O.	N.-N.-O.	nuag. bl.	serein	31 10	

Nombre de jours { de beau temps 18.
de pluie 12.

125 85

D

JOURS du mois	OBSERVATIONS BAROMÉTRIQUES A 0 DE TEMPÉRATURE.								OBSERVATIONS THERMOMÉTRIQUES							
	à 9 heures du matin.		à midi.		à 3 heures du soir.		à 9 heures du soir.		Minima.		Maxima.		Moyennes.		différence des extrèmes.	
1	759mm66		758mm64		758mm62		758mm59		8	5	28	0	18	25	19	5
2	757	54	756	30	756	30	756	35	12	0	30	9	21	45	18	9
3	759	47	757	38	757	42	757	49	12	5	26	0	19	25	13	5
4	755	93	756	35	755	39	756	50	11	0	25	5	18	25	14	5
5	757	57	757	37	757	42	757	48	12	0	25	5	18	75	13	5
6	757	53	757	45	756	39	756	74	12	2	28	5	20	35	16	3
7	754	47	754	48	752	25	755	27	11	4	31	2	21	30	19	8
8	757	51	757	42	757	36	757	42	13	8	26	1	19	95	12	3
9	756	42	756	36	756	36	756	40	12	0	28	0	20	00	16	0
10	757	42	757	35	757	32	757	36	12	9	26	4	19	65	13	5
11	757	52	757	42	757	26	757	35	12	0	27	4	19	70	15	4
12	757	36	757	26	757	25	757	33	12	0	28	0	20	00	16	0
13	758	93	758	88	757	15	757	26	12	0	28	5	20	25	16	5
14	758	54	759	53	758	52	758	35	11	8	25	0	18	40	13	2
15	757	45	756	21	754	24	754	27	9	0	28	3	18	65	19	3
16	754	58	753	45	752	32	753	40	10	7	28	5	19	60	17	8
17	753	65	752	43	750	39	751	52	11	0	24	8	17	90	13	8
18	752	68	752	56	752	44	753	44	10	2	24	2	17	20	14	0
19	750	57	752	56	751	56	750	57	8	0	24	5	16	25	16	5
20	749	84	749	57	749	57	748	57	8	3	23	0	15	65	14	7
21	750	84	750	57	747	45	748	48	15	0	29	2	22	10	14	2
22			749	45	749	33	751	44	15	6	25	8	20	70	10	2
23	751	56	751	56	752	56	752	68	13	8	23	1	18	45	9	3
24	753	80	755	55	755	55	755	67	10	0	21	6	15	80	11	6
25	754	80	753	68	753	68	753	68	9	4	20	0	14	70	10	6
26	754	68	754	68	754	68	755	80	13	0	19	0	16	00	6	0
27	757	04	755	80	755	67	755	80	8	0	22	0	15	00	14	0
28	753	92	753	80	753	80	754	68	8	0	28	2	18	10	20	2
29	751	68	752	68	751	68	752	68	15	7	19	0	17	35	3	3
30	751	68							12	0	25	4	18	70	13	4
31	754	55	754	55	754	43	754	55	11	0	24	8	17	90	13	8
moyennes du mois.	755	30	755	04	754	48	754	80								

Maximum 759,66 le 1er, à 9 h. du mat.
Minimum 747,45, le 21, à 3 h. du soir.

RÉCAPITULATION :
Maxim. extr. + 31,2 le 7.
Minimum extrême + 8, le 27.
Différence des extrêmes 23,2.
Moyenne du mois : + 18,57.
Moyenne de la variabilité journalière : 14,24.

JUILLET.

VENTS		ETAT DU CIEL		OBSERVA	
avant midi.	après midi.	avant midi.	après midi.	GÉNÉRA	
N.-N.-O.	N.-N.-E.	serein.	serein		
S.-S.-E.	N.-O.	id.	id.		
N	N.	id.	id.		
N.	N.	id,	id.		
N.	N.	id.	id.		
N.	N.	id.	id.		
E.	N.-E.	id.	id.		
N.-N.-O.	N.-N.-O.	id.	nuageux		
N.	N	id.	qques nuag.		
N.	N.	id.	serein		
N.	N.	id.	id.		
N.-E.	N.	id.	id.		
N.	N.	id.	id.		
N.	N.	id.	id.		
N.	N.	id.	id.		
N.	N.	id.	id.		
N.	N.	id.	id.		
N.-N.-O.	N.-O.	nuag. blancs	qques nuag.		
N.-N.-E.	N.	serein	serein		
S.-O.	S.-O.	nuageux	nuageux	»	»
S.-O.	S.-S.-O.	pluie fine	id.	1	80
S.	S.	couv., pluie	id.	»	»	Tonnerre
S.	S.-O.	nuag. blancs	id.	7	10
S.-O.	O.	pluie	id.	7	05	Orage à 5
S.-S.-O.	O.	id.	id.	19	50
O.	N.-O.	id.	id.	»	»
N.	N.-N.-E.	nuageux	serein	7	00
N.-E.	N.-E.	serein	qques nuag.	»	»
S.	O.	couv. pluie	nuageux	1	00
O.	N.-E.	qq. nuages.	id.	»	»
N.-E.	N.-E.	n. bl.	serein	»	»

Nombre de jours

de beau temps 25.
de pluie 6.

43 45

Jours du mois.	OBSERVATIONS BAROMÉTRIQUES à 0 DE TEMPÉRATURE.							Minima.		Maxima.			
	à 9 heures du matin.		à midi.		à 3 heures du soir.		à 9 heures du soir.						
1	753	56	752	44	751	44	752	56	10 0	27 8	18 9
2	754	55	755	45	754	55	754	55	12 5	26 0	19 2
3	755	43	756	18	755	06	743	35	11 6	31 5	21 5
4	754	21	753	96	752	72	752	01	14 5	32 0	23 2
5	753	19	751	95	752	83	752	83	14 5	29 8	22 1
6	754	91	754	49	754	52	755	31	16 0	27 8	21 9
7	756	82	756	18	757	10	756	30	14 8	31 4	23 1
8	758	42	756	99			755	06	13 4	35 5	24 4
9	755	88	754	43	755	32	754	83	20 8	38 5	29 6
10	755	06	755	29	753	83	754	32	21 3	36 0	28 6
11	753	45	752	76	751	64	752	70	18 8	35 2	27 0
12	753	49	752	83	751	35	751	56	15 2	34 2	24 7
13	750	18	749	47	749	47	749	79	15 9	34 5	25 2
14	752	47	752	83	752	34	752	95	15 5	36 5	26 0
15	753	45	751	47	752	34	751	46	15 2	36 7	25 9
16	752	07	751	83	750	84	751	60	17 2	31 7	24 4
17	751	64	751	20	749	50	752	04	14 5	24 0	19 2
18	751	11	754	29	749	57	750	81	10 2	21 5	15 8
19	752	43	752	28	752	41	750	20	10 8	20 2	15 5
20	747	08	749	98	750	93	751	30	9 5	17 5	13 5
21	753	21	753	75	753	04	754	17	9 5	19 5	14 5
22	754	83	754	99	754	22	754	48	8 5	21 0	14 7
23	754	39	754	18	753	96	755	95	10 5	25 2	17 8
24	754	16	752	95	752	90	752	36	10 1	27 3	18 7
25	752	21	744	17	748	33	747	82	10 2	23 5	16 8
26	747	17	746	41	744	75	742	97	8 7	26 5	17 6
27	742	60	743	00	742	47	744	67	16 0	20 0	18 0
28	743	67					746	83	14 0	24 3	19 1
29	747	62	749	69	749	69			12 6	18 5	15 5
30	751	51	751	56	750	77	751	76	12 5	22 0	17 2
31	751	81	751	37	752	36	752	81	12 0	20 7	16 3
Moyennes du mois.	752	53	752	17	751	75	751	59				

Maximum 758,42 le 8, à 9 h. du matin.
Minimum 742,47, le 27, à 3 h. du soir.

RÉCAPITULATION.

Maxim. extrême + 38,5
Minimum extr. + 8,5, le
Différence des extrêmes 3
Moyenne du mois + 20,5
Moyenne de la variabilit
lière 14.20.

AOUT.

VENTS		ÉTAT DU CIEL		OBSERVA
avant midi.	après midi.	avant midi.	après midi.	GÉNÉRA
N.-E.	N.-O.	nuag. blancs	nuageux	
O.	O.	couv., pluie	id.	
O.	S.-O.	quelq. nuag.	id.	
O.	O.	id.	id.	
O.	O.	floçons blancs	id.	
N.-O.	O.	couvert	id.	
O.	S.-O.	id.	clair	
S.-O.	S.-O.	serein	serein	
S.-O.	N.-E.	id.	id.	
O.	S.-S.-O.	id.	qq. nuages	Éclairs à l
S.-S.-O.	S.-O.	id.	id.	
S.-S.-E.	S.-S-O.	qq. nuages bl.	id.	
S.-S..-O.	S.-S.-O.	serein	serein	
S.-S.-O.	S.-S.-O.	id.	id.	
S.-S.-O.	S.-S.-O.	nuageux	nuageux	
O.	O.	id.	id.	Eclairs à
O.	O.	pet. pluie	id.	
O.	O.	pluie	pluie	
O.	O.	couvert	id.	
O.	S.-O.	pluie	n., épais	Vent fort.
S.	S.-O.	pet. pluie	id.	
O.	N.-O.	nuag. blancs	nuageux	
O.	O.	couvert	id.	
S.-O.	S.-O.	serein	qq. nuages	
O.	N.-O.	couv. pet. pl.	pet. pluie	Vent fort.
O.	O.	n. blancs	nuageux	
S.-O.	N.-O.	couv. pluie	pluie violente	Orage.
O.	O.	pluie	id.	id.
O.	O.	couvert	pluie	
S.-O.	S.-S.-O.	serein	serein	
O.	O.	pluie	couvert	

Nombre de jours { de beau temps 20.
de pluie 11.

OBSERVATIONS BARQMÉTRIQUES
A O DE TEMPÉRATURE

à 9 heures du matin.	à midi.	à 3 heures du soir.	à 9 heures du soir.	Minima.		Maxima.		Moyennes.	
752mm93	754mm20	754mm00	753mm47	11	5	20	2	15 85	8
753 86	751 91	750 43		8	0	20	5	14 25	12
				7	7	20	2	13 95	12
750 35	751 21	751 58	752 37	10	0	18	5	14 25	8
752 37	752 23	753 33		9	7	18	2	13 95	8
754 20		754 38		10	4	18	7	14 55	8
751 50	750 87	751 53	751 93	8	5	18	3	13 40	9
754 87	754 88	754 76	754 99	9	5	18	2	13 85	8
752 17	751 78	750 41	749 93	6	9	19	3	13 10	12
754 26	751 47	752 23	752 17	14	2	18	5	16 35	4
754 39	754 95	756 34	755 66	4	5	17	0	10 75	12
756 95	758 68	758 20	758 50	2	7	17	0	9 85	14
757 65	758 90	758 57	759 18	2	5	19	3	10 90	16
759 02	758 96	759 27	758 68	4	5	18	9	11 70	14
758 05	757 87	755 94	756 44	4	2	19	5	11 85	15
755 41	755 24	755 44	756 40	3	9	19	7	11 80	15
757 28	757 56	756 99	755 89	7	2	19	9	13 55	12
756 46	755 64	754 40	753 85	3	0	22	5	12 75	19
752 67	753 83			6	0	23	4	14 70	17
754 52	754 71	754 57	754 96						

RÉCAPITULATION.
Maxim. extr. + 23,4 le 19.
Minimum extr. + 2,5 le 13.
Différence des extrêmes 20,9.
Moyenne du mois + 13,23.
Moyenne de la variabilité journalière 12,25.

SEPTEMBRE.

VENTS		ÉTAT DU CIEL		Observations pluviométriques.		OBSER
avant midi.	après midi.	avant midi.	après midi.			GÉNÉ
				mm		
S.-O.	S.-S.-O.	nuag. bl.	pluie	2	00	
S.	S.	couvert	couvert	»	»	
S.	S.	id.	nuageux	»	»	
S-O.	S.-O.	id.	pluie	»	»	
S.-O.	O.	id.	id.	11	50	
O.	S.-O.	nuag. gris	nuag. gris	1	90	Vent fo
S.-O.	S.-O.	id.	pluie	»	»	id.
O.	O.	nuag. blancs	id.	»	»	
O.	O.	couvert	pluie fine	»	»	
O.	O.	gros nuages	couvert	»	»	
O.	S.-S.-O.	nuageux	n. blancs	»	»	
S.-S.-E.	N.-E.	vapeurs	id.	»	»	
N.	N.-N.-E.	brouillard	qq. nuag.	»	»	
N.-N.-E.	N.-N.-E	couvert	nuageux	»	»	
N.-E.	N.-E.	br. léger	beau	»	»	
O.	O.	couvert	nuageux	»	»	
S.-O.	N.-N.-O.	nuageux	qq. nuag.	»	»	
E.	E.	serein	serein	»	»	
S.-S.-O.	S.-O.	lég. vapeurs	nuag. blancs	»	»	
S.-O.	S.-O.	nuag. blancs	id.	»	»	
S.-O.	S.-O.	couvert	couvert	21	60	
O.	O.	id.	id.	20	20	
O.	O.	nuag. gris	nuag. gris	2	80	
S.-O.	S.-O	id.	id.	»	»	
S.-O.	S.-O.	clair	clair	»	»	
S.	S.-O.	n. gris	nuag. gris	»	»	
S.-O	S.	couvert	id.	»	»	
N.-O.	N.-O.	clair	clair	»	»	
S.-E.	S.-E.	nuag. gris	nuag. gris	»	»	
S.-O.	S.-O.	id.	id.	»	»	

Nombre de jours { de beau temps 20. de brouillard 1. de pluie 9.

mm
60 00

Jours du mois.	OBSERVATIONS BAROMÉTRIQUES à 0 de température.				Minima.	Maxima.	
	à 9 heures du matin.	à midi.	à 8 heures du soir.	à 9 heures du soir.			
1	743 12	743 70	744 01	745 71	11 0	15 2	13 1
2	748 35	750 30	751 20	753 92	7 7	14 8	11 2
3	755 79	756 09	756 49	757 34	9 5	16 5	13 0
4	757 18	756 96	755 66	755 83	8 0	17 0	12 5
5	754 83	753 65	751 85		11 5	18 7	15 1
6	751 50	750 40	749 38		7 5	18 5	13 0
7	745 55	743 85	743 06	744 31	7 6	20 6	14 1
8	742 48	742 06		744 25	13 2	19 5	16 3.
9	743 91	744 13	744 13	745 45	8 0	16 8	12 4
10	746 93	746 51	745 57	746 31	6 7	19 1	12 9
11	746 09	744 53		745 94	11 2	20 1	15 6
12	743 14	740 40	740 20	740 66	8 8	15 0	11 9
13	740 44	741 82	742 14	742 50	6 6	17 5	12 0
14	747 14	747 24	747 52	757 95	11 7	19 5	15 6
15	743 51	744 63	745 13	746 85	11 2	20 9	16 0
16	747 07	747 02	746 93	746 15	7 3	17 2	12 2
17	748 82	754 79		755 45	5 5	16 5	11 0
18	755 31	756 16		757 11	7 8	17 8	12 8
19	757 07	757 31	757 08	757 28	4 1	18 4	11 25
20	756 62	756 07	755 25	756 21	3 5	18 4	10 95
21	756 01	756 03	755 47	755 29	6 2	18 4	12 30
22	755 54	755 75	755 65	757 02	9 5	15 7	12 60
23	756 71	757 28		758 34	9 7	15 9	12 80
24	758 89	756 75	755 59	754 39	3 5	12 3	7 90
25	752 14	751 53	751 08	751 33	— 0 3	11 4	5 55
26	752 58	752 54	752 38	752 83	2 3	10 7	6 50
27	751 20	750 85	749 44	749 39	1 5	15 0	8 25
28	746 92	746 13	745 13	744 71	4 2	18 0	11 10
29	745 53	744 97	744 11	744 94	8 7	14 5	11 60
30	747 07	745 53	743 46	744 44	8 5	16 3	12 40
31	748 58	750 04	749 56	750 74	6 5	10 6	8 55
Moyennes du mois.	749 87	749 84	749 13	750 07			

Maximum 758,89 le 24, à 9 h. du matin.
Minimum 740,20, le 12, à 8 h. du soir.

RÉCAPITULATION.
Maxim. extrême + 20,9 l
Minimum extr. — 0,3, le 2.
Différence des extrêmes 21
Moyenne du mois + 12,0
Moyenne de la variabilité lière 9.29.

VENTS		ÉTAT DU CIEL		OBSERVA
avant midi.	après midi.	avant midi.	après midi.	GÉNÉRA
O.	O.	couv. pluie	nuageux	Vent fort
N.-O.	N.-O.	couvert	couvert	
O.-N.-O.	O	nuag. blancs	nuageux	
S.-S.-O.	S.-O.	couvert	couvert	
S.-S.-O.	S.	id.	qq. nuages.	
S.-O.	S.-S.-O.	id.	couvert	
S.-E.	S.-E.	n. bl.	nuageux	Éclairs à
S.-E.	S.-E.	couvert.	nuageux	
S.-O.	S.-O.	nuageux	id.	
S.-E.	S.-E.	nuag. blancs	nuages bl.	
S.-O.	S.-O.	nuag gris	pluie	
S.-O.	S.-O	couvert	couvert	
S.-S.-O.	S.-O.	nuageux	id.	
S.	S.	pluie	pluie	
S.	S.-O.	pluie et grêle	id.	Orage à
O.	O.	couvert	couvert	matin.
O.	O.	nuag. blancs	nuages bl.	
S.-S.-O.	S.	id.	id.	
S.	S.-O.	brouillard	id.	
S.-O.	S.	id.	serein	
S.	S.-O.	id.	n. bl.	
O.	O.	couvert	couvert	
N.-O.	N.-O.	n. épais.	n. épais	
N.-E.	N.-E.	brouil. épais	nuageux	
S.-E.	S.-E.	id.	id.	
S.	S.-S.-O.	id.	clair	
S.	S.	id.	id,	
S.-S.-O.	S. S.-O.	brouil. épais	clair	
S.-O.	S.-S.-O.	couvert	pluie	
S.-S.-O.	S.-O.	pluie	id.	Vent fo
S.-O.	S.-O.	couvert	couvert	

Nombre de jours

de beau temps 17.
de pluie 6.
de brouillard 8.
de gelée 1.

OBSERVATIONS

JOURS du mois.	OBSERVATIONS BAROMÉTRIQUES A 0 DE TEMPÉRATURE.				OBSERVATI		
	à 9 heures du matin.	à midi.	à 3 heures du soir.	à 9 heures du soir.	Minima.	Maxima.	Moyennes.
1	mm	749mm28	747mm36	748mm17	5 9	10 9	8 40
2	738 21	739 63	738 21	740 23	3 7	9 0	6 35
3	744 69	752 56	754 88	753 78	4 1	13 5	8 80
4	755 29	756 65	757 90	759 26	6 0	14 4	10 20
5	762 52	761 76	764 65	762 76	9 7	12 5	11 10
6	762 25	762 05	761 42	760 57	8 0	10 0	9 00
7	760 32	760 08	760 08	760 12	6 0	11 2	8 60
8	754 68	748 95	748 19		8 2	12 2	10 20
9	747 37	745 71	741 94	747 59	4 5	7 3	5 90
10	744 52	749 15	750 47	747 03	3 0	7 0	5 00
11		738 44	733 58	732 98	0 8	6 8	3 80
12	735 67	741 16	744 96	747 75	2 5	6 8	4 65
13	752 95	753 95	756 18	757 16	— 2 5	5 2	1 35
14	756 83		752 89		— 4 0	4 5	0 25
15	754 85	759 58	758 42	759 32	— 3 0	5 5	1 25
16	758 71	757 20	757 56	757 58	3 0	8 6	5 80
17	758 76	757 98	758 84	759 64	0 2	8 3	4 25
18	759 64	759 03	759 00	758 64	3 2	10 3	6 75
19	759 76		757 90		— 2 0	9 4	3 70
20	759 43	758 78	758 20	757 10	— 1 8	7 7	2 95
21	755 73	754 10	752 28	752 94	0 3	10 5	5 40
22	752 80	752 88	752 28	750 96	5 2	13 2	9 20
23	751 68	752 24	750 94	752 04	— 0 5	13 4	6 45
24	753 77	751 94	750 47	753 14	7 2	13 8	10 50
25	756 08	756 29	757 26	757 23	4 6	12 0	8 30
26	758 27	760 17	759 97	760 27	1 3	7 8	4 55
27	761 39	759 77		759 66	4 7	7 8	6 25
28	759 32	758 42	757 18	758 48	— 2 7	3 4	1 35
29	756 96	756 38	755 77	756 20	— 3 3	5 2	0 95
30	755 79	754 78	753 97	753 51	— 4 8	5 8	0 50
moyennes du mois.	754 58	753 89	753 43	754 22			

RÉCAPITULATION.
Maxim. extr. + 14,4 le 4.
Minimum extrême — 4,8, 1
Différence des extrêmes 19.
Moyenne du mois : + 5,72
Moyenne de la variabilité lière : 6,95.

Maximum 764,65 le 5, à 3 h. du soir.
Minimum 732,98, le 11, à 9 h. du soir.

VENTS		ÉTAT DU CIEL		Observations pluviométriques.	OBSE
avant midi.	après midi.	avant midi.	après midi.		ef
S.-O.	S.-O.	nuag. blancs	couvert	0ᵐᵐ »	Vent t
S.-O.	S.-O.	pluie	pluie	7 20	
O.	O.	nuageux	id.	» »	
O.	O.	nuag. blancs	couvert	12 50	
O.	O.	couvert	id.	» »	
O.	O.	brouil. pluie	id.	1 20	
S.	S.-O.	id.	id.	» »	
O.-N.-O.	N.-O.	couvert	pet. pluie	» »	
N.-O.	N.-O.	id.	couvert	9 00	
N.-N.-O.	N.	id.	pluie	» »	
N.	N.	id.	id.	» »	
N -E.	N.-E.	id.	couvert	9 50	
N.	N.	brumeux	serein	» »	
N,-N.-E.	N.-N.-E.	qq. nuages bl.	id.	» »	
O.	N.-O.	brouillard	nuageux	» »	
O.	S.	br. pluie	brouillard	3 50	
S.-S.-E.	S.-S.-E.	bronillard	n. blancs	» »	
S.-E.	E.	n. blancs	id.	» »	
S.	S.	lég. brumes	clair	» »	
S.-E.	S.-E.	clair	id.	» »	
S.-E.	S.	lég. brouil.	qques n. bl.	» »	
S.-O.	S.-O.	pet. pluie	pluie	» »	
S.-O.	O.	n. gris	pet. pluie	12 50	
S.	S.	couvert	nuageux	» »	
S.	S.	brouillard	brumeux	» »	
S.	S.	br. épais	br. épais	» »	
E.	E.	n. blancs	nuag. blancs	» »	
N.-E.	N.-E.	clair	clair	» »	
E.	E.	n. blancs	n. gris	» »	
S.-E.	S.	clair	clair	» »	

Nombre de jours					
de beau temps 15.				55 20	
de pluie 10.					
de brouillard 7.					
de gelée 9.					

OBSERVATIONS BAROMÉTRIQUES à 0 de température.				OBSERVATIONS THERMOMÉTRIQUES			
à 9 heures du matin.	à midi.	à 3 heures du soir.	à 0 heures du soir.	Minima.	Maxima.	Moyennes.	Différence des extrèmes
754 13	753 19	752 51	751 85	— 1 7	9 1	3 70	10 8
745 03	747 43	745 43	746 13	4 2	12 9	8 55	8 7
743 74	739 60	745 30	748 51	4 7	13 3	9 00	8 6
761 06	760 53	763 01	763 01	0 4	7 7	4 05	7 3
763 63	763 57	762 44	761 44	— 1 8	6 3	2 25	8 1
	760 69	761 56	762 74	0 2	5 9	3 05	5 7
763 70	765 58	766 41		— 1 6	4 0	1 20	5 6
762 96	760 86	758 17	754 72	— 1 4	5 1	1 85	6 5
757 38	758 79	759 80	759 79	— 2 0	7 5	2 75	9 5
759 76	761 06	760 64	760 85	1 5	8 2	4 85	6 7
762 29	762 23	764 62	761 67	3 0	7 4	5 20	4 4
760 59	760 53	759 69	758 29	6 1	8 6	7 35	2 5
760 59	759 83	761 52	764 09	6 1	10 2	8 15	4 1
762 09	760 69	762 93	762 84	2 0	6 5	4 25	4 5
762 41	762 63	761 07	761 38	4 2	6 5	5 35	2 3
756 12	757 40	753 90	750 78	— 1 2	4 0	1 40	5 2
754 17	749 81	750 78	751 72	— 1 0	3 8	1 40	4 8
754 17	755 96	755 96	757 81	0 0	4 1	2 05	4 1
759 80	758 49	759 50	759 71	— 4 1	3 5	—0 30	7 6
760 38	760 34	760 30	752 26	— 0 8	4 5	1 85	5 3
760 29	760 39	759 76	758 26	2 0	6 5	4 25	4 5
749 55	747 58	749 17	751 71	3 0	8 8	5 90	5 8
758 52	758 04	758 02	757 87	— 4 4	4 2	—0 10	8 6
757 67	758 04	759 92	759 02	— 2 0	6 0	2 00	8 0
760 08	760 26	760 04	760 32	3 5	6 8	5 15	3 3
759 14	759 48	758 07	757 59	2 6	7 2	4 90	4 6
755 37	754 95	753 69	753 86	3 5	9 0	6 25	5 5
759 92	759 77	760 01	760 94	— 2 5	4 6	1 05	7 1
759 99	758 32	756 85	755 90	— 0 5	8 8	4 15	9 3
756 86	756 41	755 35	754 86	3 1	8 0	5 55	4 9
750 90	748 41	747 21	744 79	1 5	5 4	3 45	3 6
757 64	757 45	757 54	756 71				

RÉCAPITULATION.
Maxim. extrême + 13,8 le 3.
Minimum extr. — 4,4, le 23.
Différence des extrêmes 17,7.
Moyenne du mois + 3,89.
Moyenne de la variabilité journalière 6.06.

DÉCEMBRE.

VENTS		ÉTAT DU CIEL		Observations pluviométriques		OBSER
avant midi.	après midi.	avant midi.	après midi.			sin
				mm		
S.	S.	nuageux	pet. pluie	»	»	Vent fo
S.	S.-O.	pluie	pluie	10	10	id.
S.-O.	N.-O.	id.	id.	21	90	Vent fo
N.-O.	N.-O.	clair	clair	»	»	Modéré
O.	S.-O	nuag. blancs	nuageux	»	»	
O.-S. O.	O.	brouillard	pluie	»	»	
S.	S.	id.	brouillard	»	»	
S.	S.	id.	couvert	»	»	
S.-S.-E.	S.-S.-O.	clair	id.	»	»	
S.-O.	O.	pluie	pluie	2	25	
O.	O.	couvert	couvert	1	70	Vent fo
O.	S.-O.	id.	id.	»	»	Modéré
O.	S.-O.	id.	qq. nuages	1	50	Faible.
S.	S. E.	id.	couvert	»	»	
E.	S.-E.	id.	id.	»	»	
S.-O.	S.-O.	br. épais	br. épais	1	00	
S.-O.	S.-S.-O.	couvert	couvert	3	75	
S.-S.-O.	S.-E.	nuageux	nuageux	1	55	
N.-E.	N.-E.	clair	clair	»	»	
N.-N.-E.	S.-O.	brouillard	br. et pluie	»	»	
O.	O.	brumenx	pluie	1	50	Vent f
N.-O.	N.-O.	pet. pluie	giboulées	2	50	Vent tr
N.-N.E.	O.	clair	neige fond.	»	»	
S.-O.	S.-O.	brouil. pl.	brouillard	5	15	
S.-S.-O.	S.-S..-E.	brouillard	id.	0	35	
S.-S. O.	S.-O.	brumeux	couvert	»	»	
O.	N.-O.	couvert	pet. pluie	2	00	
N.	E·	clair	nuag. fondus	»	»	
S.	S.-O.	couvert	pet. pluie	1	50	
O.	N.-O.	pluie	n. épais	»	»	
S.	S.-O.	brumeux	couvert	0	50	

Nombre de jours {
de beau temps 14.
de brouillard 7.
de pluie 12.
de neige 1.
de gelée 13.

57 25

BULLETIN

SOCIÉTÉ·DES SCIENCES

HISTORIQUES ET NATURELLES

DE L'YONNE.

TROISIÈME PARTIE.

COMPTES-RENDUS DES SÉANCES

RECUEILLIS PAR MM. LES SECRÉTAIRES.

DIX-SEPTIÈME VOLUME.

1863.

MEMBRES DU BUREAU.

Président...................	MM. Challe.
Vice-Présidents .... {	A. Chérest.
	M. Quantin.
Secrétaires .... {	Ch. Lepère.
	H. Monceaux.
Archiviste.................	Lorin.
Trésorier..................	Petit-Sigault.

—

CLASSIFICATEURS.

Archéologie	MM. H. Monceaux.
Botanique	E. Ravin.
Géologie...................	G. Cotteau.
Minéralogie................	N.
Numismatique	N.
Zoologie (vertébrés)	P. Bert.
Zoologie (invertébrés).........	H. Monceaux.

BULLETIN

DE LA

SOCIÉTÉ DES SCIENCES

HISTORIQUES ET NATURELLES

DE L'YONNE.

Année 1863.

III.

COMPTES-RENDUS DES SÉANCES.

JANVIER, FÉVRIER, MARS.

SÉANCE DU 11 JANVIER 1863.

PRÉSIDENCE DE M. CHALLE.

La séance est ouverte à une heure ; M. le Secrétaire donne lecture du procès-verbal de la réunion du 4 décembre 1862, dont la rédaction est adoptée sans observations.

Correspondance manuscrite : M. le Président donne lecture d'une lettre de M. Lanzia di Brolo, secrétaire de l'Académie des Sciences de Palerme, demandant l'échange des publications de cette Société avec les nôtres. (Accordé.)

2° D'une lettre de M. le Ministre de l'Instruction publique accusant réception de l'envoi fait, au nom de la Société, du

Répertoire archéologique de l'arrondissement d'Auxerre, dressé par M. Quantin.

3° D'une lettre de M. Bonneville dans laquelle l'honorable membre titulaire demande à la Compagnie de prendre l'initiative d'un projet d'érection d'une statue au maréchal Davout, né dans le département de l'Yonne. La proposition de M. Bonneville, accueillie favorablement, est renvoyée à l'examen d'une commission composée de MM. Cambuzat, Challe, Bonneville, Métairie et Lonclas.

Correspondance imprimée : L'Académie de Saint-Quentin, la Société libre d'Emulation de la Seine-Inférieure, la Société académique de Brest, envoient le programme des questions qui sont proposées en prix par ces Sociétés pour l'année 1863. M. le Président énumère les ouvrages parvenus au bureau depuis la dernière réunion, la liste en est renvoyée au bulletin bibliographique.

Nomination : Par suite de la présentation faite dans la dernière séance, M. le Président propose l'admission de M. Spiers, d'Oxford, et la Compagnie l'admet parmi les correspondants.

Présentation : Sont présentés, pour être membres titulaires :

1o M. de Montigny, consul-général de France en Chine, résidant actuellement dans son château de Guilbaudon, près Seignelay, présenté par MM. Lonclas et Métairie ;

2o M. de Bogart, ancien conseiller de préfecture, demeurant à Auxerre, présenté par MM. Challe et Lepère ;

3o M. Emile Chevalier, homme de lettres à Paris, présenté par MM. Perriquet et Rouillé ;

4o M. Vincent, propriétaire à Brion, présenté par MM. Perriquet et Rouillé ;

5° M. Duru fils, propriétaire à Auxerre, présenté par MM. Quantin et Cotteau.

Plusieurs candidats au titre de correspondant sont aussi présentés, savoir :

1° M. le docteur Marchand, rédacteur de la *Revue médico-chirurgicale,* présenté par MM. Ravin, Monceaux et Quantin ;

2° M. Lanzia di Brolo, secrétaire de l'Académie des Sciences de Palerme, présenté par MM. Challe, Quantin et Monceaux ;

3° M. Bouvet, professeur à Pontlevoy, présenté par MM. Cotteau, Monceaux et Quantin.

Dons. Sur le bureau sont déposés trois fers de chevaux trouvés, dans les fouilles opérées entre le château du Bouchet et Cravant, au milieu d'un nombre considérable d'ossements de chevaux. Ils ont pour caractère particulier une rainure à la face intérieure sur la ligne des clous, et cette rainure est encore pratiquée aujourd'hui en Angleterre. Il est probable dès lors que les fers appartiennent aux chevaux des hommes d'armes anglais qui assistèrent à la bataille de Cravant en 1423. Deux de ses fers sont offerts par M. Peyrotte, maréchal à Vincelles, et le troisième par M. Montigny. de Vincelottes, au nom de M. Peyrotte, de Cravant.

— M. le docteur Sagot, de Mailly-le-Château, envoie à la Société, pour la collection zoologique, un lièvre, variété albine.

— M. Westrich, d'Auxerre, fait don d'un grand aigle pêcheur (pygargue) qu'il a tué l'année dernière dans les bois de Bléneau.

— M. Lechiche, fabricant d'ocre à Sauilly, offre également un héron butor.

Commission des Comptes : M. le Trésorier dépose les comptes de l'exercice 1862 ; leur examen est renvoyé à une commission composée de MM. Mondot de La Gorce, Ribière et Dondenne, avec prière de faire le rapport à la réunion prochaine.

Lectures : M. le docteur Duché donne lecture d'une notice nécrologique sur M. Arrault, ancien ingénieur des mines et l'un des premiers vice-présidents de la Société.

— M. Monceaux lit son introduction au grand ouvrage entomologique du docteur Robineau-Desvoidy qui vient d'être publié par ses soins. Il annonce en même temps que M. Victor Gandrille, héritier de M. Robineau-Desvoidy, l'a chargé d'annoncer à la Compagnie son intention d'attribuer à la caisse de la Société le produit de la vente de cet ouvrage.

La Société est très-reconnaissante à M. Gandrille de cette nouvelle preuve de sympathie pour ses travaux ; elle charge M. le Président de lui exprimer toute sa gratitude.

— M. Challe donne communication de l'introduction et du premier chapitre de son histoire des *Guerres du Calvinisme et de la Ligue* (1561 à 1594) dans l'Auxerrois, le Sénonais et les autres contrées qui forment aujourd'hui le département de l'Yonne.

Après cette lecture la séance est levée.

————

SÉANCE DU 8 FÉVRIER 1863.

PRÉSIDENCE DE M. CHALLE.

La séance est ouverte à une heure et demie ; M. le Secrétaire donne lecture du procès-verbal du 11 janvier, dont la rédaction est adoptée.

Correspondance imprimée : M. le Ministre de l'Instruction publique adresse une circulaire par laquelle il réclame des membres de la Compagnie leur concours pour l'aider à compléter la collection anthropologique du Muséum d'histoire naturelle, principalement en ce qui concerne la collection ostéologique des races ayant existé sur le sol de la France. M. le Président se charge de répondre à M. le Ministre et de l'assurer du concours de la Société en cette circonstance.

— La Société d'émulation de Cambrai envoie le programme des questions mises au concours de 1863.

Correspondance manuscrite : M. Petit, de Vausse, adresse la note suivante :

J'envoie au Musée d'Auxerre quatre fers de chevaux et un fer de javelot trouvés, ainsi que beaucoup d'autres objets, dans les fouilles faites dans un champ d'Aisy-sur-Armançon à 1 m. 20 c. sous terre. Je rappellerai à ce sujet les nombreuses découvertes faites dans ce village, lors de l'établissement du chemin de fer de Paris à Lyon et notamment celle d'une curieuse amphore, admirable de conservation, que l'on voit au musée de Semur.

Ces trouvailles se rattachent à la période gallo-romaine.

Les fers de chevaux et de javelot proviennent sans doute du combat qui a précédé le siége d'Alise et dans lequel l'infortuné Vercingétorix vit sa cavalerie en déroute, poursuivie et massacrée par les légions romaines.

On sait qu'après avoir été nommé généralissime par l'assemblée générale des Gaules, Vercingétorix était parti d'Autun dans la direction de Saulieu et Semur pour arrêter l'armée de César qui venait d'opérer à Sens sa jonction avec Labiénus.

Vercingétorix avait établi son camp dans un angle formé par la Brenne et l'Armançon, à trois kil. environ d'Aisy, d'où il envoya sa cavalerie pour harceler les troupes de César lesquelles, après avoir côtoyé l'Armançon jusqu'à Nuits-sous Ravières, suivaient, à ce que l'on peut croire, l'ancienne voie de Nuits à Landunum. La cavalerie gauloise, emportée par son ardeur, s'élança en aveugle sur l'ennemi et fut tournée par la cavalerie romaine qui s'empara d'une hauteur.

Ceux qui ont étudié le terrain s'accordent sur ce fait qu'une manœuvre de cavalerie n'a pu être effectuée que dans la plaine de Jully ; le point culminant occupé par la cavalerie germaine correspondrait à l'emplacement occupé maintenant par la ferme ou le hameau de Beauvoir. La plaine de Jully n'aurait-elle pas pris son nom de celui de Jules que portait César ?

La cavalerie gauloise en déroute s'efforça de regagner le camp, ce qu'on ne pouvait faire sans passer par Aisy. Les Romains poursuivirent longtemps les fuyards et en tuèrent près de trois mille, au dire des commentaires.

C'est après cet échec que Vercingétorix alla s'enfermer dans Alise. César, encouragé par le succès, l'y suivit et vint camper le lendemain sous les murs de la ville.

M. Le Maistre, de Tonnerre, écrit pour informer la Compagnie des importantes découvertes qui ont été faites dans les fouilles dirigées sur l'emplacement de la ville antique de Landunum, près Laignes (Côte-d'Or).

Il fait part en même temps, à propos de l'armorial du département, de l'espoir qu'il nourrit de terminer bientôt l'armorial du Tonnerrois, auquel il travaille depuis longtemps déjà. La Société émet le vœu que la publication de ce travail intéressant soit activée le plus possible.

Dons : Il est fait hommage à la Société pour son Musée :

1° Par M. Ernest Petit de plusieurs fers de chevaux et d'un fer de javelot trouvés à Aisy-sur-Armançon, ainsi que le constate la note qui accompagne ces objets et dont il vient d'être question ;

2° Par M. Montigny, de Vincelottes, d'une pièce de monnaie antique et d'un jeton de cuivre ;

3° M. le comte Adhémar de Bastard adresse également un cippe gallo-romain portant en bas-relief, sur une face latérale,

une figure de Mercure et sur une autre celle d'une déesse qui
paraît être Vénus. Malheureusement, la face intérieure, qui
portait l'inscription funéraire, a été taillée pour y creuser
une auge. Cette mutilation rend incertaine la destination de
ce bloc qui pourrait être une pierre dédicatoire aussi bien
qu'un cippe funéraire ; .

4° M. Ernest Petit offre, au nom de M. J. Cotteau, contrôleur à Avallon, une charte sur parchemin, de l'an 1353,
contenant transaction entre la ville d'Auxerre et le chapitre
de la cathédrale, sur le droit de clôture que voulait exercer
cette corporation et qui aurait interdit aux quartiers élevés
de la ville l'accès de la fontaine Saint-Germain. Il fut transigé
sur cette prétention moyenant 2,000 livres que la ville s'obligea à payer en quatre termes. Lebeuf a analysé cette charte
dans ses *Mémoires sur l'histoire d'Auxerre*. Elle porte
encore au dos une note de sa main. Il est décidé qu'elle sera
remise à M. Quantin pour être déposée aux archives du
département.

Nominations : Par suite des présentations faites dans la
dernière séance, M. le Président propose et la Compagnie
sanctionne les admissions suivantes :

1° Parmi les membres titulaires :

M. DE MONTIGNY, consul-général en Chine et propriétaire
au château de Guilbaudon ;

M. DE BOGART, propriétaire à Auxerre ;

M. Emile CHEVALLIER, hommes de lettres à Paris ;

M. VINCENT, propriétaire à Brion ;

M. DURU fils, propriétaire à Auxerre ;

2° Parmi les membres correspondants :

M. le docteur MARCHAND, redacteur de la *Revue médico-
chirurgicale*, à Paris ;

M. Lanzia di Brolo, secrétaire de l'Académie des Sciences de Palerme ;

M. Bouvet, professeur à Pontlevoy.

Présentations : M. le Président annonce ensuite les présentations suivantes comme membres titulaires :

1° M. Victor Gandrille, propriétaire au château de Saint-Sauveur, présenté par MM. Challe et Monceaux ;

2° M. Ch. Gallot, imprimeur à Auxerre, présenté par MM. Lepère et Challe ;

3° M. Goulet, percepteur à Appoigny, présenté par MM. Lepère et Challe ;

4° M. Martin, mécanicien à Villeneuve-Saint-Georges, présenté par M. Challe ;

5° Enfin, M. Ferdinand Pouy, commissaire-priseur à Amiens, est présenté comme membre correspondant par MM. Charié, Rouillé et Ribière.

Commission : Il est rappelé que le Congrès des Sociétés savantes se réunira cette année à Paris, comme à l'ordinaire, le 18 mars prochain, rue Bonaparte. M. le Président propose à la Compagnie de désigner les six délégués qui auront mission de la représenter à ces assises scientifiques. MM. de Bontin, de Montalembert, du Havelt, Victor Petit, Belgrand et Paul Bert, désignés par l'assemblée, seront invités par MM. les secrétaires à représenter la Compagnie dans cette circonstance.

Lectures : La Compagnie entend successivement les lectures suivantes :

1° Une note de M. l'abbé Barranger portant pour titre : *Imperator pontifex maximus,* et s'occupant de la question du pouvoir temporel du pape au point de vue de l'archéologie et de l'histoire ;

2º D'un mémoire de M. Camille Dormois sur les marques employées, pour tenir lieu de signature, avant le XVII° siècle, par les négociants ;

3º Un chapitre de l'*Histoire de Vézelay* par M. Chérest. M. le Président rapelle à ce sujet un rapport fait à la Société des Antiquaires de l'Ouest par M. de Longuemar, dans lequel notre honorable correspondant rend compte de la séance de notre Société à laquelle il a assisté l'année dernière et dans laquelle M. Chérest a donné connaissance de la première partie de son travail.

Après cette dernière lecture la séance est levée.

SÉANCE DU 8 MARS 1863.

PRÉSIDENCE DE M. CHALLE.

M. le Secrétaire donne lecture du procès-verbal de la dernière séance ; la rédaction en est adoptée sans observations.

Correspondance manuscrite : M. le Ministre de l'Instruction publique informe la Compagnie qu'un Congrès des délégués des Sociétés savantes aura lieu à la Sorbonne, sous son patronage, les 8, 9, 10 et 11 avril, et qu'une distribution de récompenses aux meilleurs travaux terminera cette solennité. Il invite la Compagnie à se faire représenter à ce Congrès et à lui adresser les noms des membres de la Société qui seront délégués. Conformément à la lettre de M. le Ministre, la Compagnie désigne, pour assister à cette réunion scientifique, MM. Lepère, Cotteau, Chérest, Duru, Monceaux, Blin, Quantin, de Bontin et Benoist.

— M. le Préfet de l'Yonne annonce qu'il met à la disposition de la Société un exemplaire de l'ouvrage de MM. Raulin et Leymerie sur la géologie de l'Yonne.

— M. Vincent, de Brion, écrit pour remercier la Société de son admission dans son sein.

— M. le comte Th. d'Estampes, notre collègue, annonce dans une lettre qu'il fait don pour la bibliothèque de la Société des *Annales de la Peinture*, par M. Parrocel.

— M. Montillet, de Milan, rédacteur de la *Revue scientifique italienne*, sollicite l'échange de ce recueil avec le Bulletin de la Société. Sur le rapport de M. Challe, cette demande est accueillie favorablement.

— M. Challe demande à la Compagnie qu'elle veuille bien encourager les travaux de M. Fauche, notre collègue, en souscrivant pour un exemplaire à la traduction qu'il va publier du grand poème sanscrit de *Mâha Bhârata*. (Accordé.)

— M. l'abbé Pescheux, secrétaire de la Société historique de Soissons, envoie la copie d'une charte du cartulaire de Prémontré que possède la bibliothèque de Soissons, concernant l'abbaye de Vézelay. Cette charte est signée de Gérard, abbé de Vézelay, dont l'existence avait été jusqu'ici contestée. M. le Secrétaire est chargé de remercier M. l'abbé Pescheux de sa communication.

Correspondance imprimée. La Société nivernaise des Lettres, Sciences et Arts adresse une circulaire annonçant qu'une exposition d'archéologie sera ouverte à Nevers du 2 mai au 2 juin 1863.

— M. le marquis Costa de Beauregard, président de l'Académie impériale des sciences et arts de Savoie, informe la Compagnie que la 30me session du Congrès scientifique de France aura lieu à Chambéry du 10 au 20 août 1863. Il adresse en même temps le programme des questions proposées pour les diverses sections.

Dons. Le Muséum d'histoire naturelle adresse pour le musée de la Société un carton d'insectes contenant 153 échantillons, dont 98 espèces différentes. Les noms de ces espèces seront publiés à la liste des dons de 1863.

— M. Lepère, au nom du Comice agricole et viticole de l'arrond' d'Auxerre, dépose la médaille obtenue à Londres par cette société pour son exposition des vins de l'Yonne.

Nominations. MM. Gandrille, Goulet, Gallot et Francis Martin, présentés à la réunion dernière, sont admis parmi les membres titulaires.

M. Ferdinand Pouy est nommé membre correspondant.

Présentation. M. Laurent, instituteur à Appoigny, est présenté comme membre titulaire par MM. Ribière et Lepère ; il sera statué sur cette nomination à la réunion prochaine.

Rapports. M. Mondot de La Gorce lit le rapport qu'il avait été chargé de rédiger sur le grand ouvrage en 3 vol. in-8°, publié par M. l'ingénieur en chef Vignon, sur l'histoire des voies de communication dans les temps passés et principalement pendant les xviie et xviiie siècles.

— M. l'abbé Poulin lit un rapport sur les travaux de la Société scientifique et littéraire de Manchester, laquelle demande à correspondre avec la nôtre. Le rapporteur examine les mémoires contenus dans le t. xxi et constate que les travaux de cette Compagnie sont très importants sous le rapport surtout des sciences physiques et naturelles, et il conclut en proposant d'accorder l'échange. (Approuvé.)

Lectures. Il est donné lecture d'une notice de M. Francis Martin sur l'histoire des tonneaux. Suivant l'auteur, les Grecs ne connaissaient pour envaisseler le vin que les outres, et les Romains que les amphores. Les tonneaux seraient d'invention gauloise. Les tonneaux ne laissent rien à désirer sous le rapport de l'emploi et la durée. La fermeture de la bonde paraît seule défectueuse à l'auteur et il propose un moyen d'y remédier par un bondage métallique de son invention qu'il décrit ainsi :

L'appareil dont je me sers se compose d'une platine de cuivre, carrée, de quinze centimètres environ, d'une épaisseur de 3 à 4 millimètres, renforcée dans le milieu qui doit former une épaisseur de 3 à 4 centimètres. Le milieu est percé d'un trou de cinq centimètres de diamètre, formant écrou ; dans cet écrou est adapté un bouchon à chapeau taraudé qui fait vis ; le chapeau étant percé de deux petits trous servant à recevoir la clef pour ouvrir et fermer. Entre le bouchon à vis et son écrou est placée une rondelle en cuir ou en fonte servant à clore plus hermétiquement. Au moyen d'une combinaison particulière, en faisant faire un demi tour au bouchon, on obtient la prise d'air nécessaire à l'écoulement du liquide. Enfin la clef nécessaire pour faire manœuvrer l'appareil est droite, d'une longueur de 15 à 20 centimètres et munie de deux tétons saillants entrant dans le bouchon de métal.

— M. Challe lit ensuite le second chapitre de son *Histoire des Guerres du Calvinisme et de la Ligue* dans les contrées qui forment aujourd'hui le département de l'Yonne.

Ce chapitre, qui est consacré tout entier au récit des événements qui agitèrent le pays pendant l'année 1562, est écouté avec un vif intérêt.

Après cette lecture la séance est levée.

SÉANCE DU 12 AVRIL 1863.

—

Après la lecture et l'adoption du procès-verbal, il est donné connaissance de la correspondance.

Correspondance manuscrite. M. Raudot, notre collègue, adresse un travail qui sera lu dans le cours de la séance. Il annonce en même temps l'envoi d'un ouvrage dont il est l'auteur et intitulé : *Mes Oisivetés.*

— M. Benoist adresse la copie d'une lettre inédite que l'abbé Lebeuf écrivait à l'abbé Richer, prévost et chanoine de l'église royale de Notre-Dame-de-Provins. Voici cette lettre :

*A*Monsieur Richer, prévost et chanoine de l'église royale de Notre-Dame de Provins,*

à Provins.

Monsieur,

Je n'ai pas différé d'un moment à voir M. Freret, secrétaire de notre Académie, au sujet de ce que vous me faites l'honneur de me marquer. Il m'a dit que le mémoire a été communiqué et qu'il n'a pas paru assez mûr ni assez développé pour qu'on pût apercevoir si vous y donniez du neuf ; au surplus qu'il faudroit cinq ou six mois d'application sérieuse dans cette recherche, que vous avouez *très épineuse*, pour se mettre au fait, et que personne ne paraît disposé à mettre une telle interruption à ses études ordinaires. Pour moy, je vous avouerai que je ne veux pas m'y livrer, de crainte qu'après m'être bien cassé la tête il n'en résultât autre chose sinon de me rencontrer avec ce que d'autres ont dit avant nous. Je vous souhaite, en qualité de bon compatriote, de découvrir quelque manuscrit inconnu, à l'aide duquel tous les sçavans chronologistes puissent convenir que vous avez trouvé du neuf.

Je ne puis vous en dire davantage pour le présent, sinon que je suis très sensible aux compliments que vous me faites sur mes deux tômes de Mémoires concernant l'histoire d'Auxerre. Je vous en remercie et vous prie de me croire avec une singulière estime, Monsieur, votre très humble et très obéissant serviteur.

LEBEUF.

Correspondance imprimée. La correspondance imprimée comprend divers ouvrages adressés par leurs auteurs ou par les Sociétés correspondantes. (Renvoi au Bulletin bibliographique.)

— L'Académie de Stanislas envoie le programme du prix de chimie appliquée, qu'elle décernera en 1864 au meilleur mémoire qui lui sera adressé dans le courant de 1863.

— M. H. Fauche, présent à la séance, offre le troisième volume du recueil qu'il a traduit du sanscrit et publié sous le titre de : *Une Tétrade.*

Dons. M. Carreau, ancien représentant, adresse à la Société, pour son musée, divers échantillons de poteries antiques, un carrelage émaillé du XIIIᵉ siècle, divers fragments de fibules en bronze et plusieurs médailles d'époques différentes. Tous ces objets ont été trouvés à Tannerre dans le jardin de M. Carreau.

— *Prix Crochot.* M. le Président, en annonçant que la commission du prix Crochot a prorogé jusqu'au mois de novembre le délai pour l'envoi des mémoires à composer sur le sujet proposé (éloge historique du maréchal Davout), dépose sur le bureau, pour être distribués, des exemplaires d'une courte notice sur le maréchal Davout, que la Commission a fait imprimer pour servir de premiers renseignements aux écrivains qui voudraient concourir.

Concours des Sociétés savantes. M. Monceaux dépose sur le bureau les deux médailles qui ont été accordées à la Compagnie à l'occasion du concours entre les Sociétés savantes de France institué par M. le Ministre et dans lequel M. Quantin a obtenu un prix pour le Répertoire archéologique de l'arrondissement d'Auxerre, et M. Cotteau une médaille d'argent pour ses travaux sur les échinides fossiles de l'Yonne.

Nomination. M. Laurent, instituteur à Appoigny, présenté à la dernière séance, est admis parmi les membres titulaires.

Lectures. M. Mondot de La Gorce, président de la Commission des Comptes, lit le rapport suivant sur les comptes du Trésorier de l'exercice 1862 :

Messieurs,

Dans une lettre qu'il nous a adressée le 27 mars dernier, M. le Trésorier nous informe que les comptes de l'exercice 1860, que vous avez approuvés le 12 janvier 1862, ne présentaient pas avec une précision rigoureuse la situation financière de la Société, parce qu'il y avait eu quelques enchevêtrements d'un exercice sur l'autre.

Votre Commission avait annoncé un boni de 651 fr. 33 seulement; M. le Trésorier présente le compte rectifié définitif, duquel il résulte que les recettes de 1860, y compris l'encaisse de 526 fr. 98 à l'ouverture de l'exercice, se sont élevées à. **4,075 98**

Et les dépenses à. . . . . . , ...   **3,384 91**

En sorte que l'excédant des recettes sur les dépenses
est réellement de 691 07

C'est 40 fr. de plus que nous ne l'avions annoncé.

En 1861, les recettes, comprenant l'encaisse primitif,
se sont élevées à **4,641 67**

Et les dépenses à.   **3,327 84**

Excédant des recettes. **1,313 83**

Enfin, pour 1862, les recettes se montent à **5,276 65**

Et les dépenses à.   **4,479 37**

Nous avions donc en caisse au 31 décembre dernier. . .   797 28

Cela prouve que la situation de la Société continue à être prospère ;
le bureau sait maintenir dans de justes bornes les dépenses qu'il
autorise.

Nous avons vérifié dans tous leurs détails les pièces de recettes et
de dépenses qui nous ont été présentées ; il n'y a aucune erreur ;
tous les calculs y sont parfaitement exacts. Nous regrettons d'avoir à
vous dire néanmoins que les pièces originales relatives à l'année
1861 ont été égarées et qu'on n'a pas pu les retrouver. Mais, en
mettant à part le compte de l'imprimeur, sur lequel je vais vous dire
un mot, elles étaient heureusement cette année-là sans importance '
attendu qu'elles ne concernaient que des salaires, dont le total annuel
est fixe et connu, ou des menues dépenses pour la vérification morale
desquelles les registres de notre Trésorier, régulièrement tenus
chaque jour, donnent une ample satisfaction.

Quant à l'imprimeur, dont les fournitures forment notre dépense
la plus considérable, il ne reçoit que des à comptes par sommes
rondes, au fur et à mesure des besoins et des fonds disponibles en
caisse. Il suffit donc qu'il fournisse un duplicata de ses fournitures et
qu'il reconnaisse avoir reçu les sommes que le Trésorier déclare lui
avoir payées ; cela a eu lieu.

Pour que la Société soit complétement édifiée sur sa situation
financière et n'ait jamais à craindre des répétitions de dettes arrié-
rées, votre Commission croit qu'il conviendrait que le bureau fît faire
chaque année par MM. Perriquet et Rouillé une facture générale de

leurs fournitures, au bas de laquelle ils énonceraient le montant des sommes par eux reçues et le montant de ce qui leur resterait dû pour solde de tous comptes.

Il est bien entendu que, conformément à l'interprétation qui a toujours été donnée à nos statuts, c'est au Conseil d'administration seul qu'appartient le droit sans contrôle de vérifier l'exactitude des factures, en ce qui concerne les quantités fournies et les prix qui y sont appliqués, ainsi que de déclarer tombées en non-valeurs les créances reconnues irrécouvrables, et que cela ne regarde ni le Trésorier, qui, payant sur mandats de notre Président, n'est responsable que de l'inscription des recettes et des paiements, ni la Commission de comptabilité, qui se borne à vérifier les comptes purement matériels et les chiffres présentés par le Trésorier.

Ces réflexions ayant été faites par M. le Trésorier dans sa lettre d'envoi, votre Commission croit devoir vous les transmettre.

En résumé, la Commission vous propose, Messieurs,

1º D'approuver les comptes de M. le Trésorier ;

2º De lui exprimer nos remerciements de sa gestion ;

3º De le prier de hâter le recouvrement des cotisations en retard qui, s'élevant à 536 fr., augmenteront d'autant notre actif ;

4º De le prier de joindre à l'avenir à ses comptes les décisions du bureau annulant les créances irrécouvrables.

Auxerre, le 12 avril 1863.

Les conclusions du rapporteur sont immédiatement votées.

— M. le Président rend compte des travaux du congrès des délégués des Sociétés savantes qui s'est tenu à Paris dans la seconde quinzaine de mars, sous la présidence de M. de Caumont.

— M. Lasnier lit, tant en son nom qu'au nom de M. Ravin, le récit d'une excursion botanique dans les terrains granitiques des environs d'Avallon :

MESSIEURS,

Nous vous invitons aujourd'hui à quitter nos calcaires des environs d'Auxerre pour faire une excursion plus lointaine dans les granites avallonnais. En changeant de zône, la flore se modifie profondément, et à défaut d'autre mérite, notre course aura celui de la variété.

Le 2 avril dernier, au matin, à la descente de la voiture d'Auxerre, nous nous dirigeâmes à l'est d'Avallon, par un sentier qui traverse les nombreux jardins dont cette partie de la ville est si pittoresquement entourée, et qui conduit aux Chaumes. Nous atteignîmes bientôt le bois de Méluzien qui domine le plateau et dont les abords sont envahis par l'*ulex europœus*, alors en pleine fleur. Le *houx commun*, qui y croît en touffes desséminées, se distinguait de loin en faisant contraster ses feuilles foncées et luisantes avec les feuilles mortes de chêne qui vont joncher la terre à l'apparition des nouvelles pousses.

Après avoir traversé le bois, nous trouvâmes, au début de notre herborisation, l'*hypericum linearifolium*; c'était d'un bon augure, car c'est une plante rare que nous n'avons rencontrée que là. Les feuilles nouvelles, linéaires, ponctuées de glandes noirâtres quoique commençant à peine à se développer, et les vieilles tiges de l'année précédente, qui avaient jusque là conservé leurs grappes corymbiformes, nous le firent immédiatement reconnaître. La station est bien peu fournie: quelques pieds répandus çà et là sur un espace restreint en composent toute la richesse.

Au même endroit, mais en plus grande abondance, fleurissait, parmi les *mousses* et les *jungermannes*, l'*iberis nudicaulis*, ses faibles tiges dressées, surmontent de quelques centimètres seulement la petite rosette aplanie formée par les feuilles radicales; quoique assez commune, elle préfère les terrains sablonneux et granitiques.

Nous explorâmes ensuite les pentes rapides qui dominent les bords du Cousin en aval de Méluzien, dans l'espoir d'y reconnaître quelques *fougères*; mais on n'y rencontre guère que le *polypodium vulgare*, dont la luxuriante végétation envahit presque sans partage tous les rentrants des roches granitiques qu'il tapisse de ses frondes pinnatifides.

Notons ici, pour n'y plus revenir, la *digitale pourprée* qui croît en très grande abondance dans toutes ces montagnes et manque totalement dans nos calcaires; ses pieds, partout vigoureux, ne montraient encore que les grandes feuilles tomenteuses de la base; dans un mois ou deux au plus, elle embellira ces parages de ses magnifiques grappes purpurines à grandes corolles campanulées. C'est une des plantes les plus remarquables des environs. Sa grande tige, ordinairement simple, s'élève parfois à plus d'un mètre et se garnit de fleurs très-voyantes depuis le milieu jusqu'au sommet.

Plus loin, nous recueillîmes la *spergula pentendra*, assez rare, même dans les sables où elle vient de préférence.

En nous rapprochant tout à fait du Cousin, nous trouvâmes, sur de vieux murs, le *sedum fabaria* que Boreau cite seulement à Chastellux pour notre département. Comme il n'avait point encore atteint tout son développement, nous eûmes recours, pour compléter les caractères qu'il présentait, aux anciens rameaux florifères qui n'avaient point encore disparu.

De là nous avons franchi la rivière en nous aidant d'un arbre tombé en travers et des roches qui embrassent le cours, et nous nous sommes rapprochés d'Avallon en suivant la rive gauche.

Quelques touffes d'*oxalis acetosella* croissaient sur de vieux troncs pourris : leurs petites souches rampantes et écailleuses, desquelles sortaient les premières fleurs rosées, labouraient en tous sens ces débris frappés de mort, et où cependant elle trouvaient la vie, d'après cette loi constante de la nature qui veut que les végétaux décrépits, en se désagrégeant, servent de nourriture à ceux qui les doivent remplacer, pour disparaître à leur tour et mélanger ensemble leurs cendres communes.

La vallée va ensuite en se resserrant et nous étions arrivés en face du château des Pannats, sur une de nos côtes les plus riches et par la variété de sa flore et par le nombre considérable de ses belles plantes. C'était d'abord, perçant partout le gazon, et mêlée à l'*anemone nemorosa*, la *scilla bifolia*, jolie *lilacée* dont les grappes bleues à fleurs figitives allaient bientôt disparaître, quoique nouvellement écloses ; la *primula elatior*, se distinguant des autres espèces par sa couleur d'un jaune soufre pur et son absence d'odeur ; la *luzula maxima* dont les pieds touffus marquaient de verdure, un peu plus loin, les détritus dont l'automne avait couvert la terre ; et tout près de là, sur le bord d'un petit filet d'eau qui sourd à travers les roches, le *chrysosplenium oppositifolium* (dorine), plante des granites, seule, mais riche station pour nos localités. Ce n'est que d'assez près qu'on en peut distinguer les fleurs dont la pâle couleur jaunâtre so confond avec le vert des feuilles. Un peu plus haut, et par conséquent ayant le pied moins humide, croît abondamment la *stellaria nemorum*, plus rare encore que la précédente et que cependant on trouve par places jusqu'à Pontaubert.

Mais la récolte certainement pour nous la plus agréable et la plus précieuse, fut celle de l'*adoxa moschatellina*, trouvée à Saint-Sauveur par le Dr Robineau-Desvoidy, à Avallon par M. Moreau et citée à Saint-Bris par Mérat, mais que nous avions jusqu'ici vainement cherchée en ces divers lieux. Quoique fleurissant à peine, ses caractères étaient assez accusés pour la reconnaître facilement.

Sa tige très-délicate, anguleuse et constamment simple, mesurait en général moins d'un décimètre ; sa petite souche, assez blanche et comme écailleuse, était de grosseur irrégulière dans sa longueur : les feuilles opposées, un peu luisantes, étaient tout-à-fait glabres ; les deux de la base, très-longuement pétiolées, s'élevaient presque à la hauteur de la tige qui se termine par un capitule de cinq fleurs, dont quatre inférieures serrées, à peu près sur un même plan, et la cinquième couronnant le sommet ; cette dernière seule était épanouie. Le nom de cette plante, qui signifie *privée de gloire,* vient évidemment de ce que ses fleurs vertes n'ont aucune apparence ; nous avons hésité pour distinguer l'odeur musquée qui lui a valu son surnom de *moschatellina.* Nous avons été assez heureux pour revoir le lendemain cette *caprifoliacée* aux abords de Pontaubert.

En sortant de là, nous signalâmes, en passant, notre unique station de *sambucus racemosa,* aujourd'hui cultivé dans les jardins comme ornement, pour ses belles grappes blanchâtres et ses grosses baies écarlates, et le *rubus ideus* qu'on retrouve aussi le long du Trinquelin.

La pluie qui vint tout-à-coup nous surprendre, hâta de quelques instants notre retour ; et ainsi se termina cette course longue et surtout fatigante, car elle avait eu lieu pour ainsi dire de rochers en rochers.

— Après cette lecture on entend le récit d'une autre herborisation de M. Ravin :

Le 26 mai je suis parti d'Auxerre à six heures du matin, pour

Mailly-la-Ville, dans l'intention d'y récolter quelques plantes pour le jardin botanique de la ville.

Arrivé à Mailly à neuf heures, je me suis mis en route immédiatement pour explorer le bois dit du Parc. Ce bois pousse sur du calcaire dur, compacte, d'un beau blanc, à cassure saccharoïde, que les géologues désignent sous le nom de calcaire corallien blanc.

Dans la partie du bois qui descend jusque sur les bords du canal et qui regarde le nord, j'ai trouvé sur les roches plusieurs espèces de mousses en pleine fructification, communes partout, mais presque toujours stériles, savoir : *Neckera complanata*, *Neckera crispa*, *Anomodon viticulosus*, *Thamnium alopecurum* ; au pied des rochers et dans les anfractuosités croissent en abondance et bien fleuris *Asplenium trichomanis*, *Polypodium vulgare*, *Scolopendrium officinale*, *Asarum europæum*, *Sesleria cærulea*, *Carex digitata*. Après avoir dépassé la maison éclusière en face de Mailly-le-Château, la rivière tourne brusquement à gauche et coule du sud au nord sur une longueur d'environ un kilomètre. Ce côté du bois du Parc est au couchant, les rochers y sont à nu, tantôt en pente, tantôt dressés verticalement et simulant de loin une immense muraille ; sur les pentes arides et brûlées par le soleil en été, j'ai recueilli pour le jardin botanique des jeunes pieds de *Stipa pennata*, *Convolvulus cantabrica*, *Kœleria valisiaca*, *Geranium sanguineum*, *Amelanchier vulgaris*. Dans le même lieu, j'ai vu en pleine fleur une jolie graminée en épis serrés d'une couleur blanche jaunâtre et qui n'était autre que le *Sesleria cærulea*, qui n'avait pas sa couleur violacée habituelle ; et pourtant elle ne manquait pas de lumière au sommet des rochers. Sur le revers exposé au nord, tout en cherchant des mousses, j'ai trouvé en fleur et en fruit une jolie petite crucifère que je n'avais pas encore rencontrée et dont voici les caractères : rosette de feuilles pinnatiséquées à segments entiers et minces aux deux extrémités ; l'extrémité qui touche à la nervure médiane est très allongée, ce qui donne aux segments l'apparence pétiolulée ; tige feuillée, rameuse ; fleurs blanches, petites, à pétales entiers, hauteur deux à cinq centimètres. De tout ces caractères, je conclus *Hutchinsia petræa*, plante rare en France et nouvelle pour notre flore départementale ; elle se trouvait mêlée avec *Erophila glabrescens* de Jordan. De loin en loin se trouvaient quelques touffes de chênes au milieu desquelles

j'ai recueilli le *Rubia peregrina*, encore muni de ses fruits noirs de
l'année dernière; plus loin, le terrain boisé qui se trouve au pied
des rochers à pic offre une pente plus douce ; çà et là gisent d'énormes blocs échappés des hauteurs et donnent à ce lieu un aspect
vraiment pittoresque. Abritées des vents du nord, masquées des
rayons trop vifs du soleil par les belles touffes de tilleuls au pied
desquels elles trouvent une abondante nourriture, les plantes qui
ailleurs ne faisaient que sortir de terre se trouvaient là déjà fleuries ;
la première que j'ai remarquée et que je n'avais pas encore rencontrée moi même est une jolie liliacée à fleurs d'un beau bleu, la *Scille*
à deux feuilles, mélangée avec l'*Anemone* des bois, le groseiller
epineux, le Thlaspi des montagnes, l'*Anemone pulsatilla*, le *Ranunculus auricomus* ; au premier printemps une portion des enveloppes
florales de cette espèce avorte presque toujours, et je n'ai observé
que des fleurs bien conformées. Une fleur m'a présenté une monstruosité curieuse, elle était double. Quinze pétales, point de calice,
sessile, à l'aide d'un pied ne portant que des fleurs conformes, j'ai
pu me rendre compte de ce fait tératologique.

Dans un *Ranunculus auricomus* en bon état, la tige est terminée
par une fleur à la base. Au pédicelle de cette fleur se trouve la feuille
supérieure dans l'aisselle de laquelle naît un rameau florifère. Sur le
pied qui renferme la monstruosité que j'ai l'honneur de soumettre à
la Société, les choses se sont passées autrement. Voici ce que l'on
peut voir avec évidence : la tige est bien terminée par une fleur,
mais cette fleur est sessile sur la feuille supérieure, le rameau qui
devait partir de l'aisselle de cette feuille ne s'est pas développé, s'est
soudé avec la fleur supérieure et a fleuri avec elle. Comme il n'y a pas
de calice, on peut admettre qu'une portion des sépales s'est tranfor-
mée en pétales tandis que l'autre portion a avorté.

J'ai trouvé autrefois dans cet endroit, assez abondamment, l'*Arabis
brassicæformis*, plante fort rare que j'aurais vivement désiré rapporter pour notre jardin, mais, malheureusement, je l'ai vainement
cherchée; pourtant, c'est une plante vivace et je ne puis m'expliquer
comment elle a pu disparaître, j'aime mieux croire que j'ai mal
cherché ; il me reste l'espérance de la retrouver une autre fois.

Je suis revenu à travers le bois dont jusqu'alors je n'avais cotoyé
que les bords; peu de plantes étaient en fleurs, si ce n'est la pulsa-

tillo, la potentille du printemps, la potentille à forme de fraisier, la violette velue ; au moment de quitter le bois j'ai trouvé une jolie violette à petites fleurs blanches inodores, avec un éperon violet et munie de longs stallons feuillés ; j'ai bien examiné les cils des stipules, il s'en trouvait des longs, des courts, de sorte que je flotte entre le *Viola abortiva* (Jord.) et *Viola scolophylla* (id.). Cette violette fut la clôture de mon herborisation.

— A la suite de cette dernière communication, M. P. Bert demande à faire quelques réserves au sujet de l'expression de soudure, employée par M. Ravin ; il ne nie pas qu'il existe de vraies soudures végétales, c'est-à-dire des parties primitivement séparées, se réunissant consécutivement, comme il arrive évidemment, dans les greffes par approche; mais il croit que le plus souvent on désigne à tort sous le nom de soudures des phénomènes congéniaux, les parties s'étant formées dans l'état monstrueux où elles apparaîtront plus tard, qu'elles sont, non pas soudées, mais connées, en d'autres termes, que la monstruosité est primitive, originelle, et non pas due à l'influence de causes qui auraient agi postérieurement à la genèse des organes ; cette interprétation des faits lui semble à peu près démontrée par les monstruosités doubles qu'on observe dans le règne animal.

M. Ravin est d'accord avec M. Bert et pense comme lui qu'on prend souvent une soudure réelle pour une monstruosité.

— M. le Président donne communication de deux notices de notre collègue M. l'abbé Barranger, l'une sur l'emplacement de *Metiosedum*, des Commentaires de César, qui, suivant l'auteur, serait Villeneuve-le-Roi-sur-Seine, l'autre sur le culte des pierres chez tous les peuples.

— Enfin il est donné lecture de la première partie du

travail de M. Raudot, annoncé au commencement de cette
séance.

La lecture de cet intéressant mémoire sera continuée à la
prochaine réunion.

La séance est levée à quatre heures.

———

SÉANCE DU 10 MAI 1863.

PRÉSIDENCE DE M. CHALLE.

Le procès-verbal de la séance précédente est lu et adopté.

Correspondance manuscrite. M. le Président de la Société
archéologique de Sens écrit pour annoncer que la séance
publique de cette Société aura lieu le jeudi 2 juillet à Sens,
avec le concours des autres sociétés savantes du département.

M. Benoît envoie la copie d'une lettre autographe de l'abbé
Lebeuf. Cette lettre, qui remplit 3 pages in-4°, paraît avoir
été adressée par le signataire au cardinal Passionei. En voici
le texte :

Monseigneur,

Quoique je n'aye pas pu encore me remplir de ce que contiennent
les quatre volumes du cardinal Thomasius, desquels Votre Éminence me fait présent, je me hâte de m'acquitter du devoir de la
reconnaissance en lui témoignant, aussitôt la réception faite, mes
très humbles actions de grâces ; car ce n'est que des premiers jours
du présent mois que M. de Sᵗᵉ Pallaye me les a fait remettre.

De mon côté, Monseigneur, je tâche à tenir prest pour le mois

d'avril quatre Bréviaires nouveaux de diverses églises de France
pour vous être envoyez. De ce nombre sera celui d'Auxerre, qui sera
le seul gratuit, parce que M. l'Évêque de cette ville se fait un plaisir
de vous l'offrir en présent. J'ai réuni quelques brochures sur celui
de Paris, mais on ne trouve point celles qui l'ont attaqué. Il faut cependant encore espérer. Le volume dont j'avais écrit à Votre Éminence est celui qui servit d'apologie au Bréviaire de 1680 qu'Elle a.

J'ai l'honneur d'être, avec le plus profond respect, Monseigneur,
de Votre Eminence le très humble et très obéissant serviteur.

LEBEUF.

A Paris, ce 9 mars 1750.

Je me flatte que Votre Eminence voudra bien jetter la vue sur un
semestre du Martyrologe qui a été composé il y a deux ans à l'usage
de l'église d'Auxerre, et où j'ay eu bonne part. Ces six mois sont
entre les mains de M. le cardinal Quirini, auquel j'écris pour le prier
de vous l'envoyer. C'est un simple manuscrit qui contient depuis les
calendes de janvier jusqu'à la fin de juin. Les auteurs, qui sont une
petite congrégation, se sont attachés à y mettre tout ce qui peut avoir
avoir rapport à notre Eglise et à notre diocèse, après avoir mis les
saints les plus fameux des célèbres églises et surtout de Rome, la
mère de toutes.

Correspondance imprimée. Il est donné connaissance
des divers ouvrages parvenus à la Société depuis la réunion
d'avril ; la liste de ces publications est renvoyée au Bulletin
bibliographique.

Don. M. Jamais a donné à la Compagnie, pour le Musée,
diverses pièces de monnaie et médailles.

Présentation. M. Guinot, médecin à Lezinnes, est présenté comme membre titulaire par MM. E. Ravin et Lasnier.
Il sera statué sur cette nomination à la réunion de juin.

Lectures. L'ordre du jour appelle ensuite la lecture de
divers mémoires :

— M. le Secrétaire lit la suite du travail de M. Raudot, intitulé : *Quatre Familles avallonnaises.*

Cette partie contient l'histoire des Fitzjean et des Clugny, familles qui ont occupé une place importante dans la magistrature des XVI et XVII° siècles.

— Il est donné communication d'une notice de M. l'abbé Barranger sur *les frondes considérées comme armes de guerre dans les temps anciens.*

— M. Guérin, de Serrigny, envoie la note suivante sur une variété de l'*Adonis æstivalis,* dont les fleurs, au lieu d'être rouges, sont entièrement blanches :

L'*Adonis æstivalis* (Adonide d'été), plante de la famille des Renonculacées, suivant l'auteur de la Flore de l'Yonne, est peu commune dans notre département.

Dans l'une de nos excursions botaniques, nous avons rencontré une variété à fleurs blanches et en assez grande abondance pour que le fait mérite d'être constaté.

Les traités de botanique que nous avons été à même de consulter parlent bien de l'Adonis à fleurs rouges, mais sans indiquer de variété. Si, cependant, d'autres avant nous ont été assez heureux pour observer ce petit phénomène naturel et qu'il n'ait pas été signalé, il existe là une lacune qu'il importe de remplir. Et, comme en fait de science, les plus petites choses ne doivent pas être négligées, nous pensons qu'il ne sera pas sans intérêt de consacrer ici, dans une note spéciale, les observations auxquelles nous avons été amené par la découverte de cette Renonculacée.

En quittant Tonnerre, se dirigeant vers le nord-est, on gravit un côteau au sommet duquel se trouve la ferme du *Petit-Viré* (commune de Molosmes).

C'est là, au milieu des moissons, qu'on rencontre l'*Adonis æstivalis* à fleurs blanches, croissant en compagnie de ses congénères, qu'il surpasse par l'élégance de son port et la beauté de sa corolle. Cette belle variété, bien qu'ayant tous les caractères de son espèce, s'en distingue néanmoins par sa tige plus élevée, plus robuste et surtout par la blancheur de ses fleurs qui contrastent singulièrement avec les autres espèces.

Si, par le temps, nous reconnaissons que cette espèce se reproduit constamment sous les mêmes formes et les mêmes couleurs, nous ne désespérons pas de la voir un jour occuper dans les traités de botanique la place qu'on accorde aux espèces particulières.

Nous ne préjugeons rien, laissant à la nature le soin de continuer son œuvre et à la science le droit de formuler son jugement.

— M. Challe lit ensuite un fragment nouveau de son *Histoire des Guerres du Calvinisme et de la Ligue* dans les contrées qui forment aujourd'hui le département de l'Yonne. Ce morceau embrasse les événements de l'année 1569.

Après cette communication la séance est levée.

SEANCE DU 14 JUIN 1863.

PRÉSIDENCE DE M. CHALLE.

A l'occasion du mémoire de M. Barranger sur *les frondes*, travail dont il est fait mention au procès-verbal de la séance précédente, M. Challe cite l'usage qui a été fait de cette arme au siége de Sancerre.

M. Challe fait observer que les frondes ont été employées comme armes de guerre jusqu'au XVI⁰ siècle. Au siége de Sancerre, en 1573, les paysans protestants renfermés dans la place en faisaient un usage dont les assiégeants étaient plus incommodés que du feu de la garnison. De là vint que l'on appela les Frondes des arquebuses de Sancerre.

Correspondance. La correspondance imprimée contient :

4° Une circulaire de M. le Ministre de l'Instruction publique annonçant que la distribution des récompenses qui seront décernées aux sociétés savantes à la suite du concours de 1863 aura lieu dans les premiers jours d'avril 1864. La même circulaire avertit les membres de la Compagnie que les manuscrits des notices et mémoires devront être transmis au plus tard le 1er février prochain ;

2° Le Comité impérial des travaux historiques et des Sociétés savantes adresse également une circulaire reproduisant les dispositions relatives aux concours institués entre les Sociétés savantes pour 1863, 1865 et 1866.

Dons. M. le comte Adhémar de Bastard envoie le buste, en plâtre, de son frère M. Léon de Bastard, fait sur un dessin. Les remerciements de la Compagnie seront transmis par M. le Président.

— M. Piéplu, architecte du département, fait hommage de divers objets trouvés dans les fouilles du Palais de Justice et qui consistent en verres travaillés et en pièces de monnaie de diverses époques qui seront étudiées; on remarque aussi une pierre funéraire dont il a déjà été question à l'une des précédentes séances et dont l'origine doit précéder sans doute le IXe siècle.

— M. Cotteau annonce qu'il a obtenu de Mme Ve Decourtives le don, pour le Musée de la Société, d'une collection paléontologique des fossiles du canton de Saint-Florentin, qui avait été réunie par les soins de son mari.

— Il annonce également que M. le docteur Boussard, de Saint-Florentin, a l'intention de faire hommage à la Compagnie des débris d'un magnifique crustacé fossile dont il est possesseur.

— Le même membre offre, pour la bibliothèque de la Compagnie, la neuvième livraison de la *Paléontologie française* qu'il a été chargé de continuer.

— M. Chérest fait hommage d'un exemplaire sur papier fort du premier volume de son *Etude historique sur Vézelay*.

— D'autres brochures et opuscules sont adressés par leurs auteurs ; la liste des divers ouvrages parvenus est renvoyée au Bulletin bibliographique.

Nomination. M. Guinot, médecin à Lezinnes, est admis parmi les membres titulaires de la Compagnie.

Présentation. M. le docteur Artigues, médecin principal, chirurgien en chef de l'hôpital militaire d'Amélie-les-Bains, est présenté comme membre correspondant par MM. Ravin, Lepère et Gallot. Il sera statué sur cette nomination conformément au règlement.

Commission Davout. M. le Président rend compte de la délibération de la Commission nommée sur la proposition de M. Bonneville, d'ériger une statue au maréchal Davout. Une Commission nouvelle sera chargée de donner suite à ce projet; cette Commission serait composée de MM. Larabit, sénateur, comte d'Ornano, Lecomte et Javal, membres du Corps législatif, le général de division Gémeau, le général de brigade de Gouvenain, le général commandant le département, le receveur-général du département, le maire d'Auxerre, les membres de la précédente Commission, et de plus MM. Laurent Lesseré, Charrié, Piéplu et Dondenne, MM. Davout, maire d'Annoux, et le commandant Davout.

— M. l'abbé Fortin rappelle à cette occasion que le maréchal Davoust fut parrain d'une des cloches de la cathédrale d'Auxerre et qu'il fit à cette occasion des présents magnifiques.

— M. Quantin communique les pièces qu'il a trouvées aux archives, concernant Davout ; parmi ces pièces on remarque plusieurs lettres autographes datées de 1792.

La Société approuve les propositions de la Commission par une délibération motivée qui sera insérée dans le procès-verbal de la prochaine séance.

Lectures. M. le Secrétaire donne lecture de la fin du travail de M. Raudot sur *Quatre familles avallonnaises.*

— M. Challe communique deux documents inédits du xvie siècle, concernant, l'un, la prise de Coulanges-la-Vineuse par les ligueurs en 1589, l'autre, l'enlèvement par les soldats protestants d'un conseiller au bailliage d'Auxerre en 1569.

Après cette lecture la séance est levée.

SÉANCE DU 5 JUILLET 1863.

PRÉSIDENCE DE M. CHALLE.

La lecture du procès-verbal de la séance dernière n'ayant donné lieu à aucune observation, ce procès-verbal est adopté.

Correspondance imprimée. M. le Président énumère les diverses publications parvenues depuis la séance de juin ; plusieurs membres sont chargés d'apporter à l'une des prochaines réunions un compte-rendu des travaux contenus dans les Bulletins de plusieurs Sociétés savantes.

Dons. M. Hesme, propriétaire à Villeneuve-sur-Yonne, fait don d'une molaire fossile d'éléphant, trouvée dans le diluvium de Villeneuve.

— MM. Jamais, Daguet et Montigny offrent plusieurs pièces de monnaie anciennes pour le Médailler de la Société.

Nomination. M. le docteur Artigues, médecin principal, chirurgien en chef de l'hôpital militaire d'Amélie-les-Bains (Pyrénées-Orientales), est admis parmi les correspondants.

Présentation. M. le comte de Rochechouart, propriétaire

au château de Vallery, est présenté comme membre titulaire
par MM. Challe et de Clermont-Tonnerre; il sera statué sur
cette nomination à la réunion prochaine.

Compte-rendu. M. Challe rend compte de la séance publique tenue à Sens par la Société archéologique de cette
ville avec le concours de notre Société, qui avait envoyé une
délégation :

« Cette séance a offert beaucoup d'intérêt : on y a entendu
une savante notice de M. Prou, président du tribunal de
Tonnerre, sur deux statuettes d'argile blanche trouvées à
Sens, représentant une Vénus anadyomène et une femme
allaitant, que l'auteur croit être une des figures diversement
dénommées de la déesse Lucine. M. l'abbé Carlier a lu ensuite un travail approfondi sur le césarisme du XIV° siècle
dans ses rapports avec l'Eglise; M. Challe un travail historique sur les opérations de guerre des protestants contre la
ville de Sens et sa banlieue dans la campagne de 1567.
M. Deligand a fait connaître les recherches qui l'ont amené
à découvrir de nouvelles œuvres du célèbre peintre sénonais
Jean Cousin. M. le professeur Buzy a lu une charmante
composition poétique sur la légende sénonaise du *Tambour
d'argent.* Enfin M. Quantin a clos la séance par le récit,
appuyé d'un document authentique, d'une anecdote tragique
survenue dans le service de la milice de Sens en 1668. »

— M. Chérest rapporte ensuite les observations qui ont été
faites par les délégués de la Société des Sciences de l'Yonne
dans leur visite aux monuments de Sens. L'ancienne église
où était établie la boucherie de la ville va disparaître et avec
elle les restes de la belle chapelle qu'avait fait construire vers
l'an 1550 l'archidiacre Ferrand, un peu après la construction

d'un édifice du même genre qu'un autre membre de sa famille ou peut-être lui-même avait fait ériger à Joigny. Une rue faisant face à la tour septentrionale de la cathédrale s'ouvrira sur l'emplacement de ces monuments. Il est fort à désirer que les fragments intacts de la chapelle des Ferrand soient conservés et rétablis ailleurs.

L'ancien hôpital, aujourd'hui la halle au blé, sera conservé grâce à sa nouvelle destination. Il serait déplorable que l'on touchât à ce précieux spécimen de l'architecture civile du xIIIe siècle dont les monuments sont si rares aujourd'hui.

On a construit dans la cathédrale de nouvelles chapelles dont la conception est l'objet d'assez vives critiques. Elles sont, il est vrai, dans le goût du xIIe siècle, mais on leur reproche de ressembler plutôt à des caveaux qu'à des chapelles et de n'être nullement propres à être fréquentées.

Enfin, l'attention des délégués s'est fixée sur les magnifiques débris, chargés de figures et d'inscriptions, qui ont été trouvés dans la démolition des murs romains de Sens et qui gisent dans la cour de la mairie, mal défendus des intempéries par des hangars insuffisants, et condamnés, s'ils restent dans cet état, à une inévitable et prochaine destruction.

Lectures. Après ces exposés et les observations qu'ils suggèrent à divers membres, on entend deux communications :

1° Un travail de M. l'abbé Barranger sur les habitations souterraines des Gaulois, à propos de celles que l'auteur a découvertes à Villeneuve-le-Roi, près Paris ;

2° Le récit par M. Challe de la surprise et du saccagement

de la ville d'Auxerre par les protestants, au mois de septembre 1567. Ce fragment fait partie du travail de l'auteur en voie de publication, sous le titre d'*Histoire des guerres du Calvinisme et de la Ligue dans les contrées qui forment aujourd'hui le département de l'Yonne*.

Après cette lecture la séance est levée.

———

SÉANCE EXTRAORDINAIRE DU 12 JUILLET.

PRÉSIDENCE DE M. CHALLE.

Il est donné lecture du procès-verbal de la réunion dernière; la rédaction en est adoptée sans observations.

Correspondance manuscrite. M. le Président donne lecture à la Compagnie d'une lettre de M. le Préfet de l'Yonne, dans laquelle ce haut fonctionnaire l'instruit de la revendication faite par la ville d'Avallon de la statue qui, sur l'initiative de la Société des Sciences de l'Yonne, doit être élevée au maréchal Davout. En présence de cette revendication de M. le maire d'Avallon, M. le Préfet a cru devoir consulter de nouveau la Compagnie et lui demander si elle persiste dans son projet d'élever le monument à Auxerre et non ailleurs.

M. le Président, après avoir donné connaissance de la lettre de M. le Préfet, communique la copie de celle de M. le maire d'Avallon, que M. le Préfet a bien voulu lui envoyer en même temps.

La discussion est ensuite ouverte par M. le Président qui déclare que la Société a été convoquée extraordinairement pour statuer définitivement sur cette affaire.

La Compagnie, après avoir entendu les observations de divers membres, décide :

Que la délibération primitive sera maintenue ;

Que M. le maire d'Avallon sera informé de cette décision et qu'il sera invité à se réunir à nous ;

Que M. le Préfet de l'Yonne recevra copie de cette nouvelle délibération.

Nomination. M. le comte de Rochechouart, propriétaire au château de Vallery, présenté à la réunion dernière, est admis parmi les membres titulaires.

Présentation. M. le docteur Courot, médecin de l'Hôtel-Dieu d'Auxerre, est présenté comme membre titulaire par MM. Mondot de La Gorce et Challe. Il sera statué sur cette nomination à la réunion d'avril.

La séance est levée à trois heures et demie.

————

SÉANCE DU 2 AOUT 1863.

PRÉSIDENCE DE M. CHALLE.

Le procès-verbal de la dernière séance est lu et adopté, après une observation de l'honorable M. Raudot, lequel soutient, à propos de la nouvelle délibération prise par la Compagnie, que des pièces complétement inconnues à Au-

xerre se trouvent à Avallon et ne manqueront pas de changer
l'état de la question.

Correspondance. M. le Ministre de l'instruction publique,
dans une lettre adressée à M. le Président, invite la Société à
retirer les médailles obtenues par elle à la suite du concours
de 1863 établi entre les Sociétés savantes.

— M. Barranger envoie, sous le titre d'*Antithèse historique*, un mémoire tendant à réfuter, par une discussion
historique, le livre de M. Renan, récemment paru.

— Il est donné communication des différentes publications reçues en échange de Bulletins depuis la dernière
séance. La liste est renvoyée au Bulletin bibliographique.

— *Dons et hommages.* M. Cotteau fait hommage de l'ouvrage qu'il a publié, en collaboration avec M. Leymerie, sur
les échinides fossiles des Pyrénées. Il expose ensuite l'état
où se trouve la publication des Échinides fossiles de l'Yonne
et le plan général de cet ouvrage qui va être prochainement
terminé.

— M. Quantin dépose au nom de Mme Arrault, de Toucy :
1° L'importante collection numismatique qu'avait rassem-
blée notre regretté collègue. L'examen des pièces qui la
composent est renvoyé à M. l'abbé Laureau, qui veut bien se
charger de la direction du médailler de la Société ;
2° Divers débris de poteries gallo-romaines trouvées dans
les ferriers de Mézilles.

Nomination. M. le docteur Courot, médecin de l'Hôtel-
Dieu d'Auxerre, présenté à la séance dernière, est admis
comme membre titulaire.

Présentations. Sont présentés comme membres correspondants :

1o M. le docteur Aspol, chirurgien-major au 89e de ligne, actuellement en garnison à Auxerre, par MM. Ravin, Challe et Monceaux;

2o M. le marquis de Vibraye; correspondant de l'Institut et géologue distingué; par MM. Cotteau, Monceaux et Quahtin.

Il sera statué sur ces deux nominations à la réunion prochaine.

Lecture. M. Chérest donne communication de différents estampages des inscriptions qui se trouvent gravées tant sur le grand portail intérieur que sur les chapiteaux de l'église de la Madeleine de Vézelay dont il prépare la monographie. Les diverses parties de ce magnifique édifice sont de plusieurs âges. Leur époque précise est encore un sujet de controverse entre les archéologues. M. Chérest, dans son travail s'efforce de résoudre ces questions par les textes des chroniques et des chartes et par les caractères architectoniques. Il date la nef du xiie siècle, et de la fin du premier tiers du xie le grand atrium ou vestibule de style ogival, appelé improprement l'église des Cathécumènes, et qui, comme il l'a démontré antérieurement, était l'église des Pénitents.

En mettant les estampages des diverses inscriptions lapidaires de l'église sous les yeux de la Société, M. Chérest fait ressortir les caractères de l'écriture, caractères qui se sont transformés à partir du xie siècle et qui sont tout différents, selon qu'elle date du xie, du xiie et du xiiie. Ce procédé, qui a été rarement appliqué jusqu'à présent, doit donner des résultats décisifs, et M. Chérest annonce à la Compagnie qu'il a l'intention de soumettre ses estampages aux membres du Comité d'archéologie établi par le Ministre de l'instruction publique et spécialement à ceux d'entre eux qui se sont le plus occupés de l'épigraphie du moyen-âge.

— Il est rappelé que M. Viollet-Leduc, qui avait d'abord daté l'église des Cathécumènes de 1160, est revenu à l'avis de M. Chérest, qui lui donne la date de 1132. Il est ainsi reconnu que dès 1132 le style ogival était mis en œuvre à Vézelay, comme il a commencé à l'être dans la cathédrale de Sens, dès l'année 1124, et que notre contrée a précédé, dans l'application de ce système d'architecture, l'Ile de France, où le premier exemple en a été donné en 1140, dans la construction de l'église de Saint-Denis, par l'abbé Suger.

On entend ensuite les observations de plusieurs membres sur la communication précédente.

La séance est levée à quatre heures.

SEANCE DU 8 NOVEMBRE 1863.

PRÉSIDENCE DE M. CHALLE.

La lecture du procès-verbal de la séance dernière n'ayant donné lieu à aucune observation, ce procès-verbal est adopté.

Correspondance. M. le Président donne communication d'une lettre de M. Fournerat, d'Ancy-le-Franc, dans laquelle notre vénérable collègue donne des détails inédits et très-curieux sur l'enfance et la jeunesse du maréchal Davout. Ce document sera placé aux archives de la Compagnie et pourra être consulté par les personnes qui sont dans l'intention de concourir pour l'éloge historique du maréchal Davout, mis au concours sur la proposition de la Société par la commission du prix Crochot.

— M. Bonneville donne lecture de la lettre suivante qui lui a été adressée par Mme la comtesse de Cambacérès :

Paris, ce 22 juillet 1863.

Monsieur,

Mon cousin Léopold étant venu d'Auxerre à Paris, nous a appris tout ce que nous vous devions de reconnaissance, ainsi qu'à la Société des Sciences historiques du département de l'Yonne. Il était por-

teur d'une lettre de M. le baron Martineau des Chesnez pour ma
mère ; elle y a répondu immédiatement ; mais, se sentant trop fati-
guée pour écrire encore, elle m'a priée de joindre ses remerciements
à ceux que j'avais annoncé vouloir vous adresser moi-même.

Soyez donc assuré, Monsieur, du bonheur reconnaissant que ma
mère, ma sœur et moi éprouvons d'un hommage rendu à la mémoire de celui que nous aimions autant que vous l'admirez et ne
doutez pas que, s'il le fallait, mon mari, mon neveu et mon fils,
joignissent leurs instances aux vôtres et aux nôtres pour obtenir
l'érection de la statue à Auxerre et non ailleurs. Que la Bourgogne
entière revendique une part de la gloire acquise par un de ses
enfants, rien de plus juste et de plus flatteur, mais qu'à la ville
d'Auxerre soit accordé l'honneur de posséder l'image de celui qui
lui a dû ses premiers succès, précurseurs de tous les autres.

Je ne sais vraiment, Monsieur, comment vous exprimer nos sentiments d'affectueuse gratitude ; veuillez donc me suppléer en vous
faisant notre interprète auprès de l'honorable Président et des membres de votre Société, ainsi qu'auprès de vos autres collègues de la
Commission et recevez pour vous, je vous prie, l'assurance de ma
considération très distinguée.

J. Davout, comtesse de Cambacérès.

Correspondance imprimée. La correspondance imprimée
contient un grand nombre de Bulletins échangés par les
Sociétés correspondantes et de Mémoires envoyés par leurs
auteurs. MM. les Drs Bert, Hébert, le comte de Rochechouart,
membres de la Société, font, en leur nom personnel, l'envoi
de divers ouvrages.

Médailles décernées à la Société. M. le Président dépose
sur le bureau les médailles accordées à la Société pour l'envoi des mémoires de MM. Cotteau et Quantin, au concours
ouvert par S. Exc. le Ministre de l'Instruction publique entre
les Sociétés savantes.

Dons. Il est fait hommage à la Société :

Par M. Ruck, inspecteur d'Académie à Annecy, d'un groupe en pierre, gallo-romain, trouvé à Bazarnes et représentant deux personnages assis ;

Par M. Louzon, propriétaire à Auxerre, de divers échantillons de géologie ;

Par M. Salomon, de Saint-Florentin, d'une collection géologique réunie par ses soins ;

Par M. Guiblin, avoué, d'un sceau du tribunal du district d'Auxerre ;

Par M. Limosin, notaire, de trois anciens sceaux de notaire ;

Par MM. Michon, Leblanc, Dr Legendre et Jamais, de plusieurs médailles ou monnaies anciennes.

Enfin par M. Jouan, sculpteur à Rouen, d'une épée ancienne, bien conservée, et dont on peut faire remonter la fabrication au xvie siècle.

Nomination de correspondants. M. le Dr Aspol, chirurgien-major au 89e, et M. le marquis de Vibraye, présentés à la séance dernière, sont admis comme membres correspondants.

Présentations. Sont présentés comme membres correspondants :

MM. Franchet, naturaliste, au château de Cheverny, par MM. Monceaux, Cotteau et Ravin.

Dr Gratiolet, professeur de zoologie à la Faculté des sciences, par MM. les Drs Bert, Marie et Monceaux.

Dr Lemercier, bibliothécaire au Muséum, par MM. Bert, Marie et Monceaux.

Desnoyers, membre de l'Académie des inscriptions, par MM. Monceaux, Quantin et Challe,

MM. Petit, juge de paix à Château-Renard (Loiret), par **MM.** Challe, Quantin et Lepère.

Davout, commandant du 43ᵉ chasseurs à pied, en garnison à Besançon, présenté par **MM.** Bonneville, Challe et Laurent-Lesseré.

Membre titulaire. Est présenté, comme membre titulaire, **M.** le baron William Grand d'Esnon, à Esnon, présenté par **MM.** Ribière et Vincent.

Renouvellement du Bureau. M. le Président invite ensuite la Compagnie à procéder au renouvellement bisannuel de son bureau, conformément à l'art. I du règlement. Il annonce que les occupations de M. Petit-Sigault ne lui permettant plus de continuer les fonctions de Trésorier, dont il avait bien voulu se charger depuis plusieurs années, il y aura lieu de choisir un autre membre pour ces fonctions. Il rappelle en outre que les fonctions de M. Quantin, expirant aujourd'hui, il serait peut-être à propos de reconnaître d'une manière toute spéciale les services éminents rendus à la Compagnie, depuis l'époque de sa fondation, par notre honorable vice-président. En conséquence, il propose de conférer à M. Quantin le titre de vice-président honoraire.

La Compagnie accepte avec empressement la proposition de M. le Président. Elle procède ensuite au renouvellement de son bureau, par la voie du scrutin.

Sont nommés :

Président.............. M. Challe.
Vice-Président honoraire M. Quantin.
Vice-Présidents titulaires MM. A. Chérest et G. Cotteau.

Secrétaires............ MM. Ch. Lepère et H. Monceaux.
Archiviste............ M. Lorin.
Trésorier .... M. Dallemagne.

Classificateurs. La Société nomme ensuite les classificateurs chargés de mettre en ordre ses collections. La liste en est arrêtée comme suit :

Archéologie............ M. H. Monceaux.
Monuments lapidaires..... M. Quantin.
Numismatique........... M. l'abbé Laureau.
Botanique.............. M. E. Ravin.
Géologie et paléontologie.. M. G. Cotteau.
Conchyliologie........... M. Desmaisons.
Minéralogie .... M. Petit-Sigault.
Zoologie : vertébrés....... M. Paul Bert.
      —   invertébrés..... M. H. Monceaux.

Lectures. M. Cotteau donne lecture d'un mémoire de notre collègue M. Hébert, professeur de géologie à la Sorbonne, sur une excursion géologique entreprise cette année dans l'Yonne, de Tonnerre à Saint-Florentin. Ce travail figurera au Bulletin.

— M. Quantin dépose sur le bureau le répertoire archéologique de l'arrondissement de Joigny, destiné à être adressé à S. Exc. le Ministre de l'instruction publique, dans le concours institué pour cet ordre de travaux entre les Sociétés savantes de France. M. le Président est chargé d'examiner ce manuscrit et de le transmettre à Son Excellence.

En rendant compte de ce travail M. Quantin fait verbalement un résumé succinct des monuments intéressants, dé divers styles, qui existent dans l'arrondissement de Joigny.

Époque celtique. — A Sépeaux et à Aillant, menhirs aujourd'hui renversés. A Cérilly, Coulours, les Bordes, les Ormes, Saint-Aubin-Châteauneuf, on a recueilli des haches et des couteaux en silex et en jade. A Senan, des médailles au type du cheval.

Époque romaine. — Les vestiges des voies de Sens à Auxerre, et de Sens à Alise ont été reconnus en diverses communes. Au-dessus de Villeneuve-sur-Yonne s'élève le camp de *Château.* Des médailles du haut et du bas empire ont été trouvées à Rogny, à Mézilles, ainsi qu'une Vénus anadyomène dans cette dernière commune.

Il existe des amas considérables de *ferriers*, restes d'exploitations métallurgiques sur les communes de Lavau, Champignelles, Fontaines, Mézilles, Tannerre, etc., et, dans la forêt d'Othe, sur les communes de Bussy, Bœurs et Dillo. On a trouvé dans ces diverses amas des médailles romaines, des ustensiles et des fragments de vases en poterie rouge à personnages. A Bléneau existe un cimetière gallo-romain. La Motte de Champcevrais recèle des fragments de poteries.

Moyen-âge. — L'époque romane a laissé peu de traces ; on trouve en ce genre les portes des églises de Rogny, Précy, Saint-Romain, Sépeaux, Prunoy, Cézy, La Ferté, qui a aussi de curieuses nefs du même style. L'église de Saint-Cydroine, avec sa croix grecque, et sa tour octogone construite sous l'influence des moines de la Charité-sur-Loire, présente un monument d'un caractère exceptionnel dans nos contrées. Du reste, la rareté des monuments s'explique par la pénurie de matériaux propres à la construction et à la décoration des édifices, qui a pour cause la nature du sol crayeux et peu consistant.

On cite ensuite dans le style ogival les monuments ci-après. Au xIII siècle, les églises de Villeneuve-sur-Yonne, Saint-Julien, Saint-Aubin-sur-Yonne, Saint-Fargeau, le chœur de Bussy-en-Othe, la porte de Charmoy, les ruines des abbayes des Echarlis et de Dilo, enfin le portail de Cudot. A la fin du xv siècle, Saint-Privé, Turny, et au xvi siècle l'église Saint-Thibault de Joigny et celle de Brienon.

Les châteaux forts du moyen-âge restés debout sont en petit nombre ; on cite Piffonds, Saint-Fargeau.

A Villeneuve-sur-Yonne, la tour dite de Louis le-Jeune, les portes de ville. A Saint-Julien, les restes du château des archevêques de Sens. A Champcevrais, le vieux manoir de Pris. Les châteaux du xvii° siècle de Grandchamp et Chevillon.

Epoque de la Renaissance. — M. Quantin signale le beau portail de Villeneuve-sur-Yonne, dû à Jean Chérot de Joigny (1575) ; à Joigny, l'église Saint-Jean, construite en partie par le même architecte ; Dans la même ville, la chapelle des Ferrand, le portail de l'église Saint-André et le château des comtes (xvii° siècle). A Bonnard, le portail. A Poilly, le portail orné de belles sculptures en bas-relief, relatives à la vie de saint Germain.

M. Quantin a constaté l'existence d'inscriptions historiques et même météorologiques ; dans ce dernier ordre, il a trouvé à Champcevrais une inscription du 7 juin 1680 relatant la destruction de l'église par le feu du ciel, et dans une tournée faite dans l'arrondissement de Sens, il a retrouvé dans l'église d'Evry une autre inscription relatant également la destruction de l'église et de tout le village par une trombe de vent qui s'y est abattue, le même jour 7 juin 1680. A Coulours, une inscription de 1633 relate que l'église a été incendiée par les Huguenots en 1567. A Malicorne deux inscriptions constatent la mort de deux officiers qui avaient été au service du duc d'Anjou, tués le 26 août 1589 au Bréau près de Dracy.

Sculptures. — Dans son travail, M. Quantin signale les sculptures suivantes. A Guerchy, sur l'une des cheminées du château, la statue équestre d'un sire de Guerchy ; dans l'église de Dixmont, les statues de la Vierge et de sainte Elisabeth qui se trouvent au portail et le couronnement de la Vierge placé au tympan. A Cudot, on peut voir dans l'église l'apothéose de la Vierge (xii° siècle), sculptée au tympan et la statue de sainte Alpaïs (xvi° siècle). Enfin, à Joigny, l'église Saint-Thibault possède une belle statue d'Etienne Porcher, celles de Saint-Jean et de Saint-André, le tombeau d'une comtesse de Joigny (xiii° siècle) et un calvaire en marbre (xvii° siècle.)

Dalles. — Parmi les dalles tumulaires les plus remarquables qu'il

a été à même de rencontrer, M. le Vice-Président donne l'énuméra-
rion qui suit : à Villeneuve-sur-Yonne, trois dalles recueillies par
M. Mondini (une du xive siècle et deux du xvie siècle.)

A Cerisiers, la pierre tumulaire de Gui Brossard, 1256 ; à Cudot,
trois dalles des seigneurs de Saint-Phal, xiiie siècle. A Champlay,
dalles datant du xve siècle (le seigneur de Champlay, sa femme et ses
cinq enfants à genoux). A Perreux, la pierre tumulaire de Guy de
Montigny, 1545 ; à Sommecaise, celle de Louis de Courtenay, 1540 ;
à Chevillon, celle de Jean de Courtenay, 1554 ; enfin, à La Mothe-aux-
Aulnais, la dalle de Pierre de Crévecœur, xvie siècle.

Vitraux. — Parmi les vitraux des églises de l'arrondissement de
Joigny, M. Quantin rappelle ceux de Villeneuve-sur-Yonne du xiiie et
du xvie siècle, ceux de l'église de Brienon, beaux spécimens de la renaissance du xvie siècle ; ceux de l'église de Saint-Julien où l'on
trouve de beaux échantillons du xiiie siècle et de magnifiques ver-
rières du xvie ; on cite également ceux de Villiers-sur-Tholon, xvie
siècle.

Fresques. — M. Quantin rappelle la fresque de l'église de Bléneau
qui représente un sire de Courtenay à cheval (xve siècle) ; celle de
Ronchères qui orne la voûte de l'église et représente les douze apôtres entourés d'animaux divers (xvie siècle) ; enfin, la chapelle du
cimetière de Saint-Fargeau renferme une fresque où l'artiste a pris
pour texte la Passion (xvie siècle).

— La séance est terminée par le compte-rendu fait par
M. Challe, des opérations et des excursions du Congrès
scientifique de Chambéry où il a eu l'honneur d'être proclamé vice-président du Congrès :

. . . .

La pêche des antiquités celtiques au fond du lac du Bourget et la
visite du tunnel du Mont-Cénis étaient au premier rang parmi les distractions offertes aux savants étrangers.

Ils ont pu voir au fond du lac, à 600 mètres de la rive, une forêt de
pilotis aujourd'hui arrasés à la surface du sol au fond de l'eau, mais
qui a évidemment porté, pendant bien des siècles, un village construit au-dessus des eaux ; car entre tous les pilotis et jusqu'à une

certaine profondeur, on trouve des débris de poterie, d'ustensiles, d'armes, de débris d'aliments comme os, fruits, grains, le tout tombé soit par suite d'incendie, soit par suite de tout autre accident. Les mêmes trouvailles ont été faites depuis dix ans dans tous les lacs de la Suisse et du Dauphiné, et il est maintenant avéré qu'à une époque antérieure aux temps historiques, l'homme s'était bâti des habitations sur les eaux, à l'exemple peut-être du castor, pour mettre un retranchement inabordable entre lui et ses ennemis, bêtes fauves ou hommes étrangers.

Le tunnel du Mont-Cenis a été visité par le Congrès ; ce tunnel aura 13 kilomètres. Sa longueur n'était pas sa plus grande difficulté. On n'a pu l'aérer par des puits, parce que la voûte qui le recouvre a 1600 mètres de hauteur. Il fallait donc apporter constamment aux ouvriers qui travaillaient au pic et à la mine, l'air nécessaire pour renouveler celui qui était vicié par la respiration, les émanations du sol et la fumée de la poudre. Au moyen de puissantes machines, on a comprimé l'air en le réduisant au sixième de son volume et on l'a conduit en cet état dans le souterrain où on le verse en abondance pour la respiration des hommes et l'évacuation de la fumée des explosions de mine. Plus tard on a eu l'idée d'employer cet air comprimé comme moteur, pour faire agir des machines qui perceraient le roc beaucoup plus vite que ne le pouvaient faire les ouvriers.

Ces machines ingénieuses, dont M. le Président donne la description, ont déjà réduit de moitié la durée qu'on avait assignée aux travaux du tunnel. On se croit fondé à espérer que leur perfectionnement pourra la réduire bientôt des trois quarts.

Les étrangers venus au Congrès ont eu infiniment à se louer de l'accueil cordial et empressé des habitants du pays. La science y est honorée ; les hommes de savoir et de mérite y sont en grand nombre. Au reste, malgré un préjugé assez général, les départements de la Savoie sont, de tous les départements de la France, ceux où l'instruction est le plus répandue dans toutes les classes de la société. On cite tel canton où on ne trouverait pas un seul habitant qui ne sache lire et où le nombre de ceux qui savent écrire est de 93 pour cent. La Savoie n'est pas non plus le pays pauvre qu'avaient rêvé l'ignorance et le préjugé.

Comp. rend.

Sans doute il y a, dans quelques hautes vallées des montagnes·
des villages très pauvres, et c'est de là que viennent les petits
ramoneurs. Mais il y a en grand nombre des vallées riches et fertiles.

M. le Président cite, comme un phénomène que n'offre aucune
autre partie de la France, des terres louées à raison de 320 francs
l'hectare.

Après cet exposé la séance est levée.

———

SÉANCE EXTRAORDINAIRE DU 22 NOVEMBRE 1863.

PRÉSIDENCE DE M. CHALLE.

Correspondance manuscrite. Après la lecture et l'adoption du procès-verbal, M. le Président dépouille la correspondance.

— M. le Ministre de l'Instruction publique accuse réception
du travail de M. Quantin concernant le Répertoire archéologique de l'arrondissement de Joigny, envoyé au concours
de 1864 par la Société.

— M. Benoist adresse la copie suivante d'une lettre
inédite de l'abbé Lebeuf. Cette lettre, comme nous le fait
observer notre Collègue, n'a pas d'adresse ; mais elle a été
évidemment envoyée au cardinal Passionéi à Rome ; elle remplit les trois premières pages d'une feuille petit in-4° ; la 4e
page a reçu un postscriptum.

> Monseigneur,
>
> Cette lettre sera uniquement pour rendre à Votre Eminence les
> très-humbles actions de grâces que je lui dois, pour les peines
> qu'elle a prises au sujet de la résignation que j'ai faite de mon
> canonicat d'Auxerre à mon frère, curé au même diocèse, plus jeune

que moy à la vérité, mais usé des fatigues qu'il a eu dans sa cure depuis environ 23 à 24 ans.

Mon expéditionnaire a senti qu'il ne falloit rien moins que votre crédit pour venir à bout de cette affaire. Il m'avoit flatté d'abord d'une voie différente sans sortir du royaume. Mais j'ai mieux aimé avoir recours à Votre Eminence que je n'ai pas osé importuner bien fort, dans l'apprehension que j'ai eu de la déranger : et laquelle cependant a bien voulu se prêter entièrement au besoin occurrent avec la meilleure grâce du monde : Et c'est dont je lui fais de grand cœur mes plus sincères remerciemens.

Il me paroit, Monseigneur, depuis que je viens de passer par les mains d'un banquier expéditionnaire en cour de Rome, que ce sont ces Messieurs là qui dans les modèles de suppliques ont altéré et défiguré les noms de ville, entre autres mettant Antissiodorens pour Autissiodorens. Mais pourrois-je espérer, en les engageant à écrire régulièrement le nom de ma ville, que dans la daterie de Rome on les imiteroit? Si cela étoit, je ferois la tentative de les dissuader de plus écrire Antiss et je verrois si je pourrois réussir.

Je prend encore la liberté, Monseigneur, de réitérer à Votre Eminence mes recommandations pour le jeune parisien, au cas qu'il ne soit pas mort en route ; j'ai seulement pu apprendre depuis qu'il n'a quitté Lyon qu'à la fin de mars dernier et qu'il a pris le chemin d'Avignon et de la Provence. S'il étoit encore à Avignon on pourroit le sçavoir dans les hopitaux, sur la recherche que vous auriez la bonté d'en faire faire.

J'ai l'honneur d'être avec un très profond respect,

> Monseigneur,
>> De Votre Eminence,
>>> Le très humble et très obéissant serviteur,
>>> LEBEUF.

A Paris, ce 31 juillet, jour du grand saint Germain 1751.

Je crains fort que la maladie dont est atteint M. de Sainte-Pallaye, par le moyen duquel je fais tenir mes lettres à Votre Eminence, ne retarde de quelque ordinaire le départ de celle-cy. Ce n'est au reste qu'une simple fièvre.

— M. l'abbé Coüard envoie la note suivante à propos de Clanum et Bandritum, stations romaines marquées sur la carte de Peutinger.

		Selon Walck.	Selon MM. Paueton et Romé.
Autissioduro		2,221,50 c. à la lieue.	2,085 m. à la lieue.
Bandritum (leugæ)	VII	15,550,50	14,595
Agetincum	XVII	37,765,50	35,545
	XXIV	53,316,00	50,140

(M. Quantin, dans ses évaluations suit tantôt l'un, tantôt l'autre de ces deux géographes, ou bien il y a faute d'impression).

L'article du *Cartulaire* qu'il faudrait copier ici se termine par ce paragraphe :

« Pasumot, qui a su déjà, au siècle dernier, reconnaître parfaite-
« ment le tracé de la voie d'Auxerre à Sens, s'est arrêté à Bassou
« pour y placer *Bandritum*, à raison de la mesure des distances. Nous
« partageons son opinion, sans toutefois pouvoir nous rendre compte
« du changement radical de nom qui s'est opéré entre ces deux
« lieux. »

Je voudrais essayer d'expliquer ce changement qui, peut-être, ne provient que d'une transcription erronée sur la pièce originale, ou d'une mauvaise lecture de la part du copiste.

Ne pourrait-on supposer que Bassou s'appelait au iv° siècle *Basso-lidum* ou *Bassoldum*. Dans *Bassolidum*, probablement mal écrit par l'auteur de la Table théodosienne, et plus mal lu par l'éditeur du xvi° siècle, je retrouve tous les éléments, je n'ose dire paléographiques à cause de mon ignorance, mais tous les éléments *scripturaires* qui entrent dans la composition de *Bandritum,* selon notre manière de peindre.

La démonstration de cette hypothèse, plus ou moins vraisemblable ou plausible, n'exige que des yeux.

       Bandritum mal lu.

Pour *Bassolidum* mal écrit.

Pour *Bassolidum* ou *Bassoldum.*

Une révision ou un calque très exact du manuscrit original donne-

(1) Voir *Cart. de l'Yonne,* t. II, p. XLVI.

rait peut-être à cette supposition une valeur probante, dont mon autorité ne saurait l'investir.

— M. Daubrée, membre de l'Institut, professeur de géologie au Muséum, écrit à M. le Secrétaire pour remercier la Société de la communication qui lui a été faite des deux fragments d'aérolithe qui se trouvent au Musée et lui annoncer l'arrivée d'une collection de moulages de différentes pièces paléontologiques destinés au Musée de la Société.

— M. Vivien, de Saint-Martin, vice-président de la Société géographique de Paris, demande l'échange du Bulletin avec l'*Année géographique*; (accordé.)

Correspondance imprimée. La Société dunkerquoise pour l'encouragement des sciences, et l'Académie des sciences, belles-lettres, arts, agriculture et commerce du département de la Somme, envoient le programme des sujets proposés pour le concours de 1864 établi par ces Sociétés.

— Diverses publications sont envoyées à titre de dons ou d'échange. (Renvoi au Bulletin bibliographique).

Nominations. — M. William Grand, d'Esnon, présenté à la dernière séance, est admis parmi les membres titulaires.

Sont nommés correspondants :

M. Franchet, naturaliste, au château de Cheverny (Eure-et-Loire);

M. le Dr Gratiolet, professeur de zoologie à la faculté des sciences de Paris ;

M. Desnoyers, membre de l'Académie des Inscriptions ;

M. le Dr Lemercier, sous-bibliothécaire au Muséum;

M. Petit, juge de paix à Château-Renard ;

M. Davout, commandant du 13e chasseurs à pied, en garnison à Besançon.

Présentation. M. Mabile, licencié ès-lettres, professeur de troisième au collége d'Auxerre, est présenté comme membre titulaire par MM. A. Monceaux et E. Ravin : Il sera statué sur cette nomination à la réunion prochaine, conformément au règlement.

Prix Crochot. M. le Président annonce qu'en conséquence de l'arrêté préfectoral de 1861, qui a admis la Société à coopérer dans une certaine mesure au concours littéraire fondé par M. Crochot, M. le Préfet lui a fait parvenir les mémoires produits au concours ouvert pour l'éloge historique du maréchal Davout, afin que la Société les examinât et formulât son avis sur leur mérite respectif, dans un rapport qui serait adressé à la Commission spéciale, instituée par ce testateur pour décerner le prix. C'est pour cet objet que la Compagnie a été convoquée extraordinairement.

Ces mémoires sont au nombre de 13. Selon M. le Président ils sont tous remarquables à des titres divers. Sur sa proposition et après une discussion à laquelle prennent part plusieurs membres, la Société délègue une commission de sept membres pour procéder à leur examen et proposer leur classement par ordre de mérite. Il est décidé en outre que, comme la publicité du rapport de cette commission avant la proclamation des prix par l'autorité compétente pourrait offrir quelques inconvénients, son rapport sera adressé directement à M. le Préfet, sans être communiqué à la Société et que la lecture en sera faite plus tard.

La commission nommée se compose de MM. Challe, Chérest, Lonclas, Monceaux, professeur de rhétorique, Blin, professeur d'histoire, Ribière et Bonneville.

Communication. M. Quantin présente son travail d'ensemble sur la carte des voies romaines du département, qui, sous sa direction et celle de M. Boucheron, agent-voyer central, a été dressée après de longues études faites sur le terrain par le corps des agents-voyers. La salle est tapissée de volumineuses cartes spéciales à chaque arrondissement. Une carte générale réduite, reproduisant ces grandes cartes, paraîtra prochainement dans le Bulletin de la Société. Le mémoire de MM. Quantin et Boucheron, qui résume ces grands travaux, sera lu à la réunion prochaine.

— M. Mondot de La Gorce donne lecture d'un travail sur la noblesse considérée dans les temps anciens et dans les temps modernes, les divers titres et les priviléges qui lui étaient jadis attribués, les titres et les priviléges qu'elle comporte aujourd'hui, les conditions et les formalités auxquelles elle s'acquiérait jadis et s'acquiert aujourd'hui.

— M. Dondenne père donne lecture du compte-rendu suivant qu'il avait été chargé de rédiger à propos de publications récentes sur le problème physique de la formation de la grêle contenues dans plusieurs ouvrages parvenus à la Société :

Une brochure ayant pour titre *les Orages et le Paragrêle* avait été adressée à la Société qui m'avait chargé de lui fournir un aperçu du travail faisant l'objet de cette œuvre, lorsque, d'une autre part, lui est arrivé un volume des Mémoires de la Société des sciences, arts et belles-lettres de l'Aube, contenant un long mémoire dont le sujet est une *Etude sur la théorie de la grêle et des trombes.*

Les questions de physique qui sont abordées dans ces deux œuvres sont tellement considérables, et les explications des phénomènes qu'elles concernent offrent encore tant d'obscurité que, malgré le travail assez étendu auquel m'avait conduit l'examen de la première brochure, j'ai désiré qu'il me fût permis de lire le second mémoire avant de présenter mon rapport à la Société.

Le mémoire ayant pour titre *les Orages et le Paragrêle* a pour auteur M. Orliaguet, professeur de mathématiques et de mécanique et membre de la Société d'agriculture, des arts et des sciences de la ville de Limoges.

L'auteur du second mémoire est M. Henry, docteur en médecine à Lesmont.

Quoique M. Orliaguet se soit principalement attaché à rechercher les moyens de préserver nos campagnes des terribles effets de la grêle, tandis que M. Henry a eu pour but d'établir une nouvelle théorie de ce météore, il m'a semblé qu'il y avait possibilité d'apprécier ces œuvres simultanément sans être astreint à consacrer d'abord un certain nombre de lignes à l'une et le surplus à l'autre.

On a, depuis bien des siècles, reconnu que la production et la chute de la grêle n'avaient lieu que pendant les orages.

Dans les prières qui, selon le rituel de Paris, sont dites lors de la bénédiction d'une cloche, se trouvent les passages suivants qui sont extraits d'une notice d'Arago (1), dont MM. Orliaguet et Henry, à bien juste titre, citent fréquemment les œuvres.

« Que chaque fois qu'elle sonnera, elle chasse au loin..... les coups « de foudre, les dommages des tonnerres, les calamités des ouragans « et tous les esprits des tempêtes...... *les fracas de la grêle*, la tem- « pête des tourbillons de vent et la furie des ouragans ; que les ton- « nerres désastreux perdent leur violence. »

La foudre étant ce qui caractérise les orages, on devait naturellement en conclure que l'agent physique qui produit la foudre devait aussi exercer son action dans la production de la grêle.

Chacun sait aujourd'hui que les effets de la foudre sont dûs à un agent de la nature connu sous le nom d'électricité, et, à mesure que la science fait des progrès, on entrevoit de plus en plus quel rôle immense cet agent joue dans le monde physique.

Les physiciens sont généralement convaincus que la production de la grêle est due à des actions électriques, mais, quant à la manière dont les faits se passent, l'obscurité est encore à peu près complète.

Voici quelques citations qui le démontrent.

M. Fouillet dit (2) :

(1) Annuaire du bureau des longitudes de 1838, page 543.
(2) Eléments de physique, 2ᵉ vol. page 730, 5ᵉ édition, 1847.

« La grêle est en même temps l'un des fléaux les plus redoutables
« pour les propriétés agricoles et l'un des phénomènes les plus em-
« barrassants pour les météorologistes. »

M. Ch. d'Orbigny, dans le *Dictionnaire universel d'histoire naturelle* (5), s'exprime ainsi :

« De tous les météores aqueux, *la grêle* est le plus terrible et le
moins connu. »

Enfin, dans un rapport fait par Arago en 1852, à l'Académie des
sciences, on trouve cette phrase (1) :

« Quoique l'on ne connaisse pas très bien la théorie de la grêle, il
« est cependant démontré que l'électricité joue un rôle très impor-
« tant dans sa formation. »

Une sorte de cliquetis se fait parfois entendre dans les nuages avant
la chute de la grêle, et on a comparé ce bruit à celui produit par un
sac de noix que l'on vide.

Cette circonstance rapprochée de ce que, dans un grand nombre de
cas, un noyau de neige se trouve au centre des grêlons et que ces grêlons sont formés de couches de glace concentriques, avait fait proposer par le célèbre Volta une théorie de la grêle.

Guyton de Morveau, Volta et autres physiciens pensaient que la
cause produisant subitement dans des nuages qui, généralement, ne
sont pas situés à une grande hauteur, et pendant les plus fortes chaleurs, un refroidissement tel qu'il s'y formait de la neige ou de petits
glaçons, ne devait être que l'évaporation.

Jusqu'à Volta, on admettait, sans trop s'être rendu compte, qu'une
fois l'embryon de neige ou de glace formé, il se recouvrait de couches
successives de glace en traversant dans sa chute d'autres nuages, et
qu'ainsi toutes les particules d'eau avec lesquelles il se trouvait en
contact, gelaient à sa surface.

Le temps qu'emploient les grêlons à venir des régions de l'atmosphère jusqu'à la terre a dû nécessairement paraître trop court
pour que les grains de grêle prissent des proportions qui, parfois,
sont considérables. Volta a donc émis l'idée que, le noyau de glace se

(1) vIII° vol., page 181, 1846.
(2) Mélanges, page 435.

formant dans un nuage constitué à un certain état électrique, si un nuage constitué à l'état de nom contraire se trouvait au-dessus du premier, le petit glaçon s'y portait, revenait ensuite à l'autre, et qu'alors, dans ce mouvement de va et vient, il se couvrait de nouvelles couches jusqu'à ce que son poids fût tel qu'il ne pût plus être tenu en suspension dans l'espace.

Dans l'*Annuaire du bureau des Longitudes* pour 1828, Arago a publié une notice sur la grêle, qui a été reproduite dans l'édition de ses œuvres complètes (1) et, dans cette notice, il reconnaît que, comme tout ce qui vient d'un grand homme, la théorie de Volta dénote le génie, mais qu'elle donne lieu à tant d'objections qui paraissent insolubles, qu'on ne peut plus l'admettre comme une vérité acquise à la science, et il ajoute (2).

« Je me trompe fort si toutes ces remarques ne démontrent pas
« qu'une explication satisfaisante du phénomène de la grêle est encore
« à trouver. »

La découverte du paratonnerre ayant mis en évidence que l'électricité peut être enlevée aux nuages, on s'est hâté de conclure, quand la théorie de Volta fut connue, qu'en déchargeant aussi les nuages où la grêle se serait formée de leur électricité, on en éviterait la production, et, par suite, les effets désastreux.

Cependant Volta lui-même traitait d'enthousiastes irréfléchis ceux qui croient, ou, du moins, dit-il, « veulent faire croire aux autres
« qu'en multipliant ces appareils (les paratonnerres) dans les villes et
« les campagnes, on parviendra, sinon à dissiper entièrement les
« orages, du moins à les affaiblir à tel point qu'ils ne produiront plus
« de fâcheux effets, et que la grêle, entre autres, ne pourra plus se
« former. »

Arago, dans sa notice de 1828, partage cette manière de voir, et se montre complètement incrédule à l'égard de l'efficacité des paragrêles formés de perches que de tous côtés on élevait dans les champs à cette époque.

Plus tard l'opinion du savant astronome semble s'être modifiée au su·

(1) Mélanges, 333.
(2) Id. page 547.

jet des moyens préservatifs des malheurs qu'occasionnent les orages :
il est disposé à croire que les hommes parviendront à s'en procurer,
car, dans une de ses plus belles notices, publiée dans l'Annuaire de
1858, se trouve le passage suivant (1) :

« Je voudrais qu'on employât des *aérostats captifs* pour cette belle
« et grande expérience ; je voudrais qu'on les fît monter beaucoup
« plus haut que les cerfs-volants de *Romas*. Si en dépassant d'une
« centaine de mètres la courbe atmosphérique où s'arrêtent ordinai-
« rement les extrémités des paratonnerres, de petites aigrettes de-
« viennent des langues de feu de trois à quatre mètres de long, que
« n'arriverait-il pas lorsque tout le système, suivant les circonstances,
« s'étant élevé trois, quatre, dix fois plus, irait presque affleurer la
« surface inférieure des nuées ; lorsque aussi, et cette particularité a
« de l'importance, la *pointe* métallique *soutirante* qui serait en com-
« munication avec la longue corde demi métallique faisant les fonc-
« tions de conducteur, étant fixée vers la partie supérieure du ballon,
« se présenterait aux nuages à peu près verticalement ou dans la
« position d'un paratonnerre ordinaire. Il n'y a rien de trop hasardé
« que, par ce système, on parviendrait à faire avorter les plus forts
« orages. En tous cas, une expérience qui intéresse si directement la
« science et la richesse agricole du royaume mérite d'être tentée. Si
« l'on se servait de ballons de dimensions médiocres, la dépense
« serait certainement inférieure à celle de tant de décharges de
« boites, de canons que s'imposent aujourd'hui, sans aucun fruit, les
« pays vignobles. »

On doit sans doute, en lisant ces lignes, regretter vivement que
cette idée, mise en avant par Arago, de faire, d'une manière suivie,
des expériences au moyen de ballons captifs, n'ait pas été accueillie,
et que les gouvernements n'aient pas consacré quelques sommes à
couvrir les frais de ces belles expériences.

Les ballons captifs eussent servi à savoir si enfin, en enlevant aux
nuages leur électricité, on leur enleverait aussi la faculté de produire
de la grêle et si, en effet, on eût obtenu ce résultat, quelle étendue de

(1) Annuaire du bureau des longitudes de 1658, Notice sur le Tonnerre,
page 570.

pays un de ces appareils eût préservé; car il est évident que si l'action ne s'étendait sur les campagnes qu'à des surfaces étroites, l'emploi deviendrait presque impraticable. Mais, pour prononcer, il fallait des expériences.

Dans son mémoire, M. Orliaguet propose, au lieu de l'emploi de ballons captifs, d'établir *des lignes défendues par des paragrêles de 100 mètres d'élévation qui fonctionneraient comme une chaîne de monticules garnis d'arbres* (1).

Il est sans doute évident que quel que soit le moyen d'avoir, à une hauteur considérable, des pointes métalliques, soit qu'on dresse des mâts, soit qu'on se serve de ballons captifs communiquant à la terre par des conducteurs, le résultat serait le même; mais M. Orliaguet semble croire que l'emploi des énormes mâts qu'il propose serait simple, car il dit (2) :

« Il est bien facile de construire des paragrêles de 100 à 130 mè-
« tres de hauteur sur les points les plus élevés de la surface de la
« terre. »

Il est vrai qu'il dit ailleurs que la dépense serait considérable (3), et, en effet, on pourra en juger quand on saura que le grand mât d'un vaisseau de guerre, qui n'a que 75 mètres de hauteur au dessus de la quille, coûte 10,000 fr.

Ainsi, quand il n'y aurait que la question de dépense, si seulement plusieurs paragrêles formés de tels mâts devaient être élevés sur le territoire d'une commune pour la préserver, il faudrait renoncer à leur usage.

Les ballons captifs d'Arago seraient, il me semble, bien préférables, car, comme il le dit, étant d'un petit volume, la dépense pour les acquérir ne serait pas énorme. En outre, la région où ils arriveraient serait bien plus élevée que celle à laquelle on atteindrait au moyen de mâts; et si, une fois gonflés d'hydrogène, on parvenait à les garder ainsi gonflés pendant de longues années, ils seraient, en bien peu de temps, lancés dans l'espace quand un orage serait sur le point d'éclater.

(1) Page 32.
(2) Page 25.
(3) Page 32.

M. Orliaguet, dans sa brochure, ne fait, en résultat, qu'exprimer un désir, c'est qu'on tente d'élever des paragrêles et, à proprement parler, il propose, vingt-cinq ans plus tard, ce que proposait Arago en 1838; c'est de faire des expériences à ce sujet. Le but est louable, mais le travail de cet auteur ne peut encore éclairer les physiciens sur aucune de ces questions de météorologie dont, jusqu'à ce jour, ils ont vainement cherché l'explication.

Enfin, un regret est exprimé par M. Orliaguet et, pour celui-là, chacun, je pense, ne peut hésiter à se joindre à lui; c'est de voir en France la plus grande partie de ces beaux et magnifiques édifices que nous ont légués nos pères, exposés à être détruits en quelques heures parce qu'ils ne sont pas surmontés de paratonnerres !

L'œuvre de M. Henry est, comme nous l'avons dit plus haut, spécialement consacrée à établir une nouvelle théorie de la grêle. Selon ce physicien :

« La grêle est produite par une trombe entre deux couches de « nuages, dont l'une, supérieure, est composée de particules glacées « (cirrus), et l'autre inférieure, est composée de vapeurs vésiculaires « (cumulus) (1). »

A la vérité, M. Henry remarque bien lui-même que cette explication de la grêle par les trombes ne fait que déplacer la difficulté, car l'un des phénomènes est peut-être encore plus extraordinaire que l'autre. Cependant il regarde comme un progrès de pouvoir rattacher les deux phénomènes à une même théorie, et il considère la théorie des trombes comme plus avancée que celle de la grêle.

Sur ce dernier point, il semble qu'on pourrait éprouver quelque doute, car, à ce sujet, je demanderai qu'il me soit encore permis de faire ici quelques citations.

Dans un mémoire d'Arago : *les vents, les ouragans et les trombes*, on trouve cette remarque (2) :

« Les circonstances de la formation des trombes sont peu connues ; « en général ces phénomènes n'ont été examinés que de fort loin, et « il est arrivé plus d'une fois que la crainte inspirée par le météore

(1) Page 40.
(2) Mélanges, pages 324 et 325.

« a égaré la véracité de l'observateur. Dans l'ignorance où nous
» sommes sur la véritable cause des trombes, il importe de recueillir
« les observations de ces phénomènes qui ont été faites par des per-
« sonnes instruites. »

M. Ch. d'Orbigny, dans le *Dictionnaire universel d'histoire naturelle* dit (1) :

« De toutes les conjectures vagues et hasardées que l'on peut faire
« sur l'origine de ce redoutable météore, la moins invraisemblable
« est celle qui le regarde comme un tourbillon d'une excessive inten-
« sité, et auquel l'électricité n'est pas étrangère. »

M. Pouillet aussi parle des trombes et voici comment il termine ce
qu'il en dit (2).

« Comment cette puissance quelquefois si prodigieuse peut-elle
« prendre naissance au milieu des airs ? C'est une question, il faut le
« dire, à laquelle la science ne peut faire aucune réponse précise. »

M. Henry cite très fréquemment un ouvrage de Pelletier ayant pour
titre : *Des trombes.* Je n'avais pas cet ouvrage à ma disposition et, ne
pouvant le consulter, je devais être indécis sur la question de savoir
si Peltier avait enfin fait connaître quelle était la véritable cause des
trombes.

En comparant les dates, on doit croire qu'il ne l'indique pas, car
l'édition dont s'est servi M. Henry est de 1840. Dans le mémoire
d'Arago que j'ai cité, il est question des trombes observées en 1845.
L'édition de Pouillet, où j'ai pris ma citation, est de 1843, et le volume
du *Dictionnaire d'histoire naturelle* où se trouve ce que dit d'Orbigny
des trombes, est de 1846. Ainsi, tous ces livres sont postérieurs à
l'ouvrage de Pelletier, et si ce savant eût découvert, à l'égard des
trombes, le secret de la nature, ni Arago, ni Pouillet, ni d'Orbigny
n'auraient pas négligé de le dire.

L'électricité joue un rôle dans la formation de la grêle. Les trombes
sont fréquemment accompagnées de grêle ; mais comment l'électricité
agit-elle dans la production de ces météores ? Voilà ce qui semble bien
véritablement être encore une énigme.

(1) VIII° vol. page 183.
(2) Eléments de statistique, XI° vol. pages 126 et 127.

M. Henry, à la suite de très longs préambules, en vient à fournir cette explication de la formation de la grèle (1).

« Les noyaux des grêlons ou les grains de grésil se forment donc « aux dépens de la trombe ascendante de vapeur vésiculaire.

« §102. Après leur formation, ces noyaux ayant perdu leur électricité « par rayonnement vers les cirrus, tombent plus ou moins; ils se « mouillent au contact des vésicules qui s'élèvent et se chargent de « leur électricité positive ; en même temps leur chute est ralentie par « le courant ascendant qui se porte de la partie inférieure de la « trombe vers le sommet. Bientôt ils se trouvent entraînés par ce « courant et élevés à une certaine hauteur en devenant plus positifs, « ou bien ils sont projetés, en dehors de la trombe, par le mouve- « ment de tourbillon dont elle est le siége. Ils sont aussi repoussés « par la trombe, positive comme eux, et attirés par les cirrus néga- « tifs; ils rayonnent vers ceux-ci leur électricité positive, ce qui dé- « termine l'évaporation rapide d'une partie sept fois plus considérable « qui forme une couche de glace transparente à leur surface. Devenus « neutres ou même négatifs, les grêlons tombent en se portant vers « la colonne vésiculaire, leur chute les rend encore plus négatifs et « plus attirés vers la trombe positive. Ils reviennent se mouiller au « contact de cette trombe, et se charger d'électricité positive pour « recommencer leur trajet ascendant ou latéral vers les cirrus. Dans « les échanges électriques qui ont lieu entre les grêlons et la trombe, « il se produit des décharges électriques dont on peut se faire une « idée par celles qui avaient lieu entre le fil conducteur du cerf-vo - « lant de Romas et la paille qui s'élevait le long de ce fil. »

Selon cette théorie, les particules glacées, dans l'accroissement qu'elles auront à subir pour devenir des glaçons, éprouveraient, dans la région des nuages, des mouvements beaucoup plus compliqués que ceux que leur supposait Volta, qui réduisait tout à un mouvement de va et vient entre deux nuages superposés.

Or, une objection bien forte que fait Arago à l'hypothèse de Volta, s'applique, il me semble, bien directement aussi à celle-ci. Voici cette objection (2) :

(1) Pages 126 et 127.
(2) Mélanges, page 531.

« Ne faudrait-il pas s'étonner si le mouvement oscillatoire dont
« Volta doue les grêlons existait, que personne ne l'eût aperçu.
« Les voyageurs, en effet, ont dû se trouver maintes fois sur les mon-
« tagnes à la hauteur de l'intervalle vide où ce mouvement pourrait
« avoir lieu. »

Les questions concernant la formation des trombes et celle de la
grêle, dépendent d'une partie de la physique qui est la moins avancée.
C'est la météorologie. .

M. Pouillet s'occupe assez longuement, dans son traité de physique,
de cette branche de la science et, autant qu'il est possible de l'entre-
voir, il semble porté par goût à s'attacher à son étude. Cependant
nous avons vu quelle réserve il met à se prononcer.

M. Ch. d'Orbigny, qui a fait l'article Météorologie dans le *Dictionnaire universel d'Histoire naturelle*, est aussi réservé, car voici ce
qu'il dit (1) :

« Aussi n'est-ce qu'en multipliant les observations, en les répétant
« sans cesse dans différents endroits, qu'on parviendra à en faire
« sortir les lois générales, que l'on entrevoit dans l'ensemble des
« phénomènes, mais dont l'application échappe dans les circonstances
« particulières. »

Rien, en fait de sciences naturelles, n'a plus d'inconvénients que
les conceptions d'une belle imagination, et M. Biot me semble parler
bien judicieusement quand il dit de Descartes, précisément à propos
des questions de météorologie (2) :

« Celui qui avait tant recommandé le doute s'imagine qu'il suffit
« d'alléguer vaguement un mode possible d'un phénomène, pour en
« avoir assigné la cause véritable, sans penser qu'en se hasardant
« ainsi à deviner, par intuition, les principes des faits, il y a l'infini à
« parier contre un qu'on tombera dans l'erreur. »

La nature ne laisse pas deviner ses secrets, il faut les lui arracher en
l'épiant avec un art et une persistance infinis, mais aussi un seul fait
bien observé et bien constaté dans les opérations de la nature, est-il
infiniment précieux, car l'histoire des sciences transmet d'âge en âge

---

(1) viiiᵉ vol., page 173.
(2) Biographie Michaud. xiᵉ vol., page 149.

les noms d'hommes qui ont fourni l'explication véritable d'un seul phénomène.

Sanctorius est connu pour avoir eu la persistance de rester dans une balance une partie de sa vie, afin de calculer la perte de poids qu'éprouvait le corps de l'homme en vingt-quatre heures, par la transpiration insensible.

Le naturaliste Trembley doit sa célébrité à ses belles études sur les polypes d'eau douce.

Enfin le nom d'Antoine Dominis, évêque de Spalatro, ne se rencontrerait guère aujourd'hui que dans les annales de l'Inquisition, parce qu'il avait eu affaire à elle, sans l'expérience qu'on lui doit d'avoir reçu les rayons du soleil sur des fioles d'eau, expérience qui a servi à Descartes à expliquer enfin le phénomène de l'arc-en-ciel dont, jusque-là, on voulait rendre compte seulement par la réflexion de la lumière.

Le mémoire de M. Henry contient (1) un tableau où se trouvent inscrites des moyennes déduites d'observations faites pendant quatorze années, à Ervy, par M. le docteur Jacquier; et qui indiquent pour chaque mois de l'année la fréquence de la grêle sur ce point du département de l'Aube.

Dans une autre page de ce même mémoire (2) se trouve la relation d'observations d'orages faites les 25 juin et 6 juillet 1861, directement par l'auteur lui-même, et comme il est fort instruit et animé d'un vif amour de la science, on doit être convaincu que ses observations ont été faites avec le plus grand soin.

Voilà ce qui, pour l'avancement des sciences, sera utile et véritablement utile.

Volta, qui était un si grand physicien, a laissé une théorie de la grêle qui est inadmissible, et peut-être à cet égard a-t-il été nuisible à l'avancement de la science. Quand c'est un homme de cette valeur qui donne l'explication d'un phénomène physique, elle est presque acceptée sans examen, par suite de l'autorité qu'a le nom de l'homme qui l'émet, et on se dispense de rechercher la vérité, jusqu'à ce qu'il soit avéré que l'explication était fausse.

(1) Page 45.
(2) Pages 167 et 168.

Comp. rend.

Ce sont des observations sans nombre qu'il faut, et on jugera que ce qui au premier abord semble bien peu de chose, peut être précieux pour la science, quand on saura qu'Arago, dans sa belle notice sur le tonnerre dit, en parlant de Pline et de Sénèque (1).

« Qu'ils auraient rendu bien plus de services aux sciences, *si, au lieu de disserter longuement et bien inutilement sur la cause du météore, ils s'étaient ABAISSÉS à nous dire combien, terme moyen, et à Rome et à Naples, il tonnait de jours par année!* »

Après cette lecture la séance est levée.

———

SÉANCE DU 6 DÉCEMBRE 1863.

PRÉSIDENCE DE M. CHALLE.

.

Le procès-verbal de la séance précédente est lu et adopté.

Correspondance manuscrite. M. Ravin, de Guerchy, écrit pour s'excuser de ne pouvoir assister à la séance. Il exprime en même temps le vœu que la Commission qui sera chargée de choisir l'emplacement où devra être érigée la statue du maréchal Davout se décide pour la partie de la promenade d'Auxerre destinée aux manœuvres de la garnison.

Correspondance imprimée. Parmi les nombreux ouvrages échangés avec les autres Sociétés ou adresés par leurs auteurs, on remarque les différentes publications que M. le Dr de Smyttère a bien voulu envoyer en hommage à la Compagnie, et les observations géologiques de M. Hébert (tirage à part), que l'honorable professeur a déposées pour la bibliothèque de la Compagnie.

Dons. Il est fait hommage :

1o Par M. le Président, d'un scramasax gaulois ou frank, trouvé en terre dans sa propriété, en face du confluent des vallées de l'Ouanne et du Branlin. Cette arme était isolée et sans qu'il y eut traces d'ossements ou autres indices de sépulture ;

2o Par M. Visse, d'un bel échantillon de gypse lenticulaire.

Nomination. M. Mabile, professeur de troisième au collége d'Auxerre, est admis parmi les membres titulaires.

Présentations. Sont présentés comme membres titulaires :

1o M. de Smyttère, déjà membre correspondant, présenté par MM. Challe et Quantin;

2o M. Léon Piétresson, notaire à Auxerre, présenté par MM. Métairie et Chérest;

3o M. Pascal Ansault, présenté par MM. l'abbé Duru et Quantin.

Budget de 1864. Les prévisions du budget de l'exercice 1864 sont lues et adoptées sans discussion.

Voici l'état des recettes et des dépenses tel qu'il a été proposé par le Bureau :

PRÉVISIONS DU BUDGET DE 1864.

Recette

DÉSIGNATION des chapitres de la Recette.	Nos des articles.	NATURE DES RECETTES.	
I. Solde de compte 1863.	1	Reliquat au 31 décembre 1863.	"
§ II. Produits ordinaires.	2	Cotisations de 200 Membres titul.	2,400
	3	25 cor.	150
	4	— arriérées.	"
	5	— anticipées.	"
§ III. Produits des publications.	6	Vente des { Cartulaire. Bibliothèque hist. Hist. des Ins. nuis. Hist. des Diptères. Hist. de Vézelay. Hist. du Calvinisme }	400
§ IV. Capitaux placés.	7	Arrérages de rente 4 1/2 (legs Chaillou des Barres).	200
§ V. Recettes diverses.	8	Allocation du Min. de l'Inst. pub.	400
	9	Subvention du Conseil général.	1,000
	10	— de la ville d'Auxerre, pour entretien et acquisitions du Musée.	500
	11	Recettes imprévues.	150
		Total de la recette.	5,000

Dépense

Nos des articles.	DÉSIGNATION des chapitres de la Dépense.	NATURE DES DÉPENSES.	
1	§ I. Publications.	Bulletin de 1864.	1,
2		Zoologie de l'Yonne.	
3		Planches.	
4		Solde des publications antérieures à 1864.	1,
5	§ II. Frais de bureau.	Frais de bureau et d'affranch.	
6		Garçon de salle.	
7	§ III. Jetons de présence.	Acquisitions et rachat des jetons de présence.	
8	§ IV. Dépenses imprévues.	Frais de séance publique.	
9		Dépenses non prévues.	
10	§ V. Collections.	Entretien du Musée départem. et acquisitions.	
		Total de la dépense.	5,

Reliques de Saint-Germain. M. Challe lit, au nom de la Commission des reliques de Saint-Germain, le rapport qu'il a été chargé de rédiger. Ce rapport figurera au Bulletin.

— La discussion est ensuite ouverte sur les conclusions présentées.

— M. Blin, l'un des membres de la Commission, donne lecture de la note suivante dont il demande l'insertion au procès-verbal.

Comme Membre de la commission dont vous venez d'entendre les conclusions motivées, je n'ai certes rien à ajouter de contradictoire, puisque j'ai souscrit à ses conclusions.

Cependant je demande la permission à la Société de faire suivre ce rapport de quelques observations dont elle voudra bien, j'ose l'espérer, reconnaître l'importance.

C'est avec une profonde douleur que j'ai déserté en quelque sorte, non seulement la cause soutenue avec tant de persévérance par notre illustre compatriote le savant abbé Lebeuf, mais encore, je crains de me le dire, la cause de notre très-célèbre et très-vénéré saint Germain d'Auxerre.

Il a fallu tout le respect que je porte à la mémoire du grand évêque, toute la circonspection qu'imposent les règlements canoniques à l'endroit du culte des reliques ; disons le mot, il a fallu la véritable frayeur qu'inspire une grave responsabilité dont la durée s'étendrait même aux temps à venir, pour me décider, en présence de tant de vraisemblances qui appelaient une réponse affirmative, à déclarer que les ossements dont nous avions à étudier l'origine n'appartenaient pas d'une manière évidente à notre saint personnage.

Néanmoins, je crois aussi de mon devoir de ne pas laisser périmer et ruiner à toujours les titres qu'ont encore aujourd'hui à nos respects et à notre anxieuse vigilance, même après le redoutable verdict que vous venez d'entendre, les ossements soumis à votre examen par l'autorité diocésaine.

Voici mes arguments. Je les développerai dans leur ordre :

1° Les ossements de saint Germain jetés hors de leur châsse en 1567 n'ont pas été détruits par les Huguenots.

2° Les ossements ont dû être recueillis par la piété des fidèles.

3° Les ossements rapportés en 1607 par des personnes pieuses à l'abbé de saint Marien, ont été conservés fidèlement jusqu'à nos jours.

4° Les ossements remis en 1607 à l'abbé de saint Marien ont encore les mêmes caractères qui les firent considérer par Lebeuf comme étant les restes mortels de saint Germain.

5° Si les influences du temps ont paru modifier en quelques points les déclarations formulées par les hommes compétents, au XVIII° siècle, en faveur de la thèse soutenue par Lebeuf, rien dans la dernière étude faite de la même matière en 1863, n'est venu détruire aucunes des sources diverses de probabilités qui, condensées par Lebeuf, lui paraissaient constituer l'évidence morale réclamée en pareil cas par les règlements canoniques.

Et nous concluons en conséquence à supplier l'autorité diocésaine : 1° De nous donner acte de ces déclarations résultant d'une étude approfondie des documents; 2° De prendre sous sa vigilante protection ces restes vénérables qui, nous l'espérons fermement, seront, tôt ou tard, rendus aux longs regrets des Auxerrois et de tous les catholiques.

— M. l'abbé Laureau déclare donner son assentiment à la note de M. Blin.

— M. l'abbé Fortin, archiprêtre de la cathédrale, en exposant le vif désir que la discussion dissipe les nuages qui règnent encore sur la question, expose que le chapitre de la cathédrale d'Auxerre avait, au moyen du don fait par l'abbé Lebeuf, fait construire vers l'an 1755, une châsse pour recevoir les reliques de Saint-Germain, si leur authenticité venait à être constatée. Cette châsse existe encore aujourd'hui dans le trésor de la cathédrale, et elle contient des fragments de reliques du saint Evêque, qui, au IX° siècle, avaient été données au chapitre par l'évêque saint Héribald et qui ont été précieusement conservées à travers les siècles.

Divers membres de la Société présentent ensuite leurs observations.

M. le Président résume la discussion et met successivement aux voix les deux propositions qui résument les conclusions de la Commission :

1° Il est possible que les ossements soumis à l'examen de la Société proviennent des reliques de Saint-Germain ;

2° Il est impossible d'affirmer historiquement que ces ossements proviennent en réalité des reliques susdites.

Ces conclusions sont adoptées.

M. le Secrétaire donne lecture d'une lettre de M. Guérin, dans laquelle notre collègue relate une excursion botanique accomplie aux environs de Tonnerre.

Avant de sortir de Serrigny, entrons dans le parc : sur la pelouse, en face le château, se trouve le *Geranium pyrenaïcum*, espèce qui n'a pas encore été observée dans l'Yonne. Il a une certaine ressemblance avec le *G. rotundifolium*, mais duquel cependant il diffère par son port plus élevé, par ses fleurs beaucoup plus grandes, en panicule allongée.

Au-dessous du parc, croît l'*Allium rotundum*, que de prime abord on prendrait pour le *sphærocephalum*. Il s'en distingue néanmoins par des caractères qui ne laissent aucun doute sur son identité : ses feuilles sont planes et ses bulbilles noirâtres, tandis que dans le *sphærocephalum*, les feuilles sont cylindriques et les bulbilles blancs.

Dans toute la partie nord du territoire de Serrigny, on rencontre communément le *Vicia gracilis*, dont le pédoncule ne porte qu'une seule fleur.

En suivant le chemin de traverse qui mène à Tonnerre, sur la lisière du bois de la serre Jacquin, on peut recueillir l'*Hypopitys multiflora*, qu'on trouve aussi dans le bois du Bouchelot. Cette plante vit aux dépens des autres et a l'aspect d'une orobanche. Plus loin, dans la même direction, à 20 mètres de la route de Tonnerre à Auxerre, croît l'*Helianthemum appeninum*, qui a tous les caractères du *vulgare*, mais duquel il se distingue par sa corolle blanche et les poils du calice plus longs ; si l'on veut s'écarter un peu et aller jusqu'à la petite prairie d'Athée, on trouvera le *Carum carvi* qu'on rencontre aussi dans la prairie de Collan

Dans les haies de Champ Boudon, à un kilomètre de Tonnerre, se trouve le *Vinca major*, seule station où nous l'ayons rencontré. On trouve également *Leontodon hastile*, ayant le port de l'*hispidus* ; dans celui-ci la tige et les feuilles sont hérissées, tandis que dans l'*hastile*, elles sont glabres.

Nous traverserons Tonnerre pour nous rendre aux carrières de la Grange-Aubert. Là, nous recueillerons *Silene rupicola ;* plus loin sur les roches, *Helianthemum procumbens*, *Melica ciliata*, *Polygala austriaca*, qu'on trouve aussi dans la prairie de Quincy à Tanlay ; *Calepina corvini* en petite quantité dans le calcaire du versant, en face la ferme de Vauplaine ; *Sedum sexangulare*. Dans les friches qui bordent la route de Tanlay, croît en abondance le *Ptycholis heterophylla*.

Si nous suivons le ruisseau du petit Beru à Tonnerre, nous récolterons *Rumex conglomerata*, *Stachys germanica*, *Mentha pulegium*. Dans les eaux du ruisseau, *Callitriche stagnalis*, *hamulata ;* *Ceratophyllum demersum*. A 100 mètres de Tonnerre, sur le talus du ruisseau, croît *Veronica anagalloides*, haute de quelques centimètres seulement, plante qui ne figure pas dans la Flore de l'Yonne publiée par M. Ravin.

Passons maintenant au canal de Bourgogne : sur la rive gauche se trouvent : *Scutellaria galericulata*, *Stachis palustris*, *Sium angustifolium*, *Œnanthe fistulosa ;* dans les flaques d'eau, *Œnanthe phellandrium*, *Ranunculus divaricatus*, commun dans l'Armançon seulement.

Quittons le canal et dirigeons nos pas du côté de Vaulichères. Dans la vallée qui conduit à ce hameau croît le *Barbarea stricta*. Remontons le cours du ruisseau, nous observerons *Carex glabrata*, var. de l'*hirta*, *Hypericum tetrapterum ;* *Aira cœspitosa*. Abandonnons le ruisseau pour aller explorer le plateau. Déjà nous trouvons quelques pieds de *Xeranthemum cylindraceum* que nous retrouverons en grande abondance à mi-côte. L'*Allium rotundum* n'est pas rare dans ces parages. Arrivé sur le plateau, vous avez une grande étendue de terrain, où l'on rencontre *Adonis flammea, autumnalis.* Nous avons été heureux de retrouver à la même station l'*Adonis œstivalis* à fleurs blanches, auquel nous avons consacré une note spéciale. Nous avons pu nous assurer qu'il se reproduisait sous les mêmes formes et les mêmes couleurs. Près de la ferme du Petit-Viré, nous avons récolté *Thlaspi arvense* et dans le bois à côté *Stellaria glauca*, caractérisé par son calice à trois nervures saillantes.

MM, Guinot et Guérin ont également adressé au secrétariat le récit d'une autre excursion accomplie aux environs de Tanlay, arrondissement de Tonnerre. Voici la note de nos collègues :

Nous venons vous proposer de faire avec nous une excursion botanique aux environs de Tanlay, une des plus riches stations du département en plantes de toutes espèces.

C'était le 24 mai, par une de ces belles journées communes en ce mois, que nous prîmes la route de Lézinnes à Saint-Vinnemer. A droite et à gauche, on trouve le *Specularia hybrida*, dont la corolle, dépassée par les dents du calice, semble vouloir se dérober à l'investigation de l'observateur. A la même station croît le *Medicago timeroyi* observé pour la première fois dans l'Yonne. Il se reconnaît à ses tiges rameuses ascendantes, à ses stipules découpées en lanières, à ses fleurs jaunes et à ses légumes gros, bordés d'épines obliques, pubescents et glanduleux. Après en avoir fait une ample provision, nous continuâmes notre course jusqu'à Tanlay, saluant en passant la *fraise des collines* (*Fragaria collina*), caractérisée par son calice appliqué sur le fruit à la maturité ; le *Polygala* à fleurs blanches, variété assez rare.

Nous ne fîmes que passer à Tanlay, car il nous tardait d'aller rendre visite au bois de Narmond, ou une récolte abondante de plantes rares nous attendait.

De Tanlay à Narmond, la route est bordée d'*Erysimum cheiriflorum*, jolie plante d'un port élevé, étalant ses fleurs jaunes qui dépassent longuement le calice. Une odeur douce et miellée, surtout le soir, révèle la présence de cette crucifère.

Il était environ midi quand nous arrivâmes à l'entrée de la vallée de Narmond. Le soleil était brûlant, de gros nuages blancs, floconneux se balançaient dans le ciel et paraissaient indécis sur la route à suivre. Un petit ruisseau qui va porter ses eaux à l'Armançon coule au milieu de cette vallée, nous y trouvâmes une ombre agréable et une ample moisson.

Nous allons ensemble procéder à la reconnaissance des plantes de Narmond et en faire en quelque sorte l'inventaire. D'abord nous vous ferons voir à droite le *Stachis alpina*, avec ses feuilles à longs pétioles et sa corolle munie d'un anneau de poils. Ses fleurs sont d'un rouge sale, en verticelles, piquetées de blanc ; plus loin, au centre de la vallée, la *Pulmonaire* à longues feuilles se rapproche du ruisseau auquel elle demande la fraîcheur dont elle a besoin. Dans la côte à droite, la *Digitale jaune* croît avec une telle abondance qu'elle envahit des espaces de terrains assez considérables. A gauche, au pied de la côte opposée, se trouve l'*Arabis brassicæformis*, plante de quatre à six décimètres, glabre et glauque, feuilles caulinaires amplexicaules, fleurs blanches. Il se rapproche beaucoup de l'*Erysimum orientale* avec lequel on pourrait le confondre. A côté croît le *Polytricum commune*, jolie mousse à tiges' simples, capsule quadrangulaire, recouverte d'une coiffe lanugineuse, fleurs mâles formant des rosettes terminales colorées. Cette mousse a une odeur de pin et de sapin.

Enfin nous voici arrivés à la fontaine de Narmond, qui arrose la vallée de ce nom. En pénétrant dans le taillis, au-dessus de la fontaine, nous vous ferons observer l'*Actœa spicata* dont les feuilles sont ailées et les fleurs blanches en grappes terminales. Cette plante a le mérite de la rareté. Çà et là croît le *Melica uniflora*, graminée qu'on rencontre plus particulièrement sur les rochers humides.

Quittons la fontaine et grimpons jusqu'à la maisonnette qui se trouve au milieu du bois ; là nous trouverons le *Mellitis melissophyllum*, labiée qui se distingue par sa grande corolle blanchâtre, lavée d'une tache rouge à la lèvre inférieure. La présence de l'*Ancolie commune* aux fleurs bleues pendantes, semble nous ramener au milieu des bosquets et des parterres dont elle est un des plus beaux ornements. Le *Polygala vulgaris*, avec ses panicules de fleurs allongées, qu'un léger souffle met en mouvement, s'élève du milieu de l'herbe touffue. Nous n'en finirions pas si nous voulions passer en revue tout ce que nous rencontrons. Hâtons un peu le pas et gagnons la prairie de Quincy. Ici nous nous contenterons seulement de vous indiquer les espèces les plus intéressantes.

D'abord nous vous ferons observer sur le bord du ruisseau qui arrose la prairie qui s'étend de Baon à Quincy *Carex stricta*, *distans*; *Sanguisorba officinalis*; *Potentilla tormentilla*; nous ne passerons pas sous silence le *Trifolium montanum*, si remarquable par la sphéricité de son capitule à fleurs blanches. Voyez l'*Allium ursinum*, il a quitté les terrains granitiques, sa patrie, et est venu usurper un pouce de terre pour y loger son bulbe et étaler sa corolle d'un beau blanc.

Viennent ensuite : *Orchis incarnata*, *latifolia*; *Cirsium bulbosum*, *palustre*; ce dernier atteint quelquefois deux mètres, ce n'est guère qu'en juillet qu'il montre ses anthodes agglomérées à l'extrémité des rameaux ; *Scorzonera plantaginea* à tige simple, *Eriophorum angustifolium*. Cette plante, d'un aspect singulier, surtout quand le vent agite ses aigrettes soyeuses, couvre toute la prairie d'une nappe blanche onduleuse, *Serratula tinctoria et Epipactis palustris*. Bien des espèces ont dû échapper à nos recherches ; mais nous tenions à parcourir le bois en face la prairie où nous avons trouvé : *Orchis militaris*, à périanthe cendré, *O. Simia*, caractérisé par les divisions de sa labelle toutes linéaires, étroites ; *O. purpurea*, fleur en casque d'un pourpre foncé. En suivant le chemin qui conduit à l'abbaye, on longe une pièce de terre enclavée dans le bois ; là nous avons recueilli *Camelina microscarpa* qui se trouve aussi à Yrouer et à Serrigny. L'*OEillet des Chartreux* est très commun dans ces parages. Au pied des murs d'enceinte de l'abbaye croît le *Neckera viticulosa*, mousse aussi commune qu'élégante.

Tout en glanant çà et là quelques plantes, nous étions arrivés au haut du mamelon qui domine les ruines de Quincy et au bas duquel nous avons été tout heureux de trouver la fontaine de Saint-Gauthier. Une eau pure et salutaire coule sur un sable fin mêlé de rocailles, et semble inviter le voyageur à venir s'y désaltérer. Notre excursion devait se terminer par la découverte du *Melica nutans*, indiqué par Mérat, mais que depuis on n'avait pas retrouvé dans l'Yonne. Il se distingue de l'*uniflora* par sa panicule unilatérale tombante, et par son épillet renfermant deux fleurs. Il était quatre heures et nous avions hâte de nous rendre à la station du chemin de fer. Dans la rapidité de notre course, nous avons encore pu remarquer sur la lisière de la prairie à Tanlay : *Cirsium oleraceum, Thalictrum flavum, Aira cœspitosa. Calamagrostis epigeios, Festuca cœrulea, arundinacea.* Mais le sifflet de la locomotive nous appelait et il nous fallut dire adieu aux plantes de Tanlay, nous promettant bien toutefois d'y revenir un jour.

— M. Dondenne lit le rapport qu'il avait été prié de rédiger, sur les travaux de la Société d'agriculture, sciences et arts de la Sarthe, pendant les trois derniers trimestres de 1862 et le premier de 1863. Ces travaux sont à la fois variés et pleins d'intérêt.

Après cette lecture la séance est levée.

BULLETIN BIBLIOGRAPHIQUE

DE L'ANNÉE 1863

Par M. H. MONCEAUX, secrétaire.

—

Nous continuerons, comme les années précédentes, à signaler d'une manière spéciale dans ce Bulletin les ouvrages et mémoires publiés par des auteurs appartenant à notre Compagnie, ainsi que ceux qui ont un intérêt pour le département de l'Yonne ou qui traitent de questions générales et dont l'importance nous paraît justifiée.

Toutefois, une revue aussi rapidement faite est nécessairement incomplète, et nous convions nos collègues à parcourir eux-mêmes les ouvrages qui nous sont parvenus cette année plus nombreux que jamais. Ils y trouveront pour leurs études particulières des documents précieux, qu'il ne nous est pas possible de rappeler dans un cadre aussi restreint que doit l'être notre Bulletin bibliographique.

Nous rappelons l'ordre suivi dans l'inscription des ouvrages :

I. — Publications françaises des Sociétés correspondantes.
II. —   —   étrangères   —   —   .
III. — Envois de S. Exc. le ministre de l'instruction publique.

IV. — Ouvrages offerts par les membres de la Société.

V. — Envois divers.

VI. — Publications de la Société.

Enfin, nous prions les nombreuses Sociétés savantes en relations d'échange de publications avec la Société des Sciences de l'Yonne de regarder comme *accusé de réception* des ouvrages qu'elles ont bien voulu nous envoyer l'*insertion régulière* des titres de ces ouvrages dans le Bulletin bibliographique. La même observation s'adresse aux auteurs ou aux donateurs des différents ouvrages imprimés qui nous sont parvenus jusqu'au 31 décembre.

I.

PUBLICATIONS FRANÇAISES DES SOCIÉTES CORRESPONDANTES.

AISNE.— LAON. Société académique de Laon. Bulletin, etc., t, XIII, 242 p., in-8°. 1863.

La Société académique de Laon continue ses intéressantes publications et ses recherches archéologiques sur le département de l'Aisne. De nombreuses et belles planches facilitent les descriptions et attesteraient, s'il en était besoin, des soins apportés dans la publication de ce recueil. La reconnaissance des chaussées romaines qui traversaient le pays et la description de plusieurs sépultures mérovingiennes, ainsi que celle de différents objets datant de cette époque, nous ont surtout vivement intéressé. Les découvertes de l'époque franque sont assez rares, et nous engageons vivement nos collègues de la Société à lire les mémoires de MM. Ed. Fleury, Pilloy et Capaumont.

AISNE. — SAINT-QUENTIN. Société académique des Sciences, Arts, Belles-Lettres, Agriculture et Industrie de

Saint-Quentin. 3ᵉ série, t. ıv. 38ᵉ année. Travaux
de 1862 à 1863, 370 p. gr. in-8°.

Statistique botanique de l'arrondissement de Saint-Quentin,
par MM. Blin-Paillet et Lóuis Blin, 65. — De la trachéotomie
dans le croup et de la dilatation forcée et intermittente du
larynx à l'aide du dilatateur laryngien du docteur Desprez, 121.
— Des animaux de boucherie, considérés au point de vue de
l'engraissement, 128. — Les tissus de Saint Quentin, comparaison des prix de production dans les différents pays, par
M. Hugues-Cauvin, 185. — De l'organisation de la charité, par
M. C. Souflet, 199.— De l'esprit généralisateur, par M. Charles
Daudville, 255. — Des peintures murales dans les églises, par
M. Bénard, 269.

AUBE. — TROYES. Société d'Agriculture des Sciences, Arts et
Belles-Lettres du département de l'Aube. Mémoires, etc., t. xxvı de la collection. Nᵒˢ 63 et
64, 3ᵉ et 4ᵉ trim. 1862. — Nᵒˢ 65 et 66, 1ᵉʳ et
2ᵉ trim. 1863.

Étude sur la théorie de la grêle et des trombes, suivie de
considérations sur la nature des taches du soleil, par M. le
docteur Henry. (Voir le compte rendu de ce mémoire, fait par
notre collègue, M. Dondenne, séance du 6 décembre 1863.)

BELGIQUE. — LIÉGE. Institut archéologique liégeois. Bulletin, etc., t. v, 3ᵉ livrais., p. 325 à 506. In-8°.
Liége, 1863.

BOUCHES-DU-RHÔNE. — MARSEILLE. Société de statistique
de Marseille. Répertoire des travaux, etc.,
t. xxıı (3ᵉ de la 5ᵉ série), publié sous la direction de M. P.-M. Roux, secrétaire perpétuel.
In-8°, 600 p. 1859.— Id., t. xxıv. Marseille,
in-8°, p. 600 1861.

De l'émigration européenne et de ses conséquences politiques, morales et économiques, par M. Legoyt, xxɪv, 99. — Études statistiques sur les moyeus de diminuer la mortalité des Européens dans les pays chauds, par le docteur Boudin, 489.

CALVADOS. — CAEN. Académie Impériale des Sciences, Arts et Belles-Lettres de Caen. Mémoires, etc., 1862. Typ. Hardel. In-8°, 539 p.

De la résistance de l'air dans le mouvement oscillatoire du pendule, par M. Girault, 3.—Recherches sur l'électricité, etc., par M. le vicomte du Moncel, 29. — Recherches sur les causes de l'insalubrité de certaines matières alimentaires, par M. Morin, 140. — De l'influence des progrès de la civilisation sur l'étendue de la souveraineté nationale, par M. Berthauld, 192. — Les droits de l'homme et les publicistes modernes, par le même, 292. — Le gouvernement de Normandie au xvɪɪ° et au xvɪɪɪ° siècle, d'après la correspondance inédite des marquis de Beuvron et des ducs d'Harcourt, gouverneurs et lieutenants-généraux de cette province, par M. Hippeau, 223. — Des académies et des sociétés savantes des départements, par M. J. Travers, 389. — Les académies, les sociétés savantes des départements ont-elles dans la France moderne un rôle proportionné aux grandes facultés qu'elles représentent? La masse de forces intellectuelles et morales qui se groupent dans chacune de ces sociétés produit-elle ce que l'on est en droit d'en attendre? Ne pourrait-on les relier entre elles pour des travaux collectifs? Quelle direction serait-il convenable de donner aux travaux particuliers? Telles sont les graves questions que M. Julien Travers examine dans un mémoire écrit pour être lu devant les membres des sociétés savantes de la province, réunis à la Sorbonne du 21 au 25 novembre 1861, et qui fut écarté avec raison pour éviter des discussions inopportunes dans une solennité de ce genre. En effet, l'auteur du Mémoire, malgré ses bonnes intentions, nous paraît un peu absolu dans ses conclusions. Pour lui, « le gouvernement, qui personnifie l'ensemble des citoyens, a seul une autorité suffisante pour imposer la confiance au plus grand nombre. » C'est donc au gouvernement qu'il appartient de donner la direction et l'impulsion, de tirer un parti plus complet des forces vives condensées dans les associations scientifiques. Mais ici l'auteur est arrêté par la question des voies et moyens ; il est forcé de reconnaître combien est délicate cette demande de patronage et de direction rendue obligatoire. M. Travers l'avoue lui-même : « Les travaux particuliers sont la conséquence du génie propre de chaque écrivain, et chaque écrivain aime à conserver ses droits d'investigation libre, source de son originalité. L'idée de la contrainte lui répugne, un joug éteindrait son ardeur. Il faut le ménager, ce génie spécial, individuel, rarement souple, souvent sauvage ; il faut le ménager, car il est susceptible et ne craint rien tant que les atteintes à son indépendance. »

L'État est certainement dans son rôle en accordant une haute protection, en encourageant les travaux des sociétés de province, en leur demandant, enfin, d'éclaircir, de travailler certaines questions spéciales. C'est ce qu'il fait tous les jours, aujourd'hui plus que jamais ; on ne saurait trop l'en louer. Mais il doit aussi laisser l'initiative collective des sociétés tracer elle-même sa voie ; et, tout en reconnaissant avec l'auteur que le rôle principal des associations scientifiques de la province est de travailler à réunir les matériaux de l'histoire du pays dans ses détails, nous n'admettons pas avec lui que des mémoires traitant des questions générales ne peuvent se faire sérieuse-ment qu'à Paris. Nous sommes moins sévère ou plus indul-gent pour les travaux qui nous arrivent journellement de toutes les parties de la France. Notre position de secrétaire d'une société importante, nous a mis à même de suivre et d'apprécier tous les progrès faits ces dernières années par les sociétés et académies de la province, soit dans le choix élevé des sujets d'études, soit dans la direction imprimée aux travaux des diverses compagnies. Beaucoup d'hommes de talent, restés jusqu'ici en dehors des associations scientifiques, se sont ralliés au grand mouvement que nos modestes sociétés départementales ont provoqué certainement dans toutes les branches de la science. Bien des savants de nos provinces, tout en recueillant les matériaux des histoires locales, se sont exercés à généraliser, à aborder les grandes questions; ils l'ont souvent fait avec bonheur, et, quoi qu'en dise l'auteur du mémoire que nous avons sous les yeux, ils sont parvenus à apporter la lumière sur quelques-uns des problèmes de la science et de nos origines regardés jusqu'alors comme insolubles.

CALVADOS. — CAEN. Société linnéenne de Normandie. Bulletin, etc. 7ᵉ volume, 1861-62, 353 p. in-8°.

Études sur le colza (2ᵉ mémoire), par M. H. Pierre, 12. — Note sur le nouveau genre *Fromentellia* (Faune zoophytologique du terrain jurassique), par M. de Ferry, 217. — Études critiques sur des Brachiopodes nouveaux ou peu connus, par M. E. Delongchamps, 248.

CÔTE-D'OR. — DIJON. Académie impériale des Sciences, Arts et Belles-Lettres de Dijon. 2ᵉ série, t. x, année 1862. In-8°, 231, 135 et 16 p. in-8°. Dijon, 1863.

Ce volume contient les mémoires suivants :

PARTIE DES LETTRES. — L'animisme et ses adversaires, par M. Tissot. — Étude sur la philosophie des religions, à propos de l'ouvrage de M. de Labruguière, par le vicomte de Sarcus. — La philosophie stoïcienne et les jurisconsultes romains, par J. Simonnet. — Le P. Lacordaire, par M. Foisset.

PARTIE DES SCIENCES. — Bibliographie séismique, par M. A. Perrey, 1. — Note sur quelques fossiles nouveaux ou peu connus de l'étage bathonien de la Côte-d'Or, par M Jules Martin. — Notice sur les chevaux orientaux, par M. Duhousset. — Sur les plantes des terrains carbonifères, par M. le professeur Le Conte, traduit de l'anglais par M. Brullé.

DOUBS. — BESANÇON. — Société d'Émulation du départe-

ment du Doubs. Mémoires, etc., 3ᵉ série, 6ᵉ vol.,
1861. Besançon, 1862, xLvi et 536 p. in-8°
avec pl.

Cuiner. Question résolue affirmativement en faveur de
l'Alesia franc-comtois, 3. — Etallon. Études paléontologiques
sur le Haut-Jura. Monographie du Corallien, 53. — Perron
Annales des épidémies en Franche-Comté, 517. — Castan. Les
vestiges du siége d'Alesia, 4ᵉ rapport fait à la Société au nom
de la commission des fouilles d'Alaise, 461.

Doubs. — Montbéliard. Société d'Émulation de Montbéliard. Mémoires, etc. 2ᵉ série, 1ᵉʳ vol., p. 1 à
126. In-8°.

' Description physique et géologique de l'arrondissement de
Montbéliard, par Ch. Contejean, docteur ès-sciences et géologue au Muséum de Paris (avec cartes et coupes).

Gironde. — Bordeaux. Académie Impériale des Sciences,
Belles-Lettres et Arts de Bordeaux. Actes, etc.
3ᵉ série, 24° année, 1862 ; 2ᵉ, 3ᵉ et 4ᵉ trim.
Bordeaux, 1862. — 25° année, 1863, 1ᵉʳ et
2ᵉ trim.

1862. — Sur quelques protubérances crétacées de la partie
occidentale de l'Aquitaine, par M. V. Raulin, 199. — Instruments de musique qui furent usités en France au moyen-âge
et pendant la période de la renaissance des lettres, par M. J.-B.
Labat, 261.

1863. — Des conditions de la bonne comédie, par M. Karl
Hillebrand, 5. — Considérations générales sur l'histoire de la
prose française, depuis l'époque de ses premiers essais jusqu'au siècle de Louis XIV, par M. Roux, 299. — De l'histoire à
notre époque, par M. J. Duboul, 307. — Sur les observations
pluviométriques faites dans l'Aquitaine, de 1714 à 1860, par
M. V. Raulin, 177.

GIRONDE. — BORDEAUX. Société linnéenne de Bordeaux. Discours d'ouverture pour la séance publique du 14 janvier 1862. Allocution finale pour la remise des médailles, par M. Ch. des Moulins. In-8°. (Extrait des *Actes de la Société*, t. XXIII, 6° livraison.) — Séance publique annuelle du 24 janvier 1862. Présidence de M. Ch. des Moulins. (Extrait des *Actes de la Société*, t. XXIII, 6° liv.) 1862, Bordeaux, 79 p. in-8°.

HAUTE-GARONNE. — TOULOUSE. Académie Impériale des Sciences, Inscriptions et Belles-Lettres de Toulouse. Mémoires, etc. 5° série, t. VI, 486 et 44 p. in-8°. Toulouse, 1862.

De Planet. Sur les chaudières à vapeurs au double point de vue de la législation et de la technologie; explosion des chaudières à vapeur; leurs causes actuellement connues, 299. — *Filhol :* Note sur la composition chimique des fleurs, 19. — *Clos* : 2ᵐᵉ fascicule d'observations tératologiques, 427. — *Joly* : Une séance à la Sorbonne en 1861, 429. — Note sur un monstre humain hétéradelphe. — Observations sur un fait de superfétation. — Note sur un œuf de poule monstrueux. — *Lavocat* : Recherches d'anatomie comparée sur l'appareil temporo-jugal et palatin des vertébrés, 156.

Mémoires, etc., 6° série, t. I, 656 p. in-8°. Toulouse, 1863.

Analyse des eaux de Barèges, par M. Filhol, 170. — Etudes sur les CÉPAGES cultivés dans le département de la Haute-Garonne et dans quelques autres départements du midi de la France, par MM. Filhol et Timbal-Lagrave, 603. — Apparition du Cochylis omphacdellien, vulgairement Teigne de la vigne, ver coquin, par M. Joly, 625. — Recherches sur un cystique polycéphale du lapin et sur le ver qui résulte de sa transfor-

mation dans l'intestin du chien, par M. Baillet, 452. — Examen
critique du mémoire de M. Pasteur, relatif aux générations
spontanées, par M. Joly. 215 — Considérations générales sur
quelques faits tératologiques confirmant la théorie vertébrale
de la tête, par M. Lavocat, 75.

HAUTE-GARONNE. — TOULOUSE. Société impériale archéologique du midi de la France. Mémoires, etc.,
t. VIII, 3ᵉ livraison, 5ᵉ série, p. 161 à 224. In-4°.
Toulouse, 1862.

HAUTE-LOIRE. — LE PUY. Société d'Agriculture, Sciences,
Arts et Commerce du Puy. Annales, etc., t. XXIII,
1860, in-8°, 229 et cixij p. Le Puy, MDCCCLXII.

HAUTE-SAVOIE. — ANNECY. Société Florimontane d'Annecy.
Revue savoisienne, paraissant le 15 de chaque
mois.

HAUTE-VIENNE. — LIMOGES. Société archéologique et historique du Limousin. *Nobiliaire limousin*,
feuilles 65 à 70 inclus. p. 521-558.

Consulter à la lettre C l'article Chabannes.

Bulletin, etc., t. XIII, 1ʳᵉ et 2ᵉ livraisons, 148 p.
in-8°. Limoges, 1863.

Les membres de la Société archéologique du Limousin continuent leurs patientes recherches sur l'histoire de l'émaillerie,
de cet art qui fit la gloire artistique de la contrée. La question
d'ancienneté, soulevée simplement d'abord pour l'émaillerie
limousine, n'a pas tardé à se transformer en une question générale. Où et à quelle époque les premiers émaux ont-ils été
fabriqués?... Les artistes byzantins, si habiles, en effet, dès les
premiers siècles, se sont attribué la gloire de l'invention. Mais
cette erreur, accréditée jusqu'à nos jours, a été mise à néant
par les travaux publiés dans ces derniers temps.

Il est évident aujourd'hui, pour tous ceux qui s'occupent de l'histoire de l'art, que les Byzantins n'ont fait que perfectionner un procédé d'ornementation qui leur était venu des contrées barbares de l'Occident, de la Bretagne ou de la Gaule. Mais c'est ici que la division se met dans le camp des chercheurs. Limoges, grand centre de la fabrication des émaux dans l'Occident, a vu naturellement rejaillir sur son industrie la gloire de l'invention ravie à l'Orient. Pendant quelque temps, les opinions furent unanimes, puis vinrent quelques dissidences, amenées par la grande quantité d'émaux primitifs trouvés en Angleterre, et, enfin, voici une théorie nouvelle soutenue par M. F. de Vernheil, avec la logique serrée du savant qui a beaucoup étudié, beaucoup voyagé.

Les émaux d'Allemagne et les émaux limousins, tel est le titre du mémoire publié par la Société de la Haute-Vienne, et qui est une réponse à un travail de M. le comte F. de Lasteyrie, revendiquant pour Limoges l'honneur de l'invention des émaux. M. de Vernheil, tout en regrettant de ne pouvoir conserver au Limousin la priorité conquise sur Bysance, combat pièce par pièce les arguments de son savant adversaire. Non-seulement les émaux primitifs n'ont pas pris naissance à Limoges, mais bien antérieurement plusieurs cités allemandes fabriquaient des émaux supérieurs, tel est le thème soutenu par l'auteur.

Notre incompétence sur la matière nous fait une loi de laisser de côté tout ce qui est discussion. Nous résumerons cependant en ses points essentiels la chronologie établie par M. de Vernheil pour l'histoire des émaux, et le parallélisme qui existe selon lui entre l'école limousine et l'école allemande, la priorité de cette dernière conservée, bien entendu.

Les émaux primitifs ont pris naissance dans la partie des îles britanniques qui ne fut point soumise à la domination romaine, et se sont surtout propagés dans la Grande-Bretagne. Le commerce s'en est emparé bientôt et les a répandus sur une foule de points, mais plutôt dans le nord que dans le sud de la Gaule, plutôt sur les côtes que dans l'intérieur. La France mérovingienne et carlovingienne conserve l'idée des émaux sans en tirer parti; Byzance seule s'empare des procédés et fait de l'émaillerie un art si avancé, que désormais Il n'y a rien de mieux à faire qu'à l'imiter.

Les émaux cloisonnés sur fond d'or, les émaux à personnages, créés depuis longtemps par les Byzantins, *apparaissent en Allemagne vers la fin du X* siècle* et sous des influences byzantines.

Un peu plus tard, *à la fin du xi*, ils se montrent en Aquitaine* avec le même aspect, les mêmes caractères et probablement les mêmes influences.

Les émaux sur cuivre et en taille d'épargne viennent après, dès le milieu du xi* en Allemagne, au xii* en Limousin.

Jusqu'aux premières années du xiii*, l'école allemande garde l'avantage pour la priorité des inventions, pour l'abondance et la perfection des produits ; mais avec l'avénement du style gothique, elle se restreint et s'efface devant l'orfévrerie sculptée, tandis que l'école limousine, appuyée sur le commerce et l'industrie, devient plus féconde et plus populaire que jamais, au point qu'elle absorbe toutes les autres fabriques sous son nom.

Au xiv* siècle, l'école limousine s'attarde et s'éclipse pour un moment. Mais aussitôt que débute la vraie peinture sur émail, dans la seconde moitié du xv* siècle, Limoges reprend son éclat, qui ne le quittera plus et lui donnera le monopole à la Renaissance.

Telle est la chronologie de l'histoire de l'émaillerie telle que l'établit M. de Vernheil ; pour lui, la priorité doit être accordée sans conteste aux émaux allemands. On doit bien penser que cette opinion absolue devait froisser le patriotisme local des savants limousins. Aussi les avis ont-ils été et sont-ils encore partagés. Disons en terminant que M. de Lasteyrie, revenant dernièrement, dans le *Bulletin de la Société des Antiquaires de France* (2* trim. 1863), sur l'opinion émise par M. de Vernheil, à propos d'un calice conservé autrefois dans le trésor de l'abbaye de Chelles et attribué à saint Eloi, cherche à démontrer que la théorie exposée pourrait bien reposer sur une erreur d'appréciation dans les procédés.

L'emploi simultané, dans l'ornementation de ce calice, de
l'émail et des verres de couleur cloisonnés, montre, d'après
M. de Lasteyrie, « le point de jonction de deux industries d'origines très-diverses : l'émaillerie, art occidental, celtique, gaulois, et la verroterie cloisonnée, art germanique, importation
des conquérants du Nord. »

Ainsi, M. de Vernheil aurait pris des grenats allemands
cloisonnés pour des émaux?... Telle est la conclusion qu'on
serait tenté d'admettre si le nom du savant auteur du mémoire que nous venons de passer en revue n'était point là
pour rendre une telle supposition difficile.

Espérons que la lumière se fera bientôt sur cette question,
qui intéresse tout à la fois l'art et l'archéologie, et que de nouvelles découvertes viendront bientôt nous dire de quel côté est
la vérité.

HAUT-RHIN. — COLMAR. Société d'Histoire naturelle. Bulletin, etc. 3ᵉ année, 1862, in-8°, 159 p. Colmar,
1863.

M. H. de Peyerimhoff continue dans ce Bulletin la publication de son catalogue des Lépidoptéres d'Alsace. Il aborde
cette fois l'étude si difficile des Microlépidoptères et publie la
liste des Pyralites et des Tortrices. Les Pyrales sont classées
d'après le catalogue des Lépidoptères dressé par M. Bruand,
catalogue qui n'est pas toujours un modèle à suivre dans la
classification; les Tordeuses ont été rangées d'après l'index de
M. Guénée.

ITALIE. — MILAN. *Revue scientifique italienne*, Sciences
mathématiques, physiques, naturelles et médi-
cales ; Archéologie, Agriculture et Industrie, par
Gabriel de Mortillet, rédacteur scientifique de
l'*Italie*. 1ʳᵉ année, 1862, in-8°, 222 p. avec pl.
Milano via del Gesu, 1863.

On ne saurait trop encourager les publications de cette

nature, surtout lorsqu'elles sont dirigées par des hommes qui portent le talent d'analyse à un si haut degré que M. Gab. de Mortillet. Aussi avons-nous accueilli avec empressement la demande de correspondance qui nous a été adressée de Milan. Dorénavant le mouvement scientifique italien pourra être étudié dans son ensemble par les membres de notre société.

JURA. — POLIGNY. Société d'Agriculture, Sciences et Arts de Poligny. Bulletin, etc. N°ˢ 1 à 10.

LOIRE. — SAINT-ETIENNE. Société de médecine de Saint-Etienne et de la Loire. Annales, etc., t. II, 2ᵉ partie, année 1862, p. 280 à 618, in-8°. Saint-Etienne, 1863.

LOIRE. — SAINT-ETIENNE. Société impériale d'Agriculture, Industrie, Sciences, Arts et Belles-Lettres du département de la Loire. Annales, etc., t. VI, année 1862, 3ᵉ et 4ᵉ livraisons, p. 31-63, t. VII, année 1863, 1ʳᵉ et 2ᵉ livraisons.

Nous trouvons dans ce recueil le catalogue des oiseaux du département de la Loire, par M. Darien, ainsi que celui des Coléoptères lamellicornes, dressé par M. Favarcq ; la classification suivie pour les insectes est celle de M. Mulsant.

LOIRE-INFÉRIEURE. — NANTES. Société académique de Nantes et du département de la Loire-Inférieure. 1862, 2ᵉ semestre, 313 à 603 p. in-8°.

LOIRET. — ORLÉANS. Société archéologique de l'Orléanais. Bulletin, etc., n° 41, 3ᵉ et 4ᵉ trim. 1862, p. 27 à 50. N° 42, 1ʳ et 2ᵉ trim. 1763, p. 51 à 83.

Le numéro 41 du Bulletin contient un rapport de M. Mantelier, président de la Société de l'Orléanais et directeur du musée, sur la situation du musée de l'Orléanais. Ce rapport

nous met à même de constater l'importance que prend le
musée d'Orléans, grâce à la généreuse initiative de l'administration municipale et départementale combinées. Nous espérons que ce qui se passe à Orléans sera mis bientôt à exécution
à Auxerre, lorsque la fin des travaux du palais de justice aura
permis à notre ville de reprendre possession de l'ancienne résidence des comtes d'Auxerre, qu'on nous promet de restaurer
complétement et d'approprier pour les besoins de la bibliothèque et la création du musée, réclamé depuis longtemps pour
classer nos collections d'après un plan rationel et large qui
rendra leur accroissement rapide et leur étude possible.

LOZÈRE. — MENDE. Société d'Agriculture, Industrie, Sciences
et Arts du département de la Lozère. Bulle-
tin, etc., t. XIII, 1862, septembre et décembre;
t. XIV, 1863, janvier et août.

LUXEMBOURG (Grand-Duché de). — LUXEMBOURG. Société
historique du grand-duché de Luxembourg. Rapport du conservateur A. Namur, sur les travaux
de la Société pendant l'année 1861, in-4°, 55 p.

MAINE-ET-LOIRE. — ANGERS. Société industrielle de Maine-
et-Loire. Bulletin, etc. 23° année, 3° de la
3° série. 1862, 326 p. in-8°.

Note sur le Dystique bordé, sa larve et sa nidification, par
M. Cl. de Beauvoys, 253. — Observations sur le provignage
des vignes, par M. Cazalis-Allut, 163.

MAINE-ET-LOIRE. — ANGERS. Sociéte linnéenne de Maine-et-
Loire. Annales, etc. 5° année, 1862, gr. in-8°,
176 p. avec pl. Angers, 1862.

Rapport sur le nouveau ver à soie de l'Ailante,-par M. le
comte de Lamotte-Baracé. — De l'acclimatation en France du
Bombyx cynthia, par M. Blain. — Les Nullipores de l'étage

sénonien, par M. Courtillet. — Étude sur l'incubation artificielle, par M. L. Soubeyran. — Essai sur les ferments, par le docteur Philouze. — Coléoptères du Morbihan, par le docteur Fouquet. — Note sur les Actéonines de Montreuil-Bellay, par le docteur Farge. — Étude sur les calcaires jurassiques des environs de Durtal.

MARNE. — CHALONS-SUR-MARNE. Société d'Agriculture, Commerce, Sciences et Arts du département de la Marne. Mémoires, etc., année 1862. In-8°, 640 p.

Essai sur l'origine du notariat et l'art de l'écriture, par M. Tremolière, 179. — De quelques manières d'acheter un champ. Symboles et formalités juridiques qui, chez divers peuples, accompagnaient autrefois la vente de la terre, par M. Boullaud, 217. — Etude historique sur la statuaire au moyen-âge, par M. le baron Chaubry de Troncenord. 2° partie, sculpteurs champenois : Hugues Lallement, Le Jacques, Girardon, Jean Jolly, Fournier, Bouchardon, Laurent Guyart, Petitot, Simart, 259. — Coup d'œil sur les progrès de la langue française en Champagne, depuis les temps les plus reculés jusqu'à nos jours, par l'abbé Etienne Georges, 501.

MORBIHAN. — VANNES. Société Polymatique du Morbihan. Bulletin, etc., année 1862, in-8°, 131 p. Vannes, 1863. 1er semestre 1863, in-8°. 1863.

Nouvelles additions à la Flore du Morbihan, par M. Arrondeau, 54.

MOSELLE. — METZ. Société d'Archéologie et d'Histoire de la Moselle. Bulletin, etc, 5° année. Metz, 1862, 269 p., gr. in-8°. — Mémoires, etc. Metz, 1862, 292 p. gr. in-8°.

NIÈVRE. — NEVERS. Société nivernaise des Lettres, Sciences et Arts.

Droits et priviléges de la commune de Nevers, par
M. Henri Crouzet, professeur d'histoire au collége
de Nevers, conservateur des archives communales,
membre de la Société nivernaise, etc. (Publication de la Société nivernaise, 1re série, in-8°,
220 p. Nevers, 1858.)

Circulaire à propos de l'exposition archéologique
de 1863. — Exposition d'archéologie : règlement, 5 p. in-8°, 1863.

La faïence, les faïenciers et les émailleurs de Nevers,
par L. du Broc de Ségange, vice-président de la
Société nivernaise, conservateur en chef des
musées de la ville de Nevers, etc. (Publication
de la Société nivernaise, MDCCCLXIII, gr. in-4°.
Nevers, avec 16 pl. chromolithographiées.)

Sa trop grande longueur nous force à renvoyer au Bulletin
de 1864 le travail que nous avions préparé sur l'important
ouvrage de M. du Broc de Ségange. Nous publierons dans ce
compte rendu les renseignements que nous nous sommes pro-
curés sur les fabriques qui ont existé dans plusieurs communes appartenant aujourd'hui au département de l'Yonne,
fabriques qui ont toutes subi l'influence de Nevers, de ses
potiers et de ses peintres.

Nord. — Lille. Société Impériale des Sciences, de l'Agriculture et des Arts de Lille. Mémoires, etc., année
1862, 2e série, 9e vol. 654 et cxviii p. in-8° avec
pl. Lille, 1863.

Hygiène de la ville de Lille, par MM. les docteurs Pilat et
Tancrez, 5. — Traitement du croup, par MM. Fischer et Bri-
cheteau, internes à l'hôpital des enfants, 81. — Influence du
gaz sur les arbres des promenades publiques, par M. Girardin,
289. — De la migration du phosphore dans la nature, par

M. Corinwinder, 331. — Mémoire sur la production artificiell e
des monstruosités dans l'espèce de la poule, par M. Dares te,
369. — Distillation des térébenthines et des résines, par M.
Henry Violette, 423. — Nouveaux procédés de distillation de
l'acide nitrique, par M. Kuhlmann fils, 609. — De l'existence
d'un nouveau métal, le thallium, par M. Lamy, 809. — Note sur
les sels organiques du thallium, 605.

Tous ceux qui, de près ou de loin, suivent les progrès des
études chimiques, voudront lire le beau mémoire de M. Lamy,
mémoire qui a valu au savant président de la Société des
sciences de Lille la croix de la Légion d'honneur. C'est au
moyen de la méthode d'analyse que deux savants de Heidelberg, MM. Bunsen et Kirchoff, ont fondée il y a trois ans, que
M. Lamy est parvenu à reconnaître le nouveau corps et ses
propriétés. La coloration communiquée aux flammes par les
dernières particules des corps a été étudiée avec le plus grand
soin depuis quelques années seulement et on est arrivé à
poser cette loi : « En général, un métal ou l'une des combinaisons qu'il forme avec l'oxygène, le chlore, le soufre, etc.,
révèle toujours sa présence dans le spectre par des raies brillantes, plus ou moins nombreuses et visibles, caractérisées par
leur position respective, leur netteté ou leur diffusion, leur
nombre et leur coloration. » Nous ne pouvons ici donner aucun
détail sur la découverte du savant chimiste, ni le suivre dans son
examen du nouveau corps et de ses propriétés. Nous croyons
cependant devoir insister sur l'avenir réservé à une méthode
qui, en trois années, a fait faire des progrès tels à la chimie,
que des propriétés jusqu'alors inconnues ont été trouvées à
des corps simples, pourtant bien étudiés jusqu'à ce jour, et que
trois nouveaux corps, le *Cœsium*, le *Rubidium*, enfin le *Thallium* le plus important des trois, ont pris place dans la nomenclature. On peut juger par deux exemples le procédé d'analyse
qualificative établi par les illustres savants de Heidelberg, procédé incomparablement plus sensible, plus rapide et plus facile
que tous ceux usités jusqu'à ce jour dans les laboratoires.
« Avec la nouvelle méthode, écrit M. Lamy, l'œil peut percevoir
dans une atmosphère la présence de moins de trois millio-

nièmes de milligramme de soude! — En quelques minutes et
par l'évaporation d'une goutte de liquide, un chimiste tant soit
peu exercé peut faire l'analyse d'un mélange renfermant jusqu'à neuf métaux différents! — Et ces résultats tant merveil-
leux qu'ils puissent paraître, sont dépassés encore par l'étendue
du champ, jusqu'à présent inexploré, que la méthode nouvelle
ouvre aux investigations de la chimie. Ses limites s'étendent,
en effet, au delà de notre système planétaire; sa puissance
permet de découvrir aussi bien les métaux contenus dans
l'atmosphère du soleil et celle des étoiles, que les éléments
disséminés dans l'écorce de notre globe. »

NORD. — LILLE. Commission historique du département du
    Nord. Bulletin, etc., t. v, in-8°, 356 p., 1861. —
    T. vi, in-8o, 289 p., 1862. — T. vii, in-8°,
    1863.

Notice nécrologique sur M. A. de Contencin, l'un des fondateurs et ancien président de la Commission historique, par
M. le docteur Le Glay.

M. de Contencin était membre correspondant de notre Compagnie, et c'est à ce titre que nous rappelons la notice chargée
de perpétuer le souvenir du savant directeur général de l'administration des cultes

PAS-DE-CALAIS. — ARRAS. Académie d'Arras. Mémoires, etc.,
    t. xxxv, in-8°, 544 p. Arras, 1863.

Etude sur les tapisseries d'Arras, par M. l'abbé Van Drival,
123. — Recherches sur les anciennes tapisseries d'Arras, par
M. l'abbé Proyart, 145. — Réponse de M. Van Drival aux
observations dont sa première étude sur les tapisseries d'Arras
a été l'objet, 177. — Mise en valeur des biens communaux, par
M. Billet, 245.

RHÔNE. — LYON. Société littéraire de Lyon. Publications, etc.
    1ᵉʳ vol. 1858-1860, in-8o, 206 et 40 p. 1861.
    — Annales, etc. Compte-rendu des travaux de

la Société pendant l'année académique 1860-61.
Lyon, 1862, 56 p. in-8°.

RHÔNE. — LYON. *Revue du Lyonnais*, recueil historique et
littéraire. 28ᵉ année, t. XXVI, nouvelle série,
liv. 141-152. Mars 1862. Février 1863.

La *Revue du Lyonnais* paraît par livraisons mensuelles,
sous la direction de M. A. Vingtrinier. En même temps que des
travaux conformes à son programme, on trouve dans ce recueil
les compte rendus des séances des Académies et Associations
scientifiques de Lyon.

SAÔNE-ET-LOIRE. — CHALON-SUR-SAÔNE. Société d'Histoire et
d'Archéologie de Châlon-sur-Saône. Mémoires,
etc. t. IV, 3ᵉ partie, in-4°, p. 377 à 474. 1862.
Châlon-sur-Saône, 1863.

SARTHE. — LE MANS. Société d'Agriculture, Sciences et
Arts de la Sarthe. Bulletin, etc. 1862, t. VIII, 2ᵉ,
3ᵉ et 4ᵉ trim., in-8°, p. 409 à 948 en 2 fascicules. — T. IX, 2ᵉ série, 1ᵉʳ trim. 1863, 83 p.
in-8° ; 2ᵉ trim. 1863, p. 85 à 176.

Note sur les moyens curatifs de la maladie de la vigne, par
M. A.-L. David, 56.—Etudes sur le chêne et sur ses auxiliaires,
par M. E. Béraud, conservateur des forêts, 133.

SAVOIE. — CHAMBÉRY. Académie Impériale des Sciences,
Belles-Lettres et Arts de Savoie. Mémoires, etc.,
t. V, 1ʳᵉ, 2ᵉ et 3ᵉ livraisons. 1862-63, in-8°, p. 1
à 228. Chambéry.

C'est pour la première fois que nous entrons en correspondance avec l'Académie impériale de Savoie. De beaux et nombreux travaux sont publiés sur l'histoire locale et les sciences
naturelles dans ce recueil, dont la perfection typographique
témoigne du soin apporté jusque dans les détails par nos nouveaux compatriotes. Nous ne pouvons que féliciter notre Com-

pagnie des relations qui s'établissent avec une Société aussi
recommandable par ses travaux que par les savants qui la
dirigent.

SAVOIE. — CHAMBÉRY. Société savoisienne d'Histoire et d'Archéologie. Mémoires, etc., t. VI, in-8º, 540 p.
Chambéry, MDCCCLXII.

Outre les mémoires et documents publiés sur les deux départements composant l'ancienne Savoie, nous trouvons, sous
le titre de *Bulletin bibliographique de la Savoie*, un travail
de M. Rabut, professeur d'histoire au lycée d'Agen, qu'on ne
saurait trop faire connaître aux bibliographes. Depuis six ans,
M. Rabut a entrepris de donner chaque année la liste exacte et
raisonnée de tous les livres, brochures, gravures, lithographies,
publiés : 1º Dans la Savoie proprement dite ; 2º hors du pays,
par des Savoisiens ; 3º hors du pays par des étrangers, sur la
Savoie, sur les Savoisiens et sur leurs œuvres. Il est à souhaiter
que l'exemple de M. Rabut soit suivi dans tous les départements par les Sociétés de province, et il est désirable en particulier qu'un pareil travail soit entrepris pour le département
de l'Yonne par un membre de notre Compagnie, avec l'aide des
auteurs, des imprimeurs, et surtout de l'administration pré-
fectorale qui, en exigeant que le dépôt légal prescrit ne soit
point lettre morte, peut donner d'utiles renseignements sur
tout ce qui se publie dans l'Yonne.

SEINE. — PARIS, Société Botanique de France. Bulletin, etc.,
t. IX, nº 8, 1862. — T. x, nᵒˢ 1, 2, 3, 4 et 5.
1863.

SEINE. — PARIS. Société Impériale des Antiquaires de France.
Bulletin, etc. 1862, 3º et 4º trim. 1863, 1ᵉʳ et
2º trim. — Mémoires, etc., t. xv et xvi, 5º et
6º série, in-8º. 1858-1861.

SEINE. — PARIS. Société géologique. Liste des membres de la
Société géologique de France au 1ᵉʳ mai 1863,

41 p. in-8°. — Bulletin, etc., 2ᵉ série. t. xx, feuilles 1 à 48, en 5 livraisons : du 3 novembre 1862 au 22 juin 1863.

Ne pouvant rappeler ici les titres de chaque article contenu dans le Bulletin de la Société, nous inscrirons seulement les mémoires intéressant plus spécialement le département de l'Yonne ou ceux publiés par des membres de notre Compagnie.

Ed. Hébert. Sur le non synchronisme des étages campanien et dordonien, avec la craie de Meudon et celle de Maëstricht, 90. — Sur l'ouvrage de M. Figuier, intitulé : *La terre avant le déluge*, 107. — Melleville. Réponse aux observations [de M. Hébert sur sa note relative aux terrains de transport superficiels du bassin de la Somme. 108. — Réplique de M. Hébert, 110. — Harlé. Deuxième note sur la vallée de la Seine dans le département de la Seine-Inférieure, 114. — Observations de M. Hébert snr la communication précédente, 118. — Th. Ebray. Sur la position des calcaires caverneux autour du plateau central, 161. — Lehon. Système bruxellien. Réponse aux observations de M. Hébert. — Observations de M. Hébert sur la communication précédente, 200. — Th. Ebray. Stratigraphie de l'étage albien des départements de l'Yonne, de l'Aube, de la Haute-Marne, de la Meuse et des Ardennes, 209. — Marquis de Vibraye. Observations sur la note de M. l'abbé Bourgeois, relative à des silex travaillés trouvés à Vallières, 238. — Th. Ebray. Sur le terrain jurassique des environs de Verpillière (Isère), 296. — Garrigou. Sur les cavernes de Lherm et de Bouchéta, 305. — Cotteau. Considérations stratigraphiques et paléontologiques sur les Echinides de l'étage néocomien du département de l'Yonne, 355.—A. Gaudry. Sur les liens que les hyènes fossiles établissent entre les hyènes vivantes, 404. — Ebray. Sur le terrain jurassique du département de la Loire et sur les dislocations des environs de Saint-Nizier, 441. — Ed. Hébert. Sur la craie blanche et la craie marneuse dans le bassin de Paris, 605.

Comp. rend.

SEINE. — PARIS. Annuaire des Sociétés savantes de la France
et de l'étranger, par le comte Achmet d'Héricourt, secrétaire perpétuel de l'Académie d'Arras, etc. Livraisons 1 et 2, p. 1 à 128. Paris,
1863. Dumoulin, éditeur, 13, quai des Au-
gustins.

SEINE. — PARIS. Annuaire de l'Institut des provinces, des Sociétés savantes et des Congrès scientifiques.
2e série, 5e volume, 15e de la collection. 1863,
in-8o, 604 p.

SEINE. — PARIS. L'*Année géographique*, revue annuelle des
voyages de terre et de mer, ainsi que des explo-
rations, missions, relations et publications
diverses relatives aux sciences géographiques
et ethnographiques, par M. Vivien de Saint-
Martin, vice-président de la Société géographique de Paris. 1re année. Paris, Hachette et Ce,
1863, in-8o, 432 p.

SEINE-INFÉRIEURE. — LE HAVRE. Société havraise d'Etudes
diverses. Recueil des publications, etc., 29e année, 1862, 460 p. gr. in-8o. Le Havre, 1863.

Le choléra-morbus au Hâvre en 1848 et 1849, 1853 et 1854,
par le docteur Lecadre. — La médecine naturelle et la médecine scientifique, par le docteur Maire, 217. — Etude sur la
prononciation de la langue latine au siècle d'Auguste, par
M. Rispal, 291. — Des types et de de la fantaisie en littéra-
ture. — Du réalisme et du roman-feuilleton, par M. E.
Duboc, 435.

SOMME. — AMIENS. Société des Antiquaires de Picardie.

Bulletin, etc. 1862. n°⁸ 2, 3 et 4, p. 70-140.—
1863, n°⁸ 1 et 2.

Observations de la Commission chargée de demander le maintien de la statue de Dufresne du
Cange sur le lieu même de son inauguration, 4 p.
in-4°. Amiens, 1863.

Somme. — Amiens. Académie des Sciences, Belles-Lettres,
Arts, Agriculture et Commerce du département
de la Somme. Mémoires, etc., 2ᵉ série, t. II,
années 1860. 61, 62, in-8°, 640 p., Amiens,
1862.

De la sculpture chrétienne en France avant le règne de Char-
lemagne, par M. l'abbé Corb'et, 85. — De l'action des dissol-
vants sur la houille, par M. de Commines de Marsilly, 191. —
Etude iconographique sur le Lion et le Bœuf sculptés au portail
des églises, par l'abbé Corblet, 449. — Notice sur les silex
taillés des temps anté-historiques, par M. H. Dauphin, 469.—
Ce dernier travail est très intéressant à tous égards, car il présente un résumé complet de la grande question à l'ordre
du jour et rappelle tous les faits géologiques militant en faveur
de la contemporanéité de l'homme avec les grands mammifères dont les espèces ont aujourd'hui disparu. En combattant
la doctrine nouvelle, l'auteur a divisé son travail en quatre
parties et s'efforce successivement de répondre aux questions
suivantes : Que sont les silex trouvés par M. Boucher de Perthes ? Sont-ils le travail de l'homme ? 2° Sont-ils mêlés à des
ossements de mammifères dont les espèces sont éteintes ?
3° Sont-ils contemporains de ces ossements ? 4° A quelle époque géologique appartiennent les terrains qui les renferment ?
quelle en est l'origine ? — Après avoir rapporté toutes les opinions qui ont été émises, M. Garnier discute le sujet en homme
dont le savoir et l'expérience ont été mis en garde contre tout
parti pris La proximité des terrains d'Abbeville lui a permis

de voir les choses de près et l'auteur s'est trouvé en relation avec presque tous les savants qui se sont occupés de la question. Aussi sommes-nous tenté, quoique bien incompétent, d'admettre avec lui des conclusions que des recherches subséquentes pourront seules rendre plus absolues.

Ainsi la découverte de M. Boucher de Perthes a été confirmée sur plusieurs points, les silex travaillés de main d'homme ont été trouvés mêlés à des ossements d'éléphants et de rhinocéros et ont été apportés dans les graviers en même temps. Mais les hommes qui ont fabriqué ces silex ont-ils été les contemporains de ces animaux ? Ici il y a partage ; les uns se prononcent nettement pour l'affirmative, d'autres doutent ou repoussent cette proposition comme non prouvée encore. D'où naissent le doute et la négation? De la classification du terrain, de sa formation. L'antiquité du gravier est admise par tout le monde ; mais M. Garnier pense avec plusieurs géologues distingués que les ossements des mammifères d'espèces éteintes et les silex taillés appartiennent à des époques différentes et que leur mélange dans un même milieu est dû à des formations qui n'ont pas dû demander une masse d'eau énorme, car l'accumulation des graviers a pu s'effectuer par un volume liquide annuel différent peu de celui de la rivière qui existe. Il se range de l'avis du professeur de Copenhague, M. Steenstrup. qui trouve entre les silex de la Somme et ceux qui se rencontrent dans les *Kjockken-mœddinger* du Danemark une analyse frappante (1). Il n'y aurait donc pas contemporanéité entre les ossements et les silex qui viendraient de peuples beaucoup plus voisins de nous.

Ces conclusions ne peuvent faire rien perdre de son importance à la découverte de M. Boucher de Perthes ; le premier, il aura révélé les restes de peuples dont le passé est antérieur

---

(1) Les *Kjockken-mœddinger* sont de vastes amas de décombres où gisent pêle-mêle, avec des débris de leur industrie, le rebus des repas des peuplades primitives qui ont fréquenté les bords de la mer, vivant de la chasse et de la pêche, dans un temps où le niveau des terres fermes était inférieur à leur niveau actuel.

aux origines de l'histoire proprement dite. Il aura donné à la
géologie un sujet d'études nouvelles, à l'archéologie toute une
histoire à créer. Le champ des investigations est élargi, il
effraie par son immensité et, après avoir parcouru la belle
étude de M. Garnier sur ces temps primitifs, on peut rappeler
ce que disait M. Morlot, en 1860, à l'ouverture du cours d'antiquité fait à l'Académie de Lausanne : « Quand ces âges ont-
ils commencé ? nul ne le sait. On sait seulement qu'ils se sont
suivis, et les observations n'ont pu établir qu'une chronique
relative. La tradition, en effet, ne saurait remonter à l'origine
de notre espèce, pas plus que les souvenirs de l'individu ne
sauraient lui rappeler sa naissance. L'humanité doit donc avoir
traversé une première phase qui n'a pas laissé de souvenirs. »

SUISSE. — GENÈVE. Société d'Histoire et d'Archéologie de
Genève. Mémoires et documents, etc., t. XIII,
248 p. in-8°. Genève, 1862. — T. XIV, 250 p.
in-8°. Genève. 1863.

Ce dernier volume contient plus de 400 chartes, presque
toutes inédites et relatives à l'histoire de la ville et du diocèse
de Genève, depuis l'an 1005 jusqu'à 1311. Cette publication,
précieuse pour les recherches historiques, est faite dans un
format commode et peu dispendieux. Il n'est pas douteux que
l'exemple de la Société genevoise ne soit bientôt suivi par d'autres sociétés, lorsqu'on aura vu combien de documents précieux peuvent être mis au jour ou tirés de l'oubli avec des ressources même modiques.

SUISSE. — LAUSANNE. Société vaudoise des Sciences naturelles. Bulletin, etc., t. VII, n° 50, p. 327 à 434,
in-8°. Lausanne, août 1863.

Nouvel appareil télégraphique, transmettant de 20 à 30 dépêches simultanément, par M. Cauderay, 361. — Informations
télégraphiques quotidiennes pour la météorologie, par M. Du-

four, 381. — Considérations sur l'expérience de M. Léon Foucault, relative à la vitesse de la lumière, par M. Emery, 389.— Symétrie florale des Crucifères, par M. Planchon, 410 — Venin des poils d'orties, par M. Schnetzler, 412. — Nouvelle espèce de cochenille, par M. Delaharpe, 417.—Sur les œufs emboltés, par M. Claparède, 419.

SUISSE. — NEUCHATEL. Société des Sciences naturelles de Neuchâtel. Bulletin, etc., t. VI, 1er cahier, p. 1 à 262, in-8°. 1862.

Expériences chronoscopiques sur la vitesse des différentes sensations et de la transmission nerveuse, par M. le docteur Hirsch, 100. — Sur un appareil régulateur des courants électriques, par M. Hipp, 115. — Notice sur la taille des recrues dans le canton de Neuchâtel, 140. — De l'orographie des Alpes dans ses rapports avec la géologie, 147. — Examen chimique des vendanges de Neuchâtel, 1861, par M. Kopp, 212.

TARN. — CASTRES. Société littéraire et scientifique de Castres. Procès-verbaux des séances. 5e année, in-8°, 640 p. Castres, 1862.

Mémoire par M. N. Serville, sur les tours d'enfants trouvés et sur les effets de la suppression de celui de Castres, 39.

VAR. — TOULON. Société des Sciences, Belles-Lettres et Arts du département du Var. Bulletin, etc. 28e et 29e année. 1860-61, in-8°, Toulon.

Travaux intéressant spécialement le département du Var.

VIENNE. —POITIERS. Société des Antiquaires de l'Ouest. Bulletin, etc. 3e et 4e trim. 1862, p. 76 à 190. 1er, 2e et 3e trim. 1863, p. 1 à 284.

Le troisième trimestre 1862 contient un *Rapport de M. de Longuemar, sur une séance de la Société des Sciences de l'Yonne.* L'honorable correspondant de la Compagnie donne dans ce recueil un compte rendu de la séance du 2 mars dernier, à laquelle il assistait, et il profite de la circonstance pour remercier notre Société de l'accueil bienveillant qui lui était bien dû et que les membres de notre Société se sont efforcés de rendre digne de l'ancien président de la Société des Antiquaires de l'Ouest.

VIENNE. — POITIERS. Société académique d'Agriculture, Belles-Lettres, Sciences et Arts de Poitiers. Bulletin, etc., n⁰ˢ 71 à 77. Novembre 1862 à mai 1863. In-8°, p. 269-332 et 1 à   .

Sur les rapports qui existent entre les diverses qualités d'eau-de-vie et celles du sol dans le département de la Charente, 290. — Note sur les engrais commerciaux, par M. de Souvigny, 7i — Causes, effets et préservatif des gelées printannières, par M. Trouessart, 104.

VOSGES. — EPINAL. Société d'Emulation du département des Vosges. Annales, etc., t. xi, 1ᵉʳ cahier, 1861, 230 p. in-8°. Epinal, 1862.

YONNE. — AUXERRE. Société centrale d'Agriculture de l'Yonne. Bulletin, etc. In-8°, 354 p. Auxerre, Perriquet et Rouillé.

Mémoire sur la statistique agricole et spécimen d'un nouveau questionnaire récapitulatif cantonal, par M. Hermelin, 36. — Rapport sur la situation de la pépinière viticole et vigne d'essai de la Société, par M. Rouillé, 58. — Rapport sur les bibliothèques cantonales agricoles créées par la Société centrale, par M. Challe, 166. — Sur de nouveaux essais de décortication de la vigne, par M. Escallier, 177. — Sur des expériences de labourage à la vapeur sur un sous-sol de roche compacte, par M. Challe, 182. — Compte rendu du Congrès viticole de la Bourgogne des 2 et 3 novembre 1862, par M. Ladrey, 901. —

Mémoire sur le cadastre, par M. Hermelin, **226**. — Rapport sur la question du vinage, par M. Challe, 300.

Yonne. — Auxerre. Société médicale de l'Yonne, fondée en 1844. Bulletin, etc. Année 1862, in-8°, 192 p. Auxerre, typ. Gallot. 1863.

> Quelques mots à propos de la fièvre intermittente, par M. le Dr Foudreton, 23. — Recherches sur la vie moyenne comparée dans les 37 cantons du département de l'Yonne, par M. le Dr Duché, 34. — Notice sur l'analyse hydrotimétrique des eaux potables du canton de Villeneuve-sur-Yonne, par le Dr Bally, 91. — Réflexions sur la prétendue coïncidence de la disparition de la variole avec la fréquence de la fièvre typhoïde, pour servir à réfuter la nouvelle doctrine, qui attribue la plus grande fréquence et la gravité de cette maladie à la vaccine, etc., par le Dr Bally neveu, 130. — A propos de la vaccine, proposition d'enquête sur la question de savoir si la vaccine préserve véritablement de la petite-vérole, et si cette préservation a lieu sans inconvénients secondaires pour l'individu et pour la société, par le Dr Duché, 143.

Yonne. — Joigny. Bulletin trimestriel de la Société d'Agriculture de Joigny. N°s 55 à 59, 1862-63. Joigny, typ. Zanote.

§ III.

ENVOI DE SON EXC. LE MINISTRE DE L'INSTRUCTION PUBLIQUE.

1° Dictionnaire topographique du département de la Meurthe, rédigé sous les auspices de la Société d'Archéologie lorraine, par M. H. Lepage, président de cette Société, correspondant du Ministère de l'Instruction publique pour les travaux

historiques, etc. Paris, imprimerie Impériale,
MDCCCLXII. 213 p. in-4°,

2° Mémoires lus à la Sorbonne dans les
séances extraordinaires du Comité Impérial des
travaux historiques des Sociétés savantes, tenues
les 21, 22 et 23 novembre 1861. Histoire, Philologie et Sciences morales. Paris, imprimerie
Impériale, MDCCCLXIII, 402 p. gr. in-8°.

3° Mémoires, etc. Archéologie, MDCCCLXIII,
334 p. avec pl.

C'est dans ce volume qu'il faut chercher le mémoire de
notre collègue M. Quantin, lu à la Sorbonne en 1861 et ayant
pour objet les voies romaines qui traversent le département de
l'Yonne.

4° Revue des Sociétés savantes des départements, publiée sous les auspices du Ministre de
l'Instruction publique et des Cultes. 3ᵉ série,
tome I.

La livraison de janvier contient une Etude historique de
M Ducoudray, sur la ville de Sens pendant la guerre de Cent
ans. Dans le numéro de mai M. V. Foucher donne un compte
rendu relatif aux mémoires relevant de la section d'histoire et
de philologie compris dans les tomes XIV et XV, 1860 et 1861,
du Bulletin de notre Société.

§ IV.

OUVRAGES OFFERTS PAR LES MEMBRES DE LA SOCIÉTÉ.

BERT. *Expériences et considérations sur la greffe
animale*, par M. le Dʳ Paul Bert, licencié ès-
sciences, membre de la Société de biologie,

préparateur du cours de médecine expérimentale
au Collége de France, etc. (Ext. du *Journal
d'anatomie et de physiologie*, p. 69 à 87.)

— *De la greffe animale.* Thèse pour le doctorat
en médecine, présentée et soutenue le samedi
8 août 1863 par Paul Bert, né à Auxerre, docteur
en médecine, licencié ès-sciences naturelles, licencié en droit, membre de la Société philoma-
tique, de la Société de Biologie, de la Société
d'Anthropologie, de la Société géologique, de la
Société des sciences de l'Yonne, etc.

Nous n'entreprendrons point ici l'analyse du beau travail de
notre collègue et ami Paul Bert. Le mérite exceptionnel de
cette thèse a été reconnu en haut lieu et S. Exc. le ministre
de l'instruction publique vient de sanctionner le jugement
déjà porté sur cette œuvre en accordant à son auteur une
récompense (prix des thèses pour l'année 1863) à laquelle on
applaudit. En effet, ce travail embrasse un sujet à l'ordre du
jour : un Mémoire qui apporte des faits nouveaux sur la
transplantation animale devait être bien accueilli en ce moment où les belles expériences du docteur Ollier sur la revi-
vification et la reproduction du périoste ont ouvert tant d'ho-
rizons nouveaux à la science chirurgicale.

Le sujet choisi par le docteur Bert pour sa thèse inaugu-
rale n'a été jusqu'ici approfondi par personne dans une vue
d'ensemble, et ce vaste sujet d'études, bien qu'abordé hardi-
ment ici, ne comporte point encore un travail définitif. Mais,
comme l'auteur nous l'annonce lui-même, c'est un cadre
qu'il a l'intention de remplir. En somme, le Mémoire de
notre collègue cache sous un titre modeste un travail consciencieux où l'érudition, les expériences personnelles et le
talent de bien dire se rencontrent à chaque page.

Suite à Buffon. — *Insectes*, par le docteur
Boisduval, vol. in-8° et pl.

— Familles naturelles du règne animal, par M. Latreille, 1 vol. in-8°.

— Divers fascicules du Bulletin de la Société géologique de France. (Série antérieure à celle que nous possédons).

— Iconographie zoophytologique,description par localités et terrains ' des polypiers fossiles de France et pays environnants, par H. Michelin. Liv. 1 à 31, 1841-1845, in-8° avec pl.

· BERTHERAND. Rapport sur les travaux de la Société d'Agriculture, Sciences et Arts de Poligny pendant l'année 1862, lu dans la séance publique annuelle du 22 septembre 1862, par le docteur E.-L. Bertherand, secrétaire perpétuel.

CHALLE. Rapport sur les travaux et les publications académiques des provinces pendant l'année 1860, d'après les renseignements communiqués au Congrès pendant la session d'avril 1861, par M. Challe, membre de l'Institut des provinces, in-8°, 148 p. Caen. chez Hardel, 1861.

— Rapport, etc., pendant l'année 1862: Caen, 1863, 214 p. in-8°.

— *Histoire des guerres du Calvinisme et de la Ligue dans l'Auxerrois, le Sénonais et les autres contrées qui forment aujourd'hui le département de l'Yonne,* par A. Challe, président de la Société des sciences de l'Yonne. T. I, in-8°, 452 p., papier fort. Auxerre, 1863. (Ext. du Bull. de la Soc., 1er trim. 1863,

CHÉREST. *Vézelay, Etude historique*, par Aimé Chérest, avocat, vice-président de la Société des sciences de l'Yonne, t. I, in-8°, 365 p., papier fort. Auxerre, Perriquet et Rouillé, 1863. (Ext. du Bull. de la Soc. des sciences de l'Yonne, 1862.)

COTTEAU (Gustave). Echinides nouveaux ou peu connus, 5ᵉ article. (Ext. de la Rev. et Mag. de zoologie, p. 59 à 76, mai 1862.)

— Rapport sur les progrès de la géologie et de la paléontologie en France, pendant l'année 1861. (Ext. de l'Ann. de l'Inst. des Provinces, année 1863, 35 p. in-8°. Caen, Hardel.)

— Rapport pendant l'année 1862. (Extrait de l'Ann. de l'Inst. des Provinces, année 1864, 38 p. in-8°. Caen, Hardel.)

— Paléontologie française, etc. Terrain crétacé, 9ᵉ liv., t. VII. Echinides, t. II, par M. G. Cotteau. Texte, feuilles 21 à 23; atlas, pl. 1076 à 1087 (bis).

— Echinides fossiles des Pyrénées, par G. Cotteau, avec 9 pl. Paris, Savy, 1863, in-8° 160 p.

ESTAMPES (comte d'). *Annales de la Peinture*, par Etienne Parrocel. Ouvrage contenant l'histoire des écoles d'Avignon, d'Aix et de Marseille, précédée de l'histoire des peintres de l'antiquité, du moyen-âge et des diverses écoles du Midi de la France, avec des notices sur les peintres, graveurs et sculpteurs provençaux, anciens et modernes, et suivi de la nomenclature de leurs œuvres ayant figuré à l'Exposition de 1861 ; in-8°, 612 p. Marseille, 1862.

GOMART. *Etudes Saint-Quentinoises*, par Ch. Gomart, correspondant du ministère de l'instruction publique, t. II, 1852-1861. Saint-Quentin, 1862, in-8°, 452 p. avec pl.

Ce volume contient un Dictionnaire étymologique et archéologique des rues, places, boulevards, etc., de la ville de Saint-Quentin. Quand donc verrons-nous un pareil travail fait pour nos villes du département ou tout au moins pour Auxerre, ainsi que cela nous fut annoncé il y a plusieurs années déjà.

GOUREAU. *Insectes nuisibles* aux arbres fruitiers, aux plantes potagères, aux céréales et aux plantes fourragères (*supplément*), par Ch. Goureau, colonel du génie en retraite, etc. ; in-8°, 1863. Paris, V. Masson.

HÉBERT. Rapport fait à la section des sciences du Comité des Sociétés savantes le 21 février 1859 sur les Mémoires de géologie publiés dans le tome VIII des Annales de la Société impériale d'agriculture de Lyon (2ᵉ série, 1859), 7 p., in-8°. (Ext. de la Rev. des Soc. savantes, 2ᵉ série, t. I., p. 594 ; mai, 1859.)

— Note sur le Lias inférieur des Ardennes, suivie de remarques sur les gryphées du Lias, 12 p., in-8°. (Ext. du Bull. de la Soc. géol. de France, 2ᵉ série, t. XIII, p. 207, 1856.)

— Rapport fait à la section des sciences du Comité des Sociétés savantes, le 22 décembre

1858, sur les Mémoires de géologie contenus dans le 2ᵉ volume de la Société d'émulation du département du Doubs, 3ᵉ série, 1857, 16 p., in-8ᵉ. (Ext. de la Rev. des Soc. savantes.)

— Note sur les caractères paléontologiques de la craie de Meudon, suivie de nouvelles observations sur les rapports entre la craie chloritée de Rouen et les grès verts du Maine, 14 p., in-8º. (Ext. du Bull. de la Soc. géol. de France, 2ᵉ série, t. xvi, p. 143, séance du 6 décembre 1858.)

— Observations sur les phénomènes qui se sont passés à la séparation des périodes géologiques; in-8º. (Ext. du Bull. de la Soc. géol. de France, 2ᵉ série, t. xvi, p. 596, 1859.)

— Rapports faits à la section des sciences du Comité des Sociétés savantes, le 16 mai 1859; 10 p., in-8º. (Ext. du Rev. des Soc. savantes.)

— Note sur la limite inférieure du lias et sur sa composition dans les départements du Gard et de l'Hérault, 14 p. in-8º. (Ext. du Bull. de la Soc. géol. de France, 2ᵉ série, t. xvi, p. 905. 1859.)

— Quelques remarques sur la mer jurassique et les théories imaginées pour rendre compte de ses déplacements; 6 p., in-8º. (Ext. du Bull. de la Soc. géol. de France, t. xviii, p. 97. 1860.)

— Mémoire sur les fossiles de Montreuil-Bellay (Maine-et-Loire); 88 p., in-8º, 9 pl. (Ext. du Bull. de la Soc. linn. de Normandie, 5ᵉ vol.)

— Note sur les trigonies clavellées de l'Oxford-

Clay et du Coral-Rag ; 32 p., in-8°, 3 pl. (Ext. du journal de conchyliologie, avril 1861.)

— Note sur le travertin de Champagne et sur les couches entre lesquelles il est compris ; 13 p., in-8°. (Ext. du Bull. de la Soc. géol. de France, 2e série, t. xvii, p. 800. 1860.)

— Du terrain jurassique de la Provence, sa division en étages; son indépendance des calcaires dolomitiques associés aux gypses; 22 p., in-8°. (Ext. du Bull. de la Soc. géol de France, t. xix, 2e série, p. 100. 1860.)

— Sur le *nonsynchronisme* des étages campaniens et dordoniens de M. Coquand, avec la craie de Meudon et celle de Maëstricht. Réponse de M. Coquand ; 10 p., in-8°. (Ext. du Bull. de la Soc. géol. de France, 2e série, t. xx, p. 90. 1062.)

— Observations sur les systèmes bruxellien et laekénien de Dumont, et sur leur position dans la série parisienne, faites à l'occasion du Mémoire de M. Le Hon ; 8 p. in-8°. (Ext. du Bull. de la Soc. géol. de France, t. xix, p. 832. 1862.)

— Sur l'argile à silex, les sables marins tertiaires et les calcaires d'eau douce du nord-ouest de la France ; 20 p. in-8°, 1 pl. (Ext. du Bull. de la Soc. géol. de France, 2e série, t. xix, p. 445, 1872.)

— Observations géologiques sur quelques points du département de l'Yonne, par M. Ed. Hébert, professeur de géologie à la Faculté des sciences de Paris. (Ext. du Bull. de la Soc. de l'Yonne, 3e trim. 1863.)

LONGUEMAR (Le Touzé de). Confrontation de deux autels gallo-romains trouvés dans les environs de Poitiers; in-8°, 8 p. avec pl. (Ext. du Bull. de la Soc. des Antiq. de l'Ouest. 1852.)

MONCEAUX (Henri). *Histoire naturelle des Diptères des Environs de Paris*, œuvre posthume du docteur Robineau-Desvoidy, publiée par les soins de sa famille, sous la direction de M. H. Monceaux, secrétaire de la Société des sciences de l'Yonne; 2 vol. formant ensemble 2063 p. Auxerre. Perriquet. 1863.

Il ne nous appartient pas de donner une appréciation quelconque sur un ouvrage auquel nous avons pris une aussi large part. M. E. Blanchard, professeur an Muséum, a, du reste, fait sur cette œuvre un travail complet qu'il a publié sous forme de rapport dans la *Revue des Sociétés savantes*, (N° du 25 octobre 1863). Nous renvoyons donc au jugement porté par l'éminent zoologiste sur cette œuvre capitale du naturaliste de Saint-Sauveur. Voici comment se termine l'article de M. Blanchard. Nous nous associons pleinement au regret qu'il exprime à propos de l'absence de planches que nous n'avons pu obtenir et qu'il eut été si désirable de voir compléter les descriptions:

« Quand il s'agit surtout à l'égard des mouches de noter les différences que ces espèces peuvent présenter entre elles, aucun auteur n'atteint vraiment le succès. Pour l'obtenir, nous en avons la conviction, il faudrait que ces différences fussent tracées par une main habile dans l'art du dessin. Il est donc fort regrettable que le naturaliste qui, pendant 36 ans n'a cessé d'étudier les mouches, n'ait pas eu ce moyen à sa disposition. Aujourd'hui une des parties les plus difficiles de l'entomologie pourrait être considérée comme à peu près faite, au moins en ce qui concerne les espèces d'une contrée. Quant au nombre de mouches proprement dites dans l'ouvrage de Robineau-Desvoidy, si immense qu'il paraisse, nous n'oserions dire qu'il ait été accru sensiblement par la répétition d'espèces désignées sous différents noms. Dès que l'on étudie ces insectes, on est frappé de la multiplicité des formes les plus voisines et néanmoins positivement distinctes.

« Nous devons ajouter, à l'égard de l'*Histoire des Diptères des Environs de Paris,* que l'auteur a eu l'excellente idée de dresser la liste des insectes attaqués par les mouches, en citant les *Entomobies* observées sur chaque espèce. Ce tableau sera un guide précieux pour parvenir sûrement à déterminer les mouches parasites. Tous les zoologistes connaissent l'utilité de tableaux analogues, soit pour les vers intestinaux, soit pour d'autres animaux parasites. Lorsque le *gisement* est constaté, il devient facile de s'assurer de la nature de *l'habitant.*

« En résumé, le dernier ouvrage de Robineau-Desvoidy a une importance manifeste, et c'est à raison de cette importance même que nous avons cru devoir entrer dans plus de détails sur les qualités qui se montraient chez l'auteur à côté de certaines faiblesses. Tous ceux qui s'attacheront à l'étude de nos diptères indigènes devront prendre son livre en grande considération et surtout ne pas croire trop légèrement qu'il y a peu de chose à en tirer, parce qu'ils auraient aperçu des erreurs.

« En terminant, nous ne pourrions omettre, sans manquer à la justice, d'indiquer la part que M. H. Monceaux, le secrétaire de la Société des sciences de l'Yonne, a eue dans la publication de l'*Histoire naturelle des Diptères des Environs de Paris.* Les héritiers de Robineau avaient fait don des collections, de la bibliothèque et de tous les papiers scientifiques du naturaliste de Saint-Sauveur à la Société des sciences de l'Yonne. C'est là que M. Monceaux reçut les manuscrits relatifs aux Diptères; mais ces manuscrits étaient souvent des notes incomplètes, disposées sans ordre. Il y avait, en un mot, un immense travail à exécuter pour que l'ouvrage pût être livré à l'impression. M. Monceaux n'a pas reculé devant une tâche si ingrate, si pénible ; il l'a accomplie, en y consacrant trois années, avec un soin digne de tous les éloges et avec toute l'intelligence possible. C'est là un acte de véritable dévouement qui ne devra pas être oublié. »

PERRIQUET (Gustave). Annuaire historique du département de l'Yonne, Recueil de documents authentiques destinés à former la statistique départementale. 27e année, 3e vol. de la 2e série. Auxerre, G. Perriquet, éditeur. 1863.

Notice biographique sur le docteur Robineau-Desvoidy, par le docteur E. Duché. — Vézinnes, par M. Le Maistre. — Notice historique sur le pont de Joigny, par M. L. Desmaisons. — Le peintre Etienne Jeaurat, de Vermenton, par M. Sylvain Puychevrier. — Histoire de l'abbaye de Quincy, par M Eug. Lambert. — Dix-huitième voyage pittoresque dans l'Yonne, par MM. G. Cotteau et V. Petit. — Jacques Amyot, par M. Flandin. — Commerce et industrie dans le département de l'Yonne, statistique. — Transports sur le chemin de fer d'Auxerre à Laroche, pendant l'année 1861, statistique. — Mouvement de la population dans l'Yonne en 1861, statistique. — Objets soumis aux droits d'octroi dans l'Yonne en 1861, et 1862, statistique. — Navigation de l'Yonne et canaux, en 1861 et 1862, statistique. — Sommaire des travaux du Conseil général.

Les dessins publiés dans l'Annuaire de 1863 sont : Portrait du docteur Robineau-Desvoidy. — Fac-simile d'un plan de la ville de Joigny avant 1677. — Le pont de Joigny en 1330. — Le pont de Joigny avant sa restauration (1861). — Id. après sa restauration (1862). — Plan de la ville de Vézelay, clochers de la vallée de la Cure et montagne de Montmartre. — Panorama de Vézelay. — Porte Sainte-Croix, à Vézelay.

POUY. Recherches historiques sur l'imprimerie et la librairie à Amiens, avec une description de livres divers imprimés dans cette ville, par Ferdinand

Pouy. Amiens, typ. de Lemer aîné, 1861, in-8º, 224 p.

— Etudes historiques et littéraires sur les anciennes Sociétés académiques de la ville d'Amiens, par Ferd. Pouy; in-8º, 43 p., 1861. Amiens, typ. Lenoël-Hérouart.

— Société littéraire d'Amiens. — Notice historique, par F. Pouy; in-8º, 21 p. 1862. Amiens, typ. de Lenoël-Hérouart.

RAUDOT.   *Mes Oisivetés*, par M. Raudot, ancien représentant de l'Yonne; br. in-8º, 530 p. Avallon, 1863.

Ce volume est un recueil d'articles publiés sur des sujets divers et à différentes époques par notre honorable collègue. Voici le titre de ces Mémoires : Une heure des Cent-Jours. — Deux grandes révolutions vues du parterre. — Une profession de foi. — L'Algérie. — Deux intendants du Canada sous Louis XIV. — De la liberté des défrichements. — Les eaux. — Les inondations. — L'abbé de La Salle et son Institut. — Le comte de Chastellux. — Un livre nouveau qui donne plus qu'il ne promet. — Colbert. — De l'agriculture en France. — Une petite ville au XVIᵉ siècle. — Les Etats de Bourgogne. — Les maréchaux de France de l'Avallonnais. — L'avenir des nations.

ROCHECHOUART (comte de). Histoire de la maison de Rochechouart, par le général comte de Rochechouart. 2 vol. in-4º reliés en un seul, Paris, 1859, avec de magnifiques gravures sur acier représentant les portraits des membres illustres de la famille de Rochechouart.

SMYTTÈRE (docteur de). Fragments historiques sur les Pères Récollets de Cassel, avec un sommaire de leurs archives, par le docteur de Smyltère, médecin en chef de l'asile départemental d'aliénés de Lille, etc. In-8°, 36 p., Dunkerque, 1862. (Ext. Mém. Soc. dunkerquoise pour l'encouragement des sciences, des lettres et des arts, vol. VII.)

— Considérations sur les aliénés, la nécessité de leur isolement, leur traitement et la conduite à tenir envers eux, par le même, in-8°, 8 p. Hazebrouk.

— Notice historique sur les armoiries, scels, bannières de la ville de Cassel, etc., par le même, in-8°, 114 p., avec pl. Lille, 1862.

— Statistique archéologique du département du Nord. Arrondissement d'Hazebrouk (Ext. Bull. Commission historique du département du Nord, t. VII, 1863) in-8°, 72 p.

§ V.

ENVOIS DIVERS.

BERTRAND. De la détention préventive et de la célérité dans les procédures criminelles en France et en Angleterre, par M. E. Bertrand, juge d'instruction au tribunal de la Seine. Paris, 1862. in-8°, 102 p.

BOITEL (l'abbé). La Vie de Saint-Vincent, diacre, martyr, patron des vignerons, et de Saint-Eloi, évêque de Noyons, patron des laboureurs, des orfèvres, etc. in-12. Châlons, 1863.

BOUCHER DE PERTHES. De la femme dans l'état social, de son

travail et de sa rémunération, par M. Boucher de
Perthes. in-8°, 91 p. Abbeville, 1860.

BOUILLET. Tablettes historiques de l'Auvergne, comprenant
les départements du Puy-de-Dôme, du Cantal, de
la Haute-Loire et de l'Allier, par J.-B. Bouillet,
inspecteur divisionnaire de la Société française
pour la conservation et la description des Monuments historiques, etc., t. I à VIII, 1840-1847.
gr. in-8° avec nomb. planches.

CAMPAGNOLLES (Camille de). Mélanges poétiques, in-8°, 8 p.
1859.

CANAT DE CHIZY. Les Ecorcheurs dans le Lyonnais (1436-
1445), par P. Canat de Chizy. (Ext. de la Revue
du Lyonnais). Lyon, 1861. in-8°, 32 p.

CHAUBRY DE TRONCENORD. Rapport sur les Monuments historiques, par M. le baron Chaubry de Troncenord.
(Ext. du Procès-verbal des délibérations du
Conseil général de la Marne, session de 1862).
in-8°, 7 p.
— Etude historique sur la statuaire au Moyen-
âge. 1re partie, 28 p. in-8°. 1859. — 2e partie,
Sculpteurs champenois. (Ext. du Bull. de la Soc.
de la Marne), in-8°, 44 p. Châlons-sur-Marne,
1863.

CHAVERONDIER. Notes pour servir à la biographie de Jean-
Marie de la Mure, historien du Forez ; in-8°, 30
p. Roanne, 1861. (Tiré à 100 exempl.)

CONGRÈS scientifique de France, 30e session à Chambéry du

10 au 20 août 1863. Questions proposées pour les diverses sections. 8 p. in-4°. Chambéry, 1863.

COSTA DE BEAUREGARD. Recherches sur le livre anonyme, ouvrage inédit de Guichenon, par le marquis Costa de Beauregard, membre de l'Académie des sciences de Turin, etc.; grand in-8°, 48 p., papier fort. Chambéry, 1862. (Ext. Mém. Ac. imp. de Savoie; vol. 5.)

DORLHAC. Méthode d'exploitation, aménagements, conditions du travail et matériel de mines de houille et d'anthracite des départements de la Mayenne et de la Sarthe, par M. Dorlhac, ingénieur des mines de Montigné. (Ext. du Bull. de la Soc. de l'Industrie minérale, t. VII, 1862), 196 p. in-8°. Saint-Etienne.

DUPRAY DE LA MAHÉRIE. La *Décentralisation littéraire et scientifique*, moniteur des Sociétés savantes et de la Librairie française ; directeur-gérant, M. Dupray de la Maherie. 1re année, n° 1, 28 p. in-8°. Paris.

FLEUROT. Essais gleucométriques, par le docteur Fleurot. Année 1862, in-8°, 21 p. Dijon. (Ext. de la Revue viticole).

Depuis plusieurs années déjà, M. le docteur Fleurot s'occupe de rassembler des matériaux pour un travail d'ensemble qui donnerait les noms et les caractères distinctifs de chacune des variétés de la vigne, les conditions géologiques et climatériques qui permettent leur développement parfait ; le genre de taille et le mode de culture qui leur sont favorables ; leur rendement indiqué par le poids des raisins produits sur une

surface connue ; le volume du moût que chaque sorte de
raisin laisse couler sous le pressoir ; la composition de ce
moût, et enfin les caractères, les qualités et les défauts des
vins obtenus de chacune des variétés employées isolément.

Dans ses *Essais gleucométriques*, le savant professeur de
Dijon a examiné au point de vue chimique les moûts provenant de cent variétés de raisin de différentes provenances.
Il a recherché successivement ; 1° le poids spécifique du moût
qui donne une idée de sa constitution générale.

2° Les acides libres contenus dans le moût qui jouent un
rôle important dans la saveur du raisin et plus tard dans la
saveur et la solidité du vin.

3° Enfin le sucre qui, de tous les éléments du Moût, en est le
plus précieux.

Nous avons été frappé de l'importance des résultats obtenus par la méthode d'analyse rapide employée par M. Fleurot.
Nous avons l'intention d'en faire l'application cet automne
aux moûts provenant de notre vignoble auxerrois, si la
récolte se présente dans de bonnes conditions et nous donnerons le résultat de nos expériences sur les variétés de
raisin cultivées dans nos différentes côtes.

GODARD-FAULTRIER. Congrès archéologique à Saumur, in-8°,
45 p. (Ext. du Répertoire archéologique de
l'Anjou). Angers, 1862.

HACHETTE. Les Bibliothèques scolaires prescrites par arrêté
de Son Exc. le Ministre de l'Instruction publique
du 4 juin 1862. in-8°, 48 p. Octobre, 1862.

HENRY. Vie de Saint-Eptade, solitaire, de Blaise Bégon,
et de Pierre Boussière, curés, l'un de Quarré-les-
Tombes, l'autre de Chalant, par V. B. Henry,
chanoine honoraire de la Métropole de Sens, curé
doyen de Quarré-les-Tombes, etc. in-8, 43 p.
Avallon, 1863.

HÉRICOURT. (comte Achmet d'). Hôtel d'Artois, à Paris, avec
1 pl. (Ext. de la statistique monumentale du Pas-
de-Calais, 1863).

> L'hôtel connu à Paris sous le nom d'*Hôtel d'Artois* est
> l'ancien palais des ducs de Bourgogne. M. le comte Achmet
> d'Héricourt, rappelant les grands souvenirs que fait naître la
> vue de ce monument aux points de vue militaire, archéolo-
> gique et féodal, demande la conservation de ce vieux palais
> et l'établissement d'un square dont le centre serait le donjon
> des ducs de Bourgogne, comtes d'Artois, construit en 1410
> par Jean de Bourgogne.

— Les douze Vertus de noblesse, extrait du
Registre secret du sire de Boffles, seigneur de
Souchet (Artois), au xvie siècle, par le comte
Achmet d'Héricourt; in-8°. Paris, 16 p.

JUILLET. Emancipation de l'industrie chevaline obtenue
par l'application du système étalonnier du département de la Côte-d'Or, par Ed. Juillet, inspecteur
des haras de la Côte-d'Or; in-8°, 46 p. Dijon,
1862.

LAUZA Auguste. Le *Moniteur illustré* des Inventions et des
Découvertes, etc. Organe officiel de l'Institut philo-
technique international, octobre et novembre
1863, in-4°.

LEROYER. Nouveau graphomètre-équerre de MM. Dupuis et
Leroyer; in-8°, 24 p. Paris, 1863.

LES BEAUX-ARTS. Revue de l'Art ancien et moderne, t. vi, 1re
liv., 1er janvier 1863. Paris; 19, rue Taranne.

MARTIN. Note sur quelques fossiles nouveaux ou peu connus

de l'étage bathonien de la Côte-d'Or, par Jules
Martin. (Ext. Mém. Acad. de Dijon, 2e série, t. x).
15 p. in-8° avec pl. Dijon.

MORIN.   Dissertation sur la légende *Virgini pariturœ*,
d'après laquelle les Druides, plus de cent ans
avant la naissance de Jésus-Christ, auraient rendu
un culte à la Vierge Marie et lui auraient élevé une
statue et consacré un sanctuaire sur l'emplacement actuel de la cathédrale de Chartres, par A.
S. Morin, avocat, membre de la Société archéologique d'Eure-et-Loire; in-8°· 102 p. Paris, Marti-
net, 1863.

MOULINS (Ch. DES). Les Vignes de la Nord-Amérique, par M.
Durand, de l'Académie des sciences naturelles de
Philàdelphie. Mémoire précédé d'une introduction
par M. Ch. des Moulins, président de la Société
linnéenne de Bordeaux, etc. (Ext. de la Soc. linn.
de Bordeaux, t. xxiv, 2e liv., in-8°. Bordeaux, 64
p. 1862.

Mémoire très-intéressant à consulter et dont nous recom-
mandons la lecture aux viticulteurs et aux botanistes.

ORLIAGUET. Les orages et le paragrêle, par M. Orliaguet, in-8°,
35 p. Limoges, 1863.

D'OTREPPE DE BOUVETTE.   Promenades archéologiques et
pittoresques à travers la province de Liége, par
M. Alb. d'Otreppe de Bouvette, président de l'Institut archéologique liégeois ; 34, 36, 37 et 38e liv.
Liége, 1862-1863.

PAUTET.   Les chaires d'économie politique, par Jules Pautet.

(Ext. du Journ. des Econ., n° du 15 septembre 1862), 16 p. in-8°. Paris, 1861.

PEYRAT (Auguste du) Canal maritime de jonction de l'Océan à la Méditerranée, considéré comme prolongement de l'ouverture de l'isthme de Suez pour relier l'Orient à l'Occident, par M. A. du Peyrat ; in-8°, 32 p. Octobre 1861. Paris, Hachette.

SEINE. — PARIS. Académie des Inscriptions et Belles-Lettres. Rapport fait à l'Académie des inscriptions et belles-lettres au nom de la Commission des Antiquités de la France, par M. Alf. Maury, lu à la séance publique annuelle du 24 juillet 1863. 24 p. in-4°, MDCCCLVII.

SOMIER, préfet de l'Yonne. Un exemplaire de l'ouvrage de MM. Raulin et Leymerie sur la géologie de l'Yonne, publié aux frais du département.

VASSE DE SAINT-OUEN. Système d'abréviation dans l'enseignement de la langue latine, etc. 3ᵉ édition. 1846, in-8°, 56 p.

VINGTRINIER (Aimé). Documents sur la famille des Jussieu, par Aimé Vingtrinier ; in-8°, 14 p. Lyon, imp. d'Aimé Vingtrinier.

— Note sur l'invasion des Sarrazins dans le Lyonnais, par le même ; in-8°, 23 p. Lyon, 1862.

§ VI.

PUBLICATIONS DE LA SOCIÉTÉ.

Outre ces divers ouvrages, la Société a placé dans sa bibliothèque :

1° Deux exemplaires de son Bulletin de 1863 ;

2° Deux exemplaires du tome I de l'ouvrage publié dans le Bulletin par M. Challe, l'*Histoire des guerres du Calvinisme et de la ligue dans l'Auxerrois, le Sénonais et les autres contrées qui forment aujourd'hui le département de l'Yonne* a été l'objet d'un tirage à part ; les personnes étrangères à la Compagnie pourront se procurer l'ouvrage en s'adressant, soit à l'un des secrétaires, soit aux libraires du département. Le prix de chaque volume a été fixé à 5 fr.

3° Deux exemplaires du supplément à l'ouvrage du colonel Goureau sur les *Insectes nuisibles aux arbres fruitiers, aux plantes potagères, aux céréales et aux plantes fourragères.* Ce supplément, publié dans le 2e trim. de 1863, a été tiré à part et se vend à Paris, chez V. Masson, au prix de 1 fr. 50.

Au moment où nous écrivons ces lignes, nous apprenons que le livre du colonel Goureau vient d'obtenir l'une des récompenses accordées par S. Ex. le ministre de l'instruction publique à l'occasion du concours institué pour honorer les meilleurs travaux publiés chaque année par les sociétés savantes. Une médaille d'argent et une médaille de bronze, la première accordée à l'auteur, la seconde à notre Société qui a édité l'ouvrage, seront distribuées à la réunion qui doit avoir lieu à la Sorbonne le 2 avril 1864.

4° Enfin la Société a reçu de M. Victor Gandrille, propriétaire à Saint-Sauveur, une preuve de munificence dont on ne saurait trop perpétuer le souvenir. Après avoir soldé la dépense considérable occasionnée par la publication de l'œuvre du docteur Robineau-Desvoidy, son oncle, publiée par M. Monceaux, sous le patronage de la Société, M. Victor Gandrille a bien voulu nous annoncer qu'il abandonnait à la Compagnie les produits de la vente de l'ouvrage. En conséquence, les deux volumes de l'*Histoire naturelle des Diptères des environs de Paris* seront vendus au profit de la caisse de la Société au prix de 15 fr. pour les Membres, et de 30 fr. pour les personnes étrangères à la Société.

IV.

§ I. — DONS EN ARGENT.

Son Excellence M. le Ministre de l'Instruction publique et
des Cultes .... 400 f.
Le Département de l'Yonne 1000
La Ville d'Auxerre pour acquisition et entretien
du Musée 300

§ II. — DONS AU MUSÉE DÉPARTEMENTAL CRÉÉ PAR LA SOCIÉTÉ.

I. — *Histoire Naturelle.*

DECOURTIVE (M⁰ᵉ veuve). Une collection paléontologique des
fossiles du canton de Saint-Florentin.

> M. Cotteau publiera en 1864 la liste des fossiles de cette
> importante collection.

MM.

HESME, de Villeneuve-sur-Yonne. Molaire fossile d'éléphant,
trouvée dans le diluvium de Villeneuve, III,
XXXIV.

LECHICHE, de Sauilly. Un Héron Butor.

SAGOT (Docteur), de Mailly-le-Château. Un Lièvre, variété
albine.

VISSE. Un échantillon de Gypse lenticulaire.

ZAGOROWSKI, fabricant d'ocres et de ciments à Auxerre. Débris fossiles d'un Plésiosaure, trouvés dans les
terrains exploités pour la fabrication du ciment,

au lieu dit la Croix-aux-Moines, près Auxerre. Ces précieux débris, peut-être uniques en Europe, seront l'objet d'une notice spéciale aussitôt que la continuation des fouilles aura permis de rechercher le reste des ossements enfouis à quelques mètres plus loin probablement.

WESTRICK, d'Auxerre. Un grand Aigle pêcheur (Pyrargue), tué par lui dans les bois de Bléneau.

MUSÉUM d'histoire naturelle de Paris :

1. Megacephala (Latreille) Klugii, Dejean, Amérique mérid., 1 exemp.
2. — — bifasciata, Brullé, — 1.
— — chilensis, Laporte, — 1.
3. Cicindela (Linné) bipunctata, Fabr., Amérique mérid., 1.
5. — — tortuosa, Dejean, Amérique basse, 2.
6. — — flexuosa, Fabr., Algérie, 2.
7. — — littoralis, Fabr., France méridionale, 2.
8. Carabus (Linné) nitens, Fabr., Belgique, 1.
9. Nebria (Latreille) arenaria, Fabr., France méridionale, 1.
10. Sternocera (Eschscholtz) chrysis, Lin , Bombay, 1.
11. — — sternicornis, Lin., Bombay, 1.
12. — — castanea, Fabr., Abyssinie, 2.
13. Julodis, ·— spectabilis, Audoin et Blanche, Arabie, 1.
14. — — Brullæi, Cast. et Gorg., Orient, 1.
15. — — Jaminii, Lucas, Algérie, 1.
16. Capnodis — tenebricosa, Fabr., Algérie, 1.
17. — — tenebionis, Lin., France mérid., 2.
18. Monocropidius, — bigatus, Erichs, Brésil, 1.
19. Cardiorhinus, — plagiatus, Germ., Id., 2.
20. — — humeralis, Erichs. id., 2.
21. Chalcolepidius, — porcatus, Lin., id., 1.
22. — — sulcatus, Fabr., id., 1.
23. Cebrio (Fabricius) xanthomerus, Hoffmansegg, France mérid., 1.
24. Rhipicera (Latreille) marginata, Latr., Brésil, 1.

25. Ateuchus (Fabricius) sacer, Fabr., France méridionale, 2.
26. — — variolosus, Fabr., Algérie, 2.
27. Gymnopleurus (Illiger) fulgidus, Oliv. Abyssinie, 2.
28. — — cœrulescens, Oliv, Abyssinie, 2.
29. — — bicolor, Eup., id., — 2.
30. Canthon (Hoffm.) smaragdulus, Fabr., Brésil, 2.
31. Onthophagus (Latreille) gazella, Fabr.. Abyssinie, 2.
32. Onitis (Fabricius) Inuus, Fabr., Egypte, 2.
33. — — æreus, Blanch., Abyssinie, 2.
34. Copris (Geoffroy) densissa, Roth, id., 1.
35. — — lunaroïdes, Blanche, id.. 2.
36. — —˙ neptis, Reiche, id., 2.
37. Oryctes (Illiger) silenus, Fabr., Algérie, 1.
38. Anomala (Hope) viridis, Fabr., Chine, 2.
39. — — vitis, Fabr., France mérid., 2.
40. Anisoplia (Serville) austriaca, Herbet, Syrie, 2.
41. Rhizotrougus (Latreille) solstitialis, Lin., France, 2.
42. Rutela (Latreille) lineola, Lin., Cayenne, 2.
43. Anoplognathus (Mac-Levy) Olivieri, schon., Nouvelle-Hollande, 1.
44. Leucothyreus (Mac-Levy) Kirbyunus, Mac-Levy, Brésil, 2.
45. Bolax (Fischer) phaleratus, Burm., Brésil, 1.
46. — — nitidulus, cat. du muséum, Brésil, 2.
47. — — mutabilis, Burm., Brésil, 1.
48. Phyllotocus (Fischer) rafipennis, Boisduval, Nouvelle-Hollande, 2.
49. Diphucephala (Lep. de St-Fargeau et Serville) Colaspidoïdes, Gyllenh., Nouv.-Hollande, 1.
50. Hoplia (Illiger) retusa. Klug., Madagascar, 2.
51. Macrodactylus (Latreille) pallens, cat. du museum, Brésil, 2.
52. Amphicoma (Latreille) vulpes, Fabr., Russie mérid., 2.
53. Erioscelis (Burmester) emarginatus, Dej., Brésil, 1.
54. Chalepus (Mac-Leay) geminatus, Fabr.. Cayenne, 1.
· 55. Cyclocephala (Latreille) melanocephala, Fabr., Brésil, 2.
56. Pymnetis (Mac-Leay) mutabilis, Gory et Perch., Mexique, 1.
57. — — brasiliensis, Gory et Perch., Brésil, 1.
58. Cetonia (Fabricius) sobrina, Gory et Perch., Abyssinie, 2.
59. — — Savignyi, — — 1.
60. — — œrata, Erichs, Chine, 1.

61. Cetonia (Fabricius) stolata, Fabr., Sénégal, 1.
62.   —   —   morio, Fabr., France mérid., 2.
63.   —   —   refulgens, Herbst., Algérie, 2.
64.   —   —   versicolor, Gory et Perch., Ile-de-France, 2.
65.   —   —   lunata, Reich., Abyssinie, 1.
66.   —   —   discicollis, Reich., id., 1.
67. Lamprima (Latreille) ænea, Fabr., Nouvelle-Hollande, 2.
68. Pholidotus (Mac-Levy) Humboldtii, Schonh., Brésil, 2.
69. Passalus (Fabricius) villosus, Perch., Brésil, 2.
70.   —   —   coronatus, Mannerh., Brésil, 2.
71. Pimelia   —   barbara, Sol., Algérie, 1.
72.   —   —   Boyeri, Sol., id., 1.
73.   —   —   bipunctata, Fabr., France mérid., 2.
74. Trachyderma (Latreille) hispida, Fabr., Algérie, 2.
75. Akis (Fabricius) punctata, Thumbry, France mérid , 2.
76. Scaurus (Fabr.) striatus, Fabr., id., 2.
77. Thalpophila (Solier) abbreviata, Fabr., Sénégal, 2.
78. Stenochia (Kirby) violacea, Fabr., Brésil, 2.
79. Mylabris (Fabricius) oleæ, Erichs, Algérie, 2.
80.   —   —   pustulata, Oliv., Indes-Orient, 2.
81. Brentus (Illiger) enchorago, Fabr., ♂ ♀ Brésil, 2.
82. Cyphus (Schonherr) gibber., Fabr., id., 2.
83. Hyloblus (Germar) pineti, Fabr., Suisse, 2.
84. Molytes (Schonherr) coronatus, Latr., id., 2.
85. Lordops   —   Gyllenhali, Dalm., Brésil, 2.
86. Dionychus (Germar) parallelogrammus, Germ., id., 1.
87. Baridius (Schonherr) carnifex, Schon., id., 2.
88. Trachyderes (Dalman) succinctus, Fabr., id., 1.
89. Ceroplesis (Serville) æthiops, Fabr., cap Bonne-Espérance, 1.
90. Megalopus (Fabricius) sellatus, Germ., Brésil, 1.
91. Cyrtonota (Chevrolat) sexpustulata, Dej., id., 1.
92.   —   —   lateralis, Fabr., id., 1.
93. Cælomera   —   smaragdinipennis, Chev., Manille, 1.
94. Cacoscelis   —   famelica, Fabr., Brésil, 2.
95. Doryphora (Illiger) pyroptera, Germ., id., 2.
96. Eulmolpus (Kugelun) surinamensis, Fabr., Guyane, 2.
97. Clythra (Laichasting) signata, Lacordaire, Sénégal, 1.

98. Epilachna ,Chevrolat) pavonia, Oliv., Madagascar, 1.

OEufs d'Epyornis (ovoïde), de Madagascar.

—   —   (ellipsoïde)   — ·

Tarse métatarsien (gauche)

—   —   (droit)

Péroné, de Madagascar.

Mâchoire inférieure de singe (*Dryopithecus Fontani*),

Lartet trouvé à Saint-Gaudens (Haute-Garonne).

Humérus —   —   —   —

Mâchoire supérieure de Tapir d'Auvergne.

—   inférieure   —   —

II. — *Archéologie.*

ANONYME. Liard de l'Electorat de Bavière. Au 1er et au 3e fuselé en bande d'argent et d'azur, qui est de Bavière; au 2e et au 4e de sable au lion passant d'or qui est du Palatinat.

ARRAULT (Mme veuve). Une collection importante de monnaies et médailles. L'examen de ces pièces a été renvoyé à M. l'abbé Laureau.

— Divers débris de poteries gallo-romaines trouvés dans les ferriers de Mezilles.

BASTARD (Comte Adhémar de). Un Cippe gallo-romain portant en bas-relief, sur une face latérale, une figure de Mercure, et sur une autre celle d'une déesse qui paraît être Vénus.

— Buste de M. le comte Léon de Bastard.

CARREAU, ancien représentant. Un carrelage émaillé du XIIIe siècle.

— Divers fragments de fibules en bronze.

— Plusieurs médailles d'époques différentes.

— Divers échantillons de poteries antiques.

Tous ces objets ont été trouvés à Tannerre.

CHALLE. Scramasax gaulois ou frank trouvé en face du confluent des vallées de l'Ouanne et du Branlin.

COTTEAU (J.), d'Avallon. Charte sur parchemin de l'an 1353,
contenant transaction entre la ville d'Auxerre et
le chapitre de la cathédrale, sur le droit de clôture que voulait exercer cette corporation, et qui
avait interdit aux quartiers élevés de la ville
l'accès de la fontaine Saint-Germain.

DAGUET, élève du Petit-Séminaire :

Petit bronze de Gallien. — R. : Le Capricorne — *Dianœ Cons.
Aug.*
Même monnaie que la précédente.
Petit bronze de Tétricus. R. : *L'espérance passant.*
Même monnaie.
Petit bronze de Victorin. R.: *Pietas Augusti.*

DESSIGNOLLES, instituteur à Chevannes. Débris d'un petit
cadran solaire, trouvés à Chevannes dans le voisinage de l'ancien cimetière.

JAMAIS, relieur. Monnaies trouvées rue de la Boucherie (maison de M. Manifacier), et autres objets.

Constantin, petit bronze très-commun. *Soli invicto comiti.*
Petit bronze presque fruste, de Licinius.
Liard de François Iᵉʳ.
Denier d'Auxerre.
Constantin. R. Deux soldats devant un autel. *Vota D. N* — P. B.
Liard de Gaston (mauvais).
Obole de Bourgogne.

Débris de ferrements.

Bracelet en fil de fer tressé avec art.

Mauvais liard de Bouillon.

Jeton de famille, trop effacé.

Méreau d'église. *J. H. S.*

Plaque de cuivre ovale ornée d'une figure en relief laurée, avec une barbe qui semble nattée. Au contour une double cordelière de chaque côté; une belière qui semble indiquer que ce petit relief s'adaptait à un objet quelconque. Je trouve entre la figure de Calvin et celle qui est en relief sur ce bronze une certaine ressemblance; mais je n'ai aucune preuve qui vienne à l'appui de cette opinion.

Trois pièces frustes.

Deux jetons très effacés.

Jeton de la banque d'Algérie 1831, trouvé ainsi que les six suivants à la maison de l'octroi, porte du Temple.

Médaillon de cuivre jaune. D'un côté : le buste de l'Empereur lauré (Napoléon III empereur); de l'autre : tête de l'Impératrice diadêmée (Eugénie impératrice).

Liard de Louis XIII.

Deux liards de Louis XIV.

Moyen bronze de Domitien.

Denier de Charles duc de Lorraine (Carolus dux Loth. — R. Moneta nova Nanceiensis.)

Deux liards de François de Bourbon-Conti.

Deux liards de Louis XIV à la lettre E.

Liard de Louis XIV à la lettre I.

MINISTÈRES. Objets d'archéologie provenant du musée Campana et dont voici la liste :

Ministère d'Etat.

1. Grand Pithos provenant des fouilles de Cervetri, poterie étrusque, haute antiquité.

2. OEnochoé, poterie étrusque, haute antiquité.

3. —   —   —

4.

5. OEnochoé, poterie étrusque, haute antiquité.
6. — — —
7. Amphores à anses plates avec lions en relief, poterie étrusque.
8. Amphoridion, —
9. Sciphus à une anse,
10. —
11. Canthares,
12. —
13. Holmos,
14. —
15. Cyathis,
16. Cotyle.
17. — —
18. Grand OEnochée : Homme et femme s'approchant d'un autel pour y déposer des offrandes, vases peints de la Décadence, poterie étrusque.
19. OEnochée, Palestrite et chouette, poterie étrusque.
20. — — —
21. Amphore : Génie hermaphrodite des mystères. Oie devant un Rhython.
22. Cotyle : Tête de femme, poterie étrusque.
23. Patère : Tête d'Hercule diadêmée.
24. — — —
25. — — —
26. Cotyle, vase grec d'ancien style.
27. Bombylos, style phœnico-corinthien.
28. —
29. —
30. Bombylos, vase grec d'ancien style, style phœnico-corinthien.
31. — — —
32.
33. —
34. Cotylisques,
35. —
36. —
37. —
38.

39. Cotylisques, vase grec d'ancien style, style phœnico-corinthien.

40. — — —

41. —

42. Aryballes,

43. —

44. — — —

45. Hydrie : Hoplite dans son quadrige ; combat. Vase grec à figures noires.

46. Amphore : Bacchus et Menade. Vase grec à figures noires.

47. OEnochoé : Scène bachique. —

48. Lecithus.

49. — —

50, Coupe. Intérieur, Hercule. Revers, Bacchus et Arriane entourés de satyres. Vase grec à figures noires.

51. Amphores. Vases grecs vernissés.

52. OEnochoé. —

53- —

54.

55. —

56. Cotyle.

57. Patères.

58. —

59.

60.

61.

62.

63.

64.

65.

66.

67. —

68. Lecytus. —

69. Lampe : Masque tragique entouré de deux serpents avec cette inscription : *Atimeti.* Terre cuite.

70. Lampe : Poissons. —

71. Urne cinéraire étrusque : Echetlus, armé d'un soc de charrue, combat les Perses à Marathon. Terre cuite.

72. Bas-relief : Bacchus endormi. Terre cuite.
73. Femme assise.   —
74 Déesse assise.
75. Tête de femme.
76.   —
77.   —
78. Groupe bachique. Marbre.
79. Buste d'un jeune romain. Marbre.
80. Buste d'un personnage incertain. Marbre.
81. Urne cinéraire.   —

Ministère de l'Instruction publique.

215 et 216. Deux médailles grand module, l'une en argent, l'autre en
     bronze, accordées à la Société des Sciences à l'occasion
     du concours entre les sociétés savantes de France,
     institué par M. le Ministre de l'Instruction publique.

M. Montigny, de Vincelottes :

Onze pièces de Constantin, toutes au R du soleil passant ; *Soli invic-
     to comiti.*
Constantin. R. *Fides militum.* Deux soldats tenant les enseignes mili-
     taires.
Maximianus. Grand bronze. R. *Genio populi romani.*
Petit bronze de Constance. *Constantius nobil. Cæs.* R. *Gloria exer-
     citus.* Les enseignes militaires.
Constantin jeune. R. Couronne au milieu. *Vota X Cæsari nostrorum
     nobil.*
Blanc de Charles le Téméraire, duc de Bourgogne.
Liard de Gueldre (Pays-Bas). *Deus est spes nostra.* R. *Gueldria.* —
     1765.
Liard de Louis XIII. 1638.
Liard de Louis XV.
Pièce fruste qui semble être un moyen bronze de Domitien.

M. Petit, de Vausse. Quatre fers de chevaux et un fer de ja-
     velot de l'époque gallo-romaine, trouvés dans un

champ d'Aisy-sur-Armançon (V. la note Comptes-
rendus, III, vii.)

PIÉPLU. Débris de verres travaillés trouvés dans les fouilles
du nouveau Palais de justice.

Monnaies :

Grand bronze de Charles VI, roi de France. L'écu de France : *Carolus francorum rex.* R.: Croix pattée cantonnée de deux couronnes et de deux fleurs de lys.

Pièce de cinq sous de Louis XIV. Au droit : Tête du roi, *Ludovi-
cus XIIII francorum rex.* R. : Couronne royale soutenue par
deux L entrelacées. *Domine, salvum fac Ragem* (sic).

Pièce de douze sous. Tête de Louis XIV. La main de justice et le
sceptre croisés aux angles rentrants. Une couronne et trois fleurs
de lys.

Tournoi du prince de Conti.

Monnaie de Savoie, 1555. *Philibertus dux Sabodiœ.*

Pièce de Genève. Au droit : Ecusson génevois d'argent à un demi-
aigle éployé de sable, parti de gueule à une clef d'argent en
pal. *Civitas Genevensis.*

Gros de Frédéric, roi de Prusse, 1766.

Galée de la ville de Paris. D'un côté un navire surmonté d'un G ;
de l'autre un écusson aux fleurs de lys sans nombre. *Volgue la
Galée de France.*

Liard de Prusse. Au droit : l'écusson de Prusse. Guillaume roi de
Prusse, prince de.... R. : Croix fleuronnée.

Denier d'Auxerre.

Gallien, petit bronze saussé.

Monnaie qui ressemble beaucoup à celle des comtes du Mans.

Eudes duc de Bourgogne. *Odo comes.* R : *Civis Divio.*

Liard de Henri III, roi de France et de Pologne.

Jeton du (?) siècle. L'Agneau divin avec l'étendard : *Moulon suis
c'est...* R. : Croix fleuronnée dans un quadrilobe du xiv⁰ siècle.
Maton cuis nome.

Liard de Bouillon (tournoi).

Liard de Henri III.

Tournoi du prince de Conti.

Petit bronze de Tétricus.

Mauvais tournoi de François Ier.

Mauvais liard de Nuremberg.

Penning de Bavière.

Gaston d'Orléans.

Denier tournoi de Charles IX.

Liard tournoi de Gaston.

Tournoi du château Cugnon.

Les trois Grâces en relief, probablement le chaton d'un cachet.

Blanc de Charles VIII.

Trois liards de Nuremberg.

Galée de France marquée d'un G. Légende : *Volgue la Galée de France.*

Liard de Louis XIII.

Liard de Henri III.

Liard de François de Bourbon.

Liard de Louis XIV.

Petit bronze de Constantin. R : *Soli invicto comiti.*

Pièce que je n'ai pu déchiffrer.

Sou marqué de Louis XV.

Liard de François Ier. Au droit : 5 fleurs de lys, Francisc. D. G. Franc. Rex. Croix inscrite dans un quadribole. *Sit nomen Dni Benedictu.*

Monnaie baronnale sur laquelle on ne déchiffre que le mot *Carolus.*

Denier tournoi de Gaston prince souverain de Dombes.

Monnaies frustes ou indéchiffrables.

Monnaies venant de différentes personnes :

Liard de Nuremberg.

Liard de Louis XIV.

Liard de Henri III.

Liard de Louis XV.

M. MICHON :

Médaillon de bronze frappé à l'occasion de la naissance du duc de Bordeaux. D'un côté : la duchesse de Berry présentant l'enfant nouveau-né à la France. Légende : *Dieu nous l'a donné, nos cœurs et nos bras sont à lui.* Au revers : Saint-Michel terrassant le démon de la Discorde et de la Fureur, qui tient d'une main une torche allumée, et de l'autre un glaive nu. 29 septembre 1820.

Jeton de cuivre. Fondation d'un des ponts de la ville de Paris. — R. *Tuetur et ornat.* Louis XIV à cheval.

Jeton de l'ordinaire des guerres, 1608. Un lion qui se repose : *Veni, vidi, vici.* R. Louis XIV en buste.

Jeton de Louis XIV en laiton, fabriqué en Allemagne.

Jeton de Louis XIV, parties casuelles.

Jeton de la Cour : 11 frimaire an XII. *Honneur et Patrie.* Buste de Napoléon 1ᵉʳ. Autel avec les attributs impériaux.

Médaille de dévotion. D'un côté : Saint Elzéard, comte d'Arian au royaume de Naples ; de l'autre côté : Sainte Delphine sa femme. L'expression *Virgo Deo devota* marque que les deux époux gardèrent la continence dans le mariage.

Grand Médaillon. D'un côté : Maximilien, duc d'Autriche et de Bourgogne ; de l'autre : Marie-Caroline, duchesse de Bourgogne, de Flandres, d'Autriche et de Brabant. Dans l'espace vide un M couronné.

LISTE DES SOCIÉTÉS CORRESPONDANTES

Au 31 décembre 1863.

AISNE..... LAON. Société académique de Laon, fondée en 1850.

— SOISSONS. Société archéologique et historique de Soissons, fondée en 1847.

— SAINT-QUENTIN. Société académique des Sciences, Arts, Belles-Lettres et Agriculture, fondée en 1825.

— SAINT-QUENTIN. Comice agricole de Saint-Quentin.

ALLIER.... MOULINS. Société d'émulation du département de l'Allier, fondée en 1845.

ANGLETERRE. MANCHESTER. Litterary and philosophical Society of Manchester.

AUBE..... TROYES. Société d'Agriculture, Sciences et Arts du département de l'Aube, fondée en 1818.

BAS-RHIN.. STRASBOURG. Société des Sciences naturelles, fondée en 1829.

BELGIQUE.. LIÉGE. Institut archéologique liégeois.

BOUCHES-DU-RHONE. MARSEILLE. Société de Statistique de Marseille, fondée en 1827.

CALVADOS.. CAEN. Société Linnéenne de Normandie, fondée en 1823.

— CAEN. Académie Impériale des Sciences, Arts et Belles-Lettres de Caen, fondée en 1652.

CHER..... BOURGES. Commission historique du Cher, fondée
      en 1850.

COTE-D'OR. DIJON. Académie Impériale des Sciences, Arts et
      Belles-Lettres de Dijon, fondée en 1725.

—   DIJON. Commission des Antiquités de la Côte-
      d'Or, fondée en 1831.

DEUX-SÈVRES. NIORT. Société centrale d'Agriculture des
      Deux-Sèvres.

DOUBS.... BESANÇON. Société d'Emulation du Doubs, à
      Besançon, fondée en 1840.

—   MONTBÉLIARD. Société d'Emulation de Montbé-
      liard, fondée en 1852.

FINISTÈRE.. BREST. Société académique de Brest, fondée en
      1858.

GARD..... NIMES. Académie du Gard, fondée en 1682.

GIRONDE... BORDEAUX. Académie impériale des Sciences
      et Belles-Lettres de Bordeaux, fondée en
      1662.

—   BORDEAUX. Société impériale de Médecine.

—   BORDEAUX. Société linnéenne, fondée en 1818.

HAUTE-GARONNE. TOULOUSE. Société impériale archéologi-
      que du Midi de la France, fondée en 1830.

—   TOULOUSE. Académie impériale des Sciences,
      Inscriptions et Belles-Lettres, fondée en
      1746.

HAUTE-LOIRE. LE PUY. Société d'Agriculture, Sciences et
      Arts, fondée en l'an XI.

HAUT-RHIN. COLMAR. Société d'Histoire naturelle, fondée en
      1859.

HAUTE-SAÔNE. VESOUL. Société d'Agriculture, Sciences et
      Arts de la Haute-Saône, fondée en 1801.

HAUTE-SAVOIE. ANNECY, Association Florimontane d'Annecy, fondée en 1851.

HAUTE-VIENNE. LIMOGES. Société archéologique et historique du Limousin.

HÉRAULT.. MONTPELLIER. Académie des Sciences et Lettres de Montpellier, fondée en 1706.

— MONTPELLIER. Société archéologique de Montpellier.

ILE-ET-VILAINE. RENNES. Société archéologique du département d'Ile-et-Vilaine, constituée en 1846.

— Société des Sciences physiques et naturelles d'Ile-et-Vilaine, fondée en 1861.

INDRE-ET-LOIRE. TOURS. Société archéologique de Touraine, fondée en 1840.

— TOURS. Société d'Agriculture, Sciences, Arts et Belles-Lettres du département d'Indre-et-Loire, fondée en 1761.

JURA..... POLIGNY. Société d'agriculture, Sciences et Arts, de Poligny, fondée en 1859.

LOIR-ET-CHER. BLOIS. Société des Sciences et Lettres de la ville de Blois, fondée en 1832.

LOIRE..... SAINT-ETIENNE. Société impériale de l'Agriculture, Industrie, Sciences, Arts et Belles-Lettres du département de la Loire ; cette Société a été reconstituée en 1856.

— SAINT-ETIENNE. Société de Médecine de Saint-Etienne et de la Loire.

LOIRE-INFÉRIEURE. NANTES. Société académique fondée en 1798.

— NANTES. Société archéologique de Nantes et du

département de la Loire-Inférieure, fondée en 1845.

LOIRET.... ORLÉANS. Société archéologique de l'Orléanais, fondée en 1848.

LOZÈRE ... MENDE. Société d'agriculture, Industrie, Sciences et Arts de la Lozère, fondée en 1819.

MAINE-ET-LOIRE. ANGERS. Société académique de Maine-et-Loire, fondée en 1857.

— ANGERS. Société impériale d'Agriculture, Sciences et Arts d'Angers, fondée en 1818.

— ANGERS. Société Linnéenne de Maine-et-Loire, fondée en 1852.

— ANGERS. Société industrielle d'Angers et du département de Maine-et-Loire, fondée en 1830.

MANCHE. CHERBOURG. Société des Sciences naturelles, fondée en 1852.

MARNE ... CHALONS-SUR-MARNE. Société d'Agriculture, Commerce, Sciences et Arts du département de la Marne, fondée en 1798.

MEURTHE.. NANCY. Société d'Archéologie Lorraine, fondée en 1848.

— NANCY. Académie de Stanislas, fondée en 1750.

MORBIHAN. VANNES. Société polymathique du Morbihan, fondée en 1826.

MOSELLE.. METZ. Société d'Histoire naturelle, fondée en 1835.

— METZ. Société d'Archéologie et d'histoire de la Moselle.

NIÈVRE ... NEVERS. Société Nivernaise des Lettres, Sciences et Arts, fondée en 1852.

NORD..... DUNKERQUE. Société dunkerquoise pour l'encouragement des Sciences, des Lettres et des Arts, fondée en 1851.

— LILLE. Société impériale des Sciences, de l'Agriculture et des Arts, fondée en 1801.

— LILLE. Commission historique du département du Nord.

— DOUAI. Société impériale d'Agriculture, Sciences et Arts de Douai, fondée en 1799.

OISE.....* BEAUVAIS. Société académique d'Archéologie, Sciences et Arts du département de l'Oise.

PAS-DE-CALAIS. SAINT-OMER. Société des Antiquaires de la Morinie, fondée en 1831.

— ARRAS. Académie d'Arras, fondée en 1737, réorganisée en 1818.

PYRÉNÉES-ORIENTALES. PERPIGNAN. Société agricole, scientifique et littéraire des Pyrénées-Orientales, fondée en 1833.

RHÔNE. ... LYON. Société littéraire de Lyon.

— LYON. Société linnéenne.

SAÔNE-ET-LOIRE. AUTUN. Société Eduenne, fondée en 1836.

— CHALON-SUR-SAÔNE. Société d'Histoire et d'Archéologie de Châlon-sur-Saône, fondée en 1844.

— MACON. Académie des Sciences, Arts et Belles-Lettres de Mâcon, fondée en 1805.

SARTHE... LE MANS. Société d'Agriculture, Sciences et Arts de la Sarthe, fondée en 1761.

SAVOIE.... CHAMBÉRY. Académie impériale des Sciences, Belles-Lettres et Arts de Savoie, constituée en 1820.

SAVOIE.... CHAMBÉRY. Société savoisienne d'Histoire et d'Archéologie.

— CHAMBÉRY. Société médicale de Chambéry.

SEINE..... PARIS. Société botanique de France.

— — Société géologique de France.

— — Société des Antiquaires de France.

— — Académie des Inscriptions et Belles-Lettres.

SEINE-INFÉRIEURE. ROUEN. Société libre d'Emulation du commerce et de l'industrie, fondée en 1790.

— LE HAVRE. Société havraise d'Etudes diverses.

SEINE-ET-MARNE. MEAUX. Société d'Agriculture, Sciences et Arts de Meaux, fondée en 1761.

SOMME.... ABBEVILLE. Société impériale d'Emulation d'Abbeville, fondée en 1797.

— AMIENS. Société des Antiquaires de Picardie, fondée en 1836.

— AMIENS. Académie des Sciences, Belles-Lettres et Arts de la Somme, fondée en 1750,

SUISSE.... GENÈVE. Société d'Histoire et d'Archéologie de Genève.

— LAUSANNE. Société vaudoise des Sciences naturelles.

— NEUCHATEL. Société des sciences naturelles de Neuchâtel.

TARN..... CASTRES. Société littéraire et scientifique de Castres.

VAR...... DRAGUIGNAN. Société des Sciences, Belles-Lettres et Arts du département du Var, établie en 1811.

VIENNE... POITIERS. Société des Antiquaires de l'Ouest, fondée en 1834.

— POITIERS. Société académique d'Agriculture, Belles-Lettres, Sciences et Arts de Poitiers, fondée en 1789.

VOSGES... EPINAL. Société d'émulation des Vosges, établie en 1825.

YONNE.... AUXERRE. Société médicale de l'Yonne, fondée en 1846.

— — Société centrale d'Agriculture de l'Yonne, établie en 1857.

— AVALLON. Société d'Etudes d'Avallon, établie en 1860.

— JOIGNY. Société d'Agriculture de Joigny, établie en 1846.

— SENS. Société archéologique de Sens, établie en 1844.

VI.

ETABLISSEMENTS PUBLICS RECEVANT LE BULLETIN.

PARIS.... Bibliothèque impériale.
— Bibliothèque du Muséum d'Histoire naturelle.
— Bibliothèque de l'Institut.
— Ministère de l'Instruction publique.   '
— Comité impérial des travaux historiques et des Sociétés savantes ; au Ministère de l'Instruction publique.
AUXERRE . Bibliothèque de la ville.
— Bibliothèque du Collége.
— Bibliothèque de l'école normale.
— Bibliothèque du Petit-Séminaire.
— Bibliothèque des Frères des écoles chrétiennes.
AVALLON.. Bibliothèque de la ville.
DIJON.... Bibliothèque de la Faculté.
— Rectorat de l'académie de Dijon.
JOIGNY ... Bibliothèque de la ville.
PONTIGNY. Bibliothèque des prêtres de Pontigny.
SENS .... Bibliothèque de la ville.
TONNERRE. Bibliothèque de la ville.

———

LISTE DES MEMBRES

DE

LA SOCIÉTÉ DES SCIENCES DE L'YONNE

AU 31 DÉCEMBRE 1863.

MEMBRES D'HONNEUR.

Président : M. le Préfet de l'Yonne.
Membres : Monseigneur l'Archevêque de Sens.
      M. le Maire d'Auxerre.
      M. l'Inspecteur d'Académie.

MEMBRES TITULAIRES (1).

MM.

1863. ANSAULT, Pascal, au château des Chesnez.
1862. BASTARD (comte Adhémard de) ✳, ancien officier de
      marine, au château de Maligny (Yonne).
1857. BARDIN, professeur au Collége, à Avallon.
1847. BAZOT, avocat, à Auxerre.
1862. BEAU, curé de Mailly-la-Ville.
1846. * BELGRAND, ✳, Ingénieur en chef, à Paris, rue de
      l'Université, 29.

---

(1) Le signe * avant le nom indique les membres fondateurs ; les
chiffres placés en regard rappellent l'année de réception de chaque
membre.

1847. BELIN, pharmacien, à Auxerre.

1861. BÉNARD, 1er commis à la Recette principale, à Auxerre.

1858. BENOIT, ✳, juge au tribunal civil, à Paris, rue Joubert, 46.

1855. BERT, Paul, licencié ès-sciences, docteur en médecine, à Paris, rue Bonaparte, 53.

1862. BERTIN, confiseur, à Joigny.

1847. BLIN, professeur au collége, à Auxerre.

1863. BOGARD (de), ancien conseiller de Préfecture, à Auxerre.

1857. BONDY (comte de), ✳, ancien préfet de l'Yonne, ancien pair de France, à Paris, marché d'Agueneau, 7, et au château de la Barre, arrondissement du Blanc (Indre),

1849. BONNEVILLE, ancien conseiller de Préfecture, à Auxerre.

1847. * BONTIN (de) ✳, conseiller à la cour impériale, à Paris. 3, rue d'Assas.

1862. BOUCHER DE LA RUPELLE (comte Henri), payeur du Trésor, à Epinal, Vosges.

1855. BOUCHER DE LA RUPELLE (vicomte Paul), juge suppléant, à Versailles (Seine-et-Oise).

1859. BOUGHERON, agent-voyer central, à Auxerre.

1850. . BRÉARD, médecin-vétérinaire, à Villeneuve-l'Archevêque, (Yonne).

1861. BRINCARD, ✳, membre du Conseil général, 4, rue · Castellane, à Paris.

1861. CAMBUZAT ✳, ingénieur en chef de la navigation, à Auxerre.

1857. * CAMILLE DORMOIS, économe de l'hospice, à Tonnerre.

1848. CAMPENON, docteur en médecine, à Tonnerre.

1848. CARRÉ (l'abbé), curé de Cheny.

1852. CHALLAN-BELVAL, percepteur, à Aisy.

1847. * CHALLE ✳, membre du Conseil général, vice-président de la Société centrale d'Agriculture de
l'Yonne, etc., à Auxerre.

1850. CHALLE, Edmond, sous-préfet, à Barbezieux (Charente).

1861. CHALLE, Paul, étudiant, à Paris.

1861. CHALLE, Léon, lieutenant au 91ᵉ de ligne, à Nantes.

1849. CHARIÉ ✳, juge au tribunal civil, à Auxerre.

1856. CHENET, Eugène, premier commis à la Direction des
Domaines, à Melun (Seine-et-Marne).

1840. CHÉREST, avocat, à Auxerre.

1863. CHEVALIER, Emile, homme de Lettres, à Paris, rue
de Grenelle, 47.

1858. CLAUDE, Victor, vérificateur des poids et mesures, à
Auxerre.

1850. CLERMONT-TONNERRE (marquis de), membre du Conseil général de l'Eure, au château d'Ancy-le-Franc.

1856. COEFFET-OLLIVIER, orfèvre, à Villeneuve-l'Archevêque.

1862. COLLETTE ✳, capitaine en retraite, percepteur, à
Saint-Sauveur.

1847. COLLIN, inspecteur des écoles primaires, à Tonnerre.

1847. * COTTEAU, Gustave, membre de la Société géologique
de France, juge à Auxerre.

1852. COUHARD (l'abbé), curé d'Asquins.

1863. Courot, docteur en médecine, à Auxerre.

1847. * Courtaut, sous-chef à l'administration des domaines, à Paris, 35, rue de l'Ouest.

1858. Courtaut, Prosper, premier commis à la direction des domaines, à Auxerre.

1862. Cottat, ancien notaire, à Paris, 10, rue Molé.

1861. Dallemagne, banquier à Auxerre.

1862. Daudin, Eugène, banquier à Sens.

1850. Déligand, ✳, avocat, membre du Conseil général, maire de la ville de Sens.

1860. Desmaisons, ✳, conducteur principal faisant fonctions d'ingénieur, à Auxerre.

1859. Dessignolles, instituteur, à Chevannes.

1862. Dessignolles, Gustave, interne en pharmacie à l'Asile d'Aliénés, à Auxerre.

1849. Deville, docteur en médecine, à Villeneuve-l'Archevêque.

1847. * Déy, directeur de l'enregistrement et des domaines, membre de la Société d'émulation du Doubs, etc., à Vesoul (Haute-Saône).

1857. Dionis des Carrières, docteur en médecine, à Auxerre.

1847. * Dondenne, ancien professeur, à Auxerre.

1862. Dondenne fils, architecte, à Auxerre.

1857. Dorlhac, directeur de l'école normale, à Auxerre.

1850. Droit (l'abbé), curé d'Island.

1855. Dubois, ancien notaire, à Sens.

1848. Duché Emile, docteur en médecine, membre du Conseil général, secrétaire de la Société de médecine de l'Yonne, à Ouaine.

1861.   Dupont-Delporte ✳, ancien représentant, à Saint-
        Privé (Yonne).

1847.   Duru, propriétaire, à Auxerre.

1863.   Duru fils, propriétaire, à Auxerre.

1847. * Duru (l'abbé), aumônier de l'asile départemental, à
        Auxerre.

1861.   Estampes (comte Th. d'), au château de Montigny,
        près Charny (Yonne).

1856.   Fauche, ancien professeur, à Meaux.

1854.   Fauron, peintre d'histoire, à Paris, 66, rue Pigale.

1850.   Fleutelot, propriétaire, à Auxerre.

1847. * Foucard, opticien, à Auxerre.

1851.   Fournerat, ancien magistrat, à Ancy-le-Franc.

1861.   Fortin, archiprêtre de la cathédrale, à Auxerre.

1847.   Frémy, C. ✳, membre du Conseil général de l'Yonne,
        gouverneur du Crédit foncier, à Paris, rue Neuve-
        des-Capucines, 17.

1854.   Frontier, conducteur principal, faisant fonctions
        d'ingénieur à Clamecy.

1847. * Gallois, ✳, conseiller à la Cour impériale, à Paris,
        11, rue de Verneuil.

1863.   Gallot, Charles, imprimeur, à Auxerre.

1850.   Gally (l'abbé), aumônier du collége, à Avallon.

1863.   Gandrille, propriétaire, au château de Saint-Sau-
        veur.

1850.   Giguet, ancien élève de l'école polytechnique, à
        Sens.

1861.   Gigot, Alfred, avocat à la cour de cassation, à
        Paris.

1862.   Glaize, Etienne, pharmacien, à Auxerre.

1860.   Goureau, O. ✳, colonel du génie en retraite, membre des Sociétés géologique et entomologique de France, à Santigny, par Guillon (Yonne), et à Paris, place du Marché-Saint-Honoré, 26.

1847.. * GRALIOT, ancien professeur, à Auxerre.

1861. GROMAS, pharmacien, à Toucy.

1861. GUICHARD, Victor, ancien représentant, à Soucy (Yonne).

1863. GUINOT, médecin, à Lézinnes.

1858. GRENET, docteur en médecine, à Joigny.

1857. HAVELT (baron du), ✻, commandeur de l'Ordre de Saint-Grégoire-le-Grand, etc., membre du conseil général, aux Barres, commune de Saintpuits.

1847. HERMELIN, docteur en droit, juge de paix, à Saint-Florentin.

1853. HERNOUX, ✻, ingénieur en chef des ponts-et-chaussées, à Auxerre.

1848. HOTTOT, ancien sous-préfet, à Avallon.

1847. * JACQUES-PALOTTE, ancien député, à Paris, rue de la Chaussée-d'Antin, 27 bis.

1862. JARRY, ✻, secrétaire général de la préfecture de police, 40, quai des Orfèvres, à Paris.

1850. JOSSIER, ancien secrétaire de la mairie de Joigny, à Auxerre.

1856. JULIOT, secrétaire de la Société archéologique de Sens, professeur au Lycée impérial, à Sens.

1862. LABOSSE, docteur en médecine, à Nitry.

1849. LAMBERT, avocat, à Auxerre.

1855. LAMBERT, fils, à Tanlay.

1847. * LARABIT, C, ✻, sénateur, membre du Conseil général de l'Yonne, rue Belle-Chasse, 21, à Paris.

1858. LASNIER, instituteur communal, à Auxerre.

1847. * LAUREAU (l'abbé), directeur du petit-séminaire, à Auxerre.

1847. * LAURENT-LESSERÉ, ✻, adjoint au maire, à Auxerre.

1863. LAURENT, instituteur, à Appoigny.

1851. LEBERTON, médecin, à Sergines.

1857. LEBEUF, juge au tribunal civil, à Clamecy.

1849. LEBLANC, Léon, membre de la commission départementale de la Seine, à Paris-Montmartre, rue du
Brouillard.

1847. * LEBLANC, ✻, ingénieur en chef des ponts-et-chaussées en retraite, à Auxerre.

1847. * LECHAT, chef de division à la Préfecture de l'Yonne,
à Auxerre.

1847. * LECLERC DE FOUROLLES, président du tribunal civil,
à Joigny.

1862. LEMAIRE, Eugène, membre du Conseil général et
maire de Vermenton.

1847. * LE MAISTRE, ✻, ancien percepteur, à Tonnerre.

1853. LEPÈRE fils, avocat, à Auxerre.

1847. * LESCUYER, ✻, conseiller de préfecture, secrétaire
général, à Auxerre.

1862. LETTERON, huissier à Tonnerre.

1862. LONCLAS, ✻, intendant militaire en retraite, à Auxerre.

1851. LORIÈRE (Gustave de), géologue, au château de Che-
villé, par Brulon (Sarthe).

1860. LORIFERNE, pharmacien, à Sens.

1847. LORIN, architecte, à Auxerre.

1850. LOUVOIS (de la Salle marquis de) à Ancy-le-Franc.

1863. MABILE, licencié ès-Lettres, professeur de 3e au
collége d'Auxerre.

1860. Manigot, docteur en médecine, maire de Migé.

1851. Marie, juge au tribunal civil, à Auxerre.

1860. Marie, ✹ docteur en mdecine, chirurgien en chef de l'Hôtel-Dieu, vice-président de la Société do médecine de l'Yonne, à Auxerre.

1862. Madière (baron de), juge d'instruction, à Auxerre.

1861. Marquot (l'abbé), curé d'Aisy.

1849. Martineau des Chesnez (baron) G. O. ✹, ancien sous-secrétaire d'état au ministère de la guerre, maire de la ville d'Auxerre.

1863. Martin Françis, mécanicien à Villeneuve-Saint-Georges (Seine-et-Marne).

1851. Métairie, juge au tribunal civil, à Auxerre.

1857. Monceaux, Henri, pharmacien, secrétaire de la Société de Médecine de l'Yonne, à Auxerre.

1861. Monceaux, Augustin, licencié ès-lettres, professeur au collége, à Auxerre.

1847. * Mondot de Lagorce, ✹, ingénieur en chef des ponts-et-chaussées en retraite, à Auxerre.

1856. Montalembert (comte de), ✹, membre de l'Académie française, ancien pair de France, au château de la Roche-en-Breuil, par Saulieu (Côte-d'Or),et rue du Bac, 40, à Paris.

1863. Montigny (de), ✹, consul général de France en Chine, propriétaire, au château de Guilbaudon, près Seignelay.

1860. Moutheau, ancien juge de paix, à Auxerre.

1861. Munier, officier d'académie, principal du collége, à Auxerre.

1858. Olivier, horloger, à Rigny-la-Noneuse (Aube).

1855. Paris fils, docteur eu médecine, à Champlost.

1851. Passepont, artiste peintre, à Auxerre.

1852. Peltier, instituteur communal, à Auxerre.

1855. Perriquet, Eugène, avocat, docteur en droit, rue du Bac, 39, à Paris.

1855. Perriquet, Gustave, imprimeur, à Auxerre.

1857. Petit-Sigault, ancien chef d'institution, à Auxerre.

1858. Petit, Ernest, ancien élève de l'école des mines, à Vausse, commune de Châtel-Gérard.

1858. Petit, Victor, artiste peintre, 23, rue de Lille, à Paris.

1857. Piéplu, architecte du département, à Auxerre.

1863. Piétresson, notaire à Auxerre.

1856. Pinard, ✳, conseiller à la Cour impériale, à Paris, rue Madame, 26.

1861. Populus, docteur en médecine, à Coulanges-la-Vineuse.

1861. Poulin (l'abbé), professeur de physique et chimie au petit-séminaire, à Auxerre.

1847. * Poubeau, ancien pharmacien, à Auxerre.

1861. Prudent, docteur en médecine, membre du Conseil d'arrondissement, à Courson.

1861. Précy aîné, membre du Conseil général, à Chassy.

1855. Prudot, receveur d'enregistrement, à Neuilly, arrondissement de Château-Thierry (Aisne).

1847. * Quantin, ✳, archiviste du département et bibliothécaire de la ville, correspondant du ministère de l'instruction publique, etc., à Auxerre.

1857. Quignard (l'abbé), vicaire de Saint-Eustache, à Paris, au presbytère, impasse Saint-Eustache.

1857. Rampont-Lechin, docteur en médecine, ancien représentant, membre du Conseil général, à Leugny.

1857. RAUDOT, ancien représentant, à Orbigny, près Avallon.

1861. RAVIN aîné, notaire honoraire, à Guerchy.

1852. RAVIN, Eugène, pharmacien, directeur du jardin botanique de la ville, à Auxerre.

1847. * RAVIN, Xavier, ancien professeur, à Auxerre.

1862. REMACLE, Lucien, avocat, à Auxerre.

1847. * RÉMY, docteur en médecine, chirurgien de l'Hôtel-Dieu, secrétaire de la Société de médecine de l'Yonne, à Auxerre.

1840. RIBIÈRE, membre du Conseil d'arrondissement, avocat, à Auxerre.

1857. RICHARD, libraire, à Auxerre.

1847. * RICORDEAU, docteur en médecine, à Seignelay.

1847. * RICORDEAU (l'abbé), curé de Fleury.

1850. ROBLOT, architecte, à Joigny.

1861. ROCHÉ fils, docteur en médecine, à Toucy.

1863. ROCHECHOUART (comte de), propriétaire, au château .de Vallery.

1856. ROGUIER (l'abbé), aumônier de l'école normale, à Auxerre.

1855. ROUILLÉ, imprimeur, à Auxerre.

1862. ROUX, propriétaire, à Monéteau.

1847. * SALLÉ, pharmacien, à Auxerre.

1853. SALMON, avocat, à Paris, 1, rue de Lyon.

1848. SALOMON, ancien avoué, à Saint-Florentin.

1860. SAVATIER-LAROCHE fils, avocat, à Auxerre.

1861. SIROT, professeur au collége, à Joigny.

1863. SMYTTÈRE, docteur en médecine, à Auxerre.

1854. TALMONT, ancien receveur des domaines, à Saint-Sauveur.

1856. Tambour Ernest, avocat, docteur en droit, à Paris, rue Bonaparte, 12.

1850. Tanlay (marquis de), O. ✳, membre du Conseil général, au château de Tanlay (Yonne), et rue de Lille, 23, à Paris.

1850. Tartois, ancien directeur des mines, à Senan.

1861. Textoris, membre du Conseil général, au château Cheney, près Tonnerre,

1847. Tonnelier, ✳, président du tribunal civil, à Auxerre.

1850. Tonnelier, greffier en chef du tribunal civil, à Sens.

1858. Viault (l'abbé), curé de Pailly.

1863. Vincent Emile, propriétaire à Brion (Yonne).

1847. * Vuitry, ✳, ancien député de l'Yonne, à Paris, rue de la Pépinière, 22.

1863. William Grand d'Esnon (baron), au château d'Esnon (Yonne).

MEMBRES LIBRES.

1847. Baudoin, architecte, à Avallon.

1859. Billault, instituteur, à Fontaines.

1857. Guérin, instituteur, à Serrigny.

1857. Meunier, sculpteur, à Vézelay.

1853. Mouillot, instituteur, à Tanlay.

1857. Robin, maître-adjoint à l'école normale, à Auxerre.

MEMBRES CORRESPONDANTS.

1858. Ancelon, docteur en médecine, à Dieuze (Meurthe).

1863. Artigues, médecin principal, chirurgien en chef de l'hôpital d'Amélie-les-Bains.

1863. ASPOL, chirurgien-major au 89ᵉ de ligne, en garnison à Auxerre.

1864. BARRANGER (l'abbé), curé de Villeneuve-le-Roi-sur-Seine (Seine-et-Oise).

1855. BAUDIOT (l'abbé), curé de Dhun-les-Places.

1848. BAUDOIN, docteur en médecine, géologue, à Châtillon (Côte-d'Or).

1864. BERTHERAND, docteur en médecine, à Poligny (Jura).

1849. BLANCHE Isidore, vice-consul de France, à Tripoli de Syrie.

1860. BOREAU, pharmacien, directeur du jardin botanique d'Angers, président de la Section des Sciences de la Société académique de Maine-et-Loire, à Angers.

1863. BOUVET, professeur, à Pontlevoy.

1856. BULLIOT Gabriel, membre de la Société éduenne, à Autun (Saône-et-Loire).

1856. BURE (de), président de la Société d'émulation, à Moulins.

1855. CARRELET, à Saulieu.

1864. COCHET (l'abbé), à Dieppe.

1864. CONSTANT-RÉBECQUE (de), président de la Société des sciences de Poligny (Jura).

1854. COQUAND, professeur de géologie, à Dijon (Côte-d'Or).

1849. COUTANT, membre de plusieurs Sociétés savantes, aux Riceys (Aube).

1817. CROSNIER, ✳, proto-notaire apostolique, vicaire-général de l'évêché, à Nevers.

1857. DANTIN, O. ✳, capitaine d'état-major, à Paris, rue de Rivoli, 4,

1863. Davout, ✳, commandant du 13ᵉ chasseurs à pied, en garnison à Besançon (Doubs).

1852. Delente, docteur en médecine, cité d'Orléans, au Grand-Montrouge (Seine).

1863. Desnoyers, ✳, membre de l'Académie des inscriptions, à Paris, au Muséum.

1847. Devoucoux (Mgr), évêque d'Evreux.

1852. Drouet, naturaliste, à Troyes.

1847. Dupin, docteur en médecine, à Ervy (Aube).

1857. Duplès-Agié, archiviste-paléographe, à Paris, rue Saint-Dominique, 28.

1862. Dupuis-Delcourt, rue de l'Ourcine, 142, à Paris.

1859. Flandin, ✳, conseiller à la Cour impériale, membre du Conseil général de l'Yonne, à Paris, rue Cassette, 19.

1863. Franchet, naturaliste, au château de Cheverny (Eure-et-Loire).

Frémy Charles, docteur en médecine, à Paris.

1857. Fromentel (de), membre de la Société géologique de France, de la Société linnéenne de Normandie, docteur en médecine, à Gray (Haute-Saône).

1847. Garnier, archiviste de département, à Dijon.

1852. Gaudry Albert, ✳, secrétaire de la Société géologique de France, à Paris.

1854. Germain-de-Saint-Pierre, docteur en médecine, à Paris.

1859. Gigot Léon, docteur en médecine, à Levroux (Indre).

1847. Girard de Cailleux, ✳, inspecteur du service des aliénés de la Seine, à Paris-Passy.

1851. Girardot (baron de), secrétaire général de la préfecture, à Nantes.

1854. GRENIER, professeur de botanique, à Besançon (Doubs).

1858. GUÉRANGER Edouard, chimiste, au Mans.

1863. GRATIOLET (le docteur), ✳, professeur de géologie à la Faculté des sciences de Paris, rue Guy-la-Brosse, 10.

1850. GUÉRIN-MENNEVILLE, ✳, directeur de la Revue zoologique, à Paris, rue des Beaux-Arts, 4.

1854. GUERNE (baron de), administrateur du Musée, à Douai (Nord).

1847. HÉBERT, ✳, professenr de géologie au collége de France, membre de la Société géologique, etc., à Paris.

1861. JEANDET Abel, docteur en médecine, à Verdun-sur-Saône.

1862. JOUAN, sculpteur, à Rouen.

1863. LANZIA DI BROLO, secrétaire de l'Académie des sciences de Palerme.

1863. LEMERCIER (le docteur), bibliothécaire au Muséum d'histoire naturelle de Paris, rue d'Enfer, 53.

1847. LEYMERIE, professeur de géologie à la Faculté des sciences, membre de l'Académie impériale des inscriptions et belles-lettres de Toulouse, à Toulouse, rue des Arts, 15.

1848. LONGPÉRIER (de), ✳, conservateur du Musée du Louvre, rue de Londres, 50, à Paris.

1859. LONGUEMAR (Letouzé de), ✳, ancien capitaine d'état-major, ancien président de la Société des antiquaires de l'Ouest, à Poitiers.

1863. MARCHAND (le docteur), rédacteur de la *Revue médico-chirurgicale*, à Paris.

1848. MICHELIN, membre de la Société géologique de France, à Paris,

1855. MIGNARD, membre de l'Académie, à Dijon.

1853. MISSERY (de), conservateur des eaux et forêts, à Troyes.

1861. MOUGENOT Léon, à Nancy.

1861. OGIER DE BAULNY, membre de la Société entomologique de France, à Coulommiers (Seine-et-Marne), et à Paris, rue du Cherche-Midi, 15.

1849. D'ORBIGNY Charles, ✳, aide-professeur au muséum d'histoire naturelle, membre de la Société géologique de France, à Paris.

1850. PASSY Antoine, ✳, membre de la Société géologique de France, à Paris.

1863. PETIT, ✳, juge de paix, à Château-Renard (Loiret).

1862. PICHARD, Claude, ancien maire d'Auxonne.

1863. POUY, commissaire-priseur, à Amiens.

1847. PRISSET, numismate, à Dijon.

1852. PROT, inspecteur des écoles primaires, à Pithiviers.

1852. PROTAT, membre de l'académie de Dijon, à Brazey-en-Plaine.

1852. RAULIN, Victor, professeur de géologie à la faculté des Sciences, à Bordeaux.

1852. RAY, Jules, pharmacien, membre de la Société académique de l'Aube, à Troyes,

1860. RENAUDIN, ✳, docteur ès-sciences et en médecine, directeur médecin en chef de l'asile départemental de Mareville (Meurthe).

1857. ROUSSEAU, docteur en médecine, directeur médecin en chef de l'asile départemental de Dôle (Jura).

1860.   ROUSSELOT, conrervateur des eaux et forêts, à Mâcon.

1848.   ROY, ingénieur des mines, à Paris.

1849.   SALOMON, inspecteur de colonisation, à Tlemcen (Algérie).

1861.   SERVAIS, contrôleur des contributions indirectes, à Châtillon-sur-Seine.

1860.   SOLAND (Aimé de), président de la Société liunée nne de Maine-et-Loire, à Angers, rue de l'Hôpital, 32.

1862.   SONNIÉ-MORET, propriétaire à Clamecy (Nièvre).

1848.   SOULTRAIT (comte Georges de), percepteur-receveur, membre de l'Académie de Lyon.

1863.   SPIERS, père, à Oxford (Angleterre).

1863.   VIBRAYE (marquis de), correspondant de l'Institut, au château de Cheverny (Eure-et-Loire), à Paris, rue de Varennes Saint-Germain, 56.

1852.   VIGNON, ✳, directeur du dépôt des Cartes, au Ministère des travaux publics, à Paris.

———

VIII.

TABLE GÉNÉRALE

DES

MATIÈRES CONTENUES DANS CE VOLUME.

––––

--

ADONIS ÆSTIVALIS (Note sur l'), III, xxviii.

ARRAULT (Notice biographique par le D' Duché), I, 397.

AUXERRE. Description de la surprise et trahison faite en la ville d'Auxerre, la veille de Saint-Cosne et Saint-Damien sur les 9 à 10 heures du soir du samedi 25 septembre 1567 (rédigée par Edme Panier, marchand drapier, bourgeois d'Auxerre, tesmoing oculaire), I, 318.

AUXERRE. Transaction contenant quittance de 550 écus d'or payés par le sieur Guenus, conseiller au bailliage d'Auxerre, à Marafin de Guerchy, gouverneur de La Charité, pour sa rançon. — Acte d'abjuration d'un certain nombre de protestants, après la Saint-Barthélemy (1572), I, 375.

AUXERRE. Relation de la prise des sieurs Guenus, conseiller au bailliage d'Auxerre, et Potin, marchand, près de Gy-l'Évêque, par les Huguenots qui les emmenèrent à La Charité (1571), I. 368.

B

BAUDRITUM (Note à propos de) III, lii.

BOTANIQUE. Excursion botanique aux environs de Tonnerre, III, lxxi.

— Idem, aux environs de Tanlay, III, lxxiv.

BUDGET de 1864 (Prévisions du) III, lxviii.

BULLETIN BIBLIOGRAPHIQUE, III, lxxv:.

C

CALVINISME (Du) et de la Ligue dans l'Auxerrois, le Sénonais et les autres contrées qui forment aujourd'hui le département de l'Yonne, I, 5.

CAMBACÉRÈS (Lettres de Mme la comtesse de) III, XLI.

CAUSES, origines et développements du protestantisme et des haines religieuses, dans les diocèses d'Auxerre et de Sens (1561), I, 5.

CIDARIS, échinide indéterminé de l'étage albien, II, 174.

— hirsuta, II, 4.

— Lardyi, II, 25.

CLANUM (Note à propos de). III. LII.

COMPTES (Rapport de la commission des), III, XVII.

COMPTES-RENDUS des séances, III. I.

CONGRÈS DE CHAMBÉRY (Rapport sur le), III, XLVII.

D

DONS faits au Musée de la Société en 1865, III, CXXV.

E

ECHINIDES fossiles de l'étage albien, II, 165.

— de l'étage néocomien dans l'Yonne (Liste des), II, 9.

— fossiles de l'Yonne. Terrain crétacé, étage néocomien, II, 3.

ECHINOSPATAGUS Collegnii, II, 35.

ENVOIS de S. Exc. le Ministre de l'Instruction publique, III, CIV.

— divers, III, CXVI.

EPIASTER Ricordeanus, Cotteau, Echinide de l'étage albien, II, 190.

ÉTAGE ALBIEN (Etudes sur les échinides de l'), II, 165.

— dans l'Yonne (Explications sur la stratigraphie de l'), II, 156.

ÉTUDE sur le culte des pierres chez tous les peuples, I, 413.

EXCURSION BOTANIQUE dans les environs d'Avallon, III, XIX.

— dans les environs de Mailly la-Ville, III, XXIII.

G

GAULT de Saint-Florentin, II, 46.

GRÊLE (Compte-rendu à propos de publication récentes sur le problème physique de la formation de la grêle, III, LV.

H

HABITATIONS souterraines des Gaulois, III, xxxv.
HEMIASTER asterias, II, 57.
— minimus, Desor, échinide de l'étage albien, II, 186.
HEMICIDARIS neocomiensis, II, 6.
HOLASTER latissimus, Agassiz. Échinide de l'étage albien, II, 183.
HYPOSALENIA stellutata, II, 8.

I

INSECTES NUISIBLES (Supplément à l'ouvrage sur les), II, 57. — Tables
  des Insectes mentionnés dans ce supplément, II, 139.
INSURRECTION protestante à Sens et Auxerre, de 1562, I, 45.
— de 1563 à 1567, I, 101.
— 1567-1568, I, 148.
— 1569-1570, I, 219.
— 1571-1574, I, 263.
— 1575-1578, I, 292.

L

LEBEUF (Lettres inédites de), III, xv, xxvi.
LETTRE de l'amiral de Coligny au Roi (1568), I. 339.
— du sieur de Prie, gouverneur de l'Auxerrois, au roi, I, 341.
— du comte de Tavannes au roi (1568), I, 343.
— du sieur de Barbézieux au roi (1568), I, 347.
— du prince de Condé à M. de Montpensier (1568), I, 351.
LIGNITE DE L'ENFOURCHURE (Visite d'exploration à la mine de), II, 145.
LISTE DES SOCIÉTÉS correspondantes, III, cxlvi.

M

MASSACRES DES HUGUENOTS à Vassy, Sens et Céant-en-Othe, I, 45.
— des protestants à Sens. (Récit par Balthazar-Taveau). I,
  305.
MÉDAILLES décernées à la Société, III, xlii.
MEDICAGO timeroyi, plante observée pour la première fois dans le
  département, III, lxxiii.

N

NOBLESSE (Mémoire sur la) considérée dans les temps anciens et dans
  les temps modernes, III, lv.

Noyers. Lettre de l'église protestante de Noyers à la compagnie des pasteurs de Genève, 1562, I, 397.

Nucleolites Ricordeanus, Desor, Échinide de l'étage albien, II, 178.

— Ebrayi, Cotteau, échinide de l'étage albien, II, 180.

●

Observations sur les monuments de Sens, III, xxxiv.

— géologiques sur quelques points du département de l'Yonne, II, 40.

— météorologiques faites à Auxerre en 1868, II, 197.

Ouvrages offerts par les Membres de la Société, III, cv.

P

Pygurus Ricordeanus, D'Orbigny, échinide de l'étage albien, II, 181.

Prise d'Auxerre par les protestants en 1567, I, 127.

Prix Crochot (Commission du) III, liii.

Pseudodiadema Pictetl, II, 6, 26.

— néocomiense, II, 7.

— Robinaldinum, II, 8.

— Dupini, II, 29.

— Rhodani, Desor, échinide de l'étage albien, II, 174.

Publications de la Société, III, cxxiii.

— des Sociétés correspondantes, III,

R

Rapport sur l'ouvrage de M. Vignon, II, 447.

— sur un travail relatif aux insectes nuisibles, inséré dans le Bulletin, II, 57.

Recherches sur des marques et des signatures du xvie siècle, I, 438.

Reliques de Saint-Germain, III, lxix et I, 476.

Renouvellement du Bureau de la compagnie, III, xliv.

Répertoire archéologique de l'arrondissement de Joigny. III, xlv.

Requête adressée au Roi par les habitants d'Auxerre, aussitôt après l'expulsion des protestants, opérée le 25 avril 1568, I, 331.

S

Salenia mamillata, II, 50.

Séance publique tenue à Sens par la Société archéologique, III, xxxiv.

STATUE du Maréchal DAVOUT, érection proposée par la Société. Délibérations à ce sujet, III, xxxvi.

— Lettre de Mme la comtesse de Cambacérès, III, xLi.

▼

VARZY. Poursuites contre l'exercice du culte réformé dans cette ville, I, 516.

VERMENTON. Acte dressé pour constater le refus des habitants de Vermenton de recevoir une garnison envoyée par le gouverneur de l'Auxerrois (1570), I, 361.

VERONICA ANAGALLOÏDES, plante retrouvée dans le département, III, LXXII

VÉZELAY (Estampages d'inscriptions gravées sur les murs de l'église de), III, xxxix.

— (Date de l'église des Cathécumènes, III, xL.

— Rapport de M. Sansac au roi sur le siége de Vézelay (1409), I, 558.

VOIES ROMAINES du département (Cartes des), III, LIV.

IX.

TABLE ALPHABÉTIQUE DES AUTEURS

DES ARTICLES CONTENUS DANS CE VOLUME.

———————

BARRANGER (l'abbé). — Etude archéologique sur le culte des pierres chez tous les peuples, I, 413

BENOIST. — Lettres inédites de l'abbé Lebeuf, III, xv, xxvi.

BLIN. — Note à propos des reliques de Saint-Germain, III, LXIX.

CAMILLE DORMOIS. — Recherches sur des marques et des signatures du xvie siècle, I, 439.

CHALLE. — Histoire des guerres du Calvinisme et de la Ligue, dans l'Auxerrois, le Sénonais et les autres contrées qui forment aujourd'hui le département de l'Yonne, I, 5.

— Rapport sur la question des reliques de Saint-Germain, I, 476.

CHÉREST. — Note sur les estampages d'inscriptions gravées sur le monument de Vézelay, xxxix.

COTTEAU (G.) — Études sur les Échinides fossiles de l'Yonne. Terrain crétacé, étage néocomien, II, 5.

— Etudes sur les Échinides fossiles de l'étage albien, II, 165.

COUARD. — Note à propos de Clanum et Baudritum, III, LII.

DONDENNE père. — Compte-rendu à propos de publications récentes sur le problème physique de la formation de la grêle, III, LV,

DUCHÉ. — Notice biographique sur M. Arrault de Toucy, I, 597.

DUPUIS - DELCOURT. — Visite d'exploration à la mine de lignite de l'Enfourchure, II, 145.

EBRAY. — Explications sur la stratigraphie de l'étage albien dans l'Yonne, etc., II, 156.

GOUREAU. — Les Insectes nuisibles aux arbres fruitiers, aux plantes potagères, aux céréales et aux plantes fourragères, supplément, II, 57.

CLXVIII   ANNÉE 1863.

GUÉRIN. — Note sur l'Adonis æstivalis, III, xxviii.

—   Excursion botanique aux environs de Tonnerre, III, lxxi.

GUINOT ET GUÉRIN. — Herborisation aux environs de Tanlay, III, lxxiii.

HÉBERT. — Observations géologiques sur quelques points du département de l'Yonne, II, 40.

LASNIER ET RAVIN. — Excursion botanique dans les environs d'Avallon, III, xix.

MONDOT DE LA GORCE. — Mémoire sur la noblesse considerée dans les temps anciens et dans les temps modernes, III, lv.

—   Rapport sur l'ouvrage de M. Vignon, I, 447.

MONCEAUX. — Extrait du rapport de M. Blanchard sur un travail relatif aux insectes nuisibles inséré dans le Bulletin, II, 57.

—   Bulletin bibliographique, III,

PETIT. — Note sur quatre fers de chevaux et un fer de javelot trouvés à Aisy-sur-Armançon, III, vii.

QUANTIN. — Carte des voies romaines du département, III, liv.

—   Répertoire archéologique de l'arrondissement de Joigny, III, xlv.

ROBIN. — Observations météorologiques faites pendant l'année 1863, II, 197.

Lightning Source UK Ltd.
Milton Keynes UK
UKHW020704080119
334942UK00012B/1968/P